湖南省
矿业经济
绿色发展研究

陈晓春　陈文婕　等著

HUNAN SHENG KUANGYE

JINGJI LÜSE

FAZHAN YANJIU

湖南大学出版社

内 容 简 介

牢固树立并切实贯彻创新、协调、绿色、开放、共享的新发展理念，关系我国经济社会的发展思路、发展方式和发展着力点。矿业经济的绿色发展是时代趋势，也是我国可持续发展的必然选择。

本书是湖南省国土资源厅软科学类研究项目资助课题的重要成果，是在湖南大学低碳经济与社会发展研究所陈晓春教授团队的努力下完成的。根据绿色发展治理的基本理论体系，分析湖南省矿业经济发展现状及困境，从公共政策制定、产业链、大数据、行业协会、科技创新、合同能源制、生态补偿机制等角度，对如何推进湖南省矿业经济绿色发展进行有益探索，为湖南省矿业经济绿色发展提供理论指导和实践参考。

图书在版编目（CIP）数据

湖南省矿业经济绿色发展研究/陈晓春等著. —长沙：湖南大学出版社，2020.3
ISBN 978-7-5667-1703-0

Ⅰ.①湖…　Ⅱ.①陈…　Ⅲ.①矿业经济—经济发展—研究—湖南　Ⅳ.①F426.1

中国版本图书馆 CIP 数据核字（2018）第 296433 号

湖南省矿业经济绿色发展研究
HUNAN SHENG KUANGYE JINGJI LÜSE FAZHAN YANJIU

著　　者：陈晓春　陈文婕　等
责任编辑：谌鹏飞　责任校对：尚楠欣
印　　装：长沙鸿和印务有限公司
开　　本：710mm×1000mm　1/16　印张：29　字数：553 千
版　　次：2020 年 3 月第 1 版　印次：2020 年 3 月第 1 次印刷
书　　号：ISBN 978-7-5667-1703-0
定　　价：88.00 元

出 版 人：李文邦
出版发行：湖南大学出版社
社　　址：湖南·长沙·岳麓山　邮　编：410082
电　　话：0731-88822559（发行部），88821691（编辑室），88821006（出版部）
传　　真：0731-88649312（发行部），88822264（总编室）
网　　址：http://www.hnupress.com　电子邮箱：presschenpf@163.com

《湖南省矿业经济绿色发展研究》
撰写者名单

陈晓春	陈文婕	施卓宏	任　腾
刘娅云	黄　媛	彭燕辉	肖　雪
张雯慧	葛　柳	刘　礼	唐　嘉
曾维国	潘梦萍	何嘉烨	苏美权
谭文倩	王新雨	唐慧慧	欧全凤
谢　瑶	方建国	何嘉瑜	

前　言

　　矿业经济绿色发展是一种旨在实现矿业经济效益、生态效益、社会效益共赢的全新发展模式，矿业经济绿色发展要解决的主要问题：一是提高矿产资源的经济效益——资源的合理开发以及节约集约利用。二是发展良好的矿山生态环境。矿业企业生产活动对生态环境的干扰量应该控制在周边环境可承载能力之下，确保生态环境的可持续发展。三是构建和谐矿区，营造一个利于矿业企业发展、社会和谐的氛围。

　　传统的矿业发展模式经济效益低、生态代价大、社会成本高，不利于矿业产业自身的长久发展，所以说转变发展方式、实现矿业经济绿色发展的转型是帮助矿业经济可持续发展的必然选择。

　　随着经济社会的发展，人们生活水平的提高，广大人民群众尤其是生活在矿业城市和矿区的人民群众出于对自身权利的维护、对提高生活质量的追求，对生态环境的要求越来越高，对矿业企业负外部性的补偿要求也越来越强烈。

　　矿业企业是负外部性显著企业，矿山作为矿业企业的一类，一般地处偏远的山区。在企业入驻矿区以前，山区虽然经济落后但是能享受大自然馈赠的天然"无形财富"；企业入驻矿区后，矿山社区成为企业负外部性的直接买单者。首先，矿产资源的开采依附相应的土地，这就意味着矿山居民要为矿山的发展让渡土地使用权（农耕权、生息权等）。其次，矿山在生产过程中会给矿区带来地质环境破坏，如地质地貌破坏、环境污染、水面下沉、水资源重金属超标等，进而致使矿区安全事故频发、尘土飞扬、用水紧张、饮用水不安全、农作物减产或农作物不健康等，更有甚者还可能导致矿区居民罹患急慢性疾病。最后，矿山可能给矿区带来"资源诅咒"，矿山企业因资源不可再生性具备极强的周期性特点，一般而言矿山自开矿到闭矿经历四个阶段：成长—发展—成熟—衰退。矿业衰退直至闭矿后大量的消极后果将致使矿山社区陷入贫困陷阱。矿业经济绿色发展能帮助解决以上传统矿业发展模式所引致的各类问题，它体现了广大人民群众的呼声。

　　湖南省矿产资源蕴藏量丰富，成矿条件较好，资源优势也比较明显，素有"有色金属之乡""非金属之乡"的美誉，矿业已然是支撑湖南省区域经济发展的基础产业和支柱产业。当前湖南省正是处于工业化加速发展的重要阶段，在未来一段较长的时间里，湖南省的经济稳步增长还是要依托矿产资源的足量使用。然而，湖南省内矿业企业存在布局不合理、开发理念落后等问题，矿产资源产能扩张的开发模式致使巨量的矿产资源被严重地浪费与破坏，矿产资源的供需矛盾趋紧，同时粗放式的资源开发模式还引发严峻的生态恶化问题以及尖锐的矿群矛盾问题。总体而言，湖南省矿业经济发展经济效益低、生态代价大、社会成本高，这些问题严重威胁到湖南省生态文明的建设，桎梏绿色湖南建设的进程，阻滞湖南省经济社会和谐稳定地发展。绿色发展能解决传统矿业发展模式所引致的各类问题，因此，湖南省矿业经济绿色发展的研究势在必行，为省级乃至国家层面的决策提供参考性意见，最终推动湖南省矿业经济绿色发展，增进公共利益。本项目研究团队在梳理国内外矿业经济绿色发展现状基础之上，结合矿业经济绿色发展理论，深入分析湖南省矿业经济绿色具体发展现状、问题和困境，借鉴国内外成功经验，构建适合湖南省矿业经济绿色发展的综合指标体系，并且从企业社会责任、政府政策和公众社会监督等方面提出一系列的保障措施，促进湖南省矿业经济绿色发展有序进行，构建经济发展、绿色生态和社会和谐的绿色湖南。

陈晓春

目　次

绪　论　矿业经济绿色发展概述

矿业为人类提供了不可或缺的物质资源，是国民经济中的一个重要的先导性、基础性产业。从整体上看，近年来矿业生产获得持续发展，主要矿产产量进一步增长，但在为人们提供物质资源的同时，不仅给生态环境带来了严重的负面影响，而且对不可再生资源造成了很大的浪费。由此，实现矿业经济绿色发展成为贯彻落实科学发展观的要求、响应广大人民群众的呼声、进行生态文明建设的重要内容。

此外，随着工业化、城镇化进程的加快，我国资源的刚性需求进一步加大，资源综合利用作为战略性新兴产业重要组成部分，重要意义突显。湖南省作为矿业大省，为贯彻落实党的十九大精神，大力推进生态文明建设，进一步促进循环经济发展，亟待各地、各有关部门积极开展资源综合利用，逐步扩大资源利用规模，不断提升资源利用水平，使环境效益进一步显现。

本章首先对包括矿产资源、绿色矿山、矿业城市在内的矿业经济绿色发展的相关概念及类型进行了界定，并回顾了中国矿业经济的历史演进；其次从矿业经济绿色发展的相关概念出发，对湖南省矿业经济发展现状进行分析；最后结合我国矿业经济的约束因素及发展趋势，针对现存问题对湖南省矿业经济绿色发展提出相应的对策建议。

第一节　矿业经济绿色发展的相关概念

矿产资源是一种重要的自然资源，是人类生产和生活的物质基础，离开矿产资源，人类的社会和经济发展将受到影响。矿产资源属于非可再生资源，其储量是有限的。目前世界已知的矿产有 160 多种，其中 80 多种应用较广泛。中国是世界上疆域辽阔、成矿地质条件优越、矿种齐全配套、资源总量丰富的国家，同时也是具有资源特色的矿产资源大国。

随着经济建设快速发展，人们对矿产资源的需求日益增加，矿产开发带来的生态环境破坏以及由此衍生出的矿业城市发展无以为继等问题也日益突出，制约了矿业经济的发展。因此，建设绿色矿山、转型矿业城市、走可持续发展之路，是保障矿产资源的有效和长期供给的首要问题。

国内外学者关于矿业经济绿色发展的概念尚无统一的定论，但关于绿色矿业、矿业经济、绿色经济、绿色矿山等的概念有诸多的提及，由此，在根据相关词汇的性质特征及对相关关系进行分析的基础之上，可以对矿业经济绿色发展的概念内涵进行总结。

一、矿产资源

矿产资源是重要的自然资源，它经过几千甚至几亿年的变化才形成，是社会生产发展的重要物质基础，现代社会人们的生产和生活都离不开矿产资源。矿产资源属于非可再生资源，其储量有限。目前世界已知的矿产有 160 多种，其中 80 多种应用较广泛。按其特点和用途，通常分为金属矿产、非金属矿产和能源矿产三大类。

根据《矿产资源法实施细则》第 2 条规定，所谓矿产资源是指由地质作用形成的，具有利用价值的，呈固态、液态、气态的自然资源。目前我国已发现矿种主要分为能源矿产（如煤、石油、地热）、金属矿产（如铁、锰、铜）、非金属矿产（如金刚石、石灰岩、黏土）和水气矿产（如地下水、矿泉水、二氧化碳气）四大类。

二、绿色矿业

绿色矿业就是指在矿山环境扰动量小于或等于区域环境容量的前提下，实现矿产资源开发最优化和生态环境影响最小化的矿业发展模式，发展绿色矿业，就是在保持生态环境平衡的前提下，促进矿业经济的可持续发展。[①] 发展绿色矿业，就是摒弃粗放型矿产资源开发利用的老路，是实现可持续发展；就是珍惜资源，高效利用资源，杜绝任何意义上的浪费；就是保护矿山环境，还废弃矿山以青山绿水；就是健康、有序、安全地发展矿业经济，是在保持生态环境平衡的前提下，促进矿业经济的可持续发展。建设矿业绿色工程是在科学规划的指导下和高新技术的支撑下，既保护生态环境，合理利用资源，又最大限度获得经济效益的矿产资源理性开发的系统工程。绿色矿业是一种注重资源合理利用、节能减排、保护生态环境和矿地和谐的矿产资源行业发展方式，要求矿产开采方式科学化、资源利用高效化、企业管理规范化、生产工艺环保化、矿山环境生态化，并推行循环经济发展模式，从而实现资源开发的经济效

---

① 王飞. 绿色矿业经济发展模式研究：以平顶山煤业集团四矿为例 [D]. 中国地质大学，2012.

2

益、生态效益和社会效益的协调与统一。① 从生态学的角度来看，绿色矿业是指无矿山环境污染和破坏、绿化率较高且空气清新的矿业环境。

绿色矿业是既能为当代人提供物质资源，又不影响当代和后代的生存环境与可持续发展的矿业。绿色矿业要解决的主要问题：一是资源的合理开发与节约利用；二是良好的矿山生态环境。说到底，绿色矿业问题是一个可持续发展的问题。由此，所谓"绿色矿业"，是指在矿山环境扰动量小于区域环境容量前提下，实现矿产资源开发最优化和生态环境影响最小化。实现绿色矿业有三个重要环节：第一，通过开发前的区域环境容量或承载力评价及矿山环境扰动量评价，建立环境评价指标体系和技术标准，制定绿色矿业规划；第二，通过技术创新，优化工艺流程，实现采、选、冶过程的小影响、无毒害和少污染；第三，通过矿山环境治理和生态修复，实现环境影响最小化和生态再造最优化。

三、绿色经济

绿色经济是以绿色技术体系为基础，以环境改善为前提条件所形成的经济形态。它要求企业在经营的全过程中，充分运用绿色技术体系，主要包括原材料的选择、加工过程中的工艺流程，以及最后的销售环节。所谓绿色技术就是指节能减排、治理污染、改善生态环境的各项技术的集合，是由专业知识、能力、物质手段等相互联系、相互作用构成的动态技术系统。循环经济是一种建立在物质不断循环利用基础上的经济发展模式，它模拟自然生态系统中"生产者—消费者—分解者"的循环路径和食物链网，将经济活动组织成为"资源—产品—消费—再生资源"的封闭式流程，使整个经济系统以及生产和消费的过程基本上不产生或者产生很少的废弃物，是以资源节约型和环境友好型为特征的经济方式；低碳经济是综合运用碳捕获与碳埋存等技术，在世界范围内实现温室气体控制目标，减少温室气体排放，应对气候变暖最有效的经济方式。因此，循环经济和低碳经济是绿色经济发展的基本经济方式之一，两者的结合就构成绿色经济可持续发展的经济增长方式。②

四、绿色矿业经济

关于绿色矿业经济，目前尚无较系统的研究和一致的界定。在本书中，绿色矿业经济可以理解为在矿业开发利用的过程中，以生态经济学理论和方法为

---

① 沈鹿. 重污染型企业绿色产业链构建研究：以煤炭企业为例 [D]. 辽宁科技大学，2015.
② 王飞. 绿色矿业经济发展模式研究：以平顶山煤业集团四矿为例 [D]. 中国地质大学，2012.

指导，在综合区域规划和矿区规划的基础上，形成以矿业为主体的产业集群，使用绿色技术体系，融合循环经济和低碳经济，在环境扰动量不大于区域环境容量及其自净能力的前提下，实现矿产资源的最优化配置和生态环境影响的最小化，达到经济、社会、生态环境相协调的经济发展方式。

五、绿色矿山

绿色矿山是一种全新的矿山发展模式，是解决矿山可持续发展的最佳途径。国内学者关于绿色矿山概念内涵的观点可归纳为两类：一类是重点论，强调资源节约与环境友好。绿色矿山是指在矿山环境扰动量小于区域环境容量前提下，实现矿产资源开发最优化和生态环境影响最小化。绿色矿山要以保护生态环境、降低资源消耗、追求可循环经济为目标，将绿色生态的理念与实践贯穿于矿产资源开发利用的全过程，体现对自然原生态的尊重、对矿产资源的珍惜、对景观生态的保护与重建。另一类是系统论，强调资源环境与经济社会协调发展。总而言之，绿色矿山至少应包含两层意思：一方面是环境友好型矿山或环保型矿山；另一方面，在强调环境保护的同时，不排斥经济发展，即矿山经济体系"绿色化"或生态化，使矿山生态系统与矿山开发所形成的经济系统保持一定的协调性（刘丽萍，2015）。绿色矿山是一个开放的复杂大系统，是一种立体综合协调开发，需解决大量基础理论、技术工艺、系统优化及政策法规等方面的问题。基于上述，绿色矿山是以生态文明战略为统领，以发展绿色经济，实现资源效益、生态效益、经济效益和社会效益的协调统一为目标，以依法办矿、规范管理为前提，以高效利用、环境保护、节能减排、矿区和谐为核心，以科技和管理创新为保障的一种全新的矿山建设和经营模式。绿色矿山建设和绿色矿业发展，是新形势下对矿业发展道路的全新思维，核心是转变传统的粗放式的资源开发利用方式，将绿色理念贯穿于矿产资源勘查开发利用全过程。[①] 目前，我国绿色矿山建设的目标是："到2020年，全国绿色矿山格局基本形成，大中型矿山基本达到绿色矿山标准、小型矿山企业按照绿色矿山标准规范管理。"

绿色矿山的提出是对社会主义市场经济条件下矿业经济发展规律在认识上的重要升华，是矿产资源管理理念的一个飞跃。这表明矿业经济发展进入一个更加科学，更加理智，更加具有全局性、长远性和创造性的崭新阶段。在市场经济国家，矿业开采主要依靠企业，企业是发展绿色矿业的主体。绿色矿山的

---

① 刘丽萍，侯华丽，刘建芬. 对我国绿色矿山建设与发展的思考［J］. 中国国土资源经济，2015 （7）：18-25.

建设实施会促进可持续发展的绿色矿业经济的建立。发展绿色矿山、建设绿色矿业，即以资源合理利用、节能减排、保护生态环境和社区和谐为主要目标，以开采方式科学化、资源利用高效化、企业管理规范化、生产工艺环保化、矿山环境生态化为要求，追求循环经济发展模式，注重资源效益、生态效益、经济效益和社会效益相互统一，将绿色矿业的理念与实践贯穿于矿产资源开发利用的全过程。绿色矿山由于注重生态效益、经济效益和社会效益的可持续发展，充分考虑矿产资源的消耗与环境治理的因素，最终使以消耗矿产资源、破坏生态环境为结果的传统意义上的矿产资源开发利用，转变成为有质量、有效益的矿产资源开发利用。

绿色矿山建设主要有四个环节：第一是矿产资源评价环节。地质勘查工作是保障矿业经济可持续发展的基础。第二是环境影响评价环节。通过区域环境容量或承载力评价及矿山环境扰动量评价，建立矿山环境评价指标体系和技术标准，制定绿色矿山建设规划。第三是优化生产工艺环节。通过技术创新，优化工艺流程，实现采、选、冶过程的小扰动、无毒害和少污染。第四是生态恢复环节。通过矿山环境治理和生态恢复，实现开发前后环境扰动最小化和生态恢复最优化。

六、矿业城市

矿业城市在我国矿业的发展中发挥关键作用，是我国矿业发展的直接产物，因而矿业城市的发展对于我国矿业行业具有重要的意义和价值，其转型与发展是矿业经济绿色发展的应有之意。在对矿业城市的界定过程中，应充分地考虑到矿产行业对于城市发展各方面的影响，考虑其矿产行业在经济学中的地位和价值。就城市的发展来看，必须是在当前的发展过程中对于矿业具有高度的依赖性，处于矿产行业发展生命周期的某个环节中的城市。曾经的矿业城市如果已经完成产业转型，转变了城市职能，即使在过去的发展阶段中其经济结构完全以矿产行业作为核心，也不再将其纳入矿业城市的范畴。由此，矿业城市是以矿产资源作为核心和主要的经济发展刺激点，以矿产资源及其一些衍生产业作为主要产业进行发展的城市类型；是凭借矿产资源要素的天然禀赋，通过人们后天的开发建设而形成的单一产业性城市。

综上，可以总结出绿色矿业经济和绿色矿山的关系。发展绿色矿业经济，建设绿色矿山是基础。绿色矿山是指矿产资源开发利用、经济社会发展、生态环境保护相协调的矿山。矿山在经营过程中，矿产资源利用集约化、开采方式科学化、生产工艺环保化、企业管理规范化和闭坑矿区生态化，使矿产资源开发利用、经济社会发展、生态环境保护相互协调。

第二节　矿业经济绿色发展的模式

一、矿业经济的类型

（一）传统矿业经济模式

传统的矿产资源"先开发后治理"模式，虽然能推动经济的发展，但也造成了环境破坏，突出表现为粗放式的资源开发导致资源的巨大浪费；资源的无序开发造成植被生态破坏，水土流失；采、选、冶技术相对落后，造成环境污染；缺少资金投入进行闭矿后生态环境恢复。如何解决矿产资源开发与环境保护的矛盾，是矿业发展中面临的一个重大课题。

（二）矿产开发与矿区生态环境协调发展的共生模式

矿区作为一个结构层次分明的经济系统，同时又是一个非常完整的生态系统，具备生态系统的某些功能，因此，我们称其为"矿区生态经济系统"。矿区生态经济系统是由矿产资源开发系统、矿区生态环境系统及区域社会经济系统构成。研究矿区生态经济系统的三大子系统及其运行机理是研究矿产开发与矿区生态环境协调发展的前提和基础。

"矿区生态经济系统"是以矿产资源开发为核心而形成的相互依赖、相互制约的利益相关者群体与外部生态环境所形成的一种复杂的系统，它包含了矿产资源开发系统、矿区生态环境系统和区域社会经济系统等三大子系统。三大子系统之间具有不同性质的耦合关系，这种耦合关系决定了大系统的整体功能和性质。其中，矿产资源开发系统与社会经济系统之间表现为正向强化的耦合关系，即矿产资源开发为经济系统提供了能源和原料，为经济发展提供物质保障，促进了经济发展；反过来，经济发展又刺激了矿产开发的需求量，也增加了矿产开发的技术研究和固定资产投资，从而扩大矿产开发规模和强度。生态环境系统与矿产开发系统和经济社会系统之间则表现为双向约束性质的耦合关系。矿产资源开发为矿区生态环境保护提供资金及技术上的支持，促进地区生态环境质量的不断改善和提高，而矿产开发强度又必须限制在地区生态环境容量允许的阀值之内，突破这一生态环境承载能力阀值，将导致地区生态环境质量的严重恶化，反过来又会影响地区矿产资源开发和经济发展的规模和水平。

在矿区生态经济系统中，人类自身既是矿产资源开发区复合生态系统的组成部分，又是矿产资源开发区复合生态系统发展的主要推动力和服务对象，因此具有不同于其他子系统的特殊性，不但具有认识、利用、改变、保护和破坏自然资源和环境的能力，而且在此过程中实现认识、改变、控制和发展自身的能力，人类主观能动性得以充分的发挥。如果矿区生态经济系统各子系统之间通过相互反馈，紧密的交织作用，实现系统间的良性循环和能量互动，那么作为物质基础的资源环境和生态承载体对经济社会活动就具有强大的支撑作用；如果人类过度利用资源和破坏环境，形成了各系统之间的非良性循环，就会对人类及其经济社会活动产生极大的抑制作用。

（三）绿色经济发展模式

前述已界定了关于绿色经济的概念，由此可直接总结其特征：

1. 绿色经济具有宽泛性

首先，绿色经济的内容广泛。"绿色"已超越了它的原始词义，不仅仅局限于"绿色植物"的范畴。绿色经济也不再局限于某一个产业或社会生产的各个部门，还包括了社会生产的各个环节。凡是在生产、消费、分配、交换的各个环节上节约了资源、减少了污染、保护了环境的经济，都可以称之为绿色经济。其次，绿色标准的起点不高，允许度的范围相对较宽。它强调要在经济发展中节约自然资源、改善生态环境。虽然有定量的标准，但又不是绝对要求"零"排放"零"污染，它强调经济发展要以自然资源节约和环境保护为基础，强调了社会的发展要实现经济社会生态效益的兼顾与同一，但兼顾的度没有非常严格的要求，强调经济发展要考虑到经济与自然、环境的关系，要在协调中发展，要以可持续发展为出发点，但没有对协调度、可持续发展的目标有明确和严格的规定等等。再次，绿色方法和途径的宽泛性。对于所要求的自然资源的节约和生态环境的改善，不管用什么样的方法，采取什么样的方式，只要能达到资源节约或环境改善的目的即可。绿色经济的实现形式有的采用清洁生产的技术，有的则是在新的观念指导下，选择绿色的消费方式或生活方式等，如绿色家庭、绿色社区的建设就主要通过绿色消费方式来实现"绿色经济"目标。

2. 绿色经济具有可持续性

物质资料的生产过程并不是创造物质的过程，只是改变了物质存在形式的过程，生产过程必然耗费一定的自然资源，但自然资源是有限的，如果不加限制地滥用人类的能力，依靠科技对自然资源，特别是不可再生资源，无节制地开发，最终会造成资源的枯竭以及生态环境的恶化，给经济社会发展造成负面的影响，这是不可持续的经济发展模式。绿色经济则不同，它是以资源的节约、环境的改善以及经济与资源、环境的协调发展为核心内容的，因而是可持续的发展模式。

3. 绿色经济具有相对性

相对性有两层含义：一是指它是相对合理的经济发展模式，而不是一种绝对合理的理想化模式，它不可能做到零消耗和零污染。二是它是相对于现实，以现在为起点的"绿色"，是对现在的资源利用情况和环境状况的改进、改善。因为环境的改善和资源的节约是相对的，今天的改善与节约总是相对于昨天的情况而言的，是以一定时空下的一定标准为参照物的，是超越了现有的环境指标和资源消耗量指标要求的发展。这种发展虽不是一步到位的理想最优，却是相对于现状、相对于可持续发展的理想状态的次优，是现有生产能力和科技水平下的最优。

4. 绿色经济发展具有动态性

一方面，随着社会的发展和进步，人们对生活质量的要求不断提高，对环境的需求日益强烈，对环境质量的要求也会越来越高；另一方面，科技的进步和人们治理与改善环境问题手段的不断改进，将不断推动绿色经济的内容更新与发展。

二、绿色矿业经济的内涵

绿色矿业经济是一种以生态经济学原理为指导的现代矿业经济发展模式。它要求综合运用生态规律、经济规律和绿色技术体系，在宏观上，促进矿业系统、生态系统、经济系统相结合，协调矿产资源开发利用过程中的生态、经济和技术关系，促进绿色矿业经济系统的人才流—物质流—能量流—信息流—价值流的科学运转，系统的稳定、有序和协调发展。发展绿色矿业经济，建设绿色矿山是基础。

绿色矿业经济的基本特征是节能减排，废弃物多层次循环利用。按科学、低耗、低排放和高效的原则，合理地开发利用矿产资源是其基本的前提，在矿业系统内实现资源的多层次循环和综合利用，在使能量转换和资源循环利用效率达到最大化的同时，使生态环境受到最小的损害，并使经济效益达到最优。

实现绿色矿业经济的目标，就是要在矿产资源开发利用的全过程中，将对环境的扰动控制在环境自身可承载范围内，通过绿色技术体系的运用，不断降低可利用的矿石品位；通过区域勘查和深部勘查，扩大资源储量，延长矿山服务年限；通过技术创新和产业结构调整，使矿山得到新生，研究制定矿山闭坑规划，使用生态恢复与复显技术，监管土壤的生态恢复和土地利用状态，从而实现环境友好、资源可持续利用，达到经济、社会和生态效益共同提高，实现人与自然和谐发展。

由此，绿色矿业经济的发展模式，是以生态经济学理论和方法为指导，使用绿色技术体系所建立起来的，以清洁生产、节约资源、废弃物多层次循环利用和低碳化为特征的，以矿业为产业集群主体的，在环境扰动量不大于区域环境容量及其自净能力的前提下，实现矿产资源的最优化配置和生态环境影响的最小化，以满足社会经济发展需要、人类生活水平得到提高为最终目标的矿业发展模式。

三、矿业经济绿色发展模式的特点

绿色矿业不是简单地把矿山环境进行绿化，而是指矿山企业从资源的开采、运输到综合利用全生产过程都贯彻科学和环保理念，要通过调整生产工艺，优化生产布局，开发与应用新技术、新设备等手段，实现资源效用的最优化，是一种对人类的社会环境和自然环境不产生有害影响的洁净生产模式。与传统矿业相比，绿色矿业经济具有以下特点：

（一）追求绿色经济目标

传统矿业经济发展模式的唯一经营目标就是经济效益、企业利润的最大化。只要在最短期获得矿产资源，并能实现资源产量最大化、收入增加，什么方式都可采用，忽视了对社会和生态环境所造成的破坏，往往产生"高投入、高消耗、高污染、高排放"的局面，导致矿产资源短缺、资源浪费、环境污染等一系列难以治理的负外部性。绿色矿业经济兼顾了生态效益、社会效益和经济效益，在社会、生态和经济综合系统的共生原理、长链利用原理、循环利用原理、价值增值原理等生态经济理论和方法指导下，运用绿色技术体系，对矿产资源进行绿色开采，循环化和低碳化利用，使各种矿产资源、相关类型的绿色矿山相互依存，形成共生的网状生态矿业链，形成以矿业为主体的绿色产业集群，实现矿业经济绿色发展。

（二）产业结构和布局的系统化

由于只注重矿业生产的经济效益、生产利润，在经济发展过程中，导致各资源型地区产业结构趋同、产品趋同、产业布局相对集中，与区域生态系统、自然结构、矿山环境不相适应，矿产资源开采过度、浪费严重、环境恶化，不利于矿产资源的最优化配置和有效利用。绿色矿业经济系统，应该是一个开放的经济系统，在整个绿色矿业经济系统中，通过人才、物质、信息等合理的流动、转换和增值过程，达到产业结构和产业布局的系统化，并与其所处的生态系统、自然结构和矿山环境相适应。

（三）绿色矿业生产模式

传统矿业普遍存在单一矿产品的生产加工模式，实行的是"矿产资源—矿产品—废弃物"的单向线性流动，这样既有利于生产周期的缩短，提高矿产品的产出率，又有利于短期内获得最大的经济效益。而绿色矿业经济发展模式，是采用"资源—产品—再生资源"的反馈式流程，按照循环经济的 3R（减量、再用、循环）及低碳化原则，减少矿石开采量，强化共生伴生组分的回收，提高尾矿废渣的利用率，使矿产资源得到最大限度的利用，减少矿业开发对环境的影响，缓解经济与社会和环境的冲突。同时，矿业本身可使矿产资源得到部分循环利用，但不可能将采选冶的代谢产物消化吸收，它所产生的大量废物只能依靠其他产业作为消费者，才能构成连续的工业食物链。矿业可以通过延长产生链和横向树枝状拓展来营造自身的消费者，然而通过区域经济统筹规划，使矿业与农业、工业、环保业、旅游业相互耦合，组成经济网络，是节省投入、降低成本、保护环境等多方受益的重要选择。

四、矿业开发与经济发展的关系

对于矿业开发与经济发展的关系，国内外许多专家进行过研究。1999 年 A. W. 克拉格在详细论述矿产资源开发过程中企业所具有的核心价值的基础上，从理论上论证了采矿活动、环境、社会与经济之间具有完全的兼容性。Preston S. Chiaro 指出，目前所有的矿业公司面临的挑战是如何"既能获利性地为社会提供矿产品，又能保护环境和社会福利，而这些环境和社会福利是社会经济发展所必需的"。Morrison，Lisa 指出矿产资源型企业在经营过程中必须处理好几个方面的关系：首先要多倾听股东意见，并提供足够多的投资回报和收益；其次是经营好矿业，实现资源的最优化配置；最后就是治理、恢复和保护矿区生态环境，并在后继的经营中给予补偿，这从另一个侧面说明了绿色矿业的基本内涵。俄罗斯诺里可斯克镍业公司首席执行官丹尼斯·莫洛佐夫认为，作为采矿者，我们有责任为世界经济供应充足的原材料，以支持经济增长并不断提高人们的生活水平。澳华黄金有限公司首席执行官杰克·科林认为，拓展矿业一定要考虑资源的充分利用、环境的保护、员工的培训和发展以及当地的经济社会发展。Douglas C. Yearley 指出，矿产资源型企业必须适应和创造一种新的经营方式，通过这种方式，在政府、周边组织以及民间社会群体的共同努力下，实现矿业经济的可持续发展。因此，建设绿色矿山，发展绿色矿业，是实现矿业经济可持续发展的新模式。

第三节　矿业经济的历史演进

一、绿色矿业的历史演进

世界发达国家对绿色矿业与可持续发展问题的认识和发展也经历了一个由感性认识不断深化为理性认识的过程，具体可概分为四个阶段。

第一阶段，第二次世界大战前的 19 世纪。英、美等西方国家认为"绿色矿业"要素就是矿山环境。"绿色矿业"的概念仅仅停留在单纯的对矿区植被的保护，以及对矿区周边环境的美化上。在认识程度上，还处于一个较为简单的感性阶段。

第二阶段，"二战"以后至 1979 年。经济社会急速发展，人类社会对自然资源的消耗速度前所未有，由于供需失调出现了石油危机。一些有识之士指出，"地球的资源，特别是能源、矿产资源等是有限的，因此，提高资源的利用率应该被列为重要的研究课题"。此时的"绿色矿业"概念已经从单纯的植被保护、环境美化延伸至"资源的节约与综合利用"。

第三阶段，1980—1991 年。这一阶段世界经济空前发展，人口增长与资源短缺和环境恶化的矛盾日益严重，越来越成为制约世界各国发展的重要问题。工业文明对地球的污染与破坏已经引起了全人类的重视。在这个大背景下，1980 年国际自然保护联盟受联合国环境规划署的委托制定并发表了《世界自然资源保护大纲》，明确提出了"可持续发展"的概论。1987 年 4 月，世界环境与发展委员会发表了《我们共同的未来》的研究报告，将可持续发展定义为："既能满足当代人的需要，又不对后代人满足其需要的能力构成危害的发展。"

第四阶段，1992 年至今。1992 年 6 月，在全球人口膨胀、资源短缺和环境恶化这三大问题进一步突出的大背景下，联合国在巴西里约热内卢召开的"环境与发展大会"上通过了以可持续发展为核心的《里约环境与发展宣言》（简称宣言）、《21 世纪议程》等文件。文件继续重申了可持续发展的重要意义和内涵。时任总理的李鹏同志代表中国政府在《宣言》上签了字。在《宣言》和可持续发展理念的影响下，各国的绿色矿业逐渐形成了包含节约资源、节能减排、低碳生产、环境保护、社区与企业和谐发展等诸多方面的复杂系统工程。

二、中国绿色矿业的提出

中国绿色矿业概念的提出与形成经历了一个漫长的过程，大体也可分为四个阶段。

第一阶段，1982—1988 年。这一阶段提出要解决的主要问题是矿产资源的合理开发与节约利用问题。1982 年 3 月 8 日，针对矿产资源开发利用过程中无序开采和损失浪费严重情况，中央书记处在讨论地质部机构改革情况时，决定赋予地质部履行对矿产资源开发监督管理的职能。1983 年全国人大常委会决定将地质部更名为地质矿产部，并增设矿产开发管理局，作为部的内设机构具体负责监督管理矿产开发过程中的资源节约与保护工作。这个时期，强调在矿产资源战略方面实行"开源与节流并重"的方针，认为"找矿是开源，管理监督是节流，从节流这方面发挥作用，同样可以为社会增加财富，延长矿山服务年限。一个开源、一个节流，两个方面都是不可缺少的"[1]。1986 年 3 月 19 日由六届全国人大常委会第十五次会议通过了《中华人民共和国矿产资源法》。《矿产资源法》要求对矿产资源进行综合勘查、综合利用，对提高资源综合利用率提出了明确要求。

第二阶段，1988—2000 年。在重视资源节约保护的同时，矿山地质环境治理与生态建设被提上日程。1992 年，李鹏同志在巴西召开的联合国环境与发展大会上代表中国政府在《里约环境与发展宣言》上签字。中国各行业更加重视环境与可持续发展问题。1996 年 3 月第八届全国人大第四次会议将可持续发展战略和科教兴国战略作为国家当前和长远发展的两大战略。矿业行业也开始采取措施把可持续发展作为一项重大战略来加以贯彻实施。2000 年，在河南郑州召开的第三届中国矿业城市发展论坛明确提出"正确处理开源与节流的关系"，"正确处理矿业开发与环境保护的关系，既要开发利用矿产资源，又要保护资源与环境，实行开发与保护并重的方针"[2]。

第三阶段，2001—2006 年。这一阶段提出了"绿色矿城战略"，把建设"花园式矿山"和"绿色矿山"提上日程。2001 年，在安徽淮南召开的第四届中国矿业城市发展论坛指出，矿业行业"自 1988 年以来开始重视矿山地质环境的整治、矿区土地复垦和生态重建，如唐山、淮北、邹城、平朔等地创建了若干个示范园区，但全国的矿区土地复垦率仅为 12%，远低于一般发达国家

---

① 朱训. 矿业文集 [C]. 北京：中国大地出版社，2012：55.
② 朱训. 矿业文集 [C]. 北京：中国大地出版社，2012：235，237-238.

50%以上的水平"①。针对矿业城市因矿业发展造成的环境问题，会议提出把建设"绿色矿城"作为矿业城市转型的一个目标，会议还提出"绿色矿城战略"的主要任务是科学规划城市建设，力求布局合理、整齐美观，防治地质灾害，及时治理三废，保护土地、大气和水体；加强生态建设，搞好园林绿化；加强清洁卫生等城市管理。2003年，胡锦涛同志提出了以人为本，树立全面、协调、可持续发展的科学发展观，强调人与自然的和谐发展。这是中国共产党的重大战略。2004年，在辽宁阜新召开的第六届中国矿业城市发展论坛提出了建设矿山地质公园问题。会议认为发展旅游业是矿业城市转型变单一矿业经济城市为多元经济城市的有效途径之一。此期间，大同、个旧、抚顺、焦作和阜新等一批矿业城市都已经或着手筹备将废弃矿山、矿地、矿井建设成为矿山公园，作为新的旅游景点和进行爱国主义教育的基地。2005年，在白银召开的第七届中国矿业城市发展论坛提出了要依靠科技进步、管理加强与观念创新，转变经济增长方式，发展循环经济，优化产业结构等多种渠道来保护生态环境。并在开发过程中，严格执行"在保护中开发、在开发中保护"的方针，对破坏了的土地要尽可能地及时复垦，对废渣、煤矸石、废水、废气等衍生资源要通过发展循环经济加以利用，对出现的地质灾害要及早治理，对破坏了的生态环境要抓紧恢复与建设，把矿山建设成为绿色矿山，把矿业城市建成绿色园林式城市，实现人与自然的和谐共处。②

第四阶段，2007年至今。这一阶段正式明确提出了"发展绿色矿业"问题。2007年，时任国土资源部部长徐绍史在中国国际矿业大会上，针对当前矿产资源开发利用模式仍然比较粗放，矿山环境问题比较突出，不能完全适应经济社会发展的新要求，发出了"发展绿色矿业"的倡议。2009年，国家发展改革委员会、国土资源部联合发布的《全国矿产资源规划（2008—2015年）》提出了发展"绿色矿业"的明确要求，并确定了"2020年基本建立绿色矿山格局"的战略目标。随后，中国矿业联合会制定了《中国矿业联合会绿色矿业公约》，要求从根本上实现资源合理开发利用与环境保护协调发展。2009年，李克强总理在给中国国际矿业大会致信时，指出发展绿色矿业和循环经济，提高资源开采和利用效率，为促进世界可持续发展做出新贡献。2012年，党的十八大报告提出大力加强生态文明建设，着力推进绿色发展，为发展绿色矿业注入了新的发展理念和内涵，成为发展绿色矿业最具现实意义的纲领性指导原则和动力。

---

① 朱训. 矿业文集 [C]. 北京：中国大地出版社，2012：244.
② 朱训. 矿业文集 [C]. 北京：中国大地出版社，2012：288.

表 0-1　绿色矿山发展大事记

时间	事件
2007 年 11 月 13 日	中国国际矿业大会在北京召开,时任国土资源部部长徐绍史在会上提出"发展绿色矿业"的倡议。目的在于从根本上转变发展方式和经济增长方式,真正实现资源合理开发利用与环境保护协调发展。
2008 年 11 月 25 日	中国矿业循环经济论坛在广西南宁举行,中国矿业联合会与 11 家大型矿山企业倡导发起签订《绿色矿山公约》,得到许多矿山企业的广泛肯定和积极响应。
2009 年 1 月 7 日	国家发改委、国土资源部联合发布了《全国矿产资源规划(2008—2015 年)》,提出了发展"绿色矿业"的明确要求,并确定了"2020 年基本建立绿色矿山格局"的战略目标。
2009 年 1 月 20 日	中国矿业联合会四届五次常务理事上,为坚持科学发展观,规范企业行为与加强行业自律,推进绿色矿业,构建资源节约型、环境友好型社会,通过了《中国矿业联合会绿色矿业公约》。
2009 年 10 月 20 日	中国国际矿业大会在天津召开,时任国务院副总理的李克强同志致信大会,要求推动科技创新,发展绿色矿业和循环经济,提高资源开采和利用效率,为促进世界可持续发展做出新贡献。
2009 年 11 月 8 日	以"绿色矿山"为主题的"2009 年中国矿业循环经济论坛"在烟台举办。在论坛上,国土资源部规划司负责人表示,将积极推进绿色矿山建设试点和建立标准体系、研究出台相关鼓励支持政策。
2010 年 5 月 13 日	中国矿业联合会发布中国矿山企业《2009 年社会责任报告》。明确要求:继续坚持"节约资源、保护环境"的要求,积极推进绿色矿山建设;保障"安全生产",积极促进矿山与社区的和谐。
2010 年 8 月 13 日	国土资源部发布了《国土资源部关于贯彻落实全国矿产资源规划发展绿色矿业建设绿色矿山工作的指导意见》,这是第一次以官方文件的形式提出建设"绿色矿山"的明确要求。
2010 年 9 月 5 日	"2010 中国矿业循环经济论坛"主题为"绿色矿山建设,资源综合利用"。主要内容之一是宣传创建"绿色矿山"的重要意义。

续表

时　间	事件
2010 年 9 月 15 日	国土资源部鞠建华就"发展绿色矿业建设绿色矿山"有关问题答记者问，进一步明确了"绿色矿山"的概念。
2011 年 3 月 19 日	国土资源部公布了首批"绿色矿山"试点单位名录，同煤大唐塔山煤矿有限公司等 37 家单位上榜。
2011 年 7 月 18 日	中国地质科学院、中国地质大学、中国矿业联合会联合颁布《国家级绿色矿山建设规划技术要点和编写提纲》。
2011 年 11 月 21 日	中国矿业联合会召开第五次会员代表大会，主题为"资源可持续利用促进经济社会的可持续发展"，给首批"绿色矿山"企业授牌。
2012 年 4 月 18 日	国土资源部公布第二批"绿色矿山"试点单位名录，共 183 家单位为第二批国家级绿色矿山试点单位。
2012 年 6 月 14 日	国土资源部发出通知，到 2015 年，建设 600 个以上试点矿山，形成标准体系及配套支持政策措施；2015—2020 年，全面推广试点经验。
2013 年 2 月 28 日	国土资源部公布第三批 239 家国家级绿色矿山试点单位名录。
2013 年 9 月 24 日	国土资源部要求各地组织申报第四批国家级绿色矿山试点单位。截至此时，我国共有 489 家绿色矿山试点企业。

资料来源：王斌. 我国绿色矿山评价研究 [D]. 中国地质大学，2014.

三、可持续发展的提出成为矿业经济绿色发展的理论基础

生态环境问题正在不断扩大和加剧，直接威胁着人类的身体健康和生态系统安全，其影响具有长期性和广泛性，不但危及人类当前的生存与发展，而且关系到人类未来的可持续发展。1987 年，世界环境与发展委员会在《我们共同的未来》中指出，"在过去我们关心的是经济发展对环境带来的影响，而我们现在则更迫切地感到生态的压力，如土壤、水、大气、森林的退化，对我们经济所带来的影响。在不久以前我们感到国家之间在经济方面相互联系的重要性，而我们现在则感到在国家之间的生态学方面的相互依赖的重要性，生态与经济从来没有像现在这样互相紧密地连接在一个互为因果的网络之中"，进而提出可持续发展思想。1992 年，联合国又召开了地球会议——环境与发展大会，表明了人类对自身行为的反思和对未来发展方向的一种企盼，进一步完善了可持续发展的思想，而且提出了 21 世纪人类可持续发展的行动纲领——《21 世纪议程》。在环境与发展大会的推动下，可持续发展思想日益普及，一

场社会、经济、环境和科学领域的生态革命正在各国悄然兴起，可持续的行动计划正在全球每一个角落推行，成为人类共同追求的目标。

可持续发展的确切定义为"满足当代人的需求又不损害子孙后代需求的发展"（1987年）。可持续发展的思想彻底否定了工业革命以来那种"高生产、高消费、高污染"的传统发展模式和"先污染、后治理"的路径。环境与发展不可分割，要保护地球生态环境、实现可持续发展，必须建立新的全球伙伴关系，对环境与发展进行综合决策。要促进发展，就必须同时考虑环境保护与治理，而环境污染问题的根本解决，也必须通过经济的发展，在发展过程中加以解决。

实现可持续发展战略的关键在于综合决策机制和管理机制的改善。可持续发展要遵循的基本原则包括：公平性原则、可持续性原则、共同性原则。在这样的原则前提下，可持续发展对策主要有：（1）以经济建设为中心，加强可持续发展能力建设，提高人口素质、改善人口结构；（2）因地制宜，有步骤地推广可持续农业技术，重点开发清洁煤技术和矿业循环经济技术；（3）大力发展可再生能源和清洁能源，调整产业结构与布局，推动资源的合理利用；（4）大力推广清洁生产工艺技术，努力实现废物产出最小化和再资源化；（5）组织开发、推广重大环境污染控制技术与装备。可持续发展的重要标志是资源的永续利用和良好的生态环境。自然资源的永续利用是实现社会经济可持续发展的物质基础。要保护整个生命支撑系统和生态系统的完整性，保护生物多样性；解决水土流失和荒漠化等重大生态环境问题；保护自然资源，保护资源的可持续供给能力，避免侵害脆弱的生态系统；发展森林和改善城乡生态环境；预防和控制环境破坏及污染，积极治理和恢复已遭到破坏及污染的环境；同时积极参与保护全球环境、生态方面和国际合作活动，逐步使资源、环境与经济、社会的发展相互协调。

总之，可持续发展是一种发展思想和发展战略，从本质上说，它是人类发展模式的一次历史性转变，直至成为社会发展的总体战略。可持续发展的内涵已扩展至人口、环境、资源、社会经济等各个方面，当然，也成为矿产开发与矿区生态环境协调发展的理论基础。

第四节　我国矿业经济绿色发展的现实意义

结合本章上述，从循环经济到低碳经济再到绿色经济，体现了世界各国对经济发展方式转变的重视程度，而从矿业经济到矿业经济绿色发展，也体现了我国对矿业经济发展模式转变的重视。当下学者们对于矿业经济绿色发展的相关研究较少，由此，着手这一领域的研究具有开创性的理论指导意义。实现矿业经济绿色发展的以绿色技术体系为基础，以环境改善为条件，实现矿业经济、矿山环境和社会相协调的经济形态，并将绿色发展的要求贯彻到市场主体在生产原材料的选择、加工过程中的每道生产工艺、成品销售的每一个环节中等，无疑有着非常深远的现实意义。

一、基于矿业经济角度

矿业是国民经济的重要支柱产业，为国家建设提供了能源和原材料。多年来，矿业领域的改革既是热点更是难点，党中央、国务院及国土资源部等相关部门不断推出深化改革的新举措，保证我国矿业行业的持续稳定发展。

然而，随着改革的不断深入，矿业领域的深层次矛盾也在逐步显现。比如，如何正确处理生态保护与矿业开发二者的关系，把"在保护中开发，在开发中保护"落到实处，真正破解"开发过度、保护不够"的难题；如何把矿业开发与精准扶贫有机结合起来，通过矿业开发来带动和促进贫困地区脱贫解困奔小康；再比如，如何通过推进矿业权改革，既维护矿产资源国家所有者权益，体现公平、公正、公开原则，激发矿业市场活力，又使矿产资源管理更加规范有效，调动地方政府监管的积极性和矿山企业依法依规开采、自觉保护生态环境的主动性；如何通过深化资源税改革，来有效发挥其组织收入、调控经济、促进资源节约集约利用和生态环境保护的作用；如何通过简政放权、放管结合、创新管理方式，来营造公平竞争环境，减轻矿山企业负担；等等。由此，解决好矿业经济领域的深层问题意义重大。

此外，目前第三轮矿产资源规划编制工作已经启动，需要通过规划，落实生态文明建设要求，将绿色矿业发展作为本轮规划的重要理念贯穿始终，按照到2020年全国绿色矿山格局基本形成的目标要求，对"十三五"时期我国绿色矿山建设工作做出总体规划部署。加快推进国家级绿色矿山试点单位规划建设评估工作，对4批国家级绿色矿山试点单位按照绿色矿山建设规划的部署进行评估，对于达到国家级绿色矿山基本条件要求的矿山，确定其为国家级绿色矿山，对于达不到基本条件要求的，继续开展建设。此外，鼓励矿山企业从自身实际出发，制定绿色矿山建设和发展规划，明确目标任务、进度和措施，加快建设步伐，推进绿色矿业向纵深发展。《全国矿产资源规划（2016—2020年）》的编制，预示着新一轮规划以创新、协调、绿色、开放、共享的发展理念统筹矿产资源勘查开发利用与保护各项任务，一是明确全面建成小康社会资源安全供应的部署安排；二是明确新常态下推进矿业经济持续健康发展的重大举措；三是明确加快推动矿业转型和绿色发展的主要任务；四是明确积极促进矿业开放共享发展的重大政策；五是明确全面深化管理改革增强矿业发展活力与动力的总体思路。

二、基于绿色发展角度

我国经济发展进入新常态以后，一方面，矿产资源需求总量保持高位状态，战略性矿产的重要性上升到新的高度；另一方面，生态环境约束日益趋紧，矿产资源开发的可容纳空间越来越小，绿色发展已经成为时代发展的要求。从当前来看，绿色发展的核心思想是要保护人类赖以生存和发展的自然资源基础，努力实现自然资源的可持续利用。要保护好自然环境，努力实现自然环境的优美；要保护好生态系统，努力实现生态系统的持续稳定和服务功能增强。简言之，绿色发展就是以资源节约、环境友好、生态保育为主要特征的发展，其中包括理念、路径和模式。

此外，推进绿色转型发展离不开政府的强有力推动，而政府的推动在相当大程度上依赖于财政手段。"绿色财政"，简而言之就是支持资源节约、环境友好和生态保育的财政。其中首要的是推进财政绿色转型，绿色税收又是绿色财政的重要组成部分。

三、基于矿业绿色发展角度

矿业绿色发展是一种尊重自然，遵循自然资源价值规律、遵循市场经济规律的新理念，是在"保护中开发、开发中保护"努力实现矿产资源可持续利用、矿业经济可持续发展的路径选择。矿业绿色发展要上升到发展方式的绿色化，用制度创新优化矿产资源配置，用科技创新提高矿产资源利用水平，用"协调"找到矿业发展的合理定位，用"开放"打通"两种资源、两种市场"，用"共享"激发矿业市场活力，最终实现"创新、协调、绿色、开放、共享"新发展理念下的矿业绿色发展。

有学者认为，制约矿业绿色发展的主要问题是"粗放"的矿业发展方式——"有水快流"的思维惯性。如 20 世纪 80 年代中期，实行"大矿大开，小矿放开，有水快流"的政策，统筹规划欠缺、开采工艺落后、千军万马乱挖滥采，导致资源破坏、环境污染、行业腐败等一系列乱象。还有一些地方过度陶醉于自然资源优势，固化于产业链的低端，致使产业结构单一，生态环境压力加大。

我国的绿色发展其实也源自国内外、主客观方面的压力。从国内看，最大的压力就是包括水、土地、能源和生物等在内的自然资源的强约束压力；其次是包括大气环境、水环境、土壤环境在内的自然环境的强约束压力；还包括生物多样性下降、水土流失、湿地萎缩、河流断流等在内的生态系统退化的巨大压力。从国际上看，我国承受着国际贸易摩擦、国际绿色壁垒等多方面的压力。从主观角度来看，我国老百姓的生活水平普遍提高，对包括天蓝、地绿、水清、景美的美好生活的向往与日俱增，这无疑会给政府形成绿色发展的内在压力，当然也是推进绿色发展的强大动力。

中国绿色转型发展不可能是一帆风顺的，进程中的阻力也是显而易见的。目前，我国关于支持绿色矿山建设和绿色矿业的配套政策还不够完善，涉及面较小，支持力度有限，税费、财政、资源配置、矿业用地等政策支持缺乏或落实不到位，绿色矿山建设的长效机制还未有效建立。从目前及今后一个时期来看，我国绿色转型发展的阻力主要体现在发展理念滞后，绿色发展基础能力缺欠，特别是科技支撑能力、基础设施较为滞后等方面。新形势下，矿业实现绿色转型也面临着新的难题、新的要求。而制约矿业绿色发展的主要问题，是现行的法律法规存在诸多尚待解决的问题。由此，促进矿业绿色发展，先行的、基础的是制度设计和政策引导。

四、基于矿山环境保护的角度

矿山地质环境是生态环境的重要组成部分。国土资源部高度重视矿山地质环境恢复和综合治理，"十二五"期间，一方面开展历史遗留矿山地质环境的治理恢复，另一方面进行新建、生产矿山的地质环境保护制度建设，初步形成了"新老矿山地质环境问题"统筹解决的新局面。绿色矿山建设全面完成阶段性目标，形成典型模式，助推绿色矿业深入发展。针对建设绿色矿山和生态保护修复的问题提出的思路是，以生态功能保护与修复为主导，开展试点示范。

矿业是经济发展的基础，在经济发展过程中，一方面提供了大量必不可少的基础原材料；另一方面，由于资源的不合理开发利用而导致的矿山污染问题逐渐增多，破坏了固有的生态环境。矿区典型疾病频发，地下及地表水受到不同程度的污染，山体滑坡、泥石流、土壤贫化等事件时有发生。因此，系统地处理矿产资源开发利用、生态环境及区域经济发展之间的关系具有十分重要的意义，而建设绿色矿山，发展绿色矿业，实现矿业经济绿色发展，是协调可持续发展的必由之路。

五、基于矿业领域国际发展合作的角度

一方面是拓展矿业领域国际交流。"十二五"期间，国土资源系统深入开展国土资源国际合作，在参与国家总体外交、拓展国际合作网络、支撑国土资

源业务、完善国际合作平台、加强国际科技合作、推动引智和培训、健全外事管理制度等方面开展了大量的工作，为服务国家开放合作大局和支持国土资源事业发展做出了积极贡献。另一方面是进一步提高科技创新与国际合作水平。新一代中国地层表正式发布，深部地质与构造研究领域取得新进展，提出了岩溶作用成矿新模式。发布实施地质矿产国家标准 13 项、行业标准 91 项，并充分利用中国国际矿业大会等国际合作平台，加强与美国、俄罗斯、蒙古、东盟、非洲、联合国教科文组织等在地质矿产领域的合作。当前，地质找矿和矿产资源管理工作面临新的挑战和机遇，需要主动适应新的形势变化，根据生态文明建设要求，不断深化矿产资源管理制度改革，加快提升地质资料的服务水平，激发市场活力，着重发挥科技支撑作用，进一步促进矿业健康发展。

综上所述，我国矿业经济绿色发展的重要性与紧迫性已非常明显。我国在加速工业化、城镇化、市场化、国际化发展过程当中，资源约束趋紧，矿产资源供需矛盾日益突出，大宗、战略性矿产资源短缺，对外依存度很高；煤炭等战略性资源人均占有量少；矿产资源的开发导致的环境污染严重，生态系统退化。绿色矿山建设和绿色矿业发展，是联系矿产资源开发与经济社会发展的纽带，是矿产资源领域落实生态文明战略的重要平台和抓手，包含了资源节约、环境优化、社会和谐等多个方面内容，也包含了体制机制改革创新的内容。新时期的矿产资源管理工作，要将绿色矿山建设和绿色矿业发展放到新的战略高度，着力加强规划统筹、有偿使用、行业准入和监管服务，深化矿产资源管理制度改革创新，构建完善绿色矿业发展运行机制和管理制度，以矿产资源利用方式的转变倒逼经济发展方式转变，促进矿业领域生态文明建设，做到"既要金山银山，也要绿水青山"。

第一章 矿业经济绿色发展的理论概览

矿业是我国国民经济发展的基础，为经济的高速发展提供大量必不可少的基本原料。同时，开采方式的粗放也给我们赖以生存的自然环境带来诸多的负面影响。例如，矿产资源浪费、矿山环境污染等问题逐渐凸显，并引起了全社会的广泛关注。在已接近或超过资源环境的容量及其自净能力的情况下，寻求经济与环境系统的相互协调的绿色发展模式已是一条必由之路，矿业经济绿色发展应运而生。

发展绿色矿业，建设绿色矿山，以循环、低碳为基本方式，理顺矿产资源开发与环境保护之间的关系，构成了绿色矿业经济发展模式的理论基础。建设绿色矿山，发展绿色矿业经济，离不开相应的理论指导，而相关的研究目前尚不完全。由此，基于循环经济、低碳经济及绿色经济等相关概念及其内容的分析比较，根据相应的外部性理论、产权交易理论和产业生态学理论视角，界定并分析绿色矿业经济及其特点，有利于为绿色矿业经济模式的研究打下基础。近年来，我国矿产资源等自然资源领域的改革备受关注，关于如何推动我国矿业经济、实现更高更深层次的发展，已成为重要的研究课题。

第一节 矿业经济绿色发展理论的演变

矿业经济绿色发展的提出，与循环经济、低碳经济及绿色经济等概念的产生与演变有重要的联系。

综合运用资源产业经济学原理，张象枢等人分析了绿色经济发展的理论基础，并指出，在国民经济体系中，只有同时拥有顺向和逆向产业时，经济系统才能实现良性循环以及可持续发展；在具体的生产和消费过程中，产业绿化的过程，实质上就是在自然资源利用最大化、环境污染最小化的约束条件下，努力实现经济效益的最大化。鲁明中等人则认为，物质代谢理论、物质循环理论、物质平衡理论、生态经济系统演化理论、产品周期理论等理论的综合，才是绿色经济发展的理论基础。由于矿业的特殊性，以西方主流经济学为基础，从各国发展绿色矿业的实践来看，指导绿色矿业经济发展的理论基础主要包括外部性理论、产权交易理论和产业生态学理论。

一、循环经济理论

循环经济和低碳经济的融合，形成绿色经济。受赫尔曼·戴利的"稳态经济理论"以及肯尼斯·博尔丁的"宇宙飞船经济思想"启发，戴维·W. 皮尔斯（David W. Pearce）和 R. 凯利·特纳（R. Kerry Turner）在 1989 年建立了正式的模型，该模型被命名为"循环经济"（Circular Economy）。在他们看来，相对独立的经济系统和自然生态系统，其实质是合二为一的，共同组成生态经济大系统。一般说来，在人类、自然资源和科学技术的大系统内，在资源的投入、生产过程、消费及副产品（废弃物）产生的全过程中，如果要把传统资源消耗的线型经济增长方式，转变成生态型资源经济增长方式，就必须实行循环经济。因此，作为一种新的经济形态，循环经济的主要特征就是：节约型经济和生态型经济的高度结合。1996 年，《循环经济和废弃物管理法》在德国颁布。1998 年，我国引进了德国的"循环经济与废弃物管理"理念，在实践层面上，将"3R"原则确立为循环经济的核心操作原则。与传统经济理念相比，循环经济表现出以下特征，即"减量化（Reduce）、再利用（Reuse）、再循环（Recycle）"；也有学者以"4 可"或"4R 原则"概括，即"可回用（Reuse）、可循环（Recycle）、可回收（Recovery）、可再生（Renewable）"。我国循环经济理论还坚持了减量化优先的原则。2000 年，日本颁布了《循环型社会形成推进基本法》和若干专门法，通过抑制废弃物的产生、资源的循环利用等措施，减少对自然资源的消费，进而减轻对环境的压力。欧盟各国，美国、澳大利亚和加拿大等国也在 20 世纪最后十年相继出台了包装废弃物的回收、再生利用等办法。2009 年 1 月 1 日，我国《循环经济促进法》正式实施，这标志着循环经济在中国正式"上路"。

循环经济是一种新的生产方式，它建立在物质不断循环利用基础上，是一种把经济规律与生态学规律结合起来，指导人类社会发展的生产方式；是一种以"减量化、再利用、再循环"为资源配置原则，以资源的循环利用与高效利用为核心，以节能减排为基本特征的一种经济发展模式。从技术角度上看，通过循环经济，使物质流—能源流—信息流—人力资源流有机地结合并循环运行起来，将传统的线性单向开放的流动模式——"资源开发—产品生产—废物排放"转变成"资源开发—产品生产—废物再生资源"的闭环型、复合的流动模式。从经济和成本效益的角度上看，循环经济的本质在于：以资源消耗的最小化以及环境扰动的最低化，实现经济效益、社会效益和环境效益相协调的最优化生产方式，这就是落实科学发展观、实现可持续发展的一种经济模式。在国际上，循环经济的理论研究和实践应用在发达国家如德国、日本、丹麦、加拿大等国，都得到了很好的发挥。

二、低碳经济理论

为应对全球气候变暖对人类生存和发展带来的严峻挑战，转变经济增长方式，低碳经济应运而生。低碳经济首先由英国在《我们未来的能源——创建低碳经济》白皮书中提出。作为一种应对全球气候变暖的战略和对策，联合国在环境日提出"转变传统观念推行低碳经济"。由此，低碳经济概念被全球所接受。所谓低碳经济是指综合运用碳捕获与碳埋存等技术，最大限度地减少煤炭和石油等高碳能源消耗，以低能耗、低污染、低排放为基本特征，在世界范围内实现温室气体控制目标，减少温室气体排放。这是当代社会应对气候变暖最有效的经济方式，也是人类社会继农业文明、工业文明之后的又一次重大进步。其核心是要通过能源技术和减排技术创新、产业结构和制度创新，尽可能最大限度地减少温室气体排放，减缓全球气候变暖，改善生态系统的自我调节能力，转变人类生存和发展观念，实现经济社会的能源高效利用、绿色发展与可持续发展。

三、绿色经济理论

绿色经济最早见于 1989 年英国环境经济学家皮尔斯的《绿色经济蓝图》一书中。该书指出，所谓绿色经济就是"人们在社会经济活动中，通过正确地处理人与自然、人与人之间的关系，高效地、文明地实现对自然资源的永续利用，使生态环境持续改善和生活质量持续提高的一种生产方式"。在联合国2007 年的巴厘岛气候会议上，联合国秘书长指出："人类正面临着一次绿色经济时代的巨大变革，绿色经济和绿色发展是未来的道路"；"绿色经济正在对发展和创新产生积极的推动作用，它的规模之大可能是自工业革命以来最为罕见的"。2008 年，为应对金融危机和气候危机，美国通过了《美国清洁能源安全法》，积极推行"绿色金融"和"绿色新政"。英国在 2009 年 7 月颁布了《英国低碳转换计划》，将把英国打造成绿色制造业和世界绿色能源中心，发展绿色经济作为战略目标。所谓绿色经济，就是以绿色技术体系为基础，以环境改善、实现经济效益最优为目标的一种全新的经济形态。在这一过程中，原材料的选择、加工工艺流程、半成品及成品销售等环节，都必须运用绿色技术体系，以维护人类生存环境、合理保护资源与能源、有益于人体健康。运用绿色技术体系，达到减少并治理污染、降低消耗、改善生态环境的目的。

从宏观上来说，绿色经济价值是扣除自然资源耗减价值与环境污染损失价值后剩余的国内生产总值。从微观上来说，绿色产品价值一般包括：一是内部价值，是由诸如绿色技术转让、环保设备、清洁生产设备、绿色消费品在市场的高占有率而形成的；由绿色技术开发者、绿色产品生产者等获得的价值。二是外部价值，可分为直接外部价值和间接外部价值。所谓直接外部价值，如利用高炉余热回收装置降低能源消耗，用油污水分离装置清除水污染，食用绿色食品降低了人们的发病率等，以及绿色技术体系使用者、绿色产品消费者获得的效用价值；而间接外部价值，也叫间接外溢价值，是指未使用绿色技术和产品者获得的正外部效用，是由于绿色技术的普及，使得全社会成员均能获得的效益，如干净的水，清新的空气等，这也是绿色技术承载的最高经济效用价值。

综上所述，循环经济、低碳经济和绿色经济等概念提出的时间不同，研究侧重点有所差别，但有着紧密的内在关联性，考虑了人与自然的关系和人与社会的关系，都是为了解决人类可持续发展的问题。如果说绿色经济是作为应对高碳工业化时代灰色经济的一种最适合人类生存的生态经济，那么循环经济、低碳经济就是作为以节约型和环境友好型为特征的经济方式，就是构建这种绿色生态经济的方法或实现这种环境的路径，是绿色经济可持续发展的经济方式。因此，循环经济和低碳经济是绿色经济发展的基本经济方式之一，两者的结合，就构成了绿色经济实现可持续发展的经济方式。人类经济在历经工业化、信息化之后，正在走向以绿色经济为特征的时代。除了要实现能源产业的清洁绿色，改变经济结构，加速传统产业的转型以及新产业的崛起之外，还需要全面推广循环经济和低碳经济相融合的经济生产方式。

四、脱钩理论

脱钩理论是经济合作与发展组织提出的形容阻断经济增长、资源消耗或环境污染之间联系的基本理论，以"脱钩"表示二者关系的阻断，强调在实现经济增长的基础上逐渐降低能源消费量。根据环境库兹涅茨曲线，经济的增长一般带来环境压力和资源消耗的增大，但当采取新的政策、技术，转变经济增长方式时，会出现以较低的环境压力和资源消耗换来同样甚至更加快速的经济增长，这个过程称为脱钩。"脱钩"主要分为两类：相对脱钩和绝对脱钩。前者指的是经济增长率高于环境压力增长率，绝对脱钩是指经济驱动力呈现稳定增长，但是环境压力反而减少（如图1-1所示）。

矿业经济绿色发展是将矿山资源开发利用与生态环境、资源环境和技术经济环境相互联系起来，通过完善矿业资源管理，夯实矿业资源保障基础，转变矿业经济发展方式，促进湖南省矿业资源节约高效开发利用，以最小的环境和资源代价获取最大的经济效益。矿业经济绿色发展，是矿业发展的必由之路。将脱钩理论应用于矿业经济发展的过程中，有助于衡量矿业经济效益与环境压力之间的关系，探索一条符合湖南省绿色、集约、可持续的矿业经济发展之路。

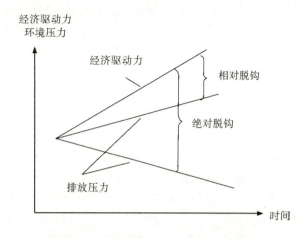

图 1-1　相对脱钩与绝对脱钩关系图

五、外部性理论

自马歇尔在 1890 年的《经济学原理》中提出外部性概念以来，特别是在工业化、城市化进程中，环境污染等问题出现并不断加剧的情形下，人们逐渐关注外部性理论，并试图用该理论来解决这些问题。西方主流经济学认为，外部性的存在导致了资源环境领域的市场失灵。因此，外部性理论是绿色矿业经济发展的重要经济理论基础之一。萨缪尔森认为，生产或消费对其他人产生附带成本或收益时，外部经济效果便发生了，该效果并没有从货币或市场交易中反映出来，此附带的成本或收益称为外部性。所谓外部性又称外部效应、溢出效应，是指人们的经济活动对他人造成的影响而又未计入市场交易成本和价格之中的行为。矿产资源型企业在生产过程中，对生态环境破坏、不可再生资源的浪费等，均导致了生产的负外部性。对于污染的外部性问题，如果每一单位的废弃物排放所带来的社会成本确定，并且生产者被要求对其外部性付费，那么废弃物排放的均衡点在排污成本和社会外部性成本相等处，便可以通过价格机制来矫正外部性问题。仅在没有外界干预的情况下，通过市场运行机制，能使交易双方的福利为最大，但不能达到社会福利的最大化。假设生产者、购买者承担所有的成本，而消费者、销售者承担所有带来的收益，或者成本—收益由交易双方共同承担，那么，在这种经济活动中，交易双方的个体福利和整个社会福利就能达到一致，由于没有任何非交易的一方受损而不会产生外部性问题。

该理论认为，资源之所以被过度利用，环境之所以遭到破坏，主要是因为资源环境具有公共物品特性，在使用过程中所产生的不良后果由社会来承担，结果是使用者所得收益大大高于其所付成本，最终造成对环境资源的滥用。解决此问题的办法便是把成本—收益完全内在化，也就是让使用者为自己的行为付费进而解决市场缺陷。而矫正负外部性问题的办法主要有政府管制、税收、补贴等手段。其中，政府管制类办法包括配额制度中的可转让排放许可证、确定排放标准以及法律行政强制手段等。如果政府想采用控制总量排放标准，但又想避免承担过高的减排成本，从经济效益的观点看，可以利用可转让排放许可证来达到上述目标。允许排污许可证交易制度创造了一种新的稀有资源——排污许可证。资源税或排放费等形式的庇古税是普遍应用的政策工具之一，主要用于矫正负外部性影响的税收。如果减排技术上很困难，企业宁肯缴排污费。补贴常被称为"反税收"工具，与税收的作用相反，起着正向激励的作用。因此，可以鼓励矿山把废气、废水等污染物的排放降至达到生态环境自有承载力的水平，实现绿色矿业经济发展。

六、产权理论

科斯（Ronald Coase）认为，外部性是因为产权界定不明确或界定不恰当而造成的，在外部性问题处理过程中，与市场失灵紧密相连的是产权，产权的分配与界定才能促进社会福利的最优化。基于这种理论的排污权交易或称为可交易许可证 TEP，有助于消除环境"公共物品"的外部性，使市场运行机制的效率得到充分的发挥。基于《京都议定书》的跨国碳排放交易，就是世界上最大的排污权交易项目，是根据该议定书中温室气体减排的"二机制"达成交易的。其中，"三机制"为"联合履行"、"清洁发展机制"和"碳减排贸易"。发达国家在率先履行减排义务的过程中，允许采取下列减排方式：针对两个发达国家之间，可以进行排放额度买卖的"排放权交易"；而针对发达国家和发展中国家之间，可实行共同减排温室气体。在 2005 年 1 月 1 日，欧盟排放交易系统正式挂牌营运，也成了现在全球最大的温室气体配额型交易市场，该交易市场涵盖并超过了 12 000 个固定源，在欧盟 25 个成员国中占全部 CO^2 排放量的 45%。因此，只要能界定产权并保护产权，随后就能产生市场交易。一旦考虑了市场交易成本，合法权利的初始界定就必然会对经济制度运行的效率产生影响；不同的产权制度和法律制度，会导致不同的资源配置效率，产权制度是决定经济效率的重要内生变量。科斯定理对在交易费用较低时通过市场机制来解决外部性问题提出了较系统的理论，具有重要的意义。斯蒂格勒将科斯定理简单地概括为：在完全竞争条件下，私人成本将等于社会成本。即只要交易费用为零，不论初始产权如何界定，都是最有效率的。如在矿产资源开发利用过程中，矿山污染了附近居民的环境，将出现如下情况：一是将环境的产权配置给居民，矿山在没有得到居民的准许下就不得排污。双方通过谈判议价方式解决外部性。二是矿山排污不受限制从而带来外部性。

综上所述，当没有外界干预的时候，即没有法律、行政、经济或者其他方面约束条件存在时，外部性问题就一定会引起市场运行机制的失灵，导致社会资源配置失效或低效率化。尤其在日益稀缺的资源、环境利用过程中，由于行业的竞争、利润的诱惑等，市场主体会选择过度开发自然资源、增加能源消耗、污染并降低环境质量、增加废弃物排放等经营对策。

七、产业生态学理论

20世纪80年代末，R. Froseh 等人在开展"工业代谢"研究时，在模拟生物的新陈代谢以及生态系统循环再生的过程中，产生了产业生态学科，并指出，一个将原材料、能源和劳动力相结合，通过转化形成产品和废物的代谢过程，就构成了现代工业生产过程。通过与 N. Gallopoulos 等合作研究，他们从生态系统角度出发，提出了"产业生态系统"以及"产业生态学"的概念。在1991年，美国国家科学院与贝尔实验室联合，首次召开了"产业生态学"论坛。通过该论坛，系统、全面地界定和总结了产业生态学的内涵、研究内容和研究方法、应用前景等，基本形成了产业生态学的相对完整的概念框架，并指出："产业生态学是对各种产业活动、产品以及环境之间相互关系的跨学科研究。"自90年代以来，产业生态学得到了非常迅速的发展，产业界、环境科学界、生态学界和产业界均纷纷介入该领域，进行了相对系统的理论、方法研究以及实践应用的探索。国际上一些龙头产业，如 AT&T, Lucent, GM, Motorola 等公司，为了推进该学科理论研究和实践，投入了巨大的物力和财力，并成立了产业生态学的首批试验基地。1997年，以耶鲁大学和 MIT 共同合作出版的《产业生态学杂志》为标志，作为一门独立学科的产业生态学，逐渐为世人们所接受。产业生态学认为，工业生产类似于自然生态系统的封闭体系，必须采取生态学的立场，并以生物的方式运行。其中，一个单元的副产品或"废物"，就是另一个单元的原材料或"营养物"，各公司就像自然生态一样，利用彼此的副产物为原材料，而非不断吸收未被动用过的材料或者废弃物。区域内彼此靠近的企业，通过相互依存，类似于生态食物链即"产业生态系统"的链接，做到良性循环，实现产业与环境的协同，人类和经济才可能实现可持续发展。因此，建设产业生态系统是该学科的具体应用。所谓产业生态系统，就是指在区域内的一系列企业，通过交换或利用产品、副产品、能源等，实现在传统的未实现链接模式下无法获得的收益，即原材料使用的减少、能源效率的提高、废弃物的减少、有价值输出物种类的增加，实现生态经济效益。

产业系统是社会系统和自然生态系统的一个子系统，是人类社会与自然生态系统相互作用最为强烈的一个子系统，如何处理好产业系统与社会、自然生态系统的相互关系，是人类社会可持续发展的核心问题。在协调工业系统与自然生态系统之间的冲突中，产业生态系统提供了具体的可操作的方法，也为可持续发展理论奠定了坚实的基础，它所追求的是人类社会和自然生态系统的和谐发展，寻求经济效益、生态效益和社会效益的协调统一，最终实现人类社会的可持续发展。在工业系统与自然生态系统相互作用的过程中，进一步研究的重点内容是，如何促进工业生态系统向高级生态系统进化，使其与自然生态系统协调发展。强调解决工业系统与自然生态系统之间矛盾的同时，必须解决工业系统与社会经济系统及其他子系统之间存在的各种问题。

综上所述，从学科领域来说，作为探讨产业系统、经济系统以及它们同自然系统之间相互关系的一门学科，产业生态学研究领域广泛地涉及能源供应与利用、新技术和新材料，经济与管理类学科，法律学以及社会科学等，必将成为绿色矿业经济发展的理论基础之一。

第二节　矿业经济绿色发展研究的评述与实践

国内外矿业开发经历了经典的三种模式：先开发后治理模式、严格环境约束条件下的开发模式、境外开发模式。第一种在大多数国家的矿产资源开发初期都经历过，该模式能在较短时期内发展区域经济，开发利用矿产资源，但属粗放式开发，资源浪费大，环境破坏程度高；严格环境约束条件下的开发模式，能够非常有效地保护生态环境，但较大限度地影响了矿产资源的开发利用，并进而影响区域经济发展；境外开发模式，只能满足本国经济发展过程中部分矿产资源的需求，而对于国际紧缺、大宗矿产资源，由于各国矿业制度和政策的不同，难以实现境外开发利用的效果，而且境外矿产资源开发容易受制于人，存在着巨大的风险和不确定性。因此，在我国矿产资源开发利用过程中，必须吸取国内外经验和教训，走一条矿产资源开发利用、生态环境与经济相协调的绿色矿业经济可持续发展的道路。①

总而言之，绿色矿业经济就是在矿业开发利用的过程中，以生态经济学理

---

① 王飞. 绿色矿业经济发展模式研究：以平顶山煤业集团四矿为例 [D]. 中国地质大学, 2012.

论和方法为指导，在综合区域规划和矿区规划的基础上，形成以矿业为主体的产业集群，使用绿色技术体系，融合循环经济和低碳经济，在环境扰动量不大于区域环境容量及其自净能力的前提下，实现矿产资源的最优化配置和生态环境影响的最小化，达到经济、社会、生态环境相协调的经济发展方式。而以外部性理论、产权交易理论和产业生态学理论为依据，建立以节约资源、清洁生产、废弃物多层次循环利用、低碳化为特征的，实现矿产资源的最优化配置以及生态环境影响的最小化、人类生活水平得到提高为最终目标的矿业发展模式，就是绿色矿业经济的发展模式。

基于以上相关理论，我国在矿业经济绿色发展方面做了许多政策法规层面的探索，将理论与实践逐步融合。

煤炭是我国的主体消费能源并一直在持续较快地增长，但由于以煤为主的能源结构很难改变，煤炭工业粗放经营，发展方式转变和结构调整面临压力，这就决定了煤炭工业是我国绿色矿业经济发展的重要领域，如何发展和培育绿色增长模式是矿业经济绿色发展的关键所在。为探索新的发展模式，积极推行绿色开采，走矿业经济绿色发展之路，我国一直在总结与深化中进行政策法规的制定。尤其在"十二五"期间，国家全面推进绿色矿业的发展。而近年自新发展理念的提出与贯彻以来，更是对我国矿业经济的发展提出了更高的规划与改革要求。

一、历年关于矿业经济发展的政策法规实践

为探索新的发展模式，积极推行绿色开采，走矿业经济绿色发展之路，政府政策法规频繁出台，实践不断深入。2002 年国家出台了《中华人民共和国清洁生产促进法》；2006 年出台了《煤炭工业污染物排放标准》《煤炭行业清洁生产评价指标体系》；2007 年国务院发布了《关于印发节能减排综合性工作方案的通知》。

自 2003 年开始，浙江、河北、山西、湖南等地，逐步开始探索推进绿色矿山建设实践管理。在 2007 年 11 月的中国国际矿业大会上，国土资源部提出的口号是"坚持科学发展，推进绿色矿业"，明确发展绿色矿业的基本任务是"促进资源合理利用、落实节能减排、保护生态环境和实现矿地和谐"。与此同时，在中国矿业联合会的倡导下，联合中国矿业公司、首钢矿业公司等大型矿业集团，共同发布了《绿色矿业公约》。经过两年多的联合攻关，完成了《绿色矿山基本条件》《绿色矿山管理办法》等规范性文件的公开发布。到 2010 年 8 月，向中国矿业联合会提交建设"国家级绿色矿山"申请报告的矿产资源型企业已达到 32 家。

2008 年 12 月 31 日，经过国务院批准，国土资源部发布了《全国矿产资源规划（2008—2015）》，在国家层面上首次提出建设绿色矿山、发展绿色矿业的总体要求。规划中明确提出的战略目标是，到 2020 年我国基本建立绿色矿山新格局。同时，特别强调要按照"再勘查、减量化、再利用、资源化"的原则，探索矿业循环经济发展的有效模式，促进资源的节约利用、循环利用，达到矿业经济、社会、保护环境相协调，创新资源开发利用的新模式。2008 年国家出台了《循环经济促进法》；2009 年国家出台了《煤化工产业中长期发展"十二五"规划》。2009 年国家第一批国家循环经济试点区有淮南、平顶山、抚顺、西山、新汶等。

2010 年第二批国家试点单位，包括猫安、铁法、内蒙古伊东、庆华煤炭集团、黑龙江鸡西、安徽院北等。国土资源部在 2010 年 8 月又发布了《关于贯彻落实全国矿产资源规划发展绿色矿业建设绿色矿山工作的指导意见》。在指导意见中，明确提出了建设绿色矿山的目标，力争用二年左右的时间完成一批绿色矿山示范试点单位的建设工作，初步构建并完善建设绿色矿山评价体系，系统研究建设绿色矿山的配套激励政策。到 2020 年，大中型矿山基本达到绿色矿山评价标准，小型矿山按照建设绿色矿山评价标准，进行规范管理，资源节约利用的水平显著提高，有效地保护矿山生态环境，全面提升矿区土地复垦水平，矿山与区域和谐发展，全国基本形成绿色矿山新格局。

为了进一步推进绿色矿业经济的发展，推动建设国家级绿色矿山的试点、示范工程，"2010 年中国矿业循环经济论坛"于 2010 年 9 月在山西大同市召开，会议通过讨论和交流，部署了在我国矿业领域建设国家级示范绿色矿山等工作。

二、"十二五"规划与矿业经济发展

2012 年，党的十八大将生态文明建设纳入"五位一体"总布局，提出要"发展循环经济，促进生产、流通、消费过程的减量化、再利用、资源化"，要走"绿色发展、循环发展、低碳发展"之路。这对于矿业而言，更具有针对性。由此，我国矿业发展循环经济、推动绿色可持续发展的思路和保障措施在于紧紧围绕"十八大"关于生态文明建设的总体要求，以推进循环经济、实现绿色发展为目标，贯彻落实《循环经济发展战略及近期行动计划》。按照"减量化、再利用、资源化，减量化优先"的原则，以构建覆盖全社会的资源循环利用体系，推行绿色消费、实施大循环战略为重点，把以国民经济和社会发展对矿产资源的需求作为中心任务，高效开发、循环利用矿产资源，推动矿业绿色可持续发展。

"十二五"期间，面对复杂多变的国内外矿产资源形势，中国政府坚持立足国内，加强矿产资源节约与综合利用，增强矿产资源保障能力，大力推进简政放权，不断提升地质工作服务经济社会的能力。由此可见，发展绿色矿业经济，构建相适应的绿色矿业经济发展模式，全面推进绿色矿山的建设，对国计民生的大局乃至全局具有十分重要的现实意义和深远的战略意义。

三、2016 年影响中国矿业的十大法规政策

2016 年是中央推进全面深化改革的第三年，也是推进结构性改革的攻坚之年，矿产资源等自然资源领域的改革备受关注。尤其是 2016 年 12 月 30 日，中央全面深化改革领导小组第三十一次会议审议通过了《矿业权出让制度改革方案》《矿产资源权益金制度改革方案》等文件，既把矿业领域的改革推向了更高更深层次，也为 2016 年的矿业领域改革画上了一个圆满的句号。

（1）2016 年 4 月 28 日，国务院办公厅发布《关于健全生态保护补偿机制的意见》（国办发〔2016〕31 号）。该意见强调，要牢固树立创新、协调、绿色、开放、共享的发展理念，不断完善转移支付制度，探索建立多元化生态保护补偿机制，逐步扩大补偿范围，合理提高补偿标准，有效调动全社会参与生态环境保护的积极性，促进生态文明建设迈上新台阶。按照"权责统一、合理补偿，政府主导、社会参与，统筹兼顾、转型发展，试点先行、稳步实施"的原则，着力落实森林、草原、湿地、荒漠、海洋、水流、耕地等重点领域生态保护补偿任务。到 2020 年，实现上述重点领域和禁止开发区域、重点生态功能区等重要区域生态保护补偿全覆盖，补偿水平与经济社会发展状况相适应，跨地区、跨流域补偿试点示范取得明显进展，多元化补偿机制初步建立，基本建立符合我国国情的生态保护补偿制度体系。该意见明确表示，将推进七个方面的体制机制创新。一是建立稳定投入机制，多渠道筹措资金，加大保护补偿力度。二是完善重点生态区域补偿机制，划定并严守生态保护红线，研究制定相关生态保护补偿政策。三是推进横向生态保护补偿，研究制定以地方补偿为主、中央财政给予支持的横向生态保护补偿机制办法。四是健全配套制度体系，以生态产品产出能力为基础，完善测算方法，加快建立生态保护补偿标准体系。五是创新政策协同机制，研究建立生态环境损害赔偿、生态产品市场交易与生态保护补偿协同推进生态环境保护的新机制。六是结合生态保护补偿推进精准脱贫，创新资金使用方式，开展贫困地区生态综合补偿试点，探索生态脱贫新路子。七是加快推进法治建设，不断推进生态保护补偿制度化和法制化。

该意见重点强调了体制机制创新，包括生态保护补偿资金征收、分配、监

测、评估、交易等，旨在通过切实可行的机制建设，从顶层设计层面打通当前生态保护补偿面临的"中梗阻"，探索建立多元化生态保护补偿制度体系。

（2）2016年5月10日，财政部和国家税务总局发布《关于全面推进资源税改革的通知》（财税〔2016〕53号），自2016年7月1日起全面推进资源税改革。该通知要求，通过全面实施清费立税、从价计征改革，理顺资源税费关系，建立规范公平、调控合理、征管高效的资源税制度，有效发挥其组织收入、调控经济、促进资源节约集约利用和生态环境保护的作用。明确了资源税改革的主要内容，包括扩大资源税征收范围，开展水资源税改革试点工作；实施矿产资源税从价计征改革；全面清理涉及矿产资源的收费基金；合理确定资源税税率水平；加强矿产资源税收优惠政策管理，提高资源综合利用效率等。全面推开从价计征方式。在对原油、天然气、煤炭、稀土、钨、钼6个品目资源税实施从价计征改革的基础上，该次改革对绝大部分矿产品实行从价计征，但从便利征管原则出发，对经营分散、多为现金交易且难以控管的黏土、砂石等少数矿产品，仍实行从量定额计征。

全面推进资源税改革，是基于有效解决资源税制度存在的问题，并围绕资源税改革目标而进行的一次重大政策调整，也是我国新时期深化财税体制改革的一项重要内容。这是继2016年5月1日营改增试点全面推行后，我国出台的又一重大税制改革，是全面贯彻党的十八大和十八届三中、四中、五中全会精神，按照"五位一体"总体布局和"四个全面"战略布局，牢固树立和贯彻落实创新、协调、绿色、开放、共享的发展理念，有效发挥税收杠杆调节作用，促进资源行业持续健康发展，推动经济结构调整和发展方式转变的重大举措。

（3）2016年5月26日，最高人民法院发布《关于充分发挥审判职能作用为推进生态文明建设与绿色发展提供司法服务和保障的意见》（法发〔2016〕12号）。该意见主要内容：一是强调服务大局，进一步明确了人民法院服务、保障生态文明建设与绿色发展的总体要求和保障措施。二是突出理念先行，明确提出现代环境司法理念。三是坚持问题导向，强调对重点环境资源案件的审理。四是保持适度前瞻，探索完善新领域、新类型案件的审理规则。五是加强协同审判，充分发挥环境资源审判整体合力。

该意见是深入贯彻落实党的十八大和十八届三中、四中、五中全会精神，促进"十三五"规划纲要全面实施，充分发挥人民法院审判职能作用，是为加快推进生态文明建设与绿色发展提供公正、高效的司法服务和保障的重要体现；是为更好地发挥审判职能作用，提升生态环境治理法治化水平，切实维护人民群众环境权益和环境公共利益，保障国家自然资源和生态环境安全，围绕审判工作需要，针对实践中亟待解决的突出问题，经过认真调查研究的结果。

（4）2016年9月22日，国土资源部发布《中国矿产资源报告（2016）》。该报告首次公开了多项矿产行业的权威指数。报告主要内容包括我国矿产资源状况、矿产资源勘查和开发利用、矿山地质环境保护、矿产资源管理与政策、地质矿产调查评价与资料服务、科技创新与国际合作等内容。该报告显示，"十二五"期间，煤炭、天然气、锰矿、铝土矿、镍矿、钨矿、钼矿、金矿和磷矿等重要矿产查明资源储量增长明显。自2011年国务院批准页岩气为新矿种以来，已累计探明地质资源储量5 441亿立方米。23种重要矿产资源潜力评价结果表明，中国找矿潜力巨大。主要矿产中，41种查明资源储量增长，5种减少，新设立矿种页岩气探明地质储量快速增长。与"十一五"末相比，"十二五"末石油剩余技术可采储量增长10.4%，天然气增长37.4%，煤层气增长132.3%。天然气、煤层气、页岩气、锰矿、钨矿和钼矿新增查明资源储量占累计查明资源储量的比例超过30%。

该报告称，在矿产资源节约与综合利用方面，基本摸清矿产资源"三率"现状，初步建立主要矿产"三率"指标评价体系，优选推广节约与综合利用先进适用技术，矿产资源综合利用示范基地建设成效显著，出台矿产资源节约与综合利用鼓励、限制和淘汰技术目录修订版。发布了27种（类）矿产的"三率"指标要求，优选出210项先进适用技术并予以推广，首批40个矿产资源综合利用示范基地，涵盖油气、煤炭和有色等七大领域。中央财政投入200亿元，企业自筹计划投入1 742亿元。"十二五"以来，中国政府不断推进矿产资源税费制度改革，资源税改革遵循从价计征为主、从量计征为辅的原则，矿产资源补偿费费率降为零。"十二五"期间，矿产资源补偿费征收数额为884.4亿元，较"十一五"增长71.3%。

《中国矿产资源报告》历来是观察中国矿产资源总体状况的窗口。报告着重介绍了"十二五"期间中国在矿产资源勘查与开发利用、矿山地质环境保护、地质矿产调查评价等方面的主要进展，以及中国政府如何积极推进简政放权，全力推动行政审批制度和矿产资源税费制度改革，加大监管力度，提高服务水平，坚持开发与保护并重，充分发挥市场在资源配置中的决定性作用，依法行政、阳光行政，激发矿业市场活力，引导和规范矿业市场行为，使矿产资源管理更加规范有序。

（5）2016年11月4日，中共中央、国务院发布《关于完善产权保护制度依法保护产权的意见》，对完善产权保护制度、推进产权保护法治化有关工作作出了全面部署。该《意见》明确了完善产权保护制度依法保护产权的总体要求，并从10个方面提出了具体改革措施。加强产权保护，根本之策是全面推进依法治国。该意见指出，有恒产者有恒心，经济主体财产权的有效保障和实现是经济社会持续健康发展的基础。必须加快完善产权保护制度，依法有效保护各种所有制经济组织和公民财产权，增强人民群众财产财富安全感，增强社会信心和形成良好预期，增强各类经济主体创业创新动力，维护社会公平正义，保持经济社会持续健康发展和国家长治久安。

在推进产权保护上，该意见强调坚持平等保护，健全以公平为核心原则的产权保护制度，公有制经济财产权不可侵犯，非公有制经济财产权同样不可侵犯；坚持全面保护，保护产权不仅包括保护物权、债权、股权，也包括保护知识产权及其他各种无形财产权；坚持依法保护，不断完善社会主义市场经济法律制度，强化法律实施，确保有法可依、有法必依；坚持共同参与，建设法治政府、责任政府、诚信政府，增强公民产权保护观念和契约意识，强化社会监督；坚持标本兼治，着眼长远，着力当下，抓紧解决产权保护方面存在的突出问题，加快建立产权保护长效机制。

产权制度是社会主义市场经济有效运行的基础。该意见对于完善社会主义市场经济体制、实现经济社会持续健康发展具有重要意义。坚持问题导向，从实际出发，聚焦产权保护方面的突出问题，提出"管用有效"的改革措施，具有很强的针对性和现实意义。随着法治政府和政务诚信建设的推进，以及相关法律制度的完善，产权保护将步入制度化、法治化轨道，构建起产权保护的长效机制。

（6）2016 年 11 月 8 日，国务院发布《关于全国矿产资源规划（2016—2020 年）的批复》（国函〔2016〕178 号）。经国务院批复同意，由国土资源部、国家发展和改革委员会、工业和信息化部、财政部、环境保护部和商务部正式发布实施。《关于全国矿产资源规划（2016—2020 年）》全面贯彻落实创新、协调、绿色、开放、共享的发展理念，以保障资源安全为目标，以提升矿业发展质量和效益为中心，强化资源保护和合理利用，正确处理政府与市场、当前与长远、局部与整体、资源与环境、国内市场与国际市场的关系，推进供给侧结构性改革，优化资源开发保护格局，加快矿业绿色转型升级，推动矿业务实合作，实现资源开发惠民利民，为全面建成小康社会提供可靠的能源资源保障。

该规划明确总体目标是：到 2020 年，基本建立安全、稳定、经济的资源保障体系，基本形成节约高效、环境友好、矿地和谐的绿色矿业发展模式，基本建成统一开放、竞争有序、富有活力的现代矿业市场体系，显著提升矿业发展的质量和效益，塑造资源安全与矿业发展新格局。具体目标包括：重要矿产资源储量保持稳定增长，力争发现 5~8 个亿吨级油田和 5~10 个千亿立方米级油田，建设 103 个能源资源基地，划定 267 个国家规划矿区，大中型矿山比例超过 12%，主要矿产资源产出率提高 15%，完成 50 万公顷历史遗留矿山地质环境治理恢复任务，进一步扩大矿业权竞争性出让范围，建立矿产资源国家权益金制度等。

该规划阐明了今后一个时期我国矿产资源勘查、开发利用和保护的发展方向，明确、细化了工作重点和任务，为维护国家资源安全、引领矿业供给侧结构性改革，规范资源勘查与开发利用行为提供了依据和指南，是未来 5 年我国矿产资源管理改革与矿业经济发展的总体蓝图和行动纲领。新一轮规划以创新、协调、绿色、开放、共享的发展理念统筹矿产资源勘查开发利用与保护各项任务。

（7）2016 年 11 月 28 日，最高人民法院、最高人民检察院联合公布了《关于办理非法采矿、破坏性采矿刑事案件适用法律若干问题的解释》（法释〔2016〕25 号）（《最高人民法院关于审理非法采矿、破坏性采矿刑事案件具体应用法律若干问题的解释》同时废止）。该解释共 16 条，主要包括 3 方面内容，对非法采矿罪、破坏性采矿罪的定罪量刑标准，非法采砂行为的定性处理和入罪标准进行了明确规定。此外，还对包括矿产资源犯罪所涉及的从重处罚、单位犯罪、共同犯罪、术语界定、价值认定等实体问题和违法所得、犯罪工具的处理及专门性问题鉴定等程序问题进行了解释。

按照该解释，5 类情形应当认定为"情节严重"，包括开采的矿产品价值或者造成矿产资源破坏的价值在 10 万元至 30 万元的；在国家规划矿区、对国民经济具有重要价值的矿区采矿，开采国家规定实行保护性开采的特定矿种，或者在禁采区、禁采期内采矿，开采的矿产品价值或者造成矿产资源破坏的价值在 5 万元至 15 万元的；二年内曾因非法采矿受过两次以上行政处罚，又实施非法采矿行为的；造成生态环境严重损害的，以及其他情节严重的情形。针对窝藏、转移、收购、代为销售等环节，该解释明确规定，明知是犯罪所得的矿产品及其产生的收益而予以窝藏、转移、收购、代为销售或者以其他方法掩饰、隐瞒的，以掩饰、隐瞒犯罪所得、犯罪所得收益罪定罪处罚；事前通谋的，以共同犯罪论处。

该解释明确了非法采矿罪认定中颇具争议的三个方面的焦点问题：一是如何准确理解非法采矿罪中的罪状情形；二是如何评价认定非法采矿罪中的行政处罚前置；三是如何确定破坏矿产资源数额鉴定的效力，同时细化了 1997 年修订《刑法》和 2003 年最高人民法院颁布的《关于审理非法采矿、破坏性采矿刑事案件具体应用法律若干问题的解释》的相关内容，从而达到规范矿产资源开发秩序，实现矿产资源的有效保护和有效惩治非法采矿犯罪行为的目的。

（8）2016 年 12 月 20 日，国土资源部、中央编办、财政部、环境保护部、水利部、农业部、国家林业局发布了《关于印发〈自然资源统一确权登记办法（试行）〉的通知》（国土资发〔2016〕192 号）。《自然资源统一确权登记办法（试行）》的总体思路是以不动产登记为基础，构建自然资源统一确权登记制度体系，对水流、森林、山岭、草原、荒地、滩涂以及矿产资源等所有自然资源统一进行确权登记，逐步划清全民所有和集体所有之间的边界，划清全民所有、不同层级政府行使所有权的边界，划清不同集体所有者的边界，划清不同类型自然资源的边界，进一步明确国家不同类型自然资源的权利归属和保护范围等，推进确权登记法治化。

该办法包括总则、自然资源登记簿、登记一般程序，以及国家公园、自然保护区、湿地、水流等自然资源登记，登记信息管理与应用，附则等内容，并附有《自然资源登记簿》样式、《自然资源统一确权登记试点方案》两个附件。为积极稳妥推进自然资源统一确权登记，2016 年 12 月至 2018 年 2 月在部分地区开展试点工作。

自然资源统一确权登记是深化生态文明制度改革、建设美丽中国、落实新发展理念的一项重要举措。在不动产登记基础上开展自然资源统一确权登记，有利于达到划清"四个边界"的目的，支撑建立归属清晰、权责明确和监管有效的自然资源资产产权制度，服务于自然资源的保护和监管。

（9）2016 年 12 月 23 日，最高人民法院、最高人民检察院发布了《关于办理环境污染刑事案件适用法律若干问题的解释》（法释〔2016〕29 号）。该解释结合当前环境污染犯罪的特点和司法实践反映的问题，依照刑法、刑事诉讼法相关规定，用 18 个条文对相关犯罪定罪量刑标准等问题作了全面系统的规定。主要包括 10 个方面的内容：①明确了污染环境罪定罪量刑的具体标准；②明确了非法处置进口的固体废物罪、擅自进口固体废物罪、环境监管失职罪定罪量刑的具体标准；③明确了宽严相济刑事政策的具体适用；④明确了环境污染共同犯罪的处理规则；⑤明确了环境污染犯罪竞合的处理原则；⑥明确了环境影响评价造假的刑事责任追究问题；⑦明确了破坏环境质量监测系统的定性及有关问题；⑧明确了单位实施环境污染相关犯罪的定罪量刑标准；⑨明确了"有毒物质"的范围和认定问题；⑩明确了监测数据的证据资格。

保护环境是我国的基本国策，是可持续发展战略的重要内容。继最严格的耕地保护制度、水资源保护制度之后，环境保护制度更加严格并成为社会共识。司法是保护环境的重要手段，在推进环境治理体系现代化进程中发挥着不可替代的作用。结合近年来环境污染犯罪呈现的一些新问题，最高人民法院和最高人民检察院对 2013 年司法解释作了全面修改和完善，对进一步提升依法惩治环境污染犯罪的成效，进一步加大环境司法保护力度，有效保护生态环境，推进美丽中国建设，必将发挥重要作用。

（10）2016 年 12 月 30 日，中央全面深化改革领导小组第三十一次会议审议通过了《矿业权出让制度改革方案》《矿产资源权益金制度改革方案》等文件。会议强调，完善矿业权出让制度是维护矿产资源国家所有者权益的重要保障，要推进矿业权竞争性出让，严格限制矿业权协议出让，调整矿业权审批权限，强化出让监管服务。要以维护实现国家矿产资源基本权益为核心，理顺矿产资源税费体系，合理调节矿产资源收入，建立符合我国特点的新型矿产资源权益金制度。其中，在矿产资源权益金制度改革方面，2015 年 10 月公布了财政部会同国土资源部研究起草的《矿产资源权益金制度改革方案》（征求意见稿），提出了矿产资源权益金制度框架和主要内容，以及配套改革政策。

《矿产资源权益金制度改革方案》具体内容包括：一是在矿业权出让环节，完善矿业权出让制度，进一步扩大矿业权竞争性出让范围，取消探矿权价款、采矿权价款，征收矿业权出让收益。建议将中央财政与地方财政分享矿业权出让收益比例定为 5∶5。二是在矿业权占有环节，将探矿权使用费、采矿权使用费调整为矿业权占用费，占有矿业权的从事矿产资源勘查开采者依法缴纳矿业权占用费。矿业权占用费依据占地面积定额，并由财政部门会同矿产资源主管部门按年征收。按 2∶8 比例分别缴入中央和地方金库，由中央财政与地方财政共享。三是在矿产开采环节，将矿产资源补偿费适当并入资源税，完善资源税制。四是在矿山环境治理恢复环节，取消矿山环境治理恢复保证金，建立矿山环境治理恢复基金，建立动态化监管机制，推进环境治理成本内部化，使矿山企业真正履行矿山环境治理与生态修复责任。矿山企业需单设会计科目，根据矿山环境治理与生态恢复的要求，按照销售收入一定比例提取矿山环境治理恢复基金，计入企业成本，提取的资金由企业用于开展矿山环境保护和综合治理。该方案提出的配套改革政策包括：一是矿业权占用费、矿业权出让收益纳入一般公共预算管理，由各级财政统筹用于地质调查和生态保护修复方面支出。二是取消地勘单位矿业权价款转增资本金政策。三是取消已转增国家资本金矿业权价款补缴政策。

推进矿业权竞争性出让，严格限制矿业权协议出让，调整矿业权审批权限，强化出让监管服务，完善矿业权出让制度是维护矿产资源国家所有者权益的重要保障。文件的出台，以维护实现国家矿产资源基本权益为核心，理顺矿产资源税费体系，合理调节矿产资源收入，将建立起符合我国特点的新型矿产资源权益金制度。

由此，改革是发展的动力，也是破解难题的"利器"。在生态文明建设和"创新、协调、绿色、开放、共享"新发展理念深入推进的当下，如何通过加强顶层设计，提供有效制度供给，深化矿业领域改革，建立完善制度法规，来破解矿业领域的诸多难题，真正把生态保护与节约集约利用资源落实在平时、落实到矿山，已成为国土资源部等相关部门正在面对与解决的现实问题。

第二章 国内外矿业经济绿色发展实践

进入 21 世纪，绿色经济发展成为人类发展的主题，由可持续发展衍生发展而来的矿业经济绿色发展思想逐步成为世界各国关注的重点。当前，全球矿业正处于深度调整期，中国也正在可持续发展的十字路口上，面临众多的挑战。自改革开放以来，中国的经济发展取得了令人瞩目的成绩，数量上增长比较快，但由于发展方式比较粗放，对资源和环境造成了比较大的压力。随着环境保护的形势越来越严峻，推广绿色经济思想，全面推进由传统矿业经济向绿色矿业经济的转型，就显得尤为重要。

推动矿业经济向绿色发展，最重要的是要把绿色理念贯穿至矿山开发利用的各个环节，建立绿色矿山，打造绿色矿区，发展绿色矿业经济。2015 年，中央就生态文明建设出台了第一个全面专题部署文件，把发展绿色矿业、加快绿色矿山建设作为重要任务予以明确。截至目前，共有 661 家矿山企业成为国家级绿色矿山试点单位，同时确立了一批绿色矿业示范区，出现了一批绿色矿山先进典型。2017 年 5 月，国土资源部、财政部、环境保护部、国家质检总局、银监会、证监会联合印发《关于加快建设绿色矿山的实施意见》（以下简称《实施意见》）提出，到 2020 年基本建成节约高效、环境友好、矿地和谐的绿色矿业发展模式，树立千家科技引领、创新驱动型绿色矿山典范，实施百个绿色勘查项目示范，建设 50 个以上绿色矿业发展示范区，形成一批可复制、能推广的新模式、新机制、新制度[①]。

本章通过介绍国内先进绿色矿业示范区与各绿色先进矿业单位的做法与成效，比较国外先进绿色矿业经济建设的经验和做法，得出发展湖南省绿色矿业经济的相应启示。

第一节 国内矿业经济绿色发展实践

随着"绿色发展"的观念越来越深入人心，矿业经济由粗放型发展向绿色可持续发展转化也已成为趋势。基于资源保障和矿业健康可持续发展角度，2008 年，国务院批准实施的《全国矿产资源规划（2008—2015 年）》首次明确了发展绿色矿业的整体要求,并确定"到 2020 年基本建立绿色矿山格局"的发展目标。

按照"政府引导、企业主体、协会促进、政策配套、试点先行、整体推进"的原则和思路,国土资源部始终积极致力于绿色矿山试点建设工作。自 2011 年 3 月起,国土资源部先后公布了四批共 661 家国家绿色矿山试点单位,包括有色、煤炭、化工和建材等行业的矿山企业,提前一年完成了 600 家国家绿色矿山试点单位的规划任务。[①] 这些试点单位的实践为在全国范围内推广和引领绿色矿山建设起到了非常重要的指导作用。下面选取各类型的矿山企业建立绿色矿山的典型案例,以及各地方政府建设绿色矿区的典型案例进行分析。

一、企业绿色矿山建设典型案例

随着国家级绿色矿山建设的推动,全国各地涌现了很多成功经验,多种绿色矿山建设的典型模式在各行业渐渐形成。在油气资源开采方面,陕西长庆油田企业重点围绕低渗透、超低渗透等难利用油气资源、非常规油气资源的高效利用等开展绿色矿山建设工作,盘活了一批资源储量;在煤炭资源开采方面,同煤集团从优化管理、技术创新等方面帮助塔山煤矿实现了经济的循环发展,形成了具有借鉴意义的"塔山模式";在金属资源高效综合利用方面,中金集团内蒙古矿业公司以绿色和谐为导向,成功实现了企业的绿色转型。

(一)长庆油田公司:形成油田管理的智能化模式

在油气资源开采方面,以长庆油田公司的实践较为成功。企业重点围绕低渗透、超低渗透等难利用油气资源、非常规油气资源的高效利用等,开展绿色矿山建设工作,利用智能化管理,盘活了一批资源储量。

1. 公司简介

长庆油田公司第一采油厂(以下简称安塞油田),是我国陆上第一个亿吨级的整装特低渗油田,是具有典型的低渗、低压、低产特征的"三低"边际油田。近年来,安塞油田始终坚持"生态型保护、环保型建设、节约型开发"的建设思路,着力加强绿色环保和低碳节能发展等生态文明建设,全面构建现代化的"绿色油田、数字油田、示范油田"的可持续发展的生态文明大厂,先后获得"中国企业新纪录节能减排双十佳企业""首届中国绿色跨越示范单位""中国石油首家国家级绿色矿山示范企业"等荣誉称号,保持了安塞特低

---

① 刘艾瑛. 矿业转型升级"唯绿不破":我国绿色矿山建设工作回顾及新思路探索 [J]. 国土资源,2015(12):24-27.

渗油田开发的典范地位，在革命圣地延安的经济发展中起着重要的支撑和推动作用。

2. 具体实践

（1）建立组织构架，加强整合资源。在组织架构方面，安塞油田成立了由生产、管理、财务、资产、经营等相关人员组成的审核小组，每年年初对所涉及或计划项目的方案制定、经费使用、建设重点、特色成效等逐一进行评估分析、审核审定，确保了生态管理项目的前期把控。在资源整合方面，安塞油田利用以精细注水稳产技术等为主的一系列低渗透油田开发关键技术及配套技术，连续18年保持了Ⅰ类砂岩油藏开发水平，递减率控制在6.0%以下，投资回报率连续10年来保持在30%以上。同时实施子母井场，综合利用土地资源；坚持土地复垦建设，提高土地利用率。

（2）加强技术创新，减少事故发生率。长庆油田原油长输管道通过原油长输管道阀室截断阀弱电驱动数字化改造技术研究，攻克了大口径高压截断阀弱电驱动远程控制技术难题，实现了无市电、无光缆支持的输油管道截断阀弱电驱动远程控制。经改造的10座阀室已完成带压试验，压力、温度等数据及相关视频运行正常。另外48座阀室改造工作正按计划有序推进。针对油气田生态脆弱、气田井场废液量大、成分复杂、COD含量高等问题，在固液分离、无害化处理、生态修复技术等方面，形成了黄土源区钻井废液和苏里格井场废液处理技术，有效避免因固化造成的板结，增强了浅层沙土的保水力和肥力，消除了废液中的有毒有害物质。硫化氢抑制技术在彭阳、绥靖、靖安等油田所属17个集输站点、190余口油井现场试验后，硫化氢浓度平均降幅达到92%，有效降低了硫化氢中毒事故的发生概率，改善了作业场所工作环境，实现了硫化氢治理工作从被动防护向主动预防转变。

（3）提升机采效率，推广数字化管理。近年来，安塞油田通过推广使用曲柄平衡和复合平衡抽油机，应用"能耗最低优化设计软件"对每口油井进行分析及优化设计，开展参数优化，新工艺应用，新型抽油机配套、参数优化、节能电机等技术措施优化调整7 300余井次，于2008年创国内特低渗透油田机采井系统效率新纪录，有效提升了机采系统效率，降低了单井能耗，树立了特低渗透油田节能典范。同时安塞油田借助数字化管理平台，实施库区关井及系统调整改造工程、打造环保示范区、进行"三防四责"体系建设。对三道防线等重大安全环保风险区域实行"指挥中心、调控中心、站控中心"三级监控，明确四级监控，构建了"三防四责"体系安全风险防控体系，有效提高了企业安全环保风险预警效率和控制能力。

3. 取得的成效

（1）初步形成现代化生态文明管理格局。安塞油田通过以清洁生产为核心的现代化生态管理，全面推行清洁生产，注重生态保护，通过投入大量资金进行环境隐患治理、清洁生产技术革新及节能减排等工作，确保了企业稳步发展，初步建成了一个拥有"天蓝、地绿、水清"的自然环境和"人人管环保，人人重视环保"的人文环境的生态文明现代化采油大厂。

（2）油田可持续发展水平显著提升。通过对节能技术的不断开发研究应用推广，油区生态环境退化的势头得到有效遏制，生态形势整体好转。长庆采油一厂先后获得了"首届中国绿色跨越示范单位""中华环境友好企业""中国石油首家国家级绿色矿山示范企业"等荣誉称号，进一步巩固了特低渗透油田提质增效的示范地位。

（3）树立了良好的社会形象。近年来，安塞油田紧密围绕现代化生态管理建设，高效清洁开发的成功经验以及"绿色矿山"示范区建设推动了企业可持续科学发展，促进地方经济、环境、社会发展的和谐统一，推动了能源开发利用总体水平、可持续发展潜力以及生态建设能力的不断提高，得到国土资源部、科技部、国家环保总局等多部门及领导的高度认可，对我国特低渗透油田可持续科学发展有着重要的意义。[①]

（二）同煤集团：开创煤矿工业的"塔山模式"

在煤炭资源开采方面，同煤集团通过塔山煤矿的实践，成功开创了"塔山模式"。从优化管理、技术创新等方面帮助塔山煤矿实现了经济的循环发展。

1. 公司简介

塔山煤矿是同煤集团发展循环经济的龙头企业，项目投资 35 亿元，设计能力 1 500 万吨，地质储量 50 亿吨，可采储量 30 亿吨，服务年限 140 年。2003 年 2 月开工建设，2008 年 12 月全部竣工，并通过了国家能源局组织的总体验收。从 2006 年 7 月第一个工作面试产到 2012 年 4 月止，累计生产原煤 9 000 万吨，完成销售收入 275 亿元，实现利润 96 亿元，上缴税费 81 亿元。成为同煤集团建成的第一个千万吨矿井，也成为大同地区的第一个利润大户和纳税大户。塔山煤矿经过 9 年来的探索和实践，形成了一套系统的企业建设发展模式，也就是"塔山模式"。"塔山模式"是塔山煤矿在现代化矿井建设中，运用各种理论和方法进行大型矿井建设的集成。

---

① 刘向阳. 刍议油田生态文明智能化管理 ［J］. 中国石油企业，2015（7）：93-94.

2. 具体实践

"塔山模式"由以下 3 个方面的内容构成：

（1）实行法人责任制，优化管理模式。一方面，塔山煤矿按照国家《关于实行建设项目法人责任制的暂行规定》，在建矿初期就组建成立了塔山煤矿有限公司，实行了由项目法人对矿井建设的资金筹措、建设实施、生产经营、债务偿还、资产的保值增值实行全过程负责的制度。塔山煤矿 2003 年 2 月开工建设，2004 年 4 月就成立了同煤大唐塔山煤矿有限公司，这与项目法人责任制的实施是分不开的。另一方面，在塔山煤矿开工建设的同时，塔山园区的十多个大型项目相继上马。如何用最少的人员去管好一个大型项目，塔山煤矿的做法是充分发挥监理公司的作用，形成"小业主、大监理"的管理模式。业主、监理、施工三方各司其职，各负其责。业主负责工程计划的安排、技术指标的确定、外部环境及有关各方关系的协调、组织系统调试、工程建成后的竣工验收、生产运行准备等。监理公司的主要职责是质量控制、工期控制、投资控制、安全控制、合同管理、信息管理和施工组织协调。监理是业主和施工双方公正的第三方，公正地维护业主和施工双方各自的合法利益。此外，塔山煤矿高度重视管理品牌的打造工作。持续进行了"塑造 6 个方面的管理典范，打造 10 个方面的建设模式，建立 6 个方面的管理标准"的管理工程。在多年来与中科院研究生院进行的联合课题研究中，先后完成了《六个典范课题研究》《量化链式管理模式研究》《创新党建管理模式研究》《六个方面 110 个系统的管理标准》编制等方面的工作。形成了塔山煤矿独特的"核心能力"和明显的"比较优势"。

（2）引入竞争机制，加强技术创新。塔山煤矿除煤炭生产、机电运输、设备维修、安全管理和机关部门人员外，生产服务、生活服务、技术服务等方面的工作，如矿建、土建、安装、掘进、地测、设计、咨询等，都实行市场化运作，由社会上的相应机构来完成。这样做的好处不单纯是节约了成本，更主要的是符合专业化分工、社会化协作的发展趋势，使企业领导人能够集中精力研究和思考重大问题。同时，塔山煤矿还选用了许多高强度、大功率、重型化、世界级的先进装备。比如采煤工作面引进的是德国大功率采煤机；选煤厂主洗设备引进的是澳大利亚的浅槽分选机、振动筛、离心机，德国的动筛跳汰机，美国的磁选机、除铁器和电控设备，英国的破碎机和奥地利的加压过滤机。塔山煤矿建立了监测监控、井下人员定位、压风自救、供水施救、通信联络、紧急避险六大安全保障系统等等，大大提高了生产效率，降低了事故风险。

（3）新矿带老矿，共建绿色矿山。同煤集团是一个建企 60 多年的国有大型企业，社会负担沉重，发展步履艰难。特别是口泉沟几个资源枯竭的老矿，生产接替和人员安置的矛盾十分突出。塔山煤矿深刻认识到，共谋发展才能更好地发展。为此，塔山煤矿将三盘区安全生产和矿井地质钻探委托给同煤集团资源衰竭型矿井，雁崖煤业公司和四老沟矿承包运营，并在政策上倾斜，技术上指导，管理上规范，物资上保障，资金上扶持。2012 年又委托实业公司接管井下生产车辆，委托同家梁矿管理皮带以及开拓掘进等项目，帮助资源衰竭型矿井走出了一条可持续发展之路。同时，作为一个新型矿井，在同煤集团"推进循环经济、坚持绿色开采"新的战略思想指导下，坚持依法办矿，建设绿色法制矿山；合理资源利用，建设绿色经济型矿山；推进技术创新，建设绿色科技矿山；注重节能减排，建设绿色低能耗矿山；保持环境重建，建设绿色环境友好型矿山；实行土地复垦，建设绿色可持续发展矿山；确保安全生产，建设绿色本质安全矿山；实现社区和谐，建设绿色和谐发展矿山。这些实践探索为推进同煤集团整体发展，支持地方建设，保护生态环境做出了贡献。

3. 取得的成效

（1）积极支持新农村建设，实现了企地共同发展。与塔山煤矿相邻的杨家窑村，在塔山煤矿的强力带动下，先后成立了运输公司、加油站、奶牛养殖园区、生物科技公司、蝴蝶兰和木瓜种植基地等项目，全村经济总收入由"十五"末期的 1 220 万元增长到 2010 年的 2.36 亿元，农民人均纯收入由"十五"末的 2 811 元增长到 2010 年的 2.24 万元，增加了近 10 倍，建成了 178 套农民别墅，成为全省首个新农村建设新闻采访基地，建成省级生态文明村。

（2）卓越管理，塔山煤矿效率不断提高。公司开展卓越绩效管理活动，运用国家制定的《卓越绩效评价准则》，经常检查分析工作中的不足。2011年，被中国煤炭工业协会授予煤炭行业质量奖。在建井速度、安全工作、工作面单产、煤炭回收率、万吨巷道消耗率、人均利润、上缴税费等多个方面的指标都保持优秀水平。[①] 2011 年被国土资源部评为"国家级绿色矿山试点单位"。

（三）中国黄金集团：打造有色金属行业的绿色发展模式

在金属资源高效综合利用方面，中金集团内蒙古矿业公司以绿色和谐为导向，坚持不懈推进绿色矿山建设，取得了良好的经济效益、生态效应和社会效应，成为中国黄金集团公司和有色行业的标杆企业、区域社会经济发展的中流砥柱。

---

① 石锐钦．"塔山模式"绿色矿山建设实践 [J]．煤炭经济研究，2012（7）：8-10.

1. 公司简介

中国黄金集团内蒙古矿业有限公司（以下简称"内蒙古矿业"）是中国黄金集团公司控股子公司，地处内蒙古自治区新巴尔虎右旗境内，是一座大型低品位铜钼矿，处理能力为 2 600 万吨/年，主要从事有色金属矿探、选、冶及综合利用，矿产资源投资等业务。项目一期于 2009 年 9 月投产，二期于 2012 年 10 月投产，总投资 59 亿元。几年来，该公司在项目建设和发展过程中，始终秉承"科学发展、绿色发展、和谐发展、持续发展"的发展理念，把坚持大型现代化矿山企业的可持续发展作为目标，融入企业社会责任中。截至 2014 年底，累计生产铜金属 27.52 万吨，实现主营业务收入 114.45 亿元，利润 32.83 亿元，上缴税费 31.11 亿元，取得了良好的经济、生态和社会效应，成为中国黄金集团公司和有色行业的标杆企业。

2. 具体实践

（1）坚持原则，健全环保运行体系。内蒙古矿业自组建以来，始终遵循国家"安全第一，预防为主，综合治理"的安全管理方针，相继成立了安全生产管理委员会和环境保护委员会，构建公司、车间和班组的三级安全环保管理网络；建立健全完善的矿产资源开发利用、环境保护、生态重建、安全生产等规章制度。企业通过认真落实安全生产责任制，形成月度安检与不定期检查相结合的管控机制，并且按照"四不放过"原则规范各类事故管理，确保现场安全基础设施健全，综合治理工作非常到位。另外，该企业还通过实行全员安全风险抵押金制度，形成全员重安全、促环保的工作氛围。并建立了全员安全教育培训制度和宣传教育制度，实现了安全环保事故为零的良好记录。目前露采、尾矿库、选矿厂先后通过了国家安全标准化一级达标验收。

（2）立足前沿，以技术引领绿色发展。内蒙古矿业位于呼伦贝尔大草原深处，属于斑岩型低品位铜钼矿床，为实现规模、生态发展，该企业将科技创新放在十分重要的位置。项目建设开始，公司立足现代矿业发展前沿，创新应用国内外 10 项先进技术，取得了很多令国内矿业界瞩目的成绩。该企业在国内率先应用 SABC 碎磨工艺流程，使我国碎磨工艺技术与世界先进水平的差距缩短了近 20 年。同时，SABC 工艺的成功应用，解决了品位低、成本高、环境污染等问题，实现了矿山科学发展、可持续发展的总体目标，被国土资源部列为"矿产资源节约与综合利用先进适用技术"加以推广应用。另外，内蒙古矿业还是国内第一个采用了尾矿膏体制备和尾矿膏体排放新工艺的企业。该项技术的成功应用，提高了尾矿库的安全等级，大大减轻了尾矿堆存对周边生态环境的影响，被国家安监总局列为推广应用项目。在世界范围内该企业首次将城市中水用于矿山大规模生产，不仅解决了公司大量生产用水问题，而且解决了满洲里市每年近 550 万立方米的城市生活污水排放带来的环保问题，每年可为地方政府创造近 700 万元的经济效益，为国内同类型矿山企业提供借鉴意义。

（3）科学开发，综合回收利用矿产资源。面对低品位大型多金属矿床的实际情况，内蒙古矿业在兼顾投资、经验、设备能力、经济及市场风险等因素的同时，将项目工程进行分期建设，主要采用露天开采、公路开拓、陡帮剥离、缓帮采矿等措施，矿山设计回采率 97%，贫化率 3%，选铜回收率 85%。2015 年实际回采率达到 99.28%，贫化率仅为 0.89%，选铜回收率 90.03%。"三率"指标均好于设计水平，达到国内同行业领先水平。在储量估算和露天采矿设计方面，内蒙古矿业采用 Micro mine 软件设计，打破了传统的工业指标模式，降低矿石的入选品位，使平均品位铜 0.25%、钼 0.016%，总矿量 15 349 万吨的低品位铜钼资源得以回收利用，最大限度提高了资源利用水平。在选矿方面，采用 SABC 选矿流程和尾矿膏体输送新工艺，不仅减少了人员数量，还降低了采选生产成本，使低品位资源得到了综合回收利用。自 2010 年试生产以来，通过工业铜矿石和低品位铜矿石配矿入选的技术方法，内蒙古矿业确定了科学合理的低品位铜钼矿的生产临界品位，每年为企业增产含量铜 18 538.67 吨、含量钼 3 526.98 吨，增创产值 15.40 亿元，上缴所得税 4 176 万元，净利润 8 793 万元，延长矿山服务年限 9 年以上；综合利用表外低品位铜矿石 4 863 万吨，增产铜金属量 13.76 万吨，增加销售收入 64.23 亿元，实现经济效益、社会效益、资源效益的统一。

3. 取得成效

（1）在土地利用上，自项目开发建设以来，该企业就从设计优化入手，科学布局，使得首期征地由原规划的 799.8 公顷减少到 655 公顷，节约用地达 30%；在节水方面，公司在尾矿排放方式上选用了高效安全的高浓度尾矿膏体排放技术，建立了生产循环水管网和水处理车间，实现工业废水零排放，回水利用率达到 85% 以上。

（2）在节能减排方面，采取变频、无功补偿等先进设备，每月节约用电 350 万度，采用封闭式储矿堆和尾矿膏体排放，减少扬尘的同时，确保了矿区污废水实现零排放，并且粉尘排放全部达标，固体废物处置全部符合国家标准。

（3）在尾矿库粉尘污染专项治理过程中，该企业通过抑尘剂室内实验、草帘覆盖现场试验、密目网苫盖咨询等办法对各项措施方案的可行性和经济性进行综合比选，确定了"覆盖沙土"的治理方案，取得了良好的抑尘效果，得到了地方各级环保监察部门的认可。被国土资源部评为国家级绿色矿山，被工信部批准为首批两化融合促进节能减排重点推进项目单位，被中国社会科学院经济学部企业社会责任研究中心授予"企业社会责任示范基地"①。

二、地方政府建设绿色矿区典型案例

近几年地方政府普遍推行绿色发展理念，针对资源濒临枯竭的矿山、矿区实施矿山复绿、土地复垦等循环改造工程，涌现出了一批示范性绿色矿区。其中江西省通过秉持着资源节约与充分利用的理念，打造出了一条绿色产业链；浙江省则是以绿色矿山、发展绿色矿业为宗旨，走出了一条矿产开发与环境保护协调发展的新路子；河北省则在矿山生态建设和矿区地质环境保护等方面取得了显著的成效。下面对这些省的示范性绿色矿区模式采取的具体措施进行介绍。

（一）江西模式："吃干榨尽"助力矿业经济绿色升级

江西省矿产资源禀赋得天独厚，铜、钨、铀、钽、重稀土、金和银这七种矿产是江西最大的资源优势，为江西经济发展做出了重要贡献。但矿业带来巨大利润的同时，也使环境遭受了很大的破坏。在多次实践探索之后，江西省逐渐走出了一条矿业经济的绿色发展之路，实现了产业的绿色升级。

1. 深化理念，提高回收利用率

江铜集团德兴铜矿的开采历史已经超过半个世纪，这里地质储量大，含铜品位却不高，从建矿初期的日产 2 500 吨，到如今以日产 13 万吨成为"中国有色金属第一矿"。然而，产能的持续增加也意味着可采储量的减少，资源压力的增大。从 2003 年开始，德兴铜矿开始对部分铜品位在 0.25% 以下的含铜废石进行充分回收利用，8 年多时间，共利用低品位矿石 880 万吨，多产铜量 16 307 吨，实现了资源利用的最大化，经济与效益的最优化。在德兴铜矿，不仅是含铜废石，连开采过程中产生的废液，都成为可再利用的资源。

"吃干榨尽、变废为宝"的理念，不仅体现在开采环节，还一直延续到了冶炼环节中。德兴铜矿的铜矿石除了主产金属铜外，还伴生有金银等多种有益成分。江铜集团贵溪冶炼厂采用闪速熔炼核心技术，通过不断自主创新，实现了铜冶炼综合回收率 98.15% 以上，金、银综合回收率分别为 94.51%、94.52% 以上。同时，为了提升资源利用率，贵溪冶炼厂则实施了炉渣选矿项目，每年从废渣中回收铜 8 000 多吨，相当于一个中型矿山的年产量。通过自

---

① 赵占国，朱永坤．开发一座矿山建设一座花园：中国黄金集团内蒙古矿业有限公司打造绿色和谐生态矿山 [J]．中国有色金属，2016（6）：62-63．

主研发,成功从废渣、废液中回收多种元素,其中年产硒 200 吨、碲 50 吨、铼盐 3 吨,分别占全球总产量的 1/20、1/8、1/20。这样既提高了企业效益,又降低了环境污染。

2. 做强产业,打造绿色产业链

在江西省,许多企业并不满足于仅仅生产销售初级资源产品,而是不断延伸产业链,通过深加工产品来获得效益。例如章源钨业,它是江西省首家钨行业上市企业,其向下游钨精深加工延伸,先后实施了一批科技含量高、市场前景好的加工重点项目。如今,章源钨业已经成为全球首家工业化生产纳米钨粉的企业,钨粉及碳化钨粉产销量连续 4 年全球第一,硬质合金产销量国内前三。

资源是有限的,但资源的利用空间是无限的。稀土作为江西的特色资源,开采配额有限。在量有限的情况下,如何提升质,成为江西稀土产业必须破解的难题。赣南稀土一度经历了无序开采的阶段,多达上千家企业参与到稀土的开采经营中。从 2000 年开始,赣南逐步整合采矿权,统一开采、统一加工、统一经营、统一管理,企业数量从 1 000 多家减少到 300 多家,再到一个矿业集团公司——具有国有性质的赣州南方稀土矿冶有限责任公司。目前,从勘察、开采,到加工、应用,赣州形成了较为完整的稀土产业链,吸引了一批稀土应用企业落户,如发光材料、风力发电、电动马达等。江西赣南稀土产业的变化,折射出的正是江西矿业集约化规模化经营,产业链不断延长,效益不断提升的努力。目前江西基本完成了 35 个省级重点矿产资源矿区整合工作,参与整合的矿业权数由 172 个减少到 47 个。

3. 改进工艺,建立环境保护长效机制

江西省森林覆盖率全国第二,高达 63.1%,生态资源优势明显。矿业经济绿色升级,是护住绿水青山的必然要求。早年,赣南稀土开采方式还是传统的池浸、堆浸,破坏植被、开挖山丘,采出稀土后又重新堆起一座小山,对地表环境产生了很大影响。为了使开采不破坏地表,江西省从 2003 年开始改进开采工艺,停止了池浸,2007 年开始终止了堆浸,采取原地浸出法,避免了对地表的破坏。为了加强管理,最大限度地降低对环境的破坏,江西省还率先在全国出台《稀土保护条例》,实行矿业系统党政领导负责制,建立市县乡村四级责任体系,还专门成立矿业公安,实现部门联动管理。从 2003 年起,进行了 31 次大规模矿业治理专项行动。为做好稀土资源储备与保护工作,划定了禁止开采的 11 个稀土国家规划矿区,面积 2 000 多平方公里,确保了今后的可持续发展。

不仅是稀土矿,江西各大矿区都在进行土地复垦。目前,德兴铜矿矿区

80%的可复垦地都进行了生态修复。在水龙山复垦示范基地，矿山废弃物堆场重新复绿。2011年，德兴铜矿也成为首批"国家级绿色矿山"试点单位。为了建立矿山生态环境保护长效机制，江西省从2010年12月1日起全面实施矿山环境治理和生态恢复保证金制度，目前已存储保证金6.86亿元，截至2011年，全省由矿山企业负责矿山环境治理和生态恢复的矿山1 430个。恢复面积1.3万公顷。大部分生产和在建矿山实现了边开采边恢复治理。[①]

（二）浙江模式：科学引导绿色矿山建设

如何在环境保护优先的前提下，合理开发利用矿产资源，以最小的生态环境代价，获得矿产资源开发的经济效益、社会效益和生态效益？近十多年来，浙江省以建设绿色矿山、发展绿色矿业为抓手，坚持科学导向，探索出了一条具有浙江特色的矿产开发与环境保护协调发展的新路子，为浙江生态文明建设做出了积极的贡献。

1. 坚持试点引路，政策引领

浙江的矿产资源开发以非金属及普通建筑石料矿为主，普通建筑石料矿占全部开采矿山的70%以上，且基本上为露天开采矿山，长期以来矿山生态环境问题突出。为有效解决这些问题，2005年，浙江省国土资源厅发出了《关于开展创建省级绿色矿山试点工作的通知》，拉开了浙江绿色矿山建设的序幕。经过试点，探索总结绿色矿山建设的基本经验，完善了绿色矿山建设的相关制度和绿色矿山考核指标，选拔树立了一批典型，发挥了示范引领作用。试点以来，涌现出了湖州新开元碎石有限公司、建德海螺水泥有限责任公司、遂昌金矿等典型代表。

在成功试点、积累经验的基础上，2008年6月，浙江省国土资源厅会同原省环保局制定了《浙江省省级绿色矿山创建管理暂行办法》。2012年7月，该厅又会同省环保厅制定了《浙江省绿色矿山建设管理办法（试行）》，提出了"应建必建"的原则。将绿色矿山建设内容调整为六大类26项指标，丰富优化了绿色矿山建设内容，把矿产资源开发利用率、吨耗资源经济效益、矿区绿化覆盖率和矿区生态环境治理率作为主要指标，引导矿山企业在科研和技改上加大投入力度，努力采用先进的采、选矿工艺，为建设绿色矿山提供技术支撑。

2. 坚持政策激励，多措并举

为激发矿山企业的主体能动性，浙江省国土资源厅明确对绿色矿山企业实

---

① 鲍晓倩. 江西：矿业经济绿色升级"吃干榨尽、变废为宝"［N］. 经济日报，2012-11-26.

施一系列政策激励措施。同时，规定在采矿权出让时，要将绿色矿山建设内容纳入采矿权出让合同，对未按合同约定建设绿色矿山，以及建设质量较低的矿山企业，矿产资源开发利用年度检查不予通过，暂缓办理采矿权延续等采矿权登记事项予以限制。为了优化新设采矿权布局，自 2012 年 6 月起，浙江省公路、铁路、航道两侧 1 000 米内可视范围，明确规定不得新设立露天开采的矿山企业，从制度层面减少绿色矿山建设难度，促进绿色矿山建成率的提升。严格实行矿产资源规划分区管理制度，严格按照规划分区设置采矿权，在规划开采区，要求新设经营性建筑石料类采矿权的出让期限一般不得低于 10 年，矿山的年均开采规模一般不得低于 100 万吨，鼓励矿山企业做大做强，提升企业绿色矿山建设的能力。

另外，浙江省严格执行治理备用金制度，倒逼矿山企业自觉履行治理义务，促进矿山企业落实"边开采、边治理"的要求，增强了建设绿色矿山的内生动力。建立政府各部门之间的沟通协调机制，让环保、安监等有关部门从绿色矿山建设的方案评审、过程监督到工程验收全程参与，合力推进绿色矿山建设。目前，全省累计建成绿色矿山 415 家，建成率达 70.3%，其中国家级绿色矿山试点单位 23 家，省级绿色矿山 118 家。

3. 坚持综合治理，还清欠账

矿山粉尘是影响矿容矿貌的最直接的因素之一。2013 年，浙江省国土资源厅积极响应《全国大气污染防治计划》要求，会同省环保厅率先在全国开展了矿山粉尘防治专项行动，并制定了《浙江省矿山粉尘防治技术规范（暂行）》和《浙江省矿山粉尘防治管理暂行办法》。2016 年，浙江省政府将矿山粉尘防治工作作为 G20 杭州峰会环境质量保障重要内容，该厅借峰会之势，积极开展专项整治行动，创新建立了矿山企业粉尘防治公开承诺、省级挂牌督办等制度，矿山生态环境得到持续有效改善。截至 2016 年底，全省 75% 以上的生产矿山粉尘排放实现达标运行。

为有效整治废弃矿山，2004 年起，浙江省国土资源厅通过开展"百矿示范、千矿整治""四边三化"废弃矿山治理和深化"四边三化"废弃矿山治理等专项行动，认真组织实施《废弃矿山生态环境治理规划》，把废弃矿山治理与土地复垦、村庄整治、新农村建设、旅游资源开发、景观建设等结合起来，既消除了矿山边坡安全隐患，又改善了生态环境。仅 2016 年，浙江省就完成治理废弃矿山 289 个，治理废弃矿井 645 个。截至目前，全省已完成废弃矿山治理 1 719 个，完成废弃矿井治理 1 876 个，基本还清了矿山开采留下的历史欠账。[①]

（三）河北模式：生态修复助力石家庄绿色崛起

河北矿产资源丰富，已发现各类矿产 116 种，其中探明储量的矿产 74 种，储量居全国大陆省份前 10 位的有 45 种。炼焦煤和石油、铁矿石储产分别居全国第一、第三位。在全省绿色矿区转型中，以石家庄市最为典型。作为国家第三批 25 个资源枯竭城市之一，该市近两年来抓住国家支持资源枯竭城市转型这个重大机遇，把环境转型作为实现产业转型、城市转型和社会转型的基础和先行工程来抓，大面积植绿，控尘减排，生态环境不断得到修复。

1. 修复生态，大面积植绿改变城市印象

城区投资 400 余万元，重点打造了世纪大道省级园林绿化样板街，高标准、高质量建成了一条长 1 000 米的供居民休憩、健身的慢行绿道，而这仅仅是矿区快速改变城市印象的一个缩影。2013 年 12 月 23 日，矿区经省政府正式批复，成为全省首个"省级园林城区"。以创园为契机，该区统筹推进扩绿增量。采取见缝插绿、立体增绿、盆景补绿等措施，共建成省级园林式单位、社区 5 个，省级园林式单位比例达到 13%，省级园林式小区达到 10%；建成市级园林式单位、社区 18 个，市级园林式单位比例达到 43.75%，市级园林式小区达到 40%。充分利用街道两侧空地、拆迁后临街土地、企业预留地等，采取"租地留绿、租地建绿"的办法全部进行绿化，建成"集芳苑""环翠苑"等 26 处绿地游园，总面积达 2.15 万平方米。

同时，针对南纬路、矿市街、红房街、北昌路等城区主干道绿量少、绿化水平不高等情况，矿区先后投资 4 000 余万元大力度地推进扩绿增量，新增城区绿地 5.3 万平方米，要求沿街 90% 以上单位和小区实施了拆墙透绿、立体绿化，建成 3 处林荫停车场。全区道路绿化普及率达 100%，绿化达标率达 84%，林荫路推广率达 50%。截至目前，该区建成区绿化覆盖率、绿地率分别达到 31.61%、35.92%。其中，人均公园绿地面积达到 16.5 平方米，已达到并超过国家级园林城区标准，世纪大道则获评省级园林示范街道。

2. 减排控尘，重拳出击打造碧水蓝天

矿区以"山青、水净、气爽、宜居、宜业"为目标，出台了《井陉矿区生态环境治理工作方案》，以焦化、钢铁、洗煤三大行业为主的"三点"，焚烧污染和各类扬尘源为主的"两面"为重点，关停了丰达钢铁、恒生钢铁两家能耗大户，4 家焦化企业全部限产，61 家储煤场全部取缔，开展道路交通环

---

① 浙国. 绿色，浙江矿业发展的共同语言［N］. 中国矿业报，2017-3-18.

境联合执法、淘汰黄标车和"控尘"等工作。全区还投入 700 万元，增加了道路清扫车、垃圾清运车等车辆，出台了生态环境治理工作问责办法，制定了重污染天气应急预案，增加了道路洒水次数，施工场地扬尘遮挡。区政府与重点排放企业签订了环保责任状，并实施 24 小时驻厂督导，对全区 15 家加油站全部实施了油气回收改造工程，特别是四家焦化企业先后投入 4 500 万元进行了污染治理，有效控制了"尘"和"味"的问题。

在城市污水处理方面，该区完善了城区、园区的污水管网体系，提高了工业废水的重复利用率和城镇污水的入网率。截至目前，全区规模以上工业企业废水循环利用率达到 98% 以上，镇区的居住小区入网率达到 100%，污水处理率达到 100%，污水处理厂的出水标准稳定达到《城镇污水处理厂污染物排放标准》一级 A 标准，出境断面水质达到了省控标准。

3. 特色旅游助力，探索文化旅游转型发展新路

在着手加快改变城市形象、提升区域环境质量的同时，石家庄矿区以段家楼景区保护开发为龙头，对清凉山冰雪文化旅游、天户峪昊源苹果采摘、万人坑爱国主义教育基地等旅游资源进行整合，吸引了多家国内知名文化公司洽谈合作，明确了以"红绿白黑"为特色的旅游产业发展思路，探索出一条资源枯竭城市文化旅游转型发展的新路。2013 年 5 月，正丰矿工业建筑群列入国家第七批文物保护单位，段家楼景区迎来了保护和开发的黄金时代。该区聘请国内一流的规划设计院编制了《井陉矿区旅游发展规划》《段家楼景区项目策划》和《段家楼文物保护规划》。在《井陉矿区旅游发展规划》中，段家楼景区计划投资 32 亿元，利用 5~10 年的时间分三期工程建设，逐步形成石家庄市知名休闲旅游区、环首都文化旅游新亮点和全国知名工业遗产旅游示范景区。

该区还将旅游和文化巧妙"联姻"，大力实施"文化强区"战略，深挖当地生态、人文、工业遗产、民俗文化四大类文化资源，先后出台了《井陉矿区推动文化大发展大繁荣的决定》和《井陉矿区文化产业发展规划》，设立文化产业发展专项基金，精心包装园区建设、影视剧、博物展馆、民间艺术表演、文化艺术节五大类 27 个项目，以"清凉山冰雪文化旅游节"和"天户峪昊源苹果采摘节"为平台，进行文化招商，叫响"根雕之乡、拉花源头、冰雪胜地、葛洪故里、百年煤城"5 张文化名片，实现了矿区的全面转型和绿色崛起。①

---

① 岳金宏. 储蓄生态"红利"为转型加分［N］. 石家庄日报，2014-6-14.

第二节　国外矿业经济绿色发展实践

自 20 世纪 70 年代以来，澳大利亚、加拿大、美国、英国等发达矿业大国制定了一系列环境保护的法律、法规，这些法律、法规对矿产资源的勘查和开发进行了严格的限制，有些地区为了环境保护，取消了几乎所有的矿产开发活动。本节介绍这些矿业大国在绿色矿业方面的成功做法和经验，从案例当中得出发展湖南省乃至全国绿色矿业经济的启示。

一、澳大利亚：发展矿业的同时注意保护生物多样性

澳大利亚作为一个矿业国在矿山环境恢复方面处于国际领先水平。在过去的 10 多年中，澳大利亚政府花巨资来纠正历史活动对环境造成的破坏。在废水管理、水资源保护以及生物多样性和景观生态系统的保护方面，加强对矿山生态环境的治理力度，成果显著。这得益于它不仅注重技术应用，而且更注重管理保护。

（一）推行矿业可持续发展框架

在 20 世纪 90 年代，澳大利亚推行了国家生态可持续发展战略以及澳大利亚生物多样性保护国家战略，对生物多样性进行保护和适当管理，坚持预防性原则。近几年，澳大利亚矿业部门和其他组织制定并出台了一系列可持续发展政策框架，这些政策框架有力地促进了矿山环境保护工作。为给矿业贯彻、履行可持续发展义务提供操作框架，澳大利亚矿产委员会出台了《持久价值》《澳大利亚的矿业可持续发展框架》。其制定目的主要在于支持矿业公司不仅遵守各项规定，更要保持、巩固其"采矿社会许可"。

在社区参与上，有几个管辖区参与了景观尺度上的生物多样性计划的编制。此类计划的编制在评估和批准过程中，可有效管理一些问题，如野生动物迁移通道、环境水资源的分配以及濒危物种和生态区的管理问题等。

（二）积极履行《生物多样性公约》

1992 年，澳大利亚批准了《生物多样性公约》。《生物多样性公约》以及其他有关可持续发展的国际公约中所包含的原则，日益成为澳大利亚矿业公司在生产运营过程中不可或缺的一部分。1999 年，澳大利亚联邦制定了《环境保护与生物多样性保存法案》，保护稀有和濒危动植物物种。在批准进行采矿之前，要由法律部门对任何采矿意向所带来的影响进行评估，对任何可能带给

稀有和濒危物种的不利影响进行控制，并将影响降低到法律部门允许的程度。近几年，澳大利亚矿业环境研究中心（ACMER）开展题为《建立采矿后动物栖息地的创新技术》的项目，为矿业公司建立动物栖息地提供了实用性建议。此外，矿业部门积极履行《生物多样性公约》，通过多种途径来大力协助生物多样性保护和恢复。

（三）建立社区合作伙伴关系

许多矿业公司都与运营所在地区的原住民建立了合作关系，与当地社区开展复垦和环境恢复工程。除与当地社区接触外，许多公司还与国内外的非政府环境保护机构建立合作伙伴关系。这些合作伙伴关系让矿业能够更好地识别和着手解决共同关心的问题。通过与非政府环境保护机构合作，矿业能够在环境保护问题方面获得专业技能和建立协作网络。

（四）改进酸性废水与环境治理验收

1. 酸性废水的处理

矿山开采导致地表水、地下水被污染。为了解酸性和含金属废水的特性，制定出管理其产生和释放的实用方案，人们在过去的 20 多年做了大量研究。处理酸性废水最常用的措施是收集并加入碱性物质中和处理；另一种方法是被动系统，依靠被动碱性产生系统把碱性物引入外排废水中，常用的有被动缺氧性石灰石导入系统、连续性碱性物产生系统和湿地处理系统。

2. 矿山环境治理的验收

在澳大利亚，验收可由政府主管部门根据矿业公司制订的《开采计划与开采环境影响评价报告》确定的生态环境治理协议书为依据，组织有关部门和专家分阶段进行验收。矿山生态环境治理验收的基本标准有三条，即：复绿后地形地貌整理的科学性；生物的数量和生物的多样性；废石堆场形态和自然景观接近，坡度应有弯曲，接近自然。如果矿业公司对矿山生态环境治理得好，可以通过降低抵押金来奖励；取得较大成绩的矿业公司，政府还颁发奖章鼓励。①

二、加拿大：建设绿色矿业的关键是形成矿山环境管理制度

加拿大幅员辽阔，矿产资源十分丰富，是世界第三矿业大国，其碳酸钾和

① 徐曙光，何金祥，孙春强．澳大利亚矿山环境保护和治理新动向：保护生物多样性［J］．资源导刊，2011（7）：42-43．

铀产量居世界第一，钴产量居世界第二，镍、铜、锌、铝、石棉、钻石、福、钛精矿、盐、铂族金属、钥、石膏等金属和矿物产量均居世界前五位。加拿大政府对环境的保护比较重视，先后投入大量资金用于矿山环境的修复与整治，并建立了环境保护支出统计制度。分析加拿大的矿山环境管理制度及矿产资源开发的环境代价，对我国的矿山环境保护及矿山环境管理制度的完善具有积极意义。

（一）行政管理方面

加拿大矿业管理部门分为联邦和省两级。两级间是分工协作关系，除环境和矿山复垦等涉及社会公众利益或省际协调问题外，分别按各自立法管理权限履行职责。加拿大的矿区恢复工作贯穿矿山生产的任何一个阶段。在对矿区勘查时，比如开展确定矿物位置的探矿、钻孔等活动时，管理部门要正确引导，尽可能减少对土地、水、植被、野生动物的影响。矿山开采前，必须对当时的生态环境状况进行研究并取样。获得数据要作为采矿过程中以及采矿结束后复垦的参照。[①]

采矿计划编制阶段，一旦发现有开采价值的矿物，必须提供三份详细的分析：第一是可行性研究，以决定开采在技术上和商业上是否可行；第二是环境影响声明，只有对生态环境负责的矿山活动才能进行下去；第三是矿山恢复计划，通常包括开采破坏的结构、矿山闭坑、植被再生长的稳定性、水处理等内容。

（二）矿山环境立法方面

在美国，大部分矿山环境标准都是联邦层次，由 EPA 设定。而在加拿大，很多矿山环境立法是省级层面的。1997 年，加拿大国家水环境标准——《金属矿液态废水规章》（MMLER）颁布。这一标准是在联邦《渔业法》下面颁布的，属联邦层次。[②] 加拿大有关矿山环境的立法见表 2-1。

---

① 王永生，黄洁，李虹. 采治同步，确保生态恢复：加拿大、澳大利亚矿山环境治理制度与实践［N］. 中国国土资源报，2007-4-27.

② G. HILSON. Barriers to Cleaner Technologies and Cleaner Production（CP）Practices in the Mining Industry：A Case Study of the Americas［J］. Minerals engineering，2000（7）：699-717.

表 2-1　加拿大矿山环境立法

法律名称	法律层次	实施年份	详细内容
《金属矿液态废水规章》（MMLER）	加拿大联邦	1977	是矿山水污染处理方面的国家级环境规则（除氰化物处理以外）
《环境质量法律》	加拿大魁北克省	1989	魁北克省的主要环境规则
《市政和工业减排战略》（MISA）	加拿大安大略湖	1986—1988	是安大略湖废水处理的规则
《污染控制法》	加拿大不列颠哥伦比亚省	1979	矿山废水和废气的处理依据

　　资料来源：郑娟尔，等. 加拿大矿山环境管理制度及矿产资源开发的环境代价研究.

（三）配套措施与绿色倡议

　　此外，加拿大还采取一些配套制度来督促矿山企业改善环境，如环境绩效报告制度。上市矿业公司必须汇报企业的环境管理绩效，这会间接地影响公司的股票价格和市场盈利，迫使矿企去改善矿区环境。[①]

　　在 2008—2009 年，由于全球金融危机的影响，加拿大矿业处于经济困难时期，许多矿产和金属企业不得不降低生产成本。为了迎接挑战，2009 年 5 月，加拿大自然资源部前部长丽莎正式启动了"绿色矿业"倡议（GMI），改善矿业环境，为加拿大矿业公司创造绿色技术的机会。其通过创新方法，尽量减少采矿产生的废物，将其转化为其他用途的环保资源，并保留干净的水，恢复景观和健康的生态系统。即使在经济不稳定时期，政府仍然保持高水平公众利益，对采矿活动的环境影响，特别是周边废物管理、水资源利用和空气质量的影响，保持高度关注。[②]

三、美国：立法先行实行生态环境治理修复法律制度

　　美国矿山生态环境修复治理之所以取得较好的效果，关键在于其建立了一套较为完善、详尽明确、可操作性强的矿山生态环境治理修复法律制度体系。

---

　　① 郑娟尔，等. 加拿大矿山环境管理制度及矿产资源开发的环境代价研究 [J]. 中国矿业，2012（11）：62-65.

　　② 卢伟. 国外矿业可持续发展实践之窥 [N]. 中国矿业报，2011-4-28.

（一）明确新旧矿区生态环境治理修复的不同责任主体

美国以《露天采矿管理与复垦法》的颁布实施为界，对该法律实施以前已经造成破坏的废旧矿区生态环境，由于历史原因导致破坏责任主体不明，无法通过"谁破坏，谁恢复"的原则确定治理修复的责任主体。因此，由国家通过建立治理修复基金的方式组织专业机构对生态环境进行治理修复；对于该法律实施以后正在生产或新建的矿山造成的生态环境破坏，按照"谁破坏，谁恢复"的原则，由矿山企业100%负责对矿区生态环境的治理修复。这种对新旧矿区生态环境修复分别治理的做法，既较好地处理了历史遗留问题导致的矿区生态环境破坏责任主体不明的问题，也明确了现有矿山企业的治理修复责任界限。

（二）建立废弃矿区生态环境治理修复基金制度

依据上述法律的规定，美国通过国库账册设立废弃矿区生态环境治理修复基金，该基金由内政部长管理，主要用于治理修复法律实施前遭到破坏的废弃矿区的生态环境。第一，治理修复露天采煤地区，封闭和回填废弃竖井与空洞，恢复植被，疏浚河床和处理污水，防止或减轻自燃，防止和制止矿区沉降；第二，治理由于矿区废弃地造成的农村地区的土壤侵蚀与环境污染灾害；第三，修复已经受到煤炭开采的不良影响的土地、水资源和环境，包括采取各种措施以保存和开发土壤、水域、林地、野生动物、娱乐资源和农业的生产能力；第四，保护、修复、重建或增加各种受到煤炭开采作业不良影响的公用设施，如煤气、电、供水设施、道路、休养地以及保存这些设施；第五，向实施法律的各州拨发补助金（现已采取国家和州政府5∶5分成的办法）；第六，按照内政部长与其他公共组织签订的合同进行的研究，其目的在于提供信息、建议和技术援助，实施与示范作业，如每年向国家土地复垦研究中心提供1.4亿美元的科研经费以支持其进行研究、开发与示范作业。

（三）建立了矿区生态环境治理修复保证金制度

根据上述法律的规定，在开采许可证申请已经得到批准但尚未正式颁发前，申请人需要交纳治理修复保证金，保证金在采矿者未执行治理修复计划时用来支付治理修复作业的费用。设立保证金制度的目的在于约束矿山企业按照规定的标准对矿区生态环境进行治理修复，保证金数额由环境保护局的矿山资源处决定，一般以5年破坏的土地面积的环境治理修复费用为标准，每公顷土地1 500至4 000美元不等。在确定矿区生态环境治理修复保证金数额时，一般遵循以下标准：第一，保证金数额应充分考虑矿山种类、受影响面积、矿山地质状况、被提议的矿山使用目标和基本的治理修复要求、许可证年限、预期的治理修复方法和进度，以及其他如水文等的标准；第二，保证金数额基本但不限于申请者估算的治理修复成本；第三，保证金数额应足以保证矿山企业不执行治理修复任务时，管理机关对其保证金的罚没能完成治理修复任务；第四，任何许可采矿区域的最低保证金数额为 1 万美元，并分三个阶段予以返还，每个阶段的返还比例依次为 60%、25%、15%，而且每个阶段都有严格的验收标准；第五，保证金数额可以根据采矿计划、开采后土地用途或其他任何可能增加或降低治理修复成本的因素的变化而加以调整；第六，闭矿后 2 年内矿山企业应持续提供保证金，以确保治理修复的彻底完成和治理修复质量达到标准。

（四）建立开采许可证审批与矿区生态环境治理修复挂钩制度

美国通过建立开采许可证审批与矿区生态环境治理修复挂钩制度，强制矿山企业履行对矿区生态环境的治理修复义务，是美国实践证明行之有效的办法。该制度的具体内容是：第一，发放许可证的机构，各州均不一致，有的是州环保部，有的是州自然资源部，有的是州土地开垦局，有的是州矿山局或地矿局等。或者内政部颁发的许可证，任何单位或个人不得进行新的露天采煤作业或者重新打开、开发已经废弃的矿井或矿区。第二，开采者应递交内容详细并包括治理修复规划的申请，主要内容是：（1）许可证申请人的姓名、住址；（2）与许可证所申请的地区相邻的地表和近地表层地区的情况；（3）提供待采矿场地的原始资料如地表、地下水的质量和数量，土壤类型、深度、PH、坡度和植物生长的能力，各岩层的物理化学特征（包括煤层），植物种类、密度，野生动物种类、密度，已存在的土地利用情况，优质农田情况，高产田情况等；（4）提供从事采煤作业地区的地图及各种有法律效力的文契；（5）开采计划（包括环境评价、工艺等）；（6）采矿和治理修复对矿区和流经矿区的水产生的后果的预评价；（7）采矿后的治理修复计划。第三，对治理修复信誉好的矿山企业优先审批许可证，而对于不遵守相关法律以及州政府颁布的相关条例、规定的矿山企业，相关执法办公室或发证机关有权中止、吊销或撤回开采许可证。[①]

---

① 张睿，江钦辉. 美国矿山生态环境治理修复法律制度及对新疆的启示［J］. 喀什师范学院报，2014（4）：25-28.

第三节　国内外矿业经济绿色发展的经验借鉴及启示

一、国内矿业经济绿色发展的经验借鉴

（一）树立矿业经济绿色发展的观念，化被动为主动

从案例中可以看出，这些矿业企业认为，发展绿色矿业是企业履行责任、谋求自身可持续发展、主动适应经济发展新常态的必然选择。许多矿山企业从最初的"要我建"转变为"我要建"，积极投身于绿色矿山的探索实践工作中，自觉承担起节约集约利用资源、节能减排、环境重建、带动地方经济社会发展的责任，树立了矿山企业的正面形象。[①]

（二）大力发展科技创新，带动矿山经济绿色发展

绿色矿山建设带动了科技创新，科技创新又反过来推动了企业技术水平的提高。在采矿环节，充填开采技术已被煤炭、有色金属等试点矿山企业成熟运用，极大提高了矿石的开采回采率，大幅度减少了尾矿、废石等工业固体废弃物的排放，部分矿山甚至实现了生产过程中无废石出井和尾矿零排放，减少了工业占地并降低了对周边环境的扰动。在选矿环节，各试点单位普遍加强了对共伴生、低品位矿和尾矿中有用资源的综合利用技术攻关，实现了资源的节约与综合利用，取得了很好的经济效益。如内蒙古矿业，通过科技创新实现对共伴生矿以及尾矿中钨、锡的综合利用，实现了综合盈利。同时，试点矿山的矿井水、选矿废水的循环利用效率均有很大程度提高，循环利用率在80%以上，部分企业实现了废水零排放。[②]

（三）同步治理与修复生态环境，保护周边环境

试点单位高度重视矿区生态环境保护与治理，在绿色矿山建设规划实施过程中，安排了专项资金，用于土地复垦、矿山复绿、尾矿库治理、植被修复等生态环境治理再造项目，部分生态脆弱区，因矿产资源的开发，矿区周边生态环境有了明显改善。如神华集团上湾煤矿、黑岱沟煤矿坚持边开采边治理，矿区及周边植被覆盖率由开发前的11%提高到目前的62%以上。

---

① 胡德斌．国外矿山环境保护管理及对我国的启示［J］．中国矿业，2004（2）：39-47.
② 王永生．看澳大利亚如何治理矿山环境［N］．中国有色金属报，2008-7-26.

（四） 创新矿山运营模式，稳步推进现代矿山建设

90%以上的试点单位采用信息网络技术、智能控制技术，建设数字化智能矿山，实现矿山企业经营、生产决策、安全生产管理和设备控制的信息化管理，提高了企业的劳动生产效率，降低了企业的生产经营成本，树立了现代化矿山的良好形象。如辽宁抚顺傲牛铁矿通过数字化矿山建设，实现生产流程自动化、成本控制实时化的精细化管理，降低企业生产成本，在矿产品价格走低的情况下，仍然能保持一定的利润。

（五） 全面履行社会责任，为企业营造良好的社会环境

试点单位在自身发展的同时，重视与地方建设的密切融合。一是积极缴纳完成各项税费义务，为地方财政增加财力做出贡献；二是为地方提供尽可能多的就业岗位，开展就业技能培训，提高了当地居民的就业能力，促进社会和谐稳定；三是结合当地的实际情况，通过项目合作的方式，支持矿区周边群众发展种植业等，支持基础设施和民生工程的建设及生产生活环境的改善，切实提高了当地群众生活水平和质量。

二、国外矿业经济绿色发展的经验借鉴

（一） 完善矿山环境保护法规体系

我国在矿山生态方面尚无完善的法律，而且对环境的管理仍然采取行政指令的方式，自我保护生态环境的意识比较薄弱，应逐渐淡化对环境进行管理的传统"命令和行政管理"方式，加强更具广泛性的自我管理模式。这需要建立并完善矿山环境保护法律法规体系，这个体系的建立既是实现我国矿业可持续发展的必然要求，也是在"WTO/TBT 协议"的原则下保护我国的生态环境，在矿业融资过程中实现有效环境管理的需要。美国、澳大利亚等国家采取诸如建立"环境、生态系统补偿保证金制度"，即矿业经营者要根据其储量定期向政府缴纳环境恢复治理的保证金；加拿大要求矿业公司从取得第一笔矿产销售款开始，由政府、保险公司或银行作为管理人运作并管理基金。我国矿产资源生态补偿制度建设也应立法先行，尽快出台矿产资源开发生态补偿法规，研究探索矿产资源生态补偿的办法、标准等，逐步做到规范运作。

（二） 加强技术方法的推广

我国在矿山土地生态复垦方面有了一定的进步，但目前很不完善，所得到

的技术方法只具有局部性特点，没有很好地进行推广。相比之下，澳大利亚的矿山环境恢复技术比较完备。从表土处理、种子播撒到外来物种的管理，都能够因地制宜，最大限度地保证矿山生态系统的恢复。矿业部门不仅积极利用所开发的恢复技术，而且愿意将所达成的认识进行交流和共享。

（三）引导矿业公司加强环境管理

国外矿山环境管理最成功之处在于让企业自觉加强环境管理，国内矿业公司应强化环境保护意识，建设绿色矿业公司。这类公司，既要建立现代企业管理制度和运行机制，又要引进 ISO14000 环境管理系列标准并通过认证。国际标准化组织制定的 ISO14000 环境管理体系标准已经深入到各行各业，成为企业提高竞争力的重要工具。我国引进 ISO14000 系列标准，将有利于实现经济与环境的协调发展，并赢得国际认可，公司也将相应获得经济与环境效益。它是国内矿业公司谋求长远发展和落实走出去战略的必由之路。同时，澳大利亚的社会许可制度要求矿业企业在从事矿业活动时，不仅要满足法律法规等对环境保护的要求，还要与社区居民有良好的沟通，通过开展因地制宜的、符合当地居民需求的各种活动，以获得社区组织和居民的广泛支持，这一点也值得我国借鉴。

（四）加强矿山开采环境影响与治理的监管

随着利用外资勘查、开采矿产资源步伐的加快，外资进入中国矿业的步伐也在加快。对此，建议有关部门应将矿业公司的环境政策列入考虑重点，严格审查国内及国外矿业公司的环境政策，决不允许对环境不负责任的矿业公司在矿业风险投资中中标。此外，各级地矿行政主管部门都要明确制定矿山生态环境治理监督管理的内容、制度和方法，对矿山生态环境的治理进行定期检查的制度。可仿效澳大利亚的做法，制定详细的矿业可持续发展战略以及矿山企业实施建设绿色矿业的准则和监督机制。要求各矿山企业主动签署可持续发展承诺书，或主动成为《绿色矿山公约》的成员，严格遵守该公约的要求，接受社会各界监督。只有矿业公司的自觉与全面参与，才能真正、高效实现我国矿业的可持续发展。①

---

① 王永生. 看澳大利亚如何治理矿山环境［N］. 中国有色金属报，2008-7-26.

三、推进湖南省矿业经济绿色发展的启示

（一）建立和完善国家级绿色矿山政策体系

在推进国家级绿色矿山建设的过程中，应与其他的相关产业政策相契合，如绿色矿山政策与采矿权颁发、延续等矿山开发利用政策契合；绿色矿山环境保护方面的政策可与地质灾害治理政策、环境评估政策、土地复垦政策契合。除绿色矿山专项资金外，考虑矿山领域其他专项资金政策对国家级绿色矿山的有力倾斜等。为国家级绿色矿山试点单位建立行政审批的绿色通道，在办证、扩界、延续证照及证照变更等过程中给予简化程序，提高办事效率，支持企业发展。[①]

具体来看，政府管理部门应进一步量化绿色矿山标准，建立健全有效约束开发行为和促进绿色循环低碳发展的法律制度，形成针对性、系统性更强的政策和可操作性强的措施，使绿色矿山建设有法可依，而不能一再放宽执法尺度，做到"执法必严、违法必究"，使矿山企业抛弃一切侥幸心理，从根本上认识到绿色矿山建设的必要性和紧迫性。对达标的绿色矿山企业，给予一定的政策支持和财政补贴，使优质企业做大做强，而对于转变生产方式较为困难的中小企业，应该"因企制宜"，制定专门的规范和要求，使其也能共享绿色发展的福利，让绿色发展成为企业发展的动力之源。

（二）加强矿产资源的勘查投入

优化地质工作布局，将力量集中部署在主要成矿区域，近期主攻煤、铀、铁、铅、锌、锰、铜、金等急需矿产勘查，适度开展钨、锡、锑、秘、钼、优质石膏、萤石等优势矿产勘查。进一步加强危机矿山外围及深部接替资源勘查，尽快形成一批大中型重要矿产资源后备基地。加强基础地质工作，开展湘东北和湘南地区 1∶50 000 航空磁法测量、重要成矿区带和重要经济区 1∶50 000 区域地质和矿产资源远景调查，完成全省主要矿产资源潜力评价，开展新一轮成矿预测和重要成矿区带找矿靶区优选。推进国有地质勘查单位的体制改革，加强地方公益性地质调查队伍建设。完善投入机制，积极争取中央财政资金，稳定省级财政投入。建议国土资源部及国家发改委在执行重大专项政策支持时，在同等条件下，优先考虑支持绿色矿山企业。建立矿山地质环境保障金返还渠道，对达标的绿色矿山企业根据建设情况，按比例分期返还给企业，

---

① 栗欣. 我国绿色矿山建设实践、问题及对策 [J]. 矿产保护与利用，2015（3）：1-5.

以鼓励企业边开采边治理。建议各级地方政府给予绿色矿山企业在资源政策、经济政策、产业政策等方面专项资金支持，以促进企业从本身绿色矿山建设向全面关注和推进整个绿色矿业的方向发展。①

（三）转变矿业发展模式

从案例中各企业及地区的做法中可以看出，要建设绿色矿山发展绿色矿业，最重要的是转变发展模式。湖南省要转变矿业发展模式，发展绿色矿业经济，一要深化重要矿产资源开发整合。以煤、铁、锰、铅、锌等11个矿种为重点，在煤炭坝煤矿区、柿竹园多金属矿区等56个重点矿区进一步推进开发整合，做大做强一批优势矿业企业。二要健全市场配置机制。深化资源性产品要素市场改革，建立反映市场供求关系、资源稀缺程度、环境损害成本的资源价格形成机制。加强矿业权有形市场建设，推进矿业权网上交易，形成全省统一、开放、竞争、有序的矿业权市场。三要提高矿产资源综合利用水平。完善开采回采率、选矿回收率等技术经济指标体系，科学合理地确定勘查开发工业指标。开展综合勘查、综合评价、综合开发利用，对暂不宜开采的贫矿或暂不能回收的共伴生矿产加以保护。四要拉长矿产资源产业链条。推进有色金属等优势矿产的精深加工，加大非金属优势矿产的开发力度，积极开展对低品位、难选冶矿产选冶技术的研发及矿山尾矿、废渣的综合利用。鼓励发展矿业循环经济。依托资源优势，支持引导矿业企业实行强强联合，建设特色矿业园区。

（四）提升企业科技创新能力

矿山企业不能把绿色矿山建设搞成形象工程，而要抓住机遇，大力开展管理变革，通过选用先进的采选技术，用自动化、智能化改造传统落后产能，加大对低品位、共伴生及难选冶等矿产资源的开发利用水平，建立以市场为导向、矿山企业为主体的产学研相结合的矿业科技研究新体系。同时要开展矿业重点项目的科技攻关，引进国内外先进技术，提高全省矿业科技整体水平。健全完善矿产资源规划、矿产地、资源储量、矿业权、矿山地质环境、矿山执法等各类数据库，提高矿产资源勘查开发管理的信息化水平。加快地质资料信息服务集群化、产业化建设，构建地质资料汇交和社会共享机制，推进各类成果数据的清理排查、集成整合和开发应用，实现地质资料社会化服务向需求驱动转变，向横向、纵向立体式和全方位服务转变。

---

① 彭剑平，沈述保. 绿色矿山建设长效机制与典型案例 [J]. 黄金科学技术，2016（4）：133-136.

（五）建立企业社会责任制度

借鉴澳大利亚的社会许可证（Social License to Opera）制度，矿山在从事矿业活动时，不仅要满足法律、法规等正式规则的要求，还要与社区居民有良好的沟通，通过开展因地制宜、符合当地居民需求的各种活动，以获得社区组织和居民的广泛支持。

首先要求绿色矿山企业每年定期公开发布《矿山企业社会责任报告》，对矿山企业的工作实践进行总结，真实反映矿山企业在资源综合利用、环境保护和治理，以及社区和谐等方面的成果，接受社会公众的监督。[①]

其次要充分发挥社会舆论监督作用。在信息化时代，社会舆论的监督作用显著，通过这种制约导向作用，督促矿山企业及时调整影响社区生活的生产作业，使其不仅履行法律责任，还要承担起应尽的道德义务。同时企业应依法公开其清洁生产、废料排放和环境保护方面的真实信息，这样公众才能更好地行使其监督权，对不符合广大群众利益的企业做出废除"绿色矿山"称号的处罚。[②]

---

① 栗欣．我国绿色矿山建设实践、问题及对策［J］．矿产保护与利用，2015（3）：1-5.
② 彭剑平，沈述保．绿色矿山建设长效机制与典型案例［J］．黄金科学技术，2016（4）：133-136.

第三章　湖南省矿业经济绿色发展概述

我国"十三五"规划纲要中明确指出，要开展一场"能源革命"，推动低碳循环发展，同时要加快能源技术创新，建设清洁低碳、安全高效的现代能源体系。绿色经济已经成为实践科学发展观的重要战略和国家制定经济政策的重要依据。湖南省位于我国中部地区，从自然条件来看，因地处长江中游，东以武功山系和江西省交界；西以云贵高原和贵州相连；南枕南岭、罗霄山脉，和广东、广西等省份相交；北以洞庭湖、滨湖平原与湖北省接壤，其承上启下的地理位置就奠定了它重要的生态地位，也决定了生态环境的敏感性、脆弱性。可以说湖南省生态环境的好坏对于维系整个长江中下游水系生态平衡，乃至促进中下游地区经济社会健康发展都起着重要作用。然而目前很多矿山企业为了满足自身的生产和发展需要，采取了传统的掠夺式资源开发利用模式，这样的资源开采形式不仅造成了矿产资源的浪费，也加剧了湖南省资源供需矛盾的严峻形势，更破坏了当地的生态平衡，给当地的生态环境造成了极大的破坏，对周边地区居民的人身安全乃至财产安全均构成了潜在的威胁。实现绿色经济，走可持续发展的道路，就必须把绿色理念贯彻于矿产资源开发利用的全过程。

基于此，本章以循环经济理论、可持续发展理论为基础，遵循矿产资源总体规划的指导思想，根据矿业经济形成的过程，从矿产资源开发利用到建设绿色矿山再到形成绿色矿业区——矿业城市几方面来对湖南省目前矿业经济绿色发展的现状进行分析，总结其存在的问题，再结合我国矿业经济的约束因素及发展趋势，为湖南省矿业经济绿色发展提供相应的对策建议。

第一节　湖南省矿业经济绿色发展现状

湖南省作为中国的"有色金属之乡""非金属之乡"，其矿产十分丰富，在中国矿业经济发展中占据着重要的地位。然而由于绿色观念的缺位，湖南省矿业经济呈现粗放式发展，给周边的生态环境带来了很大的影响。在强调新发展理念的今天，推动湖南省矿业经济向绿色发展势在必行。

一、湖南省矿产资源现状概述

湖南省位于长江中游南部,地处东经108°47′~114°15′,北纬24°38′~30°08′,土地总面积21.18万平方公里。2015年全省常住人口6 783万人,城镇化率50.89%。全省2015年度地区生产总值2.9万亿元,三大产业结构比例为11.5:44.6:43.9。

(一)矿产资源概况

湖南省矿产资源丰富,素有"有色金属之乡"和"非金属之乡"的美誉。截至2014年,已发现矿产143种(含亚种),探明储量的有108种。钨、铋、锑、普通萤石、海泡石等9个矿种保有资源储量居全国之首,锡、钒、重晶石、隐晶质石墨等7个矿种位居第二,汞、锂、铷、金刚石等6个矿种位居第三。全省矿产资源具有矿种多、大宗矿产少,共伴生矿产多、单一矿产少,难选冶贫矿多、富矿少,探明资源储量分布相对集中的特点。

在对国民经济和社会发展起支柱性作用的石油、天然气、煤、铀、铁、铝、铜、铅、锌、金、磷、硫铁矿、钾盐、钠盐、水泥灰岩等矿产中,湖南省除石油、天然气、钾盐外,其余种矿产都有探明储量。在我国45种重要矿产中,湖南省发现了37种矿产,有29种矿产探明了储量。其中金刚石、锰、金、硼、钴、铀、铅、锌、硫铁、磷、石膏、高岭土、钠盐、水泥灰岩、玻璃用砂、萤石、钨、锡、锑、芒硝、石墨、重晶石等22种矿产具有优势或潜在优势。[①] 锰矿储量仅次于广西(7654.63万吨),全国排第二;钒矿储量仅次于四川(744.53万吨),全国排第二;铅矿储量仅次于云南(295.75万吨)、内蒙古(251.02万吨)、广东(122.41万吨),全国排第四;锌矿储量仅次于云南(1439.64万吨)、内蒙古(700.59万吨)、甘肃(463.34万吨),全国排第四;磷矿储量仅次于湖北(8.65亿吨)、云南(7.81亿吨)、甘肃(7.20亿吨)、四川(3.25亿吨),全国排第五。

(二)矿产资源的基本特征

(1)矿种比较齐全,配套程度较高。除石油、天然气外的能源矿产,钢铁工业所需的铁、锰、钛、稀散、稀有元素以及冶金辅助原料矿产,有色金属,建材和化学工业所需的非金属矿产,都有发现并探明了一定储量。

(2)单独矿产少,共伴生矿产多。有色金属在湖南发育良好,矿种和矿

---

① 周厚祥,等. 湖南省矿产资源开发"十一五"规划[Z]. 湖南省国土资源厅内部资料,2006.

床类型多且以内生和层控矿床为主，这就决定了湖南的矿产资源共伴生多这一重要特征。重要的有色矿产基地七宝山、柿竹园、东坡、大顺窿、黄少坪、水口山、野鸡屋等，共伴生矿产达 10 种以上，其中柿竹园钨、铋、锡、钼矿共生有益组分高达 15 种。

（3）矿产产地多，但矿产储量相对集中。有色金属矿产中，占矿床总数 10% 的大型矿床集中了 50% 以上的储量，如柿竹园多金属矿分别占全省钨、钼、铋、萤石总储量的 46.19%、53.23%、89.83%、79.85%。这一特征有利于矿产资源的统筹规划、重点开发和规模经营。

（4）成矿时代多，空间分布广，且时空分布具有明显的规律性。湖南大部分地层层序完整，沉积类型多，横向变化明显，为沉积和层控矿产的形成提供了良好的条件。不少矿产具有地层时代的成矿专属性。在地域上主要受三个成矿构造单元的控制：一是八面山褶皱区，地处湘西自治州和常德地区的西部，主要矿产有磷、铁、汞、铅、锌、锰、煤等；二是雪峰隆起区，主要矿产有磷、岩盐、芒硝、石膏、萤石、金刚石砂矿、钨、锑、铅、锌、铜等；三是湘中、湘东南褶皱区，主要矿产有铅、锌、铜、钨、锡、钼、铋、锑、金、银、稀有、稀散元素、矿煤、石墨、高岭土、石膏、石灰石、硅灰石、岩盐、芒硝、耐火黏土以及工业用石灰岩等。

（5）矿种多，分布不均衡。钨、锡、钼、铋、铅、锌、石墨主要集中在郴州、衡阳地区；锑矿主要集中在湘中地区；汞矿主要集中在湘西地区；金、银主要集中在衡阳、长沙、怀化、岳阳、郴州地区；铁矿主要集中在衡阳、株洲地区；锰矿主要集中在湘潭、湘西、怀化地区；盐矿主要集中在衡阳和常德地区；石膏主要集中在常德和邵阳地区；磷矿主要集中在常德、长沙和怀化地区；煤矿主要集中在娄底、郴州、衡阳、邵阳、长沙、湘潭等地区。这种矿产资源的地域性特征，为矿业开发合理布局提供了依据。

（三）矿产资源勘查开发利用现状

（1）基础地质调查。全省已实现 1∶250 000、1∶200 000 区域地质调查和区域矿产调查全覆盖，1∶50 000 万区域地质调查覆盖率 54.30%，1∶50 000 区域地质矿产调查覆盖率 38.91%，1∶50 000 资源远景调查覆盖率 23.40%；已部分完成 1∶50 000 区域重力调查、区域地球化学调查、遥感地质调查与解译、地质灾害详查等其他基础地质调查工作。

（2）矿产资源调查评价。全省已完成国土资源大调查矿产评价、重要和紧缺矿种重要矿产地普查、大中型矿山资源潜力调查、矿产资源利用现状调查、主要矿种资源潜力评价等矿产资源调查评价工作；围绕南岭成矿带、湘西—鄂西成矿带等重要成矿区带，在花岗岩及其成矿关系、成矿规律、找矿模式、找矿方向等研究领域取得重大进展。

（3）矿产资源勘查。全省已上表矿区 1 767 处，其中大型及以上矿床 138 处，中型矿床 272 处，小型矿床 1 357 处；达到详查及以上工作程度的矿区 1 243处。现有探矿权 968 个，涉及煤炭、铁、锰、铜、铅、锌、钨、锡、锑、金等 38 个矿种。

（4）矿产资源开发利用。全省已开发利用矿种 94 个，现有矿山 6 901 个，其中大型 97 个，中型 313 个。2015 年度固体矿石开采总量 2.32 亿吨，矿山从业人员 23.75 万人，矿山采选业产值 833.8 亿元，矿业产值（含采选业、金属冶炼和压延加工、非金属矿物制品业）6 360 亿元，形成了以煤炭、黑色金属、有色金属、贵金属、稀土等生产加工为主，盐化工、磷化工、氟化工、陶瓷加工、玻璃生产、水泥生产等同步发展的矿业格局。

（5）矿山地质环境。全省矿山地质环境问题包括矿山地质灾害、矿业开发占用破坏土地资源、矿业废水废渣污染、矿业开发对水资源破坏 4 类；现有 50 个矿山区域地质环境恶劣；截至 2015 年底，全省历史遗留矿山地质环境治理恢复率 44.0%，矿区土地复垦率 38.8%。①

截至 2015 年底，湖南省各项指标储量详见表 3-1。

二、湖南省绿色矿山建设现状

矿山开采利用所带来的环境问题和生态危机是我国大部分地区普遍存在的问题，特别是在矿产资源丰富的地区，此类问题尤为突出。近年来，随着"环境保护"被写入基本国策，湖南省也已经开展了对绿色矿山建设项目的建设，并取得了显著的进展。特别是湖南省推进两型四化建设后，对绿色矿山建设的投入、颁布的政策以及相关的学术研究都是前所未有的，但与此同时也存在着一些值得改进的地方。

---

① 湖南省人民政府. 湖南省矿产资源总体规划（2016—2020 年）[Z]. 湖南省国土资源厅，2016.

表 3-1　2015 年湖南省矿产资源储量表

类别	指标名称		单位	2015 年
基础地质调查与矿产勘查	1：50 000 区域地质调查覆盖率		%	54.30
	新发现重要矿产地		处	—
	新增资源储量	锰矿	矿石 万吨	—
		铅锌	金属 万吨	—
		锡	金属 万吨	—
		锑	金属 万吨	—
		金	金属 吨	—
		矿泉水	万立方米/日	—
矿产资源开发利用与保护	固体矿石年开采总量		矿石 亿吨	2.32
	主要矿产年开采总量	煤炭	万吨	1402
		钨	WO_3（65%） 万吨	1.91
		稀土	REO 万吨	0
		铅锌	金属 万吨	12.4
		锡	金属 万吨	1.48
		锑	金属 万吨	1.97
		金	金属 吨	5.2
		饰面石材	万立方米	82.4
		矿泉水	万立方米	10
	矿业产值		亿元	6360
	矿业增加值		亿元	1900
	矿山采选业产值		亿元	833.8
	矿产地储备数量		处	0
矿业转型升级与绿色矿业发展	采矿权总量		个	6901
	大中型矿山比例		%	6.5
	矿山"三率"水平达标率		%	/
	绿色矿山比例		%	0.32
矿山地质环境保护与治理恢复	历史遗留矿山地质环境治理恢复率		%	44
	矿区土地复垦率		%	38.8

资料来源：湖南省矿产资源总体规划（2016—2020 年）.

（一）加强和改进行业管理方面

为了加强矿业行业管理，给湖南省绿色矿山建设提供较好的行业氛围，湖南省国土资源厅颁发了《湖南省矿业权招标拍卖挂牌出让管理办法》（湘政办发〔2016〕65号）和《湖南省矿山地质环境恢复治理验收办法（试行）》，以及《湖南省矿山地质环境恢复治理验收标准（试行）》等一系列政策，以更加严格的企业安全管理、更加坚实的技术保障、更加有力的安全监管、更加严格的目标考核为手段，督促矿山企业安全生产主体责任落实。具体而言，湖南省国土资源厅联合各级政府坚持关口前移、重心下移，按照分级管理、分级负责原则，每季度对各地区的矿山开展一次全面检查、重点矿山每月一次重点检查。①

（二）瓦斯防治与综合利用方面

瓦斯防治与综合利用是湖南省县域绿色矿山建设的重要组成部分，为此湖南省相关职能部门和矿山企业已经做出了以下工作：

（1）针对过去出现瓦斯爆炸较大事故多发的情况，开展了专项整治。严格通风和瓦斯管理，落实瓦斯检查和排放措施，严禁瓦斯超限作业。加强机电设备管理和维护，严防机电设备失爆。加强监控系统维护和升级，确保系统运行可靠。

（2）加强瓦斯综合利用工作，化害为利，变废为宝。如以郴州、永州为代表的湘南地区联合湖南大学、中南大学的科研机构将部分潜力较大的矿山作为瓦斯综合利用产学研实验基地，并准备在此基础上建设一批瓦斯发电厂。

（三）矿山整顿和绿色技改方面

按照《湖南省十二五能源发展规划》的统一部署，湖南的大多数矿山企业已经开始矿山整顿关闭、整合以及技术的绿色技改工作。湖南省政府责成各市局对未按规定期限申请验收的矿山，由县级人民政府审查把关，区别对待。对只生产、不技改，故意拖延工期的矿山予以关闭。同时，对坚持停产技改，但确有客观因素不能如期申请验收的矿井，要求他们要向县级政府书面报告理由，由县级政府根据矿井设计技改工程量，初步重新核定最终技改竣工期限，经市级矿山安全专项整治领导小组审查，报省有关部门。对验收合格的矿山，要抓紧完善，尽快发证，尽快合法组织生产。此外还组成了监管工作小组，进驻矿山持续监管，发现违法组织生产的，要依法顶格处罚，对屡禁不止或延期后仍不能如期申请验

---

① 李联山. 关于湖南省煤炭工业"十二五"发展战略思考［J］. 采矿技术, 2010（S1）: 1-3.

收的煤矿，则提请县级人民政府坚决依法予以关闭。

（四）相关标准化建设方面

按照绿色矿山的发展要求和新型工业化的发展趋势，矿工业必须改变现阶段事故多发、管理粗放、工作标准低下，井上下环境脏乱差等现状，向着安全、优质、高效、洁净的方向发展。在煤矿方面，湖南省煤炭管理局下发了《关于推进煤矿合理布局正规开采工作的指导意见》《湖南省煤矿安全质量标准化标准及考核评级办法》（湘煤行〔2010〕10号）等一系列文章推进绿色矿山建设的标准化建设工作。

截至2012年底，全省已建成10个煤炭机采工作面、20个机掘工作面、100个单体液压支柱工作面，全省煤矿达到三级以上标准化水平，创建6个国家级标准化矿井，30个一级标准化矿井。

（五）推进企业兼并重组方面

在湖南省一系列的政策引导下，如《湖南省2013—2015年金属非金属矿山依法整顿工作实施方案》（湘政办发〔2016〕18号），省内的各类矿山企业积极实施大公司、大集团战略，加快推进矿山企业兼并重组工作。

为了充分发挥市场机制作用、依法整合资源，湖南省政府支持具备条件的国有和民营矿山企业主动行动，鼓励各种所有制矿山及电力等行业企业参与兼并重组，支持冶金、化工等行业企业以产权为纽带、以股份制为主要形式参与兼并重组淘汰落后产能，优化产业结构。

三、湖南省矿业城市建设现状

按照党的十八大对生态文明建设的总体要求，低碳、绿色、和谐的矿业发展方式应该成为矿业城市可持续发展的必然选择和重要途径。矿业城市可持续发展的研究就成为当前研究矿业城市理论与实践的关键切入点。衡阳、郴州作为湖南省典型的矿业地级城市，因其特有的产业结构现状、环境问题的特点而引发关注。接下来以衡阳市和郴州市两大矿业城市为例，选取了生态环境这一指标来对两个城市的现状进行分析，来透视出目前湖南省矿业城市转型中面临的主要问题。

（一）衡阳市矿业城市发展现状

1. 衡阳市矿产资源概况

衡阳市已发现矿产69种，探明有资源储量的矿产53种（亚种）。各类矿床（点）876处，探明矿产地139处，大型矿床8个、中型矿床20个、小型及以下矿床111个。探明资源储量位居全国前列的矿种有钠长石、硼砂；探明资源储量居湖南省首位的矿种有金、岩盐、钠长石、芒硝、硼、硅灰石、硫铁矿、铸石用玄武岩等；列居全省第二位的矿种有锡、铁；列居全省第三位的矿种有铅、锌、钨、铜、银、砷、高岭土、重晶石。

2. 衡阳市矿业经济发展概况

衡阳市矿产开发历史悠久，已基本形成了以资源为依托，包括采、选、冶炼、矿产品加工在内的比较完整的矿业工业体系，基本形成了以耒阳市为中心的煤炭供给基地，衡东钨深加工产业集群，以水口山等铅锌矿为主体的铅锌采选冶加工基地，以湘衡盐矿和建滔化工为主体的盐卤生产和加工基地，以衡阳县和衡山县的高岭土、钠长石资源为主体的陶瓷原料开采和加工基地。

衡阳市年产固体矿石量1 808.6万吨，采掘业从业人员42 699人，产值367 785.6万元，利润总额24 180.1万元。矿业经济结构简单，抵抗风险能力不强，受国内外矿业经济影响，能源矿产、黑色金属、有色金属等矿业多处于减产或停产状态，企业效益较差。①

3. 衡阳市生态环境概况

（1）土壤现状。衡阳市曾经出现过严重的水土流失，此外，其土壤主要是红壤，PH值达到了4.5~6.0，呈现出显著的酸性。衡阳市下属的某区位于春陵水以及湘江的交汇处，区域内出现了铅锌矿床以及砷矿床，且储量较高，呈现出了带状交错分布的态势，也是国内举足轻重的冶炼、采掘有色金属的重要基地之一。开采以及冶选相关的矿产资源，造成了锡、铅以及砷等在内的伴矿或者重金属元素等来到了环境中，而且进入了相关的植物系统，出现了重金属污染物或者重金属元素方面的积累，不仅潜在地危害了人体健康，而且已经变成了影响这个地区可持续地利用和开发相关土地的关键因素。②

（2）水资源现状。衡阳市常年有着丰沛的降雨量，地表水系十分发达，有着稠密的河网。其地势呈现出从南往北倾抖的态势，衡阳市内湘江段的不同支流都依据周围地势，从四周辐聚到盆地中心，产生了不对称树枝状辐聚式水系或者是向心状水系。衡阳市所蕴藏的水资源总量达到了120.45亿 m^3，它的重要来源是大气降水。衡阳市的人均水资源占有量为1 346 m^3，只占到了湖南省人均水资源占有量（2 946 m^3）的46%，因此这个地区的水资源显得非常贫

① 衡阳市人民政府. 衡阳市矿产资源总体规划（2016—2020年）[Z]. 衡阳市国土资源局，2016.
② 姜芝萍，杨俊衡. 城市重点污染区土壤重金属污染评价标准探讨：以衡阳市某区为例 [J]. 安全与环境工程，2010（1）：57-64.

乏，存在着十分严重的水安全问题。从全市的地表水水质情况来看，受到污染的地表水的范围非常广泛，受中、轻度污染的水域非常多，局部地区的水域受到了重度污染，干流水质超过了支流的水质，地表水中受污染的主要类型是重金属污染，而且还体现出了营养化污染的问题。

（3）生态灾害现状。衡阳市可能会遭受到的生态灾害重点包括：旱灾、洪灾、江河断流以及地质灾害等。衡阳市经常会遭受频繁的洪涝灾害，属于经常遭受较为严重的洪涝危害的地区，区域以及时间都非常集中，而且易于造成非常严重的损失等。从气象部门的不完全统计资料和数据来看，全市年均发生 4~6 次洪涝灾害；20 世纪 90 年代的经济损失最大，经济损失达到了 201 亿元人民币，死亡 299 人。旱灾也频繁发生，新中国成立以来全市共发生了 63 次旱灾，20 世纪 80 年代发生了 16 次旱灾。80 年代因为干旱而导致的累积受灾面积最大，达到了 697 333 hm^2，90 年代因为干旱而造成了迄今为止最大的经济损失，达到了 509 256 万元人民币。

（4）矿区生态环境破坏严重。在衡阳地区国民经济的发展过程中，矿业经济发挥着至关重要的作用，然而伴随着该地发展矿业经济的步伐，尤其是不科学的利用以及发展矿产资源，绝大多数矿山附近的生态环境都被破坏了，对该市持续地发展国民经济造成了严重的制约。截至 2005 年末，在衡阳市范围内，矿产开发历年占用土地面积达到了 25 501.8 hm^2，该市恢复的矿产开发破坏土地的面积达到了 10 hm^2，在很大程度上破坏了植被状况，出现了多种地质灾害，如地面塌陷、滑坡以及地面沉降等。很多工矿企业都只是注重提升自身的利润，漠视环境治理，一些地方基本上没有开展任何环保活动，造成了特别严重甚至无法逆转的生态环境破坏，矿区已经变成了生态环境非常脆弱的地区以及频频发生地质灾害的地区。

（5）城市环境问题突出。从衡阳地区的城市环境空气来看，属于非常具有代表性的煤烟型污染。最近若干年来，衡阳地区范围内大气环境的各种污染因子也没有出现显而易见的下降态势。该地区属于典型的酸雨控制区，全市范围内，衡阳市城区的酸雨情况是最为严重的，而且在不同县（市）的城区都有所分布。按照国家 SO_2 污染、酸雨控制区的相关划分标准，衡阳市城区的降水处在中酸雨区等级。酸雨季节存在着明显的变化，各个地区的酸雨都表现出了冬季>春季>秋季>夏季的态势，从每年 11 月到第二年 3 月这段时间，属于酸雨降水的多发季节。[①] 其次城市的污水处理能力不强，在处理生活垃圾方面的比例较低，存在着严重的城市交通噪声污染等。在此过程中，主要的城镇生

---

① 易诚，程胜高，刘衡林. 衡阳市酸雨污染研究［J］. 环境科学与技术，2009（1）：122-125.

态系统类型是人工生态，城镇的经济增长方式属于粗放型增长，造成了不够稳定的生态系统环境。

（二）郴州市矿业城市发展现状

郴州矿产资源丰富，素有"中国有色金属之乡""中国银都""世界有色金属博物馆""煤炭基地"和"中国温泉之城"的美称。

1. 矿产资源概况

郴州市已发现固体矿产 112 种（以亚种计），已探明资源储量的矿产 46 种，其中煤炭、铁、锰、铜、铅、锌等 40 种矿产纳入湖南省矿产资源储量表。钛（原生矿）、铜、铅、钨、锡、铋、钼、银、铌、钽、铍（氧化铍）、镓、铟、铼、红柱石、普通萤石、伴生硫、砷、隐晶质石墨、压电水晶、熔炼水晶等 21 种矿产保有储量居全省第一位，煤炭、锌、锂、铷、铯、铊、长石、水泥配料用泥岩、饰面用大理岩等 9 种矿产保有储量居全省第二位，铁、镍、钴、金、轻稀土氧化物、碲、水泥用灰岩等 7 种矿产居全省第三位。发现各类矿床（点）600 余处，119 个矿区被纳入湖南省矿产资源储量表，其中大型矿区 17 处，中型矿区 30 处，小型矿区 72 处。

2. 郴州市矿业经济发展概况

截至 2015 年底，郴州市采选冶深加工规模以上企业 591 家，从业人员 12.16 万人，实现主营业务收入 1 742.96 亿元，总产值 1 733.64 亿元，增加值 602.71 亿元，占全市工业经济的比重较大，比湖南省的平均状况高约 27 个百分点，占湖南省矿业经济总量的 20%。矿业经济对工业增长的贡献率为 24%，是拉动工业经济增长的主要支撑；郴州的矿业经济实现了快速发展，2014 年的矿业总产值较 2010 年增长了近一倍，是唯一产值突破一千亿的产业，矿业总产值占全市工业总产值的比值常年在 55% 到 65% 间浮动，一业独大格局明显。

矿产品产业链延伸较为明显。初步形成了以郴州有色金属工业园、永兴工业园、桂阳工业园、资兴工业园等四大园区为支柱的有色金属产业群；以柿竹园有色（中国五矿控股子公司）、金贵银业、金旺铋业、云湘锡业等企业为龙头的有色金属产品深加工业聚集区和有色金属产业基地。[①]

3. 郴州市生态环境概况

为了真实反映出郴州市生态环境现状，本节引出国家生态市指标与郴州市现状对比表，从表 3-2 中，可以清晰地看出当前郴州市在生态环境方面的建设

---

① 郴州市人民政府. 郴州市矿产资源总体规划（2016—2020 年）[Z]. 郴州市国土资源局，2016.

现状。[①]

表 3-2　国家级生态市指标与郴州市现状比较

	名称	单位	指标要求	说明	现状差距
生态环境保护	森林覆盖率	%		约束性指标	全市森林覆盖率为 64.05%，没有进行细致的分类
	山区		≥70		
	丘陵区		≥40		
	平原地区		≥15		
	受保护地区占国主面积比例		≥17	约束性指标	全市建有自然环境保护区 7 个，总面积 70 869 公顷
	空气环境质量	——	达到功能区标准	约束性指标	达标
	水环境质量	——	达到功能区标准，且城市无劣 V 类水体	约束性指标	大部分水体达到功能区标准，有部分水体出现劣 V 类
	近岸海域水环境质量				
	化学需氧量（COD）	千克/万元（GDP）	<4.0	约束性指标	7.23。尚未达标
	二氧化硫（SO_2）		<5.0		3.8。达标
	集中式饮用水源水质达标率	%	100	约束性指标	100%。达标
	城市污水集中处理率	%	≥85	约束性指标	80.9%。尚未达标
	工业用水重复率		≥80		现在已不统计此项指标
	噪声环境质量	——	达到功能区标准	约束性指标	达标
	城镇生活垃圾无害化处理率	%	≥90	约束性指标	100%。达标
	工业固体废物处置利用率		≥90		88.77%。尚未达标
	城镇人均公共绿地面积	m^2/人	≥11	约束性指标	人均公共绿地面积 9.53 平方米。尚未达标
	环境保护投资占 GDP 的比重	%	≥3.5	约束性指标	2.11%。未达标

资料来源：周羽. 湖南省矿业城市转型问题研究［D］. 中国地质大学，2015.

[①] 周羽. 湖南省矿业城市转型问题研究［D］. 中国地质大学，2015.

第二节　湖南省矿业经济绿色发展存在的问题及原因分析

随着地质科技水平的不断提高，开拓资源新区、寻找新的接替资源基地有着广阔的前景。但是，由于资源消耗量巨大，消耗速度加快，当前湖南省矿产资源形势相当严峻。分析矿产资源开发利用、绿色矿山建设、矿业城市发展中主要存在的问题并找出其形成原因，为实现资源的有效利用，建设绿色矿山，形成绿色矿业城市，发展湖南省绿色矿业经济提供理论上的切入点。

一、湖南省矿产资源开发利用中存在的主要问题及原因分析

（一）湖南省矿产资源开发利用中存在的问题

1. 矿产资源短缺形势严峻

首先从总体情况看，全省矿产资源总量较丰富，但是人均资源少，后备资源不足。矿产资源潜在价值1.2万亿元，位居全国第16位，人均排全国第22位。矿产资源的供给形势不容乐观，主要矿产资源相对缺乏，需要从省外、国外购进。在37种主要矿产中，资源不能满足需求和不能完全自给的矿产达20余种，主要有煤、富铁、富铜、富铅锌、锑、镍、铬铁矿、优质锰、铂族金属、饰面石材、玻璃砂、铝土矿、耐火黏土、石棉、滑石、钦、膨润土、钾盐、菱镁矿等。其中具有优势的铅、锌、锑矿，其矿石自给率铅锌也仅22%～57%。总体上呈现"优的不优、缺的更缺、储量消耗严重、接替资源不足"的趋势。

其次从资源需求看，随着"四化两型"战略的深入实施，湖南省对矿产资源的需求越来越大，能源资源保障能力不强的问题正在日益凸显。比如，当前湖南省的石油、天然气、铬铁矿、钾盐等全部靠省外调入；原煤需求对外依存度达到25%；铁、铅、锌、金、铜、铝、锑、锰、铁、磷、硫等主要矿种也不能完全自给。

最后从资源禀赋看，湖南省有色金属和非金属赋存较好，但对国民经济具有支柱性作用的15种矿产品非常短缺。目前，湖南省仅有钨、铋、萤石、隐晶质石墨等4种矿产可以保障本省需求，铀、锰、硫、水泥灰岩能够基本满足需求，其他重要矿产均不同程度地依赖省外、国外资源。

2. 开发利用总体水平较低

湖南省矿山的一个显著特征就是共伴生矿多，共伴生矿有多种有用成分，如果能充分回收综合利用，将带来巨大的经济效益。然而，全省矿业以粗放型

经济为主，资源优势没有转化为经济优势。矿产资源综合利用水平除有色金属矿床中的共伴生矿产高于全国平均水平外，黑色金属矿床中的共伴生矿产的综合利用率和综合回收率与全国平均水平持平，其他矿产均低于全国30%左右的平均水平。矿山综合开发整体能力低，开展综合利用的矿山仅占可综合利用矿山的25%，资源浪费严重，矿山生态环境恶化。虽然近几年加大了对矿山企业的治理力度，但是采富弃贫、采厚弃薄、采主弃副、乱采滥挖现象仍未得到根本消除，"三率"（即开采回采率、采矿贫化率、选矿回收率）低——能源利用效率为33%，矿产资源总回收率为30%，分别比国外先进水平低10个和20个百分点，对共生伴生矿进行综合回收的仅30%，综合回收率不到20%。而矿产品深加工能力及水平，与国外相比仍有一定差距，绝大多数矿产品的深加工则仍处于探索和起步阶段，矿产品附加值低，产品以原矿和初级产品为主。

3. 矿业企业整体素质低

湖南省矿山企业呈现出多而小的特征，全省现有矿山企业6 797个，其中大型矿山企业仅8个，中型46个，小型1 026个，不具规模的小小矿却有5 717个，小型矿山占矿山总数的99%以上。这些小型企业投入少，只具备简单的生产设备，技术水平低，仍旧沿用落后的采、选矿技术；只注重寻找资源条件好的矿，多采矿，忽视管理水平的提高，管理方式原始；从业人员素质较差，是低素质劳动力比较集中的领域；企业的生产方式粗放，以生产原矿和初级产品为主，深加工能力差，矿产品附加值低，经济效益不高。导致矿业企业整体素质低的一个重要原因是由于开采矿产资源能比较快地出经济效益，资源税（除海洋资源税）又归地方所有，政府主要负责人为在任期内做出政绩和增加财政收入，会在明知资源有限的情况下，在同一个矿体上硬性让多个企业开采，导致矿山企业遍地开花。同时采矿是矿区农民快速致富的主要途径和村级经济的主要来源，因此导致许多无证经营的家庭作坊式的矿业企业出现。这些小企业的存在和无序开采、乱挖滥采，使全省的矿产资源开发一片混乱。①

4. 地质勘查的有效投入严重不足

湖南之所以曾为"有色金属之乡"，除了资源禀赋外，也得益于湖南是地质勘探研究强省，地质勘探在中华人民共和国成立前就走在全国前列。现在湖南要找到露在地表的矿是不可能了，因为以前的地质工作非常充分。中华人民共和国成立后，桃林铅锌矿、黄沙坪铅锌矿、柿竹园特大钨锌锡铝矿、芙蓉锡矿等为数可观的一大批大型矿床被勘探发现。但同时，中国矿业部门是计划经济最彻底、最典型的领域，长期实行政府出资国有地勘单位找矿，国有矿山企

---

① 陈有斌. 湖南省矿产资源开发管理的问题与对策［D］. 湖南大学，2010.

业开矿。近二十年来地质勘查投入严重不足，即便是近些年地质市场日渐活跃，其有效投入仍显不足，导致可供进一步勘查和开发的矿产基地严重短缺，可供开发的资源严重不足，主要矿产资源储量消耗速度大于新增速度。与全国整体情况相同，地勘已成为矿产资源开发利用的瓶颈，政府、企业各负其责的良性勘查投资机制尚未形成。

5. 矿山地质环境治理恢复任务繁重

过分强调经济效益，是造成矿山环境问题严重的根本原因，现在的情况是大矿大开，小矿小开，无序开采的小矿山在全省随处可见。许多矿山在开发矿产资源的过程中，严重污染和破坏了生态环境。从相关统计来看，每年因为实施矿业活动而排弃了相当数量的废石、尾砂以及废渣等多种固体废物，超过了湖南省所排放的所有固体废物的七成。一部分小型矿山运用原始方法炼汞、炼金以及炼钒等，造成了周围环境中的氰化物及汞化物等出现了严重超标的现象，严重地破坏了附近的生态环境。除此之外，因为开矿而导致了严重的水土流失，诱发了其他形式的地质灾害，如泥石流、地面坍塌及滑坡等多种地质灾害，且出现了持续增加的态势。同时，生产矿山地质环境治理恢复主体责任也没落实到位，历史遗留矿山地质环境治理恢复问题长期累积。①

（二）湖南省矿产资源开发管理问题的原因分析

1. 矿产资源产权不明晰

矿产资源产权主要包括矿产资源的使用权、经营权、收益权等。产权不明不仅是湖南省矿产资源开发管理中存在的问题，也是我国矿产资源开发管理中存在的问题。尽管我国矿产资源归国家所有这一法律所有权是明确的，但国家是个抽象的集合，权利无法被具体界定到某个人。因而，要切实行使矿产资源的所有权，国家必须把这一所有权委托给中央政府，而中央政府不可能直接控制那么多的资源，所以又必须委托给中央政府各部门和地方政府去管理。但政府在行使所有权的同时，容易与其行政管理职能、经济调节职能相混淆，造成矿产资源所有权的模糊。由于委托代理关系没有建立在市场契约基础上，政府部门就容易按照自己的利益和意志去管理矿产资源，其结果是谁都不对国有矿产资源管理和经营所带来的不良后果承担责任。责任淡化与权力和利益的无限追求，造成有利时伸手，有责时推诿，没有人真正关心矿产资源开发管理中的资金风险和经济社会效益。

---

① 湖南省人民政府．湖南省矿产资源总体规划（2016—2020 年）［Z］．湖南省国土资源厅，2016.

2. 政府的道德风险和逆向选择

委托代理产生的一个重要问题是信息不对称而导致的道德风险和逆向选择。矿产资源从最初的委托人（全体人民）到最终代理人即经营者（国有矿山企业），经过了多级的委托代理。过长的委托代理链，不仅使人们对矿产资源的关心度随之下降，而且也导致了严重的信息不对称，为矿产资源的开发管理带来了严峻的挑战。一方面政府作为全体人民的代理人，存在道德风险。从委托代理关系的产生过程中可以看出，由于政府同时具有所有者与经济管理者的双重角色，这使得政府在管理上不仅有利润指标，而且还有宏观经济增长、国家和社会稳定等指标，这与矿山企业单一的追求利润最大化的目标函数存在冲突。在现有体制下，矿山企业本身往往丧失了经营决策的自主权，甚至内化为政府的一个附属机构以配合政府的宏观调控，为宏观经济的发展提供必要的矿产资源的保障，而不顾资源的浪费和利用效率的低下。另一方面政府作为国有矿山企业的委托人，也存在道德风险。在这种委托代理的过程中，政府本身并没有动力选择更好及更合适的代理人，因为代理人选择的好坏，与政府没有什么直接的责任和利益关系，即使代理人管理不善造成了经济损失，政府也无须承担更多的责任，况且一般情况下，政府的选择标准是听从组织的安排、能理解领导的意图等，经营管理的能力还是次要的。由此，代理人市场受到压制，官员的寻租和安排亲信等行为不可避免。

3. 矿产资源开发制度建设不完善

湖南省国土资源系统已初步建立了以国家所有、分级分类管理为基础的矿产资源管理制度体系，具体包括矿业权出让管理、矿业权出让年度计划管理、矿业权年度检查、矿产督查、矿产资源储量动态检测、矿业开发"六不准"、地质灾害防治、重大案件快速处置等制度。全省各市州、县市区结合工作实际，也创造性地制定了一些管理制度：新化县制定了《守界开采保证金管理办法》，向矿山企业收取一定数额的守界开采保证金以强化矿山企业责任；衡阳市制定了《超深越界开采责任追究办法》，对越界开采责任追究的范围、程序、方式作出了明确规定。[①] 这些制度对明确管理部门和矿业权人责任，规范矿业开采行为起到了积极作用。但随着形势发展，许多制度已不能适应矿产资源管理工作的要求，主要表现在为：第一，部分制度的可操作性不强。随着改革开放的不断深入，矿产资源勘查开采领域出现了许多新情况、新问题，在矿业权准入、矿业权协议出让、矿业权市场管理、矿产资源违法责任追究、鼓励境外勘查开采、中介机构监管等方面未制定相应的管理制度，已制定的一些矿

---

① 刘宗林. 论矿产资源管理的制度创新 [J]. 国土资源导刊，2007（5）：7-9.

产资源管理制度不够具体，不够细化，不便操作。第二，随着矿产资源管理体制和管理方式的转变，以及矿产资源法律法规的修改，有些原来建立的制度已明显滞后于形势发展。如以"三率"考核为主要内容的《矿产资源监督管理办法》已明显不适应当前监督管理工作的需要。第三，矿业权市场功能没有得到充分发挥。目前，全省矿业权市场体系已具雏形，实行了探矿权、采矿权的有偿取得制度（国家投资项目和有其他规定的除外）。制定了矿权交易管理办法，建立了矿权交易服务机构，加强了矿产资源评估师、拍卖师队伍建设，规范了中介组织行为，建立和完善了两权有形市场。但一方面由于历史的原因，湖南省通过招、拍、挂取得矿权的比例较低，2001 年以前的 8 000 多个矿业权，都是通过行政审批的方式取得。2001—2002 年新设立的 906 个矿业权中，通过招标、拍卖取得的只有 43 宗，仅占 5.3%。另一方面，湖南省矿业权市场建设和矿业权设置规划相对滞后、资源管理相对薄弱，可进入矿业权市场的矿产地和矿产资源不多，市场信息不畅，咨询、信息服务体系不健全。无法像经营资产那样经营矿产资源，巨大的资源性资产价值难以得到充分体现。同时，矿业权有形市场建设中配套的制度和办法及监督机制不完善，暗箱操作等行为对市场秩序影响较大。

二、湖南省绿色矿山建设存在的问题及原因分析

（一）湖南省绿色矿山建设存在的问题

1. 法律法规亟待更新落实

《湖南省地质环境保护条例》是 2002 年由湖南省人大发布实施的，对促进湖南省的地质环境保护工作起到了重要的促进作用。但随着形势的发展，特别是各方面对环境保护要求的提高，该《条例》有些内容已经过时，有些应包括的内容又缺失，迫切需要从法律的层面为矿山地质环境保护提供保障。《湖南省矿山地质环境治理备用金管理暂行办法》《湖南省矿山地质环境恢复治理验收办法（试行）》和《湖南省矿山地质环境恢复治理验收标准（试行）》公布时间均已在 5 年以上，根据《湖南省行政程序规定》已属失效文件，急需根据新的形势进行修改、补充、完善，经审定并重新公布。同时，已经颁发的法律条例落实情况较差。以煤矿矿山为例，在湖南省的煤矿生产数量中，超过九成都是乡镇煤矿和个体煤矿，其生产管理松，挖掘工作面的工程质量不合格，无视国家行业法规；部分矿主要钱不要命，越界开采，偷采乱采，大量的乡镇煤矿和小煤矿资源回采率只有 20%，相当于他们每采掘 5 吨资源，就带来接近 4 吨资源的损耗。

2. 生产开发技术落后

相比于矿产的勘探技术，现阶段矿业行业的绿色技术还普遍落后。由于在改革开放后，我国国民经济迅速发展，对于能源的需求迅速增加，科研院所投入了大量的人力和物力到矿产的勘探技术上来。现阶段我国勘探技术的各项指标已经接近或达到了世界尖端水平。而在绿色技术方面，高瓦斯和煤与瓦斯突出矿井、水大矿井、"三下"采煤方法等技术难题至今尚未得到很好的解决。总体来看，一是部分矿山，尤其是小型私营矿山采、选技术落后，而湖南省矿产资源特别是有色金属资源共伴生矿多，贫矿多，而资源综合利用水平低，总回收率为 40% 左右，不仅浪费资源，增加固体废弃物排放量，而且增加了尾矿中重金属的排放；二是矿山废渣、废水综合治理与利用率较低，湖南省矿山废渣综合利用率为 46.39%，废水综合利用率为 12.02%；三是矿山环境保护先进技术研究与推广应用薄弱，影响矿山环境保护的治理效果。落后的矿业行业绿色技术和装备的长期使用，制约了湖南省绿色矿山建设工作的开展，也带来了一系列严重问题。一方面，由于采矿方法和装备选用不科学、不合理，导致资源回收率很低，资源浪费十分严重。另一方面，井下工人劳动强度大，每口井下作业时间平均达 12 小时，工作环境恶劣，职业病普遍，全国每年新发尘肺病病例 5 000~10 000 人，每年因尘肺病死亡 2 500~3 000 人。这种状况，不利于湖南省绿色煤矿矿山建设的发展，也不符合科学发展观的要求。

3. 企业绿色管理水平不高

目前，虽然大多数企业已经将绿色管理引入企业发展规划中来，但总体而言绿色管理水平还处在比较低的水平。从硬指标上来看，绝大多数企业对于绿色管理大多仍停留在将一些绿色的概念添加到原有的生产经营过程中，例如新建净水车间、购买一些三废物质处理设备等。但对于设备的充分利用以及绿色管理章程的实施力度还有待加强。据《湖南省"十二五"能源规划》中的调研结果来看，截至 2012 年底，湖南省内大部分矿业企业没有实施或尚未考虑引入环境管理系列标准（ISO14000）作为要求和指导企业生产经营的标准，也就错失了通过先进的绿色标准来提升企业绿色管理水平的机会。

从管理软环境上来看，湖南省内矿业企业绿色管理水平不高还体现在绿色观念尚未深入人心上，即无论是企业管理者还是一线员工对煤炭绿色矿山建设的相关理念仍缺乏深入了解。且由于矿山企业的多样性和复杂性，[①] 现行的绿色矿山标准中定性指标较多，定量指标较少，这导致对绿色矿山建设优劣评价

---

① 乔繁盛. 建设绿色矿山发展绿色矿业 [J]. 中国矿业，2009 (8)：4-6，16.

的相对困难，且无法进行行业间的横向比较，不利于企业按照更高标准进行建设。[①]

4. 专项资金投入不足

矿山治理资金不足，投入机制有待创新。绿色矿山建设是一项全方位的工作，在企业管理、资源综合利用、环境保护、社区和谐建设、企业文化建设、企业社会责任等各方面均需要投入大量的资金、人力和物力，多数矿山难负其重。虽然 2002 年以来，湖南省企业及私人资本投入逐渐增多，但总投入少，2001 年到 2003 年全省年均投入地勘资金仅 4 332.48 万元，且地勘资金来源仍然以中央财政为主，占地勘总投资的 53.59%。资金投入不足使地勘工作近 10 年处于萎缩状态，不适应经济社会发展对重要矿产资源的需要。从矿山安全生产方面来看，湖南省安全生产技术措施费缺口仍然很大，安全生产隐患多，安全问题仍然突出。

目前，湖南省矿山环境恢复治理的资金主要来源于矿山企业和各级政府财政投入。尽管政府与矿山企业逐年加大了对矿山环境保护的投入，但与历史遗留的大量矿山环境恢复治理问题的实际治理需要相比，差距甚远。专项资金严重不足对湖南省绿色矿山建设工作的进行，乃至矿业循环经济的发展是一个巨大障碍，需出台相关政策设立矿山地质环境治理专项资金，同时吸引大量社会资金参与矿山环境保护。

（二）湖南省绿色矿山建设问题的原因分析

1. 绿色观念尚未深入人心

近年来，湖南省内各地区矿山企业都开始注重企业的绿色管理建设，也取得了阶段性成绩，但大部分企业还缺少对企业绿色管理文化的整体把握，缺乏宏观透视性。主要体现在企业高层在制定企业行动指南时，仍然过分追求经济利益，并没有都认识到企业绿色管理文化建设的重要性，使得相关的宣传活动未能及时、有效地开展起来，这也进一步导致包括企业各级领导在内的企业员工，大多只知道绿色管理的概念，而对于如何进一步认识和实践绿色管理不知所措。这就导致企业内部难以营造绿色企业文化的氛围，一线职工对公司制定的绿色开采、绿色管理条例视而不见。长期以来，由于绿色观念尚未深入人心，导致员工参与绿色开采、绿色管理、绿色运营的过程缺乏主动性和积极性，严重影响到项目的顺利进行。

---

① 周羽. 湖南省矿业城市转型问题研究 [D]. 中国地质大学, 2015.

2. 尚未构建绿色管理体系

虽然全省范围内，绿色矿山建设工作都在如火如荼地进行，但大多数企业都是由于没有完整的绿色发展战略体系作为指导，因此在进行绿色实践的过程中所引入的绿色理念不够全面和系统，未将绿色理念贯彻至整个实践过程，也没有从企业长远战略的高度出发，去搭建、实施并完善企业的绿色发展战略体系。绝大多数矿企还停留在政府要我们怎么做我们就怎么做的阶段，但由于政府起到的只是引导的作用，并不能根据每一个矿山企业的具体情况量身定做其绿色发展战略，因此，区域范围内的绿色发展战略体系也就无从说起。

矿山企业要实现绿色可持续发展，只靠短期的绿色投入是不够的，还要以可持续发展的战略眼光，将绿色发展的元素引入到企业的长期规划中来。总之，现阶段湖南省的矿山企业已经开始进行绿色矿山建设，但大多数企业只注重短期内可以直接给企业带来经济效益的项目，例如绿色促销、绿色生产等，而对具有深远意义的部分——绿色企业文化构建、绿色企业形象战略则尚未起步，从而损害了绿色矿山建设的系统性和整体性，也将影响其效果的持续性。

3. 缺乏相关的财税保障体系

由于我国矿山在过去很多年都没有注重环境问题，历史欠账多，这是绿色矿山建设项目资金缺口较大的主要原因。目前，湖南省绿色矿山建设资金基本靠企业自行筹集，而绿色矿山的建设又往往需要充足的资金支持。因此现实中往往出现矿山企业"重开发、轻保护"的现象，加上国家暂未出台相关财税优惠政策，这就导致矿山企业受经济利益驱动，把绿色矿山建设的投入视为企业负担，担心绿色矿山建设工作无法让企业获得收益，从而不愿投入大量资金到绿色矿山的建设项目中来。

此外，按照国家有关规定，"矿山环境支出主要用于计划经济时期建设的国有矿山因矿产资源开采活动对矿山环境造成破坏和影响，需开展矿山环境恢复治理的工程"[1]。这就导致国家投入到绿色矿山建设的财政资金，大部分投放到了国有大中型矿山企业的绿色煤炭矿山建设项目上。同时，文件明确规定探矿权采矿权使用费和价款中的一部分专项资金主要用于国有矿山企业的地质环境治理支出。[2] 这样一来，绿色矿山建设专项资金严重不足的情况难以得到缓解。

---

[1]　《探矿权采矿权使用费和价款管理办法》〔财综字 1999174 号〕.
[2]　《探矿权采矿权使用费和价款管理办法》〔财综字 1999174 号〕.

三、湖南省矿业城市发展面临的主要问题及对策分析

（一）湖南省矿业城市发展面临的问题

1. 经济产业问题

（1）经济优势难以形成。首先，主导产业衰退，替代性产业尚未兴起。随着有色金属资源的过度开采，矿业行业暴露出其不合理发展的缺陷，工业增长不景气，但是这些城市培养的替代性支柱产业还未充分成长起来，地区经济衰退压力增大，经济转型迫在眉睫。其次，当地矿产品以初级产品为主，技术含量不高，高附加值深加工产品比例低，产品结构有待改善，并且有色金属行业的提纯、改性、超细产品的发展滞后，产品种类单一，缺乏足够的行业竞争力和市场导向能力。最后，资源开采过度，浪费严重，保障能力下降。粗放的开发管理降低准入口槛，小矿山采富弃贫，注重眼前利益，并且简单的生产工艺形成了过度开采却利用率不高的后果。同时矿业资源的综合回收水平较低，没有形成一条可持续发展的产业链。

（2）矿业市场缺乏调控手段。无法运用合理高效的宏观调控方式来开发各种矿产资源，矿业权市场的完善和建设不够及时。从宏观上调控矿产资源开发的力度不够大，存在着过量开发钨、锡等多种优势矿产的现象；矿产资源的开发投资和勘察渠道非常单一，存在着管理薄弱的问题；矿业权市场的建设非常落后，矿业资本市场明显不够成熟且不规范，矿业发展的市场环境亟须健全；地矿行政管理的基础不够强，需进一步强化管理信息化、信息队伍建设以及执法监督力度等不同方面。①

2. 社会管理问题

（1）管理机制问题。政企不分，企业缺乏足够的激励和活力。矿业资源管理主体和开发主体在目标和利益上的错位，使得市政府难以完全参与企业的生产要素配置，企业也不能很好地起到辐射、带动经济发展的作用。

矿产资源管理有待进一步加强。主要表现在对非法勘查、开采矿产资源、非法转让矿业权等违法行为，缺乏强有力的手段，国土资源行政主管部门做出的行政处罚决定难以执行到位，使上述违法行为很难得到有效惩处。

矿业权市场建设滞后，矿业资本市场发育不够并且规范性程度不足，审批繁琐、矿业权前置性审查多、审批权高度集中，并且矿业权交易信息缺失，当地的矿业发展交易环境有待进一步加强。

---

① 周羽. 湖南省矿业城市转型问题研究［D］. 中国地质大学，2015.

（2）社会问题突出。矿产资源逐步出现枯竭现象，企业承担着较重的社会负担。企业效益越来越低，在较大程度上约束着城镇市场化的进一步发展进程。众多民营的开采队及冶炼企业存在着滥采乱挖的现象，严重地破坏了生态环境，对矿区的稳定以及生产秩序产生了严重影响。企业范围内的男女职工出现了比例失调现象，职工子弟存在着强烈的依赖企业就业的思想观念，万一企业的经济效益降低了，很多工人会不得不面对失业的风险。这些约束着企业经济的进一步发展和稳定，对城镇的可持续发展产生了影响。

3. 环境破坏问题

湖南省矿山地质环境问题突出。从 20 世纪 90 年代以来，全省矿山共出现 1 992 起各种事故，如滑坡、崩塌、地面塌陷、泥石流、地裂缝、地面沉降以及矿坑突水灾害，在这其中，煤矿山、金属矿山、非金属建材类矿山分别达到了 1 184 起、328 起以及 480 起。因灾而导致的直接经济损失累积达到了 131 246.8 万元，平均下来每宗案件的损失达到了 65.9 万元，年均损失额度达到了 13 124.7 万元。从不完全统计来看，湖南省范围内各种矿山破坏以及占用土地的总面积达到了 46 788 hm^2，在这其中，煤矿山、金属矿山、非金属建材矿山破坏、占用土地的全部面积分别达到了 21 606 hm^2、9 448 hm^2 以及 15 715 hm^2。破坏植被以及损毁土地的最严重问题是那些无证非法开采以及个体、私人的采矿点。

当地企业多为高耗能、高耗水、高排放的重工业，其单位产值能耗远远超过其他产业，这些重工业企业的污水、废气排放占比很大，但处理达标率低，衡阳市、郴州市废水达标率均低于 90%。湖南省矿业开采过程中产生了大量对环境有害的固体废物，如 2013 年衡阳工业固体废物产生量 795.459 2 万吨，郴州市工业固体废物产生量为 1 610.53 万吨，工业固体废物产生量主要集中在有色金属矿采选业、电力行业。工业固体废弃排放量已成为破坏和污染地表环境的主要因素之一。2014 年湖南省首份重金属污染调查结果由环保公益组织长沙曙光环保公益中心对外披露（参见表 3-3）。目前我国重金属污染主要集中在岭南金属带上，因此湘江流域成为重灾区，其特点是多种有色金属共生，有色金属和选冶药剂的复合污染加大了污染整治难度。[①]

---

① 周羽，成金华，戴胜．湖南省矿业城市转型可持续发展能力评价［J］．中国国土资源经济，2015（11）：44-48.

表 3-3　土壤重金属含量检测最高值

指标	取样点	检测数据（mg/kg）	超标倍数
镉	郴州三十六湾矿区甘溪村稻田	62	206.67 倍
砷	郴州三十六湾矿区甘溪河底泥	214 718	715.73 倍
铅	岳阳桃林铅锌矿区汀畈村稻田	15 278	5.093 倍

数据来源：中国经济周刊．湖南湘江流域重金属超标达 715 倍．

（二）湖南省矿业城市发展问题的原因分析

1. 城市内部空间结构为企业区位选择所分割

城市发展在空间上需要适度集聚与合理的功能分区，以提高城市的规模经济效益和综合服务职能。而在矿业城市内部，其社会服务功能主要依附于大型矿业企业，企业的区位选择和矿产资源分布状况主导着城市功能分区和空间结构的特点，在空间形态上表现为：点多、线长、面广。市区与矿山企业或矿产冶炼工厂交错分布，职能混乱。这不仅导致企业不能很好地依托城市来有效地发展自己，而且给城市功能完善和城市可持续发展带来很多障碍。

2. 矿与城分离，两者融合度低

计划经济体制下，矿业企业既要生产经营，又要办社会，从而在矿业城市内部派生出两个城市功能主体，即管理大型国有企业社会经济运行的主导企业和服务于地区社会经济发展的地方政府。企业自己兴办学校、医院、邮电通讯、供暖电力等服务组织，形成了小社会。20 世纪 90 年代以前，发达并独立的企业社区同相对落后的城市社区形成了较大的反差。此后，这种状况由于煤炭、钢铁等重要物资逐步走向市场开始发生改善。但主导企业与地方经济社会发展水平的差距依然存在，二者融合难度还相当大。

3. 城市缺乏多样性文化力

文化力是构建和体现城市可持续发展能力和特色的重要方面。长期以来，矿业城市内部由于生产活动单一，人员流动性差，形成了特有的与资源和组织相关的企业文化。特别是矿业城市特有的单位化组织管理模式，使国家和单位、单位和职工之间形成了一种简单而直接的支配与被支配的关系，这种纵向的隶属关系，强化了职工对单位、单位对国家的依赖，如高度重视上级指示、"等靠要"的心态、"铁饭碗"意识等，成为制约城市可持续发展的落后观念。单一的企业文化遏制了城市多样性文化的形成，不利于城市创新体系及创业环境的建设。

第三节　湖南省矿业经济绿色发展的趋势

党的十八大将生态文明建设与经济建设、政治建设、文化建设、社会建设一道作为社会主义建设总体布局的重要任务提了出来。为了建设生态文明，党的十八大还明确要求"着力推进绿色发展"。对于矿业经济来说，发展绿色矿业就成为贯彻落实十八大指示的一项重要任务。发展绿色矿业是一项长期性战略任务，需要进一步深化改革，从多方面采取措施，以促进绿色矿业的发展。而在新型工业化、新型城市化的提速和扩大内需的推进下，湖南原本较为紧张的矿产资源面临更大压力，环境压力也将越来越大。因此，正确处理好经济发展、生态环境保护与矿产资源利用的关系，是保证湖南"两型"社会建设中的重要内容。

一、关于资源与环境发展关系的趋势

第一，资源与环境的协调发展是可持续发展战略的核心，即发展是在资源的永续利用和良好的生态环境中进行的。自然资源的衰竭速率必须低于其再生速率，发展的速度和规模只能限制于生态环境的容量之内。要保障可持续发展战略的实施，就必须使资源、环境、发展彼此协调和总体协调。

首先，矿产资源是可持续发展的基础。矿产资源是自然界自然生成的多种有用物质和能量，是地球赋予人类的最大财富；矿产资源又是社会经济发展不可缺少的支撑基础，物质生产在社会发展中居首位，而物质来源于资源，没有资源的支撑，任何国家和地区的经济和社会都不可能有相应的发展；资源还是构成环境和生态系统的物质基础，没有自然资源构不成自然环境，没有生物资源构不成生态系统。所以，在资源、环境、发展三者中，资源是不可替代的基础。保护资源就是保护人类自己，珍惜资源就是珍惜人类的发展前途。其次，生态环境是可持续发展的条件。在资源、环境、发展三要素中，生态环境就是以人类为主题的外部世界，它围绕着人类活动主体而存在，是保证人类的生存、繁衍、发展所必需的条件。由于人类活动的主要内容是对资源的不断开发、利用，从而推动社会的不断发展，所以环境就是资源得以成为财富，发挥社会作用，促进社会经济发展的条件。没有这个条件，人类就无法生存，资源无处储存，发展没有空间。这种条件既是保障因素，也是制约因素，只有在约束范围内人口有序繁衍，资源科学开发，发展有序实施，才能得到环境条件的保障；超越条件的范围，将受到环境制约作用的惩罚。最后，发展是可持续发展的关键。可持续发展的最终目的是满足一代又一代人对物质产品和精神文化产品的需求，只有发展具有可持续性，才能达到这一目的，所以发展是关键。只有发展才能进一步发展科技，使资源开发和综合利用建立在更加科学的基础上；才能有更多的财力投入到环境治理和生态保护上，从而使资源、环境、发展趋于协调。

第二，矿产开发与矿区生态环境协调发展是湖南"两型"社会建设的需要。湖南地处中国腹地，具有承东启西、贯通南北、辐射八方的重要中枢功能。近年来，随着"中部崛起"长株潭城市群获准成为"两型"社会建设试验区，以及承接产业转移等重要发展机遇，湖南提出了"富民强省"的战略，全面推进新型工业化、新型城市化进程。特别是2006年湖南省明确提出新型工业化带动战略，突出了以产业倾斜为主导的优势产业集群，全省工业化发展取得了显著成就，主要表现在经济结构化水平提高，经济效益明显提高。新型工业化、新型城市化的提速和扩大内需的推进，势必导致矿产资源需求的增加，这对湖南原本较为紧张的矿产资源提出了更大的考验，所带来的环境压力也将越来越大。因此，如何正确处理好经济发展、生态环境保护与矿产资源利用的关系，成为保证湖南"两型"社会建设中亟待解决的问题。

二、关于绿色矿业建设的趋势

（一）转变矿业发展方式，变粗放式经营为集约型经营

中国矿产资源中大型、特大型矿少，中小型矿山多，其中的一个重要原因就是一些规模较大的矿区被分割成若干个小的区块来兴办中小型规模的矿，从而不利于提高资源利用率、矿山环境整治修复与生态环境建设，浪费严重、劳动生产率低、安全生产事故多。由此，必须根据具体情况对小矿进行整合，进行统一规划。从而节约用地，减少对环境的破坏，同时也可以提高资源利用率和企业规模经济效益。

（二）调整矿业产业结构，大力发展非煤能源矿业产业

中国矿产资源结构的一个重要特点就是煤炭资源十分丰富，煤炭在生产和消费结构中一直居主导地位。为了减少开发带来的环境问题，调整矿业能源结构十分必要。第一，加大天然气开发力度。中国与世界利用天然气水平相比有很大差距，开发利用潜力还很大。第二，大力开发利用煤层气。我国自20世纪90年代开展煤层气勘查开发以来，在煤层气地质理论、资源综合评价、勘查开发整套工程技术等方面已取得一系列成果，利用煤层气的潜力很大。第三，大力加强页岩气的研究与勘查开发力度，页岩气是赋存于富含有机质泥页

岩或高碳质页岩层中，成分以甲烷为主的非常规天然气。2011 年 12 月页岩气才经国务院批准确定为我国一个新的矿产品种。页岩气是一种清洁、高效的能源资源和化工原料，可用于城市供热、居民燃气、发电、汽车工业材料和化工生产等多种领域。据估算，我国页岩气资源总量为 30 万亿到 100 万亿 m^3，超过国内常规天然气资源量，是一种具有良好发展前景的优质能源产业。第四，继续加强地热资源开发利用。我国地热资源储量约相当于 8 500 亿吨标准煤。每年可开采的地热资源总量相当于 6.4 亿吨标准煤，可以减少二氧化碳排放量13 亿吨。

（三）充分发挥政府宏观指导作用

第一，发展绿色矿业从源头抓起。一是通过深化改革，有计划、有步骤地加强对大量的小型矿山和个体小矿的资源整合，进行统一规划，联片整装开发，变粗放式经营为集约式经营。第二，优化矿业能源结构，大力发展清洁能源。提高天然气、煤层气、页岩气、地热等非煤能源矿业在能源结构中的比例。从而减少二氧化碳排放和局部空气污染，减少固体废弃物对土地的占用和破坏。第三，研究出台与发展绿色矿业相关的扶持政策，鼓励集约经营和发展非煤能源矿业发展。第四，要大力推进科技进步，促进绿色矿业发展。如减少"三废"（废石、废水、废气）技术，提高"三率"采矿选矿技术、洁净煤技术、煤层气、页岩气等非常规天然气和固体甲烷等勘查开发技术。第五，制定科学的考核评价体系。为了绿色矿业和绿色矿山的建设得以健康发展，制定一套科学的、可操作性强的绿色矿业和绿色矿山建设的考核评价体系和明确的责任追究制度非常重要。与此同时，应将对绿色矿业和绿色矿山的考核纳入全省地政府的生态文明建设的考核指标之内，纳入当地政府经济社会发展的考核评价体系之内，以加以督促检查与考核评价。

（四）充分发挥矿山企业的主体作用

发展绿色矿业，关键在企业。一是要从建设生态文明和实现可持续发展的高度，增强节约资源、合理开发与综合利用资源和保护生态环境的社会责任意识和忧患意识，从而更自觉地发挥主体作用进行绿色矿山建设；二是从各自实际出发，制定切实可行的绿色矿山发展规划，并将建设绿色矿山和建设和谐社区结合起来付诸实施；三是必须制定合理的矿产资源开发利用方案。积极采用先进技术、工艺与装备，以提高资源利用水平，减少环境污染，实现生产安全；四是要处理好与当地政府和社区居民的利益关系，重视和发挥社区群众的参与和监督作用，建设和谐社区。

（五）充分发挥各级矿业行业协会的协调和支撑作用

在发展绿色矿业、建设绿色矿山工作中，应充分发挥中国矿业联合会及各级矿业行业协会的优势作用，加强对不同类型矿山的调研工作，及时反映矿山企业的需求，研究制定绿色矿山建设的有关办法、认定标准和鼓励政策。组织开展绿色矿山推荐、评选、宣传等业务支撑工作，开展有利于推进绿色矿业发展和绿色矿山建设等的相关交流活动，并提供技术咨询和信息社会化服务。加强对"绿色矿山"企业先进典型经验的宣传与推广，发挥先进典型和榜样的模范带动作用。

三、关于绿色矿山建设的趋势

（一）以规划为龙头，统筹推进绿色矿山建设

目前，第三轮矿产资源规划编制工作已经启动，力图通过规划，落实生态文明建设要求，将绿色矿业发展作为本轮规划的重要理念贯穿始终，按照到2020年全国绿色矿山格局基本形成的目标要求，对"十三五"时期我国绿色矿山建设工作做出总体规划部署。加快推进国家级绿色矿山试点单位规划建设评估工作，对4批国家级绿色矿山试点单位按照绿色矿山建设规划的部署进行评估，对于达到国家级绿色矿山基本条件要求的矿山，确定其为国家级绿色矿山；对于达不到基本条件要求的，继续开展建设。此外，鼓励矿山企业自行制定绿色矿山建设和发展规划，明确目标任务、进度和措施，推进绿色矿业向纵深发展。

（二）总结制定标准和制度体系，严格资源开发准入和监管

建议在全面总结、推广试点经验的基础上，逐步建立完善分地域（按照东部、中部、东北、西北、西南）、分行业（按照油气、冶金、煤炭、化工、建材分类）差别化的绿色矿山建设标准、考核标准和政策支持体系，提高政策的针对性、灵活性和有效性。在此基础上，严格准入和科学监管，明确新建矿山按照绿色矿山的标准进行规划、设计和建设，生产矿山切实落实企业责任，按照绿色矿山建设标准改进开发利用方式。此外，定期开展矿山"三率"检查和监督，督促企业认真执行《矿山地质环境保护规定》，自觉履行《绿色矿业公约》，使绿色矿山建设走上规范化、制度化管理轨道。

（三）加强典型经验宣传推广，扩大试点成效

充分借助互联网等现代信息平台和媒介，宣传推广绿色矿山建设典型经验与先进模式，扩大试点成效，促使更多企业开展绿色矿山创建，使得绿色矿山建设向纵深发展。同时，各地在国家级绿色矿山建设示范带动下，将资源高效利用、保护环境、节能减排、矿地和谐作为核心任务，结合自身实际情况，分级推进省级和市县级绿色矿山试点建设，形成上下联动共创绿色矿山的新局面。

（四）扩大参与主体，推进绿色矿业发展示范区建设

建设绿色矿山、发展绿色矿业不仅仅是企业责任，也需要政府充分发挥宏观调控、政策引导和监督检查的重要职能。因此，要进一步创新推动方式，选择矿产资源和矿山企业相对集中的地区，由点及面，集中连片推进绿色矿山建设，对整个矿业发展链条及区域发展进行统筹协调，建设绿色矿业发展示范区，通过示范和辐射带动作用，引领整个矿业领域的升级和提升，形成"政府主导、部门协作、企业主体、公众参与、共同推进"的绿色矿业发展新格局。

（五）完善配套政策措施，建立长效激励机制

从资源配置、用地政策、金融财税等方面完善绿色矿山建设的相关政策措施和制度，着力构建促进绿色矿山建设的长效机制。一是整合资金投入，以绿色发展理念为统领，将危机矿山接替资源勘查、矿山地质环境恢复治理、节约与综合利用等财政专项资金进行整合，统一到绿色矿山建设和绿色矿业发展平台上，集中统筹安排和科学部署，提升资金使用效益，使得绿色发展理念和政策效应得到充分发挥。二是制定与绿色矿山建设相挂钩的资源税费政策，形成向绿色矿山企业倾斜的经济政策体系，包括资源税费减免、所得税优惠、增值税优惠等。三是在资源配置和矿业用地等方面向绿色矿山倾斜，依法优先配置资源和提供用地。四是进一步加强技术政策的约束和引导，在鼓励矿山企业加大科技投入、加强技术改造的同时，按照负面清单管理要求，淘汰矿山企业落后技术和产能。

四、关于矿业城市发展的趋势

在城市发展的过程中，成长型城市对于整个国家和地区来说都是一种十分重要的宝贵资源，同发达城市和相对落后的城市相比，成长型城市具有更多的

可塑性和可能性。矿业城市中的成长型城市在为我国经济发展提供了充实的资源支持的同时，也为我国经济的发展提供了充分的潜力，其发展的重点应当是加强对于资源开发的规范和指引，从而促使其得到更为有序和良好的发展。在成熟城市中，其发展程度已经较为完善，因而其发展的重点更多地体现在对于产业结构的调整中，对于在其发展过程中遗留下来的一系列问题进行有效的解决，进一步提高城镇化程度。对于衰退性城市而言，打破城市传统的二元结构模式，促进经济得到可持续发展是其现阶段最为重要的工作范畴。再生型城市是经济结构和产业结构调整幅度最为强烈的地区之一，其发展的内核也在于对于经济发展的进一步调整，加强城市职能的多元化和丰富化，增大城市的竞争力。

表3-4　不同发展阶段矿业城市的发展趋势

城市类型	发展方式	发展方向
成长型	有序发展	创设一系列具有一定矿产资源接续能力的城市群体，提升产业聚集效应的能力
成熟型	跨越发展	强化城市利益链条，提高第二产业的深度和高度，增强产品附加值和性价比
衰退型	转型发展	打破城市传统的二元结构模式，促进经济得到可持续发展
再生型	创新发展	对于经济发展的进一步调整，加强城市职能的多元化和丰富化，增大城市的竞争力

表格来源：周羽. 湖南省矿业城市转型问题研究［D］. 中国地质大学，2015.

第四节　湖南省矿业经济绿色发展的对策研究

根据上文对目前矿业经济发展趋势的把握，结合湖南省矿业经济现状与存在的问题，要使湖南省矿业经济向绿色发展转型，必须从调整开发利用结构、节约利用矿产资源、科学建设绿色矿山以及推动矿业城市转型几个方面着手，朝着"五位一体"方向前进，努力实现"五化"同步发展，为全面建成小康社会、建设富饶美丽幸福新湖南提供资源保障与服务。

一、完善矿产资源的开发管理

(一) 开发利用结构调整

1. 矿山企业规模结构调整

第一，提升矿山规划开发整体水平，严格执行湖南省矿山最低开采规模要求。矿山开采规模必须与矿区（床）的矿产储量规模相匹配，防止"一矿多开、大矿小开"；同时还要以矿产资源和开发利用技术为基础，以全面提升竞争力为目标，以政策引导为手段，继续调整大、中、小型矿山比例结构，努力达到至 2020 年，提高大中型矿山比例至 7% 的目标。

第二，全面提高矿山企业总体规模。推动矿产资源进一步向勘查开采技术先进、开发利用水准高、安全生产、装备条件优良和矿区生态环境得到有效保护的优势企业集聚；通过联营、合作、改造等形式，鼓励、支持大型矿业集团收购中小型矿山，引导矿山企业走集约化、规模化经营之路；进一步做大做强现有矿业集团，组建一批新的矿业集团，塑造有竞争力的市场主体，提升矿业的整体素质和竞争能力。

2. 产品结构调整

第一，限制煤炭开发，积极探索非常规能源利用。继续减少煤矿矿山数量和压缩煤炭产能，到 2020 年底，关闭产能低于 9 万吨、生产结构落后的小型煤炭矿山，控制煤炭矿山数在 200 个以内，预期湖南全省煤炭总产量 3 000 万吨。切实加大非常规能源的勘查，加强对页岩气、煤层气等非常规能源的勘查和开发利用研究。

第二，稳步推进锰、铅、锌高效开发利用。切实提高选冶加工技术水平，做精做深锰加工产品，延长锰产业链；加快新型环保铅基稀土合金、无汞锌粉、纳米氧化锌、高性能铅锌合金压延板等产品的研发与市场化发展，提高铅锌产品的附加值。

第三，加强锂、铍、铌、钽、稀土及石墨资源等战略性新兴矿产基础研究和开发利用。坚持自主创新与引进消化吸收相结合，切实推进锂、铍、铌、钽资源的可利用性研发与生产应用；以提高稀土新材料性能、扩大高端领域应用、增加产品附加值的技术和产品开发为重点，充分发挥我省稀土资源优势；做大做强石墨深加工产业，推进石墨烯相关产品研究应用。

第四，积极推进方解石、饰面石材、海泡石、地热、矿泉水、宝玉石等重要非金属矿产和水汽矿产的开发利用。加快产业结构调整步伐，加大非金属矿产方解石、饰面石材、海泡石的开发力度，提升经济效益；打造温泉、矿泉水品牌；充分发挥宝玉石、观赏石资源优势，培育新的矿业经济增长点。①

（二）综合利用矿产资源

1. 提高矿产资源资源节约水平

第一，树立起矿产资源开发与利用的绿色发展价值观念。大部分煤炭企业还缺少对企业绿色管理文化的整体把握，缺乏宏观透视性，部分采矿权人存在"重资源开发，轻环境保护"的意识，以牺牲环境为代价追求经济效益的最大化，忽略了矿业经济的可持续发展。树立矿业经济发展的绿色价值观，就是要坚定不移走绿色矿业经济路子，强化矿山企业"边开采，边治理"意识，强化社会成员节约环保的绿色意识，并将这种绿色意识贯彻到社会生活的各个方面。

第二，开展对低品位锰矿、难选冶铁锰矿、氧化铅锌矿、稀有稀散金属、低品位磷矿等的合理开发利用研究。提高有色金属矿产中的共伴生矿产资源综合利用率；加强废石、尾矿资源化利用，充分回收尾矿中的有价元素；加强煤矸石综合利用；促进部分低品位的铁、锰、铜、磷等转化为可利用资源。

2. 加强矿产资源三率水平管理

保持煤炭采区回采率在 85% 以上，铁、铜等重要矿产资源开采回采率在 85% 以上，选矿回收率保持在 80% 以上；80% 的共伴生矿、低品位矿产等达到综合利用品位的矿产得到回收利用；至 2020 年，实现湖南全省矿山"三率"水平达标率 80% 的目标。

3. 建立健全矿产资源节约与综合利用长效机制

形成完善的矿产资源节约与综合利用标准规范，总量控制、开发准入、监督管理和评价考核机制初步形成，矿产资源节约与综合利用激励约束政策不断完善；建立湖南全省重要矿产资源综合利用信息化管理平台，推进以"三率"为核心的矿产资源节约集约利用标准体系建设。

二、科学建设绿色矿山

（一）建全矿山开采的相关法律法规

矿山开采不能沿用"先污染后治理"的老路，应从源头上杜绝破坏环境的行为。矿产资源开发建设项目在规划和设计报批的同时，必须提交环境影响

---

① 湖南省人民政府．湖南省矿产资源总体规划（2016—2020 年）［Z］．湖南省国土资源厅，2016.

评价报告和安全评价报告。在矿山开采前应取得环境许可证,明确矿业主在矿山环境保护和土地复垦方面的主要责任和特殊要求,如建筑物的布局、废物排放标准、堆放地、矿山环境整治措施、土地复垦要求等。申请环境许可证,要具备资源评价、环境影响评价、环境计划、开采方式和复垦计划登记等资料。确保矿山企业明确职责、减少对环境的污染。在法律法规制定方面,应对政策问题现状进行摸底工作,了解矿业企业对矿业经济绿色发展的态度、意愿以及自身保有的向绿色转型的能力,这是确保政策制定的科学性的重要因素;在法律法规的内容方面,需要对矿业经济绿色发展进行专门性立法,通过强劲的法律手段来调整政策执行中的各种关系以确保复杂的政策目标得以实现;在法律法规执行方面,提高政策执行者的能力素质和道德素质,以避免政策执行者因能力不足或认知偏差对政策进行曲解、懈怠执行。

(二) 构建煤矿企业绿色管理体系

构建绿色管理体系是绿色矿山建设项目的重要环节。管理人员方面,由于绿色矿山建设涉及矿山设计、建设、生产、利用、恢复等多个环节,因此项目的实施不仅是某几个部门的事情,而是需要每一个部门的每一位员工参与,需要全体人员共同完成,从而体现其全员性;管理内容方面,绿色煤矿矿山建设将渗透至企业管理的每一个环节中,具体表现为全过程的绿色生态管理。只有同时做好管理人员与管理内容两方面的创新性,才能通过绿色生态的企业管理创新,保障绿色生态技术的有效实施,最终达到整个绿色矿山建设项目的目标。

具体而言,绿色管理体系的构建应包含以下几个方面:第一,企业文化绿色化。企业绿色文化建设就是在企业文化中引入可持续发展、以人为本的绿色管理理念,将绿色意识贯穿于矿山设计、建设、生产、利用、恢复等企业运营的全过程,用绿色化的管理制度引领煤炭企业内部的各部门协同合作,促使煤炭企业在进行煤矿矿山绿色建设中形成协调,以此实现煤炭企业绿色管理效率的最大化,进而实现该系统工程的系统环境最优化。第二,营销绿色化。煤炭绿色营销是指以煤炭消费者的绿色需求为导向,在经营中将企业经济利益、消费者需求和环境利益相结合,在煤炭资源的开采、洗选、加工、销售、运输到售后服务中都能够做到对环境的保护和能源节约的整体经营过程。第三,管理制度绿色化。生产标准绿色化具体来说则是指煤炭企业以 ISO14000 为管理标准,不断采取改进设计、使用清洁的能源和原料、采用先进的工艺技术与设备、改善管理、综合利用等措施,从源头削减污染,提高资源利用效率,减少或者避免生产、服务和产品使用过程中污染物的产生和排放,以减轻或者消除对人类健康和环境的危害，进而取得绿色认证。

（三）推进矿业企业绿色科技创新

科技创新能力是企业的生命之源，是提升核心竞争力的重要途径。学习借鉴国外绿色矿业科技创新建设的先进经验，总结柿竹园金属矿区、湘潭锰矿区矿山环境综合治理示范工程经验，在矿山环境问题源头治理方面，根据湖南省共伴生矿多，品位低，综合回收率低，废渣、废水排放量大，综合利用率低的特点，进行采矿、选矿、综合利用等技术攻关；开展以典型矿区或集中开采区为重点的综合整治研究，选择代表性矿区或集中开采区，实施综合整治示范工程。建议财政部、国土资源部尽快批准湖南省根据两部《关于申报 2015 年矿山地质环境治理专项资金的通知》精神所编制的锡矿山矿区、三十六湾矿区、永州珠山锰矿区等 16 个重点矿区矿山地质环境综合防治实施方案，准予立项并给予大力支持，为矿山环境问题成片集中治理提供经验。

（四）创新绿色矿山的投入保障机制

针对绿色矿山建设资金投入不足的问题。一是对计划经济时期国有矿山造成的和现阶段矿业权人灭失所遗留的矿山地质环境问题，由各级政府编制矿山环境保护规划，加大财政投入，建立矿山环境保护专项基金。二是充分发挥备用金制度的约束作用，督促矿业权人主动加大投入。三是在目前财政十分紧张的情况下，按照"谁投资恢复治理、谁受益"的原则，出台相应的优惠政策，创新投入机制，建立 PPP 模式，鼓励社会资金投入。同时还要引进人才保障机制。人才保障机制才是技术开发的基础，只有不断加大技术投入，通过人才激励制度才能保证技术产出。地矿类高校和科研院所要及时调整相应培养体系，既要满足绿色矿业建设对人才的需求，又要注重理论与实践并重的人才培养。

三、推动矿业城市向绿色转型

支持资兴、冷水江、耒阳、常宁、涟源五个资源枯竭型城市采用多元发展模式，积极构建循环经济型产业体系；鼓励通过提高自主创新能力，谋求经济发展方式转变；鼓励发展工矿旅游，充分利用废弃矿区进行种植、养殖，促进绿色发展；加大资金投入，解决生态环境破坏问题。为了避免到矿产资源枯竭时而被迫转型，衡阳市、郴州市要提前对矿业城市转型、产业转型、生态转型做好谋篇布局的准备工作。结合目前矿业经济绿色发展的趋势，具体从以下几方面着手：

（一）经济发展方面

1. 促进产业转型

（1）改造提升资源性产业。努力发展能源产业，将产业优势充分地展现出来。在煤炭资源方面，形成以常宁、耒阳为主的煤炭资源生产基地，从政策上对大中型煤炭企业给予积极的扶持和引导，对小型的煤炭生产企业实施重组、兼并等，将地区性煤炭资源的优势充分地展现出来；电力资源方面，形成以大唐朱阳发电厂、白沙煤电集团等为龙头的大型电力企业，并且在煤电一体化方面有所突破。截至 2015 年，先后建成两个大型的煤电集团，在煤电能源领域中的总产值超过 120 亿元。在有色金属及其冶炼方面，围绕衡东地区衡东有色金属公司、水口山有色金属公司、衡东有色金属选冶厂等众多有色金属企业，实现对有色金属产品的深加工。截止 2015 年，有色金属及冶炼领域中的总产值超过 220 亿元，其中增加值达到 110 亿元，国家利税超过 23 亿元。

（2）努力发展资源关联产业。盐化工产业也得到了快速发展，并且形成了基于松木化工工业园为平台的发展方式，其大型的化工企业有衡阳建滔化工公司、湖南湘衡盐矿、衡阳骏杰公司等大批龙头企业，实现了对盐化工产品的深加工。截至 2015 年，盐化工产业总产值超过 300 亿元，其中增加值为 98 亿元，实现利税 33 亿元。在建材领域中，依托于衡山县陶瓷工业园、衡阳县界牌陶瓷基地两大工业园，形成中建材、衡利丰等一大批有实力的陶瓷制造企业，并且这一规模仍然在不断扩大。截至 2015 年，衡阳市建材工业总产值力突破 80 亿元。

（3）大力发展替代产业。加速推进输变电设备及器材制造业的发展。以湖南湘能金杯电缆公司、特变电工衡阳公司等骨干企业为龙头，实现技术的自主创新，同时汲取国内外丰富的变电设备制造经验，结合自身发展的特点与实际，开发拥有自主知识产权的新技术和新产品。截至 2015 年，输变电产业中，培育出一家百亿元资产的企业，2 家超过 20 亿元的企业和 8 家超过 5 亿元的企业，在工业总产值方面完成 200 亿元的既定目标，实现利税 22 亿元。加速推进汽车及零配件制造业的发展，以湖南星马重汽公司、衡山专用汽车制造厂等大批具有雄厚实力的企业为核心，构建重汽生产基地，其汽车种类涵盖重型汽车、军用通信车、专用汽车等多个领域；在汽车市场大环境利好的趋势下，积极推进汽车零配件产业的发展，并相继形成以风顺车桥公司、亚新科、天雁机械公司等为核心的汽车零部件生产基地。截至 2015 年，汽车产业总产值突破 200 亿元，完成利税 20 亿元。

2. 调整矿产资源产业结构

从经济发展规律的层面出发，对于矿产资源的开发和利用通常存在四个阶段，分别为：起步、成长、成熟和衰退。郴州市在对矿业资源实施开发的过程中，逐渐将矿业资源转变成为经济支柱，对矿业资源的依赖程度很深，矿业资源在国民经济中所占比例较高。对此，必须要采取有效的手段来提升资源的利用率，将资源优势充分地展现出来，并且对产业结构实施大的调整与优化，进而推动矿业资源能够向着更好的方向发展。

目前，郴州市在资源储量方面占据一定优势，并且拥有较低的开发成本，不过由于产业结构不合理，多数矿产产品的附加值较低。对产业结构实施调整，能够在很大程度上理顺上下游产业链，提高产品的竞技附加值，对产品进行深度加工，将依托于资源优势所形成的经济优势更加完全地显现出来。对于产业机构调整，要扭转传统的以粗矿外销为主的经营模式，将矿产产品做精做细，不断提升产品的科技附加值，降低产品生产成本，从而产生更大的经济效益。以优势资源为依托，以战略投资者为龙头，以国家发展战略性新兴产业为契机，实现矿业经济转型升级。[①]

（二）社会管理方面

建设绿色矿山，发展绿色矿业，需要不同层次政府、矿业企业、矿业社区、非政府组织和社会公众的共同参与。在发展绿色矿业经济的过程中，每个参与主体都在其中发挥着重要作用。政策执行主体应该是包括了湖南省政府、地方政府、矿产企业、矿业绿色技术企业、研究院所、高校等各类社会组织在内的多主体化的政策执行主体，强调多元化的政策主体对湖南省矿业绿色技术产业发展的共同推动作用。其中政府的主要职能在于宏观层面上的制度约束、监管、政策和资金的支持。矿山企业作为绿色矿业发展的主体，通过依法办矿、规范管理、科技创新和企业文化建设实现矿产资源的综合利用、节能减排，进行环境保护和土地复垦，积极履行企业社会责任，实现社区和谐。非政府组织在绿色矿业发展中发挥中介作用，为政府和企业提供建议、服务和管理，充当着辅助性角色，同时也充当着监督者角色。而矿业社区和公众在绿色矿业发展中则主要充当监督者的角色，通过参与政策制定以及举报、上访等社会监督方式对政府和企业进行行为约束。通过多方合作协同治理，推进矿业城市的绿色转型。

（三）生态环境方面

1. 设置矿山生态环境准入条件
对于新建矿山要出具详细的矿山开采方案，使矿山资源能够充分得到利用

---

① 周羽. 湖南省矿业城市转型问题研究［D］. 中国地质大学, 2015.

和开发，注重对地质和水文的采样调研，制定详细的水土保持方案，并交由国土资源部门进行审批备案。在矿山环境保护方面，方案设计与实际操作要相一致，环保设施和生产设施要同时进入矿场，在开采矿物的同时就通过有效的途径来降低对环境的污染。矿山组织机构中要设置相应的科室来专门解决和处理矿山的环境问题，确保其职能完全体现出来。而在矿业开采和应用中，很多土法冶炼对环境所形成的压力很大，造成的污染也更为严重，尤其是汞、硫、砷、铅锌、矾等有毒有害物质，必须要经过严格的审批，没有获批的私营企业一经发现，严厉取缔。对于新建矿山，对于硫含量超标的项目不予批准，对含硫量超过 1.5% 的煤矿要限制扩建，而对于含硫量超过 3% 的煤矿则予以取缔。四类地区进行矿山开采作业时会受到限制，分别为：重点水土保持区、水源保护区；地质环境脆弱区、地质灾害易发区和危险区；重要交通干线两侧可视范围内（地下开采须经批准）；市级以上自然保护区、文物遗址、景区等。

2. 发展循环矿业经济

对于矿业的开发和利用，要充分考虑到环境因素，使之能够处于相互协调的发展条件下，在实现资源利用的同时，不会对环境造成过重的压力。我国在矿产资源补偿费的使用方面，主要是用于地质勘查。政府在对矿山进行管理的过程中，要充分考虑到自然环境的因素，使矿山作业不会发生大范围的环境污染，并对矿山作业环境进行具体的审查，通过强有力的监督手段来强化企业的环保意识。对于新建矿山，首先就需要从环境保护的角度出发，充分考虑到环保方面的内容，通过一票否决制等对矿山企业进行有效监督，并且核实矿山企业的环保资金投入。发展循环经济是基于可持续发展的思想所形成的，由于矿业资源的特殊性，通过发展循环经济能够体现出一种生态文明，通过有效的方法和途径来降低资源消耗，减轻对环境所造成的压力。生态环境补偿机制作为一种补救措施，是缓和工业生产和自然环境之间矛盾的一种机制，对生态环境的保护成效显著。

若要实现发展循环经济，可以在重要的矿业经济园区内来实现废物的交换和利用，对于一个企业生产所形成的废物由其他企业将其作为原材料来进行二次利用，实现资源利用率的提升，同时也能够在很大程度上确保整个产业链的健全和完善，力求将物质能量最大化，而使生产废物排放最小化。此外，对于企业内部而言，也要充分考虑到废物的循环利用，如矿坑水、废石、尾砂等，努力实现"三废"的零排放。①

---

① 周羽. 湖南省矿业城市转型问题研究 ［D］. 中国地质大学，2015.

第四章　湖南省矿业经济绿色
发展的核心价值理念

在湖南省矿业经济绿色发展的过程中，需要有一种处于主导、支配地位的价值理念来代表整个价值体系的基本特征和应然趋向。通过这些价值理念来统领其他处于从属地位的价值理念，这就是矿业经济绿色发展核心价值理念。矿业经济绿色发展核心价值理念是湖南省矿业经济绿色发展价值体系中最为基础和核心的部分，它代表了矿业经济绿色发展过程中所遵循的基本的、长期的、稳定的价值原则和发展要求，也是湖南省矿业经济绿色发展的终极目标所在。湖南省矿业经济绿色发展核心价值理念的确立，可以在价值取向多元化的社会中树立矿业经济绿色发展的旗帜，让社会成员认识矿业经济绿色发展的必要性和重要性，并积极投身到矿业经济的绿色发展过程中去。尤其是在当前社会思潮相互激荡、多元价值观念相互交织的复杂形势下，通过矿业经济绿色发展核心价值理念的确立可以有效地协调社会成员对于矿业经济绿色发展的观念分歧。

同时，在党的十八届五中全会提出引领中国发展全局的新发展理念，即创新、协调、绿色、开放和共享的新形势下，我们认为研究并提出湖南省矿业经济绿色发展核心价值理念是将"新发展理念"贯彻落实到湖南省矿业经济发展过程中的有力体现，也从侧面反映了湖南省矿业经济绿色发展核心价值理念提出之必要性。

本章从理念着手引申出价值理念与核心价值理念，进而在比较分析核心价值理念与核心价值体系的关系的基础上来探讨湖南省矿业经济绿色发展核心价值理念的概念与内在机理。其次，分析了湖南省矿业经济绿色发展核心价值理念的功能与作用，肯定其在反映矿业经济发展需要、社会环境营造、节约环保的绿色意识倡导、体制机制创新的促进以及在制度建设的推动上的积极作用。最后，分析了绿色、创新、效率、协调、和谐、责任这六个核心价值理念的具体内容。

第一节　矿业经济绿色发展核心价值理念概述

一、价值理念的界定

价值理念是人们对一个事物在社会实践过程中价值本身的大小以及价值实现的状态或样态不断地进行本质的概括和揭示所建构起来的真理性观念。它是对一个事物价值的准确、科学的总结和概括，与价值观念不一样。价值观念是在某种世界观的基础上对各种事物、行为以及可能做出的选择等进行评价的标准和据此采取的某种行为的态度及倾向，人类社会的各种规范，实际上是特定的价值观或价值标准的具体体现。价值观念的高级形式就是价值观，当一个人零碎的、不完整的价值观念形成了理论性的、系统的观念时，人就拥有了自己的价值观。可见，价值观念受到人们的世界观的影响，一旦世界观不正确，那么势必会导致价值观念出现偏差，并最终在价值观上表现出来。价值理念也是通过人的行为方式和对事物的态度评价表现出来的，是人们行为的驱动力，在特定的历史条件下，价值理念是相对稳定的、持久的，一旦价值理念确立就能够帮助人们正确地看待事物。当全体社会成员对某一事物形成了价值理念，就会推动某一事物的迅速发展；或者针对某一事物形成正确的观念，从而推动社会发展。这也就是为什么每个国家和社会都在大力提倡价值理念，构筑自己的核心价值的原因所在。

核心价值理念就是对价值理念的高度抽象、概括和提炼。核心价值理念构成了价值理念的框架，是价值理念中最符合当前社会历史条件的需要，在诸多价值理念中占主导地位，统领其他价值理念，且具有相对稳定性的。在每个特定的社会历史条件下，或多或少地会出现因价值观念缺失而导致的社会问题，这就需要通过对社会成员的价值观念进行调节与引导，从而使社会成员树立正确的价值观念，推动社会、民族和国家的发展。而引导社会成员树立科学、正确的价值观念，倡导和宣扬核心价值理念是调节社会矛盾、满足社会发展需要的重要手段。因此，在每个时代中每个国家、每个社会都需要，通常也都会宣扬各自的核心价值理念，以实现社会、国家的稳定与发展。

基于对上述概念的界定与分析，我们认为矿业经济绿色发展核心价值理念是一种理念架构，是对矿业经济绿色发展在现实实践中所产生的客观的价值现象进行真理性的思想理论建构的结果，进而价值这种客观现象也就转化为了主体的主观性观念。它是对矿业经济绿色发展的本质揭示和理论上科学、抽象地概括，反映了矿业经济绿色发展的价值和价值实现的形态。矿业经济绿色发展核心价值理念将客观真理转化成了社会成员的主体的主观精神，对社会成员的主观的、个性化的观念起着引领的作用，直至将社会成员的观念引导到对矿业经济绿色发展的确信上，相信矿业经济的绿色发展是时代的需要，是矿业经济发展的必然之势。我们知道，只有在理念的基础上才可能生成信念，而信念是主体自身对理念的确信，同时还表现为主体于现实社会生活中在对理念确信与坚守的过程中所呈现出来的精神状态。因此，可以说，矿业经济绿色发展的核心价值理念是矿业经济绿色发展的价值得以实现的重要基础和科学保障。社会成员的价值取向是由其各自的价值理念所决定的，矿业经济绿色发展的核心价值理念正是这样一个根基，它帮助社会成员舍弃价值取向的主观任性，认识到矿业经济绿色发展的本质和价值。

二、核心价值理念与核心价值体系

相对于理念而言，体系泛指在一定范围内，相同或类似事物按照一定规则、规律和联系自由组合而成的一个整体，更加强调整体性。体系可大可小，而价值理念可以说是价值体系中的重要组成部分。在整个社会体系中，价值体系在社会的发展中影响最为深远，存在感也是最为明显的，它形成、发展于一个国家、民族和社会的长期共同的认识和实践中，能够反映一定时期下的社会意识状态。同时，作为一个整体系统，价值体系内容比较丰富、要素众多，层面分明，反映了不同群体间的行为方式、审美情趣和思维模式，而其中起着主导和统领作用的价值体系就是核心价值体系，它构成了一个社会最基本的价值取向和行动目标。有学者认为，价值体系是由价值目的（目标）、价值理念、价值原则所构成的，而核心价值体系则是由终极价值目标、核心价值理念和基本价值原则三个基本层次所构成的。并且，在核心价值体系中，终极价值目标本身也是一种核心价值理念，只不过它是核心价值理念中的核心，因此自然更是核心价值理念。基本价值原则是终极价值目标和核心价值理念的实践要求。核心价值理念则是终极目标的具体体现，它们本身具有目的性，同时又是体现着终极价值目标的要求并服务于终极价值目标的实现，因此它们在核心价值体系中具有核心的地位。[①]

因此，我们认为核心价值理念是核心价值体系中的重要组成部分，核心价值体系是核心价值理念协调化、系统化之后的结果，是人们一切活动的深层结构。核心价值体系是在社会中居于统治地位，发挥着支配作用的价值理念的总称，它涉及政治、经济、文化和社会生活等各个方面，规定并影响着其他非核

---

① 江畅. 社会主义核心价值理念研究 [M]. 北京：北京师范大学出版社，2012.

心价值理念，使得一个国家和社会的精神文化得以发扬，从而保证了社会系统能够正常运转、社会秩序能够得到维护。价值理念与价值体系之间是要素与系统、实质与结构的关系。当然，价值理念与价值体系也有所区别，主要表现在：

第一，核心价值理念与核心价值体系的侧重点不同。价值作为各种各样的观念形态的多元集合，反映了一个人、一个社会的整体意识形态，而核心价值则在这个多元的集合中处于核心地位，发挥着主导作用，对一个社会发挥着根本性的指导作用，能够影响社会成员的思维方式和行为模式，是对社会价值的高度概括和凝练。核心价值往往反映了在具体的、特定的社会历史条件下，统领该社会价值的价值观念。一个价值因子之所以会成为核心价值，更多的是出于社会现实的需要，或者说在具体的、特定的条件下，通过宣扬这种核心价值对社会的发展和进步有着更大的裨益。核心价值能够更好地预测社会的发展趋势，能够整合当前社会力量、调控社会主流文化和价值走向。因此，任何时代、任何国家和社会都需要具有核心价值。

核心价值理念是一个社会中居于中心地位、发挥主导作用的核心观念，也是一个社会必须长期遵循的基本价值准则。同时，作为社会意识的本质体现，核心价值理念对社会成员的思想观念、思维方式、价值取向和行为规范有着深远的影响，因而是引领社会思潮的精神旗帜。矿业经济绿色发展价值理念是对矿业经济绿色发展价值的总的看法和最根本的观点，在矿业经济绿色发展价值体系中起主导作用、发挥统领作用，从深层次上回答"什么是矿业经济的绿色发展"这一问题。因此，从理论侧重上，核心价值理念更加强调其"阐述性"和"解释性"，即更好地表现出矿业经济绿色发展的本质，展现矿业经济绿色发展的必要性和科学性。而矿业经济绿色发展核心价值体系更加侧重于反映矿业经济绿色发展价值在矿业经济的绿色发展中起指导作用，从而更加侧重"系统性""指导性"和"实践性"。从理论视角来看，核心价值理念与核心价值体系是两个不同层次的概念。相较于核心价值体系，价值理念因为更为基础，因此在重要性上也稍高一筹，因为只有核心价值理念准确、科学，有机地组合才会形成核心价值体系。只有使社会成员都认同、接受核心价值理念，才能在社会中形成不与其他价值体系相冲突的、起着支配作用的核心价值体系。

第二，核心价值理念是对核心价值体系的高度抽象。任何一个价值体系都不是单一的，是由各要素所组成的，其中最基础的就是价值理念。如果说核心价值体系是一个机器，那么核心价值理念就是构成这个机器的核心零件，正是由于这些核心零件才使得整个机器完整，并能够发挥作用。矿业经济绿色发展的核心价值理念，即绿色、创新、效率、协调、和谐、责任，是对矿业经济绿色发展核心价值体系的最高抽象，构建了矿业经济绿色发展核心价值体系的基础，为我们概括、描述矿业经济绿色发展的核心价值体系提供了高度准确、凝练且完整的价值参照系。

最后需要指出的是，矿业经济绿色发展核心价值理念与矿业经济绿色发展核心价值体系既有内在联系，又有所区别，各有侧重。矿业经济绿色发展核心价值体系是矿业经济绿色发展价值观的基础和前提，是矿业经济绿色发展核心价值理念形成与发展的必要条件。矿业经济绿色发展核心价值理念是矿业经济绿色发展核心价值体系的最高抽象和内核，体现了矿业经济绿色发展的本质，决定了矿业经济绿色发展的基本特征和基本方向，引领着矿业经济绿色发展核心价值体系的建构。矿业经济绿色发展核心价值理念渗透在矿业经济绿色发展核心价值体系之中，并通过矿业经济绿色发展核心价值体系表现出来。因此，只有将总结、概括矿业经济绿色发展核心价值理念，与构建、完善矿业经济绿色发展核心价值理念体系两者有机地结合起来，才能为矿业经济的绿色发展的理论与实践提供价值的合理性依据，从而促进湖南省矿业经济的绿色发展。

第二节　矿业经济绿色发展核心价值理念的基本功能

矿业经济绿色发展核心价值理念立足于湖南省矿业经济绿色发展现状，同时综合考量了社会环境、政府决策和制度保障、企业及公众行为，既立足当前，又展望未来，是科学发展观和时代精神的完美结合。同时，它既是对社会制度伦理的坚持，也是对社会公民道德的尊重；既是整个社会的价值导向，也是公民的价值取向。矿业经济绿色发展核心价值理念不仅是矿业经济发展的精神旗帜，也是社会成员追求社会发展的思想旗帜和团结一致的精神纽带。矿业经济绿色发展核心价值理念作为矿业经济绿色发展所特有的文化、文明的精神实质和显著标志，成就了矿业经济绿色发展所赖以维系的精神支柱，也是政府决策以及企业和公众行为的动机与目的之所在。同时，矿业经济绿色发展核心价值理念在价值整合上也发挥着重要作用。

一、反映矿业经济绿色发展的客观需要

根据《辞海》的解释，价值主要有两层意思，一是指事物的用途或积极作用，二是指凝结在商品中的一般的、无差别的人类劳动。本书中的价值强调的是矿业经济绿色发展的积极作用，即第一层意思。价值所指即是说明事物其有用途，带来的是积极作用，反言之，我们需要这种事物的存在。当前，湖南省矿业经济的发展主要存在这几个问题：一是矿产资源对社会经济发展的保障

能力不足，这种问题的产生一方面是由于矿产资源的勘察、开发和利用技术无法满足需要，力度不够，另一方面是由于开发利用过程中资源浪费严重，利用率不高。二是矿产资源的开发利用水平有待提高。湖南省矿山数量多、规模小，采、选、冶技术水平偏低，资源利用率不高。采、选、冶、深加工比例失调，粗加工多、深加工少，产业结构和产品结构不合理，矿产品附加值低。三是矿产资源的开发利用秩序仍存在诸多不合理现象。局部地区乱采滥挖、非法采矿现象出现反弹，超深越界开采、越界勘探、圈而不探等现象屡禁不止，"大矿小开、一矿多开"等现象依然存在。四是矿山地质生态环境破坏严重，后期恢复、整治难度大。就矿业经济而言，矿业经济的绿色发展正是对当前湖南省矿业经济粗放的发展模式的反思，是矿业经济实现持续、快速发展的必要条件。矿业经济绿色发展的核心价值理念很好地回应了湖南省矿业经济发展存在的问题，形象、准确地概括出了湖南省矿业经济绿色发展的方向和要求，反映了湖南省乃至全国矿业经济绿色发展的客观需要。

二、创造矿业经济绿色发展的社会环境

事物的发展都是内部条件和外部条件共同作用的结果，而一个良好的社会环境是事物发展的重要保障。社会环境不仅包括社会政治环境和经济环境，也包括法制环境、科技环境和文化环境。就当前而言，湖南省矿业经济的绿色发展正缺少这样一个能够提供充分保障的社会生态环境。政治上，虽然我国大力提倡矿业经济的绿色发展，但是地方政府在执行时仍然缺乏足够的动力，且所出台之政策不尽完善、全面，导致对矿山企业缺乏相应的监督与管理；经济上，矿业企业缺乏技术改造和生产工艺更新换代所需的资金，矿山环境恢复治理资金规模大、筹集难，并且由于缺乏完善的市场体系，矿产品价格受国际市场影响大，价格的大幅波动让矿业企业缺乏相应的信心；法制上，虽然我国出台了许多法律法规予以保障，但是仍存在许多问题。首先，在许多方面，立法工作没有跟上，导致无法可依，而造成管理真空的出现；其次，即使立法了，但是立法的内容模糊、不具体、可操作性差，有时还滞后于时代的需要，没有前瞻性；技术上，湖南省乃至全国在矿产勘查、深井开采、有色金属选冶方面仍然存在许多技术难题，无法满足矿业发展的需要；文化上，湖南省在绿色矿业的宣传、推广方面工作还不到位，没有助推社会形成绿色矿业的产业文化。矿业经济绿色发展核心价值理念是社会成员的主观肯定，它影响着社会成员的行为模式和思维逻辑，推动矿业经济绿色发展的各参与主体都朝着同样的目标努力。一是推动政府部门加强立法工作，完善法制保障，加强政策制定、监督管理和矿业经济绿色发展的舆论宣传；二是使矿业企业自觉开展绿色开采、绿

色生产，使矿业企业自觉加强技术研发和生产工艺的改造，从企业管理的各层面将绿色发展的观念深植其中；三是推动着各事业单位、社会团体为矿业经济的绿色发展提供资金支持、技术支持和智力支持，发挥社会公众的力量保障矿业经济的绿色发展。

三、引领公众树立节约环保的绿色意识

价值理念一旦树立就会影响人的思维方式和行为模式，而当矿业经济绿色发展的核心价值理念得以被社会大多数成员认同、接受后就会被转化成社会成员的实际行动，在实践过程中又逐渐强化这一观念，从而使得大多数社会成员形成节约环保的绿色意识，并将这种绿色意识贯彻到社会生活的各个方面。虽然，矿业经济绿色发展核心价值理念的形成某种程度上是公众绿色意识发挥作用的结果，但是两者实质上是相互作用的关系，公众的绿色意识推动了矿业经济绿色发展价值理念的形成，而矿业经济核心价值理念的确立又反过来推动公众绿色意识的建立和强化。当前，公众在矿业经济绿色发展上发挥的作用还不突出，表现出"一高一低、两多两少"的特征，一是热情高、落实低；二是关心自身多，促进行为少；三是监督多，决策少。这种现象的出现表明公众缺乏参与的积极性和主动性，从更深处讲，是由于政府在宣传节约环保的意识方面做得还不理想，公众没有认识到矿业经济绿色发展、可持续发展的作用，对矿业经济绿色发展的核心价值理念难以形成心理认同。因此，政府需要通过新闻媒体、网络宣传、公益广告等方式加强舆论宣传，引导公众树立、强化矿业经济绿色发展核心理念，在社会上形成节约环保的绿色氛围，为矿业经济的发展提供良好的社会环境。

四、促进矿业经济绿色发展的机制创新

就当前而言，湖南省矿业经济的绿色发展尚未形成完整的机制，要使矿业经济绿色发展能够取得预期的效果就必然需要进行体制机制创新，为矿业经济的绿色发展提供更好的保障和环境。机制的创新有赖于人的观念的转变，在制度保障、监督管理、组织结构、资金保障以及技术保障等各个方面进行思维的拓展，不断消除阻碍矿业经济绿色发展的壁垒和障碍。矿业经济绿色发展核心价值理念的形成正是这种观念转变的最好体现，它有助于构建一个矿业经济绿色发展的社会环境，通过使政府、企业、非政府组织、矿业社区和公众积极参与到矿业经济绿色发展的过程中来，从法律法规、监督管理、激励约束和组织结构等方面完善矿业经济绿色发展机制的各要素，为矿业经济的绿色发展提供多重保障。因此，可以说，矿业经济绿色发展核心价值理念有力地促进了矿业

经济绿色发展的机制创新，并且这种创新是全方位、多层次的。由于矿业经济绿色发展核心价值理念具有相对稳定性，这很好地保障了矿业经济绿色发展体制机制创新的持续性和效果。

五、推动矿业经济绿色发展的制度建设

人类社会发展的历史，就是不断从自发走向自觉的历史，而使人类行为走向自觉的过程，制度保障就是重要的驱动力。就矿业经济的绿色发展而言，制度的建设是一个重要环节，只有使矿业企业真正做到自觉、主动推动矿业经济的绿色发展，只有政府、公众、非政府组织、矿业自觉地参与到监督管理过程中，才能使矿业经济的绿色发展事半功倍。恩格斯曾经说过，社会进程中的"每一个阶段都是必然的，因此，对它发生的那个时代和那些条件说来，都有它存在的理由；但是对它自己内部逐渐发展起来的新的、更高的条件来说，它就变成过时的和没有存在的理由了"。人类社会的发展呈现出多元性和复杂性，但就基本社会制度变迁而言，制度的更替总是朝着更加人性化、更加合乎道德以及更加制度化的终极价值目标方向发展。这一过程就是制度的变迁和制度的创新，而矿业经济绿色发展核心价值理念正可以通过影响社会公众、政府的行为以实现矿业经济绿色发展的制度保障和制度创新。

第三节　湖南省矿业经济绿色发展核心价值理念的具体内容

基于湖南省矿业经济绿色发展的现状和需求，我们提出了湖南省矿业经济绿色发展的六个核心价值理念，即绿色、创新、效率、协调、和谐、责任。这六个核心价值理念是对矿业经济绿色发展价值理念的提炼与概括，虽然矿业经济绿色发展价值理念是多元的，并成体系的，但我们也需要坚信和追求所有的价值理念，并努力在矿业经济发展的过程中，在我们的生活中去落实它们的要求。考虑到价值理念的宣扬和倡导，使公众知晓并认同和肯定这些价值理念相对于价值理念本身应该更为重要。所以，尽管这六个核心价值理念无法完美诠释矿业经济绿色发展价值理念，但是在不同时期、不同条件下更有利于发挥价值理念的作用。

一、绿色

学者黄志斌按照马克思主义认识论，分别从感性直观、知性分析和理性综合三个层面来阐释绿色的内涵。他首先将感性直观中关于"绿色"的视觉性、联觉性、象征性认识综合起来，概括出其含义是蓬勃的生机、旺盛的活力、绵

延的生命；其次从优先考虑环境属性的角度阐明了"绿色"知性分析的含义，即节约（Reduce）、回用（Reuse）、循环（Recycle）；最后在感性直观、知性分析含义的基础上，厘清了"绿色"的哲学意蕴：生生、协变、臻善。他的"绿色"概念既有其直观感性层面的表象含义，亦有其技术应用层面的本质规定，还有其深藏的哲学意蕴。[①] 在本书中，"绿色"更多地侧重于其环境属性，强调的是资源的节约利用、再利用和循环利用。

将"绿色"抽象地概括为湖南省矿业经济绿色发展的核心价值理念主要是对现实需要的反映。

首先，湖南省矿产资源后备资源不足。一方面是因为资源禀赋本身存在缺陷，对经济社会发展具有重要意义的大宗支柱性矿产如石油、天然气、煤、铁、钾盐等大多短缺，并且其他主要矿产资源也表现出富矿少、贫矿多，单独矿产少，共伴生矿多，质量不高，低品位、难选冶矿产多的特点。另一方面，矿产资源消耗速度过快。随着工业化进程的加快，湖南省矿产资源开发力度达到了前所未有的水平，矿产资源消耗速度逐年增加，探明矿产资源储量逐年减少。再一方面，地质勘查找矿能力下降，新增加探明的矿产地不多。如果说矿业是国民经济的基础和先行，那么地质勘查就是这一基础的基础，然而湖南省受地质勘查经费和勘察技术的限制，勘察、找矿力度不够，资源开发后备基地也相应不足。

其次，矿产资源开发利用水平低。一是小矿数量多，大矿小开、一矿多开，布局不合理现象普遍存在。2015 年，湖南省矿山 6 901 个，其中大型矿山 97 个，中型矿山 313 个，小矿山的比例高达 94%。同时，由于开采和选冶技术落后，回收水平提高缓慢，加之受计划经济体制的影响，长期无偿占有和开采矿产资源，导致一些矿山企业缺乏珍惜资源的意识，进而采富弃贫，忽视资源综合回收利用。2012 年的数据显示，湖南省能源利用效率为 33%，矿产资源总回收率为 30%，分别比国外先进水平低 10 个和 20 个百分点，对共生伴生矿进行综合回收的仅 30%，综合回收率不到 20%。三是矿山未能采用先进的科学技术，矿产品综合利用水平低，产品附加值低。有的矿山长期开主矿丢伴生矿，有如杀鸡取卵，开一个矿等于损失浪费几个矿。以浏阳七宝山硫铁矿为例，浏阳七宝山硫铁矿是一个伴生有铜、铅、锌、金、锡等多种重要矿产的多金属矿床，并且各种伴生组分都有可观的品位和储量，但从 20 世纪 70 年代初期建矿起，连续开采了 10 余年的硫铁矿，而占全矿价值 77% 的其他矿产被视

---

① 黄志斌．"绿色"辨义：从感性直观到知性分析再到理性综合［J］．科学技术与辩证法，2003（3）：16—20.

为废物，放弃了回收。据初步估算，至少损失了 8 343 吨铜、12 185 吨锌、5 624吨铅和628 公斤黄金。

再次，矿产资源开发秩序混乱。矿产资源开发中无证勘查开采、越界开采和非法转让探矿权、采矿权等问题比较严重，乱采滥挖和浪费资源、破坏环境等问题在部分地区还存在。造成矿业秩序混乱既有历史的因素，也有现实的因素。一是矿业管理体制受传统计划经济体制的影响，部门分割、地区分割、条块分割，没有形成行业的地域的整体优势和规模效益。由于缺乏集中统一的规划和管理，受"有水快流"思想的影响，多种成分的矿山企业趁改革之机全面启动，矿业秩序出现难以控制的局面。二是受利益驱使，很多矿区无证、非法开采的个体小矿、联办小矿和部分乡镇集体矿，在本位主义、地方保护主义、拜金主义思想的支配下，长期有禁不止，有令不行，大肆涌入国有矿区内争抢资源，有的不惜破坏农田水利与交通设施采矿，导致湖南全省范围之内乱采滥挖之风一度此起彼伏，并时有盛行。非法个体、集体小矿的生产不仅造成了资源的破坏和浪费，更严重的是扰乱了正常的矿业生产秩序。三是执法部门力量不够，许多违法行为难以打击，或者难以从根本上杜绝。四是有关部门监管难以到位，很多具有矿业权的企业非法转让矿业权，以采代探等违法行为仍比较严重。

最后，矿业开发环境问题突出。湖南省矿业开发时间长，力度大，长期以来产生的环境问题较为突出。全省现有 50 个矿山地质环境恶劣的区域，截至2015 年底，全省历史遗留矿山地质环境治理恢复率 44.0%，矿区土地复垦率38.8%。此外，因大量采矿造成的水土流失和诱发的泥石流、滑坡、地面塌陷等地质灾害也有增无减，给人民群众的生命财产安全带来了严重危害。造成矿山地质环境问题突出的主要原因有下列几点：一是重开采轻环境治理的思想由来已久。我省矿业开发时间长、强度大，且长期以来重开采轻治理，一些矿山周边生态环境破坏严重。采矿引发的地面塌陷、裂缝、滑坡时有发生，有些地方水源枯竭，人畜饮水困难，矿区群众的生产生活受到严重影响，甚至危及群众生命财产安全。二是违法生产破坏严重。矿产资源的无序开采特别是乱采滥挖给生态环境造成了污染和破坏，乱采滥挖还留下了许多地质灾害隐患。三是冶炼等矿业环节缺乏有效的管理，从而导致环境污染严重。全省矿业废水有相当一部分未经处理直接流入江河，造成严重污染。一些乡镇集体、个体矿山采用土法炼汞、土法炼金、土法炼钒，造成周边环境汞化物、氰化物严重超标，使生态环境受到严重破坏。

正是由于湖南省矿业经济的发展在"绿色"层面存在诸多问题，已经严重影响了矿业经济的可持续发展和循环发展，因此才需要通过"绿色"核心价值理念的宣扬来改变当前落后粗放的发展模式。

二、创新

中国共产党十八届五中全会强调，实现"十三五"时期发展目标，破解发展难题，厚植发展优势，必须牢固树立并切实贯彻创新、协调、绿色、开放、共享的发展理念。同时，在这次会议上习近平总书记提出"把创新摆在国家发展全局的核心位置""把创新作为引领发展的第一动力"。2016 年 3 月 5 日，习近平总书记在参加上海代表团审议时又强调，在新发展理念中，创新发展理念是方向，是钥匙，要瞄准世界科技前沿，全面提升自主创新能力，力争在基础科技领域做出大的创新，在关键核心技术领域取得大的突破。同时，创新发展居于首要位置，是引领发展的第一动力。可见，创新对于发展之重要性。因此，将其作为湖南省矿业经济绿色发展核心价值理念响应了国家对创新的大力提倡。

创新必须抛弃旧的理念或事物，获得新理念、新事物，作为矿业经济绿色发展核心价值理念，它所体现的是对思想的一种解放。从哲学层面上来讲，创新是现实的人面对新的实际情况有目的地从事一种前人未曾从事过的创造性实践活动。通过这种创造性实践活动，人们不断破除与客观事物不相符合的旧观念、旧理论，发现客观事物的新属性、新联系、新规律，运用这些新属性、新联系、新规律，创造出新技术、新发明，生产出新的物质产品、精神产品以及新的社会关系产品，如政策、法律、制度等。在社会领域，当生产力的发展无可阻挡，同时生产关系已经成为生产力发展桎梏的时候，新的社会制度的生活创造就成为必然，也成为社会发展的动力，更是社会创新的动力。在社会发展到一定阶段时，当生产方式已经不能满足新的发展需要时，或者旧的社会制度逐渐失去支撑和存在理由时，那么创新就显得非常之有必要了。在人的自然属性方面，创新由一系列的要素组成，消费需求就是其内在动机之一，这种消费需求推动人类去解决这种需求无法得到满足的社会矛盾。创新对于一个国家、民族和社会都有着重要的作用，诚如江泽民同志所指出的，"创新是一个民族进步的灵魂，是一个国家兴旺发达的不竭动力，也是一个政党永葆生机的源泉"。

创新是社会发展之必然，因此必须坚持把创新摆在国家发展全局的核心位置，不断推进理论创新、制度创新、科技创新、文化创新等各方面创新，让创新贯穿党和国家一切工作，让创新在全社会蔚然成风。创新必须把发展基点放在创新上，形成促进创新的体制架构，塑造更多依靠创新驱动、更多发挥先发优势的引领型发展。构建发展新体制，加快形成有利于创新发展的市场环境、产权制度、投融资体制、分配制度、人才培养引进使用机制，深化行政管理体制改革，进一步转变政府职能，持续推进简政放权、放管结合、优化服务，提高政府效能，激发市场活力和社会创造力，完善各类国有资产管理体制，建立健全现代财政制度、税收制度，改革并完善适应现代金融市场发展的金融监管框架。创新和完善宏观调控方式，在区间调控基础上加大定向调控力度，减少政府对价格形成的干预，全面放开竞争性领域商品和服务价格。

创新是一个全方位的系统工程，对于矿业经济的绿色发展而言，要开展创新就需要从管理方式、思想理念、科学技术、制度保障等方面着手完善创新机制。在管理方式上，创新工作机制，探索设立新的管理机构与管理流程。同时，完善矿业经济绿色发展评估指标，构建完整的评估体系。此外，创新监管模式，积极开展多部门联合行动，对绿色矿山进行定时、定期检查，全程动态管理。在思想观念上，要通过宣传从而在社会上形成绿色发展、节约环保的社会氛围，使全社会都尊重矿业经济发展的客观规律，自觉参与到矿山地质环境的保护和治理中，发挥人民群众的首创精神。在科学技术上，建立健全创新驱动发展的机制，建立政府主导的外部推进和激励机制，政府对企业应提供税收、融资、信贷等方面的优惠政策，以降低矿山企业绿色创新的成本。建立健全绿色科技创新的市场导向机制，一方面建立和完善现代企业制度，明晰产权，使微观企业真正成为市场的主体，成为绿色技术创新的主体；另一方面积极推动多种形式的产学研联合。同时，建立多元化绿色科技创新投融资机制，促进形成政府、企业、社会多元化、多渠道的绿色科技创新投入格局。在制度保障上，加快完善形成有利于绿色矿业发展的新机制，通过政策激励和制度约束，增强积极性。同时，建立和完善绿色矿业发展的标准和评价体系，作为规划设计、建设生产、考核评估的重要依据。

三、效益

所谓效益是指劳动占用和劳动消耗与所获得的劳动成果之间的一种比较，在不同领域有着不同的称谓，比如经济效益、社会效益、资源效益和生态效益。而另一个与效益联系紧密的概念就是效率，效率在经济领域指的是资源的有效配置所实现的帕累托最优状态，在这种状态下社会资源的配置已达到这样一种状态，一种资源的任何重新配置，都不可能使任何一个人收入增加而不使另一个人的收入减少。就衡量或评价的角度讲，效率是投入与产出的比率。正如公平即劳动报酬与劳动付出的比率是收入分配的标准或评价一样，效率是资源配置的准则或评价，反映的是资源配置的有效性或资源利用的有效程度。湖南省矿业经济的绿色发展能够很好地发挥矿产资源的资源效益，实现经济效益、社会效益与生态效益的有机统一。因此，将效益概括为湖南省矿业经济绿色发展的核心价值理念是必需的，也是必然的。

经济效益是指通过商品和劳动的对外交换所取得的社会劳动节约，即以尽量少的劳动耗费取得尽量多的经营成果，或者以同等的劳动耗费取得更多的经营成果。也有的学者认为，经济效益就是以尽量少的劳动消耗和物质消耗，生产出更多社会需要的产品，其中的关键在于所生产的产品必须符合社会的需要。但总的来说，经济效益是劳动消耗和劳动成果的比较关系，这种比较体现的是"经济"原则。所谓的"经济"既可以从生产关系方面，也可以从生产力方面来考察。从生产力方面来考察，经济是指人们通过合理地组织生产力，在生产中占用和消耗一定量劳动，生产出较多数量和较好质量的产品，占用和耗用较少的劳动。[①] 矿业经济的绿色发展要求提高矿产资源的利用率和回收率，通过科技创新提高矿业生产的劳动率，从而实现减少对劳动资料的消耗。矿业经济的绿色发展不是为了社会效益和生态效益而牺牲经济效益，相反地，它是在提倡生态效益和社会效益的同时更好地提高经济效益，实现经济效益、社会效益和生态效益的协同。从 2007 年开始到 2015 年，湖南省完成多轮重要矿种、重要矿区整顿整合，关闭落后小煤矿 720 家，减少采矿权数量 1 120 个，大中型矿山比例提高了 3.46%。2015 年度矿山采选业产值超出预期 603.22 亿元。实施矿产资源节约与综合利用项目 98 个，覆盖 25 个主要矿种；成功申报 4 个矿产资源节约综合利用先进技术应用示范矿山和 1 个国家综合利用示范基地；5 类采选工艺遴选入全国矿产资源节约与综合利用先进适用技术目录；铁、锰、钨等 14 个主要矿种矿产资源总回收率提高 14.73 个百分点，极大地提高了矿产资源的经济效益。

社会效益在经济、社会和管理等领域有着不同的含义。我们一般认为社会效益指的是人们的社会实践活动对社会发展所起的积极作用或产生的有益效果，是最大限度地利用有限的资源满足社会上人们日益增长的物质文化需求。湖南省矿业经济的绿色发展的社会效益主要体现在这几个方面：首先，矿业经济的绿色发展带动了矿山周边基础设施的完善，为周边区域的人们提供了就业机会，实现了收入的增长，乃至推动了一个矿业城市的发展，提高了城市化水平，推动了社会的发展与进步。其次，矿业经济的绿色发展对政府部门提出了新的要求，促使政府部门重新审视自身管理水平，从立法、行政、司法等各个环节改进工作流程，不断提高工作水平，对于我国政治民主化、法制化起着重要的作用，某种程度上推动了我国政治文明的进步。再次，矿业经济的绿色发

---

① 裘宗舜，秦荣生. 经济效益学 [M]. 北京：中国财政经济出版社，1990.

展在社会上形成了节约、环保的社会氛围，丰富了社会文化的内涵。对废旧矿山的利用开发，不仅可以为人们提供旅游休闲、文化娱乐的场所，也可以为精神文明的宣传、积极的社会文化的培养提供一种新的典范。最后，矿业经济的绿色发展要求矿业企业积极履行社会责任，调整影响社区生产作业的行为，与当地社区建立磋商和协作机制，及时妥善解决各类矛盾。矿业企业在绿色发展过程中可以帮助解决就业问题，做好资源补偿、拆迁补偿等幕后工作，支持慈善事业，积极开展捐资助教、兴修水利、铺设公路、扶贫济困等活动，通过这些可以与周边社区建立和谐关系，避免出现损害公共利益的重大事件，保证了社会稳定。

　　生态效益原本是一个生态学上的概念，而且随着生态科学的发展，这一概念在不同的侧重点和语境条件下，又有不同的概念表述方式，在内涵上有交叉内容但又有些许差别。蒋伟认为，生态效益是对人与生物，人与环境和谐相处的融恰程度及生态系统稳定发展程度的度量。[①] 对于生态效益，张叶曾提出"生态效益是与人类活动相联系的生态环境状态的变化而使生产成果增加或减少的量的表现。"[②] 许坚认为，在生产过程中，劳动占用和劳动耗费与生态效果的比较，这是比拟经济效益提出来的概念，在这个定义中，劳动占用量的含义与经济效益的劳动占用量的含义相同，指生产过程中占用的劳动量。[③] 按照现代生态学的一般看法，社会效益指的是"生态系统及其影响所及范围内对人类社会有益的全部效用。包括现实和潜在的效用"[④]。无论学者在生态效益的界定上有什么分歧，随着研究的不断深入，学者们都逐渐认识到生态效益是人类经济活动引起生态环境状况变化的结果，这一结果进而影响到经济效益的增减，并且社会效益不能像经济效益那样通过投入与产出来进行衡量，也无法通过经济效益来衡量生态效益。矿业经济的绿色发展就在于改变过去只重视经济效益，忽视社会效益尤其是生态效益的做法。湖南省矿业经济通过对生产方式的绿色化改造，矿业经济的发展产生了可观的生态效益。数据显示，从2007年开始，随着湖南省矿业经济绿色发展不断推进，截至2015年，全省完成了280个历史遗留矿山地质环境治理恢复，消除矿山地质灾害隐患121处，治理和复垦土地面积8 211公顷；矿山企业投入13.88亿元，治理矿山地质灾害135处，复垦土地面积539.17公顷；完成30个矿山复绿示范工程建设和

①　蒋伟. 论生态效益与经济效益［J］. 生态经济，1988（3）：4-8.
②　张叶. 试论生态效益与经济效益的统一［J］. 生态经济，1988（1）：10-11，56.
③　许坚. 生态效益与生态经济效益的界定：兼与张叶先生商榷［J］. 生态经济，1994（2）：17-20.
④　张涛. 森林生态效益补偿机制研究［D］. 中国林业科学研究院，2003.

"三区两线"周边范围内 743 个矿山复绿工作，复绿面积 1208.42 公顷。全面完成了宝山、柿竹园、湘潭锰矿 3 个国家级矿山公园和 22 个国家级绿色矿山试点建设。全省历史遗留矿山地质环境治理恢复率和矿区土地复垦率分别提高了 20% 和 18.8%。

四、协调

协调是一个在学术研究和应用中都使用十分广泛的概念，它涉及了系统学、控制论、经济学、管理学等学科领域，从不同的研究角度和目的出发，其有不同的界定和内涵。协调不仅是一种调节手段，也是一种管理和控制的职能，同时也是一种状态，它表明了各子系统或各系统因素之间、系统各功能之间、结构或目标之间的融合关系，从而实现系统整体效应的描述。这种状态协调概念往往与和谐、协同等概念是密切联系在一起的。从这个角度出发，可以认为协调是可持续发展的重要手段。可持续发展实现的手段是社会经济发展与人口、资源、环境相协调，即从传统的偏重数量增长的经济发展模式转向强调改善发展质量的协调发展模式。这需要通过产业结构的调整、合理布局、开发应用高新技术、实施清洁生产和文明消费、适度控制人口，以提高效益，节约资源和能源，减少废物排放，在发展经济的同时，切实保护人类赖以生存的环境和子孙后代发展所需的资源，从而实现人口、社会、经济、资源、环境之间协调发展，以达到整体效益最优。协调就是为了保证实现可持续发展目标，凡偏离目标的行为都应以协调为手段进行调节和控制，在发展的同时使自然资源得到合理综合的开发和永续利用，使生态环境系统得到保护。

协调是发展的基本模式，协调发展要求未来的发展更加突出协调性、平衡性和整体性。发展不只表现在经济层面，还要表现在政治、文化、社会、生态文明建设等层面，只有协同推进，才能实现经济社会的协调发展。适应新常态，引领新常态，就必须有问题意识。正是因为当前湖南省矿业经济的发展中存在着这一系列不平衡、不协调、不可持续的问题，协调发展理念才得以应运而生。从马克思主义协调观的角度来看，湖南省矿业经济的绿色发展需要解决以下几个矛盾：

第一，人与自然的协调发展。马克思、恩格斯认为，人是自然界长期发展的产物。恩格斯说："我们连同我们的肉、血和头脑都属于自然界。"自然界是人类存在的必要条件，人从自然中获取生活所必需的生活资料，人类本应对大自然持感恩、敬畏之心，但是由于人性贪婪导致人类违背自然规律，恣意妄为地改造大自然，疯狂地从大自然掠取生存资料，打破了人与自然本应保持的平衡关系。人与自然是个有机整体，人类的任何行为都有可能引发自然界的反应，如果人类在生存发展中不遵循自然界规律，就必然遭受自然界的惩罚。正如恩格斯在《自然辩证法》中指出的："我们不要过分地陶醉于我们对自然界的胜利。对于每一次这样的胜利，自然界都报复了我们。"要实现矿业经济的绿色发展就需要尊重大自然的规律，合理、适度地开采矿产资源，对生产技术和工艺进行技术改造，通过绿色技术的创新提高矿产资源的综合利用，实现"三废"的零污染排放，至少要达到相应排放标准，使大自然能够通过自身净化功能消解污染。

第二，人与社会的协调发展。马克思认为人的本质并不是单个人所固有的抽象物，而是一切社会关系的总和，人的发展和社会的发展息息相关，离开人的发展，社会发展将无从谈起，反之亦然。所以从根本上来说，人与社会的协调发展就是处理好生产力和生产关系、经济基础与上层建筑之间的矛盾，尊重人的主体地位，尊重社会发展规律，充分发挥主体人的主观能动性，实现人与社会的协调发展。矿业经济的发展不能局限于人自身，确切地说不能局限于某些人自身的发展，不能因为个人的发展而影响社会的发展。因此，只有实现矿业经济的绿色发展才能推动社会的发展，既兼顾了矿业企业家的利益，也兼顾了其他社会成员的利益。只顾自身发展是一种短视行为，对矿产资源的过度开发和浪费只会导致经济社会缺乏动力支持，造成社会发展停滞，反过来也是对自身利益的损害，从长期来看得不偿失。

第三，人自身的协调发展。马克思认为，人的发展建立在生产力发展的基础上，而且对人的发展从"自由时间"的角度作了新的规定，认为人的自由全面发展的可能与程度来自"可以自由支配的时间"，而其前提则是生产力的充分发展。矿业经济的绿色发展是先进的生产力形成的重要推动力，它构建了湖南省矿业发展的科学模式，在这个模式下，上层建筑推动了经济基础的强化，进而促进生产力的发展。在生产力发展的基础上，个人获得了更多的自由时间，促使他们在艺术、科学等方面发展自己的能力，增大和扩展了自己的社会交往和社会关系，丰富了自身的自由个性。同时，在自由时间中获得充分发展的人又作为更好的生产力作用于社会，为人的全面而自由的发展创造更广阔的天地。虽然，当前矿业经济绿色发展所带来的生产力提高无法促使人的全面发展，或者说也无法让人的发展进程直观地呈现出来，但是作为一个正确的方向，矿业经济的绿色发展肯定能够推动人与生产力、社会协调发展。

五、和谐

和谐是一种协调有序的状态，在这种状态下，属于同一系统或共同体的不同事物或个体平等、和睦、平安、友好地相处，彼此尊重对方的权利、地位、个性与品格。他们彼此之间可以竞争，但是没有敌对，没有战争，也没有恶意的伤害和破坏。和谐也是相辅相成的，它要求同一系统或共同体的不同事物或个体相互依赖、相互扶持、相互支持、相互依托、共生共荣。同时，和谐也强调同一系统或共同体的不同事物或个体通过对方映现自己的形象，体现自己存在的意义，彰显和实现自己的价值，不同个体之间能够互惠互利、相互促进、共同进步，而不是钩心斗角、唯利是图、不择手段。和谐也是一种良性互动，更加强调同一系统或共同体的不同事物或个体之间彼此能够设身处地地为别人着想，着眼于对方更好地生存从而实现自己更好地生存的目的。自然，和谐需要构建，而构建和谐的基础和依据就是公正。和谐不仅要强调一种表面的有序协调，还要强调一种内在的有序协调，即公正，这也是其内在依据和根本原则。公正是和谐的生命之源，没有公正就不会有真正的和谐。公正不只是一个社会政治概念，而且也是一个已经被拓展和延伸到与全人类相关的各个领域的广义哲学概念。而要做到公正，最一般的就是使相关者获得其应有之物，即相关者各得其所。公正之所以是和谐的内在依据和根本原则的原因在于同一系统或共同体的不同事物或个体只有在各得其所的情况下才会安守本分、各司其职，才会彼此和平共处、相辅相成、相得益彰、良性互动。

和谐问题是如今的人类面对的极其突出的问题，而这个问题的突出与现代文明自身的问题及其后果密切相关。现代文明是现代化的结果，然而这种起源于西方的现代化运动导致现代文明及其核心价值理念存在着缺陷，这种缺陷随着现代文明的发展不断暴露出来，不断被放大，导致了许多消极后果，这种消极后果主要反映在个人与自身、人类与环境的不和谐，甚至对立上。从人与人的关系来看，由于社会资源总是有限的，然而人的需要又总是增多，甚至超过了其本身之需要，人变得日益贪婪，导致人与人之间争权夺利的竞争愈演愈烈，大家唯利是图，致使社会、社群组织和家庭的不和谐。从人类与自然的关系来看，人类为了满足其需要，甚至是过度贪婪的需要，把自然看做是取之不尽用之不竭的资源库，不断向自然索取，开发利用，甚至破坏自然环境，导致生态平衡被破坏，出现了一系列的环境问题、生态问题，这些问题最终又引发其他社会问题。显然，人类如果不改变这种人与人、人与环境之间的不和谐问题的话，那么人类最终会在自己的辉煌中走向灭亡。

人是在环境中生存的，每个人追求、获得幸福都需要依赖于环境，没有好的环境，人的幸福就是镜中花、水中月。人生存、追求幸福所需要依赖的环境既包括小环境，例如社群环境、家庭环境，也包括大环境，例如宇宙环境、世界环境、社会环境、自然环境。对于矿业经济的绿色发展而言，其所要依靠和实现之和谐环境主要涵盖这几个方面：

第一，社会和谐。社会和谐强调社会生活的统一，从而通过社会生活的统一实现对稳定有序的社会秩序的追求。当然，社会秩序不是静态的，它是在肯定社会成员的自由、个性的前提下，以多样性为基础，以完善的机制为保障构建的动态的和谐形式。矿业经济的绿色发展意在通过构建相应的保障机制既实现矿业企业家对利润的追求，也保障社会公众享有矿业经济发展所带来的成果分享和舒适宜居的生态环境，避免因粗放式的矿业经济发展所带来的一系列社会问题，真正做到社会稳定、秩序井然。

第二，自然和谐。人生活在宇宙中和地球上，宇宙是人类生存的大自然环境，地球是人类生存的小自然环境。自然本来是和谐的，是人类享用的资源宝库，但是随着人口增长、科学技术的发展，人类对自然的过度开发利用已经导致自然环境遭到了严重的破坏，空气污染、水源污染、水土流失、生态破坏，这些严重问题的出现让我们不得不反思人与自然的关系，不得不调整人类的价值观念、生活方式和开发利用模式。矿业经济的绿色发展所追求的就是以最小的污染和破坏从自然中获取所需要的生产资料，保证生态平衡，既保证了矿业发展的可持续性，又保护了大自然。

第三，社群和谐。社群和谐既包括了矿业社区的和谐，也包括了家庭和谐。矿业社区作为矿业企业生存环境的重要组成部分，矿业社区的和谐是矿业企业发展的重要保障，也是其可以展示企业竞争力的一个重要方面。同时，矿业社区的和谐不仅影响了矿业企业的发展，也对社会和谐有着重要的影响。在矿业经济发展过程中，矿业企业往往会因追求利润而忽视了对周边生态自然环境的保护，导致出现了许多生态环境问题，而企业又不注重同矿业社区进行沟通、协商处理，从而引发了诸如矿业社区民众干扰企业正常生产等群体性事件。矿业经济的绿色发展也包括矿业社区的可持续发展，它强调了矿业企业要履行社会责任，在开展生产的同时还要保证社区和谐与生态环境的完整性，通过与矿业社区保持长期的友好关系，鼓励社区民众参与到企业的生产和监督过程中来，与社区共享发展成果。同时，矿业经济的绿色发展强调了安全生产、绿色生产，对于矿业企业职工、矿业社区家庭的和谐也是重要的保障。

六、责任

责任渗透于人生活的方方面面，每个人都无时无刻不在面临着责任的考验和挑战。对于社会来说，只有社会成员承担其应有的责任，社会生活才能正常进行，社会秩序才能稳定，社会也才能得到发展。责任就其实质而言，是社会生活和社会关系对社会成员的现实要求，是社会成员在享受井然有序的社会环境和绿色无污染的自然环境的过程中所应该做出的努力，可以说这是一种努力和付出，是一种交换，或者说是一种牺牲，但是这种牺牲不是无谓的，而是必要的、有偿的。在当今这个更为注重自由的社会环境下，许多人似乎只知道追求自由，却忘了自由与责任是相关联的，是紧紧地联系在一起的，一个人越是自由就越要对自己的行为负责，责任就转变成一种道德层面的概念。正如康德所言，"人，每一个在道德上有价值的人，都要有所承担，没有承担，不负有任何责任的东西，不是人而是物件"。因此，将责任概括为湖南省矿业经济绿色发展核心价值理念就显得非常之必要了。社会成员能否在矿业经济的绿色发展过程中承担责任不仅反映了其作为社会成员的道德感，也反映了其价值之大小。并且，在矿业经济绿色发展过程中，社会成员在监督管理、绿色生产等方面不仅不承担责任，还因一己之私对矿山地质环境造成破坏，阻碍矿山环境的恢复治理，导致严重后果的，就需要对其进行问责、追责。矿业经济的绿色发展只有融合政府、企业、非政府组织、矿业社区和公众的责任，并在这些行为主体参与矿业经济发展的过程中将这种责任切实落实在实际行动中去，才能保证矿业经济的发展朝着绿色、循环、可持续的方向前进。

责任所体现出来的既是对自己负责，也是对国家负责、对社会负责、对民族负责、对子孙后代负责。从价值层面上来讲，责任承载着价值，人所承担的责任的多少和大小，与人的价值的高度和广度是成正比的，责任作为一种投入、一种代价，它对于价值的获得和实现有着极其重要的意义。矿业经济的绿色发展对于国家、民族和社会大有裨益，是有着重要战略意义的，因此社会成员积极投身于矿业经济的绿色发展过程中对于实现自己的价值来说是一种很好的方式。不仅如此，矿业经济的绿色发展是解决环境污染、生态破坏的重要方式，因此，社会成员在矿业经济绿色发展的过程中发挥责任心、责任感是构建一个绿色节约、生态友好的生存环境的重要组成部分，也是在维护自己的生存权和自身利益，是对自己负责。公民对国家的贡献是通过发挥自身作用、履行应有的责任来实现的。国家作为公民生存、发展的最重要环境、条件和场所，国家的繁荣富强与公民都息息相关。作为切身利益的相关者，公民都应该维护国家利益，为国家做贡献，因为这种付出和贡献所带来的积极改变以及所创造的经济效益和社会效益都会转移到公民自身上。矿业经济的绿色发展是一个国家经济社会发展的重要推动力，矿业经济实现绿色发展无论从经济效益、社会效益还是生态效益等层面都是非常可观的，尤其是在我国、湖南省矿业发展遭遇瓶颈，经济增速放缓的重要时刻，推动矿业经济的绿色发展是促进矿业经济科学、可持续发展，从而改善经济发展形势的重要举措，是对国家、民族和社会负责的一种表现。诚然，过去的那种粗放式的矿业发展方式已经明显不符合时代发展的需要，矿业发展过程中过度开采、资源浪费现象是对子孙后代发展能力的提前透支，短视行为所带来的只能是消极影响。没有科学、长效的发展机制，矿业经济的发展最终会陷入停滞，并且这种停滞有可能是永久性的、不可恢复性的。要实现这种转变就需要当代人树立科学的发展观念，本着对子孙后代负责、对历史负责、对民族负责的态度，通过实现矿业经济绿色发展以构建一个科学、长效的发展机制，保证矿产资源为社会经济发展提供源源不断的支撑。

第五章　湖南省矿业经济绿色发展的战略及公共政策

　　绿色发展是以效率、和谐、持续为目标的经济增长和社会发展方式。当今世界，绿色发展已经成为一个重要趋势，许多国家把发展绿色产业作为推动经济结构调整的重要举措，突出绿色的理念和内涵。湖南省作为"有色金属之乡"，以能源、冶金、有色、稀土、石化产业为主的矿业经济体系已初步形成，但从矿山环境整治方面来看，"整体改善、局部恶化"的现状尚未从根本上得到遏制。在矿产资源供给压力加大的背景下，实现湖南省矿业经济与环境协调发展，有效规避资源诅咒，是顺应全球治理与发展的必然趋势，也是加快建设湖南省"两型"社会的重要内容，更是矿业经济可持续发展的必然要求。

第一节　矿业经济绿色发展的战略

　　随着全球化能源短缺和国际社会对气候变化的关注，以生态风险和生态危机为表征的环境问题成为全球经济社会发展共同面临的难题。在实现经济增长和应对气候变化的双重压力下，美国、日本、韩国及欧盟纷纷提出绿色发展战略，号召将全球经济发展重心转移到清洁能源技术应用和基础设施改善。顺应全球环境治理的趋势，我国同样成为绿色发展的倡导者和践行者。十八届五中全会将绿色发展确立为"十三五"期间新发展理念之一。在二十国集团（G20）领导人杭州峰会上，国家主席习近平指出："共同构建绿色低碳的全球能源治理格局，推动全球绿色发展合作。"这一系列举措体现了党对我国经济社会发展需求的聚焦和阶段性发展特征的把握。在"一带一路"背景下，我国更加需要传播绿色发展理念的积极作用，履行国际责任，维护国际形象。湖南省矿产资源蕴藏量丰富，成矿条件较好，资源优势明显，矿业已经成为湖南省区域经济发展的基础产业和支柱产业。与绿色发展理念相悖，矿产资源产能扩张的开发模式引发的生态环境问题日益突出，严重威胁到湖南省资源节约集约化利用与生态环境的可持续发展。因此，以绿色发展带动生态文明建设将成为湖南省矿业经济"十三五"乃至更长时期的发展方向。

一、矿业经济绿色发展战略的内涵及特征

从内涵上看，绿色发展是相对于传统工业化的"黑色"发展提出的一种模式创新。基于人类的"生态需要"，绿色发展以低碳、循环、健康和可持续为基本原则，以人与自然共生为目标，强调经济增长与环境保护和谐发展，是一种以人为本的可持续发展方式。[①] 具体来说包括以下几个要点：一是要将环境资源作为社会经济发展的内在要素；二是要把实现经济、社会和环境的可持续发展作为绿色发展的目标；三是要把经济活动过程和结果的"绿色化""生态化"作为绿色发展的主要内容和途径。矿业经济绿色发展战略是统筹矿业经济与生态环境协同发展的规划部署。根据矿业经济发展对生态环境的依赖性与不可分割性的现实，矿业经济绿色发展战略是指在矿产资源开发利用过程中，充分审慎评估矿产资源和生态环境的承载力，以低能耗、低排放且生态资本不断增加为基本生产原则，将维系矿区及周边生态环境健康作为矿业经济新的增长点，不断提高矿业经济绿色增长程度的一种可持续发展规划。

矿业经济绿色发展战略作为对传统矿业经济高投入、高消耗发展模式的纠正，具有如下几个特征：第一，矿业经济绿色发展战略以矿山企业社会责任为主导，强调在矿产资源勘查、开采、选矿、冶炼、深加工、消费、回收的反馈式流程中，矿山企业对矿区居民及生态环境的责任，通过制定和完善相关法律法规来强化矿山企业承担社会责任的义务，并通过各种行政监管手段和激励机制来敦促矿山企业承担社会责任，注重矿山企业经济效益、资源效益、生态效益和社会效益的协调性和整体性。第二，矿业经济绿色发展战略的基础是实现矿业经济绿色增长，这种经济增长模式以低能耗、低污染、低排放和高效能、高效益、高效率为特征，注重以低碳标准促进矿业经济增长。它强调矿业经济的发展要考虑到经济与自然、环境的关系，要在协调中发展。第三，矿业经济绿色发展战略强调针对矿山生命周期的不同发展阶段，采取差异化发展策略。在采型矿山注重矿产品"探、采、选、治、加"一体化绿色生产过程，枯竭型矿山则加强对矿业遗产的再利用，发挥矿业文化的生态功能，开发矿业遗产生态旅游。第四，矿业经济绿色发展战略以矿业技术进步为支撑，包括矿产资源勘探开采、综合利用、节能减排等技术创新，提高缓解矿产资源瓶颈制约的科技支撑能力，实现矿业经济良性循环发展。

---

① 联合国开发计划署. 2002 的中国人类发展报告：让绿色发展成为一种选择［R］. 2002.

二、湖南省矿业经济绿色发展的战略背景

（一）湖南省矿业经济绿色发展行动

矿产资源是自然资源的重要组成部分，是经济社会快速发展的重要基础，在工业化、城镇化快速发展过程中，矿产资源为我们提供了大量必不可少的最基础的原材料。在过去几十年中，湖南省对铁、铜、铝、煤炭石油等矿产资源的需求呈线性增长。截至 2014 年，湖南省已发现矿种 143 种，探明资源储量矿种 108 种。其中，能源矿产 7 种，金属矿产 38 种，非金属矿产 61 种，水气矿产 2 种，① 矿产资源的特点是贫矿多，单独矿产少，共（伴）生矿及低品位矿多，矿产质量不高。湖南省矿产资源开采历史悠久，遗留大量矿山环境恢复治理的历史欠账问题。"十二五"期间，由湖南省国土资源部门牵头，主要从以下三个方面对湖南省矿业经济绿色发展进行了调整：

（1）开展矿山专项整顿规范。以煤炭、钨、锑、铅、锌、锡等为重点矿种，以柿竹园、黄沙坪等 100 多个矿区为重点区域，按照"关闭整顿、资源整合、标本兼治、综合治理"原则，湖南省国土资源部门对郴州三十六湾、鲁塘矿区、新田岭矿区、黄沙坪矿区等无证开采、非法转让、超深越界、矿业腐败等违法行为进行了严厉整治，对湖南省矿山企业矿业开发理念与发展格局进行了深刻调整，扭转了这些地区长期乱采滥挖的状况，截断了湘江流域新的矿山污染源。此外，为加强煤炭行业的管理，湖南省煤炭工业局颁布了《湖南省煤矿安全质量标准化标准及考核办法》《湖南省煤炭工业局煤炭生产许可证核发实施程序》等一系列政策，以更加严格的企业安全管理、更加坚实的技术保障、更加有力的安全监管、更加严格的目标考核为手段，督促煤矿企业安全生产主体责任落实。

（2）推进矿产资源开发整合。2015 年 7 月，湖南省政府下发《关于继续推进矿产资源开发整合的通知》，确定湘潭市鹤岭锰矿区、祁东乌江大岭铅锌矿区等 10 个矿区为省政府挂牌督办重点整合矿区。目前全省已经将煤矿矿区整合到 7 个，其中关闭煤矿 31 个，注销煤矿采矿权许可证 460 个。按照《湖南省十二五能源发展规划》的统一部署，湖南大多数煤炭企业已经开始煤矿整顿关闭、整合以及技术的绿色技改工作。湖南省煤炭工业局责成各地区市局对未按规定期限申请验收的煤矿，由县级人民政府审查把关，区别对待。对只生产、不技改、故意拖延工期的煤矿予以关闭。同时，对坚持停产技改，但确

---

① 湖南省统计局．湖南省 2015 年国民经济和社会发展统计公报［R］. 2016.

有客观因素不能如期申请验收的矿井，要求他们向县级政府书面报告理由，由县级政府根据矿井设计技改工程量，初步重新核定最终技改竣工期限，经市级煤矿安全专项整治领导小组审查，报省有关部门。借助优势矿山企业先进的采、选、冶技术水平，矿产资源整合有效促进了湖南省矿业产业集群与区域大规模矿业经济的形成，保障了湖南省矿产资源的后备储量。

（3）推动绿色矿山建设。2009 年，国家发改委、国土资源部联合发布《全国矿产资源规划》，确定"2020 年基本建立绿色矿山格局"的战略目标。湖南省积极响应国土资源部关于开展"矿山复绿"行动的号召，制定了《湖南省"矿山复绿"行动方案》，对矿业企业依法办矿、矿产资源综合利用、节能减排及土地复垦等方面作出规范要求。各市州政府也牵头制定绿色矿山建设的相应方案，鼓励矿山企业自主开展绿色矿山建设工程，推进矿山生态环境治理。目前湖南省已有 22 个矿山获"国家级绿色矿山"称号。

湖南省正处于长株潭两型社会试验区第三阶段改革建设的关键时期，资源需求刚性上升，传统矿产资源的开发理念和矿业经济粗放型增长模式将不可避免地突破生态环境的均衡阈值，引发矿区生态环境危机，甚至威胁到整个社会的正常活动。在能源变革主导新一轮科技革命和产业革命的背景下，转变当前湖南省矿业经济发展理念及矿业经济增长方式，实现从"黑色发展"向"绿色发展"、从"生态开发"到"生态建设"、从"生态赤字"到"生态盈余"的转变，是关系未来湖南省矿业经济发展的一场深刻变革。

（二）影响湖南省矿业经济绿色发展战略的消极因素

湖南省作为"有色金属之乡"，从矿业区域布局来看，以能源、冶金、有色、稀土、石化产业为主的矿业经济体系已初步形成。从矿山环境整治方面来看，"整体改善、局部恶化"的现状尚未从根本上得到遏制。传统的资源开发利用模式短时期难以根本扭转，在开发商整体来看还呈现一种粗放增长特点，不仅造成资源浪费，还会因资源的不合理开发利用而导致矿山污染问题逐渐增多，破坏固有的生态环境。因矿山开发导致地面塌陷、山体滑坡、雨水天气等自然灾害、矿区地下及地表水受到不同程度的污染、土壤贫化等事件成为许多矿区的共性顽疾。顺应绿色工业革命的趋势，目前影响湖南省矿业经济绿色发展战略的消极因素主要包括以下方面：

1. 可持续发展价值观缺位

矿山企业"重开采轻治理""重经济效益，轻社会责任"的发展理念是制约湖南省矿业经济绿色发展的最大难题。首先，矿山企业投资基本来自个人资金或银行贷款，为尽快回收资金与盈利，企业投资规模仅限于满足基本生产，对矿区安全生产投入保守，因矿山安全管理不到位导致矿区安全事故频发，地矿矛盾、矿群矛盾明显。以经济利益为导向，企业将矿业经济活动的外部不经济性转嫁给社会，严重威胁到矿区居民生命财产安全。研究表明，传统发展观的功利主义必将导致经济增长逼近甚至超越生态边界，导致经济增长的终结以一种崩溃的方式发生以及人类福利不可控制地下降。[①] 其次，对矿业文化及矿业遗产的历史价值认识不足。矿业旧址及附属设备等矿业遗产见证了湖南省矿业城市工业化的进程，是矿业文化重要的组成部分。根据产业生命周期理论，当矿业产业进入衰退期，因未能充分认识到矿业遗产的资源价值和开发潜能，缺乏对面临关闭的枯竭型矿区再利用的意识，湖南省资源枯竭型矿区的闲置现象已从局部扩展至整体。最后，作为利益相关者的矿区居民，近年来随着矿产资源价格高位波动引起的逐利行为加剧，在利益导向下对环境污染感知程度低，纵容了矿山企业"炒矿"、隐瞒矿难、受贿护黑等违法行为，进一步弱化了制度效力，更谈不上发挥第三方对矿山企业绿色发展的监管作用。

2. 矿产资源合理开发利用不足

矿产资源合理开发利用不足是限制湖南省矿业经济可持续发展的主要因素。湖南省矿山企业规模小，以湖南省郴州市为例，郴州共有各类矿山企业1 147个，但从矿山规模来看，大、中型企业只有 8 个，其他皆为小型矿山。[②] 一方面，小矿山大部分为个体经营，生产水平科技含量不高，开采效率低，缺乏长远规划。在矿产品需求旺盛、矿产品价格大幅增长的情况下，小矿山掠夺式开采的短期发展行为更加严重。大矿小开、一矿多开、采主弃次、采富弃贫、采易弃难等不合理开采行为造成矿产资源的严重浪费。另外，湖南省矿山企业布局分散，矿区之间尚未形成专业化分工与协同关系，矿产资源开采集中度低，规模开发能力严重不足，上、下游矿业及支撑产业的互补效应不明显，资源优势未能转化为经济优势。另一方面，矿产资源的综合利用及再利用程度低。目前，湖南省矿产品基本未进行深加工，矿产资源的二次利用罕见，不少矿山企业以出售矿物原料为主，矿产资源有用成分回收利用率极低，伴生成分几乎不存在再利用。同时，已有的矿产资源开发工艺落后，矿产资源回收水平低，矿产资源浪费严重，绝大多数矿山企业不重视资源的综合回收利用。随着湖南省工业化进程的加快，矿产资源的开发力度达到了前所未有的水平，

① 胡鞍钢，周绍杰. 绿色发展：功能界定、机制分析与发展战略 [J]. 中国人口·资源与环境，2014（1）：14-20.

② 雷泽恒，乔玉生，许以明. 郴州市矿业经济可持续发展的探讨 [J]. 中国矿业，2009（2）：37-39.

矿产资源消耗速度逐年增加，而探明矿产资源储量逐年减少，湖南省保有矿产资源储量正在迅速下降，部分矿山资源量已出现危机甚至接近枯竭。

3. 矿产资源开发环境有待改善

湖南省矿产勘查投入依赖于湖南省财政，勘探队伍臃肿，技术装备落后，技术人员流失严重。近年来，湖南省内部分地区政府观念滞后，矿产资源国家所有意识不强，坐地分享、坐矿分成思想严重。政府对矿产资源开发服务意识不强，干预过多，挫伤了矿产资源勘查、开发投资者的积极性。非油气矿山企业目前处境困难，很难形成对矿产勘查的再投入。尽管目前湖南省出台了相关招商引资的优惠政策，但由于前期勘查程度过低、风险勘查市场不开放、地质资料难以共享、探矿者不能有保障地取得采矿权、多部门审批程序复杂等因素，湖南省矿业经济发展吸引外来投资、社会资金的进展很不理想。矿业勘探成果有偿使用，矿业权依法取得、依法流转观念不强，地方保护、部门保护思想严重，违法勘查、开采时有发生。很多地区勘查开发外部环境较差，当地群众干扰增多，要求补偿的价格越来越高，甚至出现无理阻挠、干扰破坏，这些都严重阻碍着湖南省矿产资源勘查开发业的健康有序绿色发展。

4. 缺乏政策支持和制度保障

目前，湖南省矿业经济发展的部分政策文件已经过时，支持矿业经济绿色发展的政策法规面临缺失。根据湖南省人民政府及各直属部门的门户网站、法律信息网站等渠道，查找到有关湖南省矿业经济发展的政策文本共108项。其中，矿业经济绿色发展相关政策文件包括《湖南省深入整顿和规范矿产资源开发秩序工作方案》《湖南省违反矿产资源管理规定责任追究办法》《关于加快推进煤矿企业兼并重组的实施意见》等，但已出台政策年限较长，严重滞后于矿业经济发展现状。随着对生态环境要求的提高，条例内容已与湖南省严峻的矿山环境问题不相适应，必须重新修改、补充和完善。另外，湖南省出台针对矿业经济绿色发展战略的专项政策法规体系。根据矿业经济发展存在强烈的路径依赖，对制度需求弹性较小的事实，[①] 在制度效力约束不足导致违法成本较小甚至为零的情况下，无证勘查开采、越界开采和非法转让探矿权等违法违规行为出现严重反弹，尤其是在乡镇企业及个体矿山中尤为突出。例如，在对湖南省醴陵市国土资源局进行实地调研中发现，醴陵市目前暂无持证合法开采的矿山企业。

---

① 王浦，等. 矿业城市低碳发展与绿色矿山建设 [J]. 中国人口·资源与环境，2014（S1）：16-18.

5. 生态补偿制度设计不合理

目前，湖南省缺少统一的生态补偿专门立法，一方面导致实践当中生态补偿税费征收混乱，另一方面也出现地区不公平的现象。补偿费收取是要对矿区生态环境进行保护，用于恢复和治理矿区的生态环境。矿产资源生态补偿是一项牵涉多方利益的复杂工程，如何合理地调配好各方利益主体之间的利益关系，直接影响着矿产资源生态补偿制度实施效果。[①] 一方面，湖南省矿产资源补偿方式单一化，具体表现在补偿资金渠道和补偿手段单一。湖南省废气矿山的生态修复工作主要由政府承担，相关费用也由政府财政承担，给政府造成了极大压力。对于新开矿山则由矿山企业负责修复治理，给企业造成沉重的经济负担。补偿资金来源过于单一，补偿手段缺乏灵活性，不仅不能有效地恢复和保护矿区的生态环境，反而会挫伤各级政府和企业进行生态补偿的积极性。另外，矿山企业在利益至上的理念下，主动进行矿区生态环境保护的意识淡薄，致使我国的生态补偿税费欠缴现象十分普遍，补偿资金归巢困难。对于拖欠、拒缴生态补偿税费的行为，相关管理部门管理松懈。

（三）湖南省矿业经济绿色发展战略的实施原则

（1）有机结合政策工具，为矿业经济绿色发展提供制度保障。构建健全的制度与良好的管理是资源丰裕型地区规避"资源诅咒"的主要措施之一。[②] 湖南省支持矿业经济绿色发展的政策文本重点集中在矿产资源开发秩序整顿及违法行为追究层面，缺少针对矿业绿色技术创新、矿业遗产保护、矿区生态补偿标准等的政策文本。矿业经济绿色发展战略的实施应进一步利用制度创新引导矿业经济绿色发展，结合政策工具的约束效力和政府部门的监督考核、表彰处罚功能，为湖南省矿业经济绿色发展战略的实施提供保障。

（2）加大对矿山企业的支持，健全激励机制。目前湖南省对矿山企业绿色发展的财税激励欠缺，没有形成以资金支持推动矿山企业绿色发展的激励机制。湖南省矿山规模以中小型矿为主，技术水平低，抗风险能力弱，矿山企业多为小型民营企业，容易受市场波动的影响。因此，需要加大对湖南省矿山企业绿色发展的资金支持力度，尤其要不断改进和完善对从事科技创新的矿山企业的资金扶持和财税激励机制，提高矿山企业绿色发展的积极性。地方政府及矿政管理部门应根据当地实际情况出台相应鼓励政策，激发企业发展绿色矿山

---

① 宋蕾，李峰，燕丽丽. 矿产资源生态补偿内涵探析［J］. 广东经济管理学院学报，2006（6）：23-25.

② 张复明. 矿业收益的偏差性现象及其管理制度研究［J］. 中国工业经济，2013（7）：81-94.

的积极性。对符合条件的矿山企业可以优先申报"矿产资源节约与综合利用专项资金以及示范工程资金"。

（3）贯穿矿业经济发展全阶段，侧重点从末端治理转为"边开发边治理"。绿色矿山建设主要强调对矿业活动的末端污染治理，比如矿山地质生态环境的恢复。湖南省矿业经济绿色发展战略要求将绿色发展理念贯穿湖南省矿业经济活动的全过程，从源头开始控制矿业经济发展带来的环境污染与生态破坏。坚持开源与节流并举，开发与保护并重，把节约资源放在首位，加强并超前开展矿产资源调查评价和勘查，使耗减的矿产资源储量适时得到补充和增加。矿山企业必须在矿产资源勘探前采取污染防范措施，在开采中落实低能耗、低污染、低排放标准，开发完毕后及时对生态破坏进行恢复治理，并优先复垦耕地或农用地。总而言之，应该将"源头控制、全程治理"的原则运用到矿业经济发展过程的任一环节中。

（4）突出技术创新，强化科技支撑。加强矿业技术创新体系和能力建设，突破矿业核心关键技术瓶颈。在提高能源使用效率、矿产品清洁生产、矿区污染综合治理、新能源的应用等领域，攻克一批关键和共性矿业技术。加快矿业科技成果转化和产业化示范，加大先进矿业技术的推广应用，积极引进、消化和吸收国内外先进实用的矿业采选冶工艺技术，跟上国际矿产资源开发利用技术更新的步伐，推动湖南省矿业技术改造和提升，使湖南省矿产资源优势最大限度地转化为经济优势，形成对矿业经济绿色发展最直接、最有效的支撑力。

三、湖南省矿业经济绿色发展的必要性分析

湖南省作为"有色金属之乡"，从矿业区域布局来看，以能源、冶金、有色、稀土、贵金属、石化产业为依托的矿业经济体系已初步形成。当前，湖南省处于工业化加速发展阶段，资源需求持续上升，环境压力持续增大，实现矿业经济与环境协调发展，有效规避资源诅咒，是顺应全球治理与发展的必然趋势，也是加快建设湖南省"两型"社会的重要内容，更是矿业经济可持续发展的必然要求。系统地处理矿产资源开发利用、生态环境及区域经济发展之间的关系具有十分重要的意义。建设绿色矿山，发展绿色矿业，实现矿业经济绿色发展是协调可持续发展的必由之路。以资源—经济—环境平衡发展为基点，建立资源节约型经济结构，大力发展绿色矿山，通过一系列的政策措施，促进矿山企业合理开发利用矿产资源，促进矿区和谐发展，是解决问题的根本途径。

（一）顺应全球治理与发展的必然趋势

应对全球气候变化是 21 世纪世界各国共同面临的挑战。在实现经济复苏和应对气候变化的双重压力下，美国、日本、欧盟、韩国纷纷提出了绿色发展战略，实施"绿色新政"，绿色经济发展迅速，代表着国际经济发展的新趋势，中国同样作出了发展战略抉择。中国自 2006 年超过美国成为世界上碳排放量最大的国家，2010 年中国二氧化碳排放量占全球排放量的 1/4。在全球环境治理的趋势下，气候变化已经成为经济发展必须考虑的最大限制因素和国内外制约条件。在 2009 年哥本哈根世界气候大会上，中国政府承诺到 2020 年碳强度与 2005 年相比减少 40%～45%，非化石能源占一次能源消费的比重达到 15% 左右。随后，在"十二五"规划中政府再次提出将二氧化碳排放强度在"十二五"期间内降低 17%。这一系列举措表明我国对气候与环境问题十分重视，我国作为以煤炭为主要能源的国家，随着工业化和城镇化进程的加速，对资源的需求度也越来越高。湖南省作为矿产资源开发大省，矿业开发已成为全省环境恶化和生态破坏最主要的诱发因素。在矿产资源开发过程中，因地下采空、尾矿排放、废水废渣等矿业活动，导致了地面塌陷、山体崩塌、滑坡、泥石流、岩爆、瓦斯爆炸等地质灾害和生态破坏。因此，实施绿色发展战略是顺应全球治理与发展的必然趋势，也是对我国在国际社会的大国责任的履行。在实现经济增长的同时减少对环境的伤害，绿色发展战略无疑给我们提供了发展思路。对于矿业经济的发展来说，尤其是在"一带一路"倡议背景下，我国需要发挥绿色发展的特殊作用，传播正面积极的发展理念，消除国际负面舆论压力，履行我国国际责任和维护国际形象。将绿色发展理念应用到矿业经济是关系矿业发展全局和长远的一场深刻变革。针对湖南省矿业经济发展中所面临的严峻的环境压力，绿色发展是必然趋势。当前中国正处于快速工业化进程中，碳排放仍保持快速增加态势，控制和削减碳排放形势十分严峻。2009 年中国政府向国际社会宣布我国到 2020 年单位 GDP 碳排放强度比 2005 年下降 40%～45% 的目标，而之后 4 年（2016—2020 年）恰是我国基本完成工业化中期任务并进入后工业阶段的时期，这在一定程度上形成了我国发展低碳经济的最大外部压力和制约条件，也使得我国产业低碳发展的任务变得更为紧迫。

（二）促进矿业经济可持续发展体系的建立

过去，湖南省矿业经济发展依赖于"黑色"矿业发展，将个人经济利益最大化，忽视环境污染的外部性。"黑色"矿业文化模式是：线性开发模式，输入端掠夺式的资源开发引发生态破坏；中间生产过程是线性加工，导致资源浪费，大量废物产生；输出端是随意排放。而矿业经济绿色发展是在矿业经济发展过程中，矿业环境扰动量小于环境容量的前提下，实现矿产资源开发最优化和生态环境影响最小化的矿业发展模式。矿产资源开发的外部性分析：在矿产资源的开发利用过程中，排放的污染物主要包括废水、废气、固体废弃物，简称"三废"。如尾矿渣，必然产生外部性，从而导致环境的破坏。绿色发展的核心就是使经济增长和二氧化碳排放"脱钩"。矿业发展一方面要为经济增长做贡献，另一方面要重视环境的可持续规划，两者之间面临的现实矛盾是显而易见的。矿业经济绿色发展战略通过经济技术手段转变矿业发展方式，以"开采方式科学化、资源利用节约集约化、生产工艺环保化、闭坑矿山生态化、企业管理规范化"为标准，在提高矿产资源附加值的同时着力扩大经济效益、社会效益和环境效益。只有大力发展绿色经济，才能有效突破资源环境瓶颈制约，在经济社会长远发展中占据主动和有力位置。在制定"十二五"规划期间，气候变化就已经成为我们必须考虑的最大的限制因素和国内外制约条件。因此节能减排与应对气候变化就需要成为国家核心发展目标和核心发展政策之一，这既是巨大的挑战，又是巨大的机遇，并且还是重要的创新。

（三）矿业经济可持续发展的必然要求

　　湖南省正处在工业化、城镇化快速发展，经济总量不断扩大，资源消耗呈刚性增长的阶段。矿产资源的开发利用是一个高消耗、高排放、高污染的"三高"行业，如何采取有效措施用最少的矿产资源消耗和最小的环境代价，取得最大的矿业经济产出和最少的污染排放，是湖南省矿业经济发展重点关注的问题，也是加快经济发展方式转变、提高国际竞争力的必然要求。据统计，截至 2014 年，湖南省已发现矿种 143 种，探明资源储量矿种 108 种。其中，能源矿产 7 种，金属矿产 38 种，非金属矿产 61 种，水气矿产 2 种。资源和环境这两块短板，是伴随我国工业化和现代化整个过程的硬约束。如果继续沿着高投入、高消耗、高排放、低效率的粗放增长路子走下去，资源环境约束将进一步加剧，不仅今天的发展难以为继，而且子孙后代的发展将受到严重影响。只有加快转变经济发展方式，破解经济增长与资源环境的矛盾，才能增强可持续发展能力，实现经济又好又快发展。世界主要国家纷纷把新能源、新材料、生物医药、节能环保作为新一轮产业发展的重点，抢占未来经济发展制高点。与传统产业相比，中国在若干新技术领域与发达国家的差距较小。如新能源，中国初步形成了规模较大、体系相对完善的新能源产业，加上广阔的市场前景，可望形成与发达国家相比具有成本优势、与发展中国家相比具有技术优势的独特竞争力。大力发展绿色经济，可以推动产业结构优化升级，形成新的经济增长点，在国际经济技术竞争中赢得主动。绿色矿业强调矿产资源勘查开发的减量化、循环化、再利用和低碳化作业和实践。

（四）加强矿业文化保护的必然要求

矿业文化作为一种具有稳定性和传承性的文化要素，是经过历史积累扎根矿区、矿业城市所获得的一种广泛认同，也是千百年来自然环境与矿业生产方式结合孕育的结果，更是湖湘文化的核心组成部分。矿业经济绿色发展战略作为湖南省矿业发展的方向，将矿业文化与矿业经济的耦合发展上升到宏观政策层面，加强了对湖南省矿业文化的保护作用。首先，矿业经济绿色发展战略将对过去被忽视的矿产资源开采之外的采冶炼遗址、矿道、矿业文化建筑等矿业物质文化进行保护，通过对矿业文化景观再利用的方式促进了湖南省矿业经济单向发展向循环发展的转变。其次，矿业经济绿色发展战略不但丰富了矿业文化，而且弘扬了湖南省悠久的矿产资源开发史所创造的经世致用、兼容并蓄、开拓创新等湖湘矿业精神文化，提升了湖南省矿业文化软实力。最后，矿业经济绿色发展战略推进了矿业文化作为一种非正式制度在矿业开发实践中的规范作用，弥补了正式制度的不足。因此，矿业经济绿色发展战略从弘扬湖湘矿业文化，彰显矿区及矿业城市的个性与特色角度，在追求矿业经济绿色 GDP 之外加强了对矿业文化的培育以及矿业文化与矿业经济的耦合发展，在增强湖南省矿业文化影响力的同时，通过将多元矿业文化与矿业经济多元化发展有机结合，重新赋予了矿业文化新的生命力和价值。

四、湖南省矿业经济绿色发展战略的对策建议

（一）构建矿山企业社会责任体系

首先，培育绿色发展文化，增强矿山企业社会责任意识。矿山企业应将绿色发展文化建设，尤其是企业安全文化建设，融入矿业经济发展的决策中。在企业内部培育绿色生产文化、安全文化，重视和谐矿区建设，及时调整影响矿区生活的生产作业，与矿区居民建立协商机制，保障矿区周边居民的合法权益，将矿业生产的负外部性影响内化于企业经营过程，从观念上改变矿山企业重经济利益、轻社会生态环境的发展理念，从根本上认识企业社会责任不仅是矿山企业实现经济责任的手段，也是企业承担经济责任的延续，树立良好的绿色矿山企业社会形象。不断促进矿山生产安全标准化。矿山企业要严格实施矿山企业安全技术标准和管理制度，健全安全生产责任制，建立各项安全生产管理规程和安全操作规程，做好全员安全教育和安全生产技能培训，安全生产专

业人员持证上岗。进一步落实矿山企业安全生产准备金制度,足额提取安全生产费用,保障设备安全性能,保证安全生产投入的有效实施。完善安全防范规章制度和各项预案,健全应急救援机制,加大管理力度,及时消除生产环节安全隐患,健全安全生产长效机制。其次,落实矿山企业社会责任法制化。构建矿山企业社会责任法制体系,规范企业开发行为,从宏观层面界定矿山企业对社会及生态环境的责任。加大对矿山企业绿色发展的监管力度,建立矿山企业社会责任评估和奖惩机制,督促矿山企业依法履行对矿区生态环境保护的义务,并充分发挥网络、媒体、中介机构及矿业行业协会对矿山企业履行社会责任的监管作用。最后,完善生态补偿标准,量化矿山企业社会责任。矿产资源生态补偿机制是市场经济条件环境资源管理的制度创新,它通过调整矿产资源开发利用相关利益各方经济利益和生态利益的分配关系,促进社会公平和环境正义,是新时期落实科学发展观、建设生态文明、构建和谐社会的重要举措。矿产资源开发对矿区生态环境造成破坏而产生的损失,大致可以划分为环境污染损失、生态破坏损失和对矿区居民、矿区内企业、矿业城市造成的机会损失,因此,矿产资源开发生态补偿的范围应包括环境污染补偿、生态破坏损失补偿以及给矿区内企业和居民、矿业城市的发展机会损失的补偿。以政府为主导对矿山企业经济活动进行环境影响评价和地质灾害评估,以生态环境实测损失量为补偿额度标准,测度矿区的生态环境维护和恢复成本。对于生态环境维护和各项措施完善的矿山企业给予正外部性补偿,对于因矿业活动引发地表沉陷、植被破坏及大气污染等威胁生态安全造成负外部性的矿区征收补偿税费,作为对受损者的补偿,补偿标准由生态破坏损失、生态恢复费用和居民机会成本损失组成,[①] 并责成这些企业继续对矿区环境进行恢复治理,实现矿区生态环境扰动最小化和生态再造最优化。

(二)探索矿业经济低碳发展模式

首先,实施清洁生产。按照清洁生产 3R(减量化、再利用、再循环)原则,加强矿产品生产过程中环保手段与清洁技术的衔接,引导矿山企业制定矿产品清洁生产方案,将清洁生产纳入矿业经济发展管理体系中。鼓励发展节能、节水、节材的清洁生产工艺,倡导利用风电、核电、光伏发电等清洁能源,加大对共伴生资源及矿坑水、尾矿水、废石及尾砂的综合回收利用,实现矿山企业"三废"的资源化、减量化和无害化。严格执行矿山建设与生态环

---

① 周乐,沙景华. 湖南矿产资源开发生态补偿机制初探 [J]. 中国城市经济, 2010 (6):213-214.

境保护的"同时设计、同时施工、同时运行"的三同时制度，对矿山生产的生态环境实行全流程监管。在技术更新与设备改造中要尽可能考虑选择有利于清洁生产和保护生态环境的方案。对于三废的配方要严格遵守国家的相关标准，鼓励废物循环利用。其次，淘汰落后产能。关停生产技术落后、安全性差、资源消耗高的煤矿企业，淘汰污染重、能效低的矿产品加工工艺，逐步重组生产能力差、规模小、装备落后的矿山企业。根据国家落后产能界定标准，加强矿业设备更新，采用无废或少废生产工艺，消除环保隐患，提高矿业行业准入条件。最后，优化矿业结构，构建绿色低碳产业链。一方面，根据湖南省矿山企业"多、散、小"的总体布局、矿产资源禀赋差异及开发利用条件，有针对性地整合矿山企业，培育优势矿种，如湖南郴州的有色金属矿。发挥优势矿业结构带动下游产业发展的引导作用，延长矿业产业链，逐步提升矿产品的附加值，改变过去销售原矿的短期发展模式，协调矿山企业短期经济利益与长期可持续发展的统一。另一方面，引入合同能源管理机制，推广合同能源管理工程，① 运用市场手段促进矿业活动的节能减排，增加矿产资源勘探、开采、选冶、加工、消费全过程的绿色程度，形成产业关联度高、污染排放量少的绿色低碳产业链。

（三）利用矿业文化实现矿业遗产转型

张以诚最早提出"矿业文化"的概念：矿业文化是在矿业开发实践中产生、源于矿业开发实践又反作用于矿业开发实践的艺术、知识和观念以及与之相适应的矿业开发组织、制度、行为和由此产生的矿业物质财富和精神财富的总和。② 加强对矿业文化的保护。矿业文化作为矿业生产方式与自然环境结合孕育的结果，是经过历史积累扎根矿区所获得的认同，更是湖湘文化的核心组成部分。湖南省矿业经济绿色发展战略的实施要重视对资源枯竭型矿区的差异化发展策略，充分利用矿业文化蕴藏的精神财富，培育资源枯竭型矿区的接替产业。发挥政府环境规制对矿业文化的保护作用，制定配套的矿业文化产业发展政策，将矿业文化与矿业经济的耦合发展上升到宏观政策层面，塑造促进矿业文化产业发展的"硬环境"。加强矿业行业协会等社会团体对矿业文化的宣传和传承，依靠第三方组织打造的"软环境"，在法律制度之外保护和引导矿业文化的发展。发挥矿业文化的生态功能，科学规划湖南省矿业遗产旅游发展。根据湖南省矿业遗产资源状况、地理位置及区域发展程度，从文化旅游的

① 陈晓春，唐嘉. 合同能源管理的激励政策研究 [J]. 求索，2016 (6)：121-125.
② 张以诚，陈颂今. 矿业文化和矿业文化转型 [J]. 中国矿业，2006 (11)：12-16.

角度利用矿业遗产资源的历史文化价值，在矿业产业的衰退期及时培育新兴产业，形成对资源枯竭型矿区的接替产业，使矿业遗产成为资源枯竭型矿区新的绿色经济增长极。以日本为例，大牟田煤矿关闭后就通过建立"煤炭产业科学馆"和"煤炭纪念公园"，传播当地煤炭开采和发展历史，并开设体验项目便于游客了解煤炭开采作业过程。我国"开滦国家矿山公园"也是针对枯竭型矿山培育矿业文化品牌核心价值的典型案例。[1] 依托矿业文化的生态功能，对矿业遗产的文化价值进行物化表现，推广开发矿业遗产旅游，在创造经济价值的同时有利于实现资源枯竭型矿区的绿色经济转型，避免"矿竭区衰"的短期发展现象。

（四）依靠技术进步创新驱动绿色发展

第一，探索矿产资源开发先进技术。矿山企业应重视矿业技术进步与创新，将矿山企业产值按比例投入到对矿产资源进行开发的先进技术、工艺的研发和设备更新中，不断提高企业生产能力与生产效率。比如应用深地勘探技术使矿产资源勘查的范围更广、更深，有利于提高找矿效率；大暴露面积充填体下的高效采矿技术、挤压爆破充填采矿技术的利用，作业安全且贫化损失率低，可最大幅度回收地下矿产资源，有效减少矿产品废物量的排放，降低矿石贫化率，提高矿产资源的可持续利用程度。按照矿产资源开发利用最优，对生态环境扰动最小的原则，实施绿色矿产资源开采技术，通过资源开采、回收中的科技创新，使资源开发过程中的废弃物得到综合利用，变废为宝，提高了矿山开采经济效益，保护了自然环境。同时，要积极探索发展无害工艺的新技术和方法，通过先进的生产工艺流程，将所有的原材料、能量、废弃物、污染等资源，在资源—生产—消费—二次资源的循环中，实现减量化、资源化、无害化、低碳化，并使资源得到最优化配置及充分利用。

第二，加强对矿产品绿色选冶加工技术的支持和发展，提高尾矿管理水平和综合利用程度。推广高效、低耗污染处理技术，鼓励采用综合处理模式，达到保护矿区生态环境目的。从政策引导和资源管理上加强对中低品位矿石的选矿工艺和直接利用加工技术的探索，最大限度地开发中、低品位矿产资源及进行尾矿的再利用，有利于降低选矿成本及尾矿环境风险。比如湖南省醴陵市应用分离技术对矿山开采中产生的废水和尾矿进行分离处理，并将尾矿统一运送至江西萍乡制成压缩砖，进一步加工利用，变废为宝，有效减少了末端污染对矿区生态环境的破坏。

---

① 董娜. 开滦矿业文化旅游品牌构建 [J]. 煤炭经济研究, 2012 (12): 94-97.

第三，深化产学研合作，提高矿山企业技术创新能力。重视企业矿业技术研发和人才队伍的建设，将科学研究和矿业生产活动紧密衔接，通过技术开发、人才培养和生产要素的有效组合提升矿山企业技术创新能力。比如澳大利亚科工联邦土地复垦工程中心就是专门从事矿区复垦技术工作的研究机构，这些机构通过开发技术应用与企业合作，帮助企业开展复垦工作。一方面，高校和科研院所要为矿山企业承担部分技术研发工作；另一方面，矿山企业要为前者提供资金、设备等有效研发投入，通过与研究机构的紧密合作，提高企业的研发能力和技术水平，推动先进矿业技术的示范和应用。

第二节　矿业经济绿色发展的公共政策

一、矿业经济绿色发展公共政策的概述

（一）绿色发展

绿色发展开端于绿色经济的理念。1989 年，英国经济学家皮尔斯在《绿色经济蓝皮书》中首次提出"绿色经济"，这是针对以往以"高耗能、高污染、高排放"为特征的"黑色经济"所提出的一种新型经济发展模式。"绿色发展"给人们带来了解决传统经济发展模式引致的一系列社会、经济、生态问题的希望，自"绿色发展"概念提出以来其得到广泛的推崇且内涵也实现了不断地丰富。绿色发展本质上是追求发展，但并非唯经济增长是从，而是坚持经济增长不能破坏生态自然系统的平衡，受资源承载力以及生态环境容量的双重约束。同时绿色发展意识到发展的本质是增进人民的幸福感，因此绿色发展坚持"以人为本"，实现经济效率与社会公平的协调统一，营造利益均衡与社会公平的良好氛围。总的来说，绿色发展是一种最终实现经济效益、生态效益以及社会效益共赢的发展模式。

（二）公共政策

公共政策作为一门独立的科学被系统地研究最早可追溯到《政策科学：范围和方法的最近发展》的出版。[①] 此后，学术界从功能、结果及过程等不同的视角界定公共政策的概念，学术成果百花齐放，没有形成一致的界定。我国大陆学者在引进西方及中国台湾学者的研究成果的基础之上，再综合中国实际

---

① 陈振明. 公共政策分析 [M]. 北京：中国人民大学出版社，2008.

政策环境从更全面的角度界定公共政策的内涵。比较有代表性的学者有陈振明、宁骚、张金马等，他们在界定公共政策时都表明了公共政策的主体、目的并罗列了政策的表现形式。此外，有学者或添加了政策客体，或表明了政策功能等，[①] 如谢明认为公共政策是社会公共权威在特定情境中，为达到一定目标而制定的行动方案或行动准则。其作用是规范和指导有关机构、团体或个人的行动，其表达形式包括法律法规、行政规定或命令、国家领导人口头书面的指示、政府大型规划、具体行动计划及相关策略等。[②] 笔者结合以上各专家学者的研究，将公共政策界定为国家政府机关（立法机关、行政机关以及司法机关）在特定政策环境中为解决公共问题、增进公共利益而制定的，对有关机构、团体或个人的行为具有规范和引导作用的法律法规，部门与地方规章、条例、办法、细则、行政决定、行政措施、行政规定、行政命令，重要领导人讲话与口头书面指示，政府大型规划、具体行动计划及相关策略等。

（三）矿业经济绿色发展公共政策

矿业经济绿色发展是对传统矿业发展模式的创新，传统矿业发展模式中矿产资源被不合理开发、矿产资源巨大的价值没有得以体现，因矿产资源开发而起的生态环境恶化、社会负面影响严重。传统矿业经济发展模式有悖于公共利益，因此急需矿业经济绿色发展公共政策进行纠正。针对传统矿业发展模式引致的社会问题，矿业经济绿色发展具有鲜明的三大目标：（1）实现矿业经济绩效的提升并确保可持续增长。以"开源节流"为思路，即多渠道推动矿产资源的勘查与评价工作以保障资源的供给安全，以优化矿产资源的配置、提升矿产资源的综合利用水平等提高矿产资源的收益。（2）极力降低矿业产业活动对生态的干扰，实现矿业经济增长与生态和谐共生。通过提高矿业企业环境保护的准入标准、加大对矿业企业生态环境保护的监管以及设立矿产资源生态补偿机制等政策的有机组合，促进矿业经济生态干扰绿色化。（3）坚持以人为本，调解矿业经济对社会（主要指矿业企业所在的社区）的负效应，塑造矿业经济的社会影响绿色化的环境。通过落实企业社会责任、调整矿产资源的收益分配机制、建立矿区矛盾的化解机制等，营造和谐矿区的良好社会氛围。

矿业经济绿色发展公共政策是指国家政府机关为解决传统矿业发展模式中矿业企业在经济、生态、社会三方面效益不足的问题，有针对性地为推动矿业企业实现经济效益、生态效益共赢而出台规范或引导矿业企业生产行为的一系

---

① 黄建伟. 理解公共政策学：概念界定五部曲 [J]. 高等农业教育，2006（5）：59-63.

② 谢明. 公共政策导论 [M]. 北京：中国人民大学出版社，2004.

列政治行动的总和。政治行动的表达形式包括法律法规，行政规定或命令，国家领导人口头书面的指示，政府大型规划、具体行动计划及相关策略等。

二、矿业经济绿色发展公共政策的特征

（一）强制性

矿业经济绿色发展公共政策由国家政府机关制定，国家政府机关享有凌驾于其他一切社会组织之上的公共权力，只要矿业经济绿色发展公共政策经由合法化过程就能对政策目标群体——矿业企业形成强制性。矿业经济绿色发展公共政策有利于增进社会公共利益但不可能符合所有矿业企业的利益，对于大多数以经济效益为重、忽视生态以及环境效益的矿业企业来说，矿业经济绿色发展政策显然不受欢迎。因此为了防止矿业经济绿色发展公共政策沦为一纸空文，政策必须对目标群体具有强制性，这种强制性通常与公共权力相联系。

（二）层次性

矿业经济绿色发展公共政策是有层次性的，按照政策主体的权威性高低可划分为中央政策与地方政策，地方政策中也存在横向、纵向的层次，不同层次的政策主体制定的公共政策地位不一样。中央矿业经济绿色发展政策由中央政府制定，整个国家矿业发展中堆积的所有社会问题是中央政策的制定视角、维护，与矿业经济关联的国家全局的公共利益是中央政策的制定目标，因此中央政策是地方政策的指南。此外中央政策主要负责矿业经济发展中的价值判断、理念输送以及矿业企业行为方向的选择，总体概括性强而可操作性低。地方矿业经济绿色发展政策受中央政策的指导，它侧重于矿业经济绿色发展具体目标的陈述，是地方政府依照地方的实际将中央政策的原则性规定分解成一些具体的发展方向，再针对不同的发展方向确立具体的目标。地方矿业经济绿色发展政策需具备强操作性，它们是切实推进矿业经济绿色发展的政策，是直接有形的，具体表现为一系列的行动步骤和行动方案。

（三）阶段性

矿业经济绿色发展公共政策具有显著的周期性，按照政策过程来看可分为政策制定阶段以及后政策制定阶段。在政策制定阶段，国家政府机关发觉传统矿业经济发展模式所存在的一系列政策问题，按照政策问题所牵涉的公共利益的程度差序建立政策议程，经由政策方案评估、政策方案选择以及合法化等环节制定初步的矿业经济绿色发展公共政策。在后政策制定阶段，受政策问题动

态变化、政策主体认知的改变、政策目标群体能力的提升等众多因素的影响，矿业经济绿色发展公共政策必然要随环境的改变而进行调整变更，因此矿业经济绿色发展公共政策是具有阶段性、不断调适变更的。

（四）功能多样性

矿业经济绿色发展公共政策的目标群体是矿业企业，矿业企业成为推动矿业绿色发展的关键。矿业经济绿色发展涉及多元的目标，内容涉及矿产资源、技术、人力资源、经济、环境、安全、社会等多个方面，在我国矿业企业整体绿色转型能力建设不足的情况下，单靠矿业企业主动践行"绿色发展"不切实际，因此需要公共政策发挥各项功能（规制、导向、分配以及调控）以推动矿业企业生产行为绿色化。规制性公共政策界定矿业企业绿色发展的最低行为标准，导向性公共政策通过正向的激励或负向的惩罚机制引导矿业企业生产行为向绿色行为靠拢，分配性的公共政策与调节的公共政策则从能力培养等方面推进矿业企业绿色转型。

三、矿业经济绿色发展公共政策的现状

传统矿业经济发展模式堆积的矿业公共问题受到人们越来越多的关注，绿色发展理念作为解决矿业问题的希望已在全球范围内日渐被认同，尤其是矿业发达国家或地区均在不遗余力地探索更加有利于矿业经济绿色发展的公共政策。

（一）国外矿业经济绿色发展公共政策的现状

世界上主要矿业国有美国、加拿大、澳大利亚、英国、巴西及非洲国家（尤其是南非），这些国家依托资源禀赋的先天优势提升国内的经济发展水平的同时也加速了工业化进程，但因资源的不可再生性以及资源开发利用不当引致的社会矛盾层出不穷，即使存在资源先天优势的国家也开始审视以往矿产资源消耗过快的经济发展模式，相继出台推动矿业企业经营模式绿色转型的公共政策——加强立法、强化管理以及多渠道引导矿业企业承担社会责任等内容。[1][2][3]

---

① 孙春强，等.2015年全球矿业政策与管理形势回顾［J］.中国金属通报，2016（2）：17-19.

② 孙春强，陈丽萍.2013年全球矿业政策与管理形势回顾［J］.国土资源情报，2014（2）：18-23.

③ 孙春强，闫卫东，宋国明.2014年全球矿业政策与管理形势回顾［J］.中国金属通报，2015（4）：38-40.

1. 加强矿业经济绿色发展的立法工作

加强立法工作是依法治国的重要体现，不仅能提升法律的科学性，也能保障矿业经济绿色发展有法可依、有章可循。国外政府加强矿业经济绿色发展的立法工作包括修订矿业最高法律和增定新的法律。

矿业法是一个国家内规制矿业企业行为的最具权威、法阶层次最高的法律文件（不同国家对矿业法的界定不一样，本书统一称矿业法），因此矿业法的修订具有重要意义，能以最高的权威性指明矿业的发展方向。随着全球矿业形势的发展与变化，适时修订矿业法成了众多矿业国推进本国矿业经济绿色发展的根本手段。根据学者孙春强的不完全统计，2013 年全球共有 9 个国家和地区通过了矿业法的修正案或颁布了新的矿业法，同时还有 20 个国家和地区计划修改或正在修改矿业法。[①] 2015 年全球也有 25 个左右的国家修订矿业法。[②] 新修订的矿业法更加注重对人的生命、健康与环境以及社区权利的保护，如澳大利亚昆士州通过的《矿业和其他立法修正案 2012》加强了对矿业公司生产行为中健康、安全和环境的评估。

此外，国外各矿业大国针对因矿业经济而衍生出来的资源危机、生态危机以及社会危机等公共问题也进行了专门的立法工作。如为推动矿业企业生产行为符合经济效益与社会、生态效益共生，美国政府颁布了《关于加强自然资源保护和改善综合利用》《改善自然资源保护和合理利用矿产资源问题》《复垦法》等条例文件，韩国政府出台了《绿色增长基本法》，其中强调包括矿业在内的传统产业的绿色化转型，如构建绿色技术和产业集群等。

2. 优化矿产资源的管理

矿产资源的管理是一个系统工程，它贯穿于矿产资源勘查与开采的全过程，优质的矿产资源管理活动是实现资源的合理配置、提高资源综合利用率的前提，是保障资源安全、生态和谐、社会公平的基础，同时也是科学引导矿业企业生产行为绿色化转型的重要手段。

国外矿业国家，尤其是矿业大国的政府进行服务型政府职能转型，纷纷从优化管理体制入手，推动矿业经济绿色发展。主要举措包括：一是简化审批程序。为矿业经济的发展提供便利而非人为设置一道道制约发展的屏障，如澳大利亚、加拿大等矿业大国均缩短了矿业权管理的审批时间、减少了审批的重复

---

① 孙春强，陈丽萍. 2013 年全球矿业政策与管理形势回顾 [J]. 国土资源情报，2014（2）：18-23.

② 王华春，郑伟. 世界重要矿业国家的矿业政策调整对我国矿政管理的借鉴意义 [J]. 经营与管理，2016（3）：30-33.

环节等，这一系列举措降低了矿业企业的成本。二是增设新的职能机构。如澳大利亚为提升矿业经济效益设立了产业增长中心，通过促进产业与研究机构的合作，实现知识的转化与分享。如日本成立专门的机构进行矿产资源开发投资及相关研究等。三是对矿业管理实行"事前、事中、事后"全面管理。发达矿业国家的法律法规建设比较完善，随着矿业形势的改变也随即提升了矿业权的准入标准，要求更为严格，同时也在事后加强对建设中的矿业企业的管理。总体而言，矿业发达国家的管理模式是"事前"严把关，"事中、事后"加强监督引导，将管理贯穿于全过程。[①]

3. 多渠道引导矿业企业承担社会责任

矿业企业承担社会责任为矿业经济绿色发展提供了新动力，不同于政府规制或社会舆论的约束，企业承担社会责任是矿业企业的自律行为，矿业企业将实现矿业经济绿色发展的社会责任观念内化为企业的行为规范，自觉地在决策或生产行动中加以践行。

国外矿业国家引导矿业企业承担社会责任的举措包括：首先，建立健全矿业企业社会责任法制体系，如澳大利亚、美国继续在国内推行负责任的开发，对矿业企业社会责任（环境保护、慈善、职业安全等）进行立法，并加强对矿业企业承担社会责任的监察（如企业社会责任年报的检查）。其次，调整相应的税费，科学引导矿业企业承担社会责任。如新增环境税，对生产经营中践行绿色发展理念的矿业企业实施税收减免、财政补贴等优惠政策，为提高矿产品的附加值而对出口的矿产品依据加工程度征收不同的税率等。最后，设立社区发展基金。印度、布基纳法索等发展中国家在新修订的矿业法中都设立地方发展基金，要求矿业企业上缴营业额的部分比例用于承担社会责任，保证矿业社区能共享矿业开发的收益，促进矿业企业与矿区社会的和谐。

（二）国内矿业经济绿色发展公共政策的现状

我国既是资源大国亦是矿业大国，推动矿业经济绿色发展既是我国顺应全球治理与发展的必然趋势，也是我国实现矿业经济可持续发展的必由之路。因此，矿业经济绿色发展得到了政府的高度重视，发展绿色矿业已被提升到国家战略的高度。我国政府引导矿业经济绿色转型的公共政策主要有以下几个方面：

---

① 王华春，郑伟. 世界重要矿业国家的矿业政策调整对我国矿政管理的借鉴意义［J］. 经营与管理，2016（3）：30-33.

1. 推行绿色矿山建设

绿色矿山建设是矿业经济绿色发展的重要组成部分，政府通过集中力量与政策优势率先培育和发展在生产经营中践行绿色发展目标的矿山企业，再由发展起来的试点绿色矿山的"辐射效应"带动其他矿山绿色化转型，最终实现矿业经济总体绿色化发展。绿色矿山建设的实践管理最早由部分地方政府进行探索，直到 2008 年，国务院批准实施《全国矿产资源规划（2008—2015）》，首次从国家层面确定建设绿色矿山的任务，并制定于 2020 年全国基本建立绿色矿山格局的目标。自建设绿色矿山任务发布以来，全国范围内的绿色矿山试点建设已有 8 年，国土资源部先后分四批组织推进国家级绿色矿山试点单位的建设工作，四批共确定了 668 家国家级矿山试点单位，分布在除天津市之外的 30 个省（区、市）。[①]

2. 和谐矿区试点建设

和谐矿区的目标是建立四大机制——资源节约集约调节机制、生态恢复治理补偿机制、资源开发利益共享的分配机制，以及矛盾纠纷协调化解机制，这与矿业经济绿色发展追求矿业企业经济、社会、生态效益共赢的理念不谋而合。2012 年国土资源部按照党中央、国务院的要求成立了和谐矿区建设指导协调小组，推动我国和谐矿区建设工作的开展，同年率先在内蒙古进行试点。为响应中央政府的政策，部分地方政府也纷纷加入和谐矿区建设队伍，目前包括内蒙古在内有 9 个省区在不同层面出台了和谐矿区建设的政策文本（具体见表 5-1），且已有 13 个省区开展了和谐矿区建设试点工作。在中央政府与地方政府的协同努力之下，和谐矿区试点建设探索出了重要的经验：云南麻栗坡县政府与部分村集体入股矿山，股份收益全部用于民生；内蒙古吨煤提取 5～15 元支持矿区生态恢复和居民搬迁；陕西大柳塔煤矿建立政府、企业和农民代表三方参与的矛盾协调机制等。[②]

---

① 刘丽萍，侯华丽，刘建芬. 对我国绿色矿山建设与发展的思考 [J]. 中国国土资源经济，2015 (7)：18-25.

② 中国国土资源经济研究院和谐矿区建设研究项目组. 和谐矿区建设形势分析与政策选择 [J]. 中国国土资源经济，2014 (6)：56-59.

表 5-1　全国各地发布和谐矿区建设文件情况

地区	发文机构	政策文件名称
贵州	省委、省政府	《关于坚持以科学发展观为指导兼顾"三者"利益建设和谐矿区的意见》（黔党发［2007］28号）
青海	省政府办公厅	《关于建立矿产资源开发带动当地群众受益机制的若干意见》（青政办［2012］288号）
内蒙古	自治区政府办公厅	《内蒙古自治区人民政府办公厅关于全面开展和谐矿区建设的通知》（内政办发［2013］79号）
吉林	省煤炭工业局	《省煤炭工业局关于创建吉林煤炭和谐新矿区规划草案》
陕西	省发改委	《关于进一步促进煤炭矿区和谐发展的指导意见》（陕发改煤电［2012］1211号）
	榆林市政府	《关于推进和谐村矿建设的工作方案》　（榆政发［2011］31号）
西藏	拉萨市委、市政府	《〈关于深入贯彻落实科学发展观建设和谐矿区的意见〉的实施方案》的通知（拉委发［2009］97号）
江西	赣州市政府办公厅	《关于印发〈赣州市创建和谐矿区工作的指导意见〉的通知》（赣市府办发［2009］6号）
云南	曲靖市政府	《关于建立矿村共享资源开发成果新机制的意见》（曲政发［010］38号）
山西	阳泉市矿区区委	《关于促进和谐矿区工程建设的实施意见》（阳矿党发［2009］3号）
鄂湘川贵滇	五省国土资源厅	《关于印发资源节约型、安全环保型、矿地和谐型矿山建设（磷矿）评选标准（试行）的通知》（五磷联黔轮值函［2013］1号）

表格来源：作者自制.

3. 改革税费体制

矿产资源税费制度是我国宏观经济调控的手段之一，为了推动矿业企业在追逐企业利润的时候关注生态保护和社会影响，我国政府首先从理顺矿产资源税费关系出发，对矿产资源的税费制度进行了改革，主张提升国家作为资源所有者的财产收益的同时压缩以行政权力征收的费用。保障国家资源所有者的收益主要政策举措包括落实资源有偿使用制度——扩大资源税的征收范围，将部分矿产资源的资源税按从价计征方式征收，提高部分矿产资源的税率等；以行政权力征收的费用的减免包括取消原矿区使用费的征收，以税代费。其次，为推动矿业发展与生态的和谐建立了矿产资源生态补偿的税费制度，如征收排污费、矿山环境恢复治理保证金、土地复垦费等。最后，对于积极践行矿业经济绿色转型的企业给予财政上的激励，包括税费减免、财政补贴等，如对矿业企业进行资源综合利用、积极履行社会责任的支出纳入成本，进行税前扣除。

4. 优化矿政管理

党的十八届三中全会以"全面深化改革"为主题，提出在新的历史起点要以全面深化改革为手段完成全面建成小康社会的目标，不同于以往针对单一方面的改革，而是拓展为经济、政治、文化、社会及生态文明等。具体到矿业管理：一是构建矿业市场体系。政府主动厘清与市场的关系，发挥市场在矿产资源配置中的决定性作用，通过市场机制的能动作用优化矿产资源的配置，从而提升矿业经济的整体效益。如推行勘查项目合同管理、完善全国统一的矿业权交易规则、引导社会资本进入矿产勘查项目中等。[1] 二是优化矿业权的管理。包括明确设定矿业权获取的资格、条件与程序，简化矿业权审批的程序，及时受理矿业权的申请，更优质管理矿业权转让、延续、变更、注销等途径，建设服务型政府以降低矿业企业的成本。三是加大对矿业企业就环境保护、安全生产及资源开发等方面的监管，既包括矿业企业投产前的准入监管，也包括在矿业企业投产期间不定期的监督检查等。

第三节　湖南省矿业经济绿色发展公共政策

本节研究的目的是，为湖南省矿业经济绿色发展公共政策的主体提供有效的政策知识、主张和行动的倡导，提升政策主体在政策制定和实施过程中的科学性与有效性，最终服务于湖南省矿业经济绿色发展。因此，需要对湖南省现有的矿业经济绿色发展公共政策进行分析，这种分析是以公共政策过程（主要是政策制定与政策执行过程）为逻辑线索展开的。以政策制定为视角，分析湖南省矿业经济绿色发展公共政策产生的背景、公共政策目标以及经过合法化程序用来解决具体政策问题的对应政策方案。从政策执行的角度，主要分析湖南省矿业经济绿色发展公共政策执行的现状、执行的效果以及执行效果的原

---

① 《国土资源十三五规划纲要》及中国矿业报报道《十三五我国将推进矿产资源五大改革》。

因。在政策分析的基础之上，再提出政策优化的对策建议。

一、湖南省矿业经济绿色发展公共政策分析

（一）政策背景分析

湖南省矿业经济绿色发展公共政策是一种区域公共政策，是湖南省区域内发挥推动矿业经济绿色转型效力的一系列政治行动的总称。湖南省制定矿业经济绿色发展公共政策，既是对国家发展绿色矿业总体安排的贯彻落实，也是切实解决湖南省传统矿业经济发展模式堆积的社会问题的必由之路。

从国家层面来看，早在 2007 年，由国土资源部主办的中国国际矿业大会（世界四大矿业大会之一）就举办了以"落实科学发展观、推进绿色矿业"为主题的矿业论坛暨博览会，释放了矿业绿色发展的信号并初步指明了绿色矿业的发展方向——资源合理利用、节能减排、矿业安全以及经济可持续发展。其后，矿业经济绿色发展的方向经由中央各部门的共同努力得到了有力的强化，矿业经济绿色发展的路径选择也不断丰富：2008 年，"建设绿色矿山、发展绿色矿业"被写进了国务院批准实施的《全国矿产资源规划（2008—2015）》中，矿业经济绿色发展首次以国家权威性的文件出现在大众视野。建议发挥绿色矿山的示范与带动效应推进矿业经济绿色发展。[①] 2012 年，党的十八大将生态文明建设纳入国家"五位一体"总布局中，其后在党的十八届三中全会提出加快建立系统完整的生态文明制度体系，四中全会中做出以最严格的法律制度保护生态环境的战略部署，这一系列元政策在提升矿业经济向"资源节约、环境保护"转型的约束力的同时也为其创造了发展的机遇；2012 年国土资源部按照党中央、国务院的要求成立了和谐矿区建设指导协调小组，率先在内蒙古自治区进行和谐矿区建设试点工作并带动部分地方政府参与其中，探索出矿业向集约节约利用资源、补偿环境恢复治理、共享矿业开发收益、化解矿群矛盾等重要经验，丰富了矿业经济绿色发展的内容；[②] 国家"十三五"规划中也再次明确了矿业经济绿色发展的目标与任务，绿色发展不仅仅是生态的绿色化，还应包括经济与社会的发展绿色化。可以说，国家层面已经营造了一个整体推动矿业经济绿色发展的良好氛围，绿色发展是一种实现经济效益、生态效

---

① 刘丽萍，侯华丽，刘建芬. 对我国绿色矿山建设与发展的思考 [J]. 中国国土资源经济，2015（7）：18-25.

② 中国国土资源经济研究院和谐矿区建设研究项目组. 和谐矿区建设形势分析与政策选择 [J]. 中国国土资源经济，2014（6）：56-59，72.

益、社会效益共赢的发展。

以湖南省自身矿业经济的发展来看，湖南省内传统矿业发展模式中积累的一些问题与公共利益相悖，亟待出台绿色发展的公共政策进行纠偏。湖南省矿产资源丰富，素有"有色金属之乡""非金属之乡"的美誉，但湖南省长期以来对矿产资源粗放式的利用模式已经悄然埋下了矿业经济发展不可持续的危机——矿产资源利用率低、浪费严重，保有的矿产资源约束趋紧，同时因矿业企业社会责任缺失引致的矿区生态系统退化、环境污染、矿群矛盾尖锐等问题越来越凸出等。总体而言，湖南省内矿业经济的经济效益、生态效益以及社会效益亟待改善，已制约省内公共利益的实现。

从湖南省矿业企业的经济绩效来看，湖南省矿产资源矿业经济效益低是其自身资源禀赋条件以及资源配置不合理所决定的。湖南省内大宗矿产少，对外依存度高，难选冶、贫矿多增加了矿业企业的生产成本，同时湖南省内矿山企业呈现"多、小、乱、散、低"的现状，省内矿产资源被高比例配置于小型及以下的矿山。小型矿山企业大都存在技术装备、生产工艺、管理与发展理念相对落后的特点，如小型及小矿设计采矿能力只占湖南省总设计采矿能力的57.26%，小型及以下矿不仅分布分散、一矿多开现象严重，同时仍然还存在乱采滥挖、无证开采、超深越界、采富弃贫、采主弃副、大矿小开、以采代探、蚕食大中型矿山资源等现象。总体而言，湖南省矿产资源开发规模与资源储量规模不协调，矿产资源巨大的价值潜力没有得到有效的开发，矿产资源的经济效益被人为削减。[①]

从湖南省矿业企业的生态效益来看，一方面，矿产资源因为深埋于地下或浅露于地表，它与土地、海洋、水、草原、森林、动植物等自然资源紧密相连，因此矿山企业在开采矿产品时不可避免地会对以上自然资源形成直接的破坏；另一方面，湖南省现存的矿山企业或因为生产工艺落后，或因为生态保护意识淡薄等加剧了湖南省的生态污染问题。湖南省矿业企业给地区造成的环境破坏问题包括矿山地质灾害、矿业开发占用破坏土地资源、矿业废气废水废渣污染，目前已形成50个矿山地质环境被严重破坏区域。

从湖南省矿业企业的社会效益来看，矿业企业具有资本与劳动力聚集的功能，能通过生产要素的不断积聚产生"溢出效应"，如为社会提供大量的就业岗位，提升地区的经济发展水平，进而也可因此带动地区教育、生活水平的提高，但矿山企业的生命具有显著的周期性，一般经历"成长、发展、成熟、衰退"四个阶段，在矿企发展兴盛时期，矿企物质资本不断积累也间接带动

---

① 郭定良. 湖南省主要矿种矿山最低开采规模标准研究［J］. 国土资源导刊，2015（3）：42-55.

矿区的经济发展，但对社区的负外部性也随之堆积。随着矿业走向衰退，矿业对社区的经济带动作用显著下滑，但是已经堆积起来的生态、社会问题却不能随着矿业的衰退而消解，因此矿业企业与矿区的矛盾会更加尖锐。矛盾主要存在于：矿工与矿业企业就业安全的矛盾、矿区失地居民与矿业企业补偿与安置合理性的矛盾、矿区社区与矿业企业负外部性补偿的矛盾等。

（二）政策目标分析

公共政策的目标在整个政策过程中具有重要的地位与作用，它不仅是政策制定的方向标，也是政策执行与评估的依据与标准。公共政策的目标表达的是一种通过具体政策方案的推行希望对不同政策问题的解决所要达到的理想状态。理想状态的具体化需要政策指标的辅助，政策指标是衡量政策目标的量或质的尺度。[①] 湖南省矿业经济绿色发展公共政策的目标旨在解决矿业企业经济效益不佳、生态破坏严重以及社会影响恶劣的公共问题，政策的理想状态是实现矿业企业经济效益、生态效益以及社会效益共赢的局面——经济增长绿色化、生态干扰绿色化、社会影响绿色化。

矿业经济增长绿色化是在保持矿业经济中高速增长的态势不变的同时提升矿业产业的资源利用效率，这需要立足于湖南省矿产资源的资源禀赋以及矿业企业的发展现状：一方面要保障矿产资源的供给安全；另一方面要优化资源的配置。为确保矿产资源的供给安全要充分利用好省内、省外两种资源，尤其是要认清省内资源的发展现状，通过提升对矿产资源的认识、改进找矿理论与探矿技术、多渠道筹集探矿经费等方式扩大对省内资源的勘探，摸清省内资源现状，为湖南省矿业经济绿色发展提供战略部署的依据。矿产资源的优化配置则亟待提升矿业企业整体的节约与集约利用水平，具体可从矿产资源的开发整合、矿业权布局优化、矿产资源的综合利用技术水平的提升找到突破口。

生态干扰绿色化是指在承认矿业企业生产活动不可避免地会对生态环境造成破坏的同时将破坏控制在矿产资源周边环境可承载范围之内。生态干扰绿色化要求矿业企业摒弃以往"先开发后治理"的高成本低效率运营理念，主张"开发与治理齐头并进"。实现矿业企业生态干扰绿色化的指标应囊括环境保护与生态恢复治理两部分，即需要正在活动的矿业企业将环境污染限制在绿色标准之内，以及对于已经形成的生态破坏问题进行循序渐进的恢复，在减缓环境破坏增量的同时有效地减少历史堆积的环境问题。

社会影响绿色化目标就是降低矿业企业对其所在地社会对象（矿工、被

---

① 徐彬．公共政策概论［M］．合肥：安徽人民出版社，2007.

征地居民、矿区承接矿业企业负外部性的群众）的影响。构建矿业企业同矿工、矿区失地居民以及矿区社区群众的和谐共处的关系，这就需要就矿工的就业安全诉求、失地居民的补偿与安置利益诉求，以及矿山社区对矿业企业负外部性的维权利益诉求进行回应。解决矿业经济社会影响的指标具体可表现为提升矿业生产安全系数、构建矿业开发收益和谐共享机制、搭建矿地矛盾纠纷化解机制。

（三）政策内容分析

（1）经济增长绿色化政策。为保障湖南省矿业经济持续增长的态势并提升经济效益，湖南省政府开展了找矿突破行动，基础地质工作进一步夯实，在湖南省内找矿地质突破行动的引导下，湖南省内矿产资源勘查取得丰硕的成果，多数矿种储量大幅度提升，并形成"锡田模式""岩头寨快速评价模式"等具有借鉴意义的找矿模式；及时调整了矿业产业政策，同时配套以财政、税收、金融、价格等相关政策作为产业政策的支撑。产业政策主要包括矿产资源开发整合、矿业权布局优化、产业技术升级引导以及产业结构调整四方面的工作。

矿产资源整合是对依法取得采矿权的矿山进行资源及资产的整合。湖南省人民政府以出台规范性文件的形式对全省矿产资源开发整合的工作进行了战略部署并下达了专门性文件。湖南省国土资源厅与湖南省安全生产监督管理局协助省人民政府开展资源整合工作，协同出台了《关于加强矿产资源开发管理促进安全生产有关问题的通知》，其中修订了湖南省主要矿种矿山的开采规模并提升了湖南省开采矿山准入标准，旨在从源头上有效治理矿业秩序混乱的难题。除了强制性的约束政策外，省财政厅则通过财政奖励、税费减免的形式积极引导产能标准以上的企业以主动压减、兼并重组、转型转产、国际产能合作等途径提升矿产资源配置的质量。

矿业权市场化建设：矿业权市场化有利于将矿业权配置在综合实力相对较强的矿业企业中，促进矿业权与资源储量权相适宜，以提升资源的综合利用率。湖南省矿业权出让管理制度建设较早，2001年，省财政厅与国土资源厅就联合印发了《湖南省矿业权招标拍卖管理实施办法》（试行），在2003年、2007年、2016年多个部门又分别出台了相应的规范性文件对矿业权市场化的工作予以补充与完善。在政府政策的引导与规范下，湖南省矿业权出让制度建设不断规范和完善，湖南省矿业权市场建设也取得了长足进展，并走在全国前列。[①]

　　引导产业技术升级：产业技术水平低是湖南省矿业企业经济效益低的主要影响因素之一。矿业经济绿色增长离不开矿业技术（勘探技术、开采技术、选冶技术、深加工技术）的进步，在现代工业化阶段经济的增长应更多地依托技术的进步而非要素的简单投入。为实现矿业经济增长绿色化，湖南省政府着力推进产业技术升级，主要采用财政奖励、税费减免以及专项资金支持等激励性策略引导矿业企业进行技术改造。如湖南省人民政府出台了加快新材料产业发展的文件，释放了推动湖南省矿业企业产品向高层次发展的信号；湖南省国家税务局对资源综合利用产品及劳务实施增值税退（免）税，专门设立了对煤矿中瓦斯抽采与利用的奖补专项资金，推动煤矿企业加大对瓦斯的开采与利用，此过程不仅将瓦斯变废为宝，而且提升了煤矿的就业安全。

　　针对于湖南省矿产资源禀赋制约矿业企业经济效益的实际，湖南省政府提出了着重从优势矿种中寻找提升矿业经济效益的方案——湖南省有色金属以及非金属丰富，部分优势矿种是战略性新兴产业必不可少的原材料，针对具有不同禀赋的资源实行差别化的发展策略：主张调整产业结构、引导开发重点。湖南省人民政府于2011年出台了促进湖南省有色金属产业可持续发展的政策文件，引导具有资源优势的矿种企业做大做强，旨在提升优势矿种在市场的竞争力进而拉动其他矿业企业的发展。最新出台的湖南省矿产资源"十三五"规划结合湖南省矿产资源的资源禀赋、开采情况以及资源安全的现状，将矿产资源有针对性地划分为鼓励开发、重点开发、限制开发以及保护开发四类，形成具有湖南省特色的矿业产业结构。

　　（2）生态干扰绿色化政策。生态干扰绿色化政策是一系列推动矿业企业进行环境保护以及生态功能恢复治理的行动策略的总和。湖南省政府为推动矿业企业生态干扰绿色化初步构建了矿产资源生态补偿机制：强化矿业企业承担生态保护责任的约束力、构筑矿业企业生态补偿基金体系，以及建立排污权交易市场。

　　多渠道强化矿业企业承担生态保护责任约束力。湖南省先后颁布了《湖南省地质环境保护条例》《湖南省土地复垦实施办法》《湖南省矿产资源开采登记条件规定》《湖南省环境保护工作责任规定（试行）》《湖南省人民政府办公厅关于进一步加强乡镇环境保护机构建设的通知》《湖南省国土资源厅关

---

① 曾凌云，史登峰，朱清．湖南省矿业权市场化配置现状分析与建议 ［J］．国土资源导刊，2015（2）：19-22，48.

于改进矿山地质环境保护与恢复治理工作的通知》等一系列地方性法规、地方性规章以及地方性规范性文件,从提升矿业企业的环境保护准入标准、明确矿业企业环境保护责任主体的角色、加强对矿业企业环境行为的监管,以及规定矿业企业生态环境保护的具体任务等着手,塑造一个对矿山企业约束力更强的外部环境,以规制矿业企业承担矿山地质保护与生态恢复治理的责任。

构筑矿业生态补偿基金体系。生态补偿基金是一种旨在通过缴纳相应资金将矿业经济的生态负外部性内化的经济手段。目前,湖南省已经初步构筑起包括矿山地质环境治理备用金、土地复垦专项资金、环境保护专项基金,以及省级地质灾害防治基金、尾矿库治理专项资金在内的生态补偿基金体系。[①] 各项资金各有专攻,矿山地质环境治理备用金是一种预先征收、企业所有、政府监管、专户存储,专项用于因矿产开发引发的地质灾害的预防、治理和被破坏的矿山地质环境的恢复的资金;土地复垦专项资金专项用于复垦企业在建设活动中造成的挖损、塌陷、压占等土地损毁问题;环境保护专项基金用途广泛,包括重点污染源治理、区域性污染治理、污染防治技术等8个方面,环境保护专项基金的设立并非针对矿业企业,按照合理分配原则分配于众多部门,其中矿产资源勘查开发与地质环境保护专项资金是专项用于治理矿业所引致的环境污染的;省级地质灾害基金重点用于全省地质灾害监测预警、地质灾害与地质环境调查评价、地下水调查评价与检测、搬迁避让等建设;尾矿库治理专项资金用于尾矿库安全隐患治理项目。

建立排污权市场交易制度。排污权市场交易制度是用市场机制来对污染排放进行调控的一种制度安排,它能提升排污权配置的效率。一方面排污权市场化有利于激励矿业企业减少污染物排放,矿业企业可以通过减少污染排放获取排污许可剩余,通过市场转让的方式将排污许可剩余进行出售进而获得经济利益。这有助于提高企业的治污积极性,从而有效控制总污染的排放。另一方面,排污权市场化有利于矿业企业的竞争,进而帮助提升矿业企业的环境保护与恢复治理的能力。与此同时,矿业权市场化有利于降低矿业企业获取排污权的成本。

(3)社会影响绿色化政策。社会影响绿色化政策的目标是改善矿业经济对社会的影响,包括改善矿工的工作环境、维护失地居民的合法权益,以及调解矿山社区与矿业企业的矛盾等。

多渠道保障矿工就业安全。矿业企业安全事故频发且伴随着较高的职业病

---

① 田开友,李超. 矿产资源开发生态补偿制度运作的法制困境及出路:基于湖南省的实践[J]. 前沿, 2016(9):37-42.

风险，矿业工人就业安全一直得不到有力的保障，这严重威胁到湖南省矿区的和谐与稳定。湖南省政府高度重视矿业生产安全，集合了包括省人民政府、省人民政府办公厅、省安全监督管理局、省煤炭管理局、省国土资源厅，以及省安全生产委员会等政府机关的力量致力于提升省内矿业生产安全系数，回应矿工最低层次就业安全需求。具体举措包括：第一，提升在建矿山的安全生产能力，包括提升矿山安全生产的准入标准、对矿长以及煤矿特种作业的工人进行安全生产技能与知识的审查、制定矿长确保矿工生命安全的工作规定、对煤矿安全质量进行标准化考核等。第二，防范矿山安全事故，湖南省政府对省内矿业企业进行安全隐患排查与监督工作。湖南省政府出资聘请技术服务单位针对省内金属非金属地下矿山开展了安全隐患排查工作，以安全排查的实情对矿山企业采取整治、整合、停产整顿、依法关闭等措施，全面改善金属非金属地下矿产安全生产条件。针对煤矿生产安全，湖南省政府开展了省内煤矿瓦斯的安全防治工作，并制定了煤矿瓦斯超限管理六条规定，同时配合严格的监督。第三，为保障矿工的职业健康，湖南省安全监督管理局先开展了对石英砂加工、金矿开采等领域的职业病危害专项治理行动。其后扩大范围对存在职业病安全隐患的用人单位也开展职业病危害现状摸底工作，不仅加深了矿业企业对职业病危害因素的了解，而且提升了矿业企业对职业病预防、治理的能力。

维护失地居民合法权益。矿山企业投入运营不可避免会侵占当地的土地及土地上的附着物，致使部分居民失去赖以生存的家园，更有甚者，会割断部分居民唯一的生计来源。因此，推动矿业经济社会影响绿色化，需要妥善处理失地居民的利益补偿与安置问题。湖南省人民政府办公厅出台了规范集体土地上征地拆迁管理工作的规范性文件，规范了征地行为：征地工作需严格执行补偿标准，并需配套动态调整的征地补偿标准，提升被征地群众的补偿认可度；须严格按程序征地、遵守"先保后征"原则、切实做好征地的提前告知以及社会稳定风险评估工作，以保护被征地人的合法权益；妥善安置被征地人，确保被征地人长远生计有保障；明确了各级政府在征地补偿工作中的责任。湖南省以省长令的形式专门出台了针对国有土地上房屋的征收与补偿的文件，省人力资源保障厅针对被征地农民社会保障的工作出台了规范性文件，对省人民政府办公厅出台的征地拆迁管理规定进行了补充与完善。

调解矿山社区与矿业企业的矛盾。为解决矿业企业对矿区造成的负外部性，第一，湖南省政府在国土资源"十三五"规划中主张合理调节矿产资源开发有偿使用的分配比例，维护国有资源民生权益的同时促进收益向资源所在地和基层倾斜，改善矿区产地基础设施和周边群众生产生活条件。第二，多渠道推动矿业企业积极落实社会责任，如鼓励企业构建开发收益共享机制，强制矿业企业保护与恢复治理生态问题，激励矿业企业助力扶贫工作，指导、帮助当地矿山企业进行技术改造，改善经营管理条件，支持贫困地区合理有序开发矿产资源等。第三，从财税、金融、生态保护、土地利用、社会和产业发展等方面支持资源枯竭型城市、传统老工业矿区转型发展，以解决资源枯竭型、传统老工业矿区突出的社会问题。

二、政策执行效果及原因分析

（一）政策执行效果分析

公共政策的实施是政策过程当中非常重要的功能性环节，它将政策的目标即政策的理想状态与实际出台的政策方案加以连接，是解决政策问题实现政策目标的必然路径，也是检验政策方案是否正确的唯一标准。同时，政策实施的效果是政策后续配套性决策的基本依据。湖南省矿业经济绿色发展公共政策的出台在推动矿业经济增长绿色化、生态影响绿色化以及社会影响绿色化方面都初步取得了一定的成效，但仍然存在许多问题，仍需进一步完善。

1. 经济增长绿色化政策执行效果

在矿业经济绿色发展公共政策的推动下，湖南省的资源保障水平得到提升，如矿产资源远景调查评价有重大发现，老矿山接替资源找矿实现重大突破，国家级、省级整装勘查区取得重大进展，找矿突破成果显著，多数矿种储量大幅提升。同时，矿产资源的综合利用水平明显进步，相应的经济指标也优化了。在湖南省国土资源"十二五"规划期间，湖南全省完成了 140 多个矿区的资源开发整合工作，矿山数量明显减少，2015 年底现存矿山 6 901 个，相较 2013 年减少矿山 399 个；矿业权布局更加合理，采矿权市场化已达到较高水平；产业规模趋好，全省淘汰关闭各类小矿共 1 633 个，其中落后小煤矿 720 家，省内大中型矿山比例提高了 3.46%；矿业技术创新能力也有所提升，全省大中型矿山开采回采率、选矿回收率分别提高 4.50%、3.19%，综合利用率达到 54%。铁、锰、钨等 14 个主要矿种矿产资源总回收率提高 14.73 个百分点。① 相对应的矿业经济指标也得到明显的改善，如 2013 年就业人员较2008 年减少了 21.78%，但相应的利润总额减少了 14.88%，设计采矿能力增加了 27.63%，实际采矿能力也增加了 9.56%。②

虽然湖南省矿产资源的综合利用效果取得了一定的成绩，但仍然存在矿业

---

① 湖南省矿产资源总体规划（2016—2020）征求意见稿.
② 郭定良. 湖南省主要矿种矿山最低开采规模标准研究［J］. 国土资源导刊，2015（3）：42-55.

企业曲解、敷衍甚至拒绝执行省政府下达的资源综合利用政策，如矿业企业之间"虚假整合"或整合后资源综合利用方式不变的现象，致使政策效益大打折扣。湖南省矿产资源的综合利用水平最新情况仍然不容乐观，矿山整体规模依旧呈"多、小、散"格局，矿业产业结构仍以矿产资源的生产为主，产品的科技含量和附加值较低。湖南省矿业权市场化虽建立多年但发展不平衡，其中采矿权市场化已达较高水平，但探矿权市场化严重不足，鼓励社会资本投资地质找矿工作依旧任重道远。[①]

2. 生态干扰绿色化政策执行效果

在湖南省矿业经济绿色发展公共政策的推动下，省内生态的保护与治理成效取得一定的成绩。从地质环境来看，在湖南省国土资源"十二五"规划期间，政府财政投资 40.6 亿元，开展了湘西、怀化、郴州、湘潭等地区煤炭、黑色金属、有色金属矿区矿山地质环境治理重点工程 46 个，实施了冷水江、耒阳、资兴 3 个资源枯竭型城市矿山地质环境治理工程，完成了 280 个历史遗留矿山地质环境治理恢复工作，消除矿山地质灾害隐患 121 处，其中对历史遗留和责任人灭失的矿山地质环境问题进行治理，投入财政资金 16.55 亿元。矿山企业投入 13.88 亿元，治理矿山地质灾害 135 处。对于矿业对土地的损坏问题，湖南省政府财政出资治理和复垦土地面积 8 211 公顷，并督促了全省 743 家矿山企业筹集资金 3 亿元开展矿山复绿行动，矿山企业复垦土地面积 539.17 公顷。

在湖南省政府与矿业企业的共同努力之下，省内历史遗留矿山地质环境治理恢复率和矿区土地复垦率分别提高了 20%、18.8%。但湖南省内仍有 50 个矿山地质环境恶劣区域，历史遗留矿山地质环境以及土地复垦问题仍然严峻。截至 2015 年底，湖南全省历史遗留矿山地质环境治理恢复率 44.0%，矿区土地复垦率 38.8%；大部分矿业企业生态保护责任意识依旧淡薄，在生产过程中未严格按照政策规制的内容做好环境保护工作，如未严格按照环境保护"三同时"原则规范作业，部分企业在不合乎环境保护准入标准的情况下违法违纪建设，也存在矿业企业拖欠、缩减缴纳矿业生态补偿基金等现象，这些都严重影响了矿业生态干扰绿色化的政策目标的实现。

3. 社会影响绿色化政策的执行效果

湖南省近几年矿业安全生产形势趋好，一是安全事故数量明显降低，2015年全省煤矿死亡人数较 2014 年下降 41.9%，冶金机械等八大行业死亡人数下

---

① 曾凌云，史登峰，朱清. 湖南省矿业权市场化配置现状分析与建议［J］. 国土资源导刊，2015（2）：19~22，48.

降 25%，非煤矿山死亡人数下降 24%。2016 年金属及非金属矿未发生较大及以上事故。二是高危行业企业数量进一步缩减，矿业安全生产基础状况趋好，2015 年全省保留煤矿 401 处，比上年减少 160 处。其中煤与瓦斯突出矿井减少到 114 座，瓦斯矿井减少到 142 座。全省非煤矿山持证企业 2 834 座，比上年减少 321 座；尾矿库 601 座，其中病库 50 座，占 8.3%，比上年减少 25 座。2016 年，煤矿与非煤矿山进一步缩减。

但湖南省内矿业就业安全仍存在诸多问题，一是在就业安全方面不乏小型矿企非法违章建设，重大安全隐患仍大量存在，事故风险还很高。二是职业病治理仍然严峻，2016 年，湖南全省 14 个市州职业病统计报告显示，发生各种职业病新病例 2 724 例，其中与矿业工作重大相关的尘肺病占据 84.54%；对于失地居民的补偿与安置任务，虽然政府出台了文件原则上规定保障失地居民长远生计不受征地的影响，也调整了征地的补偿标准，但相关补偿标准仍然与实际需求存在较大差距，补偿标准滞后性明显。政策执行低效，并没有按照政策要求落实征地补偿标准动态调整的任务，因此失地居民与政府、征地企业的矛盾依旧屡见不鲜。而对于矿山社区负外部性的补偿问题，政策蓝图美好，但政策配套性弱，大量的目标都没有得到实现。

（二）执行效果及原因分析

湖南省矿业经济绿色发展公共政策的政策理想与现状存在偏差，体现在以下几个方面：

1. 政策方案的"先天性不足"

（1）公共政策权威性弱。公共政策是对社会公共利益所进行的权威性支配，赢取政策对象的认同与服从需要强有力的政策权威，一般来说权威性高的政策方案更利于政策的推行以及目标的完成。从湖南省政府已出台的推动矿业经济、生态以及社会三方面影响绿色化转变的政策文本来看，公共政策的供给主体按权威性高低可分三个层次——省人民代表大会及其常务委员会、省人民政府以及省直属部门。其中省直属部门的规范性文件在总政策文本中占据绝大多数，而作为地方最高权力机关的省人民代表大会对推动全省矿业经济绿色发展的工作明显还不够重视，仅出台了三项规制矿业企业生产行为的地方性法规——《湖南省矿产资源管理条例》《湖南省地质环境保护条例》《湖南省安全生产条例》，且目前并没有对矿业经济绿色发展进行专门立法。与此同时，湖南省人民政府出台的规章也相对较少，仅出台 6 项推动矿业经济绿色发展的地方性规章，矿业经济绿色发展的公共政策的制定权力大部分被分配在了省直属部门，而省直属部门相对于省人大与省人民政府来说掌握着更少的可支配的资源且在政策对象中拥有较低的权威认同。因此，湖南省矿业经济绿色发展的公共政策实际效力低，这与法治社会应有的法制化水平反差大，不利于矿区治理，进而影响政策的推行绩效。

（2）政策内容非科学性强。其一，政策内容滞后性强。政策内容是服务于政策目标的具体举措，它直接作用于政策对象所产生的政策问题，政策问题是不断演变的，因此政策目标与政策方案也应动态调整。以湖南省规制矿业经济绿色发展的政策文本为例，地方性法规、规章作为地方权威性最高的政策文本大都存在出台时间较长的问题，如《湖南省地质环境保护条例》于 2002 年颁布但至今依旧未修改，其中有关内容具有明显滞后性，如法律责任中规定的违法成本太低；又如湖南省矿山地质环境治理备用金的征收管理工作依旧以2004 年的省政府规章为准，地质环境备用金的征收标准与矿山地质环境保护所需要担负的成本两者之间脱钩，同等条件下，矿山地质环境治理备用金并没有对矿业企业地质环境保护行为进行引导与调节，因此并不能发挥政策的效力。政策内容未随政策环境的改变适时修订，这不符合科学制定公共政策的要求。其二，政策内容覆盖面窄。政策制定应符合"信息完备"的原则，即需要对政策对象所需调适的行为进行全面的把握，而湖南省现已确立的矿产资源生态补偿机制在补偿范围中存在不全面的问题——补偿对事不对人、补偿突出了地质灾害以及土地复垦而忽视了"三废污染"问题突出，不利于实现矿业生态干扰绿色化的政策目标。其三，政策内容在具体操作和技术要求上缺乏具体明确的标准。湖南省政府在推动矿业经济绿色发展的过程中还未在矿业资源综合利用、安全生产及环境保护方面确立一个高指导意义的标准体系。以矿产资源综合利用的开采准入标准为例，湖南省政府采用国家的标准并未针对湖南省矿产资源的实情因地制宜，致使有些标准的设立过高，不利于政策的推行，而有些指标过低，不利于资源的保护与有效配置。

2. 政策体系不完备

矿业经济绿色发展的政策问题复杂，对政策对象所需要调适的行为比较多，包括经济增长绿色化、生态干扰绿色化以及社会影响绿色化。政策目标的实现涉及矿产资源、技术、人力资源、经济、环境及社会等各个方面的管理，而这需要多元的政策主体在制定政策与执行政策过程中相互沟通与协作。但目前湖南省各部门往往仅着力于自身的行业管理要求，分别出台不同的政策，政策之间缺乏统一性，政策总体形式性强、协调与配套性的政策滞后明显，这影响了政策实施的效力。如湖南省人民政府颁布的《矿产资源总体规划》强调，要理顺资源开发收益的关系，通过合理调节矿产资源开发有偿使用收入分配比例，促进收益向资源所在地和基层倾斜，但省财税部门目前并没有出台文件落实资源收益向资源所在地靠拢。又如，湖南省安全监督管理局以及省环境保护厅负责矿业企业的安全准入以及环境保护准入的标准制定，但真正决定矿业权审批的却是省国土资源厅，存在三个部门协调工作不当的情况，给部分矿业企业违法违纪行为提供了空间。

3. 政策执行低效

公共政策的执行是将政策的目标转化为现实的唯一路径，政策目标是一种通过政策的作用所应实现的理想状态，但政策的执行是直接作用于现实的政策问题，在政策执行过程中不可避免地会受外部环境的影响，政策执行不当就会引发政策现实偏离政策理想的问题。湖南省矿业经济绿色发展公共政策执行低效的原因：一是受制于政策执行者的业务能力以及职业素养。从政策执行者的职业素养来看，一方面，政策执行者是公职人员，代表公共利益；另一方面，受"理性经济人"思想的影响，政策执行者也存在部门利益、个人利益的偏好。在湖南省矿业经济绿色发展的政策执行中存在部分组织、公职人员受经济利益的驱使，将个人利益建立于公共利益之上，利用权力寻租给不符合安全生产、环境保护，以及资源综合利用等标准的矿业企业提供生存的机会，同时也存在公职人员因政策执行业务能力不高而影响政策的推行。二是囿于现行政策执行体制的固有矛盾。湖南省负外部性突出的矿山企业整体呈"多、小、散"的特征且绝大部分身处偏远的山区，按照属地负责的原则，乡镇政府对矿业企业的安全生产、环境保护、社会和谐等外部影响承担着最直接的管制责任，但有关矿业企业的行政管理权以及经济收费权却掌握在县级以上政府手中，乡镇一级政府"权责"不对等的矛盾突出，由于权责不一致，导致乡镇政府对辖区内的矿业企业的调控能力弱化，进而助长了政策对象违法违纪行为的蔓延，制约了政策目标的实现。

三、政策优化的对策建议

（一）对矿业经济绿色发展进行专门立法

矿业经济绿色发展是一种实现经济增长绿色化、生态干扰绿色化以及社会影响绿色化的矿业经济发展模式，它需要涉及矿产资源、技术、人力资源、经济、环境及社会等多个方面，具有关系复杂、涉及面广的特点，因此需要对矿业经济绿色发展进行专门立法，通过强劲的法律手段来调整政策执行中的各种关系，以确保复杂的政策目标得以实现。湖南省人民代表大会是地方性最高权力机关，享有在中央政府的领导之下根据地方发展的实际需求制定区域性法规的权力，因此能对矿业经济绿色发展工作进行专门立法。

对矿业经济绿色发展进行专门立法，首先，能突出矿业经济绿色化转型的重要性，这符合了矿业经济绿色发展"功在当代、利在千秋"的紧要性。其次，有利于政策的推行，一方面它可确保矿业经济绿色发展的后续政策即法阶层次相对更低的政策（如省直部门的规范性文件）的制定与执行有法可依、有章可循，为后续政策提供了强有力的权威支撑；另一方面，地方性法规作为地方最高权威性文件对政策对象具有更强劲的约束力，因而也更容易被政策对象所接受并遵从。

（二）科学制定政策方案

其一，对传统矿业发展模式中堆积的政策问题进行充分的调查。矿业经济绿色发展公共政策是为解决传统矿业发展模式积累的政策问题，政策方案科学性是以能否对政策问题有的放矢为评判标准。因此，提升矿业经济绿色发展公共政策的科学性需要对政策问题现状进行充分的调查，从经济、生态、社会这三个角度充分收集因矿业企业而产生的政策问题，这也符合政策制定"实事求是"的原则。

其二，需要对政策问题进行分析，以便对政策问题进行优先序排列。传统矿业发展模式引致的社会问题繁多，如资源浪费、资源诅咒、污染严重、生态功能下降、矿难、矿群纠纷等，应以问题解决的紧迫性、负面影响的范围、所需调适量的大小等来确定不同政策问题进入政策议程的次序。

其三，还需对政策问题产生的根源进行调查分析，这将影响政策工具的选择。矿业企业生产行为不配合矿业经济绿色发展公共政策可大致从绿色发展的认知、态度、能力及可控力等方面进行调查，根据调查的结果确定针对不同政策目标群体的政策问题解决方案：对于认知不足、价值不认同的矿业企业适用行政手段以及法律手段进行强制性干预；对于绿色转型自身能力不足的矿业企业不能一刀切，可以行政手段将矿业企业取缔，也可通过市场手段激励矿业企业相互整合以提升绿色转型的能力。此外，在此过程中也能确定哪些政策问题是可以借由优质的政策进行调解的（如征地补偿、矿群矛盾调解），哪些是产业发展不可避免但可以通过政策制定改善的（如资源消耗、生态干扰），这些都能为政策制定的科学性提供切实有力的依据。

其四，动态评估和完善现有的矿业经济绿色发展公共政策。一般来说，公共政策方案相对政策问题来说具有滞后性，为确保政策方案对政策问题有效调控，需要对政策方案进行适时的评估，依照政策评估中所发现的政策与政策问题存在的误差对政策方案进行延续、革新以及终结处理。湖南省现存且依然发挥效力的政策文本中存在出台时间长且政策内容滞后性强的问题，应该秉持尊重科学、坚持科学的态度依据科学的理论、方法和技术对包括省法规在内的政府政策进行评估，对在政策评估中所发现的政策内容脱离问题现状的情况进行及时的修改与完善，对失去效力的政策文本也要定期进行清理以提升政策的科学性。对于政策完善问题，湖南省现已初步建立了资源节约与集约调节机制、矿产资源生态补偿机制以及矿区生产安全的保障机制，但这三个机制仍需进一步调整，有关内容还需完善与补充，如矿产资源生态补偿资金来源渠道单一、生态补偿功能不全的问题等。同时，湖南省亟须构建矿产资源开发收益共享机制以及矿地矛盾纠纷化解机制，以改善矿地尖锐的矛盾。

（三）完善政策体系

实现湖南省矿业经济绿色发展需要一系列由不同部门制定的政策加以协调和共同管理，这一系列公共政策构成了矿业经济绿色发展的政策体系。在湖南省矿业经济绿色发展公共政策体系中囊括着不同层次、不同功能的政策，这尤其需要注意政策之间的联系，搞好政策配套，如低层次政策主体制定的政策在权威性不足的情况下需要高层次政策主体支持。政策制定者在制定政策方案时要全面考虑问题，认真分析政策的功能和实施条件，注意不同功能政策的相互配合，防止某项政策实施条件不具备、配套政策不到位而使政策执行难。此外，还要注意政策出台、运作时序的问题，把握好政策出台的时机，协调好政策出台的顺序，防止政策功能的相互抵消。如湖南省政府针对矿业企业资源综合利用进行税费减免、财政奖励，对于综合能力强的大型企业能有效地发挥激励效果，但对于绝大多数的小型企业来说，资源综合利用的技术与设备准入门槛较高，优惠政策难以发挥激励效果。可以通过为小型企业提供其他配套性政策——优惠信贷政策、低价获取高科技设备政策、人才配备政策等调节小型企业在矿业经济绿色发展优惠政策中难以受益的现状。

（四）提升政策执行的效力

首先，加强对政策执行队伍的素质培养，包括能力素质和道德素质。确保政策有效解决问题，除了要制定科学的政策方案，政策的有力执行也不可或缺。政策执行者的能力以及职业素养直接决定着政策实施的效果。因此，提升湖南省矿业经济绿色发展公共政策执行的效力，需要对参与该项政策推行的所有政策执行者进行思想教育、业务培训、多重监督，不断强化政策执行者对政策执行的认识，提高其业务能力、职业道德修养，以避免政策执行者因能力不足或认知偏差导致对政策的曲解、懈怠执行。

其次，改革湖南省矿产资源管理制度。其一，切实解决基层政府权责不统一的矛盾，明确定位各级政府在矿业经济绿色发展政策推动工作中的职能，按照职责统一的原则配备管理权力。在现行矿产资源管理体制下，乡镇财政、税收、国土、工商、公安等机构基本上是垂直管理，按照"职责对等"原则，以地方权威性高的政策文本将乡镇上移的权力所对等的责任内容确定下来，以引起政策执行者对政策执行的重视进而提升政策执行效率。其二，要转变政府的职能——强化政府矿产资源的宏观管理以及公共服务。贯彻落实简政放权要求，推进权力清单制度建设，深化矿业权审批制度改革。理清矿产资源勘查开发审批清单，改进和规范矿业权网上申报和审批，推动行政审批事项平台建设。探索运用现代科技信息手段规范矿政管理，加快地质资料共享和信息化建设工作，健全综合监管平台，促进监管方式创新和管理效能提升。

最后，做好政策宣传工作。政策宣传有利于政策对象知晓政策、理解政策进而接受并服从政策。因此，湖南省各级政府应该努力运用各种手段、利用各种宣传工具将矿业经济绿色发展的紧迫性、重要意义、发展目标、具体的内容与行为要求、执行效果等有效地传达给矿业企业，提升矿业企业对绿色发展的认识并引导矿业企认同绿色发展战略的价值观，促使矿业企业自觉接受政策。针对目前政策宣传不到位的现状，政府应该不断创新改革现有低效的宣传方式，如不断增强宣传的针对性、时效性、吸引力、感染力，以提升宣传的覆盖面。

第六章　湖南省矿业经济绿色发展的机制分析

本章首先对机制和绿色发展机制进行探讨，从而对矿业经济绿色发展机制的概念做出界定，对其内涵进行阐述。其次，通过概念和内涵分析矿业经济绿色发展机制的基本特征，从内在性、系统性、客观性、自发性、可调性这五个方面对其进行更为全面的解析。再次，通过对矿业经济绿色发展机制的组成和具体内容进行详细、重点的阐述，从而对矿业经济绿色发展机制的构成和运行有一个更为清晰的认识。并分析湖南省矿业经济绿色发展机制运行的基本原则，了解矿业经济绿色发展的方向和目标。最后，对矿业经济的绿色发展机制的运行提出建议，不断优化、促进湖南省矿业经济的绿色发展。

第一节　矿业经济绿色发展机制概述

一、矿业经济绿色发展机制的相关概念界定

矿业经济绿色发展机制主要涉及了机制和绿色发展机制，借以通过对机制和绿色发展机制这两个概念的导入加深对矿业经济绿色发展机制的认识和了解，从而对矿业经济绿色发展机制做出一个更为科学、准确的概念界定，更好地把握矿业经济绿色发展机制的内涵和特征。

（一）机制

根据《辞海》的注解，机制有以下几种解释：（1）用机器制造的，机器的构造和工作原理；（2）有机体的构造、功能和相互关系；（3）指某些自然现象的物理、化学规律；（4）泛指一个工作系统的组织或部分之间相互作用的过程和方式。也有学者将机制用来比喻事物各有关部分在一定结构与功能的基础上所形成的内在活动方式，以及事物与有关组成部分之间的相互联系和相互制约关系。① 机制就是对事物功能形成与发挥的基本原理和动态过程的考

---

① 戴维新，戴芳. 公共权力制约与监督机制研究［M］. 银川：宁夏人民出版社，2007.

察，即以系统的方法考察事物的功能。[1]

而在矿业经济领域，机制的含义则采用《辞海》的第四种解释。根据其定义，我们可以发现，在矿业经济领域，机制的内涵主要包括以下几个方面：第一，强调内在规律性，与现象描述相区别。机制的起点是表面现象，但是其终点是通过表面现象达到对事物内在规律性的归纳和总结，而不是仅仅停留在对表面现象的描述。第二，强调系统的整体性，注重系统各部分的联系与互动。机制作用的发挥是整体性的体现，是由各组成部分相互作用、相互联系，并最终实现耦合、发挥作用的一个过程和方式。第三，强调权威性。机制的形成是事物自发和人为共同作用的结果，机制一旦形成，就具备了强大的约束力。[2] 第四，机制并非实体，但又可以包含实体。作为一个系统的运行过程，机制可以由一个或多个实体辅以其他形式的要素共同构成。

（二）矿业经济绿色发展机制

一个产业的发展应当遵循科学的发展规律，形成完善的发展体系，并且与时俱进，不断革新发展技术和手段。当前，我国矿业存在诸多问题，严重降低了矿业的经济效益，因此需要建立新的机制来指导矿业经济的发展。在矿业领域引入绿色发展机制是转变矿业发展方式、提升矿业整体形象、促进矿业健康持续发展的需要，也是社会进步与时代的要求，是大势所趋。矿业经济绿色发展机制就是绿色发展机制在矿业经济中的应用，它是一个互动的过程，要求在矿产资源的勘探、开发和利用的过程中遵循科学的规律，构建完善的矿业产业组织，形成科学的矿业产业结构，优化矿业产业布局，通过制定矿业产业政策及规划，实现矿产资源的安全生产和合理开发利用，从而提高矿产资源的经济效益。

矿业经济绿色发展机制是我国矿业经济发展的重要方式，其内涵主要包括以下几个方面：

第一，强调遵循客观规律性。事物的发展必须遵循客观规律，矿业绿色发展机制回应了当前我国矿业整体环境，并遵循了矿业产业经济发展的内在规律，寻求矿业的绿色发展、可持续发展和协调发展。

第二，涵盖了矿业及矿业经济各构成要素。矿业经济绿色发展机制不仅强调要在矿产资源的勘探、开发和利用方面绿色发展，而且强调要从矿业经济的各构成要素，包括产业组织、产业结构、产业理论、产业政策和规划、产业安

---

① 王杰. 国际机制论［M］. 北京：新华出版社，2002.
② 刘金祥，高建东. 劳资关系制衡机制研究［M］. 上海：上海人民出版社，2013.

全及产业开发利用实践等各个方面开展绿色发展，将绿色、循环、可持续的发展理念深深植入，并贯彻始终。

第三，追求矿业经济可持续发展的价值目标。在遵循矿业经济发展客观规律、矿产和矿业经济各要素相互作用的基础上，矿业经济绿色发展机制的最终目标乃是实现矿业经济的绿色可持续发展。

二、矿业经济绿色发展机制的基本特征

矿业经济绿色发展机制符合我国当前矿业发展的需要，体现了矿业经济的发展要以人为本的特点，强调矿业经济要全面发展、协调发展、可持续发展，是科学发展观的重要体现，也是构建和谐社会的重要组成部分。不同的机制不仅有其各自的特性，也有其共性，这不仅体现在机制本身，也体现在机制的运行过程中。矿业经济绿色发展机制对我国矿业经济的发展具有重要的规范和指导意义，对我国社会经济的有序运行具有重要作用，其特征主要包括以下几个方面：

（一）内在性

内在性是一个哲学术语，指的是存在于对象内部的特征。内在性表示事物内部的特征，保持在主体之内，不会改变其客体。这种内在性体现了事物内部自身运动的特性，而不会影响其他事物，与哲学中的传递性相对。矿业经济绿色发展机制是矿业经济系统的结构及其运行机理，本质上是矿业经济系统的内在联系、功能和运行原理，是决定矿业经济发展功效的核心问题，其形成与作用完全是由其自身决定的，是一种内在运动的过程。正如机制一样，矿业经济绿色发展机制也是对其内在规律性的总结，反映的是矿业经济绿色发展机制本身。矿业经济绿色发展机制的内在性要求矿业经济的发展必须遵循客观发展规律，只有在方向正确的前提下，矿业经济绿色发展机制才能最大限度地发挥作用，从而避免再通过其他方式对其进行调整所造成的资源损耗。矿业经济绿色发展机制各要素的相互联系、相互作用的过程很大程度上影响着矿业经济绿色发展机制能否顺畅运行，这种内在性最终可以通过机制运行的效果反映出来。

（二）系统性

一个运行良好的机制必然是机制的各组成要素、部分有机地组合并相互联系、相互作用，从而实现机制内在运行的高速有效。系统性是机制的固有属性之一。系统性要求我们在通过机制处理问题时要学会运用系统的观点，始终从整体与部分、整体与外部环境之间相互联系、相互作用的关系中综合地、精确

地考察对象，揭示其规律性，以达到处理问题最佳化。在矿业经济的绿色发展过程中要注重为矿业经济绿色发展提供充足的条件，满足其发展所需的各组成要素，从而保证矿业经济绿色发展机制自身能够通过对各系统要素的调整加强各要素的耦合，从而提升矿业经济绿色发展机制所能够发挥的效果。这是矿业经济绿色发展机制的系统性的要求和体现。

（三）客观性

在这里，所谓客观性有两层意思：一是强调客观存在性，不受个人意志的影响。任何事物只要其客观存在就必然有其运行机制，这种机制的类型和功能就是一种客观存在，是不以任何人的意志为转移的。矿业经济想要实现绿色发展就必然会需要一套推动机制，不管环境如何变化，矿业经济绿色发展机制始终存在，并通过其内在性将自身作用发挥出来。矿业经济绿色发展机制的客观性与内在性联系紧密，两者都不受外界环境的影响，反映的是一种超脱的状态，是矿业经济绿色发展机制的固定属性与特征。二是强调真实性，尽量追求事物的本来形态和发展趋势。矿业经济绿色发展机制的客观性意味着矿业经济应当追求绿色发展的本来模式，虽无法完全做到绿色发展的本来样貌，无法完全吻合绿色发展的趋势，但也要尽量去贴近这种真实性，尽量做到"真实的"绿色发展。

（四）自发性

矿业经济绿色发展机制的参与主体是多元的，绿色发展机制一经形成，就会按照矿业经济绿色发展的规律和秩序，自发地、能动地影响各参与主体的行为模式，引导各参与主体积极地贯彻实施科学发展观，从地质勘探、矿山设计与建设，采选冶加工，到矿山闭坑后的生态环境恢复重建的全过程，按照资源利用集约化、开采方式科学化、企业管理规范化、生产工艺环保化、矿山环境生态化的要求开发经营，实现矿产资源开发与生态环境保护协调发展、社区和谐和矿业经济的持续健康发展。当前，矿业经济绿色发展机制自发地促使政府全面深化体制机制改革，以加快转变矿业经济发展方式为主线，进行产业结构调整，经济结构优化升级，加强管理，科技创新，集约节约利用资源，保护环境，发展循环经济，推进矿业又好又快地科学发展。

（五）可调性

虽然矿业经济绿色发展机制具备内在性和客观性，但并不意味着矿业经济绿色发展机制不可改变，矿业经济绿色发展机制由各个要素构成，只要改变要素的基本构成方式或结构，就会相应地改变矿业经济绿色发展机制的类型和作用效果。矿业经济绿色发展机制是由多种要素所构成的，这就给调整创造了许多的空间，一旦矿业经济的发展偏离了绿色发展的轨道就可以通过对机制的单个或多个要素进行调整，从而纠正偏差，使绿色发展机制能够按照绿色发展的规律，科学地、有序地推动矿业经济的发展。可调性是对内在性、客观性的有力补充，是矿业经济绿色发展机制对自我功能进行完善的一个有力保障，从而使得矿业经济绿色发展机制能够更为充分地发挥出自身作用。矿业经济绿色发展机制具备可调性并不是意味着可以无限度、无节制地对机制进行调整，只有在矿业经济绿色发展机制其自身无法调节的情况下，才可以人为地改变要素构成以对其进行调节，调整的时机选择会影响机制的发展方向，因此这种调整对调整者的要求非常高。所以，对矿业经济绿色发展机制进行调整要非常慎重，要把握好时机与度。

三、湖南省矿业经济绿色发展机制运行的基本原则

湖南省矿业发展至今已经取得了较大的成就，但是仍然存在一些问题。面对这些存在的问题，就需要通过发展绿色矿山，推动矿业经济的绿色发展。湖南省矿业经济绿色发展具有自身特色，机制的运行也具有自身的特点和基本原则。湖南省矿业经济绿色发展机制运行的基本原则是湖南省矿业在发展绿色矿业经济的过程中所必须坚持的方向和目标，总结起来有如下几个方面：第一，在发展绿色矿业的过程中要将市场机制和政府产业引导紧密结合，既避免市场失灵现象，又可以通过政策将更多社会资源导向矿业经济的绿色发展过程中；第二，坚持走新型产业化道路，以新型工业化促进矿业经济的绿色发展；第三，坚持产业结构调整的方向和要求，通过优化矿山布局，调整矿业结构，加强矿业的转型升级，推动绿色矿山的建设和发展。

（一）市场机制与产业引导相结合

矿业经济作为一个重要的工业经济领域，发展矿业经济、推动矿业经济绿色发展，就必然需要发挥市场在资源配置中的决定性作用，通过价格信号与竞争机制促使资源自由流动，通过经济激励引导企业和公众参与，让市场参与者充分竞争，从而实现经济、自然资源的高效率配置。但是，由于市场失灵的存在，仅仅依靠市场无法保障矿业经济绿色发展，因此，还需要通过政府的产业政策来加以引导和调节，通过市场机制和产业引导以更好地保障资源流向更为合理的领域与环节，在追求效率最大化的基础上实现总体效益最大化，真正实现矿业经济的协调有序发展和绿色发展。

1. 市场机制

矿业经济的发展离不开市场机制，只有发挥市场机制的作用，推动建立完善的矿产品资源价格、生态补偿、环境税费、排污交易等相关制度和机制，才能实现湖南省矿业经济的绿色发展。在市场经济中，价格是最重要、最灵敏的信号，价格引导社会资源流向效率最大化的产业。通过加强对价格的调控从而促使各经济参与主体自觉地、主动地节约矿产品资源，提高矿产品资源的使用效率。但是，当前我国尚未形成完善的矿产品资源价格机制，所以导致我国矿产资源开采开发效率低、浪费严重、生态环境持续恶化等现象。为了使矿业经济绿色发展机制能够很好地运行，首先需要建立一个完善的矿产品价格形成机制。产权不明晰是外部性的一个主要原因，通过明晰产权能够有效地消除外部性。因此，建立一个涵盖地权、探矿权、采矿权等在内的资源产权制度，是建立一个完善的矿产资源价格机制的前提和基础。其次，应逐步放开矿产品资源价格直接管制。在加强政府宏观调控以及监管的前提下，逐步放松或放开对矿产品价格的直接管控，让价格在市场竞争中自然形成，从而真实地反映矿产品资源的稀缺程度和市场上矿产品的供求关系。最后，加快矿产品资源税费改革，将资源税改革推向纵深，规范矿产品收费制度，统筹考虑企业税费负担，将部分矿产品资源税费并入资源税。

2. 产业引导

产业引导就是通过政府综合运用财政、金融、投融资、产业、价格等政策手段，辅以行政和法律手段调节和影响矿业经济主体行为，使之自觉、主动地高效开采矿产资源、提高矿产资源的利用率、节约矿产资源、保护生态环境、提高矿产衍生品的开发与利用。总之，即完善矿业经济绿色发展机制，提高矿业经济的绿色发展程度。

矿业经济的绿色发展离不开政府的激励机制，财政扶持、税收优惠、绿色金融、产业政策都是常见的方式。实施财政补贴政策，关键在于通过加大对矿业综合利用、节能环保等的支持力度，从而有效地引导矿业经济主体提高环保意识，提高矿业资源的利用率，开拓矿业产品的价值。同时，通过建立专项财政资金建立落后产能退出机制，增加"以奖代补"专项转移支付，淘汰落后产能，关闭微小型矿山，整合矿业资源，科学布局，发挥规模优势。在税收优惠上，我国已经拥有排污费、产品环境税、环境资源税、矿产资源税、矿产资源补偿费、耕地占用税、耕地造地费和水土保持补偿费等项目，应当在落实这些政策的基础上继续探索出新的税收优惠方式，通过税收优惠支持矿山企业进行技术更新和绿色化改造，利息差额部分可由财政资金进行补贴；实行费率浮动政策，在政策允许范围内，对为绿色矿山企业提供贷款支持的商业银行扩大利率浮动幅度。除了税收优惠，政府还可以通过加大政府政策性银行与商业银行对矿业经济绿色发展的支持力度，通过低息或贴息贷款的方式为矿山企业提供资金支持，帮助其进行设备更新、技术改造。同时，制定绿色信贷政策，通过信贷政策限制高能耗、高污染项目。

（二）以新型产业化促绿色发展

所谓新型产业化是相对传统的工业化而言的，是对传统工业化的一种延续和升级，坚持以信息化带动工业化，以工业化促进信息化，就是科技含量高、经济效益好、资源消耗低、环境污染少、人力资源优势得到充分发挥的工业化。与传统工业化相比，新型工业化主要有以下特点：（1）工业化与信息化有机融合在一起，以信息化带动工业化，进而带动农业现代化和现代服务业的快速发展，实现产业结构的优化调整和合理布局。（2）实现新型制造业，朝着智能化、绿色化和服务化发展。（3）实现政府宏观调控与市场微观调控的有机结合。强调政府在产业规划和调整方面的主导地位，同时注重发挥市场竞争机制在资源配置中的决定性作用，尽可能避免工业化进程中的政府失灵和市场失灵。（4）科技创新和体制创新相结合，应对新型工业化进程中的体制机制难题和内外部环境变化，实现新型工业化建设的可持续发展。（5）重视生态建设和环境保护，处理好经济发展与人口、资源、环境之间的关系。坚持走新型工业化的发展道路，坚持创新驱动，坚持节能环保，坚持以市场为导向，发挥比较优势，以政府引导、聚集发展的原则，以信息化带动工业化，以工业化促进信息化，大力贯彻落实科学发展观和可持续发展战略，加快矿业产业结构调整，切实转变发展方式，湖南省矿业经济方可走出一条可集约、高产出、低消耗、能循环、可持续、国际化发展的特色新型工业化道路，才能实现湖南经济的可持续发展。

（三）坚持产业结构调整的方向和要求

根据现代产业结构理论的观点，经济发展与产业结构是相互联系的，是有机统一的。一个国家的产业结构反映了一个国家的生产力发展水平和经济发展现状，同时，经济的发展又倒逼产业结构不断调整、优化和升级，从而实现产业结构推动经济发展、经济发展带动产业结构调整升级的双重目标。产业结构调整升级是经济稳定、协调发展的重要推动力。长期以来，我国产业结构都是建立在传统的经济发展模式的基础上，尤其以矿业产业结构为典型，只追求经济效益，忽视社会效益和生态效益，过度开采、盲目开采，造成我国经济社会发展与矿产资源、生态环境之间的尖锐矛盾，带来了能源消耗高、资源浪费大、污染排放多和生态环境日益恶化等一系列严重问题，严重制约了经济社会的可持续发展。我国相关矿产资源虽有比较优势，但产业发展层次低，资源保护力度有待加强。矿业发展必须适应市场变化，坚持创新发展，加快矿业结构调整和转型升级，增强可持续发展能力。因此，有必要进行产业结构调整，为矿业经济发展谋出路。

产业结构调整主要是指优化产品结构、产业结构、区域布局结构。[1] 产业结构的调整一是指产业构成关系的调整，二是指产业比例关系的调整。[2] 产业机构调整又指产业之间相互关系的变动和调整，其实质就是资源配置，产业结构调整的过程就是资源配置的过程。[3] 同时，在当前社会主义市场经济条件下，产业结构调整的实质是新、老产业为适应市场需求而不断推陈出新的系统工程，也是一种使物质产品、资源和资金得以在各产业部门之间合理流动，从而不断增加社会财富总量的过程。这种过程决定了产业结构的不断调整、优化、升级，是发展循环经济的重要手段，为循环经济的进一步发展提供动力支持。[4] 产业结构的调整重点体现在产业结构合理化、产业结构高度化，以及产业结构合理化和产业结构高度化的统一这三个方面。[5] 根据国土资源部出台的《全国矿产资源规划（2016—2020 年）》，我国矿业产品结构调整的方向和要求主要包括以下几个方面：第一，优化矿业生产规模；第二，依靠科技进步与创新促进矿产资源开发与利用；第三，优化矿山布局与矿山规模；第四，优化矿产品结构。

第二节 湖南省矿业经济绿色发展机制的基本内容

湖南省矿业经济的绿色发展是一个系统工程，其运行机制也是一个多元的组成，包括区域治理机制、动力机制、统筹协调机制、多主体参与机制、多重保障机制和创新驱动机制。

---

[1] 朱红根. 关于农民增收途径的探索 [J]. 江西农业大学学报（社会科学版），2002（1）：53-55.

[2] 黄世祥，韩景春. 灰色关联层次分析在产业结构调整中的应用 [J]. 数量经济技术经济研究，2001（4）：107-110.

[3] 曹海连. 资源配置：产业结构调整的楔入点 [J]. 改革与开放，1997（8）：9-11.

[4] 张万茂. 循环经济发展与我国产业结构调整 [J]. 安庆师范学院学报（社会科学版），2007（2）：28-31.

[5] 王永生，蔡永青. 基于循环经济理念的矿业产业结构调整策略 [J]. 现代矿业，2009（5）：14-19.

一、区域治理机制

大多数关于区域治理的研究是从国家之间的经济联系和安全需要出发，属于国际关系和国际政治的研究范畴，只有少部分是从国内区域发展的需要出发来进行研究的。笔者对区域治理机制的研究是从国内区域发展的角度来探讨的。俞正梁指出，区域治理不是一种规范的设定，同时又不偏离合法的民主程序。① 全球治理包含着全球层次的治理，以及区域层次的治理，即区域治理。区域治理是全球治理最重要的一部分。虽然，区域层次治理同全球层次的治理一样，同样有着国家共同治理与非国家共同治理之分，但是其内涵更加丰富多彩，也更有力度和特色。杨毅、李向阳则较为明确地提出了区域治理的概念，认为区域治理是治理理论在区域层次上的运用，它通常就指在具有某种政治安排的地区内，通过创建公共机构、形成公共权威、制定管理规则，以维持地区秩序，满足和增进地区共同利益所开展的活动和过程，它是地区内各种行为体共同管理地区各种事务的诸种方式的总和。② 这一概念是从国家与国家之间的更大的区域出发来考察区域治理的，主要论及区域的经济和安全方面（如欧盟的模式），而没有涉及一个国家内部的区域层次的治理。

笔者认为，区域治理是在基于具备一定相关性的政治、经济、社会和文化的某种要素或多种要素而形成的某个特定区域内，政府机关、企业团体、非政府组织和公众通过协商、谈判以及合作、竞争等方式相互协调、博弈进而治理本区域内社会公共事务，从而实现区域利益的最大化的一个过程。

因此，区域治理主要有以下几个特征：

第一，区域治理的主体是区域内的利益相关者。无论是从理论角度还是实践角度看，区域治理政策的制定和落实都不能仅靠一个利益群体，而必须要依靠各个利益相关群体共同出谋划策，同心协力、众志成城地将这些政策和措施贯彻下去。正所谓"一人为私，两人为公"，区域政策的制定和落实必须是各利益相关群体相互作用、相互合作的结果，是一个互动的过程，只有通过这种方式才能大大提高区域治理的效果。

第二，区域治理的对象是区域内的公共事务。区域政策之所以会进入政策制定的议程，往往是因为公共问题的出现，而这种公共问题往往具有一定的复杂性、多变性和扩散性。一旦公共问题在某个特定的区域内出现，那么这个公

---

① 俞正梁. 区域化、区域政治与区域治理 [J]. 国际观察，2001 (6)：1.
② 杨毅，李向阳. 区域治理：地区主义视角下的治理模式 [J]. 云南行政学院学报，2004 (2)：50-53.

共问题对于区域内的群体而言是无法避免的，谁也无法指望以一个旁观者的身份继续分享治理后的"蛋糕"。而且，尤其是公共问题的扩散性使得这个公共问题不只在一个地方政府辖区内出现，而呈现出跨辖区的特点，那么相邻辖区也无法回避或者搭便车。

第三，区域治理的载体是区域体制、机制和制度。体制主要通过决策、监督、执行、反馈等机制构成的体系，对区域内各个机关和组织进行权力划分和角色定位，明确相关权利和义务。机制则主要是通过各利益相关者之间相互作用、相互博弈的方式和过程反映出来。制度不仅包括正式制度也包括非正式制度，比如人们在长期社会交往过程中逐步形成的，并得到社会认可的约定成俗、共同恪守的价值信念、风俗习惯、文化传统、道德伦理、意识形态等。

第四，区域治理所依靠的更多的是"协调"。在区域治理过程中，理论上各利益相关者地位平等，不存在等级差异。因此，在这种情况下，各利益相关者能够平等地、自由地表达自身观点、维护自身利益，各利益相关者在相互博弈、相互调适的基础上达成一致意见，共同致力于公共问题的解决。

第五，区域治理强调了非政府组织和公众的参与。虽然区域治理强调了各利益群体的共同协作，但是在当前中国语境下，在区域治理的过程中，政府仍然占主导地位，这是我国区域治理实践过程中的一个现状，也是今后在发展过程中会不断创新、不断改革的一个方向。因为区域治理必须有深厚的公民社会和公民参与传统、发达的非政府组织体系，以及公私合作与协商治理的文化。显然，我国当前还不具备这些条件，所以导致其他利益相关主体参与的广度和深度还不够。

区域治理机制就是基于区域治理所形成的一套体制、制度及其运行方式和过程。当务之急，区域治理机制所要解决的更多的是矿山地质环境的治理问题，这是湖南省矿业经济绿色发展中必需的一个环节。湖南矿业开发历史悠久，一些矿山重采轻治、只采不治，导致全省因矿业开发占用破坏土地面积达到 2.3 万公顷，其中耕地 3623 公顷，矿山排渣排水污染土地 8152 公顷。[①] 从区域治理机制的角度出发，首先，加强政府与企业、非政府组织和公众的交流与合作。政府要强化政府管理职责，各级政府要自觉负起对矿山环境的管理、规划、治理、监督责任。政府通过激励和约束机制促使企业加强企业管理，自觉绿色开采、综合利用，从生态恢复、土地复垦、综合利用、提高效益等方面保持矿山地质环境改善和生态平衡。同时，发挥非政府组织和公众的监督作

---

① 方先知. 坚定不移地走绿色矿业之路：关于湖南省资源勘查开发管理的调研报告 [J]. 国土资源情报，2011（5）：4-6.

用，努力共建绿色矿业、绿色湖南。其次，政府要加强制度建设。建立完善的矿山地质环境保护与治理的责任机制、投入机制、利益机制和补偿机制，通过市场机制来调节企业行为，用责任机制界定好政府与企业之间的关系，用利益机制激发企业自觉保护和治理矿山地质环境的主动性和积极性，使制度创新成为矿山地质环境治理的动力，提高矿山地质环境的保护与治理效果，促进矿业经济可持续发展。再次，加强不同辖区之间的协作。建立不同辖区之间的联动协调机制，建立协作平台，及时沟通交流、互通有无。同时，发挥上级政府的统筹协调作用，利用自上而下的权威性，组建领导小组，强化各辖区的合作，有力地推动政策的落地。

二、内外动力机制

动力机制理论是一个交叉学科的概念，在系统动力学、经济学、社会学、管理学等学科中均有不同的解释和应用。从一般意义上来讲，动力机制通常指的是通过一定的机制设计来激发人的行动积极性。关于动力机制的研究有很多，例如管理学常常引用马斯洛的需求层次理论，从人的行为动机角度切入，通过激励实现目标最大化；而经济学则将动力机制理论运用到经济规则的制定上，希望在某种规则下使经济活动的参与者和规则制定者的目标达成一致，例如赫维茨的机制设计理论就认为，机制的核心内容是方式、法则、政策条令、资源配置等规则。社会学研究则认为，机制是协调事务各部分合理运作的规则设计，机制存在的前提是事物的各部分已经实现存在，机制只是起到协调的作用。笔者将动力机制分成两部分解释：动力和机制设计。动力是推动事物发展的源泉，也是机制设计的前提，良好的机制设计能够保障事物的合理运行，使动力作用最大化，其主要反映为内部驱动力和外部驱动力。内部驱动力和外部驱动力作为一种力场，其最终表现为激励作用和约束作用。

（一）内部驱动力

所谓内部驱动力是以企业为视角，指的是企业自身发展绿色矿业的动力。企业作为追求利益的个体，利益诉求肯定是其发展绿色矿业的重要因素，只有有利可图，企业才会自觉、主动参与到绿色矿山的建设中去，自觉通过技术研发、资金投入来提高生产过程的绿色化水平，加强矿山地质环境的保护和治理。目前，针对绿色矿山建设，国家和湖南省出台了多项补贴政策和优惠措施。在《关于印发〈矿产资源节约与综合利用专项资金管理办法〉的通知》《关于印发〈探矿权采矿权使用费和价款使用管理办法（试行）〉的通知》《关于印发〈中央地质勘查基金管理办法〉的通知》中都设置了相应的奖励、补助措施。虽然在现有的专项优惠政策中，可以惠及绿色矿山建设（非专门为绿色矿山建设所设的）政策主要是矿产资源节约与综合利用"以奖代补"专项资金（2013 年开始停止申报专项资金），以及矿产资源综合利用示范基地建设资金，但是在推动企业贯彻实施资源节约优先战略，推动矿业结构调整，提高矿山企业矿产资源节约与综合利用水平上具有重要作用，也在一定程度上为企业提供了资金支持，解决了部分资金需求。

绿色矿业是矿业发展的一种创新思维，强调从地质勘探、矿山设计与建设，采选冶加工，到矿山闭坑后的生态环境恢复重建的全过程，按科学、低耗、高效、安全、环保的方式合理开发利用矿产资源，并实施循环经济和低碳经济，着力开发和经营资源综合利用和环保产业链。显然，绿色矿业相较于传统矿业既注重环保，也注重综合利用和产业链的拓展，是矿业发展的必经之路。绿色矿业提高了矿产品的勘察和开采能力，提高了矿产品的利用率，等量原矿可以析出更多精矿，同时也可以生产更多衍生品，产业链的延伸也可以为企业带来更多的利润。当前，我省许多矿业企业的生产方式仍比较落后、粗放，而发展绿色矿业，改变落后的生产方式有助于极大地提高企业自身竞争力，在市场竞争中获取竞争优势。

在发展绿色矿业的过程中，搞好社群关系、履行企业社会责任、推动矿业社区可持续发展是一个不容忽视的问题。传统矿业关注的是通过技术手段从地壳开采更多矿产品，但是在矿业开发市场化、全球化的背景下，矿业企业仅依靠先进的科学技术、丰富的管理经验和强大的经济实力是不够的，必须妥善处理各种社会关系；而在各种关系中，处理好同矿业社区的关系又是关键。因为在矿业企业进行技术、市场方面竞争的同时，与矿业社区关系的处理成了它们之间新的竞争点。中国的矿业社区建设起步较晚，而历史上矿山企业与矿山周围居民的矛盾由来已久。由于矿业企业漠视社会责任，只追逐利益的最大化，一旦缺乏企业社会责任的制约机制，便不注重环境保护，不关心周边社区的弱势群体，社区利益便受到损害。而社区成员又无法转变其贫穷落后状况，当矿企无法满足其要求时，往往采用堵路、断电等手段达到目的，给企业造成了巨大的经济损失。因此，同矿业社区形成良好的关系，也是矿业企业基于自身利益和提高自身竞争力的考量，是企业内在驱动力的一种表现。

（二）外部驱动力

外部驱动力是推动矿业企业发展绿色矿业的外部力量，包括来自法律的约束、政府的监管和社会监督的作用。

目前，在保障矿业经济绿色发展上已经有了一个相对比较完善的法律体系，涉及矿产勘查、矿产开采、矿业权管理、矿产资源税费、矿山安全、劳动安全卫生、环境保护、法律责任，对矿业企业形成了强有力的约束作用。国家层面，能够对矿业企业进行约束，推动矿业企业发展绿色矿业的法律法规包括《矿产资源法》《矿产资源法实施细则》《矿产资源监督管理暂行办法》《安全生产法》《环境保护法》《清洁生产促进法》《循环经济促进法》《环境影响评价法》《矿产资源开采登记管理办法》《矿山地质环境保护规定》等；地方层面，湖南省出台了多项法规和规范性文件来约束矿业企业的行为，包括《湖南省矿产资源勘查实施方案审查管理办法》《湖南省矿业权招标拍卖挂牌出让管理办法》《湖南省地质矿产中介服务管理暂行办法》《湖南省违反矿产资源管理规定责任追究办法》等。这些法律法规对我国矿山企业应该履行的基本社会责任进行了规定，如环保责任、安全责任、资源利用责任等，推动了湖南省矿业经济的绿色发展。

除了法律约束机制外，正式制度下还有政府的矿业监管。矿业监管是地方政府通过矿业政策对地方矿山企业的经济行为进行设定和干预，以合理规划矿产资源开采，实现能源资源优化配置。① 政府的矿业监管和法律约束一样，都是在体制机制上给矿业企业一种权威性的震慑，从而约束企业行为。虽然我国目前在矿业监管方面做得还不够，但是仍然具有涵盖国土资源部门、环保部门、水利部门、农林部门、安监部门等多个部门的监管体系，每年通过定期检查、联合检查、突击检查、环境检测等方式对矿业企业进行监管。

社会监督也是促进矿山企业严格按照绿色标准进行生产活动和保护环境的重要途径，尤其是在如今这个信息时代，信息的传播快、影响大，社会舆论的影响力日益增强，甚至超过了政府。为了生存，任何企业组织都不能忽视社会舆论的影响力，矿业企业也不例外。一旦矿业企业对环境造成一点破坏就有可能深处社会舆论的漩涡之中，影响企业形象，给企业带来经济损失，甚至可能造成矿业企业破产。正是由于这种广泛的社会监督的存在，矿业企业在绿色矿山的建设上才由被动变为主动，自觉开展绿色生产，自觉保护生态环境。社会监督的存在，使矿山企业发展绿色矿业不再是一种"企业行为"，而成为一种真正的"社会行为"，使矿山企业清醒地认识到发展绿色矿业、履行社会责任是企业发展经营过程中不可避免的，是必需的，进而促进矿山企业更加主动地承担起属于自己的社会责任。为此，应建立多层次的监督网络，形成完善的社会监督机制，以推动矿山企业社会责任意识的不断提高，也推动矿山企业管理

---

① 刘香玲，魏晓平. 基于矿业监管博弈的激励约束机制研究［J］. 技术经济与管理研究，2010（3）：8.

水平不断提高。

三、统筹协调机制

资源环境具有外部性特征，这就决定了矿业经济的绿色发展需要开展多方、多领域的合作交流，才能实现经济效益、社会效益、生态效益和环境效益的统一。因此，实现政府、企业、非政府组织和公众之间的统筹协调，上级政府与下级政府之间的统筹协调，各区域、各行业之间不同层面、不同领域之间的统筹协调是保证湖南省矿业经济绿色发展的关键。

（一）各参与主体之间的统筹协调

矿业经济的绿色发展是一个复杂的、系统性的工程，必须充分发挥各方力量，充分发挥政府、企业、非政府组织及公众在推动矿业绿色发展中的不同作用，形成合力，实现不同行为体之间的协同发展。各参与主体之间的协调首先需要各行为体分工协作，各司其职。政府是矿业经济绿色发展的有力推动者，要通过法律、制度和政策三种手段保障矿业经济的绿色发展。矿业经济的绿色发展需要政府制定相关的法律，既约束矿业企业的行为，也为矿业企业保障其利益提供法律保障。政府通过完善相关规章制度，出台相应的政策，为矿业企业提供公平、自由竞争的良好环境，简化办事流程，提高办事效率，让矿业企业与政府之间的联络沟通更为顺畅，从而确保矿业经济的有序发展。矿业企业要和政府保持积极的沟通，出现问题时要向政府反馈，不能隐瞒不报，避免将事态严重化。矿业企业也要与非政府组织保持良好的协调机制，充分发挥非政府组织在矿业经济绿色发展中的作用。同样的，矿业企业也要与矿业社区、公众保持良好的关系，积极履行社会责任，接受公众监督。而非政府组织和公众在对矿业企业进行社会监督的时候，也要同矿业企业进行充分的沟通和协调，理性解决问题，在法律的范畴内合理、合法地解决，不能聚众闹事、野蛮维权。

（二）上下级政府之间的协同

下级政府承担着双重责任，既要作为上级政府政策的贯彻者和执行者，同时又要肩负着促进本地区经济发展的责任。为了提高本地区的经济发展，地方政府在招商引资、发展工业方面往往有着较强的积极性，但是当招商引资、发展工业与上级政府的政策目标相矛盾时，地方政府更多地是从自身立场上进行考虑，与上级政府进行"博弈"，对政策的执行降低力度，或者变相敷衍，这种问题的出现根本在于体制问题。发展绿色矿业要求地方政府在招商引资上提高准入门槛，严格把控，还要加大对绿色矿山建设以及矿山地质环境的保护与治理的财政支出，而发展绿色矿业见效慢，难以快速取得财政收入，这就挫伤了地方政府在发展绿色矿业方面的积极性。只能靠上级政府的权威监督执行，地方政府缺乏主动性，导致绿色发展效果不显著。解决这个问题关键在于推进体制改革，转变政府职能，加强政府的市场监管、社会管理和公共服务职能。妥善处理好上级政府与下级政府的权限、职能和责任，改革财政体制，加大上级政府对下级政府的转移支付，对矿业权收入可以适当提高下级政府的分配比例，确保下级政府财权与事权相统一，将下级政府从招商引资、增加地方财政收入上解放出来，实现上级政府与下级政府目标的协同一致性，发挥下级政府积极性，共同致力于矿业经济的绿色发展。

（三）部门间的协调沟通

绿色矿业经济的决策、管理和监督可能涉及多个部门，包括综合、环保、林业、农业、水利和建筑等部门。为了各部门能够职责清晰，在出现问题时自觉、顺畅地解决问题，就需要构建一个协调统一、步调一致的体制机制，例如各部门可成立一个协调委员会，协调委员会可被赋予在出现问题时召开紧急会议的权限，由协调委员会制订方案，并监督各部门将方案贯彻落实。矿业经济的绿色发展离不开政府的监督与管理，但是由于当前各部门自成一体、各自为政的现象比较突出，因此不仅需要在政策制定时就对综合、环保、林业、农业、水利和建筑等部门的职责进行划分，也需要事先做出科学的预估，建立相应的机制来加强各部门之间的协调沟通和协作，从而保证各部门能够做到决策科学、权责一致、分工合理、执行顺畅、监督有力，为矿业经济的绿色发展提供强有力的组织保障。

（四）区域间的协调发展

建立健全区域协调发展机制，对于湖南省矿业经济的绿色发展有着重要的现实意义。长期以来，湖南省乃至全国都存在比较严重的行政壁垒，突出地表现为地方保护主义。政府官员不合理的政绩观念导致某些地区为了招商引资，放低准入门槛，甚至不惜提供低成本矿山。投资商对矿山的粗放式开采，对矿山地质环境造成了很大的破坏。因此，发展绿色矿业就需要建立区域协同发展机制。第一，在资源的开发利用上，各地政府官员必须树立正确的思想观念，对于跨行政区的、邻近的矿山可以建立一个合作机制，在这个基础上进行矿山整合，优化矿山布局，实现规模化、集约化发展。第二，在资源的开采、利用上统一规划，协同发展，提高资源开发利用的协同效应，防止出现因不合理竞争导致矿产资源低价竞卖的现象。第三，促进区域内生态环境的共同保护和治理，积极探索区域资源保护一体化合作新模式，促进区域生态环境的防治，例如对于因不合理的矿山开发导致河流污染的现象，上下游政府要密切开展合作，共同负责污染治理，避免因相互推诿、扯皮导致污染扩散的管理空白。

（五）行业间的协同发展

矿业经济的绿色发展涉及了多个行业，尤其是在当今产业融合不断加快的时代背景下，发展绿色矿业经济不仅仅需要本行业绿色化，也需要电力、钢铁、能源、化工、金属冶炼、机械制造、建筑、运输、服务、银行、金融以及信息技术等行业的绿色化的协同。同时，加强和行业间的协作，消除行业壁垒，促进跨行业的循环经济和资源的综合利用，减少资源的浪费。

行业协同发展案例

化工行业：化工技术与矿业密切相关，化工行业的发展有助于提高矿产资源的选冶水平，能够极大地提高矿产资源的萃取率和综合利用水平，也可以减少对环境的污染。

机械制造行业：机械制造行业的发展可以生产出更多高精尖设备，使得矿业开采的机械化水平更多，同时也能有效地避免对矿山地质环境造成破坏。

旅游行业：废弃矿山可通过改造变为旅游景点，比如开发成主题公园、探险胜地。废弃矿业企业通过装饰转变为主题酒店、主题酒吧等。

金融行业：通过发展金融衍生品和信贷服务的新形式，帮助矿业企业提高资金筹集能力。

教育行业：通过提高教育水平有助于科研院所培养更多的专业人才；创新教育方式，通过信息技术，加强对矿山企业员工的在职培训，提高从业水平。

信息技术行业：通过提高信息技术可以有效地提高矿产资源勘查的效果，并对矿山进行实时监测，加强对废弃物的管理，避免对环境造成破坏。

四、多主体参与机制

建设绿色矿山，发展绿色矿业，需要不同层次政府、矿业企业、矿业社区、非政府组织和社会公众的共同参与。在发展绿色矿业经济的过程中，每个参与主体都在其中发挥着重要作用。政府的主要职能在于宏观层面上的制度约束、监管、政策和资金的支持。矿山企业作为绿色矿业发展的主体，通过依法办矿、规范管理、科技创新和企业文化建设实现矿产资源的综合利用、节能减排，进行环境保护和土地复垦，积极履行企业社会责任，实现社区和谐。非政府组织在绿色矿业发展中发挥中介作用，为政府和企业提供建议、服务和管理，充当着辅助性角色，同时也充当着监督者角色。而矿业社区和公众在绿色矿业发展中则主要充当监督者的角色，通过参与政策制定以及举报、上访等社会监督方式对政府和企业行为进行约束。

（一）政府

政府是矿业经济绿色发展的引导者和促进者，并且绿色矿山的建设涉及多层次政府、管理层、操作层等，是一项综合性非常强的工作，需要多部门协同推进。因此，要充分发挥政府的作用，通过制定法律、制度和政策，加大对矿业经济关键领域和核心技术的投入和研发，加强对绿色矿业经济发展的监督和管理，推动矿业经济绿色发展。尤其是通过财税体制改革，发挥地方政府的积极性和主动性，使绿色矿山建设能够顺利推进。同时，在政府相关部门的指导下，委托矿业行业组织（如中国矿业联合会、自治区矿业联合会）开展不同层次、不同矿种的"绿色矿山"评价标准的制定、修改和完善工作。制定和完善绿色矿山评价机制，通过树立不同层次的绿色矿山建设典型，发挥示范、模范带动、促进作用，引导地区内不同矿种、不同层次矿山，自觉按照相应的标准，推进绿色矿山建设进程，不断改进原有的开发和利用方式，提高开发利用效率，加强矿产资源的循环利用、促进矿区节能减排，落实矿山企业的社会责任，达到"开采方式科学化、资源利用节约集约化、生产工艺环保化、闭坑矿山生态化、企业管理规范化"这"五化"标准，更加有力地促进绿色矿山建设、绿色矿业经济发展战略的实施。建立健全目标责任制、绩效考评制及责任追究制，要求各矿山把实施战略目标，纳入矿山领导政绩、矿工业绩的考核范围，并把绿色矿山建设考核与退休金制度挂钩，从而避免各层次领导，受任期影响，导致推进绿色矿山建设工作时断时续的"短期行为"；追究因行政不作为，未按规划要求完成绿色矿山建设任务的部门负责人的责任。在建立健全各项监督管理制度的基础上，完成战略目标规定的各项任务。

（二）企业

建设绿色矿山，矿山企业是主体。充分发挥好矿山企业的主体作用是实现绿色矿山建设格局战略目标的关键。矿山企业要从实际出发，认真制定绿色矿山建设发展规划或方案，明确目标任务、进度和措施，加快建设步伐。切实按照绿色矿山的标准条件，以依法办矿作为前提条件，以资源利用、保护环境、节能减排与社区和谐作为工作核心，以企业文化和规范管理作为重要手段，全面推进绿色矿山建设的各项工作。各地也要加大制度、政策的供给力度，充分调动矿山企业积极性，将绿色矿山建设要从"要我建"转变为"我要建"，这是实现绿色矿山建设目标的关键。只有发挥好矿山企业的积极性和主动性，提升矿产资源开发水平，不断改善生态环境，和谐矿群关系，才能真正实现建矿一处、造福一方的目标。

矿业企业以牺牲环境和资源为代价来换取经济利益，因此需要承担外部社会责任，首先是环境保护责任、资源效益责任和社区发展责任；其次，需要承担内部责任，包括安全生产责任、市场效益责任、员工权益责任等。矿业企业履行的外部责任与矿业领域正在积极开展的国家级绿色矿山建设的要求是一致的，应统筹兼顾，因势利导。绿色矿山建设的要求包括依法办矿、规范管理、综合利用、节能减排、科技创新、环境保护、土地复垦、社区和谐、企业文化建设。矿业企业在履行社会责任时，应该全面执行国家级绿色矿山建设要求，加强行业自律，提高行业积极性。社会责任的履行是绿色矿山建设推行的出发点和落脚点，矿业企业要将绿色矿山建设的基本要求和社会责任融合起来，真正实现"建矿一处，造福一方"，寻找实现自身可持续发展的新路径。

（三）社区

矿业社区是一个居民受到附近矿业开发显著影响的地区，其范围大到城镇、小到村庄。ICMM 认为，"社区指拥有共同的信仰价值、稳定的成员关系和连续的互动预期的社会团体。社区可以作为拥有共同利益的个人团体，并根据地理位置、政治或是资源界限或是社会性质来定义"。一般来说，矿业社区是指紧邻矿区和周围区域受到采矿活动影响的居民。矿业社区可以认为是受矿业开发影响的地理空间范围内的居民集合，具有一定的组织体系和利益目标。矿业公司与矿业社区的发展直接相关，通常矿产资源所在地经济社会发展相对落后，地方政府行政能力较弱，矿业公司经常直接承担矿区的可持续发展计划。进入 21 世纪，矿业公司的社区政策开始扩展到促进当地经济发展、雇佣当地居民、促进小企业发展，逐渐从短期利益分享转到促进社区长期可持续发展。

矿山企业促进矿山社区可持续发展是其承担社区责任的最终目标，矿山企业对矿山社区的责任是法律规制、市场调节以及社会道德共同作用的结果。首先，我国已出台相关法律法规保护矿山社区的合法权益，即矿山企业占用土地需以土地所有者的同意为基础，需以签订征迁合同的方式严格贯彻落实国家有关被征地农民社会保障的规定，需按照"先保后征"原则，保障被征地农民生活水平不因征地而降低，长远生计有保障。其次，矿山企业入驻矿区承载着矿区居民"开发一地资源、造福一方百姓"的期待，因此矿山企业还需努力探索矿产资源开发利益共享机制，带动矿区群众稳定增收。从社会道德而言，矿山企业具有生命周期，"因矿而兴、因矿而衰"的现象屡见不鲜，矿山企业应具备战略眼光：在矿山的成长与繁荣期就着手防范"资源诅咒"，如发展矿山的接续产业，建立"可持续发展基金"用于矿山闭矿后经济的发展等。

（四）非政府组织

非政府组织是矿业经济绿色发展中的重要参与者，也是矿业经济绿色发展中的监督者。在发展绿色矿业过程中，应充分发挥社会团体的"中介"作用，尤其是各级矿业协会、学会的优势作用，加强对各类矿山企业的调研工作，反映矿山企业在发展绿色矿业方面的需求；加大绿色矿业宣传工作，积极树立典型绿色矿山企业形象，提高全民绿色发展意识，大力推进绿色矿业的健康发展。不同类型的非营利性组织活跃在不同领域且具有显著的专业性。比如，矿业工会应为矿工的合法权益与矿山企业进行积极的讨价还价；矿业行业协会应为不同企业搭建信息沟通渠道和交流平台，促使矿山企业承担社会责任的宝贵经验及丰厚成果在企业间进行共享，为缺乏经验的矿山企业指明承担社会责任的努力方向等。

加强各行业协会与矿山企业的沟通联系，充分发挥桥梁纽带的作用。一是加快提出完善绿色矿山建设的具体标准、政策、办法等建议，积极做好绿色矿山建设中的各项业务支撑及服务与管理工作；二是通过对绿色矿山建设内容和要求进行深入研究，逐步形成较完整的、与时俱进的分行业、分地区的绿色矿山建设评价指标体系，科学指导绿色矿山建设；三是要建立健全一整套绿色矿山建设的考核管理办法，不断完善分区域、分行业、差别化考核标准和制度体系，使绿色矿山建设走上规范化、制度化管理的轨道；四是积极打造交流平台，切实加强宣传推广和信息共享，推进企业履行《绿色矿山公约》和社会责任，促进更多企业开展绿色矿山创建，推进绿色矿山建设向纵深发展。

（五）公众

公众是绿色矿业的消费者，是绿色矿业经济的重要主体，也是绿色矿业发展的监督者。公众的参与有利于提高矿产资源管理决策制定的科学性和公平性。近年来，政策制定者、专家和利益代表者逐渐在公众决策问题上发挥着合作决策作用，这有利于提升公众对生态环境的保护意识，有助于培养公众可持续利用资源的价值观，使公众在参与过程中自觉意识到矿产资源的稀缺性和保护资源的必要性。因此，要通过宣传引导，增强公众参与绿色矿业建设的积极性，发挥公众参与决策的能动性，发挥其监督作用。公众的参与应当做到以下几个方面：

一是参与行为的法制化：整个参与行为都应当在国家法律层面给予明确规

定和保障。

二是参与主导的非政府化：参与主导者逐渐由政府过渡到非政府组织，直至公众自觉参与。

三是参与意识的持续强化：通过构建顺畅的参与途径，让公众乐于参与，从而实现由最初的探索性和感召性逐渐转变成自觉参与，参与意识逐步增强。

四是参与主体的广泛化：参与主体不仅包括利益相关者，也包括利益无关者，同时也指参与阶层、参与行业的多层次化、广泛化。

五、多重保障机制

绿色矿山的建设，矿业经济的发展离不开各方面的支持，而矿业经济绿色发展机制的良好运行也需要机制的系统结构合理且完善。总的来说，多重保障机制主要是指通过构建涵盖制度保障、组织保障、资金保障、技术保障和人才保障等诸多方面的完善网络，从而为湖南省矿业经济的绿色发展提供充足的发展动力，不断推进矿业绿色发展体系的建立和完善，为湖南省矿业经济绿色发展提供全方位、多角度的支持。

（一）制度保障

建设绿色矿山、发展生态矿业作为生态文明建设的重要组成部分，必须有健全的法律法规制度保障和切实可行的配套政策支持。2010 年国土资源部出台《关于贯彻落实全国矿产资源规划发展绿色矿业建设绿色矿山工作的指导意见》（国土资发〔2010〕119 号）及《国家级绿色矿山基本条件》，进一步明确提出了建设绿色矿山的目标以及条件等，我国绿色矿山建设进入实际操作层面。2011 年，"发展绿色矿业"被纳入《国民经济和社会发展第十二个五年规划纲要》，上升为国家战略。2016 年 11 月 29 日，国土资源部又发布了《全国矿产资源规划（2016—2020 年）》，湖南省在此基础上又出台了包括《湖南省矿业权评估管理办法》《湖南省矿产资源勘查实施方案审查管理办法》《湖南省矿业权招标拍卖挂牌出让管理办法》《湖南省地质矿产中介服务管理暂行办法》《湖南省违反矿产资源管理规定责任追究办法》等法规和条例以及其他通知。为了保证湖南省矿业经济绿色发展，还需要从以下几个方面着手：

第一，必须从源头抓起，建立矿产资源开采准入制度，确保准建矿山合法合规，同时配套相应的支持政策；第二，政府主管部门需建立矿产资源生态补偿机制，保证矿产资源开发利用过程中的生态环境保护与治理补偿投入；第三，政府相关部门要做好绿色矿业与绿色矿山的建设与发展规划，既避免重复建设与有始无终，又要在科技创新、节能减排、土地复垦等方面有明确的处理措施，避免重立项、轻建设的弊端；第四，建立绿色生态矿业的评价指标体系，从技术层面做到绿色矿业建设考评有章可循；第五，建立绿色矿山建设的激励机制、惩罚机制及其考评机制，把激励和约束有机结合起来，切实要求矿山企业必须承担矿山环境的保护和社会责任。通过建立健全各种规章制度、管理机制和措施，从而实现对湖南省矿业的科学化、规范化管理。

（二）组织保障

矿业经济的发展离不开一个完善的组织管理体系，这个体系既包括了矿业企业，也包括政府部门和非政府组织。首先，矿业企业成立一个专门的领导小组，负责绿色矿山建设的统筹协调、规划指导。形成以矿长为组长、各主管副矿长为副组长，由专家、工程师和技术人员组成的智囊团，对绿色矿山重点工作进行调度和平衡，从专业的角度为绿色矿山的建设出谋划策。同时，形成涵盖开采、生产、技术研发、生态保护、地质修复的组织体系，以完善的规划管理、实时动态监测保障矿业经济的绿色发展。其次，湖南省政府应成立专门的绿色矿山建设委员会，负责对全省及各地市的绿色矿山建设进行规划和协调。并且，在委员会的指导下开展关于绿色矿山建设的立法、规划和政策的制定。各级国土资源管理部门成立宣传办公室，向社会积极宣传绿色环保理念，使绿色发展理念深入人心。同时，省市县各级国土资源管理部门要建立健全绿色矿山标准体系，组织好试点示范，加强对矿山企业的引导和激励，稳步推进各项工作的进行。最后，充分发挥矿业协会的作用。在绿色矿山建设的过程中，需要各级政府部门、行业协会和矿山企业的通力配合。充分借助矿业协会的力量，协助政府有关部门对绿色矿山建设标准和评审管理办法的起草和修订工作，推进绿色矿业发展的相关交流活动。

（三）资金保障

资金保障是发展绿色矿业经济的基本条件，只有持续的资金投入才能保证技术的创新、生态环境恢复治理的推进，各参与主体应当在保证正常投资力度、投资范围的基础上进一步扩展资金渠道，按照绿色矿业的发展规划，保证各计划目标的实现。湖南省绿色矿业的建设资金主要可以通过以下几个渠道进行筹集：第一，国家鼓励。针对绿色矿山的建设，国家应当实施财政扶持，对绿色矿业企业加大扶持力度，保证其能够按照绿色矿山的标准继续开展生产和建设。同时，国家应当为国家级绿色矿山企业提供专项资金，鼓励矿业企业开展绿色生产、节约资源，通过这种专项补贴在社会上形成一种激励机制，引导更多矿业企业自觉加入到绿色矿山、发展绿色矿业经济的行列。实行税收优惠，针对绿色矿业企业可以给予更多税收优惠，提高出口退税率。第二，地方政府支持。湖南省政府及地方政府可建立绿色矿山示范基地，在保证国家财政扶持力度、税收优惠及专项资金落实的基础上对示范性矿业企业和国家级绿色矿山及升级绿色矿山提供专项补助。第三，企业自筹。矿业企业仍然是资金筹集的主体，矿业企业应加快资源整合，提升资源综合利用水平，加大节能减排工作力度，降低资源消耗和能源消耗，从而达到提升经济效益的目的。同时严格规划土地复垦工作，根据多家矿山企业的土地复垦规划来看，该项工作除了带来良好的环境效益之外，还能给企业带来部分客观的经济效益。矿山企业的发展应严格按照国家级绿色矿山建设标准，将绿色矿山建设资金规划列入企业中长期发展规划之中，在年度生产经营计划中设立绿色矿山建设专项基金。加强审计和监管，各级部门对专项资金落实情况进行监督管理，保证资金逐项完全落实，确保经费投资额度、资金流向和使用情况的真实性和有效性。

（四）技术保障

科学技术是第一生产力，矿业的性质决定了绿色矿山的建设是一个对技术要求高且工作量大的系统工程，必须以科学技术做支撑，将先进技术应用到矿业发展的各个阶段和环节中。只有坚持科学发展，坚持人才战略，通过不断加大科技投入和科技创新，才能革新落后的生产方式，实现节能减排、清洁生产，实现集约化发展，提高矿产资源的利用率，最终实现资源效益、环境效益、生态效益和经济效益的最佳化。矿业经济发展的技术保障主要涵盖以下几个方面的内容：一是健全的环境监测信息化技术体系。为了满足矿区环境监测信息化建设和绿色矿山管理的需要，在资源的开发利用过程中加大对可能造成污染的区域进行重点监控、实时监控。具体地，以信息化管理理论为指导，以可视化技术、实时监控技术为手段，以矿区环境监测模型为内核，辅以人工智能技术，建立综合矿区环境观测、信息传输和转换、发布及治理一体化的矿区环境监测、综合分析评价、发布及治理支持系统。二是绿色开采技术。积极推广国家绿色矿业联合会建设的开采技术标准，最大限度地减少矿区地层的扰动和水源污染，减少矿区废水、废渣、废气的排放。同时，在矿业开采过程中采用如沿空送巷、无矿柱开采、一次性采全高等工艺技术，通过先进的生产工艺流程，将所有的原材料、能量、废弃物、污染等资源，在资源—生产—消费—二次资源的循环中，实现减量化、资源化、无害化、低碳化。三是绿色选冶技术。在矿产品的选冶过程中，运用包括破碎粉尘控制技术、新工艺浮选技术、废弃物（尾砂）循环利用技术、生物浸出技术等提高矿产品的利用率，减少"三废"的排放。四是生态恢复工程技术。积极推广高效、低耗污染处理技术，积极发展适宜的生物处理技术，鼓励采用综合处理模式，达到保护矿区生态环境的目的。同时坚持因地制宜、技术可行、设备可靠、规模适度、治理与利用相结合的原则，综合利用基质改良技术、化学改良技术、生物改良技术、防治水土流失技术、矸石山生态快速绿化技术等，使废弃的矿区土壤和生态得到恢复和改良，创造一个良好的矿区生产和生活环境。

（五）人才保障

发展绿色矿业的关键在于管理、在于技术，而这一切都取决于人才。管理既指矿山企业的管理，也包括政府部门的管理，尤其是矿业部门的管理。矿山企业能否自觉加大对技术的投入、进行技术创新，很大程度上取决于管理者的理念。在开采和生产环节，了解世界矿业发展趋势、熟悉矿业发展规律、坚持科学发展的管理者才会坚持开展节能减排，运用科学技术提高矿产资源的利用率，才会主动在发展企业自身的同时减少对生态环境的污染和破坏。有效的政府管理应该能够坚持科学发展观，能够对当地矿业行业做出科学的规划，针对当地实际情况能够出台科学合理的政策和指导意见，保证矿业的绿色发展。人才是技术开发的基础，只有不断加大技术投入、通过人才激励制度，才能保证技术产出。就湖南省当前的形势而言，应当以企业为主体，加大研发投入，开发具有自主知识产权的技术和工艺，努力突破循环经济发展的技术瓶颈，以技术创新推动循环经济发展。还要积极开展与省外国外的技术交流与合作，通过消化吸收先进技术缩小差距。在研发体制方面，坚持政府推动与市场化运作相结合，促进官、产、学、研的联合，合力打造开放性的科技研发平台，积极寻求在科研院所、企业、高等院校三者间成立战略联盟，以信息交流为载体，以联合攻关为纽带，争取在关键技术和重要产品研制方面找到突破口，促进科研成果的有偿使用，降低重复、低水平的科研劳动成果，实现科技研发资源的集约化、科研成果的高水平应用化。同时，地矿类高校和科研院所一方面要及时调整相应培养体系，既要满足绿色矿业建设对人才的需求，又要注重理论与实践并重的人才培养。

六、创新驱动机制

实现矿业经济的绿色发展必须探索全方位的创新道路，主要应从这四个方面开展创新：管理创新、理念创新、技术创新和制度创新。

（一）管理创新

从长远看，管理创新是矿业经济绿色发展的重要方式。当前，我省尚未形成绿色矿山的评估体系，缺乏具体的评估指标，在对绿色矿山考评时没有具体的操作指南。因此，当务之急就是通过组织专家学者研究制定出符合我省实际情况的评估体系，出台具体的操作指南，公平地对矿业企业进行考评和奖励，对当地政府的能力进行科学合理的评价。同时，创新监管模式，一是进行联合执法。积极发挥国土、环保、林业、财政、农业、水利、计划等职能部门的作用，做到分工负责，齐抓共管，协同作战，形成一个由政府推动，国土、环保监督，矿山企业负责，社会各界参与，全方位治理整顿的良好管理体制。二是全程管理。将矿山地质环境保护贯穿勘察、基建、生产、闭坑等矿业活动的始终，改过去的末端治理为及时治理。[①] 三是进行动态监管。重点关注矿山地质环境评价制度，环境监测体系，保护方案执行情况，恢复治理和土地复垦进度、质量和效果。对矿山地质环境破坏严重的矿业企业实行限期整改、停产整顿和关闭的措施。四是信息化管理。积极建设矿山地质环境监测数据库及信息系统，促进政府与企业之间的信息交流，确保国土资源管理部门动态掌握矿山信息，分析矿山现状，加强宏观管理和正确决策。除了创新监管模式，还要在奖助方式、支持方式上进行创新，不能只有约束机制的创新，也要有激励机制的创新。

企业在矿业经济绿色发展过程中首先需要对比政府出台的标准找到自身生产活动中的差距，针对差距不断进行改善，或革新技术、引进人才，或加强管理和监督。同时，开展管理变革，从管理机构上按照现代矿业发展的趋势，根据现代矿业的生产流程和技术撤销、新设管理机构。不仅如此，还需要对生产系统进行改造，彻底变革落后的生产方式，提高生产工艺和技术水平，及时对生产设备进行更新换代。总而言之，企业要从管理上加大创新力度，将绿色化贯彻到企业的每个生产环节，要抓住国家和湖南省大力发展绿色矿业的机遇，通过获取政府的支持，实现生产工艺与技术的革新，为企业的可持续发展提供充足的动力。

（二）理念创新

社会在发展进步，形势在变化，要想可持续发展就必须与时俱进、创新思维，用新观念、新措施来指导工作。理念创新要求矿业各参与主体树立绿色发展、可持续发展的观念。各行为主体要认识到，矿业经济的绿色发展是矿业发展的必然之路，发展绿色矿业从长远来看是具有重要意义的。当地政府要抛弃过去只顾发展经济、忽视矿山地质环境保护的观念，对于矿业的进入者要严格

---

① 陈永明. 矿山地质环境治理之德国经验［J］. 国土资源导刊，2010（5）：62-63.

把控，欢迎有能力、有意愿发展绿色矿业的投资者，拒绝没有环保观念、只顾经济利益的投资者。矿山企业要认识到发展绿色矿业对于企业自身的发展是具有重大推动作用的，既可以从政府方面直接获得补贴，又可以通过发展绿色矿业获得更多的利润，虽然短期获利少，但是从长远来看，所获利润之总和远比各年份要多。矿业社区要认识到，发展绿色矿业与自身息息相关，要通过监督，促使矿山企业自觉履行社会责任。非政府组织和公众要认识到自身在保护生态环境方面有着重要作用，要敢于、善于通过监督矿业企业行为来维护生态和谐。

（三）技术创新

技术创新是矿业经济绿色转型的关键，绿色转型所需技术涉及诸多科学领域，不仅包括了生物工程、环境科学等新兴学科，也包括物理、化学、工程学等传统学科的新知识，是人类知识体系的绿色化集成。因此，技术创新的成本是很高的，并且具有一定的风险性，这就需要加强规划，并为企业和科研院所绿色技术的研发、应用提供制度和资金支持。同时，技术的创新既要对传统产业技术进行绿色化升级改造，又要加强对新的开采技术和选冶技术的研发与应用。技术的创新应以矿业企业为主体，坚持自主创新，采取开放、集成的创新模式，通过开放与合作，有效吸纳、利用、整合全国乃至全球的创新资源，同科研院所开展密切合作，尤其是同湖南省科研院所加强联系交流，为其提供创新试验基地和平台。

（四）制度创新

从国外经验及国内条件来看，加快矿业经济绿色转型、培育和发展绿色矿山，必须坚持"政府指导、市场化推进"的方式，以公平竞争为原则，以合理适度的政府调控为特征，以尊崇法制为规范。狠抓制度建设，建立和完善各地矿山地质环境治理与保护的责任机制、投入机制、补偿机制、利益平衡机制，用市场机制来调节矿山企业的行为，用责任机制来调整政府和矿山企业的关系，用利益机制来调动市场主体的积极性，使制度创新成为矿山地质环境治理的动力，促进矿业经济可持续发展。在矿业经济绿色发展过程中，政府要在战略规划、财税扶持、环境规制等方面加大创新力度，建立完善的、符合湖南省矿业经济绿色发展要求的产业政策体系和管理体制，同时不过度干预市场，发挥市场自身作用，倡导公平竞争。

第三节　湖南省矿业经济绿色发展机制优化对策

我国绿色矿业发展起步比较晚，直到 2007 年国土资源部在中国国际矿业大会上将"坚持科学发展，推进绿色矿业"定为大会的主题，绿色矿业的正式概念才被提出。虽然我国绿色矿业起步比较晚，但是发展比较迅速，取得很大的成就。2009 年 1 月，国土资源部发布了《全国矿产资源规划（2008—2015）》，明确要求到 2020 年要基本建立绿色矿山格局。而截至 2015 年底，已经有 661 家矿山企业成为国家级绿色矿山试点单位。在国家大力发展绿色矿业的背景下，湖南省从制度、政策各方面都出台了一些文件和通知，极大地推动了湖南省绿色矿业的发展，但由于在立法、管理、制度、技术和人才方面没有跟上来，仍然存在着许多问题，湖南省矿业经济绿色发展机制运行不顺畅，无法发挥更大的作用。因此，有必要整合资源，通过加大各方面投入继续深化绿色矿业改革，完善湖南省矿业经济绿色发展机制。

基于以上对矿业经济绿色发展机制的概念、内涵和特征的分析，对湖南省矿业经济绿色发展机制的内容和运行原则的研究，湖南省矿业经济绿色发展机制主要可以从以下几个方面进行优化：

一、制定科学的矿业经济绿色发展规划

规划是一切实践的先行者，要使矿业经济走上合理开发利用资源与依法保护环境并重的健康发展之路，达到既开发利用资源又有效保护环境之目的，则必须首先编制矿产资源开发利用与环境保护之规划。通过制定科学的矿业经济绿色发展规划来指导绿色矿业的发展，不仅明确目标任务、进度和措施，加快建设步伐，推进绿色矿业向纵深发展，而且避免了"走弯路"。

当然，矿业经济绿色发展规划不只是国土资源管理部门需要制定，同时矿业企业也需要制定。国土资源管理部门需要在《全国矿产资源规划（2016—2020 年）》的基础上，根据湖南省实际情况，继续细化相关要求，按照到 2020 年全国绿色矿山格局基本形成的目标要求，从规划指导思想、目标、原则、主要任务和保障措施等方面对"十三五"时期湖南省绿色矿山建设工作做出总体规划部署。同时，国土资源管理部门应鼓励矿山企业从自身实际出发，制定绿色矿山开发保护方案和发展规划，在总结现有矿山绿色矿山建设工作的基础上，按发展需要加以编制规划，重点说明规划的背景，编制的依据、规划的定位、规划期等内容。督促矿山企业制定出合适的矿山环境保护规章制度及完善日常保护环境的运行机制，并落实好企业社会责任。要通过规划的制

定促使矿山企业努力抓好环境保护工作，完善环境保护经济责任制、环境保护工作否决权制，使矿山企业把矿山环保、绿化工作作为考核企业领导干部业绩的主要内容之一。通过制定科学的发展规划，促使企业将矿业经济绿色发展贯彻到实际行动中，从而保证矿业开发与环境保护同步进行。

二、推动矿业发展方式转型升级

长期以来，湖南省矿业经历了长时间的粗放发展，主要表现为"高投入、高消耗、高污染、低质量、低效益、低产出"和"先污染、后治理"，导致矿产资源浪费严重、环境恶化、结构失衡，严重制约了矿业经济的发展。而要改变这一现状就需要实现矿业经济的绿色转型，推动矿业发展方式的转型升级。只有坚持以资源集约利用和环境友好为导向，以绿色发展为核心，坚持走新型工业化道路和可持续发展战略，才能获得经济效益和环境效益的双赢，最终实现矿业经济的绿色发展和持续发展。一是深化重要矿产资源开发整合。以煤、铁、锰、铅、锌等11个矿种为重点，在重点矿区进一步推进资源的开发整合，做大做强一批优势矿业企业。二是健全市场配置机制。深化资源性产品要素市场改革，建立反映市场供求关系、资源稀缺程度、环境损害成本的资源价格形成机制；加强矿业权有形市场建设；推进矿业权网上交易，形成全省统一、开放、竞争、有序的矿业权市场。三是提高矿产资源综合利用水平。完善开采回采率、选矿回收率等技术经济指标体系；科学合理地确定勘查开发工业指标；开展综合勘查、综合评价、综合开发利用，对暂不宜开采的贫矿或暂不能回收的共伴生矿产加以保护。四是延长矿产资源产业链条。推进有色等优势矿产的精深加工，加大非金属优势矿产的开发力度，积极开展对低品位、难选冶矿产选冶技术的研发及矿山尾矿、废渣的综合利用；鼓励发展矿业循环经济；依托资源优势，支持引导矿业企业实行强强联合，建设特色矿业园区。

三、加深各参与主体的合作交流

绿色矿业的发展是一个系统工程，既联动多级政府、多个部门，又事关企业和社会；既需要技术支撑，又需要政策支持；既需要企业主动作为，又需要政府引导推进。因此，只有形成上下联动、部门合作、政府企业社会共建的新机制，加深各参与主体之间的合作交流，才能有效推进矿业可持续发展。一是政府应该发挥引导和监督作用，协调解决好矿区企业与利益相关者的各种问题，建立社会责任奖罚机制。对于社会责任履行较好的企业，从资金、政策、税费等方面给予倾斜，加大资金扶持力度，在资源有偿使用费方面予以减免；同时规范行政行为，制止乱收费、乱罚款等行为。二是利益相关方和社会应该热情支持企业履行社会责任，为矿区发展创造良好的社会环境。带动周围更多的人参与社会责任工作，充分调动广大媒体的力量，加大宣传力度，形成良好的社会责任氛围。三是矿业企业应该将社会责任纳入自身的发展战略，在促进当地经济发展、社区和谐、环境保护等方面发挥更加重要的作用。只有借助政府的政策支持，社区的精神扶持，利益相关者的鼓励，才能形成合力，为企业积极开展资源节约和综合利用、环境保护等相关工作打下坚实的基础，才能不断提升矿山企业自身的实力，保障矿产资源的可持续发展。

四、构建矿业经济绿色发展长效机制

　　构建矿业经济绿色发展长效机制是推动湖南省矿业持续、稳定发展的有力保障，而要形成这样的长效机制就要从立法、资源配置、监督管理、金融财税等方面完善矿业发展的相关政策措施和制度，有效地发挥这些政策和制度的激励效果。首先，在立法上，紧密跟踪《矿产资源法》的修订，及时提出立法建议，做好《湖南省矿产资源管理条例》修订工作，完善矿产资源管理地方性法规和规范性文件。其次，在资源配置上，合理调整矿产资源有偿使用收入的分配比例关系，促进收益向资源原产地倾斜，促进资源开发地区可持续发展。再次，在监督管理上，完善矿业权市场准入制度，深化矿业权审批制度改革。加强中介服务机构管理，实行严格的等级评定、年度考核和责任追究。再次，在金融财税上，整合资金投入，以绿色发展理念为统领，将危机矿山接替资源勘查、矿山地质环境恢复治理、节约与综合利用等财政专项资金进行整合，统一到绿色矿山建设和绿色矿业发展平台上，集中统筹安排和科学部署，提升资金使用效益，使得绿色发展理念和政策效应得到充分发挥。制定与绿色矿山建设相挂钩的资源税费政策，形成向绿色矿山企业倾斜的经济政策体系，包括资源税费减免、所得税优惠、增值税优惠等。最后，进一步加强技术政策的约束和引导，在鼓励矿山企业加大科技投入、加强技术改造的同时，按照负面清单管理要求，淘汰矿山企业落后技术和产能。加大执法监察力度，对达不到绿色矿山标准的企业，应严格按照相关法律和法规予以处罚。不仅如此，还需要建立由政府统一领导、国土资源部门牵头，反应迅速、协调一致、高效运转的部门联动机制，维护良好的矿业开发秩序。

五、加强技术研发和人才培育

　　绿色矿山建设是一项涵盖专业面广、技术含量较高的工作，资源开发、节能减排、环境保护都需要与国际、国内最先进的科学技术相对接。由于历史和管理体制的原因，湖南省矿产资源开发利用、节能减排、环境保护等基础数据十分薄弱，应加大对矿业经济专项研究的投资，以科研攻关成果带动湖南省矿产资源开发利用水平的不断提高，促进矿产品能耗持续下降，以较低的成本取得最好的生态环境恢复治理效果。同时，发展绿色矿业是一种先进的矿业发展理念，需要有先进的科学技术提供支撑和服务，应依靠省内外的技术力量，通过项目带动、走出去请进来培训、引进人才技术等多种方式培养省内的技术人才队伍，更好地为发展绿色矿业提供技术保障。

发展绿色矿业还是一次规模宏大的行业行动，要保证发展质量，就必须要建设一支高水平、高素质的管理干部队伍，对现有矿产资源管理干部要进行分期分批培训，全面提高绿色矿业意识和矿产资源开发利用管理水平。矿山企业作为发展绿色矿业建设绿色矿山的主体，也必须树立全员绿色生产意识，将绿色矿山考核指标体系中的目标责任，分解落实到各个部门、各个岗位、各个环节，因此，企业员工也必须进行相应知识和技术培训，将发展绿色矿业的理念和建设绿色矿山的活动贯串到矿山建设生产全过程。同时还需要建立一套科学、公正的评估认定程序、一个便捷的服务平台和一支业务全面、品德高尚的专家队伍，应当充分发挥各级矿业协会（联合会）的纽带桥梁作用和人才、技术优势，为绿色矿山建设提供支撑和服务。

第七章 湖南省矿业经济绿色发展的产业链研究

据湖南省国土资源厅的统计，在已发现的141种矿产中，湖南有5种保有储量居全国首位，6种保有储量居全国第二位。其中钨、锑、铋等保有储量具有全球优势。湖南省矿产资源潜在价值达1.26万亿元，排全国第16位。矿业已经成为湖南经济社会发展的支柱产业和基础产业之一，为湖南经济社会发展提供了巨大的支持。一方面，矿业促进了湖南的工业化。湖南省统计局数据显示，现有矿山企业从业人员33万人，年产固体矿石2.57亿吨，采掘业及其延伸加工业产值占全省工业总产值的35%左右，培育了煤炭、钢铁、有色、石化、建材等多个支柱产业，其中钢铁、有色、石化产业已发展成为千亿产业。另一方面，矿业发展有力地带动了城镇化。由于一大批大型矿产地的成功发现和有效开发，冷水江、耒阳、桃林、黄沙坪等数十座新兴矿业城镇拔地而起，郴州、娄底、衡阳、湘西自治州等依托矿业发展起来的市州经济实力不断增强。湖南省矿产资源丰富，矿业经济已经成为经济发展的重要组成部分，依托矿业企业形成的产业链效应也逐渐形成。

产业链理论是发展比较成熟的理论，并且通过实践发展不断地创新和丰富。以矿产品供应需求为基础的矿业产业链发展也不是一个新的名词，但是对矿业经济绿色产业链发展的研究并不多，至今也未有一个比较统一和明确的定义。

矿业经济绿色产业链的发展不仅能够实现矿业企业的集群发展效应，为企业稳定的绿色产业链发展创造机遇，而且通过扩展产业链与社会发展的融合，促进产业链与生态环境发展的融合，提升企业负责任形象与品牌，以及落实中央绿色生态发展理念。本章主要内容包括：第一节为矿业经济绿色产业链概念，从国内外产业链缘起，到通过文献梳理我国产业链研究现状，在此基础上，提出矿业经济绿色产业链概念，即强调与经济价值和社会生态价值同等重要的价值链，以及由多元主体协同参与和构建信息交流的和谐空间链形成的矿业经济绿色产业链。第二节为矿业经济绿色产业链发展相关理论概述，主要以矿业经济绿色产业链发展相融合的有关理论为基础，梳理了共生理论、社会治理理论、竞争优势理论、企业社会责任理论和文化软实力理论，为矿业经济绿色产业链中的企业发展提供了组织自身治理与外部协同发展所需的相关理论和方法。第三节为湖南省矿业经济绿色产业链分析，通过文献资料和实地调研分析目前湖南省矿业经济绿色产业链的发展状况：湖南省矿产资源开发利用和管理水平有较大提升空间、人才缺口较大、相关矿业经济绿色产业链法律法规和政策保障措施不完善，以及目前湖南省矿业经济绿色产业链的生态环境尚未建立，包括企业对社会责任和生态环保理念的不重视，以及政府层面通过市场机制激发社会力量参与矿业经济绿色产业链发展较少。此外，提出目前湖南省矿业经济绿色产业发展面临着国际大环境低迷期影响，和国内绿色、创新相关的宏观政策与公众环保意识与法律责任意识逐渐提升对转型中企业的挑战。第四节为湖南省矿业经济绿色产业链发展的对策建议，主要包括六个方面：（1）提升绿色矿产资源利用水平，强调通过如国际合作、内部激励机制、产学研等模式提升管理技术水平。（2）拓展矿业经济绿色产业链，不仅重视上下产业链拓展，也强调以社会责任和环保理念为核心合作理念，与社会民众间的横向产业链拓展。（3）重视矿业经济绿色产业链人才培养是关键，强调跨行业多层次的综合人才的培养。（4）培育矿业经济绿色产业链价值理念是重点，明确政府、企业和社会各层面对绿色产业链价值理念培养的角色与定位。（5）构建矿业经济绿色产业链信息交流平台是保障，提议建立各利益方有效、透明的信息共享机制。（6）重视企业文化软实力构建是必然趋势，指出企业自身文化软实力所形成的独特品牌将会成为未来企业成功与否的关键因素。

第一节　矿业经济绿色产业链概念

　　产业链是一个包含价值链、企业链、供需链和空间链的四维概念，而产业链的不断深化发展与实践创新，有其更为丰富的理念与价值。本节通过对产业链的由来与发展、各领域的应用与实践的分析，总结出湖南省矿业经济绿色产业链的内涵，即不仅需要通过产品来实现以价值链、企业链为主体的模式，也需要重视与产业链配套的生态环境和社会责任发展，经济发展同生态保护与社会和谐发展共生共赢的新模式。

一、产业链的由来与发展

　　关于产业链的思想，一般认为最早来源于西方古典经济学家亚当·斯密在《国富论》中对分工的论述。该产业链主要指企业内部资源的利用，后来，马歇尔将其延伸到企业间的分工协作，可称为产业链理论的正式起源。1958年，美国发展经济学家赫希曼应用"关联效应"论述了产业的链条关系及相关概念，强调了前向联系与后向联系对于经济发展的重要意义。[①] 再后来，供应链、价值链等相关理论开始兴起，进一步丰富了产业链的理论。但也有学者认为产业一词并非舶来品，外文对产业链概念提及得非常少。[②] 我国从现有的文献资料中发现，傅国华最早在他的立项课题（1990—1993 年）中提出"产业链"一词，[③] 简新华指出经济活动中的各产业依据前向、后向的关联关系组成产业链。[④] 周路明认为，产业链是建立在产业内部分工和供需关系基础上的一种产业生态图谱。随着我国改革开放进程的不断加快，市场经济的发展水平越来越高，产业链的发展与实践也越来越丰富，因此学术界对于产业链方面的研究论文也不断增加，对产业链的定义也有着较多的研究。如有从产业关联角度来定义产业链的，鲁开垠指出，一种产业的存在成为另一种产业发展的前提或结果，每一种产业只是产业系统中的一个环节或一个片段，由各个环节或片段连成一体就变成产业链。[⑤] 也有从生产过程角度来定义产业链的。大部分学者都持有该种观点，认为产业链是从最初的自然资源生产到最终产品，然后到达消费者手中的各个环节所构成的生产链，如都晓岩、卢宁提出产业链是指某一行业中从最初原材料生产到初步加工、精加工、最终产品生产直至最终产品到达消费者手中为止的整个过程。[⑥] 还有从产业链的组成角度来定义产业链的，曹群、姜振寰认为，产业链是由价值链、供应链、知识链这三个维度有机组合、链接而形成的链网式结构模式。李平等人通过对 10~15 年有影响力的 30 个产业链概念总体样本进行内容分析，识别确定了 9 个高频词汇：链网式组织结构、各产业之间、产业各部门之间、供需关系、最终产品/消费品、各个环节、产业关联关系、自然资源/原材料、价值增值。并提出产业链的概念，认为其是各产业之间以及产业各部门之间以供需关系为基础，以产业关联关系为纽带，以价值增值为目的，由从最初原材料生产到最终产品的各个环节组成的链网式组织结构。[⑦]

① 赫希曼. 经济发展战略 [M]. 北京：经济科学出版社，1991.

② 张利库. 产业组织、产业链整合与产业可持续发展：基于我国饲料产业"千百十调研工程"与个案企的分析 [J]. 管理世界，2007（4）：78-87.

③ 傅国华. 运转农产品产业链，提高农业系统效益 [J]. 中国农业经济，1996（11）：24-25.

④ 简新华. 产业经济学 [M]. 武汉：武汉大学出版社，2002.

⑤ 鲁开垠. 解析产业链 [J]. 珠江经济，2002（5）：32-33.

⑥ 都晓岩，卢宁. 论提高我国渔业经济效益的途径：一种产业链视角下的分析 [J]. 中国海洋大学学报（社会科学版），2006（3）：10-14.

⑦ 李平，陈计芳，郭洋. 基于内容分析法的产业链概念分析综述 [J]. 江苏商论，2013（12）：77-82.

产业链的思想缘起无论是西方还是东方，都经过了几十年的发展历程，是比较成熟的理论。在我国改革开放的历史进程中，工业生产模式的丰富多样，也促进了产业链的实践发展，而学界对于产业链的认识从分工、供需生产链到价值链、知识链的链网结构模式发展，也丰富了产业链的理论内涵。

二、产业链研究的现状概览

在中国知网已发布的中文社会科学引文索引（CSSCI）研究资料中，现阶段以"产业链"为篇名的期刊文献有 1 269 篇，涉及从不同视角分析产业链概念、机理、理论与重构等方面，并且将产业链与实践相结合，在农业、文化旅游业、信息传播等不同领域不同层面进行定性和案例研究。以"生态"和"产业链"为篇名的期刊论文篇数只有 82 篇，以"绿色"和"产业链"为篇名的期刊仅只有 8 篇，而以"矿业"和"产业链"对应"绿色"或"生态"为篇名搜索的仅有 1 篇期刊文献。因此，虽然产业链的理论比较成熟，且其在很多领域和行业内有丰富的实践基础，但是目前学术界已有资料对矿业经济绿色产业链的研究不多，亟须加强对矿业经济绿色产业链的研究来填补这一空白，这不仅符合习近平总书记提出的"创新""协调""绿色""开放""共享"的新发展理念，也为我国的矿业经济绿色发展的实践提供了必要的指引理论和方法。

关于产业链理论的研究中，刘富贵对产业链的内涵、特性、机制和机理等作出分析，发现产业链有不同分类方法和表现形式，其还表现为静态、运动和动力的基本特性。[①] 还指出产业链的运行机制主要有利益分配机制、风险共担机制、竞争谈判机制、信任契约机制、沟通协调机制和监督激励机制六种。[②] 从价值和风险两方面结合不同理论视角分析产业链形成机理模型（见图 7-1）。[③] 肖小虹以产业链为主线，对产业链的内涵、产业链的形成、产业链的构建、产业链的优化与整合的国内外研究成果进行了总结和分析，认为国内学者们虽然从不同的角度对产业链的形成、构建、优化整合进行了研究，但大多研究还是停留在理论层面，对于产业链形成的基本路径没有深刻揭示，对于产业链的拓宽研究很少，对于产业链的延伸也只是考虑向上向下延伸，未对基于新技术应用的产业环节迂回增多带来的延伸予以研究，对于产业链优化主

---

① 刘贵富，赵英才．产业链：内涵、特性及其表现形式 [J]．财经理论与实践，2006（3）：114-117．

② 刘贵富．产业链运行机制模型研究 [J]．财经问题研究，2007（8）：38-42．

③ 刘贵富．产业链形成机理的理论模型 [J]．河南社会科学，2009（1）：49-52．

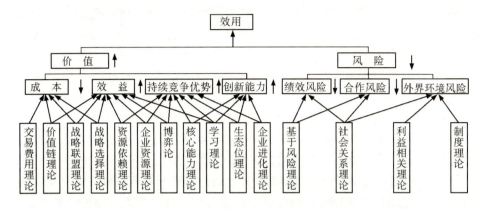

图 7-1　产业链形成的机理模型

要采用数理的方法推导，难以指导实践。[①] 魏然首先对产业链的理论渊源进行
系统梳理，然后再针对产业链的研究现状进行全面总结，最后对产业链的相关
研究进行综合评述，并认为产业链理论的应用研究和产业链更深层次的理论研
究还有待于加强，这需要不断深化产业链基础理论研究，将产业链基础理论进
一步运用到更多细分行业的产业链分析与研究之中，并从这些细分行业的产业
链研究之中进一步提炼和丰富产业链的理论体系和研究内容。[②] 游振华等从企
业追求自身长远利益最大化的角度给出产业链定义，然后分别从内因和外因分
析产业链形成的动力因素，并认为，内部动力因素包括"降低交易费用""风
险规避"和"创造和利用社会资本"；外部动力因素包括"区位优势""技术
进步"以及"政府产业政策"。[③] 芮明杰等在综述产业组织理论、交易费用理
论、企业能力理论关于产业链整合的研究成果的基础上，指出了传统理论的不
足，认为在新的经济条件下，需要新的产业链整合理论，演化视角、知识基础
观和顾客价值导向将是新理论的基本逻辑起点。[④] 郑大庆等基于现有研究成
果，进一步明确了产业链内涵，厘清了产业环境要素，探讨了产业链要素之间
的互动协调关系，从产业链整体协同的层面构建了产业链整合理论的初步框
架——"5+4+3"模型，以此为产业链理论的实践应用提供了一般性范
式。[⑤] 李东燕等以生态产业链为主线，探讨了生态产业链的内涵，从不同视角

---

①　肖小红. 产业链理论研究综述 [J]. 贵州商业高等专科学校学报，2013 (4)：29-32.

②　魏然. 产业链的理论渊源与研究现状综述 [J]. 技术经济与管理研究，2010 (6)：140-143.

③　游振华，李艳军. 产业链概念及其形成动力因素浅析 [J]. 华东经济管理，2011 (1)：
100-103.

④　芮明杰，刘明宇. 产业链整合理论述评 [J]. 产业经济研究，2006 (3)：60-66.

⑤　郑大庆，张赞，于俊府. 产业链整合理论探讨 [J]. 科技进步与对策，2011 (2)：64-68.

对生态产业链相关研究进行梳理，总结了基于理论及实证分析的研究方法对当前生态产业链的研究，并对生态产业链的研究进展进行了简要总结，提出了要解决的问题和未来的研究方向。

关于产业链理论的实践研究中，李杰义指出农业产业链是指与农业初级产品生产具有产业关联关系的产业网络结构系统，是涉农各个领域产业经济活动客观发生的经济技术联系的形式，① 从产业链视角探索出"以工促农"机制动力模式②和通过电子商务整合模式实现农业产业链价值最大化，③ 并通过研究上海浦南片区个案，提出生态增值农业发展策略延伸其农业产业链。④ 这对于"产业链"的创新与发展都有着重要意义。刘邵敏结合调研数据，在对河北钢铁行业产业链绿色发展现状及构建绿色产业链的主要原因进行分析的基础上，从发展理念转变、企业整合重组、建立绿色制造体系和循环经济产业链等方面提出了构建绿色产业链的具体对策。⑤ 袁杰等根据工业生态学原理，以新疆沙雅县为例，通过分析当地棉花产业的发展现状，研究构建了沙雅县棉花生态产业链，对于当地产业结构调整和农民增收具有重要的现实意义。⑥ 邵文慧探讨了海洋生态产业的概念、分类及产业链的构建原则，分析了海洋生态渔业、海洋生态工业以及海洋生态服务业的产业链条的相关节点。通过将分散的海洋生态产业类型加以整合，从产业链构建中的企业选择、产业集群构建、产业链技术创新支撑体系构建以及信息网络支撑平台构建等方面提出了相关政策建议，以期推进我国海洋产业生态化进程。⑦ 尹建平等利用平朔矿区 1985—2005 年土地复垦与生态重建的长期实验数据积累，采用系统回顾法、趋势外推法、空间分析技术、层次分析法、景观生态学、恢复生态学、农业生态工程等技术和方法，从平朔矿区重建生态系统现状评价入手，构建矿区生态资源数据库，并选择矿区复垦土地利用现状、复垦土地质量和重建生态系统生物多样性指标作为评价基础资料，对其复垦土地适宜性、生态环境质量、生态承载力、生态健康进行科学分析与评价，研究生态脆弱矿区重建生态系统的土地开发利用调控机

① 李杰义. 农业产业链的内涵、类型及其区域经济效应 [J]. 理论与改革, 2009 (5): 143-146.
② 李杰义. 农业产业链视角下的"以工促农"机制的动力模式与路径选择 [J]. 农业经济问题, 2010 (3): 24-30, 110.
③ 李杰义, 周丹丹. 电子商务促进农业产业链价值整合的模式选择 [J]. 农村经济, 2016 (12): 63-67.
④ 李杰义. 基于农业产业链的现代农业发展路径与对策: 上海的个案 [J]. 科技进步与对策, 2010 (11): 84-87.
⑤ 刘绍敏. 河北钢铁业绿色产业链构建 [J]. 开放导报, 2016 (1): 82-85.
⑥ 袁杰, 等. 新疆棉花生态产业链构建研究 [J]. 环境保护与循环经济, 2010 (10): 37-40.
⑦ 邵文慧. 海洋生态产业链构建研究 [J]. 中国渔业经济, 2016 (5): 10-17.

理与控制对策。① 盛彦文等在查阅大量相关文献的基础上，回顾了循环农业生态产业链的内涵、特征、形成机制、空间布局，以及循环农业生态产业链的构建对传统农业的改造和效益提升，认为共生关系、经济利益的驱动、对生态效益的追求、政府的引导和激励，以及技术的支持和保障五个因素促进了循环农业生态产业链的形成；循环农业生态产业链在空间上的布局表现为企业、园区和区域三个层次，通过构建区域循环农业生态产业链网，实现农户与企业、城市与乡村、农业与其他产业的综合效益最大化，促进区域全面协调可持续发展；循环农业生态产业链的构建能够有效提高农业资源的利用效率，保护生态环境，促进农业现代化发展，增强农业产业竞争力。今后应该从丰富生态产业链的形成机制、运行效率和空间布局等方面进一步加强对循环农业生态产业链的研究。② 杭洁在分析循环经济视角下煤炭生态产业链构建的可行性的基础上，研究了煤炭生态产业链的构建模式以及影响煤炭生态产业链构建的因素，认为煤炭生态产业链的构建需要政府和企业共同推动。③ 余小方等通过分析陕南特色矿业与新型材料业的现状与问题，从生态产业链视角出发，探索了一条兼顾经济和生态环境保护的可持续发展之路。④

　　总体而言，产业链理论的发展已经比较成熟，并且通过在不同领域和层次的实践中不断创新和完善，目前产业链生态、绿色和可持续发展已经成为一种新兴趋势，并随着我国"一带一路"倡议的推进与发展，用全球化视野来分析和定位产业链发展的文献研究也越来越多，对不同行业领域的产业链如何整合、升级与创新等机理方面也提出了新一轮的要求。但目前的文献资料对矿业经济绿色产业链的研究几乎处于空白，这不太符合人们日益增长的环保意识和法律觉悟，也不符合目前我国"协调"和"绿色"的发展理念，更不符合与国际接轨的可持续发展理念。因此，非常有必要重视对湖南省矿业经济绿色产业链的研究，保障湖南省矿业经济的可持续发展，促进湖南省矿业行业企业和组织顺利地"走出去"，促进湖南省社会经济和环境保护的和谐发展。

---

① 尹建平，许进池，尹双飞. 平朔矿区生态重建及生态产业链构建［J］. 露天采矿技术，2015（3）：71-74.

② 盛彦文，马延吉. 循环农业生态产业链构建研究进展与展望［J］. 环境科学与技术，2017（1）：75-84.

③ 杭洁. 循环经济视角下煤炭生态产业链构建分析［J］. 内蒙古煤炭经济，2015（10）：29-30.

④ 余小方，邓国华. 陕南特色矿业与新型材料业可持续发展路径探析：基于生态产业链的视角［J］. 中国软科学，2010（S2）：153-159.

三、矿业经济绿色产业链的内涵

笔者认为，绿色产业链是一个包含价值链、企业链、供需链和空间链的四维概念，其在相互对接的均衡过程中形成了产业链的内生动力模式（见图7-2）。以供需链为基础，企业链为载体，以价值链为导向，空间链为形式，以原料和产品的供需链和企业链，以经济价值和社会生态环保价值理念的价值链导向，构建企业、社区、社会组织和政府和谐共处的信息流畅系统空间。当四者之间能够形成相对稳定且平衡的可持续发展状态时，就意味着绿色产业链的形成。具体而言其是建立在产业内部分工和供需关系基础上的，以若干个企业为节点、产品为小节点纵横交织而成的网络状态系统。通常分为两种类型：一种是垂直的供应链，另一种是横向的协作链。垂直关系是产业链的主要结构，一般把垂直分工划分为产业上、中、下游关系，横

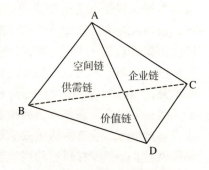

图7-2 绿色产业链内生动力模式

向协作关系则是产业的服务与配套。产业链的拓展与延伸也就是将其垂直方向不断延伸，横向协作方向发展更为宽阔。而产业链的发展与深化，则是会随着社会分工和市场交易发展程度而不断地细化，实现和创造其价值，如图7-3所示，C1、C2、C3表示社会分工的程度，其中，C3>C2>C1表示社会分工程度的不断加深；A1、A2、A3表示市场交易的程度，A3>A2>A1表示市场交易程度的不断加深；B1、B2、B3表示产业链的发展程度，其中，B3>B2>B1表示产业链条的不断延伸和产业链形式的日益复杂化。当产业链发展较为稳定和成熟，则会出现产业集群现象，并会不断地深化产业链的发展，促进社会分工进一步细化和完善市场交易。

矿业经济绿色产业链的概念，是指其依据生态学和社会学的原理，以恢复和扩大自然资源存量为宗旨，为提高资源基本生产率和根据社会需要为主体的一种新型产业模式的系统创新活动，构筑企业和社区共生体、构筑生产产业链、提高企业竞争能力和工业生态系统的稳定性，合理规划生态区域发展，使建立的生态工业网络不是对自然生态系统的简单模仿，而是集物质流、能流、信息流等多维度多层次的高效绿色产业链和生态圈。湖南省矿业经济绿色产业链的发展，是指要求主要矿业企业及补链企业不断通过市场机制的驱动和政府政策扶持与非政府组织的桥梁作用，为矿业企业在勘探、选矿、采矿、冶炼、生产和复垦等各个阶段构建信息生态网络平台，促成其与金融、贸易、技术和

投资各领域的链接，构建企业与社区共生体，提升企业竞争力和保障区域矿业生态的发展与稳定，最终形成企业间相互协作，企业与社区共赢，政府、企业和非政府组织协作共生的新局面，促进矿业经济的高效发展，社会的和谐进步，生态环境的良性循环。

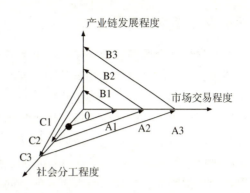

图7-3　产业链发展模式

　　因此，首先，矿业经济绿色产业链的价值理念就不仅只是经济利益的驱动，也要重视社会生态价值的实现，将经济价值与社会生态价值放在同等重要的位置，不仅需要政府主导，非政府组织宣传，更需要企业能够重视社会责任的履行，行业规范和企业信誉塑造，重视平衡社会生态发展与经济利益间的关系。其次，矿业经济绿色产业链发展的参与主体更加多元化，不仅有企业与政府，而且附近社区居民、产品消费者、非政府组织和社会媒体等都是其协同主体。相关利益者都是矿业经济绿色发展的主体，虽然只是协同参与和监督，但在现今信息技术发达和法制观念逐步提升的时代里，协同主体的参与作用和效力有着重要意义。再次，矿业经济绿色产业链重视各利益主体间的信息交流，各利益主体间能够最大限度地产生互相吸引或正面的信息交流，形成良性的空间系统，且冲突和争执并不意味着不能沟通，反而是沟通的开始和良好契机。最后，矿业经济绿色产业链的技术创新与信息收集尤为重要。产业链的发展与稳定需要依靠终端消费来实现，而在产品演变的过程中，技术创新与信息收集能够瞬间摧毁或构建新的产业链，不断创新技术与及时处理信息能够有效保障矿业经济绿色产业链的稳定性和可持续性。

第二节　矿业经济绿色产业链发展相关理论概述

　　矿业经济绿色产业链的发展融合了共生理论、社会治理理论、竞争优势理论、社会责任理论和文化软实力理论，不仅仅在绿色产业链的发展过程中树立竞争优势理念，形成较为稳定成熟的产业链发展，也通过实现社会主体多元参与，培养企业绿色、和谐与共生发展的企业文化，通过与各利益方协作履行企业社会责任，实现企业经济效益、生态环境效益和社会和谐稳定共同发展。

一、共生理论

共生概念由德国生物学家德贝里最先提出，他认为共生是相互性活体营养性联系，是一起生活的生物体某种程度的永久性物质联系。共生理论早期主要应用于生物学领域，在美国生物学家马格里斯发展了细胞共生学后，共生的思想被广泛应用于社会科学领域。借鉴生物学的理论和概念，结合相应分析工具的使用，许多学者从社会经济领域构建出用于解释经济现象、处理经济问题的共生理论分析范式，提出共生体的单元、模式和环境是共生关系的三个基本要素，而依据密度、界面和组织方式的不同可以采用点共生、间歇共生、联系共生和一体化共生这些概念描述共生现象。也有学者提出共生是指因生存需要的两种或多种生物，按照某种模式相互作用和相互依存地生活在一起，由此形成共同生存、协同进化的关系。共生理论与产业生态学的融合是其在经济领域最直接和最普遍的应用。产业共生是指产业内作为独立经济组织的企业之间，因同类资源共享或异类资源互补所形成的共生系统，该系统促进了产业链横向或纵向、直接或间接的资源配置效率的改进。有学者以美国、欧洲和日本汽车产业为例，从共生视角分析其产业链纵向关系治理模式，比较了寄生共生、偏利共生和互惠共生间的特征。[①] 众多学者用共生理论分析产业链的稳定性。首先，专业化效应。比如由于产业链内部的共生关系，其专业化人才的交流，容易在专业分工方面有新的突破和创新。其次，更容易节省交易成本。处于产业链内的企业共生模式，都具有连续共生、互惠互生的特征，可以节约无形和有形的交易成本。再次，提升对外综合竞争力。共生体通过快速地吸收新市场信息和新技术，及时反馈市场需求和投入供应，保证产业链内部各种资源的有效使用和分配。最后，社会资本的积累。产业链内企业更多的交流与接触，能够实现社会资本的积累。李书学以我国路桥产业为例，提出通过共生理论可选择并联耦合模式，通过增加模块内企业单元数目、不断深化产业分工和信息交互共享平台的信息共享，有效解决产业链中企业链条之间以及企业之间的利益分配关系，实现产业链的内部和谐，提高产业链的运行效率，从而确保产业链系统稳定性和有效性。[②]

矿业经济绿色产业链在发展中涉及不同企业主体、各相关的利益主体和社

---

① 孙晓华，秦川. 基于共生理论的产业链纵向关系治理模式：美国、欧洲和日本汽车产业的比较及借鉴 [J]. 经济学家，2012（3）：95-102.

② 李书学. 基于共生理论的产业链稳定性研究：以我国路桥产业为例 [J]. 江西社会科学，2013（10）：215-218.

会环境中相关人事，因此，将共生理论引入到矿业经济绿色产业链发展中，非常有利于促成企业间的互利共赢机制形成，有利于形成比较稳定的企业间的产业链，也有利于实现社会价值与经济价值间的最大化发展，促成企业与社会环境的和谐发展，更有益于促进经济、社会和环境的共同进步和绿色健康发展。

二、社会治理理论

20 世纪 90 年代以来，"治理"一词逐渐频繁出现于政治学、公共行政学、经济学、社会学、法学诸多学科之中。詹姆斯将没有权威主体的问题解决方式称为"没有政府的治理"，指在没有强权的情况下，各相关行动者克服分歧、达成共识，以实现某一共同目标。统治是依靠正式权力，而治理则依赖基于共同目标的协商和共识。罗兹指出，传统依赖自上而下层级体制的统治方式已经过时，而现实中通过网络方式的治理越来越多，这是一种新的治理方式，并提出其具有组织间的相互依赖、网络成员间的持续性互动和博弈性互动三个特征。奥利认为治理具有多元性、竞争性、透明性、参与性与分权化等价值主张，而这些都与统治的价值体系有所不同。治理理论的具体内容大体可分为两方面，一方面强调权利的分散，主张多元主体共同管理社会事务；另一方面，强调多元主体互动合作的网络体系构建，主张"自上而下"与"自下而上"相结合的参与方式。

企业是最有活力的组织机构，而今社会民众的活跃程度也非常高，民众对于参与式消费的方式也越来越欢迎。让企业以外的其他群体参与到企业的产品设计、规划、决策等方面，这也成为企业营销手段或者履行企业社会责任的一种方式。诸多的企业实践经验表明，这种方式比纯商业性质的宣传、营销手段更能够获取社会和消费者的信赖、支持和忠诚度。

将治理理论引入到矿业经济绿色产业链的发展中，不仅仅是指其产业链中各层次的企业间的共同治理，需要最大限度地消除企业的无形消耗，提升企业效率和合作交流程度，而且还是指企业与社会间的共同治理，包括社区居民、消费者、行业协会、慈善组织、社会媒体等组织。多元化方式、多中心的共同主体，从下而上和网格化的治理模式，表达各利益主体的要求和价值，向着共同的利益和目标努力，才能够较好地处理企业内部、企业外部各产业链的绿色、和谐、健康发展。

三、竞争优势理论

20 世纪 80 年代，美国一些传统的支柱性产业，如汽车制造业，其竞争力被日本和西欧国家超过，一些新兴产业也受到这些国家强大竞争的压力。此外，经济全球化进程的加快，发达国家、发展中国家与经济转轨国家普遍推行贸易投资自由化政策，使国际竞争日趋激烈，获取竞争优势已经成为一个现实的需求。而波特理论符合当时的时代发展需求，对 20 世纪 90 年代美国对外贸易政策产生了重大影响。波特的国际竞争优势模型包括四种本国的决定因素和两种外部力量。四种本国的决定因素主要是指：（1）要素条件。包括一国的天然禀赋与政府、企业投资创造的高级要素，后者对竞争优势更为重要。（2）本国需求条件。包括本国需求结构、规模、成长率、高级购买者压力及需求的国际化。（3）相关产业和支持产业表现。包括上游供给产业及其他提供配套服务的相关产业的国际竞争优势。（4）企业战略、结构与竞争程度。包括企业进入壁垒与组织管理方式、竞争激烈程度、创新与企业家才能等。这四个决定因素互相影响、相互加强，共同构成一个动态的激励创新的竞争环境，从而产生一流国际竞争力。波特认为，在与竞争力量的抗争中，蕴涵着三类成功型战略思路：（1）总成本领先战略；（2）差异化战略；（3）专一化战略。这些战略类型的目标是使企业的经营在产业竞争中高人一筹：在一些产业中，这意味着企业可取得较高的收益；而在另外一些产业中，一种战略的成功可能只是企业在绝对意义上能获取些微收益的必要条件。有时企业追逐的基本目标可能不止一个，但波特认为这种情况实现的可能性是很小的。因为贯彻任何一种战略，通常都需要全力以赴，并且要有一个支持这一战略的组织安排。如果企业的基本目标不止一个，则这些方面的资源将被分散。

企业群落是国际竞争优势产业的一个共同特征。如美国微电子、生物技术、风险资本集聚在硅谷，金融服务、广告、出版、多媒体集聚在纽约，影视娱乐集聚在好莱坞。德国汽车工业集聚在慕尼黑等南部地带，化学工业集聚在法兰克福一带。瑞士三家最大制药公司集聚在巴塞尔。符正平指出，在波特的理论中，企业群落获取竞争优势主要是通过外部经济效益、空间交易成本的节约、学习和创新效应以及品牌与广告效应四个方面。① 将竞争优势理论引入到矿业经济绿色发展产业链中，能够促使企业间的资源优势和潜力得到极大的发挥，并且通过产业链企业整合形成很强的竞争优势，突出其市场地位与社会影响力，形成独特的核心竞争力。

四、企业社会责任理论

企业社会责任，最早于 1934 年由 Sheldon 提出，认为企业应该将企业的社会责任与企业经营者满足消费者需求的各种责任联系起来。20 世纪 70 年代

① 符正平. 论波特竞争优势理论的新发展［J］. 学术研究，1999（7）：36-40.

末，财富 500 强企业，只有不到 50% 的公司在年报中提到社会责任，而 20 世纪 90 年代，大约 90% 的公司将社会责任作为公司的核心组成部分。最开始，研究者将企业社会责任等同于商人的社会责任，认为商人有义务按照社会的目标和价值观所期望的来制定政策、进行决策。1960 年，Davis 提出了著名的"责任铁律（Iron Law of Responsibility）"，即商人的社会责任要与他们的社会能力相匹配。20 世纪 80 年代，著名管理学家彼得·德鲁克认为，社会责任与赢利是兼容的，企业应该将社会责任转化为商业机会与利润。Jones 则提出企业社会责任必须有两个关键特征：第一，企业社会责任必须是自愿性的；第二，企业社会责任是企业对股东的传统责任之外，对消费者、雇员、供应商与企业所在社区等社会群体的责任。支持承当企业社会责任理论的其他理论主要有团队生产理论，认为公司的所有人并非只有股东，雇员、债权人、客户、供应商也是公司的所有人，公司也应该承当照顾雇员、债权人、客户、供应商等所有人利益的责任。企业公民理论认为，社会赋予企业生存的权利，让企业受托管理社会资源，那么企业就应该合理行使这项权利，不仅创造经济繁荣，还需要创造稳定的政治环境、和谐的社会环境等。战略管理理论领域的著名管理学家波特认为，将企业战略管理理论与企业社会责任理论结合起来，企业可以通过承当社会责任而获得竞争优势。

世界银行认为，企业社会责任是企业与关键利益相关方的关系、价值观，遵纪守法，以及尊重人、社区和环境有关的政策与实践的集合，是企业为改善利益相关方的生活质量而贡献于可持续发展的一种承诺。欧盟认为，企业社会责任是指企业在资源的基础上，将对社会和环境的关注融入商业运作以及企业与其利益相关方的相互关系中。国际劳工组织认为，企业社会责任是指企业在经济、社会和环境领域承当某些超出法律要求的义务，而且绝大部分是自愿性质的，因此企业社会责任不仅仅是遵循国家法律、劳工问题，这仅是企业社会责任的一部分。国家电网公司认为，企业社会责任是指企业为实现自身和社会的可持续发展，遵循法律法规、社会规范和商业道德，有效管理企业运营对利益相关方和自然环境的影响，追求经济、社会和环境的综合价值最大化的行为。总而言之，企业社会责任理论是指企业需要不仅仅考虑经济利益，也要协调好社会环境利益，不仅仅对股东负责，也需要对包括员工、消费者、社区居民等在内的其他利益相关者负责，企业通过自愿原则，以及责任适当原则对社会和环境所做的贡献。如，中国五矿通过每年发布可持续发展年报的方式来总结其社会责任的履行情况，2016 年其可持续发展年报就从"价值五矿、创新五矿、平安五矿、绿色五矿、幸福五矿、和谐五矿"六个方面总结了公司的社会责任履行情况，并由第三方审检，这有利于同国际社会接轨与树立良好企业社会形象。

将企业社会责任理论引入到矿业经济绿色产业链的发展中，是通过企业社会责任的履行为企业塑造较好的企业社会形象，促进企业员工与管理层间的融洽，促进社区居民与企业间关系的友好发展，也为行业赢得更好口碑，树立行业规范奠定基础，为促进行业的可持续发展提供新的路径。

五、文化软实力理论

1939 年，英国著名的现实主义学者卡尔把国际权力划分为三种类型：军事权、经济权和话语权（舆论控制权）。美国学者约瑟夫·奈延伸了卡尔的思想，认为权力是影响他者从而获得期望结果的能力，可以通过威胁、收买或吸引力来实现，军事权体现胁迫力，经济权体现收买力，这两者都是硬实力，而话语权则体现一种吸引力，并指出国家的软实力"主要来自三种资源：文化（在很多方面对他国具有吸引力）、政治价值观（在内外事务中遵守并实践这些观念）及对外政策（正当合理，并具有道德上的权威性）"[1]。软实力一词最早由约瑟夫·奈提出，但其更多的是侧重于美国的外交政策和国家层面的软实力。

2007 年，党的十七大提出软实力是综合国力的重要组成部分。2013 年 12 月 31 日，习近平总书记在中共中央政治局第十二次集体学习时强调，提高国家文化软实力，关系"两个一百年"奋斗目标和中华民族伟大复兴中国梦的实现。党的十九大提出，坚定文化自信，推动社会主义文化繁荣昌盛，文化是一个国家、一个民族的灵魂，逐渐将软实力提升到国家战略议程。童世骏指出，中国的"软实力"是建立在中国人民利益和世界人民利益根本一致，中国政府的国内责任和国际责任根本一致的基础上的。并指出，文化软实力就是以文化为基础的国家软实力。文化具有可分享性，任何民族所创造的文化成果，一方面为整个人类文化的多重复合增添了色彩，另一方也为其他民族的成员贡献了可分享的精神财富。即一个民族的文化创造能力比较强，意味着这个民族比较有能力使本民族成员生活得更好，也意味着这个民族比较有能力为其他民族的更好生活做出贡献。[2] 胡健认为，文化软实力是以文化资源为基础的一种软实力，这种软实力不是强制施加的影响，而是受动者主动接受或者说是

① 约瑟夫·奈，王缉思，赵明昊. 中国软实力的兴起及其对美国的影响 [J]. 世界经济与政治，2009 (6)：6–15.

② 童世骏. 提高国家文化软实力：内涵、背景和任务 [J]. 毛泽东邓小平理论研究，2008 (4)：1–8, 84.

主动分享而产生的一种影响力、吸引力。文化软实力应该是一种完全意义上的柔性力量，而不是像约瑟夫·奈那样，倡导软实力也是为了用现实主义的方式强行推行美国的价值观。[①] 骆郁廷指出，中国特色社会主义实践中提出的文化软实力，与约瑟夫·奈强调文化外部吸引力，企图通过显性或隐性的价值诱导和价值干预来增强"价值同化力"，以本国文化的独占性来否定世界文化的多样性，有着本质不同。中国所讲的文化软实力是内部凝聚力和外部吸引力的统一，更重视在增强和发展文化内部凝聚力的基础上提升文化的外部吸引力，强调文化的多样性和多种文化共同发展。[②] 张国祚提出了中国文化软实力研究的人本观，即以科学的理论武装人、以正确的舆论引导人、以高尚的精神塑造人、以优秀的作品鼓舞人、以丰富的智慧启迪人、以真挚的情感关爱人、以勇敢的品格激励人、以和谐的理念团结人。

软实力的实践与理论发展随着全球化和信息化技术的发展而日益丰富，从最初区别于硬实力的软实力，到以强调文化为基础的文化软实力，从国家和外交层面的国家软实力，到国家文化软实力是综合国力的重要组成部分，再到组织、企业和个人的文化软实力。由此可见，文化软实力理论非常的丰富，且日益被人们所重视，并将其作为组织成功的关键要素。因此，矿业经济绿色产业链中企业也需要重视组织自身文化软实力的培养和发展，将企业文化、组织制度、员工素质、企业品牌、社会责任、创新能力与发展战略等软实力资源不断地加以挖掘和强化，形成独特的企业文化软实力，塑造全新的企业品牌。

第三节　湖南省矿业经济绿色产业链分析

党的十八大报告首次把生态文明建设放在突出地位，融入经济建设、政治建设、文化建设、社会建设各方面和全过程。并在 2015 年印发了《中共中央国务院关于加快推进生态文明建设的意见》，指出加快推进生态文明建设是时代抉择，具有极端重要性和紧迫性，并将绿色化发展摆到和新型工业化、信息化、城镇化和农业现代化协同推进同样重要的位置。因此，矿业经济绿色发展是时代的必然选择，矿业经济绿色产业链的发展也是必然趋势。本节通过分析湖南省矿业经济的自然资源，总结目前湖南省矿业经济绿色产业链的发展现状，通过文献资料分析，并结合实地调研资料对湖南省矿业经济绿色产业链存在的问题进行了总结和归类。

---

① 胡键. 文化软实力研究：中国的视角 [J]. 社会科学，2011（5）：4-13.
② 骆郁廷. 文化软实力：基于中国实践的话语创新 [J]. 中国社会科学，2013（1）：20-24.

一、湖南省矿业经济绿色产业链发展现状

首先，湖南省矿业地理资源得天独厚。湖南分属两个大地构造单元，受到三个地质成矿构造单元的控制：一为八面山褶皱区，地处湘西土家族苗族自治州和常德地区的西北部，区内地壳运动比较缓和，岩浆活动微弱，沉积作用普遍发育，主要矿产有磷、锰、铁、煤、汞、砷、铅、锌等。二为雪峰山隆起区（即江南地轴的一部分），由湘、桂、黔边境伸向东北经洞庭湖盆地东延出省，区内地层出露单一，主要为一老一新的沉积岩层和变质岩层，岩浆活动较弱，仅在东北端局部地区有较强的岩浆活动。区内主要矿产有磷、岩盐、芒硝、石膏、萤石、金刚石砂矿、钨、锑、金、铅、锌、铜等。三为湘中、湘东南褶皱区，古生代海相碳酸盐沉积发育，岩浆活动极为频繁、多次侵入，形成了许多大小不等的复式岩体或同期的多次侵入体，造成了岩浆成矿作用的多期性和矿化作用的多样性，构成了湘中、湘东南两个大的成矿带，是湖南矿产资源高度富集地区。内生矿产有铅、锌、铜、钨、锡、钼、铋、锑、金及分散元素矿产，外生矿产有煤、铁、石墨、高岭土、石膏、岩盐、芒硝、耐火黏土及工业用的石灰岩。因此，湖南省矿业资源丰富，享有"有色金属之乡""非金属之乡"的美誉。目前全省已发现的各类矿产种类为 143 种（含亚种），探明储量的有 108 种（含亚种），占全国的 64.15%；现有各类矿床（点）6 000 余处，其中特大型矿床 8 处、大型矿床 105 处；采矿业及矿产品冶炼加工业产值占全省工业产值的 35%。

其次，湖南省矿业绿色发展已粗具规模。从 2006 年开始，湖南省以煤矿为突破口，综合运用法律、经济、技术和行政手段，将煤矿数量由 2 500 多家整合至 1 120 家，推动大型矿业基地建设，省级督办的 25 个非煤矿区，已将162 个矿山整合至 70 个。2016 年，湖南省持续推进矿业秩序整顿和矿山环境治理，关闭了 58 个煤矿和 34 个石膏矿山。结合湘江流域保护"一号重点工程"，湖南省政府同意编制印发了《湖南省湘江流域露天开采非金属矿开发利用与保护专项规划（2016—2020 年）》，实施了 3 个国家级资源枯竭型城市、2 个国家级矿山环境综合治理示范工程，对 500 余座矿山地质环境进行恢复治理，21 万亩土地恢复了生态。同时，湖南省还大力推进冷水江锡矿山、临武三十六湾、花垣县李梅铅锌矿等 10 个"矿山复绿"示范工程和零陵锰矿区等重点区域矿山地质环境综合治理。2016 年，全省引导企业投入 4.5 亿元开展矿山复绿，复绿面积 2 404.4 亩，并对 199 处土地进行复垦，复垦面积 2 881亩，推动了生态安全屏障的构建。此外，一方面，湖南省拥有湖南天泰煤业有限公司（蜡树垭煤矿）、湖南衡阳远景钨业有限责任公司大皂工区（杨林坳矿

区)、湖南有色新田岭钨业有限公司(新田岭钨矿)、湖南宝山铅锌银矿、湖南省新邵县龙山金锑矿、湖南沅陵沃溪金锑钨矿、湖南有色金属股份有限公司黄沙坪矿业分公司(黄沙坪铅锌矿)、湖南省湘衡盐化有限责任公司(湘衡盐矿)、湖南省七宝山硫铁矿、湖南黄金洞矿业有限责任公司(黄金洞金矿)、湖南旺华萤石矿业有限公司双江口萤石矿、张家界恒亮新材料科技有限公司黑神庙方解石矿、湖南瑶岗仙矿业有限责任公司瑶岗仙钨矿、湖南省新化县韩家山煤矿、湖南省涟源市枫坪镇青树二矿、南方石墨有限公司石墨五矿等众多国家级绿色矿山试点单位,能够拥有较好的平台和资源推进绿色矿山的发展,促成全省矿业经济绿色发展的价值理念塑造。另一方面,从区域布局来看,湖南省以矿产资源开发基地为基础,以选、冶、精深加工基地和大型企业集团为依托的矿业经济体系已初步建成。通过资源整合,优势企业集聚效应日益发挥,矿业集群发展模式初步形成。湖南煤炭、有色金属、黄金、钢铁、建材、石墨等资源,已经通过引进战略投资者或发展本土优势企业,逐渐集聚到引进的中国五矿(湖南有色)、华润集团、大唐华银、海螺集团、中国建材(南方石墨)以及省内本土的华菱集团、湘煤集团、金鑫黄金、宝山矿业、金旺铋业等大型龙头优势企业。

最后,湖南省矿业经济国际化发展较好。湖南是享誉世界的"有色金属之乡",有色金属工业位居中国前列,在国际上也具有重要地位。2002年大韩民国政府直辖的主管地质勘查国家机构——大韩矿业振兴公社,与湖南省地勘局签订了合作勘查祁东留书塘铅锌矿合同,韩湘合作有着广阔的市场空间。2009年郴州市人民政府与美国希马克资本有限公司在郴州市正式签订战略合作框架协议,就矿业领域展开战略合作,做大做强矿产资源的精深加工产业,促进郴州市矿业的国际影响力。2010年中南大学和赞比亚矿业与矿产发展部战略合作框架协议达成,双方将重点在铜矿开采和深加工的产学研与人才培养等方面开展战略合作。2014年秘鲁矿业向湖南省伸出了"橄榄枝",庄胜集团在秘鲁组建了从探矿到采矿的一系列机构,并与418地质队、中南大学等结成战略发展伙伴,目前其在秘鲁拥有矿权面积约8 000平方公里。而秘鲁众多中小矿企拥有优质矿山资源但缺乏采矿技术设备,湘企进军秘鲁有很大的发展空间。2015年湖南省商务厅举办了"湖南省·莱索托经贸合作对接会"。莱索托政府十分看重湖南在矿业领域的独特优势,并委托莱驻华使馆积极开展与湖南以矿业为主导的全面经贸合作,为湖南省矿业企业进军莱索托奠定了基础。随着我国"一带一路"倡议和"走出去"战略的推进,湘企开拓国际市场的机会将会越来越多。

二、矿业经济绿色产业链发展存在的问题

湖南省矿业经济迅速发展，取得了可喜的成绩，但也存在着诸多的问题。秦雅静指出，湖南省矿业资源具有矿种多、大宗矿产少，共伴生矿产多、单一矿产少，难选冶贫矿多、富矿少，探明资源储量分布相对集中的特点。同时她认为目前湖南省矿业产业结构失调、资源回收率低，对环境污染和破坏的严重问题已经制约了湖南省矿业经济的发展，并在此基础上提出了"湖南省生态化矿业"的概念。彭昱等分析了湖南省矿业产业布局现状，以及目前矿业布局中存在的主要问题和不足，提出了"五煤两化两核一气三综合""七锰五铁四钢不锈钢""一总三带四园六大基地"等矿业产业结构布局设想。周羽等学者利用基于物质流（DMF）指标的数据包络分析法（DEA），结合湖南省矿业城市 2003—2013 年相关的投入—产出数据，对湖南省矿业城市转型可持续发展能力进行评价，得到的主要结论有：作为矿业城市的郴州、衡阳发展效率总体不是太高，呈现螺旋式上升的趋势。陈斌文等指出，矿业经济发展已成为经济社会发展的重要推动力量，通过对湖南省矿业经济现状和发展趋势的全面分析，提出了湖南省未来 15 年矿业经济发展的战略选择。方先知透彻分析了湖南省矿业资源管理方面的问题，如，地质勘查管理体制不顺，地质基础研究比较薄弱，省市县三级财政投入总体不足，矿产资源秩序没有实现根本好转等矛盾和问题。邹君等指出衡阳市工业产业集群发展粗具规模，但具有资源依赖程度高、产业链处于初级阶段及技术含量低等特点。等者在走访调研相关市县的国土资源部门和企业后，也发现矿业开采后的治理问题非常突出，且迫切需要治理和完善。

此外，通过文献资料研究，并结合课题组对醴陵市的现场调研，总结出湖南省矿业经济绿色产业链发展存在着非常明显且突出的问题，主要包括：

（1）主要表现为矿产资源开发利用和管理水平有较大提升空间。目前总体依旧是比较粗放型的生产加工方式，产业结构、布局和产品结构不太合理，导致产品的附加值低，产业链水平不高，专业技术水平有限，不能够将资源优势很好地转化为产业优势，形成集群效应。湖南能源利用效率为 33%，矿产资源总回收率为 30%，分别比国外先进水平低 10 个和 20 个百分点，对共生伴生矿进行综合回收的仅 30%，综合回收率不到 20%。此外，在组织管理内部所出现的一些漏洞和不足也严重影响了矿业经济产业链的发展。如，信息发布与回馈机制不完善、安全管理体制执行不严、人才资金培养和环境治理资金配套不当等。

（2）矿业经济绿色产业链相关专业人才缺乏。人才是企业发展最宝贵的

资源，人才的培养、吸引、激励与成熟配套系统机制未形成，不利于挖掘延伸产业链上下端和多层次的发展，对矿业勘查管理体制创新和地质基础研究方面的人才投入不够，不利于企业形成较大的人才集聚效应。此外，矿业经济绿色产业链的人才，不仅仅需要矿业专业型人才，还需要具有国际视野、社会生态发展和行业协会等方面知识的综合型人才。

（3）缺失强有力的法律法规和政策保障，不能够有效保障现有可持续矿业经济绿色发展的实现。随着我国矿业经济的繁荣发展，现有的法律条文和细则有很多已经不再适应目前的状况，但是去推动更新是非常缓慢的。虽然目前对矿业经济绿色发展出台了一些意见，但缺乏相关的细则、规范及惩治措施，导致矿业经济绿色发展很难落实。此外，对矿业经济绿色产业链方面的环保政策落实、监督和相配套环保治理资金的关注和执行不多，在一定程度上纵容了"重采轻治"的思想和行为。

（4）湖南省矿业经济绿色产业链发展的生态环境不容乐观。由政府主导的治理模式是比较被动的治理方式，应该更多地利用法律、政策和制度来有效激发市场和社会参与矿业经济绿色产业链发展。政府绩效的驱动，企业利益驱动以及极大的信息不对称和非政府组织缺位等方面，给矿业经济产业链绿色发展造成了较大的阻力。湖南省政府对矿业经济绿色产业链的环境治理和社区服务购买方面的尝试不多，如，引入第三方环保评估、专业调查等。企业构建社会责任、环境保护理念和品牌塑造方面的文化软实力比较欠缺，但民众对居住环境的要求和社会组织发展水平却日益提升，长此以往，将对企业造成较大的负面舆论压力，也不利于提升民众对政府的信任，更不利于形成和谐共生的社会。

三、矿业经济绿色产业链发展面临的挑战

首先，全球经济球低迷，矿产品价格大幅度下跌，跌至 2010 年以来最低水平。当前全球矿业发展呈现新的发展态势，全球矿产勘查已从传统矿业大国逐步向资源丰富的发展中国家和空白区域扩大。矿业公司股价缩水和市值大幅度下降，使得矿业并购成本不断降低。矿产品供需形势严峻，主要矿产品价格面临四重压力：（1）需求减缓，全球经济放缓造成需求不振；（2）供给过剩，新建矿山不断投产，矿业巨头逆势扩张；（3）美元走强，构成了大宗商品价格上升压力；（4）期货市场等金融衍生品放大了矿产品波动范围。国际矿业行业的整体低迷时期，不利于湖南省矿业经济的整体发展，必然也会对湖南省矿业经济绿色产业链的纵横拓展和挖掘带来新的挑战。

其次，国内宏观政策要求矿业经济的发展重视绿色和创新发展。2008 年

国务院颁布的《全国矿产资源规划》明确提出"发展绿色矿业、建设绿色矿山"的要求；2010年，国土资源部发布《关于贯彻落实全国矿产资源规划发展绿色矿业建设绿色矿山工作的指导意见》。习近平总书记指出："我们既要绿水青山，也要金山银山。宁要绿水青山，而且绿水青山就是金山银山。""十三五"期间，国家加快推进绿色矿山建设，着力推进技术、产业和管理模式创新，引领传统矿业转型升级。国内宏观政策的强力引导为国内矿业经济发展指明了新的方向，对湖南省矿业经济绿色产业链的发展来说也是新的机遇，但目前从整体层面来看，湖南省矿业经济行业响应国家号召向绿色和创新转型，也面临着诸如创新技术、专业管理和技术人才、治理模式和环保理念培养等方面的挑战。

最后，社会民众对环境发展需求和法律责任意识日益提升。目前环境问题已经成为民众非常关注的社会热点问题，因此，企业是否会对环境造成影响，不仅仅是企业自身和政府监管的问题，也成为民众、非政府组织和社会媒体所时刻关注的问题。企业和政府在治理矿业产业的突发事件、环境和社会责任方面都需要同目前社会民众的需求和国内外趋势变化保持同步发展，否则将付出企业信誉和品牌形象受损的代价，甚至沉痛的违法代价。在全球信息化时代，负面的"标签"是非常难以"清洗"的，这对处在转型中的湖南省矿业经济绿色产业链中的企业带来了巨大的挑战。

第四节 湖南省矿业经济绿色产业链发展的对策建议

湖南省矿业经济绿色产业链的发展资源非常丰富，且矿业经济产业链的发展也取得了一些成就，矿业行业的经济发展已成为湖南省经济的重要组成部分。但目前在全球矿业市场都处于低迷期的情况下，响应国家号召，在湖南省矿业经济发展转型的时期，如何能够突破限制和挑战，本节主要提出六方面的对策建议：（1）提升绿色矿产资源利用水平，强调通过如国际合作、内部激励机制、产学研等模式提升管理技术水平；（2）拓展矿业经济绿色产业链，不仅重视上下产业链拓展，也强调以社会责任和环保理念为核心合作理念，与社会民众间的横向产业链拓展；（3）重视矿业经济绿色产业链人才培养是关键，强调跨行业多层次的综合人才的培养；（4）培育矿业经济绿色产业链价值理念是重点，明确政府、企业和社会各层面对绿色产业链价值理念培养的角色与定位；（5）构建矿业经济绿色产业链信息交流平台是保障，提议建立各利益方有效、透明的信息共享机制；（6）重视企业文化软实力构建是必然趋势，指出企业自身文化软实力所形成的独特品牌将会成为未来企业成功与否的关键因素。

一、提升绿色矿产资源开发利用水平是基础

　　湖南省现已建成卫星定位连接运行基准站系统、基础地理信息数据库、地理信息公共服务平台，测绘装备和能力建设也有所提升。但目前湖南省矿产资源总回收率为30%，对伴生矿开展综合利用的矿山仅25%，综合利用的矿种仅占40%。因此，湖南省矿产资源整体开发水平还是不高。引进或者创新深部、绿色、智能化、信息化的矿业科技服务于地质勘探工作和矿山生产运营方面都是非常有效且符合国家政府发展的。基于绿色发展理念的绿色开采技术不断取得突破，通过采、选、充、填以及多专业领域技术协同，实现开采工艺、填充工艺、矿山条件与装备技术优化匹配，有效保护生态环境、促进综合利用。通过数据库、组台软件及平行系统技术，融合矿产资源管理系统、三维数字采矿平台、可视化生产执行系统及采矿自动化系统，形成虚拟矿山一体化管控平台，实现矿山安全、高效、清洁生产和经济效益最大化。洛阳钼业在澳大利亚北帕克斯矿山井下采矿取得技术突破，成为世界首例实现100%自动化采矿的井下矿山。[①]

　　如果能够充分引入高精技术，不仅有利于提升矿产资源的利用率，促进深加工，提升产品的价值，有效保护环境，而且能够延伸产业链上下游，聚集企业群落，形成产业链集聚效应，更大限度地激发企业潜力。如有"有色金属之乡"之美誉的桂阳，通过县委、县政府依托科技，全力发展矿业精深加工，打造"桂阳矿业品牌"，并初步形成了全县矿业特色分明的五大体系：以黄沙坪铅锌矿、宝山铅锌矿为龙头的矿产品采选业；以云桂、银星为龙头的铅锌、金银冶炼加工业；以三和有色为龙头的高纯铋加工业；以大阜碳为龙头的石墨加工业；以春陵、宏达为龙头的硅锰铁冶炼加工业。不仅形成特色产业的集聚，还实现了巨大的盈利发展。因此，湖南省矿业经济绿色产业链的发展需要以科技创新为基础，不仅是对高精尖人才的吸纳，而且还要通过国际合作的创新方式学习他人的先进技术，更要重视组织内部管理和技术创新的激励机制，让员工始终有机会接触和学习，激发自身创新潜能，提升组织整体技术水平，还要通过产学研等新模式来培养和吸纳青年人才，实现本土造血。

---

　　① 刘伯恩，等. 从2015年中国国际矿业大会看当前矿业形势［J］. 国土资源情报，2015（12）：8-15.

二、拓展矿业经济绿色产业链是核心

一方面，矿业企业需拓展矿业产业链、加强实体与虚拟相结合，创新商业模式，谋求企业生存发展。首先，大型矿业企业继续剥离非核心资产，优化资本结构，提高经营质量，降低经营风险。其次，通过资源创新，降低制造成本。通过创新工艺技术、创新管理模式、创新合作模式等方式，构建扁平化组织结构，压缩管理成本和生产成本。再次，拓展低成本融资渠道，加强"产业、资本、投资"项融合。搭建金融服务平台，减少资金成本；积极采用"互联网+"等电商平台，节约交易成本；以金融物贸为支撑，全力做活金融资本、做实物流贸易，打通产品流、资金流、资本流通道。最后，拓展产业链，打通上下游，促进企业成长。瞄准符合发展战略、具有良好成长空间和较大发展潜力的相关产业领域深耕细作。比如，矿山企业引入绿色产业链，具体模式见图7-4。主要的矿业企业产品链通过创新技术进行深加工和精加工，提升产品的附加值，形成战略差异化竞争优势，而其产生的废弃物则通过对接的下游补链企业再次进行筛选和加工，形成副产品。衡阳市四大支柱产业链条之间存在多处交叉点，金属冶炼及压延加工为机械加工提供了原料，盐化工生产为金属冶炼提供了化学原料，金属冶炼与机械加工产生煤气提供给发电厂作为发电能源的来源，电厂的电力又直接服务于金属冶炼、机械加工和化工产业。[1]

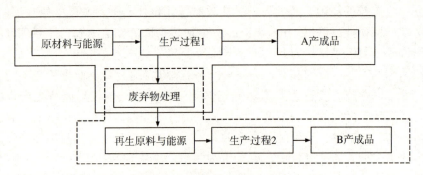

图7-4 绿色产业链模式

另一方面，矿业企业要严格履行企业社会责任，保护生态环境，促进经济发展与社会环境发展相协调。尽最大努力落实生态文明建设，激活社会第三方

---

① 邹君，田津，杨玉蓉．衡阳市工业产业集群生态化发展模式研究［J］．经济研究导刊，2010（27）：161-162．

力量参与到矿业经济的规划发展、环境保护、安全生产及综合治理等方面。国际社会高度重视负责任的矿业企业开发，联合国、全球报告倡议组织（GBI）、国际标准化组织、国际采矿与金属协会（ICMM）等提出的社会责任倡议，对推进负责任的矿业企业开发都具有指导意义。各国政府也高度重视环境保护与社区协调。智利政府推动冰川保护法，以环境保护优先，对高海拔地区的大型矿业开发项目进行限制。印度立法要求建立地区矿业基金，用于开发和恢复采矿项目受影响地区。国际组织为负责任的矿业企业开发提供了分析工具。世界银行提出国家矿业管理评估工具，以此来鼓励投资和加强矿业监管。世界自然基金组织（WWF）提出"综合资源走廊倡议（IRCI）"，鼓励在一带一路走廊建设中考虑社会、环境和经济权衡、评估不同未来情景，促进相关利益方作出明智的决策。乐施会（OXFAM）基于 FPIC 提出 2015 年社区认可指数，协调矿业开发与社区关系。湖南矿业经济绿色产业链发展也可以借鉴图 7-5，将产业链的发展分为内部治理和外部治理两种方式。矿业经济绿色产业链的发展不仅仅是企业与政府，与其相关的利益主体都应该考虑在内，多元化的主体协同参与，才能够保障各相关主体的利益最大化，才能够形成比较系统和谐的生态治理模式。

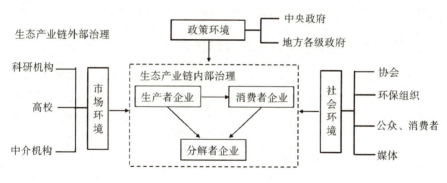

图 7-5　生态产业链发展模式

　　此外，还可以借鉴企业主导型的生态产业链治理模式（图 7-6），极大地利用市场方式来激发社会力量共同治理生态环境问题。这相对于以政府为主导的治理模式更为有效且积极。通过企业主导形成一个由各利益方代表参与组成的治理委员会，政府给予资源支持及组织推动形成，公众、非营利组织、媒体、消费者，甚至同行业或其他市场主体共同监督引导企业作出比较符合经济、社会和生态环境共同发展的方案。各方利益主体能够通过发挥各自优势，来促进治理委员会督促和引导企业作出正确的决策。

　　总体而言，矿业经济绿色产业链的拓展不仅仅是以供需、产品为基础的产业链拓展与延伸，也包括其配套的社会生态环境间的协同发展，只有将各利益方的利益最大限度地优化，才能够促进绿色产业链中供需链、企业链、空间链和价值链潜力最大化。

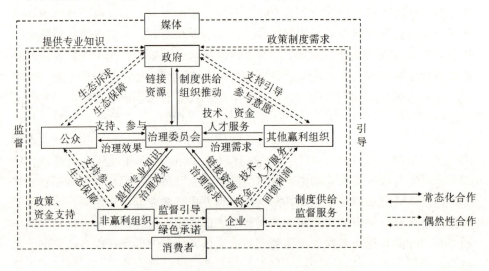

图 7-6　企业主导型的生态产业链治理模式

三、重视矿业经济绿色产业链人才培养是关键

随着"一带一路"倡议的实施，以及新常态下国际矿业经济形势变化和国际格局变动，矿业类人才必须适应"走出去"战略，加大培养、引进精通国际规则、具有跨文化沟通能力、能够在矿业领域熟练处理各种涉外事务的国际化人才，才能够有效发展我国矿业经济。创新驱动实质是人才驱动，而湖南省矿业发展也有着明显的国际化趋势，因此，培养具有国际视野、精通国际法律法规和具有跨文化和矿业专业能力的年轻人才是湖南省矿业未来发展的关键。首先，政府部门应逐渐构建一支与本省矿业经济发展规模相适应、结构合理且类型齐全的绿色矿业经济人才队伍，保障我省矿业经济绿色发展的健康有序发展。既重视高层次创新型人才的培养与引进，也重视对地质勘探一线技术人才的培养与发展，重视与高校对接矿业绿色产业链发展人才的培养要求，重视同各类型企业对接人才发展与实践的状况，通过学习、交流和培训等方式不断整合现有政府部门矿业经济绿色产业链发展人才，最大化发挥人才优势。其次，企业应将人才培养提升到战略高度，建立一套适合企业自身发展的人才激励机制。任何一个企业的发展，都需要借助时代的新机遇，更需要人才对机遇的精确把握，人才才是企业的核心竞争力。因此，企业应该吸纳多学科背景的

专业型综合人才，融合创新，研发新技术，更好地处理复杂的社会环境。最后，非政府组织人才发展对矿业经济绿色产业链的发展有着非常重要的作用，其是链接企业、政府与社会环境间的润滑剂。而目前我国非政府组织发展迅速，但具备国际视野与矿业专业的综合素质人才不多，不仅仅需要通过高校社会专业、非政府组织学科专业培养人才，而且需要培养现有的非政府组织人才队伍，为矿业经济绿色产业链发展更好链接社会与环境间的发展做出其特殊贡献。

四、培育矿业经济绿色产业链价值理念是重点

价值理念决定行动，经济利益至上的价值观必然导致以牺牲社会环境为代价的粗放型经济发展模式，注重生态保护与社会和谐并重的经济发展观，必然能够促成矿业经济绿色产业链的发展。矿业经济绿色产业链的价值理念是融合了共生理论、治理理论、竞争优势理论、企业社会责任理论和文化软实力理论的多重价值观念，在实现矿业经济绿色产业链的价值链时需要明确企业自身优势，发展核心技术；在其主体治理方面需要考虑多元的利益相关者，形成共同治理，共同发展的观念；通过履行企业自身实力适当履行企业社会责任，形成一个负责任的企业品牌形象。

政府层面。一方面，中央政府相关部门需要更新与现今矿业经济绿色发展相适宜的法律法规和政策，为我国绿色矿业的发展提供有效的法律政策保障，还要通过鼓励地方政府结合当地特色制定相关细则与规范，或者通过宣讲等方式推广比较成熟的做法或者经验。另一方面，政府应通过市场方式鼓励社会力量参与到矿业经济绿色发展中去，通过政府服务购买、第三方评估和构建信息交流平台的方式引导高校、行业协会、非政府组织积极参与。社会媒体组织也还可以通过宣讲、活动或培训等方式培养社会公众的生态价值理念，可持续发展观念以及培养社会监督和维权意识等等，为企业有效履行社会责任培养监督者和引导者。

企业层面。矿产资源非常的珍贵，且大多属于不可再生能源，因此矿业是非常特殊的行业，矿业企业也有着特殊的使命。矿业企业是通过摄取大自然的宝贵资源而存活的，因此保护环境是其必然的责任与义务，特别是在我国对外开放的不断深化和环境与社会经济发展日益紧张的时代。首先，矿业企业的决策者和员工都需要深刻认识到环境保护对其企业自身发展的重要意义，无论是从国际接轨的现实利益出发，还是人与自然需建立和谐发展关系的长远利益出发。目前我国很多"走出去"的矿业企业面临着非常大的舆论压力，大多是因为未正确履行企业社会责任，忽视对当地自然环境的保护和社区居民的支持。如，中国兵器工业集团下属万宝矿产有限公司投资在缅甸的莱比塘铜矿，

是亚洲最大的湿法炼铜工程，因环境保护和征地赔偿等问题面临着停工、复工、再停工、调查等反复折腾。其次，企业需要建立企业社会责任战略和对外透明的信息披露机制。将社会责任提升到企业战略高度，有利于企业自身形成较好的责任理念，还有利于企业形象的塑造。有效的信息披露能够保证相关利益者及时了解和获取信息，促进彼此交流，为企业赢得社会支持提供可能途径。最后，企业应该在自身能力范围内，通过责任适当和自愿原则，为社会环境和生态发展做出自己的贡献，而其方式和方法是多种多样的，也可以通过选择合适的合作伙伴，如非政府组织来帮助企业履行社会责任。

社会层面。首先，矿业行业协会等相关非政府组织需要主动积极地引导和协助企业去形成矿业经济绿色产业链发展理念，成为企业与社区居民、政府和社会的润滑剂。在国内，通过规范矿业行业的可持续发展，促进矿业经济绿色产业链发展；在国外，非政府组织能够作为湖南矿业企业"走出去"的先锋力量，有效传递各方的信息和承接各种社会责任履行。其次，社会公众应努力提升自身可持续发展价值理念，并且提升法律维权与社会监督意识，通过直接与间接促进社会可持续发展的宏观环境的形成，监督和引导企业走可持续发展之路，实现矿业企业绿色产业链的发展。

五、构建矿业经济绿色产业链信息交流平台是保障

矿业经济绿色产业链的发展涉及多元主体间的不同部门，不仅仅是政府部门间的信息协调，企业内部与企业间的信息共享，还包括政府、企业与社会团体和社会公众间的信息公开、回馈和共享，而不协调、不及时、不完整的信息传播方式和机制都会造成或大或小的阻碍，这将直接提高信息传播的成本，而这些成本往往是最容易被忽视的，最终将威胁矿业绿色产业链的稳定性，限制其产业链的拓展和延伸的可能性。因此，非常有必要建立各利益方及时、便捷与可靠的信息交流平台。首先，企业通过定期地公布矿业经济绿色发展状况，定期公布企业社会责任报告，对不善于处理的社会和环境问题，可以通过网上公布相关招聘或合作信息，寻求非政府组织或社会公众的帮助，以获得更多的社会力量支持和认可，这也是塑造企业负责任形象和宣传的有效方式。其次，政府部门通过支持和引导矿业企业协会建立政府、企业、行业协会、社会组织和公众间的信息交流共享平台，以及宣讲会或培训班等方式组织各利益相关方探讨问题，寻找解决方案。政府部门间的信息协调，是促进其他各利益主体相互合作、信任与交流的基础，其不仅仅是主导方，更多的是榜样激励的作用，激发企业与社会组织各方的活力。最后，一方面，非政府组织自身的财务、项目等各项信息都需要定期透明的公布，透明的信息公布机制有利于社会公众的

监督与公信力构建；另一方面，通过构建信息交流平台更好地与政府企业沟通，促成矿业经济绿色产业链的社会环境项目配套发展，并及时给予企业与政府信息回馈。

六、重视企业文化软实力的构建是必然趋势

企业文化软实力是指以文化为基础，突出文化重要价值的软实力。企业文化软实力对内具有凝聚企业员工的作用，以及构建科学、合理、有序的组织架构和将个人文化软实力与企业文化软实力相结合，使个人目标与企业目标有机结合的积极效用；对外具有能够提升企业形象、树立有影响力的企业品牌和吸引更多优秀人才加入企业的作用。谢祖墀指出，成功企业的软实力通常具有四个维度：成为技术和创新的领导者、企业拥有独特魅力的管理和领导、成为有责任感和影响力的企业公民、抓住客户在物质和精神上的渴望。① 良好的企业文化软实力能够很好解决员工流动性，吸引高精尖的人才，并且也有利于企业的创新和绩效。

因此，湖南省矿业经济绿色产业链中的企业不仅仅需要重视经济发展硬性指标，也同样需要重视企业的软性指标。无形的企业文化软实力资产在现今激烈的竞争环境中更为重要。曾有人表示，如果可口可乐公司被一把火烧掉，立刻会有一群银行家找到可口可乐公司，向该公司提出愿意提供所需的任何数额的重建贷款。因为可口可乐公司品牌已经深入人心，市场价值并不会因为其有形资产的损耗而缩减，品牌资本也同样具有非常强的号召力。一方面，企业的管理人员需要转变思维模式，挖掘、构建和培养适合组织自身的企业文化软实力，结合企业发展中现有显性和隐形的价值理念和工作方式，以培养以社会责任和环保理念为核心的企业文化软实力。另一方面，企业不仅要在组织自身内部日常的公司制度框架体现自身的文化价值，如，投入适当比例的员工培养和激励经费、体现人文关怀的制度设计以及舒适的工作环境等；还要在公司招聘员工时考虑其与公司文化价值的匹配度，在对外宣传方面，公司行为、员工行为以及公司标语、商标和沟通方式等都需要精心设计以体现自身独特的文化价值理念。随着我国对外开放的不断深化和国民对环保理念的需求不断提升，构建具有独特文化软实力的湘军企业，将是一种必然趋势。因为只有这样，湘军企业才能更好走出国门与国际接轨，才能得到社会广泛认可和支持，才能在激烈的竞争环境中有鲜明的辨识度。

---

① 谢祖墀. 增强软实力中国企业成为全球明星不可或缺的因素 [N]. IT 时代周刊, 2006-6-17.

第八章　湖南省矿业经济绿色发展指数研究

矿产资源是整个工业发展的"粮食"，是国民经济运行的"血脉"，是社会发展的重要物质基础。传统的无规划、无控制的粗放型矿产资源开发利用模式造成资源严重浪费、生态环境遭受严重破坏、矿产资源开采安全面临威胁。矿业经济绿色发展成为改变传统矿业发展模式的必然要求，也是矿业经济可持续发展的必经之路。

2016 年，《全国矿产资源规划（2016—2020 年）》颁布，提出了明确的战略目标：到 2020 年，要基本建立安全、稳定、经济的资源保障体系，基本形成节约高效、环境友好、矿地和谐的绿色矿业发展模式。湖南省矿业经济发展迅速，虽取得了显著的成绩，但矿业结构失调以及矿业生态问题正在严重制约湖南省矿业经济的发展。构建湖南省矿业经济绿色发展综合指标体系，促进矿业管理规范化和科学化发展，促进资源开发与社会环境协调发展，探索一条符合湖南省的矿业经济绿色发展之路，将有利于转变矿业经济发展方式、推动湖南省绿色 GDP 体系建设和落实党中央"创新、协调、绿色、开放、共享"新发展理念。

本章共分为三节，第一节主要介绍了矿业经济绿色发展指数的理论基础，包括可持续发展理论、生态经济理论、低碳经济理论、循环经济理论、绿色经济理论以及绿色矿业理论。第二节主要对目前的矿业可持续发展指标体系、绿色矿山指标体系以及矿区环境与矿区生态文明指标体系的研究成果进行梳理和评述，为湖南矿业经济绿色发展指数指标体系的构建提供了启示。第三节主要在前文的基础上，根据湖南矿业经济绿色发展的实际问题和发展方向，选用"压力—状态—响应"模型（PSR）作为指标体系的逻辑框架，构建了一套体现湖南省矿业经济绿色发展理念的综合性指标体系，以综合衡量湖南省矿业绿色发展现状，展望发展趋势。

第一节　矿业经济绿色发展指数的理论

矿业经济绿色发展指标研究是以可持续发展理论、生态经济理论、低碳经济理论、循环经济理论、绿色经济理论以及绿色矿业理论为基础所开展的指标体系方法研究。

一、可持续发展理论

1980 年，国际自然保护同盟（IUCN）在世界野生生物基金会（WWF）的支持下制定发布了《世界自然保护大纲》，其副标题为"可持续发展的生命资源保护"，该报告明确提出了可持续发展并反复使用了可持续发展这个概念，但是没有明确给出可持续发展的定义。1987 年，以挪威前首相布伦兰特夫人为首的世界环境与发展委员会（WCED）发表了《我们共同的未来》报告，这份报告第一次对可持续发展的内涵作了界定，并对其进行了详尽的理论阐述。该报告将可持续发展定义为"既满足当代人的需求，又不对后代人满足其自身需求的能力构成危害的发展"。《我们共同的未来》的发表标志着可持续发展观的基本形成。1992 年环境与发展大会通过的《里约宣言》和《全球 21 世纪议程》标志着可持续发展思想在全球范围内的普遍接受。

1992 年 7 月，我国政府根据联合国环境与发展大会通过的《21 世纪议程》的要求，编制了《中国 21 世纪议程——中国 21 世纪人口、环境与发展白皮书》，首次将可持续发展纳入我国经济和社会发展长远规划。1996 年，将可持续发展上升为我国的国家战略并全面推进实施，并且在 1997 年中国共产党第十五大上，将可持续发展战略确定为我国"现代化建设中必须实施的战略"。

可持续发展包含两个最基本的要素，即发展和可持续性。发展是前提和基础，可持续性是关键。没有发展就没有必要去讨论是否可持续；没有可持续性，发展势必无法长久。发展首先是指社会物质财富的增长，更是以社会全面进步为最终目标；可持续性要求当代人不仅要考虑自身利益，而且应该重视后代人的利益。可持续发展是发展与可持续的统一，两者相辅相成、互为因果。可持续发展追求的是近期目标与长远目标、短期利益和长远利益的最佳兼顾，以及经济、社会、人口、资源、环境的全面协调发展。它涉及人类社会的方方面面，具体可概括为经济可持续发展、社会可持续发展和生态可持续发展三方面。其中，经济可持续发展是基础，社会可持续发展是目的，生态可持续发展是条件。此外，可持续发展还包括三个基本原则：

公平性的原则：为了保证长期可持续的发展，必须强调公平性原则。可持续发展的公平包括代际的公平，各个区域不同的人群之间的代内的公平。

持续性的原则：人类进行经济的建设以及社会的发展都不应该超越自然资源以及生态环境的承载能力，这就是持续性原则的基本核心的思想。

共同性的原则：可持续发展是全球必须共同遵守的，不论各国之间的文化及历史的差异，自然条件的不等，发展水平的高低不一，都应该遵循可持续发展所体现出的公平性及持续性的原则。

我国对于矿业经济的可持续发展进行了五个方面的研究：一是提出传统矿业和新型矿业的观点；二是对于现阶段矿业发展存在的问题进行分析，从促进区域经济发展的角度提出新的矿产资源开发模式；三是矿业在知识经济下的发展；四是矿业的跨越式发展；五是矿业可持续发展的系统评价研究。总结归纳起来，即是对新兴矿业、资源开发模式、矿业发展模式、建立矿业可持续发展评价系统等方面的研究。① 绿色矿业发展不是简单的矿山绿化和复垦工程，而是通过矿产资源的节能、降耗、循环利用，将"绿化"贯穿于勘探、开采、加工、利用和恢复等过程，实现经济效益、社会效益、环境效益、资源效益的协调统一。矿业经济绿色发展将可持续发展的理念贯穿矿业活动之中，目标是实现人、自然、社会的全面协调可持续发展，因而可持续发展理论对于绿色矿山的建设具有重要的理论指导作用。

二、生态经济理论

"二战"以后，人口激增、粮食不足、环境污染、生态退化、能源危机和资源短缺等一系列问题的出现给工业文明敲响了警钟，人们开始对传统经济增长方式进行全面而深刻的反思与批判，认为单纯从生态学或从经济学的角度来解释和研究这些问题，都难以找到解决之道，唯有将生态学和经济学有机结合起来进行分析，才能从中找到既发展社会经济又保护生态环境的对策。1968年，美国经济学家肯尼斯·鲍尔丁（Kenneth Boulding）在其一篇重要的论文《一门新兴科学——生态经济学》中首次提出生态经济学概念，明确阐述了生态经济学的研究对象，并对人口控制、资源利用、环境污染以及国民经济与福利核算等问题进行了原创性研究。一般认为，肯尼斯·鲍尔丁的思想标志着生态经济学作为一门独立学科真正形成。②

生态经济学创始人、美国佛蒙特州大学生态经济研究所所长罗伯特·科斯坦塔（1989 年）认为："生态经济学是一门全面研究生态系统与经济系统之间关系的科学，这些关系是当今人类所面临的众多紧迫问题（如可持续性、酸雨、全球变暖、物种消失、财富分配等）的根源。而现有的学科均不能对生态系统与经济系统之间的这些关系予以很好的研究。生态经济学既包括利用经

① 武建稳. 绿色矿山评价指标体系构建：以湖南有色新田岭钨矿为例 [D]. 中国地质大学硕士学位论文，2012.
② 刘伊生. 绿色低碳发展概论 [M]. 北京：北京交通大学出版社，2014：58.

济学方法研究经济活动对环境与生态的影响，也包括用新的方法研究生态系统与经济系统之间的联系。"他于 1991 年又进一步将生态经济学定义为"可持续性的科学和管理"，认为生态经济学将人类经济系统视为更大的整体系统的一部分，其研究范围是经济部门与生态部门之间相互作用的整个网络。认为生态经济学是从最广泛的意义上阐述生态系统与经济系统之间关系的学科。因此，可以看出生态经济学打破了经济系统和生态系统之间的隔阂，看到了两者之间的联系性和统一性，强调两者相互融合、相互作用以及相互影响的系统性思维，杜绝孤立地对待经济社会发展过程中诸如经济问题、人口问题、社会问题、环境问题等人类无法逃避的课题，这使得生态经济学对现实问题具有较强的解释力，并使得自身富有强大的生命力。[1]

生态经济是人类追求的一种理想化的经济模式、经济形态，目的是实现经济发展与生态保护的平衡，变生态的恶性循环为良性循环，建立一个高效率、多功能的生态经济系统，在保持生态平衡、资源充分利用的前提下，取得最佳经济效益。生态经济这一概念的产生及其逐步走向成熟是伴随着生态经济学的形成和发展而实现的。生态经济作为一种可持续发展的经济模式和经济形态，是经济的生态化，生态的良性化，是经济与生态的动态平衡和互为协调的发展。生态经济与以往经济模式、形态的根本区别在于，它从根本上摒弃传统的单纯向自然索取而破坏生态的错误观念和行为，经济发展并不是它的唯一目标，也不是单纯地追求当前人类社会的福利，而是强调在保持经济持续发展的同时，要切实保证代际公平，切实维护生态系统的完整性、容纳性和可持续性。

我国矿业的发展在追求"金山银山"的同时，也要保护"绿水青山"，这要求我们要不断优化产业结构，加快经济发展模式的转型，实现资源的循环利用，构建以生态经济理念为指导的发展方式。将自然生态系统的循环利用原理引入到矿产资源开发利用过程中，重构矿业经济产业链，形成以产品清洁生产、资源高效回收和废物循环利用为特征的生态经济发展形态。做到资源开发最优化、环境影响最小化、经济效益最大化，实现矿业资源的绿色发展。

三、循环经济理论

20 世纪 60 年代兴起的环境保护，导致循环经济的产生。受"稳态经济理论"（赫尔曼·戴利）以及"宇宙飞船经济思想"（肯尼斯·博尔丁）的启发，戴维·W. 皮尔斯（David W. Pearce）和 R. 凯利·特纳（R. Kerry Turner）在

---

① 刘伊生. 绿色低碳发展概论［M］. 北京：北京交通大学出版社，2014：58-60.

1989年建立了正式的模型，该模型被命名为"循环经济"（Circular Economy）。在他们看来，相对独立的经济系统和自然生态系统，其实质是合二为一的，共同组成生态经济大系统。一般说来，在人、自然资源和科学技术的大系统内，在资源的投入、生产过程、消费及副产品（废弃物）产生的全过程中，要把传统资源消耗的线型经济增长方式，转变成生态型资源经济增长方式，就必须实行循环经济。因此，作为一种新的经济形态，循环经济的主要特征就是：节约型经济和生态型经济的高度结合。[1][2] 20世纪90年代之后，发展知识经济和循环经济成为国际社会的两大趋势。我国于1998年开始引入德国循环经济理念，随后有关循环经济理论发展研究的论著层出不穷，不断将循环经济的理论研究和实践推向深入。2003年，循环经济理念被纳入科学发展观，确立了物质减量化的发展战略。随后，在许多省市和众多行业陆续开展了区域循环经济试点与生态工业园区试点等工作，并于2009年1月1日开始正式实施《循环经济促进法》。

循环经济以资源的高效利用和循环利用为核心，以"低消耗、低排放、高效率"为基本特征，遵循5R原则。即再思考（rethink）：研究资本、劳力和自然资源三个循环，创造物质财富和自然资产两种财富。减量化（reduce）：最大限度地提高资源的利用效率，减少生产投入的自然资源，合理地减少物质需求。再利用（reuse）：强调资源的综合利用，做到一物多用、废物利用，把传统产业的资源需求逐步转化为依赖可再生自然资源。再循环（recycle）：在生产流程中形成资源利用的循环，把经济体系由开链变为闭环，形成循环经济的技术体系与产业体系。再修复（repair）：不断修复被人类活动破坏的生态系统，与自然和谐相处。循环经济是符合可持续发展理念的经济增长模式，是对"大量生产、大量消费、大量废弃"的传统增长模式的根本变革。其本质是一种生态经济，是可持续发展理念的具体体现和实现途径。它要求遵循生态学规律和经济规律，合理利用自然资源和环境容量，按照自然生态系统物质循环和能量流动规律重构经济系统，使经济系统和谐地纳入到自然生态系统的物质循环过程中，实现经济活动的生态化，以期建立与生态环境系统的结构和功能相协调的生态型社会经济系统。循环经济是符合可持续发展理念的经济增长模式，对于解决我国资源对经济发展的瓶颈制约具有重要的现实意义。

---

① Cohen B. Journal, Ratings and Footprints: A North American Perspective of Organizations and the Natural Environment Journal Quality, Business Strategy and the Environment, 2005 (3): 123-129.

② Lowe Ernest, Fieldbook for the Development of Eco - Industrial Parks. Research Triangle, NC: Research Triangle Institute, 2003: 63-66.

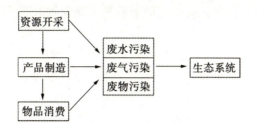

图 8-1 传统经济运行模式

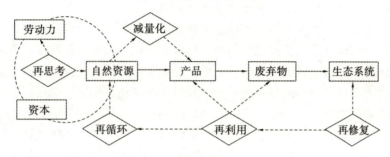

图 8-2 循环经济运行模式

20 世纪 80 年代以来，我国国民经济迅速发展，矿业产业对促进经济发展和社会进步做出了突出的贡献。但矿业产业发展初期为粗放经营发展模式，表现为"高消耗、高污染、低效益"。矿产资源勘查开采消耗量大，在矿产品加工过程中产生的废水、废渣、废气等对矿区生态环境造成了破坏，产生了消极的外部效应。要实现我国经济的可持续发展，必须走科技含量高、经济效益好、资源消耗低、环境污染少、人力资源得到充分发挥的循环经济道路。

矿业经济绿色发展要实现开采方式科学化、资源利用高效化、生产工艺环保化，其将"绿色生态"理念贯穿于矿产资源开发利用的全过程，其目标是实现矿业、矿产企业、矿山、矿工四者之间的和谐、稳定、持久发展。循环经济倡导资源的少量利用、重复利用、循环利用，以获取资源的最大产出效益，从而减少废水、废气、固体废弃物的排放，提高采矿贫化率、开采回采率、选矿回收率、矿产资源综合利用率，其最终目标是实现人与自然和谐发展，生态平衡。因此，矿业经济绿色发展理念与循环经济理论在本质上具有一致性，二者均以资源集约与合理利用、环境保护作为指导思想，以实现人与自然和谐可持续发展为目标，以开采方式科学化、生产工艺环保化为手段，以将粗放型经济增长方式转变为集约型经济增长方式为要求，以资源消耗量最少化，资源利用产生的经济效益、社会效益、环境效益最大化为原则。①

四、绿色矿业理论

矿业一般是指对矿产资源进行勘查、开采和加工利用形成的产业。按照中国的国民经济行业分类标准，矿产资源产业链结构主要包括矿产资源地质勘查业、采掘业、矿产品冶炼及深加工业、矿产品销售业。矿业经济活动需要多部门的参与，在每一个生产环节都有相应的产品产出，产品的销售涉及交通运输和仓储业，批发零售业等，因此矿业产业涵盖了第二、第三产业。②

矿产资源是人类生存和发展的重要物质基础，矿业在向国民经济各部门提供原材料的同时，也在为环境污染付出沉重的代价。如煤炭矿的矸石山，灰尘飞扬矿区等，面对日益迫切的环保要求，绿色矿业的建设便应运而生。从生态学的角度来看，绿色矿业是指无矿山环境污染和破坏，绿化率较高，空气清新的美好矿业环境。而有关绿色矿业经济的内容，目前尚无较系统的研究，个别学者对绿色矿业进行了界定：黄敬军（2009 年）、乔繁盛（2009 年）、曹献珍（2011 年）等认为，"绿色矿业"是指这样一种产业，矿山活动过程中，在矿区环境扰动量等于环境容量，或等于其自净能力的基础上，实现矿产资源开发目标、生态环境目标、社区目标的均衡化。③④⑤王飞（2012 年）认为，绿色矿业经济就是在矿业开发利用的过程中，以生态经济学理论和方法为指导，在综合区域规划和矿区规划的基础上，形成以矿业为主体的产业集群，使用绿色技术体系，融合循环经济和低碳经济，通过完善矿业资源管理，夯实矿业资源保障基础，在环境扰动量不大于区域环境容量及其自净能力的前提下，实现矿产资源的最优化配置和生态环境影响的最小化，达到经济、社会、生态环境相协调的经济发展方式。⑥⑦

绿色矿业经济所体现的内涵有以下几个方面：⑧

第一，绿色矿业经济是一种以生态经济学原理为指导的现代矿业经济

---

① 武建稳. 绿色矿山评价指标体系构建：以湖南有色新田岭钨矿为例［D］. 中国地质大学硕士学位论文，2012.

② 杨树旺. 矿业经济：理论、政策与实践［M］. 北京：科学出版社，2012：10.

③ 黄敬军. 论绿色矿山的建设［J］. 金属矿山，2009（4）：7-10.

④ 乔繁盛. 建设绿色矿山发展绿色矿业［J］. 中国矿业，2009（8）：4-6.

⑤ 曹献珍. 国外绿色矿业建设对我国的借鉴意义［J］. 矿产保护与利用，2011（3）：19-23.

⑥ 徐政平，黄钢. 循环经济系统：规划理论与方法及实践［M］. 北京：科学出版社，2008：141-142.

⑦ 徐嵩龄. 为循环经济定位［J］. 工业经济研究，2004（6）：60-69.

⑧ 王飞. 绿色矿业经济发展模式研究［D］. 中国地质大学博士学位论文，2012.

发展模式。它要求综合运用生态规律、经济规律和绿色技术体系，在宏观上，促使矿业系统、生态系统、经济系统相结合，协调矿产资源开发利用过程中的生态、经济和技术关系，促进绿色矿业经济系统的"人才流—物质流—能量流—信息流—价值流"的科学运转以及系统稳定、有序和协调地发展。

第二，发展绿色矿业经济，建设绿色矿山是基础，所谓绿色矿山是指矿产资源开发利用、经济社会发展、生态环境保护三者之间相互协调的矿山，以资源消耗的降低、可循环性和节能减排、生态环境的保护为目标，在矿产资源开发利用的全过程中，始终贯穿绿色生态经济理念。绿色矿业经济的基本特征是节能减排，废弃物多层次循环利用。按科学、低耗、低排放和高效的原则，合理地开发利用矿产资源是其基本的前提，在矿业系统内实现资源的多层次循环和综合利用，在使能量转换和资源循环利用效率达到最大化的同时，使生态环境受到最小的损害，并使经济效益达到最优。

第三，实现绿色矿业经济的目标，就是要在矿产资源开发利用的全过程中，将对环境的扰动控制在环境自身可承载范围内，通过绿色技术体系的运用，不断降低可利用的矿石品位；通过区域勘查和深部勘奔，扩大资源储量，延长矿山服务年限；通过技术创新和产业结构调整，使矿山得到新生；研究制定矿山闭坑规划，使用生态恢复与复垦技术，监管土壤的生态恢复和土地利用状态，从而实现环境友好、资源可持续利用，达到经济、社会和生态效益共同提高的目标，实现人与自然的和谐发展。

创建绿色矿山发展绿色矿业，已经上升到国家战略的高度。2016 年，《全国矿产资源规划（2016—2020 年）》颁布，该规划提出的战略目标明确指出：到 2020 年，要基本建立安全、稳定、经济的资源保障体系，基本形成节约高效、环境友好、矿地和谐的绿色矿业发展模式。到 2025 年，稳定开放的资源安全保障体系全面建立，资源开发与经济社会发展、生态环境保护相协调的发展格局基本形成，资源保护更加有效，矿业实现全面转型升级和绿色发展，现代矿业市场体系全面建立，参与全球矿业治理能力显著提升。为此，该规划还提到要全面落实资源综合利用、矿山环境保护、节能减排等相关优惠政策，逐步形成有利于绿色矿业发展的政策体系。

第二节　矿业经济绿色发展相关指标体系研究述评

随着矿产资源的不断开发和矿业经济的不断发展，所造成的能源快速消耗和枯竭，以及所引发的环境问题使得越来越多的学者关注到矿业经济的评价问题，并构建了一系列的评价指标体系。综合现有的文献来看，我国学者在与矿业经济绿色发展相关的评价指标体系及其运用研究主要集中在以下几个方面：

一、矿业可持续发展指标体系

耿殿明等（2003 年）提出了矿区可持续发展评价指标体系构建的基本原则，使用指标体系时应注意的问题，并构建了包括总体层、状态层、系统层和执行层的四级递阶评价指标体系框架，阐释了相关指标的内涵。[①] 徐军等（2003 年）认为，矿区城市可持续发展是由矿区资源（Resource）、环境（Environment）、经济（Economic）和社会（Society）子系统，通过相互作用、相互影响和相互制约而构成的巨系统（简称为矿区城市 REES 系统），并在构建指标体系基本原则的基础上，分析了矿区城市 REES 系统可持续发展指标的类型及其功能，建立了矿区城市可持续发展的指标体系，并对指标体系进行了解释和说明。[②] 沙景华等（2008 年）以循环经济理论及科学发展观为依据，以系统科学性、动态性、可操作性为原则，采用层次分析法建立了包括总体层、系统层、基础指标层和评价指标层 4 个等级的矿业循环经济评价指标体系，其中系统层涉及 4 个指标，基础指标层涉及 12 个指标，评价指标层涉及 42 个指标。[③] 白松涛（2010 年）针对广西矿业的开发与利用现状，基于矿业可持续发展的特点和可持续发展的目标，形成矿业可持续发展的指标体系后，运用专家评分法进行指标赋权，并应用模糊综合评价模型对广西矿业可持续发展进行了综合评价。[④]

对于湖南矿产资源产业可持续发展的研究，李园（2013 年）从经济社会发展相关性、资源利用效率、生态环境治理力度三个层次构建了我国矿产资源产业可持续发展发展的评价指标体系，并运用主成分分析法和 2010 年湖南省14 个地市的统计数据，对湖南矿产资源产业可持续发展的水平进行了测度。具体而言，该评价指标体系自上而下分别为目标层、准则层和指标层三层。其中准则层指标设置三个类指标，分别为经济发展相关性指标、资源利用效率指标以及生态环境治理指标（详见表 8-1）。[⑤]

① 耿殿明，姜福兴，谢从刚. 综合评价矿区可持续发展的指标体系 [J]. 中国煤炭，2003（3）：25-29.

② 徐君，曾旗. 矿区城市可持续发展指标体系研究 [J]. 中国煤炭，2003（5）：25-27.

③ 沙景华，欧玲. 矿业循环经济评价指标体系研究 [J]. 环境保护，2008（4）：33-36.

④ 白松涛. 广西矿业可持续发展评价研究 [J]. 求索，2010（12）：32-33.

⑤ 李园. 矿业可持续发展指标体系的构建及测度 [J]. 企业导报，2013（6）：4-6.

表 8-1　矿业可持续发展的综合评价指标体系

目标层	准则层	准则层	
矿业可持续发展的综合评价指标体系	经济发展相关性指标	矿区居民恩格尔系数 X1	城矿职工人均可支配人均收入之比 X2
		城矿居民人均 GDP 之比 X3	城矿居民平均受教育水平之比 X4
	资源利用效率指标	矿产回采率 X5	矿产采出率 X6
		矿产综合利用率 X7	矿产人均可采储率 X8
	生态环境治理指标	矿区塌陷土地面积复垦率 X9	环境治理投资占 GDP 比重 X10
		工业"三废"处理率 X11	矿区绿化覆盖率 X12

二、绿色矿山指标体系

　　绿色矿山是指以《中华人民共和国矿产资源法》《中华人民共和国环境保护法》《中华人民共和国循环经济促进法》等法律法规为准绳，在矿山审批、设计、建设、生产以及报废后的全过程中，采取绿色开采—绿色洗选—绿色利用，实施严格的科学管理，实现矿产资源节约与合理开发利用、矿区及周边社会经济和自然环境和谐发展相协调的矿山。[①] 黄敬军等（2009 年）以绿色矿山建设标准为基础，构建了绿色矿山建设考评框架，从资源能源利用、采选矿现代化、矿山清洁生产、矿山规范管理、矿山生产安全和生态环境重建等 6 方面建立了绿色矿山建设考评指标体系，但未对指标体系进行赋权和应用。[②] 张德明等（2010 年）依据绿色矿山建设的内涵和评价指标体系的构建原则，结合我国社会经济发展现状，利用层次分析法，将绿色矿山建设评价体系分为总体层、系统层和评价指标层 3 个等级，其中系统层分为 4 类指标，评价指标层分为 28 个具体评价指标，以全面反映绿色矿山建设的水平。宋海彬（2013 年）在对建立绿色矿山绩效评价指标体系的框架及主要评价指标进行深入探讨的基础上，筛选后保留了关键的 25 个指标，汇总成财务、客户、内部业务流程、创新能力 4 个方面，形成了一个较全面和科学的反映煤炭企业可持续发展能力

---

　　① 刘力钢. 企业可持续发展模式研究［J］. 辽宁大学学报（哲学社会科学版），2000（5）：12-15.

　　② 黄敬军，等. 绿色矿山建设考评指标体系的探讨［J］. 金属矿山，2009（11）：147-150.

的指标体系。①

上述研究仅是构建了评价指标体系，尚未确定指标权重或将指标体系用于案例研究。而闫志刚等（2012年）基于生命周期评价理论，并参考绿色建筑的相关评价方法，构建了绿色矿山建设评价指标体系。同时鉴于有些指标可以用数量确切表达，有些难以用数量确切表达只能定性表达，因此将层次分析法和模糊综合评价法相结合，运用层次分析法确定指标权重，探讨绿色矿山的评价方法。② 郑季良等（2017年）构建了由一级指标（总体目标层）、二级指标（系统控制层）、三级指标（基本指标层）构成的有色金属绿色矿山评价模型和指标体系，并以国家级绿色矿山试点单位——福建金东矿业公司为案例，总结评价了其绿色矿山建设实践。③ 这也使得绿色矿山指标体系的研究成果更加丰富。

三、矿区环境与矿区生态文明指标体系

概括来讲，矿区生态文明体现着矿区居民在处理与自然关系上所达到的文明程度。乔丽等（2009年）在提出了矿区生态文明概念的基础上，参考国内外研究成果建立了矿区生态文明建设评价指标体系，利用层次分析和模糊综合评价法等方法，构建了矿区生态文明发展程度、协调发展度、协调发展动态指数等综合评价体系。④ 孙静芹等（2010年）认为，矿区生态环境质量情况应通过大气环境指标、水环境质量指标、噪声污染指标、土地利用评价指标、废弃物利用评价指标这五方面指标反映，并以此构建了矿区生态环境质量评价指标体系。⑤ 成金华等（2013年）阐述了矿区生态文明评价要解决的问题，主要包括矿产、土地的节约集约和综合利用、矿业生产和矿区生活的节能减排、防治矿区地质灾害等内容，并从研究重点的选择、指标体系的构建思路、指标使用频率等角度，重点对现有矿区生态文明评价相关指标体系进行回顾与总结。基于指标选择的原则、指标体系设计的目的和指标体系的构成等三个关键问题的探讨，提出了完善矿区生态文明评价指标体系的构想。⑥

① 宋海彬．绿色矿山绩效评价指标设计［J］．煤炭技术，2013（8）：6-7.
② 闫志刚，刘玉朋，王雪丽．绿色矿山建设评价指标与方法研究［J］．中国煤炭，2012（2）：116-120.
③ 郑季良，张益玮．有色金属绿色矿山建设评价体系研究［J］．神华科技，2017（1）：14-17.
④ 乔丽，白中科．矿区生态文明评价指标体系研究［J］．金属矿山，2009（11）：113-118.
⑤ 孙静芹，朱文双．现代矿区生态环境质量评价指标体系的构建［J］．矿产保护与利用，2010（3）：45-47.
⑥ 成金华，陈军，易杏花．矿区生态文明评价指标体系研究［J］．中国人口·资源与环境，2013（2）：1-10.

在矿区环境与矿区生态文明指标体系构建中，层析分析法是运用最为普遍的方法。王霖琳（2009 年）在界定了资源枯竭矿区生态环境损害评价的内涵的基础上，运用层次分析法构建了资源枯竭矿区生态环境损害评价的指标体系，并介绍了每一指标的具体含义，最后以北京门头沟矿区为研究实例，对该区生态环境损害状况进行了评价。[①] 刘锦等（2014 年）结合淮南煤矿区生态环境特点，认为其评价指标体系应由生态要素、环境质量、社会和经济环境 4 个方面构成，因此提出了矿区生态环境质量评价指标体系的功能和构建基本原则，并结合煤炭矿区的具体特点，运用层次分析法构建了一套综合的煤炭矿区生态环境质量评价指标体系。[②] 王伟等（2014 年）利用层次分析法理论建立了矿山生态环境保护与恢复治理评价指标体系，经过专家打分，采用层次分析法计算出各评价指标的权重，从而定量分析了各指标对矿山生态环境保护与恢复治理影响的重要性。[③]

而涉及矿业经济绿色发展和绿色矿业评价层面的指标体系研究较少。在笔者视域范围内，刘翀（2012 年）以"费用—收益"经济分析思想为基础，从生产经济、环境保护、资源合理利用和节能降耗四个方面综合构建了矿山工业企业绿色经济评价指标体系，但其缺陷在于诸如矿区土地复垦率、矿区绿化覆盖率等难以用"费用—收益"衡量的但又具有价值的指标无法进入指标体系，从而使其评价稍有欠缺。[④] 孙彦辉等（2014 年）提出了由目标集、因素集（一级指标）和子因素集（二级指标）共三个层次构成的绿色矿业经济评价指标体系。其中，因素集（一级指标）主要由绿色矿山指标、绿色经济指标以及三个主观态度测量的指标，即社会对绿色矿山创建的感知、社会对绿色经济的认知和矿企对绿色矿山创建的态度五个层次构成；子因素集（二级指标）由 20 个指标构成（详见表 8-2）。[⑤] 而李琳等（2015 年）则把绿色发展指数运用到了区域产业评价当中，她构建了区域产业绿色发展指数评价指标体系，采用主成分分析法对我国 31 省市 2007—2012 年的产业绿色发展指数进行评估和

① 王霖琳. 资源枯竭矿区生态环境损害评价指标体系研究 [J]. 煤炭科学术, 2009 (9)：125-128.

② 刘锦, 郑优男, 王晓辉. 浅析煤矿区生态环境质量评价指标体系构建 [J]. 农业灾害研究, 2014 (12)：50-53.

③ 王伟, 王海芳. 矿山生态环境保护与恢复治理评价指标体系的构建 [J]. 山西化工, 2014 (2)：55-58.

④ 刘翀. 矿山工业企业绿色经济评价指标体系研究 [J]. 资源开发与市场, 2012 (6)：498-500.

⑤ 孙彦辉, 夏佐铎, 米玛顿珠. 绿色矿业经济评价指标体系研究：绿色矿业系列研究之二 [J]. 中国国土资源经济, 2015 (3)：37-40.

多层次的动态比较，尽管不是对矿业经济进行的直接评价研究，但也提供了一定的参考价值。[①]

表 8-2　区域绿色矿业经济评价指标体系

目标层	因素集（一级指标5个）	子因素集（二级指标20个）
区域绿色矿业经济评价	绿色矿山指标 u1	矿山管理规范程度 u11（依法开矿、制度完善、社区和谐、文化丰富）
		"三率"控制程度 u12（回采率、贫化率和回收率控制程度）
		尾矿、废石处置率 u13
		粉尘、噪声排放及处置程度 u14
		废水排放及处置程度 u15
		矿区绿化率 u16（矿区土地复垦、绿化以及环境保护程度）
	绿色经济指标 u2	矿业总产值 u21（区域矿业生产总值）
		矿业增长率 u22（区域矿业产值增长率、绿色矿山增长率）
		矿企利润率 u23（衡量矿企盈利能力和竞争能力增长程度）
		矿企平均吨资源效益 u24（对矿企资源利用及成本的度量）
		矿产资源综合利用率 u25（对矿企采、选、冶全程效益的度量）
		矿业就业率 u26（矿业开发利用对区域就业的度量）
		绿色矿山建设投入产出率 u27（绿色矿山创建的经济核算）
	社会对绿色矿山创建的感知 u3	在现有矿政管理制度下，社会对区域绿色矿山创建水平的评价 u31
		在现有矿山生产条件下，社会对区域绿色矿山创建合理性的评价 u32
	社会对绿色经济的认知 u4	最近三年社会对区域绿色矿业经济发展的认可程度 u41
		最近三年社会对区域绿色矿业经济建设的赞许次数 u42
	矿企对绿色矿山创建的态度 u5	积极性 u51（获批绿色矿山/绿色矿山建设自愿申请程度）
		信心 u52（矿企对绿色矿业经济发展前景的信心程度）
		行动 u53（自愿、认真执行绿色矿山创建的可能性）

四、研究述评

上述文献虽然直接以矿业经济绿色发展评价指标体系为分析重点的数量较少，但是已有的关于矿业可持续发展指标、绿色矿山以及矿区环境与矿区生态文明评价指标体系等内容，从不同的对象和层面对矿业经济绿色发展的某些方面或要素展开了评价研究。具体表现为：矿业可持续发展评价指标体系研究侧重于对矿业矿区经济发展方式及其水平的考察，绿色矿山评价指标体系研究则突出了从循环经济与标准化管理层面分析矿山生产中的资源节约与环境保护问题，而矿区环境与矿区生态文明评价指标体系研究则侧重于矿区环境损害评价、环境质量评价、环境恢复治理评价，以及从社会文明系统的综合视域概括人类发展、环境保护、资源节约集约利用及区域经济社会发展等内容。在研究视角和层次上，鲜有学者从更为宏观和综合的层面对矿业经济绿色发展现状、水平进行评价研究，尽管刘翀（2012 年）和孙彦辉等（2014 年）在某种层面上对矿业经济的绿色发展构建了评价指标体系，但是上述两位学者都未利用科学的办法对指标进行赋权以及推广运用，缺乏科学性和系统性。

综合上述研究成果来看，在指标体系的构建思路上，主要从资源环境经济社会（PEES）系统或者"压力—状态—响应（PSR）"这两个思路展开。例如在矿区可持续发展评价指标体系的研究中，强调从可持续发展的角度观察矿区资源、环境、经济、社会这一复杂系统及其基本运行模式，构建评价层次选择评价指标，这也为矿业经济绿色发展指数评价指标体系构建提供了一些思路。但是，在众多评价指标研究中，多采用建立评价指标体系后结合评价模型进行评价，评价指标多体现某一矿山类型或某一区域范围，缺乏普适性和代表性；当前的研究成果主要集中于对环境要素的评价，矿业增长效率和效益，矿业政策支持等要素极少进入研究视野，缺乏对矿业经济绿色发展的综合性评价技术与方法；在当前的指标体系构建中，指标的选择，指标权重的赋值等较少科学严谨地运用相关方法，主观性大，可信度较低，同时，单要素或单个指标的评价无据可依，导致基础数据不足，研究深度不够。

层次分析法（AHP）、主成分分析法、专家评分法和模糊综合评价法是矿业研究中构建评价指标体系较常用的方法。其中，层次分析法（analytic hierarchy process，简称 AHP）是美国著名运筹学家、匹兹堡大学教授萨蒂于 20 世纪 70 年代初提出的一种定性与定量相结合的多目标决策分析方法。其基本思路是：首先建立层次分析结构模型，然后通过在各级指标中进行两两比较，构造出比较判断矩阵。最终把定性分析和综合评价归结为下层指标相对于上层指标的相对重要性权重值的确定问题，用数学方法表达即为求特征值和特征向量的问题。① 沙景华等（2008 年）、王霖琳（2009 年）、张德明等（2010 年）、闫志刚等（2012 年）、刘锦等（2014 年）和王伟等（2014 年）在构建相关评价指标体系过程中都运用了该方法。上述方法的运用经验和成果都为湖南矿业经济绿色发展指数指标体系的构建提供了启示。

第三节　湖南省矿业经济绿色发展指数指标体系的编制

根据前文我国学者对与矿业经济绿色发展相关的评价指标体系及其运用研究的梳理总结，结合湖南省省情，对湖南省矿业经济绿色发展指数指标体系进行构建。

一、矿业经济绿色发展指数指标体系编制的目的和意义

构建湖南矿业经济绿色发展指数，用以测度湖南矿业经济绿色发展的现状，观察省内各地矿业经济绿色发展的进展，总结湖南矿业经济绿色发展的经验和不足，对于监督、指导和促进湖南矿业经济绿色发展具有重要的意义。

首先，构建湖南矿业经济绿色发展指数，有利于把握新的发展机遇，践行国家战略。我国正处于工业化和城镇化快速发展的阶段，资源消耗和环境污染较大，加强生态文明建设是有效应对全球生态环境危机、推进可持续发展战略的必然要求。矿区作为全面建设小康社会的基本单位，矿业经济作为国民经济的重要组成部分，矿业的发展必须在国家生态文明发展理念和国家可持续发展战略的要求下进行。同时，中国共产党十八届中央委员会第五次全体会议提出"创新、协调、绿色、开放、共享"的新发展理念、绿色发展理念作为对当前经济社会科学发展的指导，将其应用到矿业经济中是关系矿业发展的一场深刻变革。编制一套矿业经济绿色发展的检测指标和指数测算体系，用具体化的数量指标来判断经济绿色发展的程度与进程，用可衡量的指数来否定黑色发展，鼓励绿色发展，有利于矿区政府、矿山企业与矿区居民更好地调整生产消费行为，保护资源环境，使生产生活符合生态文明建设的要求，提供认识的基础和行动的导向，对更好地展开生态文明建设实践将产生积极的导向、监督、指导、激励和促进作用。②

其次，构建湖南矿业经济绿色发展指数，旨在评价矿业经济绿色发展程

---

① Saaty T L. The analytic hierarchy process ［M］. New York：MC-craw-Hill，1980.

② 成金华，陈军，易杏花. 矿区生态文明评价指标体系研究 ［J］. 中国人口·资源与环境，2013（2）：1-10.

度，解决矿业经济与环境之间的矛盾，深入推进"资源节约型、环境友好型"社会建设，实现矿业经济可持续发展。传统矿业经济发展方式是以生态、环境、资源破坏为代价的黑色发展模式，目前依靠生产要素数量扩张，高投入、高能耗、高污染、低效益的粗放型传统矿业经济发展方式已难以为继。[①] 建立矿业经济绿色发展指数，对矿山矿区资源开发利用、生态环境保护和政府的矿山矿区环境监管治理工作进行评价与认识，其最终目的就是发现矿业经济在现实发展进程中存在的问题，启发和促使人们在矿业经济发展进程中形成尊重自然、热爱自然和保护自然的社会意识、思想观念和道德情操，遵循自然世界变化发展的客观规律，选择既利于矿业发展，又有利于资源节约、环境友好、人与自然和谐的发展方式，缓解经济建设和矿区生态文明建设的矛盾，实现矿业经济绿色、健康、可持续发展。

最后，构建矿业经济绿色发展指数能够突出矿业经济增长中蕴含的绿色程度，反映政府的支持力度的同时，也能够反映矿产资源与环境承载的潜力，有利于促进矿区资源能源节约和生态环境保护的政策创新和技术创新。矿业经济发展具有其特有的经济、技术与管理特征。矿业经济绿色发展评价指标体系的完善，突出对区域性、流域性的资源环境演变的经济、技术与管理问题的成因与演化趋势进行分析，具有鲜明的针对性和目的性。评价研究的实施，将为矿区内资源环境管理制度、发展规划和标准的出台提供科学的论据，以促进矿区组织开展科技创新与管理变革，带动区域内资源环境保护体制机制创新。

二、矿业经济绿色发展指数指标体系编制的基本原则

（一）科学规范性原则

矿业经济绿色发展指数评价指标的选择和设计必须以产业经济学理论、生态经济学理论、可持续发展理论、系统论等为依据，遵循经济规律、生态规律、社会规律。[②] 指标的选择、指标权重系数的确定、数据的计算与分析等，应体现绿色矿业的基本内涵，符合绿色矿业建设的目标和要求，必须以科学的评价方法和计算方法为依据，并综合考虑经济、社会、资源、环境、政策等诸

---

① 孙毅，景普秋. 资源型区域绿色转型模式及其路径研究 [J]. 中国软科学，2012 (12)：152-161.

② 李琳，楚紫穗. 我国区域产业绿色发展指数评价及动态比较 [J]. 经济问题探索，2015 (1)：68-75.

多因素的影响以及它们之间的联系。指标体系应较为客观和真实地反映矿业经济的绿色发展程度，从不同角度和侧面对产业的绿色发展程度进行衡量。整个评价过程应建立在科学的测算方法和规范的统计方法的基础之上，指标体系中数据的取得必须有客观的现实依据，并且数据的来源必须保证准确性和可靠性。

（二）全面性与代表性相结合的原则

指标体系一方面应能够全面反映矿业经济绿色发展的各方面，充分揭示各类指标之间的内部结构关系；另一方面，应综合考虑环境、资源、经济和社会等子系统之间的协调性，使评价目标和评价指标形成一个由目标层、准则层、指标层构成的层次分明的有机整体。同时，矿业经济本身就是一个复杂的系统，矿业经济绿色发展更是涉及规范管理、综合利用、技术创新、节能减排、环境保护、土地复垦、社区和谐等方面，因而会包含多个指标。指标因素的选取在全面性原则的基础上，应结合矿业经济发展的实际及区域特殊性选取出最能反映问题的本质指标。指标的选取应强调典型性，避免入选意义相近、重复或可由其他指标组合而来的导出性指标。

（三）客观系统性原则

该原则要求指标体系的构建坚持全局观念和整体意识，所选用的指标数据、采用的评价方法务必要准确、客观，这样才能使评价指标体系保证最大限度地反映研究对象的真实情况。由于矿业经济绿色发展是一项复杂的系统，涉及多个学科、多个领域，因而在指标体系建立的整个过程中，都应当遵循研究对象的客观规律和固有特点，要把矿业的绿色发展看成是一个由经济、社会、生态组成的大系统来对待，选取能正确反映系统内部构成和整体功能的指标，做到客观性与系统性的统一。按照系统论的研究方法，分层次、多角度进行全面分析论述，本文使用矿业经济绿色增长量、资源环境承载力、绿色发展支持力等三个维度对湖南矿业经济的绿色发展进行测度，并基于多因素进行综合评估。①

（四）实用性原则

矿业经济绿色发展指数的评价指标涉及的项目众多、内容宽广，如果采取叠罗汉似的一一罗列，则必然使得评价指标的实用性和代表性下降。因此，选

---

① 刘旭. 绿色矿山建设的社区和谐评价指标体系研究［D］. 中国地质大学硕士毕业论文，2013.

择指标时应充分考虑到指标的代表性、可量化以及数据的可获取性。同时，应尽可能的简单明了、易于理解、方便使用、便于推广。指标的设置应便于政府、公众充分了解矿业绿色发展的现状以及不同时间的矿业绿色发展的变化。同时，还应该便于国内不同区域、不同省份、不同城市之间以及国内外横向比较，以揭示不同地区之间矿业绿色发展的比较优势与瓶颈因素。

三、矿业经济绿色发展指数指标体系的编制结构

为使指标体系充分表现湖南矿业经济绿色发展的实际水平，笔者根据湖南矿业经济绿色发展的实际问题和发展方向，选用"压力—状态—响应"模型（PSR）作为指标体系的逻辑框架，确定指标体系准则层。该模型由加拿大统计学家 David J. Rapport 和 Tony Friend（1979）提出，后由经济合作与发展组织（OECD）和联合国环境规划署（UNEP）于 20 世纪八九十年代共同发展起来用于研究环境问题的框架体系，反映了"原因—效应—响应"这一思维逻辑，体现了人类与环境之间的相互关系，回答了"发生了什么、为什么发生、我们将如何做"这三个可持续发展的基本问题，符合湖南矿业经济绿色发展的实际要求，同时能够更加清晰地反映矿业经济活动内部各组成要素间的相互作用关系。①

（一）湖南矿业经济绿色发展指标体系的两级结构

根据 PSR 模型的作用机理将湖南矿业经济绿色发展指标体系的一级指标分为三大方面，即矿业经济绿色增长量、资源环境承载力和政府政策支撑力。矿业经济绿色增长量反映的是矿业经济发展对资源消耗及对环境的影响程度，换言之，表现的是矿业在绿色发展过程中的经济发展水平，是矿业经济绿色发展的显示状态；资源环境承载力体现的是自然资源与环境所能承载的潜力，是矿业经济绿色发展的压力体现；绿色发展支持力反映的是政府环境规制以及社会组织者处理解决资源、环境与经济发展矛盾的水平与力度，反映了矿业经济绿色发展的相应力度。从测度矿业经济绿色发展指数的目的看，我们希望突出矿业经济增长中蕴涵的绿色程度，希望强调绿色发展的支持力度，也希望反映资源与环境承载力。

矿业经济绿色增长量。矿业经济绿色增长量可从矿业经济绿色增长效率和矿业经济绿色增长潜力两大方面来衡量。矿业经济绿色增长效率是对当期矿业经济绿色增长程度的有效度量，矿业经济绿色增长潜力是对未来矿业经济绿色

① 刘尧. 我国金属矿山绿色发展指标［D］. 中国地质大学硕士毕业论文，2012.

增长的有效预测，两者都是矿业经济绿色增长量的具体表现形式。

资源环境承载力。资源环境承载力包括资源丰裕度指标和环境变化指标。矿业经济的绿色发展以矿产资源环境承载力为依托，只有合理利用环境容量，转变矿产资源需求结构，提高矿产资源利用率，才能保障矿业经济的绿色发展。

绿色发展支持力。绿色发展支持力包括环境治理指标和基础设施建设指标。绿色发展支持力是矿业经济绿色发展的重要支撑，政府政策取向和政策实施力度直接影响着矿业经济的绿色发展。

这三个指标的分类符合状态、压力、响应的分类思路。矿业经济绿色增长的程度和水平是绿色发展的现实状态，资源环境承载潜力是绿色发展的压力体现，绿色发展支持力则反映了政府与社会的响应（见图8-3）。这三者之间的关系可以用"一体两力"来概括，矿业经济绿色增长量是主体，资源环境承载力是基础推力，政府政策支撑力是引导拉力。[①]

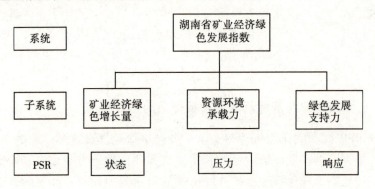

图8-3　湖南省矿业经济绿色发展指数指标一级框架

湖南省矿业经济绿色发展指数框架一级指标下还有六个二级指标（如图8-4所示）。这六个二级指标的确定采取的方法是：在确定了一级指标和选择三级指标后，三级指标先按一级指标指向归类，然后，一级指标内的众三级指标再按其性质接近程度再归类。对二级指标进一步的解释，将会结合三级指标解释中一并进行。

---

① 李晓西．中国绿色发展指数研究［A］．中国经济分析与展望（2010—2011年）［C］．中国国际经济交流中心，2011：176-201．

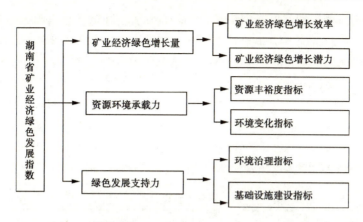

图 8-4 湖南省矿业经济绿色发展指数指标二级框架

（二）湖南矿业经济绿色发展指数框架三级指标选择及归类

矿业经济绿色发展是以减少能源消耗、降低污染排放为基础，实现社会经济与资源环境协调发展的绿色、可持续的经济发展形态，其实现的主体是矿山。因此，对矿业经济绿色发展的评价，需要综合考虑经济、资源、环境、矿山、政策等各方面的因素。评价指标体系的建立，既要反映当前矿业经济的绿色增长量，又要能够体现矿业经济的绿色增长潜力；既要反映出当地矿产资源的丰裕程度，又要体现动态的环境变化，尤其是矿山矿区环境的变化；既要反映政府在环境治理，尤其是矿山矿区环境治理中所做的努力，又要体现政府和矿企为矿业经济绿色发展在基础设施建设方面的投入，并且指标数据具有可获得性，这样才能真实地反映矿业经济发展的发展状况。结合湖南乃至我国矿业经济绿色发展的发展实际情况，我们对湖南矿业经济绿色发展指数框架的三级指标进行了选择和归类。

三级指标选择的原则与标准是：（1）所选指标或与矿业经济绿色增长量，或与资源环境承载潜力，或与绿色发展支持力有重要联系，能对二级指标指数形成有实质性的贡献；（2）数据的可得性和权威性；（3）正指标或逆指标要明确；（4）强调水平指标弃用变化指标；（5）选择用典型性或代表性指标。

在现有研究的基础上，经过多次筛选，得出表 8-3 中 25 个三级指标、矿业经济绿色增长量 12 个指标，其中，矿业经济绿色增长效率指标 6 个，分别是单位矿业总产值能耗、矿产资源开采回采率、单位矿业总产值水耗、单位矿业总产值二氧化碳排放量、矿产资源开发利用率和单位矿业总产值二氧化硫排放量；矿业经济绿色增长潜力指标 6 个，分别是矿业科研经费支出占 GDP 的比重、选矿废水重复利用率、矿业专利申请数、矿业 R&D 人员比值、矿山固体废弃物处理率和规模化企业通过 ISO14000 认证比率。资源环境承载力6个指标,其中,资源丰裕度指标包括矿产资源数量、矿产资源储采比和储量替代率3个指标;环境变化指标包括矿业废水排放达标率、矿业废气排放达标率和矿业固体废弃物排放达标率3个指标。绿色发展支持力7个指标,其中,环境治理指标包括矿区环境保护支出占财政支出的比重、矿区土地复垦率和矿区环境治理投资总额占矿山产值的比重3个指标;基础设施建设指标包括矿区人均公共绿地面积、矿区绿化覆盖率、矿区生活垃圾无害化处理率和社区投入占比4个指标。①②③④

表 8-3　湖南矿业经济绿色发展指数指标体系

一级指标	二级指标	三级指标	
矿业经济绿色增长量（A）	绿色增长效率指标（AA）	X11 单位矿业总产值能耗	X12 单位矿业总产值水耗
		X13 单位矿业总产值二氧化碳排放量	X15 矿产资源开采回采率
		X14 单位矿业总产值二氧化硫排放量	X16 矿产资源开发利用率
	绿色增长潜力指标（AB）	X21 矿业科研经费支出占 GDP 的比重	X24 矿业 R&D 人员比值
		X22 矿业专利申请数	X25 选矿废水重复利用率
		X23 规模化企业通过 ISO14000 认证比率	X26 矿山固体废弃物处理率
资源环境承载力（B）	资源丰裕度指标（BA）	X31 矿产资源数量	X33 矿产资源储采比
		X32 储量替代率	
	环境变化指标（BB）	X41 矿业废水排放达标率	X43 矿业废气排放达标率
		X42 矿业固体废弃物排放达标率	
绿色发展支持力（C）	环境治理指标（CA）	X51 矿区环境保护支出占财政支出的比重	X53 矿区土地复垦率
		X52 矿区环境治理投资总额占矿山产值的比重	
	基础设施建设指标（CB）	X61 矿区人均公共绿地面积	X63 矿区绿化覆盖率
		X62 矿区生活垃圾无害化处理率	X64 社区投入占比

① 李琳,楚紫穗.我国区域产业绿色发展指数评价及动态比较[J].经济问题探索,2015(1):68-75.

② 沙景华,欧玲.矿业循环经济评价指标体系研究[J].环境保护,2008(4):33-36.

③ 闫志刚,刘玉朋,王雪丽.绿色矿山建设评价指标与方法研究[J].中国煤炭,2012(2):116-120.

④ 成金华,陈军,易杏花.矿区生态文明评价指标体系研究[J].中国人口·资源与环境,2013(2):1-10.

四、评价指标权重值的确定

在构建的指标体系中，各指标对评价湖南矿业经济绿色发展时的相对重要性是不同的，确定指标的不同权重，就可以充分体现出这种指标重要程度的差异，同时也能反映出指标对总体目标贡献的大小。另外，指标实施的难易程度也决定了其权重的大小。

（一）权重值的确定方法

目前，权重的计算有很多种方法，国内外常用的有：专家咨询法、主成分分析法和层次分析法。

专家咨询法又叫德尔菲法，是指通过向行业专家及高级技术人员发放调查征询意见表并汇总整理，然后再次发给专家寻求新的意见，反复数次使各位专家意见基本一致后确定出各指标权重大小的方法。其优点是操作简单、应用范围广；缺点是专家主观性强，精度受专家的专业知识水平和兴趣爱好影响大，最终结果的客观性不够高。[1]

主成分分析法也称主分量分析法，是将指标"转多为少"，使用各种方法得到新变量，再把相关变量通过线性变换转化为另一组不相关变量，然后对这些相互独立的主成分进行综合的评价方法。变换的过程可消除指标间的重复信息，减少评价对象个数，简化计算过程；缺点是得到的主成分和方差贡献率不同，导致最终综合评价结果也不同，未考虑指标相对重要性，存在一定缺陷，而且得到的主成分权重还可能是负值，与实际不符。[2]

层次分析法则是一种多目标决策的方法，它是将目标问题作为一个系统，建立各因素相互独立又能反映系统整体功能的层次结构，并对各因素相对重要程度进行两两比较，构建判断矩阵，得出下层因素对上层因素的相对重要排序，作为目标优化决策的系统方法。它能够将定量分析与定性分析相结合，具有专家咨询法没有的系统性和综合性，还充分考虑了指标的相对重要性，避免了主成分分析法的缺陷，同时，层次分析法简洁实用，所需定量数据少，准确度高，结果容易被决策者所了解和掌握。[3]

根据以上三种方法的优缺点，结合湖南矿业经济绿色发展指数指标体系的

---

① 王丽丽．模糊数学法结合层次分析法用于清洁生产潜力评估研究［D］．重庆大学，2010.

② 张鹏．基于主成分分析的综合评价研究［D］．南京理工大学，2004.

③ 刘新宪，朱道立．选择与判断：AHP（层次分析法）决策［M］．上海：上海科学普及出版社，1999：156.

特点，该次研究选用层次分析法与专家咨询法结合来确定各评价指标的权重值。

具体步骤和方法为：首先在 yaahp V0.6.0 软件中提前绘制好评价指标体系层次结构模型图、构建指标重要性判断矩阵、编制专家评分表并向相关专家发放后回收，得到不同层次指标两两比较的分值结果（分制），将各位专家编码及对应的调查结果输入判断矩阵中，分别进行权重值计算，每个指标得到若干个计算结果，然后通过软件"群决策"功能，计算这若干套权重值的算术平均值，作为本指标体系的最终权重值。

由于本课题对多位专家发放了专家评分表，将会遇到群组评判的问题。目前，解决这种问题的方法有以下三种：评分的算术平均法、评分几何平均法和权重算术平均法，三者的优缺点见表8-4。其中应用最广的就是权重算术平均法。首先编制、下发并回收专家评分表，分别对各专家的打分进行各指标元素的权重和判断矩阵的一致性检验，若是达到一致性，则其判断矩阵是有效的，否则需要对判断矩阵进行修改或剔除。然后计算得出各专家的评判结果，即分别得到各专家的评价指标体系的各指标权重值。最后对权重取算术平均。

表8-4　层次分析法群组评判方法比较①

群组评判方法	优点	缺点
评分算术平均法	算法较为简便	不能保证矩阵的互反性，应用时会破坏判断矩阵的整体性、相容性
评分几何平均法	只进行一次一致性检验即可，算法较为简单	准确度和科学性不高
权重算术平均法	具有较强的综合评价的置信度与可靠性，能够保证各判断矩阵的相容性	

由上表可知，由于权重算术平均法是较为科学且运用最多的方法，所以相对评分算术平均法和评分几何法而言，本研究在处理群组评判的问题时采用权重算术平均分的方法。

该次调查共向9位专家发放了9份专家评分表，回收9份评分表，回收率为100%，其中8份评分表通过一致性检测，有效率约为88.89%。此处仅选择

---

① 郭娜. 钼矿采选行业清洁生产评价指标体系研究 [D]. 西北大学，2012.

1 位专家的 1 组结果进行代表性计算说明，详见图 8-5、8-6、8-7、8-8。

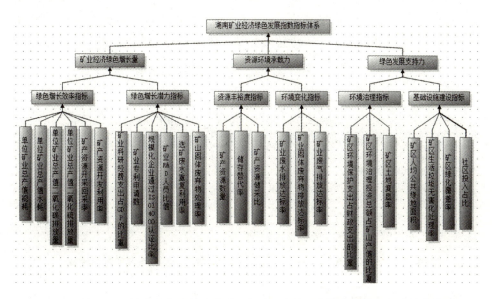

图 8-5　在 yaahp 软件中构建的湖南矿业经济绿色发展指数指标体系层次结构模型

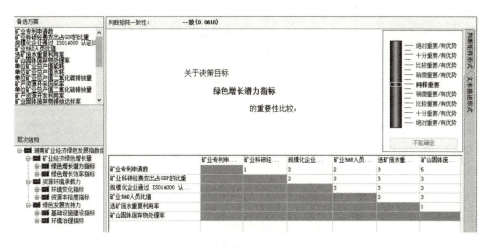

图 8-6　计算过程演示——某专家调查结果输入判断矩阵并进行一致性检测

1. 湖南矿业经济绿色发展指数指标体系　判断矩阵一致性比例：0.0121; 对总目标的权重：1.0000; \lambda_{max}：3.0126				
湖南矿业经济绿色...	矿业经济绿色增长量	资源环境承载力	绿色发展支持力	Wi
矿业经济绿色增长量	1.0000	5.0000	7.0000	0.7471
资源环境承载力	0.2000	1.0000	1.0000	0.1336
绿色发展支持力	0.1429	1.0000	1.0000	0.1194

图 8-7　计算结果示例——该专家一级指标权重计算结果及矩阵一致性

5. 绿色增长潜力指标　判断矩阵一致性比例：0.0610; 对总目标的权重：0.3735; \lambda_{max}：6.3845							
绿色增长潜力指标	矿业...	矿业...	规模...	矿业R...	选矿...	矿山...	Wi
矿业专利申请数	1.0000	1.0000	3.0000	2.0000	3.0000	5.0000	0.2936
矿业科研经费支出占GDP的比重	1.0000	1.0000	3.0000	3.0000	3.0000	3.0000	0.2885
规模化企业通过 ISO14000 认证比率	0.3333	0.3333	1.0000	3.0000	3.0000	3.0000	0.1665
矿业R&D人员比值	0.5000	0.3333	0.3333	1.0000	3.0000	3.0000	0.1235
选矿废水重复利用率	0.3333	0.3333	0.3333	0.3333	1.0000	3.0000	0.0667
矿山固体废弃物处理率	0.2000	0.3333	0.3333	0.3333	1.0000	1.0000	0.0612

图 8-8　计算结果示例——该专家三级指标权重计算结果及矩阵一致性

（二）权重值的确定

根据上述权重值的计算方法进行计算后，确定湖南矿业经济绿色发展指数指标体系各指标的最终百分制的权重值，见表8-5。

表 8-5　湖南矿业经济绿色发展指数指标的权重值

一级指标	二级指标	三级指标	权重值
矿业经济绿色增长量（0.3538）	绿色增长效率指标（0.1703）	单位矿业总产值能耗	0.0415
		单位矿业总产值水耗	0.0245
		单位矿业总产值二氧化碳排放量	0.0169
		单位矿业总产值二氧化硫排放量	0.0212
		矿产资源开采回采率	0.0246
		矿产资源开发利用率	0.0416
	绿色增长潜力指标（0.1835）	矿业科研经费支出占 GDP 的比重	0.0405
		矿业专利申请数	0.0357
		规模化企业通过 ISO14000 认证比率	0.0201
		矿业 R&D 人员比值	0.0211
		选矿废水重复利用率	0.0326
		矿山固体废弃物处理率	0.0335

续表

一级指标	二级指标	三级指标	权重值
资源环境承载力（0.3269）	资源丰裕度指标（0.1664）	矿产资源数量	0.0481
		储量替代率	0.0692
		矿产资源储采比	0.0491
	环境变化指标（0.1605）	矿业废水排放达标率	0.0569
		矿业固体废弃物排放达标率	0.0334
		矿业废气排放达标率	0.0702
绿色发展支持力（0.3193）	环境治理指标（0.2179）	矿区环境保护支出占财政支出的比重	0.0645
		矿区环境治理投资总额占矿山产值的比重	0.0734
		矿区土地复垦率	0.0800
	基础设施建设指标（0.1014）	矿区人均公共绿地面积	0.0180
		矿区生活垃圾无害化处理率	0.0352
		矿区绿化覆盖率	0.0198
		社区投入占比	0.0284

（三）考核办法

矿业经济绿色发展指数的考核是以一个生产年度为周期，对各个三级指标实际到达情况进行计算的过程，以得到评价指标的总分，判断各地区矿业经济绿色发展程度。

1. 正向指标计算方法

正向指标与矿业经济绿色发展指数的关系是正向关系，即指标数值越大，表明矿业经济绿色发展程度越高。这类指标采取以下计算方法：

$Si = Sxi / Soi$

2. 逆向指标计算方法

逆向指标与矿业经济绿色发展指数的关系是负向关系，即指标数值越大，表明矿业经济绿色发展程度越低。25 个三级指标中，单位矿业总产值能耗、单位矿业总产值水耗、单位矿业总产值二氧化碳排放量、单位矿业总产值二氧化硫排放量四个指标为负向指标。这类指标采取以下计算方法：

$Si = Soi / Sxi$

式中：

Si——第 i 个定量指标的单项得分；

Sxi——第 i 个指标的实际值；

Soi——第 i 个指标的基准值。

3. 指标考核总分计算方法

在对 25 个三级指标单独计算的基础上，再进一步计算得出指标考核总分，即矿业经济绿色发展指数。指标考核总分计算方法如下：

$$P = 100 \cdot \sum_i^n Si \times Ki$$

式中：

P——定量指标考核总分（百分制）；

n——参与考核的三级指标总数；

Ki——第 i 个指标的权重值。

五、小结

矿业经济绿色发展是以减少能源消耗、降低污染排放为基础，实现社会经济与资源环境协调发展的绿色、可持续的经济发展形态，虽然其实现的主体是矿山，但是，对矿业经济绿色发展程度的评价，需要综合考虑经济、资源、环境、矿山等各方面的因素。因此，构建湖南矿业经济绿色发展指数的目的不是单纯地评价绿色矿山建设水平、矿区矿山复垦情况或绿化现状，其评价指标体系由矿业经济绿色增长量指标、资源环境承载力指标和绿色发展支持力三个层次构成。

湖南矿业经济绿色发展指数指标体系的构建，既涉及当前绿色矿山的评价标准，以及反映绿色矿业经济的发展程度，又体现矿业经济绿色发展的趋势；既与当前国际、国内已有绿色矿业经济评价指标相一致，又与不同层次的绿色矿山建设实际情况相结合；既反映湖南矿业经济绿色发展现状，又体现绿色发展的资源承载力和政府与社会对绿色发展的支持力度。开展湖南矿业经济绿色发展指数的评价测算的根本目的还是为了通过该项工作督促矿山企业在矿山设计、开采、运输等过程中推行全面"绿化"，促使社会提高对绿色矿业发展的重视程度，以保护生态环境、降低资源消耗、实施绿色矿业经济为目标，着力于按科学、低耗、低排放和高效的要求合理开发利用矿产资源，并尽量节约和保护资源，减少资源和能源消耗，降低生产成本。同时也加强对矿山企业的支持和监督，实现资源效能最佳化、经济效益最大化和环境保护最优化的生态经济模式。

第四节　相关指标含义解释

一、矿业经济绿色增长量

（一）矿业经济绿色增长效率指标

（1）单位矿业总产值能耗。能耗是反映一个产业发展状况的重要指标。单位矿业总产值能耗指该地区矿业年度能耗占该地区矿业年度总产值的比重。该比重越低，说明该地区矿业经济绿色增长效率越高。

计算方法：单位矿业总产值能耗=该地区矿业年度能耗/该地区矿业年度总产值

（2）单位矿业总产值水耗。同样，水耗也是反映一个产业发展状况的重要指标。单位矿业总产值水耗指该地区矿业年度水耗在该地区矿业年度总产值中所占的比重。该比重越低，说明该地区矿业经济绿色增长效率越高。

计算方法：单位矿业总产值水耗=该地区矿业年度水耗/该地区矿业年度总产值

（3）单位矿业总产值二氧化碳排放量。指该地区矿业年度二氧化碳排放量占该地区矿业年度总产值的比重。该比重越低，表明该地区矿业经济绿色发展效率越高。

计算方法：单位矿业总产值二氧化碳排放量=该地区矿业年度二氧化碳排放量/该地区矿业年度总产值

（4）单位矿业总产值二氧化硫排放量。指该地区矿业年度二氧化硫排放量占该地区矿业年度总产值的比重。该比重越低，表明该地区矿业经济绿色发展效率越高。

计算方法：单位矿业总产值二氧化硫排放量=该地区矿业年度二氧化硫排放量/该地区矿业年度总产值

（5）矿产资源开采回采率。指全矿山（井）实际采出的储量占该范围内动用储量的百分比。开采回采率越高，表明采出的矿产资源越多，丢失在矿井里的资源就越少。这说明矿产资源开发利用的效率越高，也表明矿业经济绿色增长效率越高。

计算方法：矿产资源开采回采率=实际采出的储量/该范围内动用储量

（6）矿产资源开发利用率。指一个年度当中，该地区矿产品总产量占该地区矿产储量总消耗量的比重。该比重越高，说明矿产资源的开发利用率越高，该地区矿业经济绿色发展效率越高。

计算方法：矿产资源开发利用率＝该地区年度矿产品总产量/该地区年度矿产储量总消耗量

（二）矿业经济绿色增长潜力指标

（1）矿业科研经费支出占 GDP 的比重。科技水平与绿色增长往往呈正相关，而科研经费的投入对于科技水平又起到决定性作用，因此我们用矿业科研经费与当地 GDP 的比值来反映矿业经济绿色增长的潜力。比值越高表示矿业经济绿色增长潜力越大。

计算方法：矿业科研经费支出占 GDP 的比重＝该地区矿业科研经费年度支出/该地区年度 GDP

（2）矿业专利申请数。专利申请数某种程度上体现了地区科技研发能力和水平，我们用矿业专利申请数来衡量矿业经济绿色增长的潜力，矿业专利申请数越多反映矿业经济绿色增长潜力越大。

计算方法：以该地区当年矿业专利申请数为统计标准。

（3）规模化企业通过 ISO14000 认证比率。ISO14000 认证标准是在人类社会面临严重环境问题的情况下产生的一种环境管理体系，它能带来节能降耗、增强企业竞争力、赢得客户、取信于政府和公众等好处，被视为进入国际市场的"绿色通行证"。能通过该认证标准的要求，代表企业具有较高的环境管理水平。因此，通过 ISO14000 认证规模化矿业企业占该地区当前矿业企业总数的比例越高表明矿企环境管理的能力越强，矿业经济绿色增长潜力越大。

计算方法：规模化企业通过 ISO14000 认证比率＝通过 ISO14000 认证规模化矿业企业/该地区当前矿业企业总数

（4）矿业研究与开发人员（R&D 人员）比值。指该地区从事矿业研究与开发人员的数量在该地区矿业从业人员总数中所占的比例。该比例越高，表明该地区矿业发展的技术投入越多，矿业经济绿色增长潜力也越大。

计算方法：矿业 R&D 人员比值＝该地区矿业 R&D 人员数量/该地区矿业从业人员总数

（5）选矿废水重复利用率。指矿山选矿过程中重复利用的废水量与总用水量之比。该比例越高，说明矿企重复利用废水的能力越强，则矿业经济绿色增长潜力越大。

计算方法：选矿废水重复利用率＝重复利用废水量/（生产中取用的新数量+重复利用废水量）

（6）矿山固体废弃物处理率。综合废弃物处理包括经加工重复利用，以及经无害化处理两种方式。该两种方式处理的废弃物量占应处理废弃物总量越高，表明矿企综合处理废弃物的能力越强，则矿业经济绿色增长潜力越大。

计算方法：矿山固体废弃物处理率 =（经加工重复利用废弃物量+经无害化处理废弃物量）/应处理废弃物总量

二、资源环境承载力

（一）资源丰裕度指标

（1）矿产资源数量。指储量占国内总量的比重，即某种矿产资源储量与国内该矿产资源总储量之比。该指标反映矿产资源占有状况，该比值越高表明资源丰裕度越高。

计算方法：矿产资源数量=该地区某种矿产资源储量/国内该矿产资源总储量

（2）储量替代率。指地区内年新增探明储量与当年消耗可采储量的比值。该指标表明储量增长与储量消耗之间的比例关系，反映国内勘查工作满足储量消耗的能力。矿产资源储量替代率越高，表示国内勘查工作满足储量消耗的能力越强，表明资源丰裕度越高。

计算方法：储量替代率=该地区年新增探明储量/该地区当年消耗可采储量

（3）矿产资源储采比。指某种矿产当年总储量与当年产量之比，反映目前资源存量按目前的开采速度可开采的年限。用此指标可以反映矿产资源对可持续利用的保障程度，也反映了增长潜力。矿产资源储采比越高，表示按目前的开采速度可开采的年限越高，资源丰裕度也越高。

计算方式：矿产资源储采比=该地区某种矿产当年总储量/该地区某种矿产当年产量

（二）环境变化指标

矿产开发造成的环境污染和破坏以矿山的"三废"（废气、废水、废物）污染问题最为突出。评价矿区环境变化主要通过衡量矿山的"三废"排放变化来体现：

（1）矿业废水排放达标率。采矿、选矿、矿石深加工等都会产生大量的污水与废水，含有重金属、油污、有机物质等污染物。该地区当年矿业废水排放达标率越高，表明当地矿业发展对水环境的变化影响越小，则当地矿业发展的绿色程度越高。

计算方式：矿业废水排放达标率=该地区当年矿业废水发排放达标量/该地区当年矿业废水排放总量

（2）矿业废气排放达标率。矿产资源开发废气来源主要有两种：一是矿石开采、岩石爆破、井巷通风、矿石粉碎等环节；二是使用化石资源（煤炭、天然气、石油等）进行生产、运输。该地区当年矿业废气排放达标率越高，则表明对环境的变化影响也就越小，当地矿业经济发展的绿色程度越高。

计算方式：矿业废气排放达标率=该地区当年矿业废气排放达标量/该地区当年矿业废气排放总量

（3）矿业固体废弃物排放达标率。固体废弃物来源于矿山的开发过程（矿体开掘、巷道开挖等），主要有采矿废石、尾矿、冶炼废渣等。该地区当年矿业固体废弃物排放达标率越高，对环境的变化影响越小，说明当地矿业发展的绿色程度越高。

计算方式：单位矿业总产值固体废弃物排放达标率=该地区当年矿业废弃物排放达标量/该地区当年矿业废弃物排放总量

三、绿色发展支持力

（一）环境治理指标

（1）矿区环境保护支出占财政支出的比重。政府每个财政年度对当地矿区环境保护的财政支出是矿区环境保护资金的主要来源之一，它反映了政府对矿区环境保护的重视程度。该地区矿区环境保护政府年度支出占该地区政府财政年度支出总额的比重越高，表明政府越重视矿区环境保护，绿色发展支持力越大。

计算方式：矿区环境保护支出占财政支出的比重=该地区矿区环境保护政府年度支出/该地区政府财政年度支出

（2）矿区环境治理投资总额占矿山产值的比重。指该地区矿区环境治理年度投资总额占该地区矿山全年总收益的比例。比例越高说明矿山企业和地方政府从矿山收益中提取出来投入到矿山环境治理的资源越多，也就表明了矿业发展对当地环境治理的回馈越大，治理效果理应越好。

计算方式：矿区环境治理投资总额占矿业产值的比重=该地区矿区环境治理年度投资总额/该地区矿山全年总产值

（3）矿区土地复垦率。指矿区内已恢复的土地面积与被破坏土地的面积之比。矿区土地复垦率越高，表明矿区环境治理效果越好。

计算方式：矿区土地复垦率=该地区矿区内已恢复的土地面积/该地区被

破坏土地的总面积

（二）基础设施建设指标

（1）矿区绿化覆盖率。指矿区内绿化面积占应绿化面积的百分比，代表了矿区环境保护和植被恢复的情况。该比例越高，表明矿区内绿化状况越好，矿业经济绿色发展支持力越大。

计算方式：矿区绿化覆盖率=该地区矿区内绿化总面积/该地区矿区应绿化总面积

（2）矿区人均公共绿地面积。指该地区矿区内每人所占有的公共绿地面积。人均公共绿地面积越多，表明该地区矿区公共绿地建设越好，进一步说明该地区矿业经济绿色发展支持力越大。

计算方式：矿区人均公共绿地面积=该地区矿区公共绿地总面积/该地区矿区总人数

（3）矿区生活垃圾无害化处理率。指该地区年内矿区生活垃圾无害化处理总量占该地区年内矿区生活垃圾处理总量的比例，比例越高说明地方对矿区生活垃圾无害化处理的支持力度越大，某种程度上也反映了矿业经济绿色发展支持力越大。

计算方式：矿区生活垃圾无害化处理率=该地区年内矿区生活垃圾无害化处理总量/该地区年内矿区生活垃圾处理总量

（4）社区投入占比。当地每年投入社区企地共建项目的资金数量占当地矿业全年总收益的比例。比例越高说明矿山企业和地方政府从矿业收益中提取出来投入到社区建设的资源越多，对社区建设的支持力度越大，矿业经济绿色发展支持力越大。

计算方式：社区投入占比=该地区每年投入社区企地共建项目的资金数量/该地区矿业全年总收益

第九章　大数据视角下湖南省矿业经济绿色发展

当下经济社会发展已经由信息时代跃迁到大数据时代，矿产行业每天产生海量数据。本章主要探究在逐步完善矿业信息化之后如何构建矿业大数据平台，并将湖南省矿业经济大数据进行深入挖掘、分析、利用，以提升矿业管理能力、矿业监督能力以及矿业经济发展趋势预测能力，最终达到使用大数据技术促进湖南省矿业经济绿色发展的目的。

第一节　数据化矿业经济信息

湖南省矿产行业每天都会产生巨量的信息，来源不同的信息表面上是相对独立的，但是如果将不同来源的信息经过数据化处理再使用大数据技术对其进行分析，那么表面独立的信息将会呈现出深层次的共同点，利用分析出来的共同点能对环境污染、生产安全甚至矿业经济发展趋势等问题进行预测。

一、转变思路，转移重心

传统的矿业管理，无论是数据采集、监督管理、分析预测都基本由人力完成，难免出现疏漏、腐败、低效率的问题。在大数据技术飞速发展的当下，应该转变管理思路，转移管理重心以解决传统管理方式无法解决的问题。首先，应该将管理思路由传统人力方式的思路转向以大数据和计算机技术为基础的技术为主、人力为辅方式的思路。人力是有限的，将有限的人力合理地利用是提高效率的方式，所以应该将收集、管理、分析数据的工作交给效率远远高出人力的大数据技术来处理，而将有限的人力放在对大数据技术的应用和大数据管理平台的维护上。其次，要将管理的重心由"实"（人、财、物）转向"虚"（数据），从以人为本向以人、数据为本并行转变，把管理中心从人员、资金、物资、文化、技术、信息等实质事务向大量数据虚拟信息侧重，使数据成为管理的重心，并逐步渗透到其他管理要素中，管理由有形到无形。① 应用数据的方式决定数据价值，且数据对于管理的价值是实体物质无法相比的，所以不仅要将管理重心由"实"转向"虚"，还要将"实"转化为"虚"，也就是要将矿业经济信息数据化通过大数据平台对数据化后的矿业经济信息进行分析，利用分析结果调整政府政策、优化政府治理并对矿业经济绿色发展宏观和微观方面做出预测。

二、信息分类，统一标准

矿业经济信息的数据化有两个重点：其一，要对矿业经济信息进行分类，在计算机技术中所有的数据都是储存在数据库中并通过 DBMS（Database Management System，即数据库管理系统）或者 RDBMS（Relational Database Management System，即关系数据库管理系统）对其进行管理的。国土资源厅对矿产资源具有规划、管理、保护与合理利用的职能，所以应该将矿业经济信息按照相对的职能进行分类处理，再将其数据化后储存在数据库中，从而使得数据化后的矿业经济信息便于日常查询和管理。其二，是要设定统一的标准，一方面是数据录入格式标准，另一方面是环境保护、安全生产等行业规范性标准。统一数据录入格式标准，以便于保证大数据平台能够对数据实现报表生成、数据分析、数据核查等功能；统一行业规范性标准，是为了有效利用平台筛选环境保护、安全生产等不合规定矿产企业所上传日常原始数据，以便大数据平台能够发现矿产企业环境污染、生产安全等问题，从而提高政府对矿产企业环境污染、生存安全等问题的及时治理。

三、汇总数据，集中存储

一般来说大部分矿业经济数据都来自于县、市基层，但是要利用对数据的分析来支撑对全省范围矿业经济发展进行宏观判断，那么湖南省区域内的矿业经济数据都必须汇总到省级部门进行集中存储。大数据技术的特点就是要对一定数量级以上的数据进行计算、分析才能得出使用者想要的相关性关系，而单个县、市一级的矿业经济数据的数量级往往不足以支撑大数据平台对数据动态变化与生产事故、环境污染以及发展趋势之间的相关性关系进行分析，只有省级部门汇总全省数据并运用大数据平台加以分析、处理，才能使大数据分析结果对全省矿业发展进行宏观把控起到关键的辅助作用。另外，矿业经济数据的安全性也是不容忽视的，在库数据要保证不能被无授权者查询、下载，同时还

---

① 鞍钢矿业大数据管理解决方案的实施与应用［N］. 世界金属导报，2014-6-17.

要防范数据被无授权者所恶意篡改、删除。所以，出于对数据安全性的考虑，县、市基层也无法达到能够保障矿业经济数据存储安全的软、硬条件，所以必须由省级部门对数据进行集中存储，下级部门依据省级部门授予的权限通过本级管理系统对大数据平台中的数据进行查询、下载。

第二节　构建矿业大数据平台

一、基础建设

目前，湖南省国土资源厅机构设置中并不包括专门处理数据的相关办公机构，要将大数据技术与矿业经济绿色发展相结合就要构建矿业大数据平台。首先，要从省厅级国土资源部门到市县级国土资源部门设置数据管理部门。数据管理部门职能主要包括管理和维护数据库、矿业大数据平台运营、制定和落实数据标准、使用大数据工具进行数据分析和发展趋势预测。其次，各级数据管理部门必须聘用大数据技术相关专业人才。大数据技术是一种专业化程度极高的 IT 技术，所以只有专业化的人才才能保障矿业大数据平台的日常管理、维护和运营。最后，在聘用专业化人才的基础上还要引进跨学科——矿业类专业与计算机类专业的复合型人才。跨学科人才的双学科背景是以大数据技术应用在对矿业进行分析和预测上的专业能力为前提的。所以，只有具备拥有专业化和跨学科人才的数据管理部门，才具备构建矿业大数据平台的建设基础。

二、平台设计

（一）设计思路

矿业大数据平台要实现对矿产行业海量数据进行存储、管理、分析，并尝试对将会造成的环境污染、可能发生的安全事故和矿业经济发展趋势进行预测，必须采用技术较为先进、成熟的大数据软件平台，例如 Hadoop。Hadoop 是 Apache 开源组织的一个能对海量数据进行分布式处理的软件程序框架，它是一个开源的软件平台，具有可靠性、可伸缩性、高效性。Hadoop 为应用程序提供高可靠性的透明的接口，Hadoop 运行在计算集群上，应用程序可以运行在廉价的大型集群硬件设备上，运行成本比较低，可以根据需要，随时添加或删除 Hadoop 集群中的服务器。Hadoop 提供了分布式数据存储和并行处理数据的方式，可以高效地实现对海量数据进行分布式存储和处理。在运用 Hadoop 框架进行开发的时候，HDFS 分布式文件系统存储群集节点上的文件，MapReduce 编程系统对海量的数据进行高效且可靠的分析处理运算，HBase 是面向列的分布式数据库，可用于实时的随机读/写超大规模数据集。[①] 矿业大数据平台由大数据技术软件平台和一套管理系统构成，大数据技术软件程序框架负责实现数据存储、分析等功能，配套管理系统用于国土资源部门工作人员对矿业经济信息的日常管理。

（二）平台功能

矿业大数据平台功能有四个方面基本需求：一是数据采集管理趋于自动化，实现生产数据、业务数据、管理数据的全面、多结构自动采集；二是数据整合管理趋于流程化，通过整合数据资源以优化业务流程；三是数据存储管理趋于实时化，利用云计算技术，搭建"知觉云"平台，实现海量数据的存储和交互；四是数据分析、利用管理趋于科学化，系统分析数据，建立模型，挖掘有用价值，推动管理升级，预测未来发展趋势。[②] 依照这四个方面基本需求，可以将矿业大数据平台功能分为：收集、管理、核查、报表、分析、预警、预测七个部分。（1）收集功能分为政府采集和矿产企业上报两部分，政府采集由市县一级国土资源部门采集然后录入管理系统再上传到省厅一级国土资源部门数据库；矿产企业上报是由矿产企业通过专用接口接入矿业大数据平台，并向平台提交原始数据。（2）管理功能指的是对在库数据、报表及分析预测报告等进行查询、修改、删除等基本操作，此外管理功能还要实现对平台数据标准的录入、修改、删除功能。（3）核查功能主要指平台根据工作人员录入的数据标准对政府采集的数据和矿产企业上报的数据进行核查。（4）报表功能是由专门的报表管理系统根据设定好的规格、模版生成报表，并具有对报表的修改、删除功能。（5）分析功能是指对在库数据进行分析并得出分析报告，此功能需要由大数据技术软件实现。（6）预警功能主要由市县一级国土资源部门通过管理系统实现，其作用是依照上级国土资源部门所设定的统一标准对比矿产企业相关数据的分析结果，对可能将会超标的环境保护、安全生产情况进行预警。（7）预测功能是指省厅一级国土资源部门根据对在库数据进行分析所得的工作报告，运用大数据技术软件对省内矿业经济发展趋势进行预测。

① 王海荣，刘珂. 基于 Hadoop 的海量数据存储系统设计 [J]. 科技通报，2014（9）：127-130.
② 鞍钢矿业大数据管理解决方案的实施与应用 [N]. 世界金属导报，2014-6-17.

（三）系统组成

矿业大数据平台根据国土资源部门实际需要做出需求分析，并采用面向对象的方法开发管理系统，整体系统分为七个子系统：数据库管理子系统、报表管理子系统、标准管理子系统、中枢管理子系统、矿业环境监管子系统、安全生产监管子系统、信息公开子系统。子系统关系如图 9-1 所示。

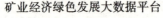
矿业经济绿色发展大数据平台

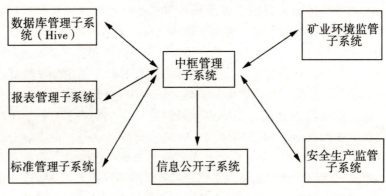

图 9-1　子系统关系图

（1）数据库管理子系统。主要工作是对库存数据进行日常操作管理，其包含对数据的输入输出、查询、删除、修改、存储基本功能（数据库管理子系统由 Hive 实现）。

（2）报表管理子系统。主要负责从数据库获取数据后按照设定好的格式生成报表，并包含报表输出和对报表的修改、删除、存储功能。

（3）标准管理系统。主要功能是供工作人员通过该系统输入并制定统一标准，再由标准管理系统输出到中枢管理子系统，标准管理系统还具有对标准进行修改、删除的日常管理功能。

（4）中枢管理子系统。作为连接其他六个系统的枢纽，中枢管理子系统是七个子系统中最为重要的一个子系统，其功能如图 9-2 所示。中枢管理子系统接收来自各个子系统的数据并且还包含传输、核查、分析、预测功能。传输功能主要是实现将标准管理系统所上传的标准传输到矿业环境监管子系统和安全生产监管子系统，将核查结果传输到矿业环境监管子系统和安全生产监管子系统，将可以公开和需要公开的数据、报表、分析结果和预测结果传输到信息公开系统。核查功能主要是实现利用标准管理子系统所上传的标准对矿业环境监管子系统和安全生产监管子系统所上传的数据进行核查。分析功能主要是负责对在库数据和已存报表进行大数据分析，而预测功能是根据数据分析结果进行预测（分析功能和预测功能由 Hadoop 平台实现）。

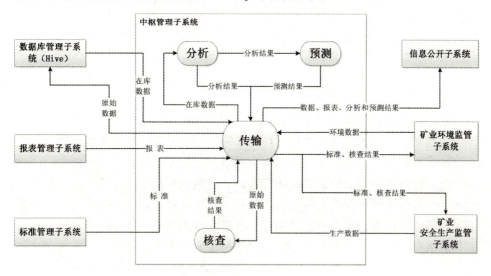

图9-2　中枢管理子系统功能图

（5）矿业环境监管子系统。主要是由各级县市国土局以及矿产企业实现其功能，各级县市国土局收集辖区数据后输入该系统，各个矿产企业将自己的日常数据输入该系统后再由该系统将原始数据上传到中枢管理系统。矿业环境监管子系统还具有对所收集的数据进行分析从而得出合格，或超过规范标准，或可能超过规范标准的判断。预警功能就是将分析结果中可能超过规范标准的信息反馈给相关矿产企业，并在本级系统中显示预警提示，同时将可能超过规范标准的信息上传到中枢管理子系统。

（6）安全生产监管子系统。主要是由各级县市安监局以及矿产企业实现其功能，各级县市安监局收集辖区数据后输入该系统，各个矿产企业将自己的日常数据输入该系统后，再由该系统将原始数据上传到中枢管理系统。安全生产监督子系统还具有对所收集的数据进行分析从而得出合格，或超过规范标准，或可能超过规范标准的判断。预警功能就是将分析结果中可能超过规范标准的信息反馈给相关矿产企业，并在本级系统中显示预警提示，同时将可能超过规范标准的信息上传到中枢管理子系统。

（7）信息公开子系统。是专门对需要向社会公开的数据、报表、分析结果进行管理的子系统。该系统从中枢系统接收可公开、需要公开的数据、报表、分析结果，并直接连接国土厅政务公开页面，通过该页面向社会公开、提供下载。

第三节 基于大数据的矿业绿色发展监管

一、矿业环境污染监管

（一）矿业环境污染现状

矿业开发损害环境的形式主要表现在三个方面：其一，矿业开发对土地资源的占用和破坏。矿业开发中的钻探孔、采掘场、工业广场、矿山道路、废渣与尾矿堆放等，需长期占用和破坏不少耕地；矿业开发极易造成土地塌陷、地面滑坡、泥石流、地表裂缝等地质灾害；经常造成乡村道路交通中断，导致河流淤塞，或者民房被毁等。其二，矿业开发对水资源的破坏。矿业开发时对地下水进行疏干排水，甚至要深降强排，造成区域水均衡破坏，地下水位下降并形成降水漏斗，水塘与水井等漏水以致干枯，地下水资源枯竭而导致海咸水入侵。其三，矿业开发产生的"三废"排放造成污染。由于生产经营及管理工作粗放，"三废"对周围环境污染十分严重。据统计，每年矿业活动排弃的废石、废渣、尾砂等固体废物占湖南全省排放固体废物的70%以上，一些小型矿山采用土法炼汞、土法炼金、土法炼钒等，造成周围环境汞化物、氰化物等严重超标，使生态环境受到严重破坏。此外，因开矿造成的水土流失和引发的泥石流、滑坡、地面塌陷等地质灾害也有增无减。[①]

国家一直重视矿产行业的绿色发展，对矿业污染整治态度十分明确，但由于治理模式发展滞后、政府部门人力有限、矿产企业对环保工作弄虚作假，矿业污染屡禁不止。矿业开发对矿山周围的环境造成的影响具有显著特点：不但污染环境而且破坏生态。针对矿山企业造成的环境破坏及其后续治理，政府监管应该起到积极的引导作用，但如果在政府监管成本高于行政罚款收益的条件下，政府监管可能趋向消极，而此时矿山企业也可能选择接受罚款，因为治理环境污染、发展绿色矿业成本相对更高，这样可能形成不良的循环状态。[②]

（二）矿业环境污染大数据平台监管模式与优势

1. 监管模式

矿业经济大数据平台主要通过矿业环境监管子系统对矿业环境进行监管，

① 秦雅静，等．湖南省矿业生态化发展探讨［J］．价值工程，2014（29）：302-303.
② 相洪波．我国绿色矿业发展现状分析及对策建议［J］．中国国土资源经济，2016（10）：48-51.

矿业环境监管子系统在市县一级国土资源部门运行，主要包括管理、分析和预警功能。管理功能主要是对市县一级国土资源部门所采集的数据进行日常的录入、查询、修改、删除、接收和上传操作；分析功能是指矿业环境监管子系统根据省级国土资源部门通过矿业经济大数据平台下发的环保标准，对所采集的数据和矿产企业上传的环境数据进行分析并生成分析报告；预警功能主要是根据分析功能所生成的报告对接近超标的环境数据做出预警通知，并且上传到矿业经济大数据平台以便上级国土资源部门查阅。所以，要更好地对矿业环境实施监管，不仅政府方面需要对数据进行采集，还要要求矿产企业接入矿业环境监管子系统并严格按政府要求、规范标准上传环境数据。市县级国土资源部门要及时对预警通知中涉及的矿产企业进行实地考察，并对其做出整改要求。省级国土资源部门可以通过预警通知了解到矿业环境出现问题普遍的地区，从而可以确定整治重点区域。

2. 监管优势

2015 年 8 月 12 日，国务院印发《关于生态环境监测网络建设方案的通知》。通知提出，到 2020 年，全国生态环境监测网络基本实现环境质量、重点污染源、生态状况监测全覆盖，各级各类监测数据系统互联共享，监测预报预警、信息化能力和保障水平明显提升，监测与监管协同联动，初步建成陆海统筹、天地一体、上下协同、信息共享的生态环境监测网络，使生态环境监测能力与生态文明建设要求相适应。该通知明确建立生态环境监测数据集成共享机制，各级环境保护部门以及国土资源、住房城乡建设、交通运输、水利、农业、卫生、林业、气象、海洋等部门和单位获取的环境质量、污染源、生态状况监测数据要实现有效集成、互联共享。国家和地方建立重点污染源监测数据共享与发布机制，重点排污单位要按照环境保护部门要求将自行监测结果及时上传，构建生态环境监测大数据平台。加快生态环境监测信息传输网络与大数据平台建设，加强生态环境监测数据资源开发与应用，开展大数据关联分析，为生态环境保护决策的制定、管理和执法提供数据支持。统一发布生态环境监测信息。依法建立统一的生态环境监测信息发布机制，规范发布内容、流程、权限、渠道等，及时准确发布全国环境质量、重点污染源及生态状况监测信息，提高政府环境信息发布的权威性和公信力，保障公众知情权。

大数据是以容量大、类型多、存取速度快、应用价值高为主要特征的数据集合，它要求对数量巨大、来源分散、格式多样的数据进行采集、存储和关联分析，形成新发现，创造新价值。① 利用大数据对矿业环境进行监管，不仅要由市县一级国土资源部门采集数据，还必须要求矿产企业接入矿业环境监管子系统并上传日常原始数据，再由大数据平台依照省级国土资源部门制定的数据标准对矿产企业日常原始数据进行核查。这样可以利用大数据平台完成有限人力无法完成的核查工作，通过核查企业生产过程中环境数据实时对企业矿业环境进行监管。

二、安全生产监管

（一）矿业安全生产监管现状

矿山安全生产问题是我国当前所面临的非常严峻和深刻的社会问题。近年来我国出台了一系列的整治措施，但是安全生产事故频发的现象依然没有能够从根本上得到有效遏制，其中一个重要的原因是事故的预防工作存在较严重的问题：缺乏预防的制度性要求以及对预防水平的评价。按照人们和学界的普遍看法，预防安全事故的意义远远大于事后的处理。基于此理，我国安全生产事故预防机制的建立及其有效运行，应当是建立在对安全生产事故预防水平作出科学评价的基础上，唯其如此，才能为监督管理机构科学监管、设立合理的标准提出科学依据。② 目前，企业的安全生产隐患排查工作主要依靠人力，通过人的专业知识去发现生产中的安全隐患。这种方式不仅易受到主观因素影响，很难界定安全与危险状态，可靠性差，而且需要大量的具有高水平的安全专家，现有的安全技术专家远远满足不了企业日益增长的需求。③ 当前我国安全生产监管形势复杂，监管环节多，偶然性大，监管难度日益增加，纯粹以传统人工监管早已不能满足现有需求，引入先进技术，研发监控系统，实现对重大危险源的智能监测、监管及预警，是当前重大危险源监管的迫切任务。④

（二）矿业安全生产大数据平台监管模式与优势

1. 监管模式

在安监与国土资源两个部门建成稳固的合作共享机制的基础上，将省市县

---

① 马军. 环境保护呼唤大数据平台 [J]. 中国生态文明, 2016 (1)：74-77.

② 屈茂辉, 张杰. 采矿业安全事故风险预防水平的模型建构及其解释 [J]. 湖南大学学报（社会科学版）, 2011 (1)：136-140.

③ 曾胜. 重大危险源动态智能监测监控大数据平台框架设计 [J]. 中国安全科学学报, 2014 (11)：166-171.

④ 曾胜. 重大危险源动态智能监测监控大数据平台框架设计 [J]. 中国安全科学学报, 2014 (11)：166-171.

安监部门接入矿业经济大数据平台，把矿业安全生产监管子系统交给省内各级安监部门运作。矿业安全生产监管子系统主要包括管理、分析和预警功能。管理功能主要是对市县一级安监部门所采集的数据进行日常的录入、查询、修改、删除、接收和上传操作；分析功能是指矿业安全生产监管子系统根据省级安监部门通过矿业经济大数据平台下发的安监标准，对所采集的数据和矿产企业上传的生产数据进行分析并生成分析报告；预警功能主要是根据分析功能所生成的报告对接近超标的生产数据做出预警通知，并且上传到矿业经济大数据平台以便上级安监部门查阅。

2. 监管优势

利用矿业经济大数据平台对矿业安全生产进行监管的必要前提条件就是国土资源部门与安监部门之间合作机制的建立。由于各类资源被创新主体部门分割，形成一座座信息孤岛，而部门之间缺乏有效共享机制，各类资源缺乏沟通协调，造成了整合不兼容。[①] 2016 年 9 月，国务院印发《政务信息资源共享管理暂行办法》，其中指出要加快推动政务信息系统互联和公共数据共享，充分发挥政务信息资源共享在深化改革、转变职能、创新管理中的重要作用，增强政府公信力，提高行政效率，提升服务水平。政务信息资源共享应遵循"以共享为原则、不共享为例外，需求导向、无偿使用，统一标准、统筹建设，建立机制、保障安全"的原则。对于矿业经济绿色发展来说，生产安全也是不可忽略的一方面，所以必须要打破安监部门与国土资源部门直接的信息屏障，建立有效的数据共享机制，加强部门之间的协调沟通，共同预防生产过程中安全事故的发生，共建重大危险源的基础信息管理。通过对重大危险源的辨识，采集与录入重大危险源的类型、规模、责任主体及周围环境基本属性、预警报警历史等基础数据，建立重大危险源的基础数据库，提高安全生产监管的信息化水平。[②]

第四节　矿业经济发展与大数据预测

国家统计局近日公布的最新数据显示，2016 年 1～10 月，我国全国规模以上工业企业实现利润总额同比增长 8.6%，但规模以上采矿业实现利润总额为 1 138 亿元，同比下降 48.5%。其中，除煤炭开采洗选和有色金属采矿利润总

---

① 郑志来. 基于大数据视角的社会治理模式创新 [J]. 电子政务，2016 (9)：55-60.

② 曾胜. 重大危险源动态智能监测监控大数据平台框架设计 [J]. 中国安全科学学报，2014 (11)：166-171.

额同比有一定幅度增长外，石油、天然气、黑色金属、非金属矿采选业实现利润均继续下降。观察当前世界范围的矿业形势，由于经济复苏远未达到预期，对矿产品的需求不旺，矿业投资持续下降，矿产品价格低位徘徊，而且下行的压力很大。在这种情况下，目前矿业界普遍存在一种悲观或消极情绪。因此，我们有必要对当前矿业形势及其发展趋势进行理性、冷静、客观的分析，并科学研判，前瞻性地思考相应的对策，促进矿业可持续发展。[①] 矿业经济形式的不乐观，致使矿业经济发展迫切需求更加科学有效的分析以及对于其发展趋势更为准确的预测和把握。

一、大数据的核心

预测功能就是大数据的核心。大数据的预测功能并非与人力预测一般，它并非一种对于数据的"思考"，也不是单纯的"归纳总结"数据与结果的因果关系。大数据的预测功能是通过数学的算法从海量数据中寻找相关性，大数据预测功能要搞清楚的是相关关系而不是因果关系，它通过相关关系对未来进行预测。

谷歌公司把 5000 万条美国人最频繁检索的词条与美国疾控中心在 2003 年至 2008 年季节性流感传播时期的数据进行了比较，他们希望通过分析人们的搜索记录来判断这些人是否患上了流感。其他公司也曾试图确定这些相关的词条，但是它们缺乏像谷歌公司一样庞大的数据资源、处理能力和统计技术，它们设立的这个系统唯一关注的就是特定检索词条的使用频率与流感在时间和空间上的传播之间的联系。谷歌公司为了测试这些检索词条，总共处理了 4.5 亿个不同的数学模型，将得出的预测与 2007 年、2008 年美国疾控中心记录的实际流感病例进行对比后，谷歌公司发现，他们的软件发现了 45 条检索词条的组合，将它们用于一个特定的数学模型后，它们的预测与官方数据的相关性高达 97%，和疾控中心一样，它们也能判断出流感是从哪里传播出来的，而且判断非常及时，不会像疾控中心一样要在流感爆发一两周之后才可以做到。所以，2009 年甲型 H1N1 流感爆发的时候，与习惯性滞后的官方数据相比，谷歌成了一个更有效、更及时的指示标。公共卫生机构的官员获得了非常有价值的数据信息。惊人的是，谷歌公司的方法甚至不需要分发口腔试纸和联系医生——它是建立在大数据的基础之上的，这是当今社会所独有的一种新型能力：以一种前所未有的方式，通过对海量数据进行分析，获得有巨大价值的产

---

① 赵腊平. 关于当前矿业形势及发展趋势的研判与思考 [J]. 中国国土资源经济，2017（2）：9-12.

品和服务，或深刻的洞见。基于这样的技术理念和数据储备，下一次流感来袭的时候，世界将会拥有一种更好的预测工具，以预防流感的传播。① 一家科技创业公司，名为Farecast。通过预测机票价格的走势以及增降幅度，Farecast 票价预测工具能帮助消费者抓住最佳购买时机，而在此之前还没有其他网站能让消费者获得这些信息。这个系统为了保障自身的透明度，会把对机票价格走势预测的可信度标示出来，供消费者参考。系统的运转需要海量数据的支持。为了提高预测的准确性，埃齐奥尼找到了一个行业机票预订数据库，而系统的预测结果是根据美国商业航空产业中，每一条航线上每一架飞机内的每一个座位一年内的综合票价记录而得出的。如今，Farecast 已经拥有惊人的约2 000亿条飞行数据记录，利用这种方法，Farecast 为消费者节省了一大笔钱。②

二、大数据预测与矿业经济发展的契合性分析

大数据的 4V（Volume、Variety、Value、Velocity）同样适用于矿业经济绿色发展。我国矿产种类繁多、产值庞大，并且矿产行业对我国其他行业甚至我国经济发展的价值是不可估量的。同时，矿业，是一个知识密集、数据密集型的产业。在这一经济社会发展的基础性行业中，矿产资源勘查、开发利用、贸易、管理以及矿业权市场、矿业资本市场建设和运行每时每刻都在产生大量的数据，且积累了海量数据。③ 美国 Chevron 公司是全美第二大石油公司，他们的 IT 部门主管介绍了 Chevron 使用 Hadoop 的经验，他们利用 Hadoop 进行数据的收集和处理，其中这些数据是海洋的地震数据，以便于他们找到油矿的位置。

矿业的未来发展离不开大数据，但矿业大数据建设又离不开政府的引导和推动。国土资源云、矿产资源大数据等已成为矿业领域最重要的创新。2016年7月，国土资源部印发了《关于促进国土资源大数据应用发展的实施意见》，计划在"十三五"时期，汇聚整合土地、地质矿产等各类数据，建立完善并形成内容全面、标准统一的国土资源数据资源体系。到 2018 年底，在统筹规划和统一标准的基础上，丰富完善国土资源数据资源体系，初步建成国土资源数据共享平台和开放平台。同时，逐步把矿产资源规划、矿产资源勘查和

① 维克托·迈尔·舍恩伯格，周涛. 大数据时代生活、工作与思维的大变革［J］. 人力资源管理，2013（3）：174.

② 维克托·迈尔·舍恩伯格，周涛. 大数据时代生活、工作与思维的大变革［J］. 人力资源管理，2013（3）：174.

③ 陈从喜. 矿业发展转型离不开"大数据"［N］. 中国国土资源报，2016-9-20.

开发利用、矿业权市场等各类统计数据和管理业务数据对外公开。①

矿业生产过程中所产生的海量数据中，不但潜藏着安全风险、环境风险的预警信号，而且还蕴含着矿业发展的趋势、前景，然而这些数据中的价值要得以发挥，就只能依靠大数据技术进行深入挖掘、分析以及处理。大数据与矿业经济绿色发展相结合，就是要利用大数据技术促进矿业经济向前发展的同时，在将矿业信息数据化的前提下，深挖矿业数据的综合价值并运用大数据的分析和预测功能，保障矿业环境、保护绿色发展和矿业安全生产绿色发展。

三、矿业经济中大数据预测运用可行性分析

在天津举行的 2016 中国国际矿业大会大数据分论坛上，国土资源部国际与科技合作司长姜建军指出，当前矿业行业转型迫在眉睫，政府行业企业都在积极应对，无论是地方政府出台的帮扶政策，还是主管部门及协会推动的兼并整合，以及企业自身管理的降本增效，这些都离不开大数据的支持。由于矿产资源是极其复杂的大宗商品行业，行业的供给和需求一直处于波动状态，如果政府行业、企业在决策过程中不利用大数据，未对未来的趋势进行准确的预判，就会一直处于滞后市场的被动局面。② 不仅政府开始关注大数据预测功能在矿业经济发展中的运用，还有一些学者也将注意力放到了利用大数据对矿业经济进行预测的可行性上，如王娜在《基于大数据的碳价预测》一文中，为了研究大数据是否有助于预测碳排放权价格，讨论了结构化数据和非结构化信息对预测碳价所起的作用。文中的实证分析表明，网络结构 ADL 模型明显优于其他模型，可以获得较高的预测准确性，更适合基于大数据的预测。③ 肖克炎等在《大数据思维下的矿产资源评价》一文中以大数据时代的预测思维方法，结合重要矿产资源潜力评价具体工作，探索了矿产资源预测评价的基本理论基础，总结了在数字化、信息化时代矿产资源预测评价的主要工作流程。建立数字化预测数据平台、根据预测矿产模型进行数据清洗、编制预测要素图件、建立预测模型、圈定预测靶区和成矿远景区、进行资源潜力估算等是预测评价的基本任务与流程。④ 随着大数据技术的深入普及和成熟，其预测功能在矿业经济中必将得到更深层次的应用。

---

① 陈从喜. 矿业发展转型离不开"大数据"［N］. 中国国土资源报，2016-9-20.
② 许勇. 矿业需要大数据平台［N］. 中国黄金报，2016-9-23.
③ 王娜. 基于大数据的碳价预测［J］. 统计研究，2016（11）：56-62.
④ 肖克炎，等. 大数据思维下的矿产资源评价［J］. 地质通报，2015（7）：1266-1272.

第十章　矿业协会与湖南省矿业经济绿色发展

我国在推动矿业经济绿色发展的进程中面临着一个双重的困局。如果仅是简单地关停并转，可能会导致矿业及相关行业陷入崩溃，但如果不依法整顿，又会导致"公地悲剧"。此外，湖南省矿山企业"小而散"的特点给环保部门的环境污染治理带来了很大的难度，治理成本高，但治理效果差。矿业经济的绿色发展，在政府和矿山企业的利益博弈中艰难前行，突破现有的困局，需要发挥第三方治理主体即矿业协会的作用。2010 年 9 月，国土资源部专门发布《关于贯彻落实全国矿产资源规划发展绿色矿业建设绿色矿山工作的指导意见》（以下简称《指导意见》），其中明确指出："充分发挥行业协会桥梁和纽带作用，密切联系矿山企业，加强宣传，扩大共识，加强行业自律。"

行业协会是介于政府、企业之间的第三部门，是介于商品生产者与经营者之间的中间力量。作为民间性组织，行业协会不从属于某一政府部门，也不只为某一单个的企业谋取利益，它是基于行业的整体利益，向外代表行业企业与政府进行沟通，向内为行业企业提供服务、协调关系。行业协会是在市场经济条件下自发形成的组织，它不同于企业和政府的个人理性，行业协会是集体行动的产物。发挥行业协会的作用，可以弥补政府和市场在推动矿业经济绿色发展中出现的"失灵"。湖南省绿色矿业的发展同样离不开矿业协会这一重要力量，湖南省各矿业协会应团结广大会员，遵守国家相关法律法规，调查研究矿业发展现状和趋势，了解绿色矿业发展的困境，收集矿山企业的建议和诉求等相关信息，当好制定全省矿业经济绿色发展战略和方针政策的"智囊"，发挥好行业代表、行业服务、行业协调、行业自律等作用。

第一节　矿业协会概述

矿业协会是在市场经济条件下，以矿业企业为主体，在自愿的基础上结成的非政府组织，其目的和宗旨是保护和增进会员利益、促进矿业行业发展。从矿业协会的生成来看，矿业协会本质上是市场资本集聚的结果，不同于其他社会团体的社群联合，这就决定了矿业协会的作用主要集中在经济调节方面。从特征上来看，矿业协会具有市场性、代表性、非营利性、非政府性和互益性，其主要职责是协调会员企业之间以及相关利益主体之间的各种关系，在政府和企业中间发挥桥梁纽带作用，通过为会员企业提供各种服务，推动建立有序的市场秩序、提升矿业整体利益。按照学者王名的观点，从经济关联性来看，矿业协会属于业缘性组织，受过去"一业一会"管理体制的影响，又同时具有地缘性组织的性质。[①]

一、矿业协会产生的动因与理论基础

（一）矿业协会产生的动因

矿业协会是市场经济下的特殊产物。在自然经济制度下，以自给自足的小农经济为主，商品间的流通缓慢，且生产力低下，未能形成规模生产，也就无法形成一个成熟稳定的产业，自然也不可能产生行业协会。到了计划经济时期，虽然经济得到了一定的规模发展，但在政府严格的管控之下，市场被政府这双"有形的手"过多地干预，企业对政府的行政依附性过强，其商品生产者的性质和功能慢慢弱化，企业和政府的利益融为一体，自然也就无法产生代表企业整体利益的行业协会。企业从最初单纯地通过自身力量寻求利益，开始意识到只有行业的整体利益最大化，企业自身也才能从中分得更多的利益。

矿业协会是生产规模化达到一定程度后的产物。我国的资本主义早在明清时期就已开始萌芽，市场经济得到了一定的发育，尤其在清朝中后期，由于洋务运动的推动，我国出现了徽商会馆、晋商会馆等商业协会。但那时的商会带有明显的家族色彩，经常因与政府争夺资源而遭到扼杀，也因此，彼时的政府对商会持有一种防范、管控的理念。此外，生产力的低下也是造成当时的商会无法形成规模的原因之一，仅有的行业协会都只集中在一些经济比较发达的地区，且屈指可数。企业只有通过聚合行业资源，形成行业合力，才能在这种新型的竞争中获得生存和发展的空间。

（二）行业协会产生的理论基础

1. 法团主义

20 世纪 90 年代初，法团主义缘起于对多元主义的质疑和批判。法团主义认为，多元主义设想的政治均衡状态是难以实现的，国家应该让每个团体都有公平的利益表达和实现机会，并让它们服从于国家的整体利益。与多元主义中

---

① 王名，孙春苗. 行业协会论纲 [J]. 中国非营利评论，2009（1）：1-39.

的利益团体主要注重私利不同，法团主义中的利益团体需要在私利与公共责任之间进行协调，即法团不是一种纯粹私利性的压力群体，而是一种公共机构，① 兼具利益代表和公共责任履行职能。② 不同于多元主义政治模式下依靠利益团体和议会实现利益表达，法团主义用行业组织化的功能团体与国家的互动协调实现利益聚合。③ 法团主义的作用是将公民社会中的组织化利益联合到国家的决策结构中。这个利益代表系统由一些组织化的功能单位构成，它们被组合进一个有明确责任（义务）的、数量限定的、非竞争性的、有层级执行的、功能分化的结构安排之中。它得到国家的认可，并被授权给予本领域内的绝对代表地位。④

根据国家与社会之间的力量对比，法团主义又被分为"国家法团主义"和"社会法团主义"。我国有些学者指出，我国行业协会与国家的关系开始超越国家法团主义，有走向更具有多元性的公民社会之迹象。⑤ 也就是说，相较于其他类型的社会组织，行业协会受国家的管制相对较少，自主性也更强。

2. 契约理论

卢梭在《社会契约论》中指出，"当自然状态中不利于人类生存的障碍超出了人类个人所拥有的力量时，人类就必须寻找一种有效的结合形式，它能以全部的共同力量来保障和维护每个结合者的人身和财富，且由于这一结合而使每个与全体相联合的个人又只不过是服从自己本人，且仍然可以像以前一样的自由。"⑥ 行业协会的产生也是如此，无论是国家法团主义还是社会法团主义下的行业协会，其成立的动因都源于避免重复获取资源和信息，从而降低交易成本。行业协会会员之间基于自愿和民主的原则达成一定的契约关系，拟定协会章程，确定一些规则，会员各让渡一部分权力，并赋予行业协会支配和管理各协会成员的权力，全体会员要共同遵守民主制定的章程，确保契约的有效性。基于这样的契约关系和契约精神，会员间可以共享信息，能有效降低信息成本。

---

① Chirot, Daniel. The Corporatist Model and Socialism: Notes on Romanian Development [J]. Theory and Society，1980（2）：89-92.

② 吴建平. 理解法团主义：兼论其在中国国家与社会关系研究中的适用性 [J]. 社会学研究，2012（1）：74-246.

③ 胡悦晗. 利益代表与社会整合：法团主义视角下的武汉工会（1945—1949）[J]. 社会学研究，2010（1）：177-246.

④ 张静. 法团主义 [M]. 北京：中国社会科学出版社，1998：24.

⑤ 张长东，顾昕. 从国家法团主义到社会法团主义：中国市场转型过程中国家与行业协会关系的演变 [J]. 东岳论丛，2015（2）：5-13.

⑥ 卢梭. 李平沤译. 社会契约论 [M]. 北京：商务印书馆，2011：121.

3. 俱乐部理论

现代俱乐部理论由美国学者詹姆斯·布坎南提出，他认为俱乐部是一种有效的组织形式，有会员属性，具有共同利益，会员需求具有同质性。[①] 这种共同利益主要体现在俱乐部的产品上，它是介于纯公共物品和纯私人物品之间的一种混合体，不同于纯私人物品，俱乐部产品并不因个人的使用而减少其他个体的使用，具有非竞争性；但是和纯公共物品相比，俱乐部产品具有排他性，单个个体的使用会排除其他个体的使用，从而造成拥挤现象。

行业协会被认为是俱乐部的一种类型，主要是因为：首先，行业协会会员虽然是自愿加入的，但是前提是付费参与。行业协会为会员提供的服务，比如共享行业信息、组织培训、协调沟通、交流合作、向政府表达利益诉求等，都是只有支付了会费进入到协会的会员才可享受，且会费的多寡会在很大程度上影响服务的质量。但是，另一方面，在付费会员中，每个会员在获取协会服务的同时，并不会影响或排除其他会员享受同样的服务，也就是说协会的服务具有非竞争性。只有当协会会员数量不断增加，协会的规模、能力无法适应会员需求，造成协会过度负荷时，可能会影响服务的质量，服务的边际效用会出现递减。因此，俱乐部的会员并不是要无限制地扩大，而是一要将会员数量控制在合理范围之内，二要在扩张会员的同时，相应地提升协会的服务能力。最后，需要说明的是，行业协会提供的服务和产品并非具有完全排他性，由于行业协会的正向影响，一些新技术、新产品的出现会提升整个行业的技术水平，同时就会使一些非会员企业受益，出现"搭便车"的现象。

4. 交易成本理论

交易成本的思想虽然最早可以追溯到大卫·休谟和亚当·斯密，但直到科斯出版《企业的性质》一书，交易成本才首次得到开拓性的分析，他们的根本观点在于对企业本质的阐述。认为企业有利可图的主要原因在于，通过使用价格机制是要花费成本的。在没有企业的时候，价格成本高的主要原因在于每一项交易都存在成本，获取商品、获取信息是需要成本的，不同的人获取相同的商品和信息需要多次交易，而每一次交易都需要成本，这不仅容易造成交易成本的浪费，而且会产生高昂的交易费用。在此情况下，通过互订合约、确定价格，让合约的参与者共同分担信息共享的费用，能够使交易费用降低。企业就是在此背景下产生的，因为企业本身是一种合约安排的形式，当交易成本由

---

① 詹姆斯·布坎南. 自由、市场和国家 [M]. 桑伍, 等译. 北京：北京经济学院出版社，1988：202-203.

于外在制度、技术进步等原因发生变化时，就会出现不同的合约形式，也就产生不同的企业组织形式。虽然科斯只是用交易成本理论对企业的性质做出解释，但运用这一理论对行业协会进行分析时，仍然可以得到合理的解释，即正是由于交易成本的存在，才会出现行业协会。因为行业协会其实就是一个信息共享的平台，它借助会员企业收集行业各方面的信息，再通过内部的传播渠道将收集到的信息分享给会员企业或者其他非会员企业，通过信息的共享共通，实现交易费用的均摊。

5. 公共选择理论

公共选择理论产生于20世纪40年代末，它是一种运用经济学的方法来分析研究政治决策机制如何运作的理论。公共选择理论研究的是人们如何去选择公共产品和公共服务，以及有哪些因素会影响人们的选择。该理论认为，公共选择是人们通过民主决策的政治过程来决定公共物品的需求、供给和产量，是把私人的个人选择转化为集体选择的一种过程（也可以说是一种机制），是利用非市场决策的方式对资源进行配置。① 公共选择的内在动力虽然是个人利益最大化，但是可通过民主程序投票等实现对公共经济的理性决策。公共选择理论认为，只要是人群集中的地方，集体决策就在所难免，因此公共选择就成为必然。

同时，公共选择理论揭示了"偏好选择机制"在集体决策中的作用，认为政府的决策应该代表和体现人民的意愿和要求，仅凭决策者的良好愿望和优良素质是不够的，加之决策者也会受到"私利"的影响，因此还必须建立起传达民意的机制，即公民的偏好显示机制。此外，由于"经济人"等因素的存在，政府也会出现失灵，诸如决策效率低下、成本过高、权力寻租等。此时，在市场经济环境下应运而生的行业协会成为经济主体实现自治、表达利益诉求的共同选择。行业协会代替政府来履行部分资源配置的职能。首先在制定行业政策方面，相较于政府等权威部门，行业协会更具有代表性和专业性，政策的制定者一般是行业内的企业代表和专家，对行业发展的具体情况非常了解，政策的制定也是基于民主投票，因此能够尽可能地代表整个行业的意见和想法，实现对行业公共利益的理性决策。其次，行业协会在行业管理方面更有效率。一方面，行业内企业自愿加入行业协会成为会员，其动机是自身利益，协会的经费主要来自会员缴纳的会费，在效益和利益的驱使下，协会的工作效率得到大幅提升，经费的使用效益也得到了提高。另一方面，行业协会的管理更具灵活性，能够迅速地对外部市场环境的变化做出反应，及时地调整政策，

---

① 廖荣碧. 公共选择理论及其现实借鉴意义 [J]. 当代经济，2009（2）：150-152.

制定出应变的方针。"政府失灵"的一个重要表现就是政府不断地扩张和膨胀，导致行政成本不断上升和社会资源不断浪费。行业协会以其专业性，在行业政策制定方面较政府更具有效率，可以使实际效果和预设效果的偏差降到最低。因此行业协会承接政府的部分职能，不仅能提升政策制定的效率，还能精简政府机构，减少行政费用，这对于行业的健康发展以及政府职能的转变都具有重要意义。

二、矿业协会的特点

（1）市场性。行业协会是市场经济体制下的产物，行业协会本身也具有市场经济的特性，同时又是弥补市场失灵的重要工具。行业协会是市场与政府的中间力量，当政府和市场纷纷失灵时，可以发挥桥梁纽带作用，通过协商、调控等手段来均衡各方利益，并最终达到资源优化配置的目的。

（2）代表性。矿业协会首先是矿业领域的组织标志，它代表着整个行业的利益，是该行业对外交流的窗口。此外，矿业协会是一种会员制的社会团体，它由各会员企业构成，会员向协会缴纳一定的会费，协会作为会员的代表，对内提供服务，向外寻求资源。

（3）非营利性。矿业协会成立的初衷是为会员服务、为行业发展服务，谋求的是所有会员、整个行业的共同利益、整体利益。虽然矿业协会通过提供专业服务等获得部分收益，但其所得利润也不用于协会成员间的分配，而是用于服务会员、促进行业发展和协会日常工作等方面，协会的资产并非某个个人或某个会员单位所有，而是共同所有。当协会解散或破产时，协会的资产也不能像企业一样在所有者之间进行分配，而要转交给公共部门继续行使资产的所有权，发挥服务公益的功能。

（4）非政府性。矿业协会不隶属于政府，是独立于政府之外的社会组织。虽然从矿业协会生成的路径来看，矿业协会被分为政府推动型和市场内生型这两种主要类型，[①] 但这只是矿业协会发展路径上的差异，政府对矿业协会的影响程度可能略有不同。从本质上而言，矿业协会不是政府部门，其拥有独立自主的权力和空间，矿业协会可以独立地设置组织机构、开展组织活动和进行组织内部治理等，管理方式也不是自上而下的行政命令式。矿业协会没有政府的垄断式权力，其生存与发展依靠的是竞争，通过提供具有竞争力的产品和服务来谋求发展的空间。

（5）互益性。所谓互益，是指其组织的价值追求既非公益也非私益，而

---

① 王名，孙春苗．行业协会论纲［J］．中国非营利评论，2009（1）：1-40.

是整个矿山行业的共同利益，是通过协商而达成的相互间的利益认同。协会成员的加入也是基于资源共享的原则，会员企业之间不是竞争关系，而是通过合作、协商等方式实现共同利益，进而推动整个行业的发展。

三、矿业协会的比较优势

行业协会作为组织的组织或企业的联合体，天然地占据着"结构洞"的位置，它本身没有资源，但是凭借其结构洞的地位，"可以将分散资源集中，并进行资源循环与再分配"[①]。行业协会不同于工会、妇联和作协等具有官方背景的非营利组织，它发轫于民间，具有更高的自主性；而与草根社会组织相比，由于会费的存在，行业协会又有更多的资金来组织活动。可以说，行业协会是一种低风险高收益的组织。[②] 2015 年民政部出台的《行业协会商会与行政机关脱钩总体方案》中，明确要求行业协会与行政机构实现人财物的全面脱钩，这为行业协会发挥更大的自主性提供了良好的制度环境。在我国矿山企业小而散、矿产资源分布不均衡的情况下，矿业协会作为行业协会中的一个特殊族群，相较于政府、企业和其他类型的社会组织，有着资源整合、自主性强、使命互益、社会的合法性认同广泛等比较优势。

（一）使命互益代替外部资源的依赖

民办非企业、基金会和其他类型的社会组织在发展过程中的最大缺陷就是对外部的资源有着强依赖性，其资源的来源主体和受益群体相分离，这就导致这些组织有时只能通过"迎合"资源主体（比如政府等）的要求来寻求发展。另外，受益群体对其监督的动力不足，社会组织也就缺乏主动提升服务质量的动力，甚至出现异化公益宗旨、牟取非法经济收入的现象。矿业协会最大的特点和优势应是使命的互益性。不同于其他类型的社会组织，矿业协会的会员来自同一行业，具有相同性质，追求共同的利益。加入协会的会员都是基于自愿但需缴纳一定的会费，这一特性决定了会员企业、行业发展和协会三者利益的一致性。矿业协会通过为会员企业提供优质服务来获取认可和支持，通过推动整个矿业的可持续发展来夯实协会发展的基石，会员企业通过矿业协会，将个体的发展与行业的发展紧密耦合。随着行业协会"去行政化"的进一步加速，过去协会对政府的行政依附性逐渐弱化，失去政府的行政资源，协会发展资源

---

① 张沁洁. 参与合作：行业协会的运作逻辑 [J]. 广东社会科学，2007（2）：195-200.

② 周莹，江华，张建民. 行业协会实施自愿性环境治理：温州案例研究 [J]. 中国行政管理，2015（3）：71-75.

的渠道只能由外转为向内，为会员、行业的发展做出切实可行的贡献，才能获取更多的支持。

（二）打破地缘的限制以实现资源的整合

政府对矿产资源、矿山企业的管理通常以行政区域作为划分依据，但是在我国矿山资源分散、矿山企业小而散的情况下，简单地以行政区域来划分管理范围，难以形成资源的集聚优势，并容易造成地方政府间的职责推诿。矿业协会可以有效弥补上述缺陷，通过业内交流、信息共享、协调配合等方式，打破地缘的限制，促成行业内各方力量优势资源的整合。行政部门在推动矿业经济绿色发展过程中，有时有碍于行政权力的限制，在合作交流的过程中较为拘束甚至受阻。矿业协会可以打破这种因地缘而产生的限制，帮助会员企业间以更快的速度实现合作、整合资源。

（三）集体行动而不是个人理性

无论是政府还是矿山企业，在发展绿色矿山中的行为都是个体的"利益驱动"，都是基于个人"理性"后产生的结果，因此造成了政府与企业在利益博弈后的双方不作为。为推动矿业经济绿色发展，很多时候都只能由政府通过强制力来推动，但出现了执行难、成本高、见效低的问题。在个人理性的驱动下，无论从哪一方看，都很难在建设绿色矿山上取得实质性的突破。矿业协会其本身就是矿山企业乃至矿山行业的集体代表，它集聚了整个行业的资源，所采取的行动并不是为了某一个企业或某一个人的利益，而是基于整个行业的利益，通过整合行业的资源、采取集体行动的方式来实现对个人理性的突破。在矿业协会组织和带动下的集体行动，可以尽可能地避免因"个人理性"而对整个行业的发展产生负面影响的情况出现。

（四）以激励性为主的方式更为柔性

政府在推动矿业经济绿色发展的过程中以强制性的行政惩罚为主，主要表现为罚款、强制关停某些不合格或非法的矿山企业等。这些方法虽能解一时之困，但并非长久之策。矿业协会不同于政府的是，其虽不具有强制性权力，但是可以通过一些更为柔性的方式来激励矿山企业走绿色发展之路，很好地弥补政府的强制性措施带来的不足。比如，矿山企业通过矿业政策宣传、信息交流来提升矿山企业对绿色发展理念的了解、认同，让更多的企业自愿地加入到绿色发展轨道上来，并通过绿色竞赛、评优评奖的方式来激励矿山企业，通过培训等方式来帮助企业提升技术改造、转型升级的能力等。

四、我国矿业协会的发展历程与现状分析

(一) 我国矿业协会的历史演进

由于我国的矿业资源开发权长期受到政府的严格管理和限制，矿山企业的发展受制于政府的行政控制，因此相较于其他类型的行业协会，矿业协会在我国起步晚、发展慢、规模小。

20世纪80年代，我国推动经济体制改革，其中明确提出要实现"政企分开"，激发市场活力，发挥企业的主动性、创造性、自主性，削弱政府的行政管理职能，从部门管理向行业管理转变。在此次政府制度改革的推动下，才出现了矿业协会第一个发展期。1987年，我国第一家省级矿业协会——云南省矿业学会成立（1991年更名为云南省矿业协会）。此后，20世纪90年代至21世纪初，我国的矿业协会出现了一个井喷发展期，尤其1990年中国矿业协会成立（2000年更名为中国矿业联合会），各省市受到鼓舞，纷纷成立了省级矿业协会，比如江苏省矿业协会（1996年）、浙江省矿业协会（1996年）、广东省矿业协会（1999年）、山西省矿业联合会（2001年）、天津矿业协会（2005年），江西省矿业联合会（2009年）等。矿业领域的子领域也单独成立了行业协会，比如中国非金属矿工业协会（1987年）、中国冶金矿山企业协会（1991年）、中国化学矿业协会（1991年）。值得一提的是，我国传统的矿业大省设立矿业协会的时间并不比其他省市要早，甚至还要晚于其他省市，比如安徽省直到2011年才成立省级矿业协会，吉林省的矿业协会是在2012年成立的。这一时期矿业协会的最大特点就是协会大多由政府推动而成，比如中国冶金矿山企业协会就是由原冶金工业部矿山司组建的。并且受双重管理体制的影响，矿业协会不仅要获得民政部门的批准，还要受到业务主管部门的监管，比如国资委、国土资源部门等，这就导致矿业协会在此期间多以政府"行政助手"的身份出现，辅助执行政府的决策，对矿山企业、矿山行业本身的利益需求关注较少，矿业协会的自主空间较小。

近十年来，我国矿业协会步入一个新的发展阶段。在这一阶段已经基本建立起了一个覆盖全国的矿业协会网络，涵盖"省—市—区（县）—乡（镇）"四级行政区域。32个省级行政单位（不包括港澳台地区）均已建立起省级的矿业协会（矿业联合会），一些矿产资源丰富的矿业城市也成立了当地的矿业协会，比如阳泉市矿业协会、九江矿业学会等；县一级的有大余县矿业协会、崇义县矿业协会、赣州市南康区矿业协会等；乡镇级的有藤县大黎镇矿业协会、建瓯市迪口镇矿业协会、安宁市太平街办事处矿业协会等。从矿业协会的

结构来看，呈现了多元化的特征。矿业协会在过去大多以综合管理者的角色出现，如今出现了许多专门从事某一领域自主管理的专业型协会。比如迁西县矿业科技协会和淮南矿业集团煤炭经济研究会是以矿业技术、科技研发为主要业务的协会。再比如安徽省矿业评估师协会、吉林市土地和矿业权评估协会都以评估为主营业务，还有以矿业运输为主的水城县蟠龙乡法那木城片区矿业运输协会，以促进循环经济为主的庐江县矿业循环经济协会。这些协会的出现不仅丰富了矿业协会的生态结构，还提升了矿业协会的专业能力，有助于为企业提供针对性的服务。此外，随着全球化的深入发展，矿业协会开始拓展国际间的交流，2013 年于广西南宁成立的广西中国—东盟矿业人才交流培训中心就是其中的典型代表。最后，从矿业协会的生成模式来看，除了政府推动成立的矿业协会以外，这一阶段出现了许多市场内生型的矿业协会，比如江铜集团银山矿业有限责任公司职工技术协会、淮北矿业集团煤炭经济研究会、内蒙古宏兴矿业技术研究所。自下而上的市场内生型特点在于，其创办的主体是企业，协会在人事聘用、活动安排、机构设置等方面有较高的独立权和自主权，对政府的资源依赖较弱，主要通过提供高质量的服务来获取会员企业的认同、支持，有很强的民间性。

（二）我国矿业协会的现状分析

从规模上来看，根据中国社会组织网的数据统计，我国目前的矿业协会数量已达 300 余家，总体来说数量较为可观，且每个省份至少有一家省级矿业协会，矿产资源丰富、矿业经济总量大的地区，出现了市级、县级甚至镇级的矿业协会。但是，目前来看，我国矿业协会的总额及分布状况都还无法满足现实的需要，尤其像湖南、云南等这些矿业大省，矿业协会成立的时间晚、数量少，远远不能适应当前矿业形势的需要。

从结构上看，矿业协会呈现多元化的特征。从业务类型上来看，既有综合性的协会，也有专注某一领域的专业型协会；从活动范围来看，既有地方型、跨区域型，还有国际型；从生成路径上来看，既有政府推动型、市场内生型，还有混合型。但是，矿业协会同时存在分布不均衡的现象，出现了"东部地区密集、中西部地区分散；大城市密集、小城市分散"的情况。

从功能上来看，矿业协会的功能体系越来越健全。过去较长的一段时间里，矿业协会作为政府与企业之间沟通的纽带，主要发挥着信息传递的作用，大多充当着政府"行政助理"的角色。随着政府职能的转变，在建立"小政府，大社会"的背景下，国家越来越强调要发挥矿业协会调整企业关系、促进矿业经济可持续发展等方面的功能。通过发挥矿业协会的自主性，让其逐渐承担起行业代表、行业协调、行业服务、行业自律等多元功能。

从矿业协会与政府的关系来看，矿业协会过去对政府有着强资源依赖性，协会的领导很多是从行政部门的领导岗位上退下来的。如今随着"去行政化"的推进，强调矿业协会与政府要在人事、财务等方面实现全方位的"脱钩"。这不仅改变了过去矿业协会行政依附政府部门的格局，增强了矿业协会的自主性，还使得矿业协会在失去行政资源的情况下，不得不以"会员逻辑"为导向，通过为企业提供更好的服务、为行业做出更多的贡献来获取协会的持续发展。

五、湖南省矿业协会的发展现状

湖南省矿业协会起步较晚，截至目前，大致可以将其发展归纳为三个阶段。第一阶段是起步期，大致是在 20 世纪七八十年代。这一时期的矿业协会发展缓慢，数量较少，并以研究型协会为主，辅以针对某一矿产资源的专门型协会，尚未出现综合型的矿业协会。以民政部门登记注册的情况为参考依据，这一时期最早的协会是 1973 年成立的湖南省煤炭科学研究院，其主要职能是学术研究。第二阶段是成长期，主要在 20 世纪末到 21 世纪初。这个时期湖南省的矿业协会出现了一个较快的发展，但仍未成立综合型的矿业协会。在市级、县级甚至乡镇都出现了不同层次、不同类型的矿业协会。第三阶段是"井喷"发展期。自 2013 年以来，在深化改革的时代背景下，湖南省矿业协会也出现了飞速增长。尤其在 2015 年以后，发展绿色矿业成为时代的必然要求。湖南省各市、州纷纷成立矿业协会，希望借助第三方的力量共同推动矿业经济的转型发展。2016 年，湖南省矿业协会成立，该协会是湖南省第一个省本级的综合型矿业协会。

从表 10-1 可知，综合管理型的矿业协会仍占少数，只有湖南省矿业协会、郴州市矿业联合会、湖南省有色金属学会等几家，而针对某矿产资源成立的专门型协会居多，另外还有少量的学术研究、科技推广类的协会。从地区的分布来看，省本级的协会中除了湖南省铁合金工业协会的注册地在湘乡市以外，其他的都注册在长沙。市本级和区县级的协会主要分布在郴州、娄底、怀化等矿产资源较丰富的地区。

但是，湖南省矿业协会发展的问题也是显而易见的。首先，从整体上看，矿业协会发展现状不容乐观，存在着数量少、覆盖面窄、发展不平衡等问题。根据中国社会组织网、湖南省各州市民政部门统计情况，目前可在网上检索到的矿业协会只有 50 家左右，平均每个市州只有三四家。此外，仅有煤炭、铁合金、砂石、金银等少数矿产资源领域成立了专门的协会，市本级综合管理型的矿业协会也仅有郴州市矿业联合会一家，省内其他13个市州均尚未成立市本级的综合型矿业协会。矿业协会也主要集中在矿藏资源丰富的几个市州，尤以郴州市最多。其次，湖南省的矿业协会起步晚，基础薄，能力不足，影响力有限。相较于其他省市，湖南省内的矿业协会成立时间都较晚，以省级矿业协会为例，早在1987年，云南省就成立了省级矿协，矿产资源没有湖南丰富的广东、浙江等地也于20世纪90年代就出现了省级矿协。最后，对矿业协会的管理能力有限。目前，湖南省内仍然有未在民政部门登记的"非法"协会存在，有的是企业内部成立的技术推广类协会，其本身是非营利性质，但由于种种因素的考量，未在民政部门登记注册。此外，还有一些"空壳"协会，因为缺乏资金运转、管理能力低下等，不得不注销。

表10-1　湖南省矿业领域的行业协会一览表（节选）

序号	名称	成立时间(年)	职能属性	级别	注册地	备注
1	湖南省矿业协会	2016	综合管理	省本级	长沙	
2	湖南省有色金属工业企业管理协会	——	综合管理	省本级	长沙	
3	湖南省有色金属学会	1985	综合管理	省本级	长沙	
4	湖南省循环经济协会	2017	综合管理	省本级	长沙	
5	湖南省铁合金工业协会	2014	专业管理	省本级	湘乡	
6	湖南省稀土行业协会	2012	专业管理	省本级	长沙	
7	湖南省铁合金行业协会	2014	专业管理	省本级	长沙	
8	湖南省锰业协会	1994	专业管理	省本级	长沙	
9	湖南省砂石协会	2016	专业管理	省本级	长沙	
10	湖南省煤炭学会	1978	学术研究	省本级	长沙	
11	湖南省瓦斯治理和利用工程研究中心	2005	学术研究	省本级	长沙	
12	湖南省煤炭科学研究院	1973	学术研究	省本级	长沙	
13	湖南省煤炭运销协会	1995	支持型	省本级	长沙	
14	郴州市矿业联合会	2013	综合管理	市本级	郴州	
15	株洲硬质合金产业协会	2015	专业管理	市本级	株洲	

续表

序号	名称	成立时间(年)	职能属性	级别	注册地	备注
16	郴州铋业协会	2013	专业管理	市本级	郴州	
17	郴州市渣土行业协会	2011	专业管理	市本级	郴州	
18	常德市煤炭学会	1981	专业管理	市本级	常德	
19	湘潭市煤炭学会	——	专业管理	市本级	湘潭	未登记
20	怀化地区煤炭工业学会		专业管理	市本级	怀化	
21	怀化铁合金行业协会		专业管理	市本级	怀化	
22	怀化市炭质页岩砖瓦行业协会	2013	专业管理	市本级	怀化	
23	怀化市渣土处置行业协会	——	专业管理	市本级	怀化	
24	怀化市金属材料商会	2007	专业管理	市本级	怀化	
25	怀化市黄金学会		专业管理	市本级	怀化	
26	湘潭锰矿科学技术协会	——	科技推广	市本级	鹤岭镇（湘潭）	未登记
27	湖南宝山铅锌银矿职工技术协会	——	科技推广	市本级	郴州	
28	郴州市煤炭运销协会		支持型	市本级	郴州	
29	永兴县煤炭学会	1999	专业管理	区县级	永兴（郴州）	
30	永兴县煤炭工业协会	2013	专业管理	区县级	永兴（郴州）	
31	永兴县金银协会	2003	专业管理	区县级	永兴（郴州）	
32	永兴县驻煤矿安监员协会	2012	专业管理	区县级	永兴（郴州）	
33	临武县煤炭工业协会		专业管理	区县级	临武（郴州）	已注销
34	娄底市娄星区煤炭学会		专业管理	区县级	娄星区（娄底）	
35	祁阳县煤炭行业协会		专业管理	区县级	祁阳（永州）	
36	湖南省七宝山硫铁矿职工技协会	1973	科技推广	乡镇级	浏阳（长沙）	
37	永兴县复和乡煤炭协会	——	专业管理	乡镇级	永兴（郴州）	

从实际成效来看，湖南省内的矿业协会虽然数量少，且基础薄弱，但是仍然发挥了一定的功效，显示出了集聚效应。以湖南省矿业协会为例，其会员涵盖了矿山企业、地勘单位、设计施工单位、矿业装备提供商、深加工企业、矿贸企业、科研院所、投资机构等多家业务单位。一年多来，湖南省矿协已组织了多场国际国内交流活动，提供技术、法律、财务等相关咨询服务。在矿协成立的同一年，湖南股权交易所矿业专版成立，矿协可推荐矿业企业在湖南股权交易所挂牌。作为湖南省重要的矿业城市，郴州不仅较早地成立了郴州市矿业联合会，还在其官网专门开辟了"绿矿建设"的专栏，介绍绿色矿山建设的进展、经验、技术、信息等。湖南省砂石协会先后举办了"高品质机制砂与混凝土的应用""环保高品质砂石骨料生产创新模式""砂石料行业矿业权及管理运行中的十大法律问题""湖南省骨料资源概括及开发利用趋势建议"等12场主题报告。提供会员企业拓展砂石骨料及机械设备的国内外贸易市场的有关信息、咨询、策划及办理相关手续等服务；组织、引导、协助会员企业"走出去"，参与"丝绸之路亚欧经济带"和"海上丝绸之路"建设，并拓展多边投资贸易合作。

此外，湖南省内的矿业协会大多是在"行业协会去行政化"的制度背景下发展起来的。这表明，比起其他省市的矿业协会，湖南省的矿业协会在自主性、独立性上更具优势，也意味着湖南省的矿业协会的"会员性"要强于"行政性"。从湖南省矿业协会的理事会领导成员来看，所有的协会领导成员均来自会员企业，无一人来自官方机构或具有官方背景。由此可见，湖南省的矿业协会在未来可以尽可能地避免受到外界的干扰，自主引领湖南省矿山企业在促进整个行业可持续发展的路上走得更远更好。

第二节　政府主导下湖南省矿业经济绿色发展的困境

一、相关利益主体间的博弈

发展绿色矿业经济，政府和矿山企业是最重要的两大主体，政府是主导者、推动者，矿山企业是参与者、执行者。对于政府而言，推动矿业经济的绿色发展是其必须承担的公共职责。对于矿山企业来说，转变生产方式，走可持续的绿色发展之路，是符合其长远利益的。但是，作为矿业经济中单一的主体，政府与矿山企业之间、矿山企业与矿山企业之间存在着利益的博弈，这种博弈不仅无益于双方目标的实现，还阻塞了矿业经济整体的绿色发展之路。

政府履行职责对企业进行监管，而企业有着追求利润最大化的天然动机，这就导致了企业与政府职责、价值标准之间的冲突，也是一种个体理性与集体理性之间的冲突。[①] 从政府的角度来看，对矿山企业的生产经营行为进行监管，促使高污染、高能耗、高排放的"三高"企业向资源节约型、环境友好型的绿色企业转型，实现人与自然的和谐相处是政府的使命和职责所在。但是，在矿业经济的生态圈中，政府作为一个经济实体，同样有其自身的利益需求。具有"三高"特征的矿山企业虽然带来了环境、生态、安全等方面的诸多问题，但往往也创造了巨大的经济效益，拉动了当地的经济发展，促进了当地的就业。因此，在 GDP 主导的政府绩效考核体系下，关停这些不达标的矿山企业就意味着失去经济"红利"，从短期来看，这对当地的经济无疑是一种"重创"。根据相关统计资料，近年受矿业颓势的影响，我国主要矿业大省的 GDP 增速大幅下滑。其中山西的 GDP 增速从 2007 年的 14.5% 降至 2015 年的 2.7%，以能源产业为主要经济来源的陕西省 GDP 增速则从 2008 年的 16.4% 降至 2015 年的 7.3%。这些数据给政府官员造成了一种错觉，误把结构调整期的阵痛当做损失，导致政府缺乏对矿业经济领域进行监管的动力。而政府监管动力的不足直接反映在了相关政策的制定、执行和方法的选择上。政府目前出台的相关政策中，以惩罚性的文件为主，实施排污收费制度，即采取行政方法对非法经营、非法开采、超标排放等违规行为进行经济性处罚。矿山企业基于成本效益比的考量，当政府的罚款不足以对其利润的获得构成重大威胁时，会选择通过缴纳罚款来获得"合法性"地位。对于监管动力本就不足的政府来说这更像一种"双赢"，既履行了执法的责任，又获得了一笔可观的"收入"。以此看来，当政府和矿山企业分别站在私益的立场采取行动时，双方博弈的结果可能是实现了自身效益的最大化，但会使矿业经济目前的粗放型发展模式得以维持，难以推动向绿色发展之路的转型。

矿产资源是一种不可再生资源，资源的有限性决定了矿山企业在争夺矿业经济的红利时，必然会存在利益的博弈。企业是以盈利为目的的经营单位，每个市场主体在考虑经济利益时都是从自身出发，而不重视也不关注自身行为对其他主体的影响，缺乏系统观念导致在资源开采利用中"公共用地悲剧"现象的发生。[②] 如果所有的矿山企业同时发展绿色矿业，即会形成资源的集聚效应，助推整个矿产行业实现绿色发展。当只有一方或极少数坚持绿色发展之路时，通过投入大量的资金、技术，可能会有所收益。但如果此时，另一方或大

① 李新宁，王飞. 矿山企业发展绿色矿业经济的博弈分析 [J]. 中国国土资源，2013（5）：24-72.

② 张维迎. 博弈论与信息经济学（第 10 版）[M]. 上海：上海人民出版社，2004：130-131.

多数矿山企业仍然坚持原有的生产经营模式，那么此时转型发展绿色矿业的企业就会成为弱势的一方，极有可能被市场挤压。如果所有的矿山企业都不愿意承担转型的风险，维持粗放型的发展模式，其所获得的收益最小，但是最均衡，短期内也最稳定。每个矿山企业既想获得最大的收益又不愿意承担风险，更不愿成为市场竞争中较为弱势的一方，但是，信息不对称的存在，决定了矿山企业之间无法达成一致的行动策略，这就好比"囚徒困境"。因此，矿山企业之间的博弈结果，可能是一种零和博弈，或者是一种不公平的市场选择。

二、矿业经济绿色发展中的"政府失灵"

长期以来，政府是推动矿业经济绿色发展的主导力量，虽然在政府主导的共同努力下，湖南省绿色矿业经济取得了一定的进展和成效，但是，在这个过程中，由于内外部一些主客观因素的存在，政府的行动也出现了一定程度的"失灵"，具体表现如下：

首先，现有规章制度存在缺陷。矿业经济的绿色发展是一项系统的、持久的转型工程，并非一朝一夕之功，因此，需要建立起"最严格的源头保护制度、损害赔偿制度、责任追究制度、完善环境治理和生态修复制度"等制度体系，[①] 来保障矿业经济绿色转型工作有序、规范、高效地展开。自 20 世纪 90 年代开始，湖南省各级政府和主管部门陆续出台了一系列促进矿业经济绿色发展的文件，数量高达 100 多项，颁布主体包括各级人大、政府、国土资源、财政、安全生产监督、煤炭管理等部门，涉及资源开发整合、矿业权市场化、排污权市场交易、矿工就业安全、矿山社区与矿业企业矛盾调解等各领域。虽然这些政策出台后，矿业经济绿色发展取得了一定的效果，但是与政策理想仍有一段距离，其缺陷也是非常明显的。

一是地方性法律法规的立法位阶过低。在湖南省历年出台的相关政策中，以省直属部门的规范性文件为主，仅有三项地方性法规，法律的约束力和权威性较低。在尚未针对矿业经济绿色发展进行专门立法的当下，地方性规范文件成为最主要的执法依据。若无法以更高层次的制度去规制矿山企业等相关利益主体，就会极大削弱政府执法的权威性，各职能部门也就无法统一联合行动，从而不利于有序推进绿色矿业经济的建设。

二是制度体系尚未健全。矿业经济所涉及的利益主体较多，需要调适的行为、对象等较为复杂，因此需要从多个方面予以规制。因为公共政策往往是以"组群"的形式出现，某一项制度的出台，还需要相关配套制度的辅助，以确

---

① 中共中央十八届三中全会. 中共中央关于全面深化改革若干重大问题的决定［R］, 2013-11-12.

保政策的落实。但是，综观湖南省矿业经济绿色发展的相关制度体系，制度之间缺乏统一性和协调性，政策文本中的形式性内容强、实质性内容明显不足，且配套性政策呈现滞后性。如在湖南省人民政府颁布的《矿产资源总体规划》中，强调要理顺资源开发收益的关系，通过合理调节矿产资源开发有偿使用收入分配比例，促进收益向资源所在地和基层倾斜。但省财税部门目前并没有出台文件落实资源收益向资源所在地靠拢的思想。诸如此类，明显影响了绿色矿业经济的协调发展。此外，湖南省部分文件已经与省内目前的矿山环境问题不相适应，亟须修改、补充、完善。

三是规章制度自身存在"先天性"不足。一方面，政府制度的出台有一定的"时滞性"。一项科学、严谨、合理的政策，首先要深入实地调查，研究分析其中的问题所在，再组织政府部门相关工作人员、专家学者、相关利益群体等，展开座谈会，听取各方意见，提上政府议程，草拟文件、报送上级部门、公示、修改草案、正式颁布，最后再到实施，此外可能还要派专门的工作人员宣传、解读政策。但是，在矿业经济发展的过程中，经常有许多突发的事件发生，如果政府事先未就此类事件制定出科学严谨的处理规范，可能会引发部门间的职责推诿，导致事件无法得到高效、合理的解决。另一方面，不可否认的是，我国在制定公共政策时的公民参与程度较低，这直接导致了公共政策的权威性不足。矿业经济转型过程中涉及多个利益主体，包括矿山企业、当地居民、企业员工、消费者、供应商，以及处于同一个生态圈地区的居民、企业等。但是在制定政策的过程中，相关利益主体的参与度明显不足，政府部门也很少举办听证会。

其次，以行政手段为主的管理方式，成本高、效率低，且容易激化主体间的矛盾。"强制性"是行政手段的主要特征，具体表现为强制执行、行政惩罚等。在湖南省矿业经济绿色发展中，政府为达到预期目标，完成行政任务，通常会采取强制关停"非法开采""非法建设""三废排放不达标""存在安全隐患"等矿山和矿山企业的手段。据统计，2013—2015 年湖南省已累计关闭非煤矿山1 646座。此外，关停矿山（企业）数量常常以指标的形式下发到各个部门。比如湖南省安委会出台的《2016—2018 年湖南省金属非金属矿山安全生产攻坚克难工作方案》中明确指出，"到 2018 年底，关闭矿山 400 座以上，其中 2016 年关闭矿山不少于 200 家，2017 年、2018 年每年关闭矿山不少于 100 家"，并且成立了督导组对 40 个重点县市区进行驻点督导。不可否认的是，强制关停非法矿山企业确实可以在短期内改善当前环境、减少安全事故。但是，关停非矿企业"指标化"一方面会骤然造成大量人口失业，从而引起社会的不满；另一方面会给人一种"舍本逐末"之感，矿山经济绿色发展应遵循市场规律，实行"优胜劣汰"。政府过于强硬、僵化的行政举措，只能产生短期效益。此外，政府主导下的强制转型有一个重要特点——"危机后管理"，即在出现安全事故等突发性危机后，政府的管理会突然强化，手段也更加强硬，在短时期内会产生显著的效果。比如，自2015年"3·23"事故发生以来，张家界市高度重视非煤矿山安全生产工作，采取系列措施强化安全生产，到2018年4月，该市非煤矿山领域已连续770多天实现了安全生产"零死亡"。但这种突发式的强化工作，很难保证连续性和科学性，而且付出的成本也较高。例如，慈利县矿山数量从142家减少到90家，就花费了100万元专项资金用于关闭矿山奖补等工作。绿色矿山建设取得成效的背后是政府庞大的行政开支成本，以行政手段为主推动矿山企业转型，相当于打了一剂"强心剂"，短期内成效显著，从长远来看，并非根本性解决措施。

最后，政府权力的集中容易发生权力寻租，引发腐败等行为。在矿业经济发展中，政府将探矿权、采矿权等权力集中在手中，再以行政审批的方式对矿业经济中的各主体、活动和行为等进行管制，这就难免会引发政府部门的权力寻租。实际上，湖南省矿业行业也存在此类现象。在过去，湖南省矿业权主要靠收取矿产资源补偿费来实现，自2003年以来，对新设定的采矿权不再实行行政授予，而是采取以招标、拍卖、挂牌方式公开出让。但是，在拍卖的过程中，仍然有一些"蠹虫"慷国家之慨而肥。2004年11月28日，祁东铁矿采矿权进行公开拍卖，全国20多家客商竞相报价，底价7000万元，结果拍到3.47亿元。如果按以前的行政授予，其溢价部分相当于一下子"培养"出20多个千万富翁，而国家却要蒙受巨大损失。同年，湖南省某县以招商引资为由，采取行政审批方式授予某电解锰厂一个锰矿的开采权。接到举报后，湖南省国土资源厅立案进行了查处，并依法将该矿采矿权拍卖，140万元起价，最后以1190万元成交。同样，在矿业经济绿色转型的过程中，一旦政府掌握绝对的主导权，必然会引发权力的寻租，从而导致腐败。

政府在推动矿业经济绿色发展过程中的种种"失灵"现象表明，单凭政府的力量是远远不够的。一是其自身的能力有限；二是作为"掌权者"，在内在和外在约束力双双缺失时，极易引发权力的腐败，搅乱正常的市场秩序，给矿业经济的发展造成损失。

三、矿山企业的个体能力不足

发展绿色矿业经济是一项复杂的、技术要求非常高的系统工程，尤其我国绿色矿业的发展还处于初探期，矿山企业缺乏相关的经验，个体能力不足，这是制约矿业经济向绿色发展转型的直接因素。

　　首先，矿山企业的资金有限。发展绿色矿业需要大量资金的投入，目前支持发展绿色矿业经济的资金主要来源于政府财政投入和矿山企业自筹资金。政府专项资金虽然投入较大，但是资金设立和使用的程序繁杂，并且无法兼顾到所有的领域。企业的自筹资金与企业的经营状况成正比，这导致很多小型的矿厂无力承担数额巨大的转型成本。据统计，截至 2013 年，湖南省共有矿山企业 7 069 家，其中小矿山企业占 90%。这意味着，全省矿山企业整体上可投入用于矿业经济转型的资金是极为有限的。2015 年湖南省的统计公报显示，采矿业的固定资产投资比上年下降 7.8%，降幅为各行业之最，这也从侧面反映出矿山企业在发展绿色矿业方面的资金投入非常有限。

　　其次，矿山企业的绿色技术相对落后。技术是发展绿色矿业的关键，但是湖南省矿山企业大多数仍沿用过去老旧的技术、设备，更新换代的速度慢。一是表现在探矿采矿技术上的落后上。湖南省矿产资源经过一个较长时期的过度开发以后，目前全省资源储量出现了短缺的情况。13 家有色金属骨干矿业已有 7 家因资源枯竭而相继关闭。[①] 究其原因，除了消耗资源速度过快以外，还有就是矿山企业探矿采矿的能力下降。目前，湖南省采矿技术总体较为落后。湖南省井下开采每吨矿石要产生废石 2~3 吨，露天开采每吨矿石要剥离废石 6~8 吨。每采 1 吨原煤要排矸石 0.12 吨左右。选矿每处理 1 吨矿石可产生尾矿 0.5~0.95 吨。一个露采矿山的基建剥离废石量，少则几十万立方米，多则上千万立方米。井下开采中，不合理的开拓系统还会增加废石产出。[②] 截至 2009 年，湖南省的 6 019 个矿山中，小型矿山的比重高达 99.2%。而小型矿山的开采和选冶技术一般都较为落后，仍然使用过去简单陈旧的设备，采、选矿的技术水平低下，生产方式粗放，资源循环率低，经济效益不高。在这种情况下，探矿采矿难以形成规模效应，而且非常不利于矿山企业集聚技术优势，统一推广新的、先进的技术。二是资源的综合利用程度低。湖南省矿产资源开采总量排名全国第 8 位，但产值和效益分别排在全国第 11 位和第 14 位。全省矿产资源综合利用水平低，开展综合利用的矿山只占可综合利用矿山的一半，综合利用指数为 50%，比发达国家低 30 个百分点。[③] 这不仅浪费资源，增加固体废弃物排放量，而且增加了尾矿中重金属的排放。[④] 湖南省矿产资源本身就存在"贫矿多、富矿少，难选冶矿多，矿产资源量大、质差"的特点。但是，

①　黄运茂. 湖南矿业循环经济发展研究［D］. 湖南大学，2010.
②　陈娟. 湖南省矿山地质环境整治研究［D］. 湖南大学，2012.
③　陈娟. 湖南省矿山地质环境整治研究［D］. 湖南大学，2012.
④　赵腊平. 矿业生态文明建设的湖南探索［N］. 中国矿业报，2016-5-10.

一些矿山企业缺乏珍惜资源的意识，未能采用先进的科学技术，忽视资源综合回收利用。例如浏阳七宝山硫铁矿是一个伴生有铜、铅、锌、金、锡等10多种重要矿产的多金属矿床，并且有可观的品位和储量。但是，自20世纪70年代初建矿起，连续开采了多年的硫铁矿，而占全矿价值77%的其他矿产被视为废物，放弃了回收。据估算，这至少损失了8 343吨铜、12 185吨锌、5 624吨铅和628公斤黄金。① 三是生态恢复工程技术落后。由于常年的粗放型开采和冶炼方式，湖南省矿业活动引发的生态环境问题日益突出。以郴州市为例，截至2000年底，全市矿业废渣累计堆存量就已达6 598.26吨，占工业废渣贮存总量的89.87%。② 此外，湖南矿区地质环境本身比较脆弱，一般要低于非矿区的原生地质环境质量，这无疑增加了矿区生态环境修复工作的复杂性和严峻性。湖南矿山大多处于山区，复杂的地形地貌和强烈的地表切割对矿产资源开发的生产布局形成了许多不利因素。湖南许多矿区地表水系发达，一方面为矿井充水、突水提供水源；另一方面，矿产开采大量排水也容易对区域水资源产生负面影响。对矿区的生态环境进行修复是一项专业性和技术性很强的工作，但当前矿山企业在这方面的技术投入和支持，远远不能适应实际需要。在湖南省内，相关的科学技术研究机构也非常罕见，基础理论研究薄弱。矿山企业一味地追求经济效益，基本未设置环境监测与保护机构，更谈不上投资矿山环境保护。特别是乡镇及个体矿山企业在开采中往往过于追求经济效益的最大化，乱采滥挖严重，使原本就很脆弱的矿山地质环境破坏加剧。

最后，矿山企业内部管理混乱。湖南省多为小型矿山企业，企业业主参与经营管理，表现为所有权与经营权不分离。这难免造成企业过于集权，尤其是企业的老总在各项事务中拥有绝对的决定权。这种管理模式虽然可以提高工作效率，但企业"人治"色彩过于浓厚，会减弱企业管理的灵活性，忽视横向间的协调，企业内部各部门间可能出现职责不清、工作推诿的现象，无法凝聚企业内部合力。此外，大部分矿山企业人员整体素质不高。企业员工大多来自当地的乡镇，这些人员原来是在家务农的农民，文化素质水平不高，经过一些简单的培训之后就上岗了，但是并未对工作所需的专业性技能熟练掌握，企业普遍缺乏专业技术人才。一些中小型企业仍采用家庭作坊式的经营方式，聘用员工时随意性强，习惯任人唯亲。企业的一些关键性岗位多由其家庭成员担任，比如财务、出纳、人力资源管理等，企业试图通过这样的安排来规避风

① 黄运茂.湖南矿业循环经济发展研究［D］.湖南大学，2010.
② 陈庆，等.湖南郴州市矿业活动引发的环境问题及防治措施［J］.国土资源导刊，2005（4）：32-34.

险。矿山企业多重视短期的经营效益，强调缩减成本，忽视了员工培训、诚信教育、职业道德等后续教育问题。

第三节　矿业协会在湖南省矿业经济绿色发展中的功能作用

关于行业协会的功能作用，国内外的学者展开了激烈的讨论，形成了丰富的研究成果。就目前的研究成果而言，有的学者从内部和外部两个方面来界定行业协会的功能。其中，徐家良认为，行业协会职能由外部授权或委托职能、内部固有职能两个部分组成，前者属于政府调控并间接管理的职能，诸如行业发展规划、行业标准、行业发展政策、许可证、产地证、统计咨询、产业损害调查、年检、质量检验与监督等，后者包括代表职能、维护职能、服务职能。[①] 梁昌勇则认为，行业协会对内是会员服务职能，主要是为团结会员而提供相应的服务；对外具有政府职能转移职能，是指协会承担本应由政府负责的行业管理工作，其中行业信息调研和统计、行业信息咨询和人员培训、行业发展规划编写与行业评比评奖构成政府职能转移承接的四个评价指标。这部分的职能主要是为了获得政府资源的支持。[②] 贾西津、沈恒超、胡文安等则基于交易成本理论，将行业协会职能归纳为服务和协调两大类，其中服务功能包括信息服务、组织展览会和国际交流会、技术培训和交流，而协调功能主要是政府游说、价格协调、制定行业规范并负责监督实施。[③] 还有的学者从行业协会的工作性质和内容上进行划分。余晖认为信息提供、协调行动是行业组织理论上可分而现实中不可分的两大功能，信息提供主要分为三大类——信息库功能、信誉评价中介和投诉甄别中介功能、行业前景预测和为成员提供个性化信息服务功能，协调行动主要包括协调对外行动和实施内部惩罚；[④] 康晓光将行业协会基本职能归结为代表职能、沟通职能、协调职能、监督职能、公证职能、统计职能、研究职能和狭义服务职能（如信息服务、教育与培训服务、组织会议和展览等）。[⑤] 江静认为利益代表和提供服务是行业协会的核心职能，除此

---

① 徐家良. 互益性组织：中国行业协会研究 ［M］. 北京：北京师范大学出版社，2010：141.

② 梁昌勇，代聖，朱龙. 行业协会承接政府职能转移的作用类型及其实现机制：一项多案例研究 ［J］. 管理工程学报，2016（1）：228-234.

③ 贾西津，沈恒超，胡文安，等. 转型时期的行业协会：角色、功能与管理体制 ［M］. 北京：社会科学文献出版社，2004：210-211.

④ 余晖. 行业协会组织的制度动力学原理 ［J］. 经济管理，2001（4）：22-29.

⑤ 康晓光. 行业协会面临艰巨革命 ［N］. 中国机电日报，2002-5-23.

之外还有提供社会契约、执行被授权的管理职能。①

综上发现，以上学者的观点都强调了行业协会发挥的信息、协调、代表、沟通等方面的职能，彰显了行业协会的职能优势。行业协会作为我国社会组织中的中坚力量，在我国政府、企业之间扮演着不可忽视的作用。

在湖南矿业经济绿色发展过程中，矿业协会的作用同样不可忽视。矿业协会是全省性矿业界自愿结成的非营利性的社会组织，是政府联系矿业界的桥梁和纽带，是协助政府发展矿业经济的社团法人。中国矿业联合会制定了《矿业经济绿色发展公约》，提出要从法律法规制度的落实、资源综合利用、技术创新和节能减排、环境保护与土地复垦、企业文化与社区和谐方面来进行绿色矿山创建。同时在矿业经济绿色发展过程中，矿业协会发挥着宣传贯彻国家矿业法律法规和方针政策，组织矿业科技、经营管理、法律法规等方面的培训，组织开展矿业方面的科技咨询服务，参与矿业新产品、新材料、新技术、新工艺的推广与应用，参与矿业科技项目论证、成果评审等活动。大力开展境内外经济技术交流与合作，加强同国内外矿业企业、政府主管部门及社会团体的联系，学习借鉴矿业领域尤其是建设绿色矿业的先进技术与经验，并及时引进国内进行推广。因此，结合理论基础与实践需要，笔者认为矿业协会在推进湖南省矿业经济绿色发展的过程中，要发挥起行业服务、行业代表、行业协调、行业自律的功能作用。

一、行业服务

服务是矿业协会立会之本，也是其基本职能。矿业协会服务的质量和能力直接影响会员的认可程度和参与热情，从而影响矿业协会的社会合法性。从服务的内容来看，矿业协会为会员提供的服务主要包括两类：第一种是集体或公共服务，比如为矿业企业提供经济政策和发展建议，开展地域行业调查，统计、掌握行业发展第一手资料，参与政府部门的调查和政策的制定，提升行业整体形象、推动行业共同发展等，这类服务在消费中很难做到排他。第二种则是具有专属性质的"俱乐部"产品和服务，比如协会提供的咨询服务、技术讲座、业务培训、技术推广、纠纷调解、企业维权、指导经营、中外业内交流合作等，这类服务只有协会会员才具有可以享有的权利，从某种程度上来说是一种付费产品或服务。不管是哪一种类型的服务和产品，都能高度贴近会员的需求，为会员提供针对性的发展建议和资源，超越个人理性，整合集体行动的优势。

---

① 江静. 转型国家行业协会功能发挥的制约因素：基于政府视角的分析 [J]. 财经问题研究，2006（11）：93-97.

　　从服务的对象来看，矿业协会的服务可以分为面向政府的服务、面向行业的服务、面向会员企业的服务三种类型。矿业协会作为政府、企业的中间力量，通过为各个主体提供不同的、具有针对性的服务来协调主体间的关系。

　　首先，向政府提供的服务，主要是为了弥补政府在促进行业发展中的失灵，将收集到的关于行业发展、民情民意等的信息传递给政府部门，以此辅助政府制定相关政策。政府部门还可通过委托授权，由矿业协会承担提供部分公共服务、公共产品的职能。由于矿业协会具备非营利性、志愿性等特点，在提供公共产品和公共服务时具有政府所不具备的优势，比如在宣传绿色矿业经济的政策、协调企业间的纠纷、监督检查绿色矿业的建设、对绿色矿山等进行权威认证和评估、推广发展绿色矿业的新技术等方面，矿业协会可以采取柔性的方法和措施，更易于为会员企业和整个行业所认可和接受。此外，矿业协会长期扎根行业的基层，深入行业的发展，对企业、行业的具体情况非常熟悉，并且在行业内建立起了一定的权威，社会合法性地位较高，因此在提供以上公共服务或公共产品时的效率更高、效果更好。

　　其次，面向会员企业的服务，主要是为企业会员提供最直接、最现实和最迫切的各类产品。[①] 深入了解会员企业的需求以及在发展绿色矿业过程中遇到的问题和难处，矿业协会要为会员企业搭建各类公共服务平台，创设有利于绿色矿业经济发展的软硬环境，促进矿山企业的整体转型升级，为其提供技术、资金、人员等各种支持。矿业协会还可为企业提供常态化的服务，比如收集国内外绿色矿业经济发展的信息，为企业决策提供参考，参与制定矿山企业的绿色经济发展规划、绿矿质量和技术标准，帮助会员企业树立起绿色发展的意识和理念。开展绿色矿业经济方面的培训，对企业高管、技术人员等进行分级分类培训，提升企业各阶层、各岗位人员发展绿色矿业经济的理念、知识和业务技能，以此推动整个矿业经济的绿色发展。

　　最后，面向行业的服务，行业协会不仅是会员企业的代表，更是整个行业的代表，它提供的服务不是面向某一个企业，而是这些企业所代表的行业的集体利益。行业整体利益的最大化，必然会促进会员企业利益的最大化。因此，行业协会很多时候都是从全局的角度去考虑问题。矿业经济绿色发展有益于整个矿业的长远利益，但不可否认的是，在矿业经济绿色发展的过程中，难免会使个别企业的短期利益受损。因此，矿业协会就必然要站在整个矿业行业发展的角度，通过说服、劝导、帮扶等方式，帮助矿业企业树立起绿色发展的理

　　① 杨剑，黄建．治理视阈下中国行业协会商会之功能研究［J］．技术经济与管理研究，2016（3）：119-123.

念，建立起矿业经济绿色发展的生态圈和行业氛围，推动矿业关键领域的发展，如技术、环境管理、健康和安全等提高行业能力和竞争力的方面，推动矿业企业走绿色发展之路。

二、行业代表

矿业协会不仅是协会会员企业的代表，也是整个矿业的代表。它可以作为行业代表向上表达利益诉求、维护行业合法权益，向下征询企业的意见和建议、宣传和解读政府的政策方针。

一方面，矿业协会是矿业企业向政府等权威部门表达利益诉求的代表。矿业协会以维护矿业的整体利益为己任，立足矿业、面向基层，向政府和有关部门反映矿业发展中的重大问题，研究并提出相关建议，维护矿业企业的合法权益。当行业内多家企业面临共同的问题时，一家或几家企业的力量可能不足以发挥影响力，无法影响政府决策。此时，可以由矿业协会出面，代表这些企业，向政府反映问题、谏言献策。作为行业代表，温州的很多行业协会充分发挥起了其"代表"的作用，并取得了很大的成效。比如，温州的烟具行业协会、剃须刀行业协会等在行业企业遭遇涉外知识产权纠纷时，代表行业积极出面协调，很好地解决了纠纷并且节省了成本，充分体现了行业协会的"集体谈判优势"。[①] 同样，在矿业经济绿色发展过程中，矿业协会也要充当好行业代表这一角色，密切关注矿山企业的想法、诉求和建议，组织和引导其与党政部门就绿色矿山的建设进行制度化、长效化的沟通，通过参加党政部门举办的座谈会、听证会、意见征求会等，及时将矿山企业在发展绿色矿业过程中的想法、建议、难题向权威部门反映，在重大问题的决策和处理上与官方进行深入的交流，尽可能地避免政府和企业因信息阻滞而产生矛盾和冲突。同时，矿业协会还要充分利用人大和政协会议等反映问题、提出建议以及参与政策和法律的制定，推动矿山企业绿色发展相关政策的民主化和科学化。

另一方面，矿业协会要主动征询和收集企业的意见和建议，并且向矿业协会输送来自政府方面的信息，从而为信息的双向输送提供组织支撑。矿业协会要以建设绿色矿山为中心，服务矿业经济发展的大局，密切关注会员企业和矿山经济从业者的动态，大量收集和反馈在矿业经济绿色发展过程中的经济社会等各类信息，将分散的想法、建议和要求进行汇总，了解绿色矿业经济建设的最新动向，供地方政府参考采纳，提供促进绿色矿业建设的思路和启示，提升

① 王娜. 行业协会在知识产权保护中的地位、优势与作用：以温州为例 [J]. 学术论坛，2011 (3)：91-95.

政府决策的科学化和民主化。此外，矿业协会要实时跟踪政府最新的方针政策，代表政府对绿色矿业经济相关政策进行宣传和解读，通过与矿业企业和相关从业者的对话、交流和沟通，更深入地了解业界对相关政策的态度、想法和建议，从而有利于政府制定出更具针对性和实用性的政策。与此同时，还可以帮助矿业从业者深入领会政府推进绿色经济的精神，培养"大局观"，更好更快地理解和掌握政府各类公共政策，抢抓政策先机，促进制度安排和企业执行的交互衔接。最后，矿业协会还要引导矿业企业会员塑造新时期的企业家精神，督促其不断进取、爱岗敬业、诚信经营、勇于担当，强化企业的社会责任意识，帮助企业树立良好的社会形象，保障绿色矿业经济发展的合法性、科学性和实效性。

矿业协会作为会员企业的"娘家"和"代言人"，旨在形成一种组织化的力量和机制，整合企业会员分散化的权利和利益诉求，提升其整体博弈能力和话语表达，增强会员的集体行动逻辑。[①] 通过建立会内与会外、政府与企业、企业与企业间的联动机制，为绿色矿业经济的发展提供技术、经费、咨询、法律等服务和援助，从各方争取公共资源和政策性扶持，帮助企业尽可能地挽回或减少在发展模式转型中造成的经济损失，少走弯路，同时维护矿山企业的合法、正当权益，以更具科学、合理、高效的方式实现矿业发展的绿色转型。

三、行业协调

矿业协会大多发轫于民间，在规范社会行为、缓解社会矛盾、建立和谐关系等方面具有独特的优势。基于矿业协会更加公正、客观和专业的立场，它可以在政府、市场、企业和公众间进行协调，将这些主体的利益高度耦合，成为绿色矿业经济参与者之间沟通、协商和达成共识的桥梁和重要的推动力量。对内，矿业协会还是行业内企业间关系的协调中介。

一方面，矿业协会作为行业的代表，当本行业的利益与外部利益发生冲突时，可以作为行业的代言人或中间人出面进行协调。矿业经济的绿色发展虽然是符合政府、矿业、企业和公众等各方利益的，并业已成为各主体的共识，但是作为独立的利益主体，政府、企业和其他组织拥有各自的利益追求和价值取向，当这些利益追求或价值取向发生冲突时，矿业协会可以发挥很好的协调、缓和的作用。尤其当政府在推动矿业经济绿色发展过程中，部分矿山企业可能由于经济上的损失而对绿色矿业有所抵触，或是政府与矿山企业在发展理念、

---

① 杨剑，黄建. 治理视阈下中国行业协会商会之功能研究 [J]. 技术经济与管理研究，2016（3）：119-123.

管理方式等方面发生分歧的时候，可能会激发政府与矿山企业间的冲突与矛盾。此时，如果政府强制推行，可能会引发矿山企业的反弹，而如果任其发展，又无法有效推进绿色矿业经济的建设。此时，矿业协会可以起到很好的"润滑剂"作用，通过搭建沟通的桥梁，促进政府与矿山企业间进行和平的协商对话，增进二者之间的相互了解。此外，矿业协会了解行业特征，熟悉企业情况，可以更好更快地获知企业的需求和在绿色矿山建设中面临的问题，及时将企业进行技术创新和结构升级转型中的难题向有关部门反映，并为企业的创新活动寻求政策、技术、资金等方面的支持。最后，矿业协会还要积极展开国际间的交流合作，将国外发展绿色矿业的优秀经验"引进来"，助推矿山企业"走出去"，为其提供必要的人才、技术、信息等方面的支持，同时为矿山企业创造各种经贸机会，提升我国矿山企业在国际市场中的竞争力。

另一方面，矿业作为一个行业，建立起良好的内外部关系，是整个行业可持续发展的基本要素。矿业协会作为民间自治组织，为会员提供的高质量服务中就包括协调内外部主体，从而帮助各会员以及整个行业获得更大的发展空间。因此，矿业协会要发挥起内部协调、沟通的功能，促进矿山企业间建立起良好的关系。通过适当的成员代表，审议和透明地解决其他内部障碍，集体行动，降低内部交易成本。从长远来看，绿色矿业经济的建设有利于整个矿业和矿山企业的长效发展，但从短期来看，经济发展模式的转型必然会损害个别企业的经济效益，加之所有改革都存在"试错"成本，在市场自由竞争的环境下，用于改革的"先锋"企业可能在短期内会面临经济效益下滑的情况，而继续走粗放型发展道路的企业反而会受益。此外，矿业经济的绿色发展虽然是顺应时代的需求，但如果完全按照市场规律进行，可能会造成资源上分配的不公。强势企业占据优势资源，顺利实现转型发展，而弱势企业由于资源占有率低，在巨额的转型成本面前，可能继续原有的发展模式，从而进一步落后于行业的整体发展，出现"强者愈强、弱者愈弱"的"马太效应"，造成恶性循环。因此，矿业协会要积极协调企业间利益格局，在确保企业发展公平的基础上，实现整个行业的共赢发展。矿业协会可通过引导矿业企业建立诚信机制，鼓励企业主动担当社会责任，推进和谐矿业、和谐矿区、和谐矿山的建设。

四、行业自律

矿业经济的绿色发展符合我国矿业的长远利益，矿业经济走绿色发展之路不仅需要政府和社会各界的推动，最重要的是需要矿业企业的自律、自主、自立和自强，其中，矿业协会就是推动矿业自主走向绿色发展的中坚力量。

　　首先，矿业协会要带头依法建立矿业行业的自律机制，制定行约行规，促进依法办矿、科学办矿、绿色办矿，搞好自身建设。积极倡导和鼓励企业发展绿色矿业，帮助企业树立起"绿色办矿"的意识理念，摒弃过去只关注短期经济利益的观念，培养矿山企业的长远意识、发展意识和大局意识，引导矿山企业主动转变粗放式的矿产开发模式，淘汰落后的开采设备，引进新的技术，培养一批专业的人才队伍，主动承担建设绿色矿山的社会责任，积极推进矿业领域循环经济发展、资源节约和再利用。矿业协会要带头起草《绿色矿业公约》，鼓励矿山企业积极加入并自觉遵守《绿色矿业公约》，按照绿色矿山建设的有关条件和要求，自主规范企业管理，主动履行社会责任，自觉改进生产工艺、优化生产布局，更加注重环境保护，促进资源开发、环境保护与矿区和谐的协调发展，构建和谐矿山、诚信矿山、绿色矿山。

　　其次，为了维护矿业企业的共同权益和整体利益，矿业协会要代表整个行业严惩非法行为和有碍于矿业长远发展的恶意行为。矿业协会要严密监督和防止偷税漏税、无序竞争、恶性竞争、见利忘义等行为，一旦出现这种行为，矿业协会可以迅速反应并实施惩戒。尤其对于会员企业，协会要健全自律性管理制度，建立起行业道德准则，完善会内监督惩戒机制，大力推进守法、诚信、正直的经营理念，强化会员自我管理、自我约束和自我教育的意识，建立产品质量自律标准、技术标准、管理标准、认证标准、产权标准、环保标准和诚信标准等，协调会员采取一致行动，共同维护地域和行业整体利益，对业内违法违规的行为进行有效的惩治和处理，协同政府一道打击各种恶性竞争等行为，维护公平、公正的市场秩序。

　　最后，矿业协会还可以通过建立"绿色矿业"方面的认证制度或评选制度，并辅之以相应的配套制度，鼓励矿山企业走绿色发展之路。比如，为通过矿业协会权威认证的企业提供政策、人才、资金、技术等方面的支持和优惠。矿业协会还可以通过组织相关的评选活动，让矿山企业主动参与到绿色可持续发展之路上来，并为评选胜出的企业提供相关的资源支持。我国自提出"绿色矿山"概念以来，已经连续评选了四批国家级绿色矿山试点单位，并起到了很好的示范作用。其中，具体的评选活动可由矿业协会承担，如此，不仅可以提升评选效率，由于矿业协会对行业情况异常熟悉，评选的效果可能更为科学合理，还可以推动矿业协会起到很好的行业自律作用。

第四节　矿业协会参与湖南省矿业经济绿色发展的保障措施

一、政府应为矿业协会的发展营造良好的制度环境

贾西津认为，行业协会并不自然地代表行业利益，还需要制度建设的有效保障。因此，要使行业协会发挥起应有的作用，还需要政府从制度上为其营造良好的外部环境，包括健全法律法规、提供税收优惠等政策支持、加大政府职能转移范围等。

（一）建立健全法律法规

我国行业协会发展至今已有二三十年的历史，但至今未建立起一部专门的、系统的法律。目前的行政规章等政府文件立法阶层低、缺乏统一协调、规定散乱，条规之间时有互相矛盾、冲突之处。行业协会是我国目前规模最大的社会团体，据统计，截至 2013 年 12 月底，全国依法登记的行业协会商会近 7 万个，目前全国有 1 500 多万家企业，其中世界 500 强和全国 500 强企业以及绝大部分规模以上企业基本都是行业协会商会的会员单位。[1] 但是，我国仍把行业协会作为社会团体的一部分予以规制，忽视了行业协会的独特性，未就行业协会出台具有针对性的法律法规。行业协会立法的滞后，导致行业协会的地位、性质、与政府的关系等无法得到准确定位，协会的内部治理、行为活动等也无法得到法律的调整。在缺乏外在法律制度约束的情况下，行业协会的自律也常常出现失控的现象，变得四分五裂，零散不堪，成为行业内部霸王条款的温床。[2] 综观国外主要发达国家，几乎都已出台行业协会的专门法律，比如法国的《商会法》（1898 年）、日本的《商工会议所法》（1953 年）、德国的《工商会法》（1994 年）。因此，有效发挥行业协会促进我国经济社会发展的作用，首先要加快推进行业协会的立法，从法律上确定行业协会的性质、地位、功能、政社关系等，并对行业协会的组织行为予以规制，促进其依法自治，在发挥桥梁纽带作用的同时，做好行业自律的工作。

（二）扩大政府部门向矿业协会转移职能的范围

新公共服务理论下，政府要转变"全能型政府"的角色，改变过去"大

---

① 顾朝曦. 发挥行业协会商会服务经济发展的功能作用 [J]. 中国社会组织，2014（8）：8-10.
② 义海忠，郑艳馨. 对我国行业协会性质错位的思考 [J]. 河北法学，2008（3）：86-90.

政府、小社会"的格局，将可以转移给社会的职能，尽可能地都委托给社会组织来完成。矿业协会产生于这样的社会改革浪潮之下，矿业协会的持续发展也有赖于政府为其提供更为宽松、自主的空间和机会。因此，我们要支持和鼓励矿业协会参与公共事务，通过向矿业协会购买公共服务等方式，将政府部门不宜行使、市场无法自行解决，但适合社会自治组织承担的职能转移给矿业协会，以此支持矿业协会的发展。但从目前的情况来看，政府外包的职能中以养老服务、社会建设、公共卫生、科学技术为主，矿业领域的服务外包数量较少。因此，政府需要进一步扩大向矿业协会转移职能的范围，将矿产勘探、信息调查、行业评估、技术推广、政策宣传、环境治理、科学研究等工作委托给矿业协会去做，发挥好矿业协会"智库"的作用。如此，一方面可以减轻政府的工作压力，降低行政成本，提升工作效率和质量；另一方面可以促进矿业协会的发展，扩大矿业协会的影响力，从而有利于矿业行业的自律和自治。

此外，政府职能的转移还是解决矿业协会经费问题的有效措施。政府应该改变过去单纯通过财政补贴来扶持矿山企业、推动绿色矿业建设的方式，积极探索实行各种政府购买服务的机制，在保持矿业协会独立性的基础上，扩宽行业协会的经费来源。矿业协会为政府制定方针、政策等进行的行业调查、统计等都需要大量的人力、物力和财力，政府完全可以通过购买此种类型的服务，增加行业协会经费的同时，减轻政府的压力，推进政府工作的高效进行。政府应积极创造条件，逐步引入购买机制，把矿业协会能够承担的一些公共事务交给矿业协会来办理，同时引入竞争机制，通过招标等方式将一部分工作和事务委托给矿业协会，同时向受托协会支付相应的购买费用。这样既能调动行业协会的积极性，拓展其有偿服务范畴，促进良性竞争，扩宽经费来源，进而支撑行业协会进一步的发展，还可以促使政府服务的进一步优化，提高公共服务水平。

（三）引入竞争机制

我国对行业协会商会的管理一直以来实行的是"一业一会"制度，根据《社会团体登记管理条例》，即"在同一行政区域内已有业务范围相同或者相似的社会团体，没有必要成立的，登记管理机关不予批准筹备"。在同一地区，不能同时存在业务范围相同或相似的协会商会，实行"一地一业一会"。而我国行业的分类一直沿用过去传统的行业分类标准，导致我国一些新兴的行业无法组成属于自己的行业协会。尤其是在传统行业中衍生出的子行业，比如物业、房产中介等都是房地产行业中的子类，但是按照"一业一会"的标准，就无法按照产业的不同环节、不同产品、不同服务、不同技能组建出更多的不同的行业协会。此外，"一业一会"制度也不利于竞争，行业协会本身是市场经济下的产物，但是却由于制度的限制，无法通过优胜劣汰机制来完成新城代谢。因为任何一个组织，只有在存在竞争的情况下，才能进行服务创新、不断提升服务效率和质量，在竞争中维护行业的健康有序发展。鉴于以上局限性，全国各地已经在实践中尝试取消"一业一会"制度。2014 年 4 月，深圳市率先突破这一制度，《深圳经济特区行业协会条例》规定，只要名称不相同，同级行政区域内已设立的相同行业协会少于三家，可以按照国民经济行业分类及其小类标准设立，也可以按照经营区域、产业链各个环节、产品类型、经营方式、经营环节及服务类型设立。通过"一业多会"可以建立起行业协会的竞争机制，发挥市场在资源配置中的决定性作用。矿业协会要保障可持续健康发展，打破"一业一会"的局限，鼓励"一地一业多会"，允许适度竞争，并建立起有效的矿业协会退出机制。

（四）优化矿业协会发展格局

我国以及湖南省矿业协会共同存在的一个突出问题就是：发展不平衡、布局不合理。要解决这一问题，首先要扩大矿业协会的覆盖面，通过政府引导、社会支持、业内人士自主筹办等方式，尽快地培养出一批能够按照市场规律运作的新型矿业协会，扩大行业协会商会的会员覆盖率，提升中小企业和实体经济组织的参与度，谋求"共益"与"公益"的最大化，并且要吸收高校、科研院所、相关业务企业等组织机构入会，优化会员结构，提升协会整体水平，扩大协会的影响力。此外，对现有的矿业协会进行清理，对那些长期不开展业务活动、内部管理混乱、缺乏行业代表性、所产服务质量低下的不合格或非法的矿业协会依法撤销、注销，逐步形成覆盖面广、层次立体、门类齐全、功能突出的矿业协会发展格局。

（五）完善矿业协会的税收优惠政策

目前，我国对行业协会采取的税收政策是："社会团体按财政部门或民政部门规定标准收取的会费，非应税收入，属于营业税的征收范围，征收营业税。对社会团体提供营业税应税劳务取得的货币、货物或其他经济利益（如会员费等），依法征收营业税。"① "行业协会取得的生产经营所得和其他所得，一律按条例及其实施细则和有关税收政策的规定，征收企业所得税，可以从应

---

① 财政部国家税务总局. 关于对社会团体收取的会费收入不征收营业税的通知 ［R］. 1997.

纳税收入总额中扣除政府资助、捐赠和会费收入。"①　而资金短缺一直是制约我国行业协会发展的重要因素，政府如果一味地进行财政补贴，不仅会加重公共财政的负担，而且也会使协会对政府过于依赖，削弱协会的独立性。但是，行业协会作为非营利性组织，其目的是为社会提供公益服务而不是获取经济利益，所得收入也不在所有者之间进行分配。因此，为推动湖南省矿业协会的进一步发展，使其有效发挥起促进湖南省矿业经济绿色发展的作用，政府应加大对矿业协会的免税力度。

从性质上来看，矿业协会提供的产品和服务具有非竞争性和有限的排他性，消费者和受益者是多数的矿山企业和相关从业者。而且矿业协会作为互益性组织，其产品质量和服务质量的优劣直接关系到会员企业的认可度和支持度，这就决定了矿业协会提供的服务对矿山企业会更具受益性。因此，从某种程度上来说，矿业协会实际上提供的是一种特殊形式的公共服务，而这种服务的收入理应是免税的。此外，矿业协会的经济所得不用于分配。无论是捐赠所得、收费性项目所得还是会费所得，其目的都是为了提供更好的服务，从而推动整个行业的发展。除了日常的管理费用，矿业协会的收入几乎都投入于维持行业的经济秩序、维护企业及行业合法权益、推动行业发展、促进行业自律、履行社会责任等，这有明显的外部经济和极大的"正外部性"。从这个角度来看，矿业协会的有偿收入部分也应具备免税资格。而且目前世界很多国家对行业协会的有偿收入均实行免税政策，这是值得我国学习和借鉴的。基于此，湖南省也应该逐步完善矿业协会的税收优惠政策，对协会的有偿收入也应逐步实行免税政策，这对湖南省矿业协会的发展具有重要的现实意义。

二、湖南省矿业协会要加强自身能力建设

矿业协会能否有效地发挥起其应有的作用，除了外部制度环境的支撑外，还主要取决于其自身的能力建设。只有加强自身能力建设，才能更好地服务于政府、企业和整个行业。

首先，矿业协会要明确自身的性质、地位和职能。矿业协会首先是代表整个行业的自律性组织，其目的是要服务于企业、促进矿业的可持续发展，作为企业和政府间沟通的桥梁，矿业协会不应偏向任何一方，既不为某一单个的企业服务，也要弱化对行政部门的依赖性，要以独立自主的身份履行其行业服务和协调等职能。要以服务为本，切实地为企业和行业解决矿业经济绿色发展中的难题。只有这样，才能求得长足进步和发展。

---

① 　财政部国家税务总局. 关于事业单位社会团体征收企业所得税有关问题的通知［R］. 1997.

其次，完善矿业协会的内部治理结构。矿业协会是同行业内的企业联合形成的，矿业协会的权力来源于企业的让渡，矿业企业希望成立矿业协会并通过矿业协会的服务获取信息和服务，加强行业竞争力，提高企业利润。从公司治理的角度来说，会员企业实际上是矿业协会的所有者，矿业协会拥有专门的机构和工作人员，实际上就是经营者，矿业协会的所有者会员企业作为委托人委托矿业协会的工作人员代理经营，矿业会员企业也向协会缴纳一定的费用作为委托费用，这种委托代理关系的存在，必须建立健全法人治理结构，实行民主管理制度，健全内部治理机制，完善协会各机构设置。与此同时，协会会员要积极参与协会及行业重大问题的讨论和决策，行使自身的权力，同时履行义务，切实维护自身及行业的共同利益。会员大会是多数行业协会的最高权力机关，由全体会员组成，权力包括制定、修改协会章程，举、罢免协会会长、理事等一切重大事宜；理事会由协会理事组成，会员大会的常设机构和执行机构，通常由会员大会选举产生。在设立理事的时候，该在行业利益的基础上，充分考虑一些中小企业的利益，给予中小企业一定的名额，避免大型企业控制行业协会，伤害中小型企业的利益，从而造成垄断；监事会是对协会日常活动进行监督的机构，对协会的规范运作有着重要的作用。但是在目前，多数的行业协会都没有设立监事会，作为一个自发形成的社会组织，在日常的运作中，的确需要监事会对其运作和工作人员的工作进行合理的监督，保证协会工作的合理规范。因此，当在协会的内部治理结构中设立监事会，检查监督行业协会的运作、活动和资金使用情况等；秘书处作为协会的常设机构，一般负责行业协会的日常运作，秘书长作为秘书处的负责人，是协会日常运作的高层管理者，全权负责秘书处的工作，应该选择有较高文化和综合素质的人员来担任，提高协会的日常办公效率。对于单一的、规模较小的行业协会，考虑到成本因素，这样的组织架构一般都能顺利地开展工作，机构设置以简洁为主，而对于一些综合性较强、规模较大的行业协会，机构设置还需要细化，如设立市场部、人事部等，同时还需要设立一些专门的专业委员会，有针对性地开展工作。

再次，扩充经费来源渠道，规范收费和财务制度。矿业协会日常运作的主要经费大多来源于企业会员缴纳的会费，协会会费收取的标准一般由协会自主确定，通过会员大会决议生效。另外，作为非营利机构，矿业协会不能从事以营利为目的的活动，不能进行利润分配。目前，我国很多矿业协会与政府有着千丝万缕的关系，有些活动未见显著成效，对会员缺乏一定的吸引力，再加上会费拖欠问题，从而导致了行业协会的经费问题。而事实上，行业协会本来是企业自愿组建的，会费的收取理应不是问题，大的问题就在于协会的权威性不足，办活动的成效不大，加上有些企业"搭便车"的心理，使得协会会费收取困难，这就要加强协会的权威性。一方面，协会由广大企业会员参与其中，要形成一种自下而上的合作和制裁的规则，这种规则须要企业成员能够共同遵守，共同维护。另一方面，广大企业会员能够充分参与到协会的重大决策中来，为我们共同的行业献计献策，参与合作、沟通与交流，让所有遵守协会规则的企业都能在行业协会这个平台上为自己的企业获取巨大的收益，同时也要给违反规则的企业施以惩处，两相比较，矿业企业自然会看到协会的优势，矿业协会的权威就会很快树立起来，会费的收取问题也就迎刃而解了。此外，在市场经济中，单靠收取会费是很难适应矿业协会的长远发展的。矿业协会可以通过组织一些培训活动、会展活动、信息咨询活动等来拓宽资金来源。

此外，要加强人才队伍建设。人才是矿业协会发展的第一要素，任何组织的发展都离不开优秀人才的推动。矿业协会要实现长效的发展也要建立起一支高素质、专业化、职业化的人才队伍。一方面，提高现有员工的技能和素质，以培训教育为中心，提高服务水平。通过开展绿色矿业经济方面的培训教育、组织企业交流发展绿色矿业的经验等提高从业人员的专业素养，提升矿业协会的整体服务水平。并建立起一套竞争—激励机制，提升协会工作人员的工作积极性，促进协会的新陈代谢。对外要吸引优秀的人才，创新招聘方式，真正做到因事择人，以能取人。

矿业协会作为企业利益的代表者，作为行业信息服务的提供者，其工作技术性、专业性和政策性很强，需要工作人员有较高素质，还要有扎实的专业基础和宽广的知识水平，而且在职业道德、政治素养、敬业精神方面也有较高的水平。同时一些与国际接轨的行业协会还需工作人员具备熟练的外语能力、国际商务谈判和国际贸易能力。矿业协会工作人员业务能力、综合素质的高低，对其服务能力、工作质量、吸引力乃至整个行业未来的前景都会产生一定的影响。而目前，我国的矿业协会的专业化水平、业务水平与国际水平还有不小的差距，为促进行业协会的进一步发展，就必须大力加强行业协会的人才建设，吸引更多有才华的人加入协会。在人才队伍的建设过程中，注重人才的合理配置，协会的高层领导者要对行业有深厚的了解，具有丰富的行业经验，以及敏锐的观察力；一般工作人员需要有较好的专业水平和敬业精神，要提高工作效率。另外，吸引人才，需要有合理的人事人才制度。因此，协会要切实规范和改革人才制度，建立真正独立于政府的人才制度。协会领导人应按章程规定，由会员大会民主选举产生，再由政府部门任命；协会的一般工作人员应采用社会招聘的方式产生，招聘一些热心协会事业又有敬业精神的人，这样不仅可以增强协会的人才队伍，还可以提高协会的工作效率。矿业协会应对有潜质的人才有针对性地进行培训，可以采取脱产或者半脱产性质的形式，以及专题讲座等形式，来提高和加强行业协会的专业技术水平、业务技术水平及综合管理水平等。协会要制定完善的人才培训制度，做好人才培训，加强员工职业道德、服务意识的同时，提高员工的专业水平，使之更好地为行业协会服务。再次，协会应全面落实劳动合同和社会保障制度，完善协会的激励制度，给协会的工作人员予以保障和鼓励，引进更多优秀人才投身协会工作。协会应按照国家有关规定，与受聘工作人员签订劳动合同，为他们缴纳社会保险等，保障劳动者的合法权益，及时建立合理的薪酬和激励制度，强化员工的学习意识，提高员工的自身素质，使之更好地为协会、企业服务。无论是技术咨询工作，还是帮助企业开拓海外市场、参与国际竞争，或者是与国内外行业协会进行交流沟通，都需要一定的专业技术和综合素质，才能更好地与相关技术领域的专家、学者沟通交流，获取经验，完善协会工作，促进企业的发展。这就需要矿业协会完善人才培养方案，引进更多高水平的人才充实协会，从而促进整个矿业行业的健康发展。矿业协会通过科学合理的人才人事制度，能够吸引更多的专业水平高、综合素质强的人才加入协会。

三、搭建矿业协会服务平台

搭建矿业协会相互之间的交流平台，通过研讨、论坛等形式让行业协会商会多交流，互相之间取长补短。通过登记管理机关的有效引导和有效帮助，让矿业协会联合起来，形成"交互作用"，产生更大的影响和更好的效果。探索搭建矿业协会服务地方经济发展的对接平台，地方有需求，行业协会商会有资源，登记管理机关要做好牵线搭桥工作，通过信息化等方式实现快捷有效的对接。一般而言，无论是企业诉诸政府，还是政府直接与企业接触，其关注到的只是少部分企业，很难顾及大多数企业的共同心声，很难及时解决大多数企业的问题。而矿业协会作为企业利益的代表者，矿业企业可以毫无顾忌地向行业协会反映问题。如果可以和政府建立经常性的对话机制，这对矿业协会反映行业问题、代表企业心声都有着极为重要的作用，也能及时优化行业环境，推进共同发展。矿业协会与政府的对话机制，除了行业协会的努力之外，还需要政府的大力支持，需要政府积极推行和搭建整个对话机制，明确协会与政府的对话权。例如可以让行业协会参与更多的政府会议，政府能够更多地倾听企业的心声和建议；让行业协会参与到有关法律、法规的制定中来，方便为企业争取更多的政策扶持和帮助，使相关行业政策更能反映行业的发展状态和前景等。

第十一章 合同能源管理与湖南省
矿业经济绿色发展

在当代，对能源的重视已进入全球视野。然而，随之而来的，资源消耗过度引起资源枯竭，碳排放过量引起气候变暖，污染严重引起生态破坏等环境问题，也引起国际社会越来越广泛的关注。寻找低碳经济之路已是一种必然潮流。

我国亦在为之努力，"十二五"规划纲要明确指出"坚持把建设资源节约型、环境友好型社会作为加快转变经济发展方式的重要着力点"。党的十八大更将生态文明建设上升至"五位一体"的重要战略高度。如今提出的"新发展理念"更是强调将"低碳""绿色"贯彻于各行各业，党的十九大提出要像对待生命一样对待生态环境，实现循环经济与可持续发展。

2016 年，我国 GDP 为744 127亿元，人均 GDP 为53 922元。然而，我国既是人口大国，亦是能源消费大国，更是排放大国。据统计，"十二五"期间，一次能源生产总量 177.2 亿吨标准煤，较"十一五"增长 28.0%；消费总量 206.2 亿吨标准煤，增长 27.7%。原煤产量 192 亿吨，增长 30.2%；原油产量 10.5 亿吨，增长 9.7%；天然气产量5 941亿立方米，增长 52.7%。[①] 矿产资源年消耗量巨大，而作为副产品的温室气体、污染物排放量严重逼近环境承载力的极限。为减缓矿产资源过早呈现的枯竭趋势，调节产值与能耗、排放呈现出的不可持续的矛盾关系，进行能源管理，发展低碳经济，是化解能耗大国困境的必由之路。

矿山环境治理是湖南贯彻绿色发展理念，推进生态文明建设的重要举措；去产能，是近年来湖南供给侧结构性改革的重点。2016 年，湖南全面完成了煤炭去产能年度目标。2017 年，湖南将深入推进供给侧结构性改革，继续去产能，建立实施产能过剩企业市场化退出机制，稳妥化解钢铁、煤炭、水泥等行业过剩产能，继续淘汰落后煤矿产能。

---

① 国土资源部 . 2016 中国矿产资源报告 ［M］. 北京：地质出版社，2016：1-2.

第一节　合同能源管理概述

一、合同能源管理的含义

（一）合同能源管理的基本概念

合同能源管理（Energy Performance Contracting，简称 EPC）是指节能服务公司（Energy Services Company，简称 ESCO）与用能单位以契约形式约定节能项目的节能目标，节能服务公司为实现其节能目标向用能单位提供必要的服务，用能单位以实现节能效益支付节能服务公司的投入及其合理利润的节能服务机制。合同能源管理的主体是节能服务公司与用能单位。合同能源管理项目目标是实现节能。合同能源管理项目融资模式在于其对价是以未来节能效益来支付的。合同能源管理包括必要的节能服务，通常包括能源审计、节能方案制定，提供、安装和维护节能设备，节能测量和验证，以及后续的进一步升级服务等。

与传统的能源管理和节能改造模式相比，合同能源管理是基于市场运作的节能新机制，不仅能达到项目节能减排的社会效益，还能为合同双方带来经济效益，如图 11-1 所示。"合同能源管理"的核心是签订和执行规范的、有真正节能效益的合同，达到预期节能目标。按照合同能源管理机制运作的、以盈利为目的的专业化 ESCO，与用能单位签订节能合同，利用其技术和资金优势，为用能单位提供能源审计、节能改造方案设计、原材料和设备采购等全过程服务，并保证实现合同中承诺的节能量和节能效益，并与客户共享因节能产生的经济效益，实现全面节能与利益共享的商业化运作。由此，这是一种符合能源环境成本内部化要求的、能够实现能源资源有效利用、适应社会经济可持续发展的市场化优选机制。

（二）合同能源管理的产生与我国的引入

20 世纪 70 年代，由于石油危机，能源费用大幅度上涨，美国、加拿大，以及欧洲的一些发达国家出现了不同程度的能源危机，合同能源管理作为一种依赖市场机制促进节能的新机制，迅速发展起来。这种新机制自 20 世纪 90 年代引进我国，但由于各种原因，合同能源管理机制在国内还未被市场广泛认识和接受。

1995 年我国第一家节能服务公司出现。1998 年，国家经贸委和世界银行

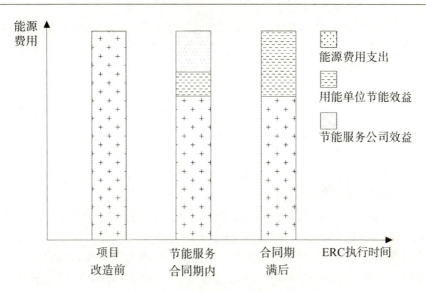

图 11-1　合同能源管理的效益分享原理

及全球环境基金开始在中国合作开展节能促进项目，并选择了北京、辽宁、山东三个省市进行节能服务试点，引进合同能源管理模式。1998 年 6 月，中国和世界银行、全球环境基金（global environment foundation，GEF）正式签订"世行/GEF 中国节能促进项目"这一协议，世界银行和全球基金会提供给中国贷款6 300万美元和赠送款2 200万美元，用来支持中国引入新兴的节能技术。随后，中国建立了北京源深节能技术有限公司、辽宁省节能技术有限公司以及山东省节能工程有限公司 3 家示范型节能服务公司。2000 年起，我国政府开始大力推广中国特色的合同能源管理机制。

十余年来，采用合同能源管理机制的节能服务公司不断发展，特别是"十一五"以来，随着国家出台一系列推动节能的政策措施，节能服务产业得到了较快发展。合同能源管理作为市场化节能新机制，其投资、技术和节能效果等优势正逐步显现，被越来越多用户所接受。2009 年，全国节能服务公司约 502 家，共实施节能项目4 000多个，总投资 280 亿元，完成总产值 580 多亿，形成年节能能力1 350万吨标准煤。节能服务产业从业人员由 2008 年年底的 6.5 万人增加到 11.3 万人，增幅达 74%。

（三）合同能源管理的特点

在计划经济时期，我国主要通过政府节能主管部门、各级节能服务机构和企业节能管理部门三位一体的能源管理体制推动社会节能。传统节能项目中的客户需自行承担所有费用及风险，这就降低了企业节能的积极性。然而，在合同能源管理模式中，主要通过非行政手段来解决能耗问题，节能企业无需承担风险，甚至可以零投入，由此极大提高了社会的节能积极性。新兴的 EMC 有以下特点：

（1）商业性。EMCO 商业运作的公司是一种市场行为，以合同能源管理机制为载体来实现盈利目的。

（2）整合性。EMCO 业务与传统意义上的销售产品、设备或技术不同，其是为客户实施"交钥匙工程"。通过合同能源管理机制为客户提供集成化的节能服务和完整的节能解决方案。

（3）共赢性。通过项目的成功运行，达到合同签订的节能量，将使项目的全部参与方包括客户、EMCO、节能设备制造商、供应商和银行等均能从中实现预定收益，且达到国家节能要求，实现社会效益与经济效益共赢。

（4）风险性。EPC 业务是一项高风险业务，成败核心在于对节能项目各方面风险的分析和管理。EMCO 通常对客户的节能项目进行投资，并对客户承诺节能项目的节能效益，过程性工作均由 EMCO 负责，因此承担了节能项目的大部分风险。但合同能源管理项目的实施周期较长，若节能客户经营不善，节能公司承担的整改费用则较难收回。由于前期所投入的技术、产品、服务、维护等都是免费提供给合作方的，通过后期节能产生的回报营利，回本周期大多为 3~5 年。这种模式虽然对合作方百利而无一害，但是对服务企业却有一定风险。①

二、合同能源管理的基本模式

合同能源管理作为新兴节能项目，其核心要素取决于具体的商业模式，对具体模式进行分析有助于保障节能项目各个阶段目标的实现。基于节能服务公司和用能单位双方所承担的责任和节能效益的分配，合同能源管理主要有三种基本模式。

（一）节能效益分享型模式

节能服务公司处于项目实施的首要地位，通过与用能单位签订合同，负责节能项目所需要的全部资金、技术、设备以及项目的运营管理，用能单位与节能服务公司之间按照合同约定的配比值来分摊节能所得收益，合同到期之后，项目所投入的设备和设施都将归用能单位所有。节能效益分享型的合同能源管

---

① 姚伟. 合同能源管理催生节能服务产业 [J]. 资源与发展，2010（3）：12-15.

理是合同能源管理的最典型类型，适用于诚信度很高的企业。采用这种模式的项目主要集中在建筑领域。

节能效益分享型的主要特点：

（1）节能服务公司承担项目改造所需的资金，客户无需承担。节能服务公司服务于客户时的资金来源有两种方式：一是全部资金由本公司承担；二是资金是运用金融工具进行融资或者借款的方式取得，而取得这部分改造设备资金的偿还方是节能服务公司。

（2）节能服务公司担负着与节能改造相关的所有工作，其中包括工程的设计、采购、制作、安装、调试、培训、试车投运、竣工考核、验收性能考核及保修服务的投资，确保项目在本合同建设期内达到本合同规定的各项性能考核验收目标。

（3）客户和节能服务公司通过合同约定节能收益的分配方案和期限，节能分享比例可固定也可不固定。在约定期限内，客户和节能服务公司按合同约定分享节能改造所带来的节能收益。节能服务公司为缩短成本收回时间，节能分享比例在项目完成后的最初几年一般较高，收回成本之后该比例下调。例如，完成改造后，项目收益分享期限设置为 10 年，前 5 年节能服务公司和客户的节能收益分享比例为 80% 和 20%，第 6 年至第 8 年各分享 50%，最后 2 年节能服务公司和客户的分享比例为 20% 和 80%。

（4）合同期满后，客户享有全部的节能收益，节能服务公司无偿将所有的节能设备和设施转让给客户。该模式受到能源价格因素影响，若实现节能的总目标后，能够维持能源以前的价格或者是提高价格，那么项目是获利的，而能源的价格下调，则说明节能服务公司是处在亏损的状态。

（二）节能效益保证型模式

20 世纪 80 年代，能源价格在全球范围内价格急剧降低，实行节能效益分享模式在项目成本回收的问题上遭遇巨大的挑战。此时，另外一种对能源价格依赖性不高又具有实际操作性的能使客户获利的合同型能源管理模式——节能效益保证型模式开始出现。

在该模式中，客户和节能服务公司以双方签订的合约为依据，实行一方负担改造费用或者双方按比例进行分摊费用的方式，保证节能公司在提供服务时能保障节能效益的收益。经过改造的项目，由客户确认改造的节能设施能够不违背合同的约定，达到双方所预定的收益之后，客户根据履约以全款或者分期付款的方式付给节能服务公司服务费，若没有达到规定的客户应当得到的节能收益，节能服务公司将负担所有损失。

节能效益保证型模式的主要特点：

（1）节能设施以及资金的投入可以是双方的其中一方承担，也可以是客户和节能公司这两方按合约进行投入费用的分摊。

（2）全部项目的节能改造工作都由节能服务公司负责。

（3）改造后的项目的节能收益，应当履行在一定期限内节能量达标的合约约定，若节能收益在规定的时期内能够达到合约上所保证的客户应有收益量，客户就应当履行约定付给节能服务公司全部款项或者以分期方式付给。相反，如果没有达到合同上的承诺，节能量和合同上产生的差距，将由节能公司负责赔偿给客户。

（4）合同到期后，节能服务公司不收取任何费用并把相关节能设施赠送给客户，并由客户享有之后的节能收益。

（三）能源费用托管型模式

节能效益保证型是能源费用托管型的前身，在合同的履行期间，客户交代服务公司进行耗能系统的管理，并且按着合同约定的费用来付给服务公司相关费用，这是能源费用托管模式的本质。

能源费用托管型模式的主要特点：

（1）客户的能源供给设备、器械由节能服务公司全部接管后，节能服务公司出资对这一节能项目进行节能改造，并且要对节能设备进行监管和维护。

（2）客户按着双方协商的价格，支付节能公司所提供的能源如蒸汽、照明等的费用。

（3）供应能源的价格以已有的账单进行确定，不过这时应该除去节省的那部分，通常是按着百分比来划分，通常在3%至10%之间浮动，有的也会按着部门的面积收取所供应能源的费用。

（4）客户只是进行设备的外包服务，并没有丢失其所有权。

（5）节能服务公司负责操控和维护设备。

（6）通常建议客户与有良好信用、实力强的节能公司进行长时间合作，通常合作的期限为10~30年。

（7）该模式的节能激励性与前两种模式相比相对较弱，其利润和节能的效果会产生反作用，所以应当对其进行约束。

（四）复合节能模式

在合同能源管理项目中用两种或者两种以上的模式进行实际的操作，这种方式叫做复合节能模式。比如，节能服务公司不投入资金只是供给客户能源设施，与客户签订合同后的能源公司在进行客户的设备改造和供给能源时，以银行贷款和融资机构借款的形式进行改造。当节能公司没有节能设备，使用租赁节能设备的模式。在合同能源管理迅速发展的同时，还会出现各种形式的创新模式。

三、合同能源管理基本研究综述

(一) 国外研究动态

1. 在合同能源管理内涵方面

国外学者 Edward Vine（2005 年）认为合同能源管理的行为主体为政府、节能服务公司、客户。政府是合同能源管理项目成功的最大推动者，节能服务公司是主要从事开发、安装和融资等基于绩效的项目，提供包括能源信息和控制系统，能源审计、设备的安装、运行和维护，燃料和电力购买等综合性合约的公司。合同能源管理项目实施的要素有：项目流程，融资，项目类型、投资回报期。Edward Vin 从 ESCO 数量、ESCO 发展障碍、ESCO 行业在 2001 年前完成的总产值、项目开展方向，以及整个国家 ESCO 总体发展态势五个角度对38 个国家（除美国之外）的 ESCO 进行综合调查研究，从国际视角阐述 ESCO 发展情况。Edward Vine 等从 ESCO 内涵、作用及实施情况的多样性、政策扶持水平、市场结构规则等方面，指出各国在节能项目实施过程中的差异化，依据欧盟各成员国以往成功经验以及现有和即将颁布的法律措施的基础，提出了促进欧洲 ESCO 发展的长远策略。[①]

2. 在合同能源管理运行机制方面

Steve Sorre（2007 年）认为在企业进行节能改造中 EPC 并非万金油，项目的应用受到主客观因素约束。例如，企业的商业策略、政府政策规定等。因企业在选择 EPC 机制提高能效的同时会受到项目可行性分析问题的影响，所以要考虑接受服务后降低能源费用是否高于服务过程中所产生的交易管理费用。应将影响改造费和服务费的各项因素考虑在内，对不同企业环境下 EPC 进行可行性分析评价，对不同背景下的企业实施 EPC 给予科学合理的评估方法，并通过实验研究。[②]

3. 基于行业或特定领域方面

EPC 研究所涉及的重点行业主要包括建筑业、光伏产业、公共事业建设

① Edward Vine. An international survey of the energy service company (ESCO) industry [J]. Energy Policy, 2005 (33): 691-704.

② Steve Sorrell. The economics of energy service contracts [J]. Energy Policy, 2007 (35): 507-521.

等。Ellegard 等（2003 年）分析了赞比亚农村太阳能节能服务项目。3 家节能公司在 2 年内促成了 400 户农村居民使用太阳能。在这一项目中，居民不拥有太阳能系统的所有权，只需支付相对较少的使用费即可享受节能服务。这是一种特殊的节能项目管理，并取得了较好的成果。① Gustavsson 和 Ellegard（2004 年）着眼于赞比亚的农村太阳能建设，分析了赞比亚某太阳能节能服务公司自 2000 年以来的项目建设与发展，调查发现该公司在赞比亚政府的支持下，对于赞比亚家庭使用太阳能产生了巨大的促进作用。4 年间促成了 100 多例家庭太阳能系统的建设。②

4. 基于合同能源管理实证研究方面

Edward Vine（2005 年）对除美国以外的 38 个国家的合同能源管理产业进行调查研究。结果表明，在美国以外的其他国家有显著的合同能源管理活动，一些促进能源效率和节能服务公司类型项目的关键机制已经到位（如：行业协会，管理公司融资、测量和验证协议，以及信息和教育项目）。虽然在许多国家，合同能源管理是新兴产业，但是各国政府积极推动合同能源管理发展进程。Edward Vine 认为，要保证合同能源管理产业繁荣，必须消除节能服务公司与最终用户之间的政策障碍和壁垒，逐步取消补贴，实行能源产业私有。Paolo Bertoldi 等（2006 年）对欧洲节能服务公司现状进行了分析。尽管欧盟委员会和欧盟（EU）各成员国提出了一系列促进政策，但节能服务公司的发展在不同国家存在着很大的差别。国家和区域能源部门对合同能源管理的不同程度的支持，当地市场结构和规则，合同能源管理的定义、功能和活动的变化等因素都是重要的影响因素。③ J. P. Painuly 等（2003 年）认为发展中国家在提高能源使用率方面具有巨大潜力，但是合同能源管理在许多发展中国家是起步阶段，面临金融风险、制度壁垒、政策缺位、交易成本过高等困境。政府应分别扮演客户、信息提供者、决策者的角色积极参与促进合同能源管理发展。加速能源效率扩散的方式还包括：在适当的金融窗口开发专门的能源效率融资窗口，发展能源效率项目评估技能，设计专门的金融产品。④ Milou Beerepoota

① Ellegard. A. Rural people pay for solar: experiences from the Zambia PV - ESCO project [J]. Renewable Energy, 2003 (8): 1251-1263.

② Gustavsson. M, Ellegard. A. The impact of solar home systems on rural livelihoods. Experiences from 305 the Nyimba Energy Service Company in Zambia [J]. RenewableEnergy, 2004 (7): 1059-1072.

③ Paolo Bertoldi, Silvia Rezessy, Edward Vine. Energy service companies in European countries: Current status and a strategy to foster their development [J]. Energy Policy, 2006 (34): 1818-1832.

④ J. P. Painuly, H. Park, M. K. Lee, J. Noh. Promoting energy efficiency financing and ESCOs in developing countries: mechanisms and barriers [J]. Cleaner Production, 2003 (11): 659-665.

等（2007年）通过对荷兰居民建筑部门的能源绩效政策的了解和实施效果的分析，认为政府通过规范和标准监管是刺激创新的因素之一。荷兰居民建筑部门的政府严格监管是主要的激励创新因素，这个领域的创新是修改增量以符合新的更严格的法规和标准的过程。因此，目前的能源绩效政策不会促使荷兰居住建筑能源技术的真正创新。①

5. 基于合同能源管理项目融资与风险的研究

Evan Mills等（2006年）通过建筑能效金融风险分析的实例，从内外两个维度绘制了能效项目风险矩阵（矩阵包括概念、经济、技术、运营和测量检验等内容），提出变异系数，② 揭示能效风险的来源，强调节能项目金融和执行风险管理的重要性。Steve Sorrell（2007年）从经济学角度分析节能服务合同，提出并界定了节能服务合同中生产成本和交易成本的概念，确立了一个能鉴定节约生产成本及监督交易成本的决定因素的合同决策基本框架，提出了通过降低相关交易成本的机构改革以提高合同能源管理的市场份额的建议。③
Konstantinos. D等（2008年）认为发展可再生能源和提高能源效率是与节能服务公司的运营环境相关的。他们提出建立信息决策支持系统，它由一个专家子系统，以及一个多准则决策子系统组成。该系统支持体现一个现代环境的形成，因为它包含了能源市场的"新参数"，即自由化和气候变化，可以对节能服务公司的环境进行评估。目前该系统已经成功应用于欧盟13个成员国。④

（二）国内研究动态

1. 在合同能源管理内涵方面

从来源上分，国内的ESCO主要有三种类型：（1）运用合同能源管理的方法来对节能设施和技术进行推广，在此基础上为客户提供审计能源、设计项目、购买材料和设施、验收工程、测量与检验其节能量、进行系统的维修等技术服务的公司，被称为节能服务公司；（2）通常在合同能源管理的基础上，对自己生产的节能产品进行销售的厂家，即节能产品生产厂家；（3）销售节

---

① Milou Beerepoota, Niels Beerepoot. Government regulation as an impetus for innovation: Evidence from energy performance regulation in the Dutch residential building sector [J]. Energy Policy, 2007 (35): 4812-4825.

② Evan Mills, Steve Kromer, Gary Weiss, Paul A. Mathew. From volatility to value: analysing and managing financial and performance risk in energy savings projects [J]. Energy Policy, 2006 (34): 188-199.

③ Steve Sorrell. The economics of energy service contracts [J]. Energy Policy, 2007 (35): 507-521.

④ Konstantinos D. Patlitzianas, Anna Pappa, John Psarras. An information decision support system towards the formulation of a modern energy companies' environment [J]. Renewable and Sustainable Energy Reviews, 2008 (12): 790-806.

能产品公司，一般是采用"合同能源管理"方式销售受生产厂商委托的节能产品（自己不生产）。① 许泓等学者指出，EMC 运用"合同能源管理"机制为客户实施节能项目，向客户提供的不是单一的产品或技术，而是综合性的节能服务。合同能源管理与传统的节能项目相比，具有商业化、集成化、共赢性、风险性的特点。②

2. 在合同能源管理运行机制方面

张晓萍等（2007 年）认为，EPC 运营模式会对 ESCO 的资金回收、风险以及自身财力等产生影响，合适的运营模式将有利于实施节能改造项目。张晓萍在原有商业模式的基础上，对我国 EPC 进行 SWOT 分析，进而提出两种新型复合商业模式，并对我国 ESCO 的发展提出一个战略性意见，有助于 EPC 的发展以及节能工作的开展。③ 国内学者王敏敏等（2007 年）通过对多家节能企业和节能服务公司的调查发现，效益分享模式在推广过程中最大的障碍是节能用户和节能服务公司在如何确定分享节能效益的额度和分享期限上很难达成共识。王敏敏按照成本与风险对等的原则，提出了基于风险系数的效益分享模型，以求为确定节能服务公司的效益分享额度和效益分享期限提供参考，研究得出：合理确定节能服务公司分享节能效益的额度和参与节能效益分享的期限是确保节能服务公司与节能企业之间的节能项目合同能否顺利签订的前提。④ 刘炜年（2012 年）结合 EMC 模式的特点及其发展现状，提出政府引导 EMC 运营基金融资模式，在 EMC 中引入政府引导基金模式，以期较大范围地解决 EMC 行业发展的投融资难题，对决策者引导节能环保产业健康、快速发展具有重要的参考价值。政府引导 EMC 运营基金模式不仅保证了企业资金链安全，而且解决了项目融资难的问题。同时，运营基金也能为 EMC 提供多种融资服务，将大范围地解决 EMC 项目资金难题，推动我国节能减排事业的发展。⑤

3. 基于合同能源管理在我国的实践情况研究

雷波（2010 年）经过研究，总结出目前影响我国合同能源推广发展的多

---

① 王元忠，李雪宇. 合同能源管理及相关节能服务法律事务 [J]. 法制与社会，2012 (6)：5-8.
② 许泓. 一种基于市场的节能新机制：合同能源管理 [J]. 电力需求侧管理，2002 (6)：47-49.
③ 张晓萍，方培基. 新商业模式下的中国 EPC 企业发展战略研究 [J]. 建筑经济，2007 (12)：13-16.
④ 王敏敏. 合同能源管理机制的效益分享模型研究 [J]. 能源技术与管理，2007 (4)：92-93.
⑤ 刘炜，施安平，乔旭东. 政府引导合同能源管理运营基金融资模式研究 [J]. 华南理工大学学报（社会科学版），2012 (2)：8-11.

维因素：（1）政策方面。缺乏相应的激励政策调动企业节能积极性，缺乏节能评价标准来规范混乱的节能服务产业市场。（2）融资方面。一方面，我国节能服务公司很难通过银行等金融机构为合同能源管理项目融资，约束了企业的发展；另一方面，缺乏信用评价机制，银行授予信用额度低。此外，由于缺乏对合同能源管理的深度了解，增加了 EMC 从银行获得贷款的难度。（3）能源服务公司方面。节能服务公司专业化不强，缺乏运营能力和权威的节能量核准手段。[①] 张仕廉等（2009 年）认为 EPC 项目信用缺失发生的根源是 EPC 项目信用缺失存在非对称性和主观性两大特征，在五方主体两两交易的过程中，总存在交易的一方较另一方多掌握私有信息的情况。张仕廉对节能服务合同的信用缺失进行了过程分析，总结出各个过程中预计会出现的失信行为及产生的后果，提出了针对性措施，并用"七位一体"椎体模型表达了控制 EPC 项目五方主体信用缺失发生的对策结构关系。此外，他还提出，在 EPC 过程中政府部门可能存在内部人员"公共地悲剧"行为，导致整体福利受损。[②] 李学丰等（2009 年）通过研究分析总结出宁夏地区合同能源管理的应用情况：（1）宁夏回族自治区构筑合同能源管理指导委员会管理服务平台。该机构将为企业的节能工作实施有力监管和提供卓有成效的服务保障，发挥连接企业与政府节能工作的桥梁作用。（2）宁夏回族自治区为了缓解融资困境，解决企业和 EMC 资金"瓶颈"问题，建立合同能源管理项目专项扶持资金。（3）在项目落实方面，重点抓好 6 个行业重点能耗企业的节能工作，通过调研选择一批节能减排试点企业进行示范，并按照"十大重点节能工程"的技术要求，落实优选项目，推广一批节能降耗新技术、新工艺、新设备。除此之外，宁夏还加强落实三项措施：强化对高耗能企业的检测考核、提升对企业的节能服务、做好典型示范工作、加强对合同能源管理的宣传。[③]

4. 基于我国特定行业方面

由于巨大的节能效益和较高的回报率，建筑节能问题也引发了学者的广泛关注。Shan 等（2010 年）分析了适用于既有建筑节能改造 EPC 的最优激励合同设计。通过建立能源服务公司组织与现有建筑物的所有者之间的委托-代理模型，分别在信息对称和非对称条件下进行分析。研究表明，当信息对称时，业主和 ESCO 不承担任何风险，最优激励合同失去激励效果；当存在信息不对

①　雷波. 我国合同能源管理发展问题及建议 [J]. 合作经济与科技，2010（8）：8-9.

②　张仕廉，蔡贺年，朴国峰. 合同能源管理项目信用缺失及对策研究 [J]. 建筑经济，2009（1）：57-58.

③　李学丰，马宝奇. 合同能源管理机制在宁夏的应用探讨 [J]. 宁夏工程技术，2009（4）：328-340.

称时，节能改造的风险由业主和 ESCO 共同承担，而最优努力水平相对于信息对称时变低。Xu 等（2011 年）基于半结构化访问和调查问卷，结合因素分析方法，指出中国酒店建筑中的合同能源管理项目的成功因素：项目组织进程、合同的安排、外部经济环境、工程融资、知识和创新、可持续发展战略的实施。[①] Liu 等（2009 年）以风险管理的一般理论为基础，结合层次分析和模糊决策方法，具体分析了太阳能建设 EPC 项目，提出了太阳能建设项目的风险评价指标体系以及运营中面临的风险，并提出中国推动太阳能项目建设 EPC管理的建议。

5. 基于合同能源管理运营情况的研究

邓向辉、齐晔（2012 年）通过对合同能源管理中国化及其发展现状的分析，认为我国合同能源管理发展存在融资难、激励惩罚机制不健全、缺乏权威节能评价标准、监管机制不健全等问题，应该从建立有效融资体系、完善体制机制、加快标准化进城、引入第三方认证制度等方面努力。[②] 许艳、李岩（2009 年）通过对合同能源管理模式的中美比较研究，认为政府制定的政策与法规在合同能源管理产业化过程中具有重要作用；合同能源管理产业的标准分析和技术支持也是重要因素。[③] 袁海臻等（2011 年）认为我国法律制度还没有形成和确立以市场为导向的节能投资激励机制和企业节能激励机制；缺乏具有一定强制性的政策法规和规章制度，影响节能行业发展。[④] 古小东、夏斌（2012 年）认为完善责任机制与激励机制，是提高节能服务公司和用能单位的积极性的必要措施。我国政府可以借鉴国外成功经验，采取税收减免，实施补贴，利率优惠等手段来推动合同能源管理发展。史丹、冯永晟、李雪慧（2013年）认为当前中国能源管理体制存在的问题主要是能源法律体系建设滞后，市场机制建设进展缓慢，市场监督机制不健全。王晛（2014 年）引入"有效单位能耗"的概念，采用委托代理模型进行实证分析，认为定义"有效单位能耗"不但可以对合同能源管理项目实施前后的能源消耗量进行合理对比，即纵向对比；还可以对同地区同行业其他单位的能源消耗量进行合理对比，即

---

① Xu. PP, Chan. EHW, Qian. QK. Success factors of energy performance contracting（EPC）for sustainable building energy efficiency retrofit（BEER）of hotel buildings in China ［J］. Energy policy, 2011（11）: 7389-7398.

② 邓向辉，齐晔. 合同能源管理的中国化与发展现状分析 ［J］. 环境科学与管理, 2012（37）: 1-6.

③ 许艳，李岩. 合同能源管理模式的中美比较研究 ［J］. 环境科学与管理, 2009（34）: 1-4.

④ 袁海臻，等. 我国合同能源管理的现状、存在问题及对策 ［J］. 能源技术经济, 2011（23）: 58-66.

横向对比；当对同地区同行业最优单位的能源消耗量进行合理对比时，即为标杆对比。这样做排除了人数变化、时间变化或经营状况变化等不确定因素造成的合同能源管理项目风险。①

6. 基于节能服务公司收益与风险评价的研究

尚天成、潘珍妮（2008 年）提出在合同能源管理项目评价中引入期权理论，运用不莱克—斯科尔斯（B—S 模型）定价模型可以有效弥补传统评价方法的不足。② 尚天成、潘珍妮（2007 年）认为现代合同能源管理存在着政策风险、市场风险、融资风险、运营风险、效益风险等，建立合同能源管理项目风险评价体系可以对项目风险进行控制，实现收益最大化或者风险最小化。③ 董荫（2011 年）运用层次分析法建立合同能源管理风险评估指标体系，对环境风险、技术风险、市场风险、管理风险及客户风险五个方面进行评估并进行一致性检验。④

7. 基于政府节能示范的研究

王广斌（2006 年）分析了我国政府机构的能耗现状和节能潜力，论证了合同能源管理模式对政府机构节能的适应性，提出了促进政府合同能源管理项目的政策性建议。⑤ 吴施勤（2003 年）认为加强政府机构节能，能有效节约能源，降低政府行政费用，同时，通过政府机构的节能示范，提高全社会的节能意识，达到节约资源、保护环境的目的。⑥ 席丛林、李富忠（2008 年）认为政府应该将合同能源管理项目作为一个新兴的节能产业来对待，将其纳入节能产业发展指导规划，以产业化的形式有计划、有步骤地促进合同能源管理的推广。⑦

总的来看，合同能源管理引入中国十几年以来，取得了较大的发展与进步，但是其推广与应用还存在许多障碍和风险。合同能源管理这种市场化的节

---

① 王晛. 基于有效单位能耗的合同能源管理激励机制设计 [J]. 建筑经济，2014（35）：98-101.

② 尚天成，潘珍妮. 合同能源管理项目评价方法 [J]. 中国人口·资源与环境，2008（18）：135-138.

③ 尚天成，潘珍妮. 现代合同能源管理项目风险研究 [J]. 天津大学学报（社会科学版），2007（9）：214-217.

④ 董荫. 合同能源管理风险评估指标体系探析：基于层次分析法 [J]. 现代商贸工业，2011（3）：48.

⑤ 王广斌. 合同能源管理与政府机构节能问题研究 [J]. 商业时代，2006（16）：80-81.

⑥ 吴施勤. 政府机构节能与合同能源管理 [J]. 电力需求侧管理，2004（4）：20-22.

⑦ 席丛林，李富忠. 我国节能产业发展的市场化模式研究 [J]. 中国流通经济，2008（10）：36-39.

能机制，应该在政府和市场双重作用下不断壮大。

第二节　合同能源管理在矿业经济绿色发展中的应用

我国矿产资源丰富、品种多样，储量与用量巨大，矿山产业是我国经济的重要支柱之一，但矿山管理水平较低，矿产资源浪费严重，且发展模式多为"高能耗、高排放、高污染"的粗犷式，这与"两型"社会所倡导的"三低"方式相矛盾。由此，我国的矿业经济发展寻求新的节能机制，实现绿色发展是必然趋势。

一、合同能源管理的国内外实践经验

（一）合同能源管理的国外实践

美国是合同能源管理的发源地，也是合同能源管理产业最发达的国家。1992 年，美国联邦政府要求政府机构与合同能源管理行业进行合作。美国已有 46 个州对合同能源管理进行了立法，达到了既不增加政府预算，又能取得节能效果的目的。法国一直致力于推进节能，法国环境能源控制署是其控制环境污染的国家事业机构，该机构目前用于节能和环境保护的资金主要来自政府拨款和企业环境污染收费。加拿大在 20 世纪 90 年代实施了两大节能活动：一是 1991 年加拿大能效办公室发起的联邦建筑节能计划；另一个是 1996 年 6 月开始的促进建筑合伙组织。1995 年，俄罗斯颁布《联邦节能法》，成立第一个节能服务公司；2003 年批准 2020 年前的能源战略，首要目的是提高燃料和能源资源的有效使用。2000 年，日本制定《绿色采购法》，规定节能诊断服务是每个政府机构都需要采购的；另一方面，日本政府还向实施合同能源管理的节能服务公司提供税收优惠、财政补贴等各项经济激励政策。

在政策扶持方面，Myung-Kyoon Lee 等（2007 年）指出政府在解决影响投资节能项目制度与财政障碍过程中的重要作用，针对其在推广过程中遇到的困境，提出了经济上具有操作性的节能手段，并且以韩国的实例来探讨政府解决节能问题的价值和意义。Milou Beerepoota 和 Niels Beerepoot（2007 年）根据荷兰现有的建筑节能进行创新型的节能改革的研究，他们提出，政府颁布相关的法律法规具有促进作用，并且认为如果缺乏相关的节能服务政策做前提，节能服务将无法开展。2008 年，日本制定《环境项目外包法》，对政府控制二氧化碳的采购体制进行修改，使更大规模的项目成为可能，允许将项目债务期限延长至十年。2001 年，印度政府通过《节能法案》，决定在能源部下设立能效局

作为节能领域的法定机构；能效局的《行动计划》在 2001 年 8 月获批并颁布。美国是 EMC 的发源地，同时是最为发达的国家，把对节能服务行业的支持作为节约能源和保护环境的重要政策措施。

（二）合同能源管理的国内实践

1. 中央政策方面

2000 年 6 月 30 日，原国家经贸委资源节约与综合利用司向全国发出《关于进一步推广合同能源管理机制的通告》，这是我国第一个由国家主管部门发出的推广"合同能源管理"的文件。该通告引起社会各界巨大反响，随之涌现出许多新兴和潜在的节能服务公司。2004 年 4 月，国务院办公厅颁布《关于开展资源节约活动的通知》，基本要求是要走资源消耗低、环境污染少、经济效益好的新型工业化道路，把节约资源、降低消耗放在突出位置，全面推行清洁生产，加快循环经济发展。

（1）优化制度环境。2006 年 7 月，国家发改委颁布《关于印发"十一五"十大重点节能工程实施意见的通知》，通知指出：推广合同能源管理等市场化机制，提高节能技术服务中心的服务水平和市场竞争力。2010 年 4 月 2 日，国务院办公厅转发了四部委《关于加快推行合同能源管理促进节能服务产业发展的意见》，提出应当全面推出能源合同管理模式，因为在市场体制下，该模式不仅是减少温室气体排出和节能减排的有力保证，而且是培养新兴产业、使新的经济增长点形成的必然结果，更是环境友好型和资源节约型社会的客观要求。由此，为合同能源管理推广创造了良好的政策和制度环境。[①]

（2）财政扶持。为加大对合同能源管理项目的扶持力度，2010 年 6 月 8 日，财政部以我国综合办公室所下发的［2010］25 号文件要求为依据，在 2010 年计划中拨款 20 个亿，用于扶持 EMCO 采用合同能源方式进行节能改造。同时，财政部和国家发改委 2010 年 6 月 3 日印发的《合同能源管理项目财政奖励资金管理暂行办法》（财建［2010］249 号）规定："财政奖励资金用于支持采取合同能源管理方式的工业、建筑、交通等领域以及公共机构实行节能改造。"

（3）税收优惠。财政部、国家税务总局 2010 年 12 月 30 日印发了《关于促进节能服务产业发展增值税、营业税和企业所得税政策问题的通知》，其税收方面的优惠政策将给节能服务产业带来实质影响。[②]

---

① 王元忠，李雪宇. 合同能源管理及相关节能服务法律事务［J］. 法制与社会，2012（5）：8.

② 陈柳钦. 市场化节能新模式：合同能源管理［J］. 创新，2013（1）：54-55.

（4）技术支持。2001 年 10 月 10 日，国家经贸委关于印发《能源节约与资源综合利用"十五"规划》的通知中，提出"引导企业进行节能技术改造，把合同能源管理模式的技术服务机制进行全方位推广，使节能新技术能够得到运用、使新产品推广中的市场的阻碍得到克服"。2010 年 8 月，《合同能源管理技术通则》作为国家标准（标准号为 GB/T24915－2010）正式发布，该标准的实施对节能服务公司及用能单位的合同能源管理项目具有重大指导意义。

（5）产业化引导。2004 年 11 月 10 日，国家发展改革委发布的我国第一个长期的节能规划的通知《节能中长期专项规划》，提出节能产业化的促进，在企业的节能中，节能服务公司提供确定、设定、融资贷款、设备改造、运作、管理的一条龙服务。坚持把节能作为转变经济增长方式的重要内容，和坚持依法管理与政策激励相结合原则，促进节能产业化。

（6）行业培育。2008 年 4 月 1 日起实施的新修订的《中华人民共和国节约能源法》规定："国家鼓励节能服务机构的发展，支持节能服务机构开展节能咨询、设计、评估、检测、审计、认证等服务。国家支持节能服务机构开展节能知识宣传和节能技术培训，提供节能信息、节能示范和其他公益性节能服务。"《"十二五"节能环保产业发展规划》把节能环保服务业培育工程列入八大重点工程。在政策的推动和合同能源管理模式自身的良好市场表现的双重作用下，合同能源管理已成为我国节能减排工作的重要途径。[①]

（7）助推市场化运作。2007 年 6 月，国务院颁布《国务院关于印发节能减排综合性工作方案的通知》，通知提出：加快建立节能技术服务体系，培育节能服务市场，加快推行合同能源管理。

（8）政府带头示范。2006 年 2 月 14 日，国家发展和改革委员会、国务院机关事务管理局、财政部等关于加强政府机构节约资源工作的通知，提出"逐步建立政府机构能源管理能力评价体系，鼓励通过合同能源管理等方式，聘请节能专业服务机构参与政府机构节能改造，优化能源管理，提高能源利用效率"。2006 年 7 月 4 日，建设部办公厅关于印发《"十一五"城市绿色照明工程规划纲要》的通知中提出："以各种节能管理方式为依据，邀请聘任专门的公司或者机构来改造城市中的照明设备，提供能源审核计算，全面设定项目的节能、设施购买、培训员工、运作、检测和维修等全方位的服务，并且能够通过分享型节能使双方都能获利，达到互惠互利。"

2. 地方政策方面

傅剑锋等（2012 年）认为综合各地合同能源管理政策概况来看，截至

---

① 国务院．"十二五"节能环保产业发展规划［R］．国务院公报，2012（19）：15-24.

2011 年 12 月 3 日，全国各省、自治区、直辖市都先后发布了适用于本地的合同能源管理政策。各地合同能源管理相关政策主要包括：为贯彻落实国办发 2010 J25 号文件《关于加快推行合同能源管理促进节能服务产业发展意见的通知》而制定的本地实施意见，各地根据《合同能源管理财政奖励资金管理暂行办法》制定的实施细则以及各地根据本地情况制定的节能服务公司备案制度、节能服务中介机构管理制度、公共机构合同能源管理办法等。部分地方通过修订立法，在地方性法规中明确提出对合同能源管理的支持。[①] 张志勤（2012 年）综合各地合同能源管理财政奖励政策，2010 年 6 月 3 日财政部、国家发展改革委发布的《合同能源管理项目财政奖励资金管理暂行办法》（财建［2010］249 号）第 23 条规定，认为各地要根据本办法规定和本地实际情况，制定具体实施细则，及时报财政部、国家发展改革委备案。综合各地的实施细则，其主要内容涉及奖励范围、奖励对象、奖励条件、奖励标准、地方单方奖励、奖金限额和政策有效期。在奖励政策实施细则中也包含对节能服务公司的备案管理规定和节能量的审核规定。[②]

（1）财政扶持。北京市财政局 2010 年印发《北京市合同能源管理项目财政奖励资金管理暂行办法》（京财经一〔2010〕2588 号），办法规定财政对合同能源管理项目按年节能量和规定标准给予一次性奖励。奖励资金由中央和本市市级财政共同负担，奖励标准为 500 元/吨标准煤。湖南省财政厅 2010 年印发了《湖南省合同能源管理财政奖励资金管理暂行办法》，明确了推动合同能源管理发展的实施细则。2011 年底发布的《湖南省节能专项资金管理办法》提出"节能技术（产品）推广以及合同能源管理示范项目"是节能资金支持的主要范围之一。2011 年《湖南省节能技术改造财政奖励资金管理办法》出台，针对企业对现有生产工艺和设备实施节能技术改造的项目，根据节能量进行奖励。

（2）政策推广。谢仲华（2005 年）认为从各地合同能源管理推广政策来看，各地提出加快培育节能服务市场的政策措施，主要包括加大能源审计力度、率先推进公共机构的节能改造、搞好大型公共建筑的节能改造和强化重点用能单位的节能改造。在融资方面，北京将节能服务公司申请贷款信用担保纳入北京市中小企业担保资金支持范围。上海、吉林等地，针对金融机构对合同

---

① 傅剑锋，黄萍，孙曼莉. 合同能源管理的应用综述［J］. 电气 & 智能建筑，2012（5）：56-60.

② 张志勤. 合同能源管理地方扶持政策综述［J］. 建设科技，2012（4）：3-27.

能源管理项目风险评价能力不足的现状提出建立管理机构与金融机构合作机制。① 2015 年 3 月，湖南省政府办公厅发布了《关于推进公共机构合同能源管理的通知》，明确了湖南省公共机构采用合同能源管理机制进行节能改造的行动方案，进一步促进了合同能源管理机制的推广和应用。

（3）促进行业发展。

总而言之，近年来中央政府和地方政府为了推动合同能源管理的发展，出台了很多规划和办法，起到了一定作用。但是，由于规定办法等政策缺乏强制性，以及政策执行效果的周期长，合同能源管理的政策还需要不断完善改进。

二、矿山产业节能的实践经验

（一）国外政策实践

矿山产业节能与生态保护的研究起源于一些矿山产业发达的国家，如美国、德国、英国、法国、加拿大、澳大利亚等。矿山产业低碳发展的研究更多的是以生态矿山研究的形式出现。这些发达国家普遍重视矿山生态环境，对已开采矿山的恢复治理工作起动早，要求严，制定并颁发了与矿山治理相关的法律法规，投入了大量人力、物力、财力进行理论和实验研究，在矿山生态环境恢复治理技术、矿山治理工程运营管理等方面取得了较大的成果，实现了社会效益、经济效益和环境效益的统一。美国和德国的矿山生态环境控制与恢复工作起步早。1920 年，美国颁布《矿山租赁法》，明确要求保护土地和自然环境。20 世纪 20 年代开始，德国在废弃土地上种植树木以恢复植被和保护环境。20 世纪 50 年代末，欧洲各国相继进行矿山科学恢复治理。20 世纪 70 年代开始，矿山生态环境恢复治理成为涉及多行业、多部门的系统工程，并已形成较完整的管理体系和法律体系。80 年代以后，随着环境问题重要性日益显现以及生态学的快速发展，矿山生态环境恢复治理的研究焦点是生态环境的原则及重建。美国矿山生态恢复比我国的定义更广泛深刻，主要表现在美国矿山生态恢复强调恢复破坏前的地形地貌，防止生态环境被破坏，其生态恢复的最高原则是保护环境。法国作为欧洲发达国家，工业发达，人口稠密，其对土地生态恢复基本要求是保持农林用地面积不减少，恢复生态环境基本平衡，防治土地资源污染。澳大利亚矿山产业发达，拥有世界领先的矿业技术，成功处理土地扰动问题，生态恢复工程在开采过程中已经完成，且生态工程由政府赞助资金实现。

---

① 谢仲华. 合同能源管理机制在上海地区的应用 [J]. 华东电力，2005（6）：16-18.

（二）国内政策实践

关于低碳矿山。矿山产业节能主要是降低矿山产业在开采冶炼过程中的碳排放，提高能源利用效率，打造低碳型矿山。低碳型矿山的研究在我国处于起步阶段，虽然没有提出系统的理论，但是少数学者已经开始初步的探索。连民杰（2010年）界定了低碳矿山的概念，认为低碳型矿山是指生态、资源和技术相互联系，提升改造采矿活动，构建低碳、环保的矿山工业系统。[①] 黎先燕（2010年）指出矿山发展，一要加大投入，和谐发展保护环境；二要节能减排，运行低碳发展模式。[②] 连民杰（2010年）直接提出了建设低碳型矿山的问题，对低碳型矿山做了明确界定和背景分析。白越、蔡璟珞（2010年）结合矿山的实际情况，对绿色矿山建设的关键技术做了分析。邢东矿矿长杜丙申提出"建设安全高效、生态文明、可持续发展的现代化矿井"的先进理念，以生态保护为特点，以科技创新为途径，以低碳运行为过程，以转变发展方式为关键，从而实现科学发展的目标。[③] 刘建功（2011年）基于煤矿开采对生态环境的扰动影响研究，建立了低碳生态矿山建设模式及评价指标体系。通过技术创新，实现矿山绿色开采与低碳建设，提高矿井安全保障系数和集约高效利用，以减少能源消耗和保护生态环境。为低碳生态矿山建设与实现提供了有效技术途径。[④] 陈桥等（2006年）从矿山生态特性出发，根据层次分析法（AHP法）在定量评价中的构建方法，从自然、环境与人文三方面对矿山生态环境进行综合评价。[⑤] 刘玉强（2012年）认为推进绿色矿业是落实科学发展观的战略选择。发展绿色矿业是转变经济发展方式的重要抓手：依法办矿、规范管理和安全生产是绿色矿山建设的前提条件；资源合理利用、安全生产、保护环境和社区和谐是绿色矿山建设的工作核心；技术创新和机制创新是绿色矿山建设的根本保证。[⑥]

关于矿山节能。低碳矿山的实质就是要实现矿山的节能减排。王天野、杨志刚（2011年）通过对陕西太白金矿发展循环经济的情况进行调查了解，总

① 连民杰. 创新矿山管理模式，促进矿山可持续发展［J］. 采矿技术，2010（10）：129-131.

② 黎先燕. 运行低碳发展模式，构建和谐绿色矿山［J］. 当代矿工，2010（12）：61.

③ 白越，蔡璟珞. 低碳经济中的绿色矿山建设［J］. 当代矿工，2010（6）：48.

④ 刘建功. 冀中能源低碳生态矿山建设的研究与实践［J］. 煤炭学报，2011（36）：317-321.

⑤ 陈桥，等. 基于 AHP 法的矿山生态环境综合评价模式研究［J］. 中国矿业大学学报，2006（35）：377-383.

⑥ 刘玉强. 建设绿色矿山，发展绿色矿业是中国矿业发展的必由之路［J］. 中国矿业，2012（21）：1-3.

结出我国矿山节能减排的管理措施：合理利用水资源，实现生产用水循环利用达标排放；加强生产管理，提高资源利用率；合理实施节能技术改造，有效降低能耗；多措并举，实现减排环保的结合；严格考核减排指标，全面降低生产经营成本。① 杨志富、徐连生（2010 年）针对我国矿山环境问题，提出运用生态系统的循环机制、共生机制、适应机制和补偿机制，发展保护矿山生态环境的关键技术，维护和改善矿区生态环境、培育矿业生态文化，建立起符合可持续发展要求的低耗高效的生态矿山体系。他们认为打造绿色矿山，应以保护生态环境，降低资源消耗为目标。② 卞正富、许家林、雷少刚（2007 年）认为矿山生态建设不仅是破坏后的重建，还包括采前的规划和开采过程中的生态保护。矿山生态建设需要用系统工程的方法贯穿于采矿全过程。③

关于生态矿山。2007 年，中国国际矿业大会提出"落实科学发展、推进绿色矿业"的口号，该口号成为矿业发展理念的创新。2008 年，中国矿业联合会联合中国铝业公司、首钢矿业公司等十一家矿山企业、行业协会，共同发起了《绿色矿山公约》，通过创建绿色矿山，推进绿色矿业发展。2008 年国务院正式批准了《全国矿产资源规划（2008—2015 年）》。2010 年 8 月 13 日，国土资源部正式发布《关于贯彻落实全国矿产资源规划发展绿色矿业建设绿色矿山工作的指导意见》，提出要按《全国矿产资源规划（2008—2015 年）》要求，确定到 2020 年基本建立绿色矿山格局的基本目标任务；明确各有关单位要按照国家转变经济发展方式的战略要求，通过开源节流、高效利用、创新体制机制，改变矿业发展方式，推动矿业经济发展向主要依靠提高资源利用效率带动转变；力争用 1～3 年时间完成一批示范试点矿山建设工作，建立完善的绿色矿山标准体系和管理制度，研究形成配套绿色矿山建设的激励政策。④ 2010 年，国土资源部专门制定了《关于贯彻落实全国矿产资源规划发展绿色矿业建设绿色矿山工作的指导意见》，明确了"规划统筹、政府引导、企业主体、协会促进、政策配套、试点先行、整体推进"的总体思路；明确了《国家级绿色矿山基本条件》，包括依法办矿、规范管理、综合利用、技术创新、节能减排、环境保护、土地复垦、社区和谐、企业文化等九大方面。⑤ 2016 年，国家发布《关于加强矿山地质环境恢复和综合治理的指导意见》，明

---

① 王天野，杨志刚. 中国黄金矿山节能减排循环经济的新发展：以陕西太白金矿为例 [J]. 黄金，2011（8）：1-3.
② 杨志富，徐连生. 绿色生态矿山建设与可持续发展 [J]. 矿业工程，2010（13）：44-47.
③ 卞正富，许家林，雷少刚. 论矿山生态建设 [J]. 煤炭学报，2007（1）：13-19.
④ 李慧. 我国绿色矿山政策动态及展望 [J]. 中国经贸导刊，2010（24）：93.
⑤ 李平. 国土资源部将释出政策推进绿色矿山建设 [N]. 中国矿业报，2012-6-12.

确将着力完善开发补偿保护经济机制，构建政府、企业、社会共同参与的保护与治理新机制，尽快形成在建、生产矿山和历史遗留"新老问题"统筹解决的恢复和综合治理新局面。

总的来看，当前国内对矿山节能的研究相对零散，主要停留在案例收集阶段，缺乏完整的理论体系阐述。我国矿山生态环境保护法律法规和制度体系还很不完备，矿山节能监督管理还很不到位。

三、矿业经济绿色发展与合同能源管理存在的问题及原因

合同能源管理是一种新兴市场节能机制，虽然我国节能服务产业得到较快发展，但从总体上看，产业规模还比较小、发展水平也较低，难以适应当前推进节能工作的需要。仍存在着法律体系不完善、融资渠道不畅通、评估体系不健全等问题；国外矿山产业的节能以及生态环境恢复取得了一定成效，但我国矿山节能以及低碳矿山的建设还处于典型案例的收集分析阶段，矿山节能的理论研究，特别是矿山产业以合同能源管理为节能机制的研究尚未深入；相对合同能源管理迅速发展的情形，政策依然比较薄弱，需要不断完善。因此，我国矿山产业合同能源管理还面临许多困境，需要有系统性、有针对性的政策来支持其发展。

（一）矿业经济绿色发展与合同能源管理存在的问题

（1）合同能源管理的模式在矿山矿业中适用度不高。矿山产业具有特殊性——资源储量、品味的差异性，矿山开采的风险性，矿山节能技术要求高等特征，矿山合同能源管理项目具有一定风险以及诸多障碍，比如资金缺乏、技术不成熟、融资风险大、行业节能标准不明确等。因此，合同能源管理在矿山产业中的应用和推广，需要政府扶持和鼓励，制定相关保障性政策，促进其良好有序发展。

（2）缺乏政策支持。首先，现行利用中央预算内投资、中央财政资金支持节能项目的引导资金，主要针对的是用能单位，对节能服务公司还没有明确的国家优惠政策。其次，目前，我国政策支持的合同能源管理模式以节能效益分享型为主。合同能源管理项目的财政奖励和税收减免政策均针对节能效益分享型模式。而矿山产业由于其自身资源的特征及较大的项目风险性，合同能源管理的节能效益分享型模式在矿山产业中适用度不高。而节能量保证型模式将融资风险转移到矿山企业本身，能够较好地降低节能服务公司的项目风险；能源供应外包型模式能够合理利用节能服务公司的技术，对矿山企业的能源供应设备进行技术改造和更新，合作双方都能取其所长，互利共赢。但这两种模式

不在政策支持的范围内，享受不到财政奖励和税收减免的优惠。再次，税收政策有待完善。节能服务公司实施合同能源管理项目既涉及增值税应税货物又涉及营业税应税劳务，其中，应税劳务既有设计、咨询等适用服务产业 5% 税率的劳务，又有建筑安装、交通运输等适用 3% 税率的劳务。在实际执行中税务机关按照规定对不易划分的劳务一般采用从高适用税率的办法征收营业税，客观上造成企业营业税负担过重的问题；同时，节能服务公司在合同期满后，将节能设备等资产无偿转让给用能单位，仍视同销售缴纳增值税，这样不利于节能服务产业发展。

（3）节能服务市场信息不对称。当前合同能源管理还处于发展初期，公众乃至许多企业对合同能源管理机制不熟悉不了解不信任。矿山企业作为靠资源支撑的企业，首先节能减排意识不强，其次对合同能源管理不了解不愿意尝试，再次部分愿意合作的矿山企业找不到合适的节能服务公司进行合作。而节能服务公司处于兴起蓬勃发展之阶段，尤以中小型企业为主。节能服务公司的发展需要合同能源管理项目的支持，维持公司的正常运转。但受限于节能服务公司宣传平台的有限性，合同能源管理知识普及的落后性，以及自身规模、融资能力等问题，节能服务公司的发展面临许多障碍。这些问题很大程度上是缺乏公开透明的信息平台造成的。而政府主导或政府鼓励"第三方"建立有公信力的信息平台是有效解决信息不对称的方式。

（4）节能服务企业缺乏积极性。首先是融资困难。节能服务公司实施合同能源管理项目，需要先垫付资金，随着实施项目的增多，资金压力不断加大，如果没有融资支持，公司发展就会难以为继。其次，节能服务公司发展初期通常规模较小，自有资产不足，往往因为缺乏抵押物、担保物而得不到银行贷款。此外，目前我国合同能源管理还没有形成和确立以市场为导向的节能投资激励机制和企业节能激励机制，又缺乏具有一定强制性的政策法规和规章制度，例如缺乏行业准入标准、现行的税收制度下节能服务公司的税负过重等。矿山企业属于资源消耗型企业，矿产资源具有不明确性、不可复制的特点。政策的缺位导致合同能源管理项目对矿山企业缺乏强有力的激励作用，促进实施节能改造。除部分高耗能企业从节省成本出发对节能有一定认识外，多数企业缺乏节能积极性。对能源利用效率低的企业或者行为没有明显的惩罚性措施，约束力相对偏弱，且配套细节落实不到位，有些欠缺操作性。湖南省乃至全国矿山合同能源管理项目发展动力不足的主要原因是规范不明确、激励不到位、惩罚不落地等。因此，我国矿山产业合同能源管理的发展需要政策驱动。

（5）预算支出科目不明确，会计实务处理不统一。由于合同能源管理是近年发展起来的新生事物，在现行预算及财务管理制度下，公共机构支付的节能服务费用在现有公共财政管理体系中还没有明确的支出科目；实施合同能源管理项目形成的资产转移给用能单位时会计处理不统一。

（二）相关政策存在的不足

（1）合同能源管理激励政策倾斜领域失衡。在中国节能协会节能服务产业委员会调查的 874 个项目中，按照节能三大领域分类，工业领域项目有 564 个，建筑领域项目有 281 个，交通领域项目有 30 个。各领域所占项目总数比重不一，其中工业领域占 65%，建筑领域占 32%，而交通领域仅占 3%。从合同能源管理项目的投资额来看，874 个项目总投资 113.3 亿元，其中，工业领域合同能源管理项目投资 92.7 亿元，占 82%，平均单个项目投资额 1 653 万元；建筑领域项目投资 17 亿元，占 15%，平均单个项目投资额 602 万元；交通领域项目投资 3.6 亿元，占 3%，平均单个项目投资额 1 258 万元。

由此，在公共机构和交通领域的激励政策较为薄弱。目前公共机构是我国重点高能耗部门，其消耗电力占全国总体耗电量的 5%，为了推动公共机构节能，提高公共机构能源利用效率，发挥公共机构在全社会节能中的表率作用，2008 年我国出台了《公共机构节能条例》。条例中总则第 6 条明确规定节能目标作为公共机构负责人考核评价标准之一，在"十二五"方案中的第 22 条也指出要加强公共机构节能减排，这在一定程度上提高了公共机构节能的积极性，但对于公共机构如何运用合同能源管理机制进行节能却没有相应的激励政策，这将导致地方政府在运用合同能源管理时缺乏细化的政策指导，这是制约合同能源管理在中国节能服务产业应用和推广的桎梏。

此外，交通领域也是合同能源管理机制推广力度较弱的区域。根据未来交通运输部门能耗预测：中国客运能耗在基准情景下 2023 年将达到 3.4 亿吨油当量，货运能耗将达到 6.99 亿吨油当量，交运部门合计达 10.3 亿吨油当量，其中石油的消费量将达到 8.31 亿吨。上述数据表明了交通领域节能减排的巨大潜力。作为交通运输行业节能减排典型示范项目，日照港在实施堆场高杆灯照明系统节能技术改造中采用了合同能源管理方式。在"十二五"中，也提出了"三大体系建设"和"两项专项行动"，但目前为止还没有出台针对交通领域规范运用合同能源管理的政策性文件。

在我国，合同能源管理不同模式应用的领域各有侧重：节能效益分享型在建筑节能领域被广泛采用，节能保证型主要分布在工业领域，能源费用托管型则主要应用于规模较大的医院、商场和饭店。从合同能源管理激励政策倾斜的商业模式角度来看，节能效益分享型模式是中国合同能源管理推广使用的主要模式。在《合同能源管理财政奖励资金暂行管理办法》的规定中，明确支持对象是实施节能效益分享型合同能源管理项目的节能服务公司，节能量保证型和能源费用托管型的合同能源管理没有明文规定可以享受优惠政策；财政部、国家税务总局《关于促进节能服务产业发展增值税、营业税和企业所得税政策问题的通知》中规定：对符合条件的节能服务公司实施合同能源管理项目，暂免征收营业税和征收增值税，企业所得税"三免三半"政策，其中符合的条件必须满足"节能服务公司与用能企业签订《节能效益分享型》合同"这一要求。不同的领域对采用的商业模式具有不同偏好。国外研究表明，合同能源管理的模式可以灵活多变，组合利用。三种模式各有利弊，各有适合的市场和用能单位。国家在制定行业激励政策时，若仅仅关注节能效益分享型模式，则略显单一。

（2）合同能源管理激励政策工具单一。主要体现在文化激励政策和经济激励政策的不完善，影响了合同能源管理激励政策的辐射力以及合同能源管理的推广。合同能源管理的参与方包括用能方、节能方、融资方，因此合同能源管理激励政策的激励客体范围广、情况复杂，目前单调的激励政策工具无法全面覆盖到符合条件的激励客体，导致激励客体失去节能积极性和主动性，影响合同能源管理项目实施成效。

行政激励政策的工具从计划经济时期开始建立，经过多年发展，相对比较完善。国家为达到规定的节能减排目标，采取了经济激励政策，在税收减免和奖金激励下，合同能源管理获得社会广泛关注，节能服务公司的数量大幅增长，但对整个行业的长期发展而言，资金激励效果短暂且过于简单。经济激励政策仅仅是单一的资金激励，没有采用投资抵免、加速折旧、延期纳税等其他政策工具。若政府仅以资金奖励的方式来推动一个行业一种模式的发展，这种"大跃进"式的发展虽然短期内效果显著，但同时也会为后续发展带来隐患。近年来，我国节能服务公司以雨后春笋般的态势增多，虽然一方面促进了合同能源管理的推广，但同时也催生了为套取国家激励资金为目的的节能服务公司，这类公司与以套取国家出口退税的公司并无差别，不利于本行业的发展。

文化激励政策主要通过政府宣传和行业培训系统来对社会普及合同能源管理知识，新闻媒体宣传以法律、法规和政策为主，工具也比较贫乏，仅仅依靠这些方式来宣传合同能源管理及其激励政策不够，还需要发挥多元形式宣传力量，利用新兴媒介，例如通讯、公益广告、移动广告、户外城市形象展示平台、节能论坛、知识竞赛、宣传专栏、典例示范、电视节能实例短片、社会道德观等工具，让激励政策被激励客体所熟知，让合同能源管理获得更广泛的发展空间。

（3）合同能源管理激励政策效果不明显。不同的激励政策因性质差异而辐射范围不同。文化激励政策和行政激励政策辐射范围广，但经济激励政策相较而言较狭窄，例如现有中央预算内投资、中央财政资金支持的节能项目主要激励对象是用能单位，还没有明确针对节能服务公司的国家优惠政策。虽然目前我国出台了税收政策等经济激励政策，但普遍存在配套细节不具体，政策难以准确及时落实到位的问题，在金融信贷方面也没有具体的激励政策。例如，在税收激励方面，节能服务公司实施合同能源管理项目既涉及增值税应税货物和营业税应税劳务，其中应税劳务包含了建筑安装、交通运输等适用3%税率劳务以及设计、咨询等使用服务产业5%税率劳务。在实际处理中，税务机关人员按照规定对不易划分的劳务一般采用从高适用税率的办法征收营业税，使得企业营业税负过重。同时，合同期满后，节能服务公司将节能设备等资产无偿转移给客户，依旧视为销售缴纳增值税，不利于节能服务产业发展。此外，预算支出科目不明确，会计实务处理不统一。在现行的预算及财务管理制度下，公共机构支付的节能服务费用在现有公共财政管理体系中还没有明确的支出科目。

相关信息表明，不少节能服务公司在向国有企业推广合同能源管理时都碰到过阻碍。节能服务企业帮助企业提高能源利用率，降低企业成本，比较受到民营企业的青睐，但部分大中型国有企业积极性不高。合同能源管理在国企推广阻碍重重，有如下原因：文化激励政策不到位导致节能意识薄弱；经济激励政策支持力度不够导致项目实行缺少资金；正激励缺乏挫伤企业积极性，例如节能效益与员工没有利益挂钩；负激励政策缺乏，例如没有节能考核标准导致没有节能紧迫感；此外，存在投资效益和融资问题。

（4）合同能源管理激励政策操作不便。在文化激励政策、行政激励政策、经济激励政策中，文化激励政策实施起来最为方便，效果最为直接，其次是具有强制性的行政激励政策。经济激励政策手续烦琐，不少企业因手续琐，所获支持资金少，因此懒得申请。此外，经济激励政策还存在滞后性，例如，中央和地方财政预算的单位没有将支付节能服务收益列入对应科目。财政预算无法为节能服务提供资金，节能服务发票也不能视同能源费用入账抵扣，使得节能服务公司难以取得应得的服务收益。我国财政制度采用收支两线的方式，按照现有政策，用能单位无法处置实行合同能源管理节约的能源费用，而且，在政府机关、公用事业等单位中，每年的水电等能源费用都有固定预算，若能耗开支有所降低，那么下一个财政年度该项拨款将会被被减少。

申报条件模糊。用能企业难以明确自己是否符合申报条件，容易产生权力寻租现象；奖励额度也存在不确定的情况，用能企业不知道能得到多少支持资金，自然对申报存有疑虑。虽然模糊的条件能在一定程度上扩大政策覆盖面，增加政策的灵活性，但在目前中国的人情社会中，这种模糊、不定的政策会引发权力寻租现象。

（三）相关原因分析

（1）合同能源管理地域及行业发展差异。合同能源管理扶持政策的力度不均衡主要受到地域及行业的影响。首先，中国与国外存在体制、消费水平以及意识观念上的差异，决定了合同能源管理机制在中国本土化的过程中必须要因地制宜。在美国合同能源管理发展过程中，"MUSH"市场——市政府和州政府、大学、中学和医院是节能服务公司产业活动的主要参与者。目前，我国合同能源管理的应用领域主要集中在建筑、工业和交通领域。不仅国内外存在差异，中国不同地域之间因经济、人文、地理等因素的影响，差异化显著。例如，北京人口多，民用建筑面积大，第三产业发达，大型重工业企业少，因此，民用建筑和公共机构建筑节能是北京的节能改造主要领域；辽宁气候严寒，用暖耗能高，又是老工业基地，节能服务领域主要集中在供暖系统节能项目改造；山东是新型的工业大省，主要集在工业节能改造方面。

其次，行业间的体制以及节能效益的差异使得行业间发展不一。合同能源管理产业是一个高风险、效益回收周期相对较长的行业，节能服务公司以盈利为目的，因此会选择节能效益较高的领域。我国既有公共建筑面积数量非常多，建筑行业节能服务需求很强，88%的大楼管理部门认为有必要采取节能措施。

美国的节能服务产业的发展得益于把合同能源管理机制用于技术和财务上可行的节能项目，使节能项目对客户和节能服务公司都有经济上的吸引力。因此，中国合同能源管理应有选择性地规避产业初期的技术和设备创新成本风险。在后期可通过同类项目的开发和复制来提高其节能项目的运作能力，最终达到国家节能减排目标，实现低碳型社会。

（2）合同能源管理激励政策配套机制不健全。合同能源管理激励政策是节能政策的一部分，需要领导机制、财税政策、金融政策、价格政策、产业政策、效能测算政策、监督政策等与其配套，才能发挥应有的激励作用。目前，我国合同能源管理激励政策配套机制不健全，主要表现在：

我国还处在社会主义市场经济机制完善阶段，价格体系、能源有偿使用制度、节能标准等制度不完善，市场的生产要素配置作用没有得到充分发挥，影响了资源能源的合理分配。

合同能源管理的市场发育程度不完善。行业准入制度、行业规范、行业标准还未成系统，会计核算准则不统一，合同能源管理行业不集中，大部分节能服务企业都处在初步起步阶段，规模较小，融资能力和综合管理能力较弱。

合同能源管理激励政策缺乏科学性。现有激励政策缺乏实际合同能源管理运营经验，不能非常有力地指导合同能源管理推广运营工作的开展；合同能源管理的激励工作缺乏连贯性和统筹性，着力点不够准确，导致激励政策无法发挥最大效用。

（3）合同能源管理激励政策缺乏长效机制。应急式的激励政策制定方式，缺乏对长远利益和行业系统基础培育的考量；没有充分考虑合同能源管理的动态化，自我调整机制尚未形成；节能工作监督机制不完善，没有形成科学的透明监督机制，政府监督部门待明确，公众、媒体的监督作用待开发；对合同能源管理的产业化、规模化也考虑不充分。在以后的合同能源管理推广工作过程中，激励政策制定、实施、监督与控制要同时考虑，政策相关部门要相对完善，激励政策要与产业政策、本体政策协调发展，激励幅度要与经济发展同步；在技术创新、产品研制、先进技术设备引进、产品推广、物流、销售等环节的作用还有待进一步挖掘。

（4）合同能源管理激励政策标准模糊。在政策标准方面，经济激励政策措施弹性大，明确性不够，稳定性弱，不仅操作不便，还给监督、控制工作带来一定难度。标准是参照原则，也是检验措施实施效果的尺度。标准的明确性欠缺，虽然扩大了政策的覆盖面，有其积极一面，却也容易使激励措施的实施"摸不着边"，审核审批难度增加，执行力不强，甚至导致"寻租"现象发生。各省市的专项资金管理制度的申报条件不尽相同，例如江西增加了两个条件：一是项目关键技术应具有较大的推广潜力，在行业内具有先进性和示范意义；二是对节能工作有较强的带动作用，项目实施后能够迅速形成显著的直接节能效果。兰州市相关文件中要求"主题明确，项目必须紧扣十大重点节能工程，具有显著节能效果，并具有较好的经济效益、社会效益和环境效益"。海南省相关文件中要求"申请的项目应该在专项资金支持的范围内，实施效果显著，能较好带动发展循环经济"等。以缺乏量化的标准来界定节能工作成效或申报标准，势必造成执行依据缺乏，降低了监督效力和控制性。

第三节　湖南省矿业经济绿色发展与合同能源管理

湖南省矿产资源丰富，被誉为"有色金属之乡"和"非金属矿产之乡"。在低碳经济的发展以及湖南省"两型社会"建设的进程中，作为湖南省经济支柱之一的矿山产业，必须转变其"快速建矿、强力开采、废物排放、缺乏治理"的发展模式，从"高能耗""高污染""高排放"向"低能耗""低污染""低排放"的方式主动转型。"十二五"以来，湖南省重视合同能源管理的发展，促成了少数大型矿山企业与合同能源管理项目合作，产生了不错的节能效益。但由于矿山产业自身的行业特点、矿产资源的不确定性、合同能源管理处于技术发展不成熟的初期阶段等多方面的原因，矿山合同能源管理的发展面临诸多困境。由此，提出推进矿山合同能源管理项目实施的政策建议，有利于推动合同能源管理在湖南省矿山产业中的应用，促进矿山低碳化。

一、湖南省矿业合同能源管理发展情况

（一）湖南省矿山产业的基本情况与能耗情况

首先，据 2012 年 9 月湖南省国土资源厅编制的《湖南省矿产资源年报》统计，湖南省已发现各类矿产 143 种。37 种矿产保有资源储量居全国前 5 位，62 种矿产保有资源储量居全国前 10 位。其中，钨、锡、铋、锑、石煤、普通萤石、海泡石黏土、石榴子石、玻璃用白云岩等矿种的保有资源储量居全国之首，钒、重晶石、隐晶质石墨、陶粒页岩等矿种居全国第二，锰、锌、铅、汞、金刚石、水泥用灰岩、高岭土等矿种也在全国具有重要地位。湖南省矿产资源具有矿种多、大宗矿产少；共伴生矿产多，单一矿产少；难选冶贫矿多，富矿少的特点。全省探明资源储量分布相对集中。其次，有色、冶金、石化等矿山行业都已经形成千亿产业。《湖南省 2012 年国民经济和社会发展统计公报》数据显示，2012 年湖南省规模工业统计的主要工业产品中，产量增长的有 292 种，占产品总数的比重为 68.4%。原煤产量 8 823 万吨，比上年增长 12.8%；原油加工量 913.9 万吨，增长 20.3%；水泥 10 445.4 万吨，增长 12.8%；十种有色金属 276.2 万吨，增长 8.5%。2013 年，湖南省非金属矿物制品业、有色金属冶炼和压延加工业的利润总额居全国第四、第五位，分别为 89.9 亿元和 85.9 亿元。2013 年，湖南省规模以上工业的有色金属冶炼和压延加工业、非金属矿物制品业实现了 18.7%、16.3% 的增长。但在我国经济多年来"粗放型"快速增长方式的引导下，随着矿山产业的发展及其不合理的开发利用，湖南省矿山产业的能源消耗巨大。

（二）湖南省矿山产业合同能源管理的实施情况

在湖南省"十二五"重点实施工业合同能源管理项目中，矿山企业与节能服务公司开展了项目合作，产生了不错的节能效益。《湖南省"十二五"重点实施工业企业合同能源管理项目汇总表》显示，湖南省"十二五"期间重点实施的工业企业合同能源管理项目为 96 项。其中有色、冶金、建材、石油

化工行业的企业实施的合同能源管理项目数量约占 50%。

湖南省矿山企业实施合同能源管理项目主要有几个特点：第一，湖南省实施合同能源管理改造的矿山企业均为规模较大的企业，包括株冶集团有限公司、涟源钢铁集团公司、冷水江闪星锑业公司、华菱湘潭钢铁公司等。第二，合作的节能服务公司差异较大，根据各节能服务公司的专长进行合作。节能服务公司包括省内和省外，以省内为主。一个节能服务公司承接不同公司的项目，同一个矿山企业也同时和数个节能服务公司合作，进行有侧重的节能。第三，有色行业的合同能源管理项目较少，建材、化工行业的合同能源管理项目偏多。第四，规模较大的合同能源管理项目，矿产资源依靠自产和进口两种渠道，湖南省的钢铁企业受自身铁矿石资源不足及贫矿的限制，仍需进口大量铁矿石。

湖南省矿山产业实施合同能源管理项目在一定程度上得到了推广，但双方合作的范围和深度还很有限。要实现合同能源管理在湖南省低碳型矿山建设中的应用，还需要多方共同努力，克服当前合同能源管理在矿山应用中的障碍，扩大矿山合同能源管理项目的试点范围。

（三）湖南省矿业合同能源管理的政策现状

随着低碳经济的发展，能源重要性日益显著，矿山节能是湖南省矿山产业实现低碳绿色发展的必然选择。《"十二五"节能减排综合性工作方案》中第 5 条提到要合理控制能源消费总量，强化重点用能单位节能管理，加强工业节能减排。《"十二五"节能环保产业发展规划》指出矿产资源的综合利用是资源循环利用产业重点领域之一。

湖南省的一些政策不断强调节能减排的重要性。《湖南省国民经济和社会发展"十二五"规划纲要》明确指出要坚持绿色发展。切实把"两型社会"建设作为加快转变经济发展方式的重要着力点，立足提高可持续发展能力，将"两型"要求落实到经济社会各领域，强化节能减排和生态建设，加快形成有利于"两型社会"建设的产业体系、生产方式、消费模式、技术手段和体制手段，促进经济社会发展和人口资源环境相协调，全面推进节能减排。以推进"两型社会"建设为导向，增强资源环境危机意识，健全节能减排激励机制和约束机制，提升科技支撑水平，强化目标责任考核，大幅降低能源消耗强度和二氧化碳排放强度。《湖南省矿产资源总规划（2008—2015 年）》的规划原则中也提及要注重保护、开源节流，指出集约节约利用矿产资源，提高开发利用技术水平，提高利用效率，发展循环经济。《湘江流域工业企业清洁生产实施方案》中提出了冶金行业、有色金属行业、石化行业等领域的节能减排要求，在 2015 年底，实现工业增加值能耗和二氧化碳排放量比"十一五"末下降的预定指标。加强企业的清洁生产审核，形成流域内工业企业清洁生产审核及运行的良性机制。

"十二五"期间，湖南省"四化两型"社会建设全面铺开。湖南省矿山产业合同能源管理是有效实现矿山节能减排目标的重要途径，也是推动湖南省矿山产业可持续发展、打造湖南省"资源节约型、环境友好型社会"的必然选择。合同能源管理项目是湖南省政府重点推广的节能项目之一。湖南省财政厅2010 年印发了《湖南省合同能源管理财政奖励资金管理暂行办法》，明确了推动合同能源管理发展的实施细则。2011 年底发布的《湖南省节能专项资金管理办法》提出"节能技术（产品）推广以及合同能源管理示范项目"是节能资金支持的主要范围之一。2011 年《湖南省节能技术改造财政奖励资金管理办法》出台，针对企业对现有生产工艺和设备实施节能技术改造的项目，根据节能量进行奖励。2013 年，湖南省经信委出台了《湖南省推行工业企业合同能源管理工作方案》，着重在"十二五"期间培育一批中间重点服务机构，从 2013 到 2015 年，推动实施一批工业企业合同能源管理示范项目。从 2010年起，湖南省部分企业开始与节能服务公司进行合同能源管理项目合作。2013年 5 月，国家发改委发布第五批国家备案的节能服务公司，湖南省获得国家备案的节能服务公司一共有 162 家（第一次备案到第五次备案数量之和）。目前，湖南省节能服务公司从业人数突破 1 万人，涉及工业锅炉窑炉改造、余热余压利用、电机变频、能量系统优化、中央空调节能技改、绿色照明和建筑节能等诸多领域。这 162 家已备案的节能服务公司，有 80% 集中在长株潭地区。

二、湖南省矿业合同能源管理发展存在的问题

1. 缺乏良好的政策法律环境

政策法律是规范社会主义市场经济健康发展的基础，矿山产业合同能源管理的良好发展离不开政策法律对其行为的规范，对双方权益主体的有限界定。我国目前尚缺少能够保证合同能源管理健康发展的法律环境，特别是缺少强制性的法律法规。虽然出台了一些基础性法律，比如《中华人民共和国节约能源法》《中华人民共和国清洁生产促进法》等专门法律，但许多条文不能满足当下节能减排工作的需要。同时，相关条例缺乏强制性，仅仅是建议。在法律政策大环境下，湖南省矿山企业的节能低碳发展缺乏驱动力。同时，针对合同能源管理发展的法律以及矿山合同能源管理项目的法律几乎是空白。但矿山合同能源管理项目涉及复杂的法律关系和风险评估，需要专项政策提供保障支持。湖南省尚缺乏系统性适合本地矿山合同能源管理市场的法律政策来界定合

作双方的相关权益。这些政策法律的缺位，导致矿山企业绿色发展缺乏主动性，合同能源管理项目的实施存在较高风险性。

2. 政策支持模式较为单一

当前我国合同能源管理发展模式多样，以节能效益分享型为主。湖南省支持合同能源管理发展的政策中涉及的支持模式，仅包括节能效益分享型这一类。节能效益分享型模式将节能的融资难度及项目风险转嫁到节能服务公司，用能单位能最大限度地降低风险并享用节能效益。同时，节能量的计算较为简单，有利于合同能源管理的快速推广。《湖南省节能专项资金管理办法》节能资金支持范围主要包括节能技术（产品）推广及合同能源管理示范项目。《湖南省合同能源管理财政奖励资金管理暂行办法》明确提出，重点支持实施节能效益分享型合同能源管理项目且节能效果显著的节能服务公司，节能服务公司投资需在 70% 以上。《湖南省节能技术改造财政奖励资金管理办法》明确规定，申请奖励资金支持的节能技术改造项目必须符合改造主体符合国家产业政策，且运行时间在 3 年以上的要求。但就矿山产业而言，矿山开采冶炼本身具有巨大的不确定性和风险性，且项目投资巨大。而节能服务公司自身实力有限，其无法承担矿山合同能源管理节能效益分享模式前期巨大的投资风险。显然，节能效益分享型模式的合同能源管理具有很大的局限性。随着合同能源管理机制的发展，合同能源管理适用的行业覆盖面不断增加，节能效益分享型模式不能成为万能的模式。而其他模式缺乏政策支持，没有财税减免或者财政奖励，对节能服务公司缺乏足够的吸引力。因此，政策支持模式单一给矿山合同能源管理的发展带来严重阻碍。

3. 金融财税政策不合理

湖南省矿山产业合同能源管理财税政策支持不合理，严重阻碍湖南省矿山合同能源管理项目发展，是目前政策支持存在的困境之一。《关于加快推行合同能源管理促进节能服务产业发展意见的通知》明确提出了实行税收政策，对节能服务公司免征营业税、免征无偿转移资产增值税、企业所得税"三年免征三年减半"等。同时，提出要进一步改善金融服务，鼓励银行等金融机构为节能服务公司提供项目融资、保理等金融服务。湖南省政府根据中央有关部门的政策文件，出台了一系列政策文件，如《湖南省合同能源管理财政奖励管理奖励办法》《湖南省节能技术改造财政奖励资金管理办法》等，这些政策对湖南省合同能源管理具有一定促进作用，但对大多数节能服务公司来说，奖励资金无法从根本上解决资金匮乏的问题。2013 年 12 月出台的《关于落实节能服务企业合同能源管理项目企业所得税优惠政策有关征收管理问题的公告》，对税收优惠政策的落实比较模糊，程序性规范较少，限制性条款较多，致使税收优惠政策的惠及面较窄。现有资源税的导向也不利于矿山合同能源管理的发展。矿山企业不同于一般的工业企业，生产活动以采选为主，属于基础产业，其产业链短、加工环节少、附加值低，对市场风险的承受力弱。大多数的节能建设项目不仅投入相对较大，而且还受到技术限制，而依据现有的资源税政策，资源开采企业对开采后未销售或自用而挤压或浪费的资源不需要缴纳资源税。尽管近年来国家建立了节能减排专项资金，但是资金使用效率不高。同时，我国缺乏信用评价机制，银行对合同能源管理项目授予信用额度低；缺乏合适的银行信贷产品，缺乏足够的融资渠道。

4. 人才技术政策支持不足

政府缺乏专门合同能源管理的人才与技术支持政策，是当前矿山产业合同能源管理政策支持不到位的另一个重要方面。比如《关于加快推行合同能源管理促进节能服务产业发展意见的通知》提到：鼓励节能服务公司加强人才培养，加强技术开发。该政策意见仅停留在鼓励节能服务公司自己培养人才和开发技术上。但节能服务公司实力有限，大多数节能服务公司专业化程度低，其研发实力较弱，技术和设备整体上较落后。矿产企业的节能对技术要求比较高，项目风险比较大，工程量大，因此，矿山合同能源管理项目对节能服务公司的水平和设备要求比较高，这在一定程度上造成了当前节能服务公司水平无法满足矿山节能的要求。同时，矿山合同能源管理项目需要技术全面，善风险控制、沟通协调的人才。但人才的成长和培养需要一个较长的过程。当前节能服务公司的专业人才储备不足，相关人员的知识储备不够，尤其针对矿山企业的项目的技术知识不够完备，很大程度上影响了矿山节能项目的质量。因此，人才技术扶持政策的缺位导致现有矿山产业合同能源管理项目乃至整个合同能源管理行业人才不足和技术落后，制约了合同能源管理在矿山企业中的应用，阻碍了矿山企业的低碳发展。

5. 支持政策执行不到位

政策执行是将公共政策的政策目标转化为现实状态的过程。合同能源管理政策支持的目的是推动合同能源管理在各行业的发展，矿山产业合同能源管理也是合同能源管理发展不可忽略的重要领域。当前，湖南省合同能源管理支持政策的执行不到位，使矿山合同能源管理的政策支持效果大打折扣。比如《湖南省节能技术改造财政奖励资金管理办法》明确了申请奖励资金的节能改造项目条件，但在具体执行过程中，这些奖励条件忽略了不同产业行业的特殊性，因政策的针对性不强致使政策支持的覆盖面大为缩小。尽管"十二五"以来，湖南省合同能源管理发展迅速，节能服务公司数量大增，从业人员数量也过万，但是矿山企业对合同能源管理机制了解不到位，对其产生的巨大的经济效益认识不充分。矿山企业在矿产开采加工过程中忽略了合同能源管理在矿山节能减排中的作用和优势。产品找不到市场，市场找不到项目，项目找不到资金，资金找不到技术，这些信息不对称都是矿山合同能源管理政策支持执行不到位的具体表现。

三、湖南省矿业合同能源管理存在问题的原因分析

1. 合同能源管理立法滞后

为了促进合同能源管理在湖南省的发展，2010 年湖南省政府根据中央政策精神，印发了《湖南省合同能源管理财政奖励资金管理办法》《湖南省节能专项资金管理办法》等政策性文件。这些文件的发布，对推动合同能源管理在湖南省的发展起到了一定促进作用，但约束力较弱。合同能源管理立法滞后是矿山合同能源管理良好政策法律环境缺失的最主要原因，也是合同能源管理法律风险的最大来源。

合同能源管理立法滞后主要表现在两个方面。一是合同能源管理适用的法律角色缺位。合同能源管理在法律体系中被提及次数极少，且都以鼓励性原则和倡导为主。对合同能源管理的能源合同缺乏有效的法律规制。二是合同能源管理适用的法规、政策性文件可操作性差。尽管各级政府对合同能源管理的重视程度不断提高，但我国对合同能源管理的推广及管理以软性法律法规为主，缺乏强制性手段。总的来说，我国合同能源管理立法相对滞后，合同能源管理双方权益界定缺乏强制规定，能源合同法律保障不到位是当前矿山合同能源管理政策法律环境存在问题的主要原因。

2. 矿山合同能源管理的监管评估难度大

政策支持模式单一的最主要的原因是节能量的评估和监管问题。节能效益分享型是三种节能模式中计算评估相对简单的。节能效益的正确合理评估是合同能源管理双方收益分配的重要依据，是节能服务公司盈利的基本参考，是矿山合同能源管理项目的核心，是企业绿色发展的根本。但是，目前节能服务行业还处于发展初期，缺乏科学成熟的节能量监测和认证办法、节能量服务评价标准等行业规范，节能产品和节能服务的市场秩序比较混乱。因此，节能量计算的准确与否直接关系到节能服务公司与矿山企业双方的利益。节能服务公司在节能量的核准和评估上，很难和矿山企业达成一致意见。

节能量的监管评估难度大，主要有两个方面原因：一是缺少统一的节能量评价标准。《合同能源管理技术通则》作为政府官方文件，提及了能耗基准和项目节能量可参照《企业节能量计算方法》及相关标准，但该标准缺乏实际操作性和权威性，在矿山合同能源管理实际项目中，难以通过此标准进行节能

量的评估检测。二是缺乏具有一定权威性的第三方机构来进行节能量的核准和评估。同时，当前我国社会对第三方机构的独立性和公正性存在一定程度的不信任，其权威性受到挑战，合作双方对节能效果验证机构的检测结果存疑。由于矿山企业的特殊性，矿产资源的品位和成分不是一成不变的。矿山节能的表现方式多样，包括照明节能、矿井开采节能、冶炼节能等多方面多阶段，这也增加了节能服务公司在节能量的核准和评估过程中的难度。政府对现有节能量的评估缺乏有效监管，对矿山和节能服务公司双方缺乏公正的标准，造成节能量欺诈。节能效益分享型模式和节能量保证型模式都对节能量的评估有较高的依赖度，节能量评估难度大导致政策支持模式较为单一。

3. 矿山合同能源管理项目融资风险高

当前政府出台的合同能源管理支持政策，明确提出了对符合具体标准的项目和节能服务公司给予财政奖励和税收优惠。但其对现有矿山合同能源管理的支持效果有限，金融财税政策不太合理。归根结底是因为矿山合同能源管理项目融资风险高，现有的金融财税支持政策无法满足矿山合同能源管理的发展。

矿山企业及合同能源管理项目的实施必须以充足的资金为前提。矿山企业的投资大、建设周期长、生产成本高，因此，矿山合同能源管理项目投入资金数额比较大、契约费用高。湖南省及我国其他地区大多数节能服务公司处于发展初期，普遍存在注册资本较少、财务制度不规范、在银行贷款审核中的信用评级较低等问题。部分节能服务公司依靠世界银行的贷款支撑企业的政策运营。因此，矿山合同能源管理项目融资困难。同时，由于矿产资源自身的特点，包括成分多变，存储隐蔽等，每个矿床都具有独特性和唯一性，因此，矿山合同能源管理项目具有一定程度的投资风险。这也是节能服务公司必须考虑的重要评估因素。因此，矿山企业的绿色发展受到资金制约。现行合同能源管理的金融财税支持政策忽略了矿山产业的特性，对矿山合同能源管理的政策支持缺乏针对性。

4. 节能服务公司自身实力有限

现有人才与技术政策支持不足最根本的原因，是节能服务公司的自身实力有限。合同能源管理项目的本质就是节能服务公司利用节能的新技术帮助高能耗企业进行节能，而节能服务公司开展矿山节能项目水平有限严重制约了矿山合同能源管理项目的发展。

节能服务公司实力有限主要表现在两个方面。一方面，节能服务公司自身水平有限。由于节能服务行业准入门槛较低，节能服务公司在发展初期爆发式增长，其公司服务水平呈现参差不齐的状态，大多数节能服务公司依附某个项目或设备公司而成长，核心竞争力不足。另一方面，矿山产业不可复制性等特点对节能服务公司的水平提出较高要求。矿山合同能源管理项目一般包括对选矿工艺进行优化、照明节能、压风机节能、井下排水泵节能、淘汰落后机电设备等多个方面，每一个子项目都对节能服务公司提出了较高的技术要求。节能服务公司大多数较小，同时矿山节能项目具有行业独特性。节能服务公司缺乏矿山节能经验，缺乏足够的技术支撑。当前人才技术政策鼓励节能服务公司自主研发技术和培养人才，忽略了节能服务公司的现状，导致人才技术政策支持不足。

5. 矿山合同能源管理政策宣传不到位

政策执行不到位很大程度上是因为政策宣传不到位。矿山合同能源管理涉及的另一个主体——用能单位矿山企业对合同能源管理机制了解不足，对节能服务的经济效益认识不充分。尽管中央及湖南省政府均出台了一些促进湖南省合同能源管理发展的政策，也鼓励各级节能主管部门要采取多种形式，广泛宣传推行合同能源管理的重要意义和明显成效，提高全社会对合同能源管理的认知度和认同感，营造推行合同能源管理的有利氛围，但因为政策的宣传落实不到位，政策的执行大打折扣。

政府及主流媒体对合同能源管理的有效宣传不到位，矿山企业对合同能源管理了解程度较低，对其节能特性及模式认知不够，对节能效益缺乏信心；节能服务公司对矿山企业的节能改造也缺乏足够的认识，矿山产业因其行业特征及较大风险性，容易被节能服务公司忽略其巨大的节能空间。

第十二章　协同进化理论视角下的湖南省矿业经济绿色发展

湖南省矿业经济绿色发展中协同进化是指参与湖南省矿业经济绿色发展的各参与主体彼此影响，一个主体影响另一个主体，反过来另一个主体又影响前一个主体，从而使其朝着一个方向进化，最终使得湖南省矿业经济绿色发展的各主体共同组成一个相互作用、相互促进的整体。

本章作为湖南省矿业经济绿色发展研究的重要组成部分，通过参考已有文献，简要介绍与之相关的协同进化理论、绿色发展理论以及公共政策理论的研究成果，并且进一步阐述与矿业经济绿色发展紧密相连的公共政策理论、协同进化理论、可持续发展理论以及循环经济理论，在有效分析湖南省以协同进化形式推进矿业经济绿色发展的条件的基础上，进行基于协同进化理论的湖南省矿业经济绿色发展的机理分析，为协同推进湖南省矿业经济绿色发展奠定了理论基础。

第一节　国内外文献综述

一、协同进化理论的研究综述

生物学家达尔文在其著作《进化论》中提出的进化论被世人评价为19世纪自然科学的三大发现之一。他将适者生存、不适者淘汰的自然现象称为自然选择，其实质是优胜劣汰和弱肉强食，其核心是生存斗争，这种理论打破了当时"世界皆为上帝所造"的理论包围，在19世纪具有极强的创新性。该理论强调了生物种群内部以及种群间的斗争，但却忽略了生物种群之间良性的互动关系。在现实生物界，生物之间不仅存在着优胜劣汰式的生存斗争，还存在共生互补、共同进化等现象。这种现象既表现在不同物种之间相互竞争的收益，也表现在不同物种之间相互协同合作的收益，同时还表现在物种群落所处的外部环境与生物系统之间相互依存、相互作用的关系。随着人们对事物理解的不断加深，尤其是20世纪60年代以来，耗散结构理论、分形理论、突变论、自组织理论、协同学、非线性科学、混沌理论等学科的兴起为研究协同进化理论提供了必要的理论工具，针对于《进化论》当中没有涉及的良性互动和互惠共生现象的协同进化理论应运而生。

协同进化这一概念最早是由美国生态学家雷文（P. H. Raven）和埃利希（P. R. Ehrlich）于 1964 年在讨论植物与植食昆虫相互作用对种群进化的影响时提出来的，但两位生物学家并没有对协同进化理论进行明确的界定。雷文（P. H. Raven）在后续研究中第一次对协同进化理论进行了严格的定义：协同进化是一个物种的性状作为对另一个物种性状的反应而进化，而后一物种的这一性状本身又是作为对前一物种性状的反应而进化。① 这一定义强调了协同进化的特定性和相互性，即物种中的任何一个性状的进化都起源于另一个性状，此时两者都发生了进化现象。1976 年赫尔曼·哈肯（H. Haken）系统性地描述了"协同进化理论"，他在论文中指出了系统进化的必要条件，即在系统内部要素之间存在相互促进的关系，进而促使整个系统进化。

协同进化在生态学当中的定义已经基本统一，即自然生境中两个或多个物种，由于生态上的密切联系，其进化历程相互依赖，当一个物种进化时，物种间的选择压力发生改变，其他物种将发生与之相适应的进化事件，结果形成物种间高度适应的现象。② 随着社会进步和经济发展，市场对于企业的管理思想和经营方法提出了新的要求，这也引起了国内外学者的关注和深入思考，随后也相应地提出了一些企业管理思想，而协同进化理论以其独特的理论视角和对以往经验方法、理论的综合能力从众多理论当中脱颖而出。

剑桥大学教授 Campbell③ 在 1965 年率先在其论文当中将协同进化理论引入社会科学的范畴，而后，Astley④ 和 Aldrich⑤ 等人又在 Campbell 的基础上进一步将企业和产业的协同进化理论推广到共生式发展的企业种群这一层次。值得一提的是，国际著名学术杂志 *Organization Science* 在 1999 年第 5 期的企业协同进化方面的专刊上刊登了共 10 篇论文，分别对企业协同进化的模型、框架、政策与管理进行了相关研究，这不仅在国际学术界引起了极大的反响，更是协

① Ehrlich P R, Raven P H. Butterflies and plants: a study in co-evolution [J]. Evolution, 1964 (18).

② 程鲲，马建章. 基于协同进化理论的红松资源保护与开发 [J]. 生物学通报，2009 (2).

③ Campbell. D. T. Variation and Selective Retention in Socio-Cultural Evolution. [M]. Cambridge UK: Cambridge University Press, 1965.

④ Astley. The two ecologies: Population and community perspectives on organizational evolution [J]. Administrative Science Quarterly, 1985 (30): 224-241.

⑤ Aldrich, H. E, S. Mueller The Evolution of organizational Forms: Technology, Coordination And Control [J]. Research in Organizational Behaviour, 1982 (4): 33-87.

同进化理论在发展过程中取得的标志性的成果。此后，协同进化理论在经济和管理等方面的发展一发不可收拾，相关领域的论文也大量涌现，协同进化理论在产业、企业以及社会协同式发展等方面的理论不断得到补充。

Daly、Bartholomew[①] 等人和 Faber 的团队首先指出可以根据生态经济学[②]的基本属性，运用生态学和经济学以及相关理论的各种工具对生态经济学进行研究。而后，Norgaard 提出了运用协同进化的基本范式解释生态系统和社会系统由相互选择过程推动的相互进化。[③] Gowdy 将进化生物学中的间断平衡和突变概念引入到经济与环境系统交互的探讨中。[④] 而 Van den Bergh 和 Engelbrecht 在其研究协同进化微粒群算法的论文中提出，可将协同进化理论作为研究组织及其内在变化的数学基本范式，并在此基础上为其定义了一个由基因、个体、群众和组织组成的交互式模型。[⑤] Van den Berg 及其团队又在这个基础上，运用系统动力仿真学、MAS 统计学以及种群进化博弈论，对经济结构的转变以及产业的进化进行了数学建模。[⑥]

在经济的组织形式方面，Igor Matutinovic 等人从生态理论的视角讨论了经济生态中将经济系统和生态系统均看作复杂适应系统，并将其与生态系统进行类比，得出了全球经济这一自组织将成为收益系统的结论。全球贸易中少数技术先进的国家的直接贸易将占全球贸易总量的大部分，而其他国家的贸易互动的指数下降，全球所有的经济体直接的互相作用也能够显现出连接偏好以及小世界行为。[⑦] 这显示出个人的小世界的行为和连接偏好的经济之间的相互作用。他认为人类生活系统的自然均衡将成为影响生态学视角下的全球发展的关键因素。

我国学者对于协同进化理论的研究虽然起步较晚，但近年来也从不同角度

① Costanza, R, Daly, H. E, Bartholomew, J. A. Goals, Agenda and Policy Recommendations For Ecological Economics [D]. New York USA: Colombia University, 1991.

② 生态经济学（ecological economics）是一门研究经济系统和生态系统的复合系统的结构、功能及其内在运动规律的学科，旨在实现生态经济化、经济生态化、生态系统与经济系统之间的协同发展，也是一门生态学和经济学相结合而形成的交叉性学科。

③ Norgaard, R. B. Social system and ecosystem coevolution in the Amazon [J]. Journal of Environmental Economics and Management. 1981 (3): 238-254.

④ Gowdy. Avoidingself-organizedextinction: toward a co-evolutionary economics of sustainability [J]. International Journal of Sustainable Development and world Ecology, 2007 (14).

⑤ 王联国，施秋红，洪毅. PSO 和 AFSA 混合优化算法 [J]. 计算机工程，2010 (5).

⑥ Safarzynska K, van den Bergh. Policy for system innovation: demand-supply convolution with multiple increasing returns [J]. Technological Forecast and Social Change, 2010 (2): 297-317.

⑦ Igor Matutinovic. . Organizational patterns of economies-an ecological perspective [J]. Ecological Economics, 2002 (40): 421-440.

提出了自己的观点，较为有影响力的有：王静莲借鉴生物科学中神经元相互抑制与刺激的量化关系，提出了多个体协同式强化学习的动力学模型，并在此基础上论证了生物进化是一个在生态环境中结合先天遗传进化和后天竞争学习进化的结果。[①] 杨黛等借鉴种群生态学的核心理论 logistic 模型对产业集群的多重边界及其形成机理进行分析，提供了共生型产业集群组织边界的多种视角。[②] 张喜文以自然生态系统的协同进化动力学模型作为参考，考虑了环境资源高利用率对资源容量的相对扩展，将生态效率纳入考量范围，构建了捕食、竞争和共生三种生态型企业协同进化动力学模型。[③] 王子龙等通过构建生态位协同演化模型，对系统内任意两个企业之间的协同进化关系及其演化路径进行深入研究分析，最终构建了集群企业生态位宽度、生态位重叠及生态位协同进化模型。[④]

吕俊杰等借鉴系统动力学和生态学原理得出了产业集群的共生运行体系，并在此基础上梳理出集群的共生化机制——动力机制、辅助机制、核心机制和基础保障机制，最终对各机制的作用和实现模式进行了分析总结。[⑤] 梁晶等以生态学中的 KojimoropoB（柯尔莫戈洛夫）和 lotka—volterra 竞争动力学方程为工具，从生态位的角度探讨了生态位理论对集群竞争、演替、协同进化等方面的影响，论证了产业集群的协同进化和产业集群健康发展之间的关系。[⑥] 赵全超等依据 RSC-ANP 企业复合系统协同度模型和网络化成长性评价模型，为科技型企业的产业政策制定和考评提供了新的路径选择。[⑦] 李一军等把演化博弈理论作为指导思想，构建价值网络模式下企业主体间协同竞争的演化博弈模型，指出价值网络模式下企业协同竞争行为的博弈过程及特点，并揭示了系统在不同发展阶段的利益分配机制对演化博弈过程的影响机理。[⑧] 王举颖等从企业与集群环境互动的角度，研究了科技型中小企业网络化成长的外部环境关联机制和企业生态位态、势互动机制，从生态学的视角提出了企业生态位模型和基于生态位模型的企业成长机理解释，并建立了基于 TOPSIS 算法的企业优势

① 王静莲. 协同进化技术及其应用研究［D］. 山东师范大学，2006.
② 杨黛. 产业集群边界的多视角分析［J］. 中央财经大学学报，2006（8）.
③ 张喜文. 基于集体智慧的生态型企业协同进化研究［D］. 武汉理工大学，2011.
④ 王子龙. 集群企业生态位协同演化模型研究［J］. 工业技术经济，2005（9）.
⑤ 吕俊杰. 产业集群的生态共生机制研究［D］. 河北工业大学，2007.
⑥ 梁晶. 基于生态位的集群企业竞合战略研究［D］. 武汉理工大学，2007.
⑦ 赵全超，王举颖. 集群环境下科技型中小企业协同进化研究［J］. 中国科技论坛，2009（9）.
⑧ 关涛，李一军，高晶. 面向价值网络的企业协同竞争博弈模型研究［J］. 管理学报，2010（2）.

生态位贴近度分析模型。①

此外，对协同进化理论的论述，还散见于曹先彬、② 王希泉、③ 林丽萍、④ 刘静⑤等学者的论著当中。可以说，有关协同进化理论的研究，在我国学术界已经兴起，并取得了一些可喜的研究成果。

二、绿色发展理论的研究综述

众所周知，每一个地区的经济增长都会经历许多个阶段，从最早的只注重经济发展数量到中期既注重发展数量又注重发展质量，一直到最后转变优化为可持续发展模式。绿色发展理论强调要以可持续发展的形式构建理性而系统性的经济发展模式，各国政府都非常重视绿色发展。与此同时，诸多学者也从不同的角度对绿色经济进行了广泛而深入的研究。

在绿色经济的内涵方面，虽然许多学者都从自己的学科视角对其进行了解读，但大部分学者已经形成了一定的共识，即绿色经济是一种可持续发展的经济体系的总称。这种体系要求人类在发展经济、提升社会发展水平的同时要以资源节约和环境友好为前提条件，要求全人类以生态—社会—经济三者的协同进化式发展为价值取向，综合运用各类技术、各种手段来优化经济的发展方式，实现人类发展与大自然环境得以保护的双赢局面。目前，各国政府采用的工具较为丰富，具体可分为政策杠杆调节手段、经济调节手段、统计核算手段等。⑥

曹东、陈潇君等认为，要真正落实绿色发展，就必须更加客观地看待环境资源，不能像过去那样将环境资源仅仅当做一种生产资料与资源，还要将其视为生产力和产品。在这种思路下他们进一步提出，不仅要把生态环境的要素纳入到生产函数中来，还要把它作为产出纳入到地方 GDP 核算中。

国内绿色经济学泰斗诸大建则在此基础上提出，绿色经济对传统以效率为导向的经济模式增加了两个重要维度。绿色经济将空气、水、土壤、矿产和其他自然资源的利用计入国家财富预算，强调经济增长要控制在关键自然资本的边界之内；绿色经济试图将"公平"或包容性变成与传统经济学中的"效率"

① 王举颖. 集群环境下科技型中小企业网络化成长与协同进化研究［D］. 天津大学，2007.

② 曹先彬，罗文坚. 基于生态种群竞争模型的协同进化［J］. 软件学报，2001（4）.

③ 王希泉，胡伟，张阳. 国外企业协同进化理论述评［J］. 江苏商论，2008（7）.

④ 林丽萍. 基于知识协同进化的竞争力及其对中小企业的启示［J］. 工业技术经济，2006（7）.

⑤ 焦李成，慕彩红，刘逸. M–精英协同进化数值优化算法［J］. 软件学报，2009（11）.

⑥ 李康. 绿色经济与绿色 GNP［J］. 环境科学研究，2002（1）：17–21.

同等重要的基本理念。①

夏正枢等则在前人的基础上，通过理论分析进一步提出，在我国经济发展的过程中势必越来越重视经济的发展质量，绿色经济中的各种商业模式创新已经成为现代商业的一种主流的创新形态，只有充分地和绿色经济相结合，才能适应社会的发展趋势以及市场的需求变化，从而切实应对市场竞争的挑战，最终实现让绿色经济理论真正从理论走向实践。

唐元等认为，绿色经济是作为一种能够满足可持续发展的手段，不仅与传统的粗放式发展方式有所不同，还要强调生态—环境—资源的和谐发展。② 王兵等认为，节能减排可以通过强化节能减排技术与管制，挖掘节能和 GDP 减排潜力，实施区域差异化的节能减排政策，进一步促进中国绿色全要素生产率增长，推动绿色经济发展。③ 戴铁军则给绿色经济下了如下定义：绿色经济以经济与环境的和谐发展为目标，将循环经济发展模式、清洁生产工艺等众多有利于生态保护的技术结合在一起，来实现经济的可持续增长。④

虽然不同学者对绿色经济概念的理解并不完全一致，但通过上述对于文献的梳理可知，学者们对于绿色发展理论的认知是一个逐步深入、逐步系统化的过程，大多数学者已形成共识——绿色发展的载体就是绿色经济，两者拥有相同的内涵及价值主张。随着社会的进步，人们对发展的理解更加深刻，对绿色环保的意识更加深入，绿色发展理论势必指导绿色经济发展模式成为未来人类发展的主流模式。

三、公共政策理论的研究综述

（一）公共政策的内涵

由于人类所处的地域、文化背景和政治以及经济发展程度不同，人们对于政策的内涵有着不同的理解。目前理论界对公共政策的定义尚未形成统一的意见，大多数研究者是从政治学或行政学的角度对此进行研究和探讨的。

"现代行政学之父"伍德罗·威尔逊认为，"公共政策是一项由政治家，

---

① 诸大建.从"里约+20"看绿色经济新理念和新趋势［J］.中国人口·资源与环境，2012（9）：87-91.

② 唐元.我国应对气候变化面临的形势分析及战略选择建议［J］.能源技术经济，2010（4）：1-8.

③ 王兵，刘光天.节能减排与中国绿色经济增长：基于全要素生产率的视角［J］.中国工业经济，2015（5）：57-69.

④ 李刚，戴铁军.我国的绿色经济发展战略［J］.节能与环保，2011（3）：25-31.

即具有立法权者制定的而由行政人员执行的法律和法规"①。这一定义具有较浓厚的美国政治体制特色，即"党""国"分离，缩小了公共政策的范围和制定主体。而后，亚伯雷比又在此基础上指出，"决策绝不仅仅属于政治，公共行政的主要职责就是制定政策"②。拉斯韦尔与卡普兰认为，公共政策是一种具有目标、价值与策略的大型计划。③ 该观点提出后，在学术界产生了极大的反响，也是现在政策科学中"制定、执行和评估"三部曲的前身。美国政治学界戴维·伊斯顿则从传统政治学利益分配原理的角度对公共政策进行了界定，他认为，"公共政策是对全社会的价值作权威性的分配"④。美国学者托马斯·戴伊又对公共政策提供了更为宽泛的定义，"凡是政府决定做的或决定不做的事情就是公共政策"⑤。在定义当中，既考虑了政府的"有所为"，又考虑到了政府的"亦有所不为"，具有明显的行为主义色彩，体现了公共政策分析实践性的学科特征。

在我国，许多专家、学者也对公共政策的定义做出了自己的判断和定义。我国台湾学者张世贤、林水波等认为，政策是"政府选择作为或者不作为的行为"。孙光则指出，"政策是国家为了实现一定的总体性目标而制定的行动准则，它具体表现在对公民进行分配及调节的措施和过程中"。张金马等人认为，"政策是政党和政府用于规范和引导有关机构团体和个体行为的行动指南。其表现形式有规章制度、法律、行政公文等"⑥。我国台湾学者伍启元的观点具有较强的代表性，他认为"公共政策是一种政府所采取的对公私行动的指引"⑦。公共政策是有未来取向与目标取向的，由于受到社会价值取向的影响，所以具有一定的拘束性。但他认为政策主体仅限于"小政府"，而没有注意到政府对个体行为的引导将会受到相当大的限制。

以上几种观点反映了在相当长的一段时间内，国内学术界对于公共政策领域研究初期的一些困境：大多数学者在探索公共政策的内涵时，过多强调它在行为规范与社会宏观控制方面的效果和功能，过于强调政党和政府的政策主体地位及其公共政策的目标取向，却忽视了政策过程的特点。

陈庆云在前人的基础上取得了突破，他指出，"公共政策是政府依据特定

① WilsonW. The Study of Administration [J]. Political Science Quarterly, 1887 (2): 197-222.

② Appleby Paul Policy and Administration. [M]. University of Alabama Press, 1949: 27, 170.

③ H. D. Lasswell and Kaplan. Power and Society [M]. New York: Mc Graw-Hill Book Co. , 1963: 70.

④ 戴维·伊斯顿. 马清槐译. 政治学状况研究 [M]. 北京: 商务印书馆, 1993: 7.

⑤ 托马斯·戴伊. 理解公共政策 [M]. 北京: 华夏出版社, 2004: 2.

⑥ 徐凌，张继. 公共政策分析 [M]. 长沙: 湖南人民出版社, 2004: 3.

⑦ 舒泽虎. 公共政策学 [M]. 上海: 上海人民出版社, 2005: 42.

时期的目标，在对社会公共利益进行选择、综合、分配和落实的过程中所制定的行为准则"①。即从利益的角度出发，公共政策过程就是一次公共利益分配的过程，该过程是一个受到时间、空间限制的动态过程，并且它服从于政府的整体目标的需要。

（二）公共政策的类型及共性分析

根据国内外学者的观点，公共政策的类型不仅有不同的称呼，如"政策类型""政策形态""政策领域"等，而且依据其不同的划分标准，其具体的类型也会不尽相同，如按公共政策的性质划分、按公共政策的层次划分、按公共政策的领域划分等。② 按照传统政治学中公共政策的一般分类方法，可将公共政策分成元政策、基本政策和具体政策。但如果依据公共政策的内容和发挥作用的领域来划分，我们可以将公共政策大致分为政治政策、经济政策和社会政策三个方面，三者虽然各成体系但又互相联系，一起构成了完整的公共政策体系。

纵观以上国内外学者对"公共政策"从政治学、制度经济学和公共管理学等不同角度进行的分析和定义，虽然在表述方式上不尽相同，强调的侧重点也有所不同，但我们依旧可以从中发现一些共同的内容，归纳起来包括以下四点：

第一，公共政策的主体是以政府为主的公共部门。虽然在整个公共政策周期中所有能够参与的组织或个人，即公共政策的制定者、执行者、评估者以及利益相关者都可以政策为主体，但由于公共政策是以整个国家的经济、社会发展进步为目的的，且只有政府拥有将公共政策在整个国家、地区实施的权威，因此，其主体还是以政府为主的各个部门。

第二，公共政策的客体是社会公众利益的分配与调整。在任何国家的社会、经济和生活中，个人、群体与政府三者之间，都存在着某种利益上的矛盾。因此，每一项公共政策的实施都有可能使得一部分人受益的同时使另一部分人受损。因此，公共政策应当在各群体的利益博弈当中寻求一种均衡与和谐，以确保公共政策的顺利实施和社会、经济的稳定发展。

第三，公共政策的形式包括由政府制定的各种法律、规划、行动方案等。公共政策既可以表现在政府对社会、经济的干预上，又可以表现为政府对社会经济的"选择性不干预"。但无论是干预还是不干预，政府都应该事先制定出

---

① 陈庆云. 公共政策分析［M］. 北京：中国经济出版社，1996：9.
② 徐凌，张继. 公共政策分析［M］. 长沙：湖南人民出版社，2004：16-25.

相应的法律、规划和行动方案来协调各利益主体之间的利益关系。

第四，公共政策的目标是全体社会公众利益的最大化。公共政策的制定与实施是为了解决特定的社会、经济问题，其现实意义在于在完全的市场环境中，依据政策的实施能够使得市场上各利益主体达到"帕累托最优"的状态，各利益主体的利益最大化了，整个社会的公共利益自然而然也就实现了最大化，社会的进步与发展速度也因此达到最大值。

第二节　基本概念界定与基础理论

矿业经济绿色发展就是以公共政策理论、协同进化理论、循环经济理论，以及可持续发展理论等为理论基础，实现对矿产资源的科学化配置，满足社会进步与经济发展的需求，实现矿产资源的开发对生态环境影响的最小化的一种新型发展模式。本节在明确协同进化和矿业经济绿色发展的基础上，对上述理论进行了梳理和回顾。

一、基本概念界定

（一）协同进化

协同进化是由美国生态学家埃利希（P. R. Ehrlich）和雷文（P. H. Raven）1964 年研究植物和植食昆虫的关系时提出的学说，但是他们并没有对协同进化进行明确的定义。因此，在接下来的研究当中，不同的研究者对"协同进化"一词的理解不尽相同。Jazen 认为：协同进化是一种由于物种之间发生相互作用而产生的性状变化的现象，即物种的进化是因对周围环境变化的适应而产生的。最早将进化理论引入社会科学的是 Campbell，他在生物进化与社会文化的进化之间架起了沟通的桥梁，提出了组织进化的一般模型，即盲目变异—选择—保持。

环境对湖南省矿业经济绿色发展的生态系统具有自然选择的作用，系统中的各个参与体协同进化的形式、结果及方向性取决于大环境的演变趋势。一般而言，参与体大多会采取趋异进化或者趋同进化两种行为以期适应环境的演变趋势。在生态学中，两种不同的物种，在不同的地理位置中，拥有相同或类似的生存环境以及生存压力，经过物种之间的相互作用，最终产生功能相似或相同的生态特征，这就是物种的趋同进化。就如同华为公司与苹果公司同属于手机制造商，在手机业务上属于竞争关系，但是为了节约企业成本，苹果公司会将其产品的 UI 美化、系统调试等工作通过业务外包和联合开发的形式与华为公司进行合作，两者因此形成了协同进化的关系。

笔者认为，湖南省矿业经济绿色发展中协同进化是指参与湖南省矿业经济绿色发展的各参与主体彼此影响，其中一个主体影响另一个主体，反过来另一个主体又会影响前一个主体，从而朝着一个方向进化，最终导致所有参加湖南省矿业经济绿色发展的各主体共同组成一个相互作用、相互促进的整体。

（二）矿业经济绿色发展

目前，有为数不多的文献对于矿业经济的内涵及特点进行了梳理与分析。众所周知，矿产业一方面为社会的进步、经济的发展提供了原材料，另一方面也对生态环境造成了一定的破坏。例如煤炭矿山的矸石山，石灰矿区等。然而，面对紧迫的环境保护形势，社会各界对于保护生态环境的呼声日益壮大，矿山产业的绿色发展模式便走入了人们的视野中。

从生态学的视角出发，绿色矿山指的是矿山的开采对环境没有污染和破坏。而由于现阶段的研究中，鲜有文献对矿山经济绿色发展进行系统的研究，学术界也还没有形成对于矿山经济绿色发展的概念界定。笔者认为，所谓矿业经济绿色发展是指在矿业的开发、利用和维护中，以生态经济学为理论指导，以环境友好型、资源节约型为价值取向，在对矿区周边区域进行科学合理的规划的基础上，形成以矿产业为主体的产业集群式发展，广泛运用绿色技术，综合运用政策杠杆，实现矿产资源配置的最优化以及环境破坏的最小化。

根据对现有相关文献的梳理，我们认为绿色矿业经济所体现的内涵有以下几个方面：

第一，矿业经济的绿色发展以生态经济学、管理学和经济学为理论支撑，综合利用生态规律、社会规律和经济规律，促进矿产产业与生态产业的融合，促进与矿业经济绿色发展相关的信息流、物流、资金流、服务流的科学化运作，使生态经济系统协调、有序发展，区域发展曲线尽可能达到帕累托最优。在矿产资源的勘察、规划、开发、运营等过程中都要始终以绿色经济发展为价值取向，进而达到合理保护生态环境、科学优化矿产资源配置的目的。

第二，矿业经济绿色发展的基本特征就是节能减排，提高矿产资源的利用率，提倡将矿产开发中产生的废弃物多层次多途径再利用。按照科学合理、低消耗、低排放、高产出和高附加值的原则，科学合理地开发矿产资源是矿业经济绿色发展的前提，在矿业系统中实现矿产资源的多层次精细化利用，在确保能源转换与资源循环利用率达到最优化的基础上，努力达到生态环境所受到的破坏最小化。

第三，矿业经济绿色发展的目标就是在矿产资源的勘察、规划、开发、运营等全过程中，都实现对生态环境的影响控制在环境可承载的范围内，通过综合运用各项绿色技术来降低可用于生产的矿石品位，通过深入勘查扩大矿产资源的储备量，通过科学合理地规划延长矿区的生产运营联系，通过运用生态复原技术，动态监管矿区土壤、水质及空气的变化情况，从而真正意义上实现环境友好与资源节约，达到生态环境、社会与经济效益的协同提升，实现人与大自然的和谐共处。

综上所述，矿产经济绿色发展就是以生态经济学理论为理论基础，以矿产绿色开发及环境保护技术为技术支持，以低消耗、低排放、高产出和高附加值为发展原则，以清洁生产、节能减排、矿产资源多层次精细化利用为特征，以矿业产业为集群主体，在对生态环境的扰动量始终小于区域可承载量的条件下，实现矿产资源的科学化配置，满足社会进步与经济发展的需求，实现矿产资源的开发对生态环境影响的最小化的一种新型发展模式。

二、相关基础理论

（一）公共政策理论

20世纪四五十年代以来，公共政策学作为一个独立的研究范式应运而生。公共政策的研究对象是现实生活中的政策实践、政策系统和政策执行过程，其基本目标是端正社会的发展方向，完善和优化公共决策系统，从而最终提升公共政策的制定水平和公共政策的制定质量。由此可见，如何制定并执行科学合理的公共政策，解决社会现实问题，实现政府管理目标，是公共政策学研究的主要内容。

所谓公共政策是指国家机关、政党以及其他政治团体在特定时期为实现或服务于一定社会政治、经济、文化目标所采取的政治行为或者规定的行为准则，它是一系列谋略、法令、办法、措施、条例、方法等的总称。政策不仅是执政党、政府进行政治控制或阶级统治的工具或手段，而且是执政党、政府履行公共管理职能的主要工具或手段。

因而政策具有以下几个基本功能：其一，导向功能，它能引导人们的行为或者事物的发展方向朝着政策制定者所期望的方向发展。其二，控制功能，它能对社会中人们的行为或事物的发展起到制约或者促进作用。其三，协调功能，它能够有效协调各种利益关系，确保整个国家社会生活的和谐进行。其四，象征功能，某些政策仅具有象征意义，不产生实质性后果，主要发挥象征性作用。公共政策作为政府治理的主要工具，涉及社会政治生活的方方面面，因而政策是多种多样的。

根据不同的标准，可以将政策分为不同种类。例如，根据政策所涉及的社会生活领域的不同，可以将公共政策划分为政治政策、经济政策、社会政策和文化政策。由于社会政治经济事务纷繁复杂，因而政府在处理这些事务时，一般不是采用单一政策，而是将多种政策相互配合使用，而且经常以政策链的形式出现。政策链是由两个及两个以上相互影响、互为关联的政策构成，涉及政府、企业、消费者等多个行为主体，宏观、中观、微观等多个层面，近期、中期、远期等多个阶段的错综复杂的系统。构成链状结构的若干政策排在同一条直线上，环环相扣。① 如果根据时间标准来划分，政策链可分为横向的政策链和纵向的政策链，而横向的政策链则是为解决某一时期内的特定目标或政策问题而制定，并最终得以执行的政策组合。政策链的纵向结构则表现为不同时期为解决同一政策问题而制定和执行的新旧政策。

随着信息社会的到来，湖南省矿业经济正在向绿色发展的模式转型，但是同时也遇到了各种挑战，出现了诸多矛盾。作为一项方兴未艾的新型产业，尤其需要政府采用各种政策消除各种障碍，促进物联网产业的快速发展。政府不仅要同时使用经济政策、社会政策等多种政策来推动湖南省矿业经济以协同进化的形式发展，而且由于湖南省矿业经济绿色技术产业的特殊性，政府必须以政策链的形式来为其发展扫除障碍。

（二）协同进化理论

早在 19 世纪，达尔文在他的《进化论》中提出，自然选择是自然界演化的普遍规律，也就是说适者生存、不适者淘汰是自然界的普遍现象，生存斗争是其核心，弱肉强食，优胜劣汰是其实质。达尔文的进化论思想在当时产生了深远影响，并被列为 19 世纪自然科学的三大发现之一。然而，它只强调生物之间的斗争性而忽视了生物在其他方面的联系性。实际上，生物之间不仅具有优胜劣汰的生存斗争，而且具有共生互补性和协同性。换言之，物种之间的相互协同也是互惠互利的。基于此，"协同进化理论"应运而生，它的核心思想是互惠共生和协同竞争。

"协同进化"作为生物学的一个重要概念，最早由 Ehrlich 和 Raven 在 1964 年研究植物和植食昆虫之间的相互作用给进化带来的影响时提出来的，自此，"协同进化"进入不同领域研究者的视野，特别是在社会科学领域得到了学者们的高度重视。由于 Ehrlich 和 Raven 并未对"协同进化"的定义作出

---

① 李林 . 发展低碳汽车产业的政策支持研究［D］. 湖南大学，2010.

明确的界定，那么何为协同进化呢？不同的学者对此持有不同的观点。Jazen 从生物学的角度指出，所谓协同进化是一种由于物种之间发生相互作用而产生的性状变化的现象，即物种的进化是因对周围环境变化的适应而产生的。德国物理学家赫尔曼·哈肯（H. Haken）1976 年系统地论述了"协同论"，他详细地阐释了系统进化过程中，各个内部要素之间的协同行为，并指出这种协同行为是系统进化的必要条件。

事实上，生物进化与社会进化是密切相关的。Campbell 是最早将进化理论引入社会科学领域研究的学者，他界定了社会基因对文化的影响和文化对社会基因的影响这两种联系，并创造性地研究了单个组织的进化情况。紧接着，Hannan&Freeman，Barnett&Carroll、Barton、MePherson、Astley 等人将进化理论推广到组织种群、群落层次的研究中。

随着研究不断深入和丰富，Lewin 等人提出了组织研究的协同进化分析框架，并对该问题进行不断深入和丰富的研究，形成了组织协同进化理论的雏形。这种理论认为组织的变异、选择和保持不是单独发生的，而是在与环境的不断交感中进行的；组织环境具有层次性，可分为组织内部、组织、种群和群落，每一层次的进化既受到其他层次的影响，同时每一层次的进化又反过来影响其他层次。① Norgaard 认为，协同进化是一个在实践、价值观念和生物物理环境之间的耦合变化过程。人类主要通过物质层面和精神层面来影响环境的变化。反之，新的环境也会对人类的行为与意识产生影响。可以说，协同演化包含这样的内涵，即系统内实体间的关系影响着实体的演化以及在演化系统各个组成部分之间正在进行的正向反馈。此后，Murmann 等人则指出，协同进化分析包括两个及以上正在进化的系统，系统相互作用并影响它们的进化。环境社会的协同进化是指环境系统和社会系统在进化过程中通过影响因子进行相互作用、相互选择的过程。②

（三）可持续发展理论

随着社会经济的进步，对物质能源肆无忌惮地攫取，使得生态环境受到威胁。直到 20 世纪 80 年代，人们才逐渐认识到问题的严重性，同时，人们开始不得不面对资源短缺、环境污染、生态破坏、人口剧增等种种问题。经过国际上广泛的探讨研究与实践，人们逐渐提出了可持续发展这一概念，并加以运用。1987 年，世界环境与发展委员会在题为《我们共同的未来》的研究报告

① 胡伟. 企业协同进化理论探析 [J]. 广西社会科学, 2007 (11).
② 钟远平. 通向可持续发展的协同进化理论研究进展 [J]. 生态经济, 2009 (12).

中首次提出可持续发展概念，并指出，可持续发展是指既能满足当代人的需要，又不对后代人满足其需要的能力构成危害的发展。此后，不同的学者从不同的研究视角对可持续发展理论进行阐释，有的学者从社会的视角来论述可持续发展，有的则从经济学的视角来阐述，还有的从科技的角度来定义可持续发展。

综合当前学者们对可持续发展的阐释，一般可以从以下几个方面来理解可持续发展的内涵：

首先，可持续发展是共同发展。地球是一个复杂的巨型系统，而世界上的任何一个国家或地区都以子系统的形式存在于该系统当中。系统的最根本特征是其整体性，每个子系统都和其他子系统相互联系并发生作用，只要一个系统发生问题，都会直接或间接导致其他系统的紊乱，甚至会诱发系统的整体突变，这在地球生态系统中表现最为突出，因此，可持续发展追求的是整体发展和协调发展，即共同发展。①

其次，可持续发展也是协调发展。协调发展包括经济、社会、环境三大系统的整体协调，也包括世界、国家和地区三个空间层面的协调，还包括一个国家或地区经济与人口、资源、环境、社会以及内部各个阶层的协调，可持续发展源于协调发展。②

再次，可持续发展还是公平发展。世界经济的发展呈现出因水平差异而表现出来的层次性，这是发展过程中始终存在的问题，但是这种发展水平的层次性若因不公平、不平等而引发或加剧，就会从局部上升到整体，并最终影响到整个世界的可持续发展。③可持续发展思想的公平发展包含两个纬度：一是时间纬度上的公平，即当代人的发展不能以损害后代人的发展能力为代价；二是空间纬度上的公平，即一个国家或地区的发展不能以损害其他国家或地区的发展能力为代价。④

同时，可持续发展也是高效发展。公平与效率被称为可持续发展的"两个轮子"，可持续发展的效率不同于经济学的效率，可持续发展的效率既包括经济意义上的效率，也包含着自然资源和环境的损益的成分。因此，可持续发展思想的高效发展是指经济、社会、资源、环境、人口等协调下的高效率发展。⑤

---

① 刘权. 扎龙自然保护区的生态旅游与可持续发展研究［D］. 辽宁师范大学，2009.
② 韦静. 企业核心竞争力与可持续发展评价研究［D］. 中国石油大学，2005.
③ 刘美玲. 银川市湖泊湿地生态旅游开发研究［D］. 宁夏大学，2009.
④ 刘美玲. 银川市湖泊湿地生态旅游开发研究［D］. 宁夏大学，2009.
⑤ 刘权. 扎龙自然保护区的生态旅游与可持续发展研究［D］. 辽宁师范大学，2009.

最后，可持续发展还是多维发展。人类社会的发展表现出全球化的趋势，但是不同国家与地区的发展水平是不同的，而且不同国家与地区又有着异质性的文化、体制、地理环境、国际环境等发展背景。此外，因为可持续发展又是一个综合性、全球性的概念，要考虑到不同地域实体的可接受性。因此，可持续发展本身包含了多样性、多模式的多维度选择的内涵。因此，在可持续发展这个全球性目标的约束和制导下，各国与各地区在实施可持续发展战略时，应该从国情或区情出发，走符合本国或本区实际的、多样性、多模式的可持续发展道路。①

可持续发展战略的提出，是人类为平衡经济、环境与社会的协调发展所作出的最理性的选择。人类工业文明对全球生态的破坏和环境的污染，以及社会、环境和经济之间关系的失衡，引起人们对自身行为的反思，提出可持续发展思想，追求人与人、人与自然的和谐发展。因此，可持续发展追求的终极目标是人类在地球上能够世代生活下去。为达到终极目标的实现需建立人与环境和谐共存的发展模式。另外，自然资源的可持续利用是其发展长存的基本条件，一旦缺失了生命保障系统——自然系统的稳定长存，一切生物（包括人类）生存将面临极大威胁。因此，要求我们在生产和经济活动中节约资源。开发、使用非再生资源要有节制，可再生资源的使用速度应低于其再生速度，但根本的解决措施是提高资源的利用效率。

传统的经济发展模式只注重经济的增长，挥霍浪费自然资源，对生态环境的污染极为严重，并造成了资源的浪费、短缺以及资源消耗的不合理性和不平衡性，这种情况下的经济发展是不可能长久的。因此，必须转变发展模式，建立高效利用的环境与经济和谐共存的生态经济发展模式。摒弃高能耗、高污染、高增长的粗放型经济发展模式，改变生活方式，提高生产效率，实现资源的高效低耗使用。控制生产过程的各个环节，达到低投入高产出的效果；在使用消费过程中，达到高利用低浪费的水平。生态系统应协调好各因素的相互关系，使物质、能量和信息的交换发挥到最佳水平，保持其结构和功能的良好运行。

从伦理角度来讲，可持续发展思想的基本内涵延伸到发展权利的平等性方面，即时间尺度上的代际公平和空间尺度上的区际公平。人类社会可持续发展的公平性除体现在时间和空间上面，还在其实践运用中展示出来。实现这些公平性的基础条件是自然资源和环境存在持久稳定的支撑能力。

对于湖南省矿业经济绿色发展的相关分析而言，也应当坚持可持续发展的

---

① 李龙熙. 对可持续发展理论的诠释与解析 [J]. 行政与法，2005（1）.

理论基础，以降低资源消耗和保护自然环境为前提条件，找到资源环境与经济发展的契合点，解决矿产资源开发过程当中各类资源的有效配置问题，使得经济—社会—生态构成的复合系统协调发展起来。因此，研究湖南省矿业经济绿色发展需先领会贯通可持续发展经济学理论。

（四）循环经济理论

循环经济有广义和狭义之分。广义的循环经济是在生态系统、经济系统、社会系统三个系统各自的内部和系统相互之间高效循环，只有在三个系统平稳运行、和谐发展的前提下，才能实现人类社会进步的可持续发展，是一种新的人类生产和发展模式。而狭义的循环经济只是在经济系统内部的一种循环流动，它只是单纯地从经济系统内部的经济实体出发，最大化地实现经济效益和最小化地降低环境污染，是一种新的经济运行和发展模式。

循环经济的特征主要有以下五个表现:[①]　一，观念先行性。人类要改变发展观念，认识到循环经济对人类社会发展的重要性。人类要不断反思传统的生产和发展模式，吸取教训，认识到传统生存和发展模式存在的不足，从循环经济理论的广义和狭义两个角度出发，加深对新的生产和发展模式的内涵和本质的理解。加强危机感，意识到生存和发展中资源与环境问题的严重性。要真正领会到循环经济对人类生存和发展的重要战略意义，行动起来，转变发展方式，参与到循环经济的发展中来，为社会做出应有的贡献。二，技术先导性。循环经济的发展离不开科技的进步，从循环经济发展中的各环节来看，无不需要科技的支持。例如资源的开采、资源的再生、废弃物的处理等等，涉及方方面面。因此，人类要重视科技发展，提高科技水平，创新地解决循环经济发展的各种技术问题，为循环经济的发展提供技术保障。三，物质循环。物质循环是指所有的物质在系统内实现良性循环，它是在一定的观念、技术、制度等条件下，形成一个"资源—产品—再生资源"的物质反复利用、不断循环的过程。物质循环能够使得有限的资源在经济系统、社会系统、生态系统三大系统内部和相互之间形成良性循环，尽量减少废弃物的排放，实现物质的高效循环利用，进而实现可持续发展。四，主体多样性。循环经济的发展涉及了多个主体，这种主体可以是个人和由人类组成的各种组织，大到国家，小到个人，都是循环经济发展中不可或缺的主体，它们构成了循环经济发展的主体力量，在不同阶段发挥着各自的作用。五，效益综合性。循环经济涵盖了社会的方方面面，不仅仅是为了解决经济发展的问题，也不是为了单纯地追求经济效益。循

---

① 李伟. 我国循环经济的发展模式研究 [D]. 西北大学, 2009.

环经济追求的是经济效益和社会效益的统一，也就是要实现生态系统、经济系统和社会系统的和谐发展，追求整体效益。

根据多年的理论研究和实际运行，循环经济的发展是有规律可循的，我们将其大致分为三个阶段。首先是起步阶段。当人类发展到一定阶段，意识到自然资源的短缺和环境污染严重的时候，就会反思以往的经济社会发展方式，开始考虑并探索适合人类可持续发展的途径。与此同时，越来越多的人开始关注循环经济，作为一种新生事物，人类对其还不是很了解，循环经济的理论体系也才开始建立，还处于一种萌芽阶段。但是由于其对人类的发展具有重大意义，发展迅速，人类的观念渐渐转变，循环经济思想得到广泛的传播和认可。与此同时，政府也开始着手建立和循环经济相关的政策制度体系，改善传统的发展模式，并制定了与循环经济相关的法律法规，将其纳入到正规化的发展中。在实际发展中，政府已启动了部分循环经济试点地区，包括试点企业、试点工业园区、试点城市甚至试点省份。这还只是刚刚开始，循环经济的效益还并不太明显，需要政府进一步加大对循环经济的引导和支持。其次是发展完善阶段。在这一阶段，循环经济的理论不断完善，初步建立起了广义循环经济理论体系。循环经济的思想深入人心，得到了大部分人的认可，并以实际行动去实践这一理论。政府在促进循环经济发展方面已取得了一定的成就，各项政策、制度改革开始发挥作用，形成了一套完整的、有效的能够促进循环经济发展的支撑体系和评价体系，并为此制定了能适应长期发展的循环经济中长期规划。实际应用层面，已在部分地区进行试点，并对相关成功经验进行总结和推广，各种中介组织也在充分发挥它们的作用。可以说在社会经济中的各领域、各层次，循环经济都得到了深入的开展，人类也初步从循环经济的发展中获益，从中体会到了生态效益、经济效益和社会效益的和谐统一。最后是成熟阶段。这一阶段理论界已经对循环经济的相关理论体系有了系统的研究，而且经历了前两个阶段，政府对如何制定政策支持循环经济发展也有了足够的经验，即循环经济发展所需的基本条件已经具备，政府渐渐退出了循环经济发展的主体地位，人类对循环经济发展的认识也得到了很大的提高，循环经济已经建立起来并发挥着巨大的作用。在上述机制的作用下，各类社会资源在生态系统、经济系统、社会系统内部及系统之间的流通更加顺畅，资源得到充分利用，效率显著提高，实现了整个社会的良性循环。循环经济的发展，改善了生态环境，提升了人类的生活质量，也在一定程度上缓解了人类发展中所面临的环境和资源压力。

湖南省矿业经济绿色发展的价值取向符合循环经济理论的内涵特点，本章节运用协同进化理论对湖南省矿业经济绿色发展进行的分析，旨在推动湖南省的矿产产业能够实现生态效益、经济效益和社会效益三者的和谐统一。因此，循环经济理论是指导本章内容的重要理论依据。

第三节　湖南省矿业经济以协同进化的形式绿色发展的条件分析

任何一个地区的矿业经济要想实现协同进化式的发展，都应当满足良好的法制环境、充足的社会网络、系统性的智力支持以及协同化的顶层设计等条件。

一、良好的法制环境

要想实现湖南省矿业经济协同进化式的绿色发展，必须综合利用各种高新绿色技术，而推动包括绿色技术在内的高新技术产业健康快速发展则离不开良好的法律制度环境。在高新技术产业的发展过程当中，涉及众多的创新主体，技术联系以及经济利益关系也非常复杂，这些都需要有健全、完善的法律制度体系为其发展提供保障。[①] 通过构建良好的法律环境，能够有效协调利益关系，从而规范主体的经济行为，充分发挥法律对高新技术产业的激励与约束效应。

而就我国矿产业的绿色技术发展而言，虽然我国的立法机构早已制定了《中华人民共和国矿产资源法》，国家环保部、国家发改委等部门也出台了一系列的矿山开发环保标准等国家强制性的规范化文件，但由于相关绿色技术的发展速度较快，对于矿产资源的勘察、规划、开发、运营等全过程的精细化环保标准一直没有出台。从课题组的调研结果来看，国家立法部门将更多的关注点放在了矿难危机预防与控制方面，而围绕矿产资源开发运营的相关配套性的立法工作也尚未启动，可以说法律法规监管的缺位与矿业经济绿色发展模式的快速发展之间的矛盾已经日益明显。

前文已提及，由于湖南省矿业经济的协同进化式绿色发展离不开相关高新绿色技术作为支撑，因此湖南省矿业经济的协同进化式绿色发展的条件之一就是相关知识产权的保护问题，这也属于良好的法制环境范畴。可以说，由于精细化矿产资源的每一个环节都会涉及知识产权问题，因而核心技术的自主知识产权是影响湖南省矿业经济的协同进化式绿色发展的一个重要因素，故而要特别注重通过矿业绿色技术的知识产权保护来促进技术创新和产

---

① 韩霞. 高新技术产业公共政策研究 [M]. 北京：社会科学文献出版社，2009：324.

业化。另外，有关矿业协同进化式绿色发展的立法缺位还会给社会带来潜在的风险。其风险主要表现在信息安全的保障问题上，由于矿业的应用范围广泛，不仅涉及民生，部分稀有矿产的开发也会涉及国家战略，甚至包括军事领域的机密，国家信息安全的威胁很大，立法缺失将导致泄密等犯罪现象难以规制。因此，针对以上问题，矿业经济的协同进化式绿色发展的进一步发展的立法需求日益强烈。

具体而言，加强相关的法制建设，塑造良好的法治环境，其主要内容有以下两个方面：

一是完善矿业绿色技术核心技术的知识产权保护的相关法律。要适应湖南省，乃至全国范围矿业经济绿色发展的现状和符合矿业绿色技术创新发展客观规律的立法原则，针对矿业绿色技术的知识产权问题，可以进一步细化为以下内容：明确矿业绿色技术创新的知识产权保护的目的是促进矿业绿色技术创新，缩短相关技术产业化的周期；在优先考虑技术措施进行知识产权保护的同时，还应综合考虑经济因素和管理因素；应在现有法律框架下着手以节约法律资源。所以，加强矿业绿色技术知识产权的保护，就要根据高新技术创新活动的发展需要，进一步完善现有的法律法规体系，拓宽其保护范围。同时，完善有关法律基础设施和执法机制，要加大知识产权的执法力度。另外，就是要加强知识产权人才培养，使他们建立新型的知识产权观念。

二是要针对于关于矿业经济协同式绿色发展所面临的新问题及时丰富、充实相关的法律法规。此举不仅是为这一行业的发展提供一定的规范要求，更是为了确保其健康有序发展。① 由于要想实现湖南省矿业经济的协同进化式绿色发展，不仅仅是多项矿业绿色技术的运用与叠加，也不只是生产部门能够独自完成的，还将涉及多个部门之间的管理、协作等社会化的问题。因此，在各组织部门的协作过程中，产生的协议成果可以在法律方面加以固化，从而巩固现有的发展成果。另外，对于协作领导的组织部门，可以指定相应的法律法规，明确职责，强化其组织地位和主体地位，从而进一步增强其协调功能。所以，通过建立健全关于矿业经济协同式绿色发展这一新兴事务的法律法规，有助于克服主体间协同合作的壁垒，从而为实现矿业经济协同式绿色发展打好基础。

---

① 刘晓纯，马兆婧. 我国物联网发展过程中的相关法律问题初探 [J]. 科园月刊，2011（1）.

二、良性的社会网络

从政策生态构成来看，社会网络在各主体之间起着桥梁和纽带作用，因而是政策情境中的重要因素。良性的社会网络不是有效公共政策的替代物，而是这种政策成功的前提，某种程度上还是它的结果。有效的政策能够促进良好社会网络的形成，而社会网络也能有助于各组织之间的合作效能。社会网络是指社会单位之间的政治、经济、管理以及文化、传统和人与人之间多种关系结合而形成的网络关系，它具有动态性、根植性、中心性和开放性等特点。[①]高新技术产业社会网络的作用机制主要体现在两个方面：一是处于产业链条上下游的主体之间，以及横向上产业相关组织之间的交流与合作；二是企业与研究机构、政府部门、中介组织，以及金融机构之间的信息、资源的传递。如此，通过交流与合作，能够降低交易成本，发挥各自正的外部效应，有助于技术创新从而推进产业发展。

前文已论述了湖南省矿业经济的协同进化式发展将涉及许多参与主体，且参与主体之间需要以协同进化的形式进行联系与协作，因而其网络构成的特性与社会网络理论具有很强的契合性。

然而，湖南省矿产行业的社会网络还存在诸多壁垒和隔膜，不利于其产业的进一步发展。其中的一个突出表现就在于地方保护主义。地方保护是地方政府基于自身利益的考虑，运用行政手段人为地构成产业发展要素的流入与流出"壁垒"。如此观念盛行，那么必然引起产业同构并相互构筑壁垒。以绿色技术为例，湖南省矿产领域的许多绿色技术都是由中南大学资源加工与生物工程学院、长沙矿山研究院、湖南科技大学矿业工程研究院等几个单位研发，但由于技术的研发到实际运用需要一系列的实验过程，而大多数情况下，地区行业协会都会阻止他们到其辖区进行实验，只允许当地的企业与院校之间进行合作。故而，一定地域内的矿山产业绿色技术资源得不到最大限度发挥，且由于区域内的资源限制，相关高新技术得不到又好又快的发展。另一方面就是行业壁垒和产业链上下游之间没有形成有效对接。由于不同行业的信息化水平不平衡以及基于行业部门利益的考虑，行业之间的"孤岛现象"比较严重，行业的融合度低。还有就是产业链中的环节协同衔接不顺畅，纵向协同较差。这说明当前湖南省矿山产业的绿色流通遇到了一定的障碍，存在着社会网络缺失的现象，有必要为湖南省矿业经济的协同进化式绿色发展构建相应的社会网络。

---

① 蔡铂，聂鸣．社会网络对产业集群技术创新的影响［J］．科学学与科学技术管理，2003（7）．

鉴于此，可以从以下几个方面予以着手构建其社会网络。

第一，建立统一高效的矿业绿色技术综合管理网络平台。矿山企业自主购买是目前湖南省矿业技术市场化的主要模式。该种模式，矿山企业作为购买方将承担矿业绿色技术购买、调试、运用的所有费用，投资需要充足的资金保障，否则不利于充分调动客户的需求，因而此种模式的可持续性比较低。所以，从长远来看，要建立一个统一的网络体系进行管理和整合，以确保形成良好的产业应用。其具体内容是构建湖南省范围内统一的矿业绿色技术招标平台、矿业绿色技术故障申报平台、矿业绿色技术安全支撑平台。同时还需要专门的平台运营企业集中维护，为包括矿业企业、政府及第三部门在内的所有参与湖南省矿业经济绿色发展的主体提供数据存储、交互、共享等环节的服务。在这方面，移动、联通和电信等传统电讯运营商有较好的前期基础，因此可以考虑选取有实力的运营商与各主体共同构建。此外，由于矿业经济绿色发展不仅是一个长期的过程，也是一个动态化的过程，因此势必会有大量甚至海量的数据需要处理与传输，因而需要建立一个统一高效的综合网络管理平台，以对各种传感信息进行收集和分门别类的管理，从而进行有指向性的传输。故而当前电信运营商迫切需要在政府政策的推动下，逐步建立统一高效的湖南省矿业绿色发展运营服务平台，从而使全部系统集成商都能够在这个平台上为客户提供一体化的服务。

第二，优化矿山产业绿色技术创新的外部环境。高新技术产业的技术创新所需的外部环境，是指围绕其存在和发展变化并足以影响或制约其发展的一切外部条件的总和，包括有形的硬环境和无形的软环境。就优化矿山产业绿色技术创新的外部环境而言，可以从以下几个方面入手。首先是建立矿山产业的科技管理机制。确立以加强矿山产业绿色技术的自主创新能力为目标，将政府相关职能部门定位于科技研发活动的推动者，规范科技决策的议事程序和完善科技扶持的办事条例，并以此为契机，逐步完善和健全政府相关职能部门的科技决策机制。尽快建立和完善矿山产业绿色科技领域的协调机制，加强科技资源的统筹和有效配置，要逐渐转变由行政协调为非行政协调，发挥科研单位的自主性，建立良性交流与合作机制。其次是大力塑造自主创新的文化环境。现今矿山产业的集团化发展，一个重要表现就是在矿业高新技术产业园区的集群，良好的园区创新文化能够促进合作开发，促进矿业绿色技术的创新。通过打造矿业绿色技术园区品牌建设，营造合作与竞争的有序化，为矿业绿色技术创新营造良好的文化氛围。最后是加强矿山产业绿色发展的硬环境建设。在矿山产业的协同进化式绿色发展过程当中，首先要搞好基础设施和服务设施的建设与配套。矿山产业绿色技术产业等高新技术产业的基础设施建设不同于常规工业。另外还应改善提供法律服务、财务服务、专利服务方面配套设施的条件，从而为矿山产业绿色技术产业提供一个适于发展的客观环境。

第三，构建湖南省矿业经济绿色发展过程中社会网络中的信任机制。构建集群内部企业间彼此信任的制度环境应该是由政府提供的一种公共物品，政府是正式制度形成的主要力量，所以政府在构建信任机制方面可以从以下几个方面有所作为：一是政府切实转变职能，把自身角色定位在维护社会公共利益上，避免各企业利用不正当竞争获取发展资源，从而影响企业主体间的合作。二是要注重政策制定的可持续性。政府在政策制定过程要注重社会参与网络建设，实现政策制定的科学化与合理化，避免政策朝令夕改，加强政策的执行监督，加强政府自身信用建设。三是改善高新技术科技园区的治理体制与机制。像矿产行业绿色技术这样的高新技术产业发展的一个规律是众多高科技企业在高新技术开发区性质的科技园区形成竞争与合作的网络，因此矿产行业的绿色技术科技园区应该是一个相对独立的行政区划，享受一定的自治权限，合理处理与地方行政管理的关系，以形成良好的园区治理体制与机制，以增强相关产业的联系与合作。

三、充足的智力支持

人才资源是知识经济时代社会进步的主体动力，也是国民经济发展的宝贵资源。由于矿山领域的诸多绿色技术具有涉及学科较广、知识更新速度较快等特点，因此矿山领域的诸多绿色技术创新也对科技人才提出了更高的要求。湖南省在矿产行业绿色技术领域布局较早，人才资源较丰富，对比我国其他省份具备发展矿山行业绿色发展核心技术的人才优势。湖南省范围内，矿山行业绿色技术的研发人员约三千人左右，已在中南大学资源加工与生物工程学院、长沙矿山研究院、湖南科技大学矿业工程设立了长沙矿山研究院、长沙矿山设备设计院、湖南省矿产资源绿色开发研究所等一批专业化研究机构；已有中南大学、湖南大学、中南林业科技大学、湖南农业大学、湖南科技大学、湖南工业大学等高校设置了矿山环境保护领域的相关专业。然而，湖南省矿业经济要想实现协同进化式绿色发展道路，无论是技术上还是产业上都亟须更多的相关技术人才形成人才资源的集聚效应和知识的溢出效应。为了贯彻落实科学发展观的要求，实现湖南省矿业经济又好又快地发展，则必须结合湖南省矿业经济的发展现状及人才资源的结构特点，进一步加大人才培育、引进力度，提升人才服务环境，更好地实施科教兴国的战略，为推进湖南省矿业经济的协同进化式绿色发展提供坚强的人才保障。

首先，健全矿业经济绿色技术领域的人才培养和聚集机制。我们应该根据矿业经济绿色发展的总体发展规划，准确预测、定位未来相关各专业的需求量和需求方向。加大人才引进力度，逐步建立柔性人才管理制度，鼓励企业、高校、科研机构引进境外高层次矿山产业绿色技术创新人才；促进相关领域人才的流动性，鼓励企业、高校、科研院所以借调、兼职等方式充分发挥其科研能力，将其科研能力转变为生产力。

其次，拓宽矿业经济绿色技术人才服务途径。一方面是强化创新创业的载体建设，加速各地区矿业经济生态产业园等人才容纳载体的建设，从而提升对高层次矿山产业绿色技术人才的承载力。另一方面是加快多元化的人才培训平台建设。高校除了设立相关专业外，还应加强与矿产企业的沟通并签署相关协议，为企业提供订单式的更具前沿性、实用性的矿业经济绿色技术人才。

第三，加大对高校与企业合作的引导，促进高校由原本以封闭式为主的教、学、研工作转变为开放性地面向市场需求，产、学、研三者融合，为矿山企业创新提供技术人才、管理思想、经营理念等多角度的信息输入，以满足企业在不同发展阶段的知识需求。构建评价激励机制，改革原有的行业科技成果评价和奖励机制，建立面向全球矿业经济绿色技术市场、面向矿山企业的科技人才评价体系，激励更多的相关科技人员投入到企业的创新和成果转化工作中来。

四、绿色矿业技术与产业创新联盟

现代经济增长已经自然资源时代和资本时代发展到了知识经济时代，而创新则已成为国民经济增长的核心动力。同时，由于矿业经济绿色发展不仅是一个长期的过程，也是一个动态化的过程，所涉及的环节较多。因此，湖南省矿业经济要想实现协同进化式绿色发展就必须面临其技术手段的复杂性、创新技术的融合性及不确定性加剧，单个企业、科研院所或高校的创新力量显得日益淡薄。由企业、科研院所、高校组成的技术联盟符合矿业绿色技术企业作为典型的科技型企业扁平化网络式发展的产业特征。三者通过协同合作的形式组成协同创新网络，细化了技术创新工作的分工，加速了技术溢出与共享，减少了信息不对称现象的同时也降低了相关高新技术开发的风险。实现湖南省矿业绿色技术的产业发展和技术创新联盟则需要做到以下几点：

第一，明确目标，逐步搭建湖南省矿业绿色技术与产业联盟。在搭建该联盟的过程中，要在湖南省发改委、湖南省环保厅、湖南省经信委等部门的指导下明确湖南省矿业绿色技术开发方向以及相关技术的产出目标。

比如，在矿山开发的规划与顶层设计方面，由于每一个矿山的规划都将依次涉及矿床的普查、详查、勘探、矿山设计、矿山基建、矿山生产以及矿山区域的环境保护等环节，因此将涉及不同领域的不同绿色标准和绿色技术的应用。那么，就必须要有相应的方案选取与制定流程。即由政府部门牵头，成立由高校老师、研究所专家、企业生产部门技术骨干构成的湖南省矿业绿色技术专业委员会，评估矿业绿色技术提供商现有方案与期望目标值之间的技术性差距。政府职能部门就与当地的非营利性组织一起在矿业绿色技术服务商、矿山企业之间做好"中间人"的工作，在各方的利益博弈正常范围内进行，最终得到解决方案，进而将企业、科研院所、高校、非营利性组织等多个独立法人捏合成一个完整的矿业绿色技术与产业创新联盟。该联盟所依托的企业的选取需注重其市场话语权和产品的市场竞争力，最好选取区域内的矿业绿色技术领域的龙头企业。联盟选取的科研院所和高校应在矿业绿色技术领域具有国家实验室或具有较强的创新研发能力，必要时可以跨区域选取其他矿业绿色技术较发达地区的科研机构不定期参与，同时吸纳当地行业协会、老年科协等其他相关机构作为联盟的组成成员。

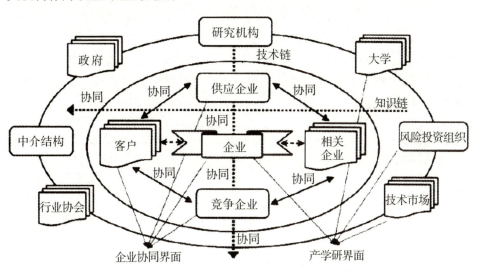

图 12-1　矿业绿色技术与产业创新联盟机构运行图

　　第二，权责明晰，完善湖南省矿业绿色技术与产业创新联盟的运行机制。矿业绿色技术与产业创新联盟是由区域内的矿山企业、矿业绿色技术企业、科研院所以及开设有相关专业的高校，在政府的引导下以契约的形式组成的合作组织。从运行机制上看，矿业绿色技术与产业创新联盟也是一种典型的契约关系，通过契约明晰成员单位拥有完全相同的权利与责任，制定利益分配、资本注入、联席决策、风险规避、知识产权划分等机制，确保矿业绿色技术与产业创新联盟的正常运转。在知识产权方面，对于以政府经费为主研发的共性平台技术，需无偿向联盟内成员单位甚至联盟外辐射和推广，充分体现国家利益，而联盟共同开发的技术向联盟外辐射和推广时，可采取有偿转移的方式，所形成的利润归联盟所有，促进联盟持续创新开发的良性循环。[①] 随着矿业绿色技术的复杂性、创新技术的融合性以及不确定性加剧，单个企业、科研院所或高校的创新力量显得日益淡薄。由企业、科研院所、高校组成的技术联盟符合矿业绿色技术企业作为科技型企业网络式发展的产业特征。三者通过协同合作的形式组成协同创新网络，细化了技术创新工作的分工，加速了技术溢出与共享，减少了信息不对称现象的同时也降低了矿山产业绿色技术开发的风险。

第四节　基于协同进化理论的湖南省矿业经济绿色发展的机理分析

生态学认为，在生态当中任何两个种群之间均存在着竞争、中性、合作、共生、互惠等相互作用关系，对其中任意一个种群来说，它与其他种群的关系都只存在着 3 种作用结果：促进作用（＋），制约作用（－）和无作用（0）。如表 12-1 所示：

表 12-1　生物种群关系表

关系类型	种群 A	种群 B	表现
竞争	—	—	相互制约
互惠共生	＋	＋	相互依存
扑食	＋	－	A 扑食 B
	－	＋	B 扑食 A
中性	0	0	A 与 B 无关系

从竞争优势来分析，协同进化群落中个体优势主要在于资源的聚集效应和协同效应所带来的成本优势、专业化分工优势、技术创新优势、区域营销优势

---

① 孙福全，彭春燕．产业共性技术研发组织模式与运行机制［J］．太原科技，2009（10）．

和集群内价值链的网络协同优势。① 在当今社会经济全球化的背景下，以矿业绿色技术企业为代表的科技型企业必须拥有较强的技术创新优势和市场反应速度，而信息技术和网络科技的快速发展又从广度与深度上把社会分工的发展推动到了一个新的阶段。离开协同合作，企业难以依靠暂时的技术优势甚至垄断性的技术、市场优势保持其可持续地发展。美国的柯达公司的破产以及诺基亚公司的陨落就是其中的典型案例。在市场经济当中，激烈的竞争会导致企业间希望通过相互合作来降低企业的运营成本、提升企业的研发能力，从而加强企业自身的竞争实力，以实现双赢甚至多赢，也就是我们所说的协同进化。

在此说明几点：协同进化也不是强调参与个体在发展过程当中趋于同化，而是强调协作竞争的理念，在各参与体之间形成一种类似生态学当中的互惠共生的关系；协同进化不是计划经济，其目的并不是消除竞争，而是强调在竞争过于激烈的领域，或者是在自身力量较薄弱的领域同外界进行合作，消除"木桶理论"中的短板。

德国生物学家 Verhulst 提出的协同进化机理为湖南省矿山产业在绿色发展方面不同参与主体的协同进化提供了科学的思路，按照 Verhulst 的思想，并将这种思想运用在湖南省矿业经济绿色发展建设中，可做如下假设：

（1）参与协同进化的主体的边际收益率不变，即其利润率与市场份额没有直接关系。

（2）湖南省矿业经济绿色发展过程中市场份额的最大值一直是恒定的，其市场份额的最大值由其所在国家、地区的经济发展水平、矿业绿色技术企业的创新能力、其自身管理水平、政策支持力度等因素决定。

（3）湖南省矿业经济绿色发展中协同进化群落中各参与主体的运营目标都以利润最大化为目标，即以推动湖南省矿业绿色技术进步及产业发展的政策性企业及类似运营目标的企业除外。

这样，就可用下式来描述种群在有限的环境下，受环境资源等因变量影响的种群数量增长方式：

$$\frac{dN}{dt} = r * N * \left(1 - \frac{N}{K}\right)$$

其中，N 代表种群数量规模，r 代表该时间段种群数量 N 的平均增长率，K 代表种群所在环境能承受的种群最大值，而因子 $\frac{N}{K}$ 则代表种群对有限资源的无限获取欲望而导致的对其自身增长的阻滞作用。

----

① 马宗国，张咏梅．产业集群竞争优势的来源：企业合争机制 [J]．科学学研究，2006 (S1)．

我们对应着来看湖南省矿业绿色发展过程中协同进化群落系统中单个企业与这个范式的关系，那么 N 则是该参与主体的发展状况，由于 K 为其上限，因此 $r>0$，且有 $0<N<K$。

那么，则单位时间内该参与主体的企业规模即 N 的成长速度可以表示为：

$$N=\frac{dN}{dt}=r*N\left(1-\frac{N}{K}\right)$$

由于分析单一参与主体在该整个系统中的成长过程不具备对比性，与现实情况差距较大。因此，我们可以把两个参与湖南省矿业经济绿色发展的主体之间的协同进化过程看作是多个参与主体之间的协同进化的缩影。因此，我们接下来研究两个参与主体在交流信息、共享资源、联合开发之后所拥有的企业规模和不在这个系统当中所拥有的规模孰大孰小，如果在交流信息、共享资源、联合开发等协同合作后所拥有的企业规模大于原来的企业规模，则说明以矿业绿色技术企业为代表的科技型企业在协同进化群落中得到了更好的发展，即运用协同进化理论指导湖南省矿业经济绿色发展是可行的。反之，则是失败的。

根据上面所得出的矿业绿色技术企业的企业规模成长速度，我们可以先假设有两个都在该系统中发展的矿业绿色技术企业，两个矿业绿色技术企业各自的企业规模分别为：

$$\begin{cases} \dfrac{dN_1}{dt}=r_1N_1\left(1-\dfrac{N_1}{K_1}+k_1\dfrac{N_2}{K_2}\right) \\ \dfrac{dN_2}{dt}=r_2N_2\left(1-\dfrac{N_2}{K_2}+k_2\dfrac{N_1}{K_1}\right) \end{cases}$$

且有 $0<k_1<1$，$0<k_2<1$。

由于单一的矿业绿色技术企业现有的资源是有限的，相对于整个群落的资源而言是较少的，那么群落的资源对每一个矿业绿色技术企业的成长都是具有促进作用的。因此，方程可以被我们理解为每个矿业绿色技术企业规模成长跟该企业尚未占有的资源成正比，则当两个矿业绿色技术企业处于稳定的协同关系时，两者的企业规模达到了此时的最大值，令

$$\begin{cases} \dfrac{dN_1}{dt}=r_1N_1\left(1-\dfrac{N_1}{K_1}+k_1\dfrac{N_2}{K_2}\right)=0 \\ \dfrac{dN_2}{dt}=r_2N_2\left(1-\dfrac{N_2}{K_2}+k_2\dfrac{N_1}{K_1}\right)=0 \end{cases}$$

解该方程，可以得到四个平衡点：$p_1(0,0)$，$p_2(K_1,0)$，$p_3(0,K_2)$，$p_4\left(\dfrac{K_1(1+k_1)}{1-k_1k_2},\dfrac{K_2(1+k_2)}{1-k_1k_2}\right)$。

为了去除不稳定平衡点，我们按泰勒级数展开后验证各点的微分稳定性，得出只有在点 $p_4\left(\dfrac{K_1(1+k_1)}{1-k_1k_2},\dfrac{K_2(1+k_2)}{1-k_1k_2}\right)$ 能保持临界稳定。又因为将 $\dfrac{K_1(1+k_1)}{1-k_1k_2}$ 与 K_1 相比，即令 $A=\dfrac{K_1(1+k_1)}{1-k_1k_2}-K_1=\dfrac{K_1k_1(1+k_1)}{1-k_1k_2}>0$，前者恒大于后者。

这就说明，在湖南省矿业经济绿色发展过程中，各参与主体所组成的协同进化群落中，任何一个参与主体经过相互作用后所出现的极限值都高于该主体独立运作时的极限值，实现了所有参与主体之间的多赢。

对于利用协同进化理论指导包括矿业绿色技术企业在内的知识密集型产业发展的描述其实在许多文献当中都已有提及，但并未利用数学模型对之进行论证。通过上文的研究，探讨了包括矿业绿色技术产业在内的知识密集型企业在产业集群环境下与其他相关企业之间的相互作用关系，以及相互作用后其企业的竞争力增减情况，最终得到了协同进化理论可以用于指导湖南省矿业经济绿色发展的结论。

在基于协同进化理论的湖南省矿业绿色技术产业公共政策中，政策执行主体并非只有政府单极，抑或是仅有政府和矿业企业，而是包括了湖南省政府、地方政府、公民、矿产企业、矿业绿色技术企业、研究院所、高校等各类社会组织在内的多主体化的政策执行主体，更加强调多元化的政策主体对湖南省矿业绿色技术产业发展的共同推动作用。在政策执行过程中，由于湖南省矿业绿色技术产业在发展过程中必然会出现各群体之间的利益冲突，政府内部以及政府与企业、研究院所、高校以及公民之间除存在竞争和利益冲突之外，能够在基于协同进化理论的矿业绿色技术产业公共政策的指导下，在良好的社会网络的环境下，进行即时、平等的沟通和协商，最终形成"多赢"的局面。此时，各政策主体之间的关系不再是管理与被管理、控制与被控制的关系，而是相互约束、相互督促进步的协同进化关系。

基于协同进化理论的矿业绿色技术产业公共政策是一种以协同进化理论为理论依据，以推动湖南省矿业经济绿色发展为目标，针对矿业绿色技术产业的发展设计多元化发展要素（如人才培养、技术创新、标准制定、工程化研究、技术工程试验以及市场开拓等）及多元化的政策执行主体（如矿山企业、研发机构、高校、中介机构等）的特点，制定的综合性政策措施。与一般的矿业绿色技术产业公共政策相比，基于协同进化理论的矿业绿色技术产业公共政策最大的特点就是政策执行主体的多元化、平等化以及政策执行手段的多元化。为此，构建了基于协同进化视角的矿业绿色技术产业政策模型，如图12-2所示。

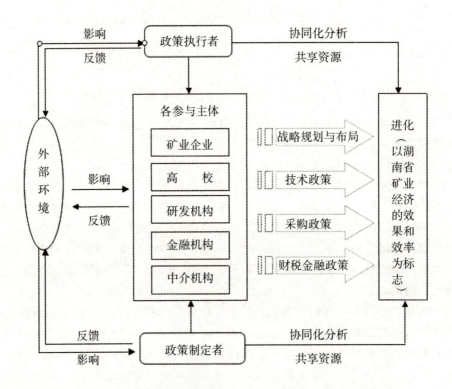

图 12-2　基于协同进化视角的湖南省矿业经济绿色发展的产业政策模型

第十三章　湖南省矿业经济绿色 发展的技术创新体系

　　几千年的人类社会发展史，已经雄辩地证明了技术进步是经济发展的根本动力和关键要素。从马克思到习近平，都高度看待科学技术在促进生产力发展中的作用。技术进步也将继续为人类社会经济创造新的发展动力，继续深刻地影响人类社会经济发展模式的变迁。在强调经济新常态以及"绿色、低碳"环保理念的当下，要实现湖南省矿业经济的绿色发展，相关绿色技术的创新则无疑是会起到决定性作用的关键法宝。

　　本章首先介绍了技术创新的内涵，及其与矿业经济发展的关系，再在综合各方学者观点的基础上，从企业角度出发，总结了技术创新的内外部驱动力因素。其次从内外部驱动力影响因素角度出发，对湖南省矿业经济绿色发展的企业内外部技术创新现状进行分析，找出其问题并总结可能存在的原因，最后通过借鉴国外科技创新的经验启示，给湖南省矿业经济绿色发展的技术创新体系的构建提出相对系统科学的建议。

第一节　矿业经济绿色发展的技术创新概述

一、技术创新

　　"创新"一词最早由奥地利学者约瑟夫·熊彼特（1914 年）提出，他在《经济发展理论》一书中提出："创新是一种内在要素要求的结果，经济发展是这种来自内部的、自身创造性的对于经济生活的一种变革。"① 自 Schumpeter 提出"创新"概念以来，很多学者从经济学、管理学、社会学等角度对技术创新进行了研究。Solo（1951 年）在《资本化过程中的创新：对熊彼特理论

---

　　①　约瑟夫·熊彼特. 经济发展理论［M］. 北京：商务印书馆，1991：1-7.

的评论》中提出技术创新的两个条件分别是新思想来源和以后阶段的实现发展。① Enos（1962年）则从行为角度对技术创新进行了明确定义，他认为：技术创新是包括发明的选择、资本的投入保证、组织的建立等行为综合的成果。② Utterback（1974年）在其《产业创新与技术扩散》中，将技术发明和技术创新进行了区分，他认为技术创新是技术的实际采用或首次应用③。英国经济学家 Freeman（1982年）在《工业创新经济学》修订本中更加明确指出，技术创新就是新产品、新工艺、新系统和新服务的首次商业性的转化。④ Mueser（1985）在20世纪80年代，对学术界有关技术创新的概念和定义做了较系统的整理与分析，他将技术创新定义为：技术创新是以其构思新颖性和成功实现为特征的有意义的非连续性事件。这一定义突出了技术创新两个方面的涵义：一是活动的非常规性，二是活动必须获得最终的成功实现。⑤ Lynn（1996年）是从时序过程的角度来定义技术创新的，他认为技术创新是通过对技术的商业潜力的认识而将其转化为商业化产品的整个行为过程；⑥ OECD（1996年）在著名的《奥斯陆手册》中明确地将技术创新界定为：技术创新包括产品创新和工艺创新以及在产品和工艺方面显著的技术变化，即如果在市场上实现了创新或生产工艺上应用了创新，则说明创新已经完成了，因此，创新包括了科学、技术、组织、金融和商业的一系列活动。

我国的学者也对技术创新的相关概念进行了研究。汪应洛等（1993年）认为：技术创新是建立新的生产体系，使生产要素和生产条件重新组合，以获得潜在的经济效益，是从新概念的建立到形成物质生产力，成批进入市场并获得收益的整个过程。⑦ 技术创新领域的先驱者傅家骥对技术创新的概念做了全面系统的表述："技术创新是企业家抓住市场潜在的盈利机会，以获取商业利益为目标，重新组织生产条件和要素，建立起效能更强、效率更高和费用更低

① S. C. Solo. Innovation in the Capitalist Process: A Critique of the Schumpeterian Theory [J]. The Quarterly Journal of Economics, 1951 (8): 124-127.

② Enos J. L. Invention and innovation in the petroleum refining industry. In National Bureau of Economic Research, ed., the rate and direction of inventive activity: Economic and social factors [M]. Princeton University Press, Princeton, NJ, USA, 1962: 27-35.

③ Abernathy W., Utterback. A dynamic model of process and product innovation [J]. Omega, 1975 (3): 639-656.

④ Freeman C. The economic of industrial innovation [M]. New York: The MIT Press, 1971: 37-65.

⑤ Mueser R. Identifying Technical Innovation [J]. IEEE Transactions in Engineering Management, 1985 (4): 158-176.

⑥ Lynn G, Moron J G, Paulson A S. Marketing and Discontinuous Innovation to the National System of Innovation [M]. London: Pinter, 1982: 25-85.

⑦ 汪应洛，贾理群. 技术创新 [M]. 西安：西安交通大学出版社，1993：20-23.

的生产经营系统，从而推出新的产品、新的生产（工艺）方法、开辟新的市场、获得新的原材料或半成品供给来源或建立企业新的组织，它是包括科技、组织、商业和金融等一系列活动的综合过程。"① 吴贵生（2000 年）认为技术创新是指由技术的新构想，经过研究开发或技术组合，到获得实际应用，并产生经济、社会效益的商业化全过程的活动。②

　　归纳起来，技术创新可以定义为新的技术包括新的产品和新的生产方法在生产等领域里的成功应用，包括对现有技术要素进行重新组合而形成新的生产能力。全面地讲，技术创新是一个过程的概念，既包括新发明的应用和实施过程，还包括新技术的商品化、产业化的扩散过程，也就是新技术成果商业化的过程。

二、技术创新与矿业经济绿色发展

　　党的十八届五中全会提出"要破解发展难题，厚植发展优势，必须牢固树立并切实贯彻创新、协调、绿色、开放、共享的发展理念"。会议同时还指出，"必须把创新摆在国家发展全局的核心位置，不断推进理论创新、制度创新、科技创新、文化创新等各方面创新，让创新贯穿党和国家一切工作，让创新在全社会蔚然成风。必须把发展基点放在创新上，形成促进创新的体制架构，塑造更多依靠创新驱动、更多发挥先发优势的引领型发展"。这是将创新发展提到了一个新的高度。当下，科技创新能力成为国家实力最关键的体现。在经济全球化时代，一个国家具有较强的科技创新能力，就能在世界产业分工链条中处于高端位置，就能创造激活国家经济的新产业，就能拥有重要的自主知识产权而引领社会的发展。

　　矿业经济绿色发展实质是在矿业开发利用的过程中，以生态经济学理论和方法为指导，在综合区域规划和矿区规划的基础上，形成以矿业为主体的产业集群，使用绿色技术体系，融合循环经济和低碳经济，在环境扰动量不大于区域环境容量及其自净能力的前提下，实现矿产资源的最优化配置和生态环境影响的最小化，达到经济、社会、生态环境相协调的经济发展方式。③④ 湖南省由于地位于我国中部地区，从自然条件来看，因地处长江中游，东以武功诸山系和江西省交界；西以云贵高原和贵州相连；南枕南岭、罗霄山脉，和广东、

---

①　吴贵生. 技术创新管理［M］. 北京：清华大学出版社，2000：6-18.

②　傅家骥. 技术创新学［M］. 北京：清华大学出版社，1988：13-51.

③　徐政平，黄钢. 循环经济系统：规划理论与方法及实践［M］. 北京：科学出版社，2008.

④　徐嵩龄. 为循环经济定位［J］. 工业经济研究，2004（6）：60-69.

广西等省份相交；北以洞庭湖、滨湖平原与湖北省接壤，其承上启下的地理位置就奠定了它重要的生态地位，也决定了生态环境的敏感性、脆弱性。因此，湖南省生态环境对于维系整个长江中下游水系生态平衡，乃至促进中下游地区经济社会健康发展都起着重要作用。然而，很多传统的煤炭企业在资源开发、为国家工业发展做出贡献的同时，也带来了一系列问题：大量矸石外排，不仅占用大量农田，还引起土地塌陷，严重破坏地表生态；矿井水大量抽采，综合利用和循环利用还不到位，造成了地下水位的下降和水污染；地热、矿井瓦斯抽排，没有加以有效的利用，对大气环境造成污染，等等，矿山生态环境状况日趋恶化。在强调"宁要绿水青山，不要金山银山"的今天，如何使生产高碳能源的煤炭行业在生产过程中走低碳的道路，在获取地下资源的同时，不对或少对环境造成破坏，打造生态矿区，把矿井建设成为生态矿山，使得矿业经济走绿色发展道路，则是我省迫切需要解决的问题。

传统的技术创新理论对社会发展有积极的作用，但是随着 20 世纪科学技术的迅猛发展，科技成果不断转化为生产力，科学技术在推进人类物质文明建设，精神文明建设以及人类社会变革的同时，不可避免地带来一系列的日益严重的社会问题和负面效应，从而引起人们对科学技术的社会价值的再思考。要利用技术创新来推动矿业经济绿色发展，不应只从单一的经济利润这一角度来考察技术创新，更需要基于可持续发展理念来实现技术创新的绿色化。

绿色技术创新是在经济和环境协调发展的基础上的创新活动，它以可持续发展作为价值衡量标准，将技术和管理的创新作为促动、激励机制。[①] 不同于一般的技术创新，绿色技术创新的主要特点为：以可持续发展为根本目标；同时追求经济效益和社会效益；创新主体多元化。绿色技术创新的主体有企业、国家、各级政府、高校等机构以及民众等等。绿色技术创新成果的扩散应该低成本化和公益化。它主要包含以下四项内容：一是末端治理技术创新，指对生产和消费产生的环境污染进行治理。二是绿色产品创新，即开发各种能节约能源和原材料、少使用昂贵或稀缺材料进行生产的产品，使产品在使用过程中和使用后不危害或少危害人体健康、少影响生态环境以及易于回收利用和再生。三是绿色工艺创新，目的在于减少生产过程中产生的污染。四是绿色意识创新，主要是指培养并形成保护环境、减少污染的意识的过程，比如绿色教育、绿色营销、绿色消费等。

---

① 陈国玉. 绿色技术创新研究 [D]. 南昌大学，2008.

三、矿业经济绿色发展技术创新的驱动力

相关绿色技术创新是矿业经济绿色发展的一个十分重要的推动力。虽然我国矿山开采历史悠久，但是对于我国生产一直是处于粗放状态的矿业企业来说，绿色矿山的建设和管理方面的经验却是少之又少，所以技术创新的空间十分巨大。通过对绿色矿山进行技术创新，培养良好的技术创新氛围，我们不仅可以加快整个煤炭行业由内至外的产业变革和升级，更能实现矿工业和环境更加和谐的发展。

一般来说技术创新既可以由企业单独完成，也可以由高校、科研院所和企业协同完成，但是，技术创新过程的完成，是以产品的市场成功为全部标志，因此，技术创新的过程，无论如何是少不了企业参与的。所以在分析绿色矿业经济的技术创新驱动力时，我们可以从企业角度出发，分析企业自身相关的内部驱动力影响因素以及企业以外与国家社会环境有关的外部驱动力影响因素。

（一）矿业企业技术创新过程的特殊性

（1）矿业企业生产属于资源约束型产业。从生产要素上看，资源储量及地质赋存条件是矿业企业产量最主要的约束条件，而劳动力、资金及技术是在储量约束范围之内起作用，这是矿业企业技术创新特点之一。因此，各个矿业企业技术创新必须根据自身的资源条件，因地制宜地选择能够使企业经济上合理、技术上先进的技术创新模式。① 而不是仅从技术本身的角度来选择应用新技术、高技术。

（2）矿业企业产品不存在更新换代问题。矿业企业的劳动对象是非再生的自然资源，矿业企业产品的使用价值是天然形成的，矿业企业技术创新的作用从本质上讲并不能体现在产品之中，因此矿业企业技术创新的过程贯穿于整个煤炭生产过程中，其技术创新的中心是生产工艺，其技术创新的成果是高效、高产、安全、洁净地开采和加工矿产。

（3）矿业企业生产的工作方式除露天采矿外，均是地下作业，其技术创新活动的高风险性不仅体现在投资风险上，更主要的是表现在安全生产上。对矿业企业而言，安全技术在矿业企业技术创新中具有特殊的地位，安全技术始终贯穿于矿业企业技术创新活动之中，越是采用高新技术装备，越应大力提高安全保障程度。技术先进的美国煤矿从 20 世纪 80 年代以来，其百万吨死亡率

---

① 彭毅．煤炭企业技术创新管理初探［J］．中国煤炭，2008（4）：61-63.

一直为 0.06～0.07。[①] 降低风险，提高安全保障系数是矿业企业技术创新的重要内容。

（4）降低矿业企业生产的生态负效应，是矿业企业技术创新活动中越来越重要的课题。矿业生产过程中排放大量矸石，使用过程中产生大量有害气体。随着矿业工业可持续发展战略的实施，资源与环境等生态问题已构成我国煤炭工业发展的最基本的制约因素，矿业企业技术创新活动中必须考虑环境污染的限制，矿工业发展必须与自然生态发展的状况相协调。

（5）矿产资源属非再生性资源。目前我国矿业工业的主导技术综采技术存在着某些方面的功能性缺陷，不能将特殊赋存条件下的煤炭资源进行开采回收。因此，矿业企业技术创新活动中，应注意在采用先进采矿技术的同时，必须考虑不可再生资源的矿石的回收，必须与高效回收的其他开采技术相匹配。提高矿山的回收率应是矿业企业技术创新的一个重要目的。

（二）矿业企业技术创新内部影响因素分析

从专家和学者对技术创新影响因素研究的文献回顾可以看出，技术创新受到企业内在因素和外部环境的双重作用影响，受到主体变量和环境变量的双重变量影响。同时，企业外部的市场、政府等环境因素又会对内部的创新产生激励。这些因素构成一个动力系统，共同促进矿业企业的技术创新。结合这些特点，矿业企业技术创新内部影响因素主要包括以下几点：

（1）企业创新精神建设。美国著名管理学者托马斯·彼得曾说："一个伟大的组织能够长期生存下来，最主要的条件并非结构、形式和管理技能，而是我们称之为信念的那种精神力量以及信念对组织全体成员所具有的感召力。"对于一个企业来说，企业精神可以比作企业发展路上的一面旗帜，将企业上下从思想上组织到一起。创新精神的建设可以从思想上激励员工，让员工在潜移默化中拥有技术创新的意识，并以技术创新成果作为精神上的满足。

（2）创新激励机制构建。技术创新是一个艰苦并充满着各种不确定因素的过程，因此精神上的激励是远远不够的，物质上的激励在这个时候就会显得尤为重要。当员工在取得创新成果的时候，物质上的激励是最直接和有效的。这种激励不仅是对他这一段时间辛勤工作的肯定和奖赏，也是为其以后能够继续进行技术创新而做的引导。将员工的薪水、职称等与技术创新相结合可以更好地激发员工技术创新的热情，也是为企业创新精神建设而服务的。

---

① 袁清和，任一鑫，王新华. 煤炭产业与煤炭城市协同发展研究 [J]. 矿业研究与开发，2007（3）：84-86.

（3）技术创新资金投入。技术创新需要物质激励，因此企业在资金方面就需要有所投入。有条件的企业可以通过设立技术创新奖励基金等方式来合理地加大奖励方面的资金投入。当然，资金的投入不仅仅是在激励方面，企业最主要的资金投入还是在技术创新的过程中。技术创新过程不可避免地会需要新的设备、人才等，只有在这些条件得到满足的情况下，技术创新才会成为可能。对于企业来说，技术创新方面的资金需求有时会十分巨大，但是企业应将眼光放长远，要意识到技术创新将会给企业带来不可估量的利益。

（4）员工培训与再教育。员工素质的高低直接影响着技术创新的水平，因此员工的整体素质也影响着企业的技术创新。对于一些处于重要环节、关键岗位上的员工，他们位置的重要性决定了他们是否更加容易做出技术创新，他们的技术创新也会对企业产生更大的影响。世界是瞬息万变的，知识和技术的变革也是如此。为了适应这一点，企业应当定时组织企业技术人员和管理人员参与培训和学习，让他们不断更新自身的知识储备，丰富自身的经验阅历，从而更好地为企业服务。培训与再教育的过程也是企业精神与文化不断深入员工和基层的过程。①

（5）提升技术创新的有效转化。所有的技术创新都需要煤炭企业高层领导的高度重视，如果领导不重视，技术创新也将成为空谈。而要想得到企业高层领导的重视，就必须保证创新能够为企业带来经济效益，有助于企业的发展。也就是说当技术创新能够为企业创造更高的经济利润、促进企业健康发展的时候，企业才可能为技术创新提供更加优厚的条件。基于这方面原因，提升技术创新的有效转化是非常重要的，通过有效创新转化，企业也将会加大对技术创新的关注。②

（三）矿业企业技术创新外部影响因素分析

历史经验表明，有利于创新的经济、社会、文化等环境对一个国家及其企业的创新能力发挥着关键作用。1859年前，从柴薪—煤炭—石油的变迁来看，工程技术的进步决定了主体能源的兴替，科学技术的进步决定了能源系统的变迁方向和速率。1992年前这一阶段，为应对石油危机，世界能源系统发生了翻天覆地的变化，这一时期的能源技术变迁，是能源市场在石油危机冲击下所

---

① 蒋艺博，孔亮，闫翔宇．绿色煤炭矿山技术创新影响因素研究［J］．中国高新技术企业，2014（22）：118-119.

② 王久伟，李士金．基于绿色理论的煤炭开采技术研究［J］．煤炭技术，2013（6）：63-64.

做出的供需策略调整的一部分，其主要的驱动因素是市场因素①。20 世纪 90 年代以来，能源使用等人为因素引致的全球气候变暖、环境恶化等环境问题引起了全世界的广泛关注。1992 年《联合国气候变化框架公约》签署后，世界各国通过各种法律、法规和经济激励政策，大力扶植新能源和可再生能源技术的发展。清洁能源技术和可持续能源—经济—环境系统的战略转移得到了世界各国的普遍关注。这一时期的能源技术进步其主要的驱动因素则是政府公共政策。政府在这一过程中，发挥着越来越重要的引导、激励作用。从能源技术经济变迁可以看出，技术变迁并不仅仅是一个单纯的工程技术变化的过程，而是与社会经济、市场结构、制度安排等等密切相关，而又相互影响作用的一个复杂过程。因此，结合国内相关理论和矿业企业特点，对矿业企业技术创新动力产生影响的外部因素主要包括矿业科学技术进步、社会和市场需求、市场竞争和政府政策推动等因素。

（1）绿色技术进步。传统创新是以新技术投入为基础的经济活动，新技术的发展是创新的重要保障的同时，又是技术创新的重要推动力。很多绿色创新都是由绿色生态技术发展的推动作用而产生的，绿色技术的更大突破往往是促使绿色创新活动得以产生和发展的根本动力源泉，而激励企业参与到绿色技术创新的活动中的根本因素，是在绿色创新得到成功之后的市场垄断地位，以及随之而来的经济效益和环境效益。

（2）社会需求。施穆克勒（J. Shmookler）认为技术创新来源于需求，他在《发明与经济增长》一书中，经过针对投资和专利的相关研究，发现其在时间序列中具有高度的同步性，而且投资序列趋于领先专利序列。施穆克勒还指出，能够解释投资波动的一个非常重要的因素就是需求，发明活动的开展也在一定程度上响应了需求的变化。学者经过对英国以及其他一些西方工业化国家近代重要科学技术创新产出进行深入研究后指出：全部创新的 75% 是市场竞争与社会需求拉动的结果。② 当前社会中环境污染问题越来越受到重视，空气污染问题饱受民众的诟病，对于环境治理和限制煤炭污染的呼声越来越高，民众和环保组织迫切需要煤炭的开采和应用的绿色创新，例如将煤转化成气等技术。

（3）市场竞争激励。市场可以被看做是一种实施成本较低、效率较高的激励制度。市场对企业绿色创新的动力激励，是通过市场竞争机制以及市场结构实现的。市场机制与绿色创新企业的经济利益、环境效益必须在激烈的竞争

① 崔占峰. 经济增长中技术进步因子分离测算研究 [J]. 重庆社会科学，2005（1）：16-20.
② 减旭恒. 产业经济学 [M]. 北京：经济科学出版社，2007：367-368.

中去寻找，在激烈竞争的市场中，只存在两种结果，生存发展以及淘汰死亡；在竞争的外部冲击下，创新企业必定会试图改进机制，进一步提高企业的绿色创新能力。[①] 近年来煤矿类行业的供给远大于需求，产能大幅过剩，在这种情况下，市场竞争环境的加剧会进一步促进煤炭企业对落后生产模式的革新，加强技术创新，降低能耗，减少粗放的生产模式带来的资源浪费，提高整体的效益。

（4）政府政策推动。市场并不能解决所有问题，市场机制也存在需要改进的地方，在某些领域还会出现市场失灵。对于市场调节失灵的区域资源配置，就需要通过政府行为来弥补。政府应当运用多种政策手段，从供给与需求两个层面，同时作用于企业和市场，逐步合成新的创新影响力与号召力，通过政策的优惠鼓励煤炭企业的技术创新和节能减排，对于新的环保项目采取优惠措施。政府针对企业绿色创新的激励政策通常包括财政激励政策、统一采购政策、风投政策、专利保护政策以及宽松政府管制政策等等。[②]

综上所述，技术创新的驱动力因素以及各因素之间的关系应如图 13-1 所示：

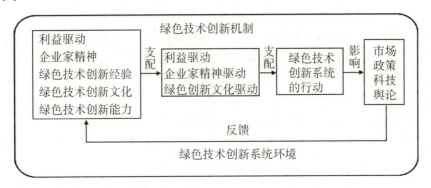

图 13-1　技术创新的驱动力因素以及各因素之间的关系

第二节　湖南省矿业企业绿色技术创新现状与问题分析

目前湖南省矿业企业内外部绿色技术创新现状总体来看，从数量和质量上都有了质的提升，为湖南省的经济增长做出了较大贡献。大多数矿企都开始宣

① 张敦杰. 企业绿色创新的影响因素与对策分析 [J]. 科技创业月刊，2009（2）：16-17.
② 华振. 东北地区建设区域绿色创新体系的研究 [D]. 哈尔滨商业大学，2012.

扬绿色发展理念，把绿色技术创新作为重要研究方向，资金投入也在不断增加。但从比较的角度出发，湖南省目前的矿业经济绿色技术创新体系还存在许多问题，包括绿色发展观念还未深入人心，缺乏相关专业人才，政府相关配套措施未完善，法律法规缺位，不能很好地保护发明专利等。

一、湖南省矿业经济绿色发展技术创新现状分析

湖南位于长江中游南部，自然地理环境区位优势显著。是著名的"有色金属之乡"和"非金属矿之乡"。目前已发现各类矿产 141 种，其中锑、钨、锰等 41 种的保有储量居全国前 5 名。在已探明储量的矿种中，湖南居全国前 10 位的矿产有 60 多种，其中以有色金属矿最多，非金属矿次之。钨、铋、锑、钒、锡、石墨、重晶石等矿产，在全国乃至世界都具有重要地位，[①] 矿业可以说是湖南省的支柱型产业。

（一）湖南省矿业企业内部创新现状分析

1. 绿色技术创新理念建设现状

目前，虽然大多数企业已经将绿色管理引入企业发展规划中来，但总体而言绿色管理水平还处在比较低的水平。从硬指标上来看，绝大多数煤炭企业对于绿色管理大多仍停留在将一些绿色的概念添加到原有的生产经营过程中，例如新建净水车间、购买一些三废物质处理设备等。但对于设备的充分利用以及绿色管理章程的实施力度还有待加强。据《湖南省"十二五"能源规划》中的调研结果来看，截至 2012 年底，省内大部分煤炭企业没有实施或尚未考虑引入环境管理系列标准（ISO14000）作为要求和指导企业生产经营的标准，也就错失了通过先进的绿色标准来提升煤炭企业绿色管理水平的机会。从管理软环境上来看，湖南省内煤炭企业绿色管理水平不高还体现在绿色观念尚未深入人心上，即无论是企业管理者还是一线员工对煤炭绿色矿山建设的相关理念仍缺乏深入了解。同时，煤炭企业文化中明显缺乏绿色文化的元素，这也导致企业员工无法在日常的生产和经营中发挥主观能动性，无法主动地运用绿色观念去筹划工作、思考问题，也就更不可能创造性地开展绿色小发明。[②]

2. 企业创新激励机制构建现状

技术创新是一个艰苦并充满着各种不确定因素的过程，因此精神上的激励是远远不够的，物质上的激励在这个时候就会显得尤为重要。从湖南省矿企的

---

① 湖南统计年鉴（2008—2012）[M]. 北京：中国统计出版社，2008—2012.

② 高强. 浅析我国煤炭技术的现状与发展 [J]. 中国高新技术企业，2011（30）：25-28.

激励机制现状来看，存在以下几个特点：第一，人员需求标准不断升高。在企业的用工上，主要是相对年轻的技术工人和普通工人严重缺乏，而这些年轻工人很多来自于农民工的后代——"农民工二代"。他们中大部分根本没有接触过农业和农村，有的从小就随父母生活在城镇，过着城市人的生活，再用低廉的待遇难以吸引"农民工二代"去从事他们父母原来工作，他们对薪水的心理预期和劳动者权益保护愿望远远超过上一代，这也改变了中小企业的用人环境，对企业和政府提出了新要求和新挑战。这要求我们重新审视"农民工二代"的愿望和需求，采取有效措施满足"农民工二代"的需求问题。第二，人员比例不协调，人才培养与市场需求没有形成有效的对接，大学毕业生更多求职倾向是做"管理者"和"研究者"，矿企的工作环境很难满足其需要。不能很有效地吸引人才，就算是人才被吸纳，能否长久地留下又是一大问题。第三，企业中人员流动性大，在这类企业的人力资源管理中，普遍存在对劳动者权益保护不足的现象，没有把劳动者当成"资源"去开发，没有有效的激励模式留住劳动者，比如在劳动者的待遇、职业规划、权益保护等方面都存在或多或少的缺陷，影响劳动者自身发展和对未来的预期，动摇他们对企业的忠诚度和认同度，矿企劳动者难以成为企业发展的真正依靠和中坚力量。

3. 技术创新资金投入现状

由于采用的方法是比较法，以中南四省为比较对象，来说明湖南的技术创新投入情况，因此更适宜用强度指标来描述，五省的强度指标如表13-1所示。

表13-1　湖南、湖北、河南、安徽和江西的技术创新资金投入情况

指标	湖南	湖北	河南	安徽	江西
R&D 经费投入强度/%	1.36	1.87	1.14	1.89	0.97
R&D 经费占主营业务收入比重/%	1.09	1.42	0.59	1.07	0.49
基础研究占 R&D 经费支出比重/%	3.1	3.6	1.9	5.7	2.8
R&D 人员占城镇就业人员比重/%	0.09	0.22	0.25	0.16	0.14
博士毕业占 R&D 人员的比重/%	5.7	13.5	4.7	18.6	4.3

注：数据来源于国家数据库和《统计年鉴2015》。

从上表可以看出，首先就 R&D 经费投入强度而言，湖南并不算是最高的，安徽占据首位，虽然湖南与安徽相差看起来不大，但是也少了近 0.5 个百分点，相当于湖南省R&D经费投入强度的 37%；R&D 经费占主营业务收入比重最高的是湖北，为 1.42%，湖南紧随其后，为 1.09%。再者，在研究与试验开发中最关键的基础研究占比排名中，湖南位列第三。其次，湖南省企业 R&D 人员占城镇就业人员的比重是中南五省中占比最低的，R&D人员中博士学历的研究员人数排在第二，但与安徽相比差距太大，不足安徽省的 1/3。

4. 矿业企业员工培训与再教育现状

目前，矿业行业员工培训现状存在以下趋势：第一，培训人数逐年增加。根据有关统计公报和我们调研的情况，近几年全省企业职工培训人数逐年增加。其中，重点企业职工培训机构有 465 个，高技能人才培训基地有 50 个。第二，培训形式也灵活多样，设有专业技术骨干培训等方式。第三，培训经费逐年提高，从职工培训经费构成来看，企业越来越重视员工的培养，职工培训经费投入逐年增加，尤其是技能人才培训经费明显提高。第四，培训经费使用日益规范。从调查情况看，在职工培训经费使用方面，用于管理人员、专业技术人员、技能人才培训的经费约各占 1/3，其中技能人才高于其他两类人员。大多数企业在职工培训经费的使用上能结合企业发展，突出重点，保障急需。70%的企业把培训经费使用的重点投向提升企业创新能力和核心竞争力，建设高素质、高技能队伍的领域上，技能提升培训成为企业职工培训的重点之一。第五，职工素质不断改善，培训往更高层次发展。近几年，企业职工培训对象更加突出对技术工人的培训，使技术工人的技能等级往更高层次发展。

5. 技术创新产出现状

一个地区创新技术最为直观的体现便是该区域的创新产出量。对于一个企业而言，其生产的新型产品越多，则往往说明其创新能力较强。新产品与专利量是能够直接体现企业创新产品的两个元素，这就要求企业不仅仅制造出市场上暂未销售的产品，还需要对该产品申请相关专利，这样一来，才能够正式算为一个创新产品。通过对企业新产品销售占主营业务收入的比重来对研究省份的销售能力进行评估和研究，由表 13-2 可以知道，上年度湖南省在新产品出售方面遥遥领先于中部地区其他省份，投入产出转化率较高。

湖南省及其余四个省 2014 年专利申请及拥有专利情况如表 13-3 所示，结合表中数据能够看出湖南省发明专利的申请及拥有情况在中部省份中处于中等水平。具体分析，湖南省国内发明专利申请受理量为 14 474 项，不足安徽省的 1/3；对于规模以上企业而言，很多企业都没有进行自己的研发创新，虽然有效发明专利数有 14 415 件，却没有一件是属于矿业企业的。

表 13-2　湖南、湖北、河南、安徽和江西的新产品出售情况

指标	湖南	湖北	河南	安徽	江西
新产品销售收入占主营业务的比重	18.77%	12.96%	7.74%	14.44%	5.65%

注：数据来源于国家数据库和《统计年鉴 2015》。

表 13-3　湖南、湖北、河南、安徽和江西的发明专利申请及拥有情况

指标	湖南	湖北	河南	安徽	江西	全国
国内发明专利申请受理量/项	14 474	22 536	19 646	49 960	4 688	801 135
国内发明专利申请受理量/项	4 160	4 855	3 493	5 186	1 033	162 680
规模以上企业有效发明专利数/件	14 415	12 444	8 497	21 667	3 383	448 885

注：数据来源于国家数据库和《统计年鉴 2015》。

（二）企业外部创新现状分析

1. 绿色科技技术开发现状

相比于煤炭的勘探技术，现阶段煤炭行业的绿色技术还普遍落后。由于改革开放后，我国国民经济迅速发展，对于包括煤炭在内的能源需求迅速增加，科研院所投入了大量的人力和物力到煤炭的勘探技术上来。以钻井等凿井技术为例，中煤特殊凿井集团研发的钻机处于世界先进水平，其钻井直径为 13 米，钻深超过 1 000 米。其钻头硬度，驱动力结构，排浆高度，井架结构都处于国际先进水平。此外，我国自主研究开发了：具有电液控制功能的大采高强力液压支架；大运力重型刮板运输机及转载机，大倾角、大运力胶带输送机；具有国际先进水平的大功率电牵引采煤机。可为开采煤层厚度 5 米左右、配套能力每小时 2 500 吨、年生产能力 600 万吨的综采工作面提供较为成熟的开采工艺以及设备，在较为复杂的开采条件下保持高产高效。[①] 总之，现阶段我国煤炭的勘探技术的各项指标已经接近或达到了世界尖端水平。

2. 社会与市场需求现状

矿产资源逐步出现枯竭现象、企业承担着较重的社会负担、下岗失业问题等，像是压着企业领导层的若干大山。企业效益越来越低，在较大程度上约束着城镇市场化的进一步发展进程。众多民营的开采队及冶炼企业存在着滥采乱挖的现象，严重地破坏了生态环境，对矿区的稳定及生产秩序产生了严重影响。同时随着环保理念的兴起，加之越来越严重的雾霾问题危害人们身心健康，市场对于绿色能源产品的需求已经越来越大。

3. 行业竞争现状

这里选取了包括江西、河南、安徽、湖北、山西在内的中部六省进行比较分析。

表 13-4　2010 年中部六省绿色科技活动产出指标及在全国位次[②]

地区	万人技术成果成交额（元）	全国位次	万名就业人员发明专利拥有量（件）	全国次位	万名 R&D 活动人员科技论文数（篇）	全国位次
湖北	110.14	12	1.19	11	3 293.17	11
湖南	74.76	14	0.77	14	3 833.22	6
安徽	52.96	18	0.33	28	2 450.02	20
山西	37.65	22	0.84	13	1 430.69	29
河南	26.98	24	0.35	27	2 781.23	16
江西	17.64	26	0.3	29	2 145.11	24

注：数据来源于国家数据库和《统计年鉴 2015》。

---

① 黄向春. 我国煤炭产业环境综合评价［D］. 中国地质大学，2011.
② 湖北省科技发展报告（2008—2012）［R］. 湖北省科学技术厅，2012.

表 13-5　2007—2010 年中部六省绿色相关技术市场成交合同情况

单位：万元

地区	2007 年		2008 年		2009 年		2010 年	
	合同数（项）	金额	合同数（项）	金额	合同数（项）	金额	合同数（项）	金额
湖北	1 113	50 182	531	44 443	829	52 215	715	62 897
湖南	1 944	41 739	565	45 528	599	46 082	551	47 702
安徽	511	14 255	479	18 492	465	26 452	564	32 487
河南	377	26 374	283	23 729	377	26 191	449	25 446
山西	56	4 798	51	5 921	47	8 268	83	12 846
江西	332	11 123	253	9 316	281	9 953	227	7 764
全国	26 501	1 551 369	20 585	1 818 181	22 087	2 226 526	22 634	2 665 229

表 13-4 为 2010 年中部六省绿色科技活动产出指标及在全国位次情况。表 13-5 为 2007—2010 年中部六省绿色相关技术市场成交合同情况。由上述表格可以看出，2009 年之前，湖南省绿色技术创新成果较为突出，高于其余中部五省，绿色相关技术市场成交合同数量最多。而 2009—2010 年则出现了下滑的情况，排在湖北省之后。而至 2013 年，湖南省技术交易额仅 51 亿元，远远低于北京的 2 252 亿元，也远远低于上海、广东、江苏、陕西、湖北、四川等省市。

4. 政策现状

我国并没有一个完整的关于矿山环境维护的部门法。矿山环境问题牵涉到许多因素，是一个综合问题，在实际操作中，某一方面出了问题，就必须查找该部门规定的法条。这样规定，既模糊不清，实际可操作性也不强。总体来看，目前国家在促进绿色科技创新方面的政策主要分为三大类：（1）财政政策。目前国家在绿色科技创新方面主要的财政政策有：政府绿色采购、财政绿色补贴和税收减免、绿色专项基金支持、融资协助和贴息贷款、绿色消费激励等。在矿业资源开发利用过程中涉及税收主要有增值税、资源税、企业所得税、出口关税、出口退税等多个税种，对企业研发费用支出实行高比例的税收减免，对发展循环经济企业的增值税实行即征即退等。（2）人才政策。在省级层面湖南省相继推出了"科技领军人才培养计划"、新世纪 121 人才工程、芙蓉学者计划、"百人计划"等人才专项计划，其中，仅"百人计划"2011年对高层次人才创新创业的支持就达到1 380万元。各市州、县市区、各园区都出台了相应的配套政策措施，不断加大了支持力度。（3）各种法律法规。我国已经制定和发布的涉及绿色技术创新的法律主要有《促进科技成果转化法》（1996年）、《知识产权法》（2001年）、《科学技术普及法》（2002年）、《政府采购法》（2002年）、《环境影响评价法》（2002年）、《可再生能源法》（2005年）、《科学技术进步法》（2007年）、《循环经济促进法》（2008年）、《专利法》（2008年）、《清洁生产促进法》（2012年）等多部法律。通过这些法律对阻碍绿色技术创新的行为进行约束、控制和惩罚，充分调动生产者、所有者和使用者的积极性，为推动绿色技术创新保驾护航。

二、湖南省发展绿色矿业技术创新中存在的问题分析

（一）矿业经济"绿色发展"观念薄弱

湖南省是著名的"有色金属之乡"和"非金属之乡"，在全国乃至世界都具有重要地位。然而湖南省矿产资源品种虽多，但是资源保证程度差异很大。在新时期面临调整经济结构、转变经济发展方式的深刻改革，这就对湖南区域绿色创新体系建设提出了挑战。从政府来看，目前在经济结构的调整中，虽然也提出了绿色创新的发展战略，但在实际的落实中并没有很好地体现绿色发展与创新的战略思想，其原因主要有三个方面：一是仍沿用传统的经济模式，热衷于扩大投资上项目，扩大生产能力，资源不足以及由过度的资源或能源消耗引起的生态环境恶化问题已逐步显现；二是近年来生态文明与环境不受重视，工业三废未经处理就直接排入河流，污染严重；三是自然资源短缺导致无法支撑高资源消耗或高能源消耗、高"三废"包括的排放和高污染，使传统的产业发展模式受到资源、环境严重制约，影响到可持续发展。

另外从企业来看，近年来湖南省内各地区煤矿企业都开始注重企业的绿色管理建设，也取得了阶段性成绩，但大部分煤炭企业还缺少对企业绿色管理文化的整体把握，缺乏宏观透视性。主要体现在企业高层在制定企业行动指南时，仍然过分追求经济利益，并没有完全认识到企业绿色管理文化建设的重要性，使得相关的宣传活动未能及时、有效地开展起来，这也进一步导致包括企业各级领导在内的企业员工，大多只知道绿色管理的概念，而对于如何进一步认识和实践绿色管理不知所措。这就使得企业内部难以营造绿色企业文化的氛围，一线职工对公司制定的绿色开采、绿色管理条例视而不见，置之脑后。长期以来，由于绿色观念难以深入人心，员工参与绿色开采、绿色管理、绿色运

营缺乏主动性和积极性，这也会严重影响这个项目的顺利开展。

（二）尚未构建良好的绿色创新机制

目前，湖南省开展了多项创新专项活动，在重点高校与科研院所组建了一批校企共建的技术中心，企业创新水平有一定提高，在科技与经济的结合方面也取得了非常大的进展，而这些重要因素和核心基础却没有大范围地转变成为现实的生产力。

中央一些院所以及中央直属企业科技活动与地方性的经济社会发展衔接程度偏低，导致了很多重大成果不能较好地转化为本地的效益，科技成果成熟度不高，加之一些高校对于科技成果方面的组织较为缺乏，甚至一些校办工厂把小规模经营放在重要地位上，同时一些高校与科研机构也不能满足企业技术方面的要求。这些原因从根本上严重制约了湖南省科技创新产业化发展的速度，在科技攻关上方向上差距甚大，技术供给能力不足。

与此同时，这些问题的存在也使得湖南省的产业核心竞争力与经济质量的提升没有更为强大的区域创新体系来支撑。这是科技资源配置机制方面的重要缺陷，另外，中直机构与地方，军民两大研发和产业体系之间严重分割化、布局分散化等制约着区域绿色创新体系建立，这成了制约未来企业绿色发展的瓶颈。

（三）缺乏配套政策措施

现行的煤炭产业绿色技术创新政策当中，对于煤炭产业的技术解决方案以及工艺流程的方向性引导相对较多，而对煤炭企业创新文化的培育以及产学研联盟的引导较少。近年国家发改委下发的《国务院关于促进煤炭工业健康发展的若干意见》以及湖南省发改委下发的《湖南省"十二五"能源发展规划》等一系列煤炭产业绿色技术创新专项政策，均对加强分布式安全保障技术、瓦斯循环利用技术等煤炭产业绿色技术在方向上进行了指导，但缺乏风险共担、鼓励创新的技术创新机制设计，这也从侧面导致了部分煤炭企业的自主创新意识不强。

（四）专业技术人员严重缺乏，创新成果少

据《湖南省煤炭产业"十一五"规划》，2005 年底，湖南省从事煤炭生产的总人数为 27.46 万人，技术人员为 1.01 万人，占 3.69%。乡镇民营煤矿从业人数为 17.8 万人，技术人员为 1 448 人，占 0.81%，初中以下文化程度的占 75.2%，由于技术人员缺，从业人员素质低，安全管理差。到了 2010 年，

湖南省范围内煤炭行业从业人员 357 565 人，其中具有职称的专业技术人员仅为 5 013 人。湖南省矿业管理局的调研报告显示：湖南矿产行业专业技术人才严重缺乏，并有不断增大的趋势。

具体而言，专业性人才严重缺失具体表现在以下几个方面：

（1）专业技术人才总量不足，且所占比重较低。各类技术人员共 5 013 人，只占全体从业人员的 1.4%。以煤矿主体专业技术人员为例，湖南省范围内共有煤矿主体专业技术人员 2 267 人，占从业人员的 0.63%。

（2）从业人员整体文化程度严重偏低。目前，湖南省范围内煤炭行业从业人员中小学或初中文化程度的约占 3/4，其中相当一部分职工是文盲、半文盲，整体素质偏低。

（3）技术人才流失严重。近些年，湖南省煤炭企业绿色技术人才流失严重，高等院校的对口专业如采矿、机电、安全等专业，很难招到自愿填报的考生。而这些与采矿相关的专业的毕业生由于各种各样的原因又不愿到煤矿上工作，这造成了我省煤矿产业中专业人才流失非常严重。根据统计，湖南省国有煤矿的人才缺口，接近九成，而乡镇煤矿和小煤矿上，根本没有专业人才之说。[①]

（五）绿色创新技术落后

首先，绿色技术没有被尽可能地采用。清洁生产技术创新刚刚兴起，绿色技术创新的环境存在很多空缺和薄弱环节，不能发挥绿色技术创新环境的应有功能。其次，对那些已经开发并达到实用的技术，又缺乏实用技术的推广和产业化机制，从而造成环保技术开发的巨大浪费，环境保护技术的开发大部分集中在末端治理技术方面，高新技术和清洁生产技术在绿色技术领域的应用研究滞后，生产技术的开发中很少考虑利用清洁生产技术。最后，绿色技术鉴定、绿色技术创新认证工作滞后，缺乏环境对公共健康影响进行研究；污染控制及治理技术落后，绿色技术的商品化水平很低，企业绿色技术创新的技术基础也较为薄弱，特别是对一般中小型企业而言，现有的技术系统的知识储备、工艺、技术水平仅适应已有的技术范式（绿色的技术范式），绿色技术与企业现有的技术能力不匹配。

---

① 曾小蕙. 煤矿安全监察体制机制研究 ［D］. 湖南大学，2007.

第三节　国内外绿色矿业技术创新经验及启示

一、国外城市技术创新体系建设的经验

当今，全球范围内衡量区域竞争力强弱的关键性因素之一就是区域创新能力，同时，区域创新能力也成为推动区域经济发展的重要动力。区域创新体系不管是对于西方发达国家还是发展中国家，其意义都不可估量。各国在资源禀赋、科研条件、技术基础、市场需求、文化传统、价值观念等方面存在的差异，造就了各国不同的区域创新体系。笔者选择了美国、英国、日本、印度四个有代表性的国家的区域技术创新体系构建的经验，对不同国家的区域创新条件、区域创新体系的特征及对策进行分析，并以代表性的创新区域为例，为湖南省绿色矿业技术创新体系的构建提供借鉴。

（一）美国——企业主体型

美国的市场经济十分发达，经济基础雄厚，以信息技术为代表的科学技术在世界独领风骚。在文化传统上，美国崇尚个性自由，坚持对自己负责的态度，推崇冒险和创新。因此，美国的区域创新体系十分注重企业的主体地位。从 20 世纪 70 年代开始，其企业就已成为 R&D 经费投入的主体，其后，政府的投入所占比例逐年减少，企业投入所占比例却不断提高。在美国，企业从事全国技术开发和应用研究的比例分别为 85% 和 70%，提供的资金分别为 70% 和 55%。美国的城市技术创新体系以企业为主体，具有以下特征：

1. 企业担当主角

美国企业的创新和产业化的能力惊人，企业比政府和学术界具有更大的灵活性和适应性，更易适应变化，资金比其他领域流通更加通畅，企业在美国技术创新过程中充当主角。大公司仍然是美国技术创新体系中的主导力量，他们通过与政府签订接受委托的合同，或自己直接投资来进行开发。大公司有其独立的中央实验室和研究开发部，这些实验室或部门致力于不断推出创新产品，凭借其雄厚的资金和人力资本使公司能够持续保持强劲的竞争力，在国际市场上始终立于不败之地。如杜邦公司仅设在特拉华州的主要研究试验中心，就有 2 300 多名技术研究人员。除了大公司之外，还有一批高技术中小企业与其相互呼应，这些企业在技术创新和技术扩散方面显示出独有的实力和特点，在美国工业科技创新过程中显示出的生命力越来越活跃。据统计，美国每年大约诞生 6 万家高技术小企业，这些小企业的创新意识极强，每年获得的专利数约占

国家颁发专利总数的 60%。美国政府十分重视这些小企业在技术创新活动中的作用，通过组织管理、政策指导、计划安排等手段给予其支持。SBA 就是政府对中小企业技术创新活动的政策性指导的措施之一。通过大小呼应，美国企业具有强大的技术开发和创新能力，有力地推动了美国经济增长。

2. 重视基础研究

除了重视企业的主体地位，美国还特别重视基础研究。美国拥有庞大的科研机构体系，联邦政府在研究与开发方面的投入每年约为 790 亿美元，其中1/3 用于联邦政府的实验室和研发中心。从事基础性研究，是为了开拓原创性技术范式，即以一些新的核心技术要素为基础，建立一种新的技术体系。原创新技术范式所获得的经济效益具有利润高、时间长、抗竞争性强等特点。因此，在具体的科技政策制定中，联邦政府十分强调对基础研究的投资：政府根据政策导向有计划地对基础研究进行资金投入，特别强调对那些接近于生产性的基础研究的资金资助；通过立法来鼓励大企业和民间团体机构积极开展基础性研究；采取一系列措施，吸纳优秀人才向基础研究方面汇聚，甚至不惜花重金引进其他国家的优秀人才。

为了推动基础研究的科研成果向生产力转化，美国政府还积极推动科研联合体形式的技术创新模式，其中重要的一类就是企业 R&D 联合体。从它的组成结构上看，科学人员、技术人员以及从事具体技术问题解决的工程师的组成比例发生了变化，许多大企业都有科学家从事相关的科学理论研究，甚至许多诺贝尔奖获得者也参与了大企业属下的现代化试验，技术人员的科学素质也得到了明显的提高。从信息互动的角度来看，现代美国的许多大型企业，都通过大学与企业内部人员之间的人际互助，来实现企业内部联合体与外界研究机构之间的信息交流，大学科研机构负责提供与基础研究相关的最新信息，企业的技术和信息同时也向大学转移。

3. 政府制度和机构安排多元化

虽然美国没有定期制定领导全国科技发展方向的"长期战略"的传统，但美国研发管理体制的不断完善，投资机制、技术转移机制的不断创新，使美国庞大的科技投入产生了与之相符的良好成效。从研发管理体制来看，美国科研机构众多，"派系"林立，"分散"是其研发管理体制的一个重要特点。美国的许多政府部门都有各自的科研计划，各个职能部门研发项目的立项、执行、评估基本上自成体系。"分散"的研发管理体制可以使美国避免遭受集中决策的风险，并能在技术创新过程中保持旺盛的创新活力。为了避免重复研究，提高研发效率，美国科研管理的第二个特点是高层次的战略管理。美国的科研管理工作，由国家科学技术委员会负责实施。从投资管理机制来看，为了保证联邦政府在科技研发上的投资能够促进经济发展、提升环境质量和保护国家安全，联邦政府积极开展与私营部门的合作；加强联邦、州和地方政府之间的交流与合作，并且与各科研机构、其他国家建立长期、稳定的伙伴关系；对联邦政府预期的科技政策投入规模、质量及成效进行评估。美国政府在预算分配方面实行"奖优罚劣"的方法，提高政府研发项目的质量；建设一套透明的投资标准和一整套成果检验的标准。从技术转移机制来看，美国联邦政府直接资助建立国家转化中介机构，成立了国家技术转让中心（NTTC）和联邦实验室技术转让联合体（FLC）。除此之外，美国政府还十分重视对科技信息传播和技术标准的制定，专门资助成立了国家技术信息服务中心（NTIS）和国家技术标准研究院（NIST）。

4. 高技术产业集群——以硅谷为例

研究美国的区域创新体系自然会提及硅谷，硅谷创新能力的持续性和竞争能力的强大使其成为美国以及世界的高科技典范区域，目前仍被称为世界上最具创新能力的高技术产业集群。自 1965 年以来，美国成立的 100 家最大的技术公司，有 1/3 在硅谷。仅 1990 年，硅谷的企业就出口了超过 110 亿美元的电子产品，相当于美国电子产品出口额的 1/3。信息网络技术的大规模普及与利用是硅谷的绝对优势项目，但在其他领域硅谷也有着不俗的表现，如生物工程领域。美国最大的生物科技企业群就坐落在硅谷，拥有的上市公司就有近80 家。统计显示，硅谷约 200 家生物工程公司为社会提供了近 6 万个工作机会，这些公司不断追赶网络信息技术，正在成为带动经济增长的另一个火车头。

硅谷能够始终保持持续不断的自主创新能力，并最终在国际竞争中获得优势，其成功归纳起来主要有以下几点经验：第一，高度密集的集群内技术人才与大学和研究机构。如今，该地区拥有 6 000 多名博士，约占到加州博士总数的 1/6，更吸引了世界上诺贝尔奖 1/4 的获得者来这里工作。区域内有许多著名的大学，如斯坦福大学、加州大学伯克利分校等。世界一流大学和众多人才的地域集中，极大地促进了硅谷地区的经济发展。第二，区域内利于创新的特殊社会文化环境，鼓励冒险、善待失败、乐于合作等是硅谷文化的主要特征。冒险和进取精神为无休止衍生公司提供了丰厚的土壤，也提高了硅谷创新的持久力，硅谷对创业者失败的宽容、冷静的态度有利于硅谷保持活力，硅谷区域内各行为主体之间的合作精神、公司间的正式和非正式的合作是硅谷持续创新的重要推动因素。第三，风险投资为硅谷创造了一个崭新的金融环境。据统计，美国现有的 600 家风险资本公司，其中大约一半在硅谷。第四，产业地方集聚优势的获得与不断增强，硅谷在完成初期的资本积累以后，由于其持续的创新能力与经济的快速发展，带来了大量技术企业的快速集聚，极大地扩展了硅谷的技术构造和技术基础。第五，集群内企业衍生能力特别强。20世纪70年代，硅谷的企业不足3 000家，经过短短二十多年的努力，硅谷的企业就迅速增加到了8 000多家。第六，硅谷特有的区域创新网络系统。硅谷的发展不是区内生产要素的简单叠加，而是一个以网络为组织基础的生产系统。

（二）英国——知识带动型

英国的市场经济也十分发达，但同美国的文化传统相比存在一定的差异。英国人比较保守，在行为中注重稳健、忠诚，悠久的历史使得英国的文化知识氛围极为浓厚。英国的科技水平长期占据世界领先地位，学术界素有从事纯科学研究的传统，因此，英国区域创新体系的重要特征便是以知识的生产和加工为主要推动力，知识创新性企业和研究型大学作为支撑载体，对英国的区域创新发挥着重要作用。

1. 鼓励知识创新

知识的生产和创新一直以来都是英国政府在区域创新中关注的焦点。英国政府特别重视对知识产权的保护，希望以此来促进和鼓励知识创新。1993年英国发布了《科学技术白皮书：实现我们的潜力》，从此以后英国的知识产权战略发生了重要变化，由原来的自主研发变为现在的吸收扩散，通过促进技术的扩散来降低知识的价格水平，减少知识的流通成本，从而提高知识的流动性。1995年英国推出了《加速前进》白皮书，提出了"技术共享与转让的效益指标"。1996—1997年，英国政府花费在技术扩散上的资金有5 000多万英镑。为了给知识创新型企业提供更好的融资平台，英国贸工部提出了设立"知识银行"，提倡采用基金或者政府担保的形式来促进企业的知识生产和创新。

2. 促进知识转移

英国的科技研发与经济发展的结合程度不够高，产学研合作是促进科技与经济结合的关键。从1986年开始，英国政府开始采取一系列措施来促进科技研发和经济发展的协调，先后实施了许多鼓励科技界与产业部门合作的计划，其中最重要的就有联系计划（LCR）、知识转移合作伙伴计划（KTP）、法拉第合作伙伴倡议。前两项计划由政府组织和实施，后一项是由民间组织推动的。这些计划运行至今，都取得了卓越的成效，产生了很高的科学与经济收益，促进了科技界与产业部门的合作，有力地推动了科研单位的科技成果转化。另外，英国还大力促进各类科技中介服务机构之间的合作，根据各类科技中介服务机构的行业特点和区域特点，鼓励这些科技中介服务机构探索不同形式的合作机制。

英国促进知识转移的另一个措施就是把技术转移与人才培养结合起来。"知识转移合作伙伴计划"的宗旨之一是使企业界可以充分利用知识库单位的专业知识和技能来进行技术创新，同时大量研究生能够获得良好的训练和开发机会。英国的贸易部和工业部每年都会总结计划的执行情况，并对优秀项目和项目参与者进行评奖，保证了 KTP/TCS 计划二十多年来成效显著，极大地推动了科研单位的成果转化，切实提高了研究生的培养质量，并使参与计划的中小企业获益。

为了推动知识和科技成果的转化，英国政府还鼓励大学建立科技园区。19世纪 80 年代，英国的 46 所大学在政府的支持下，建立了近 20 个科技园，1987 年增加到 37 个，2000 年则达 53 个。一些著名科技园区的建立大大增强了知识研发同应用之间的联系，如剑桥工业园、赫利奥特瓦大学科技园、艾斯顿科学园、沃里克科学园等。

3. 大力发展工业园——以剑桥工业园为例

英国区域创新体系的典型代表之一就是剑桥工业园。1969 年，英国政府呼吁加强大学和工业界之间的联合，于是剑桥大学开始筹备建立剑桥工业园。2000 年，剑桥地区拥有约 1 200 家高技术公司，就业数接近 35 000 人，年贸易额达到了 40 亿英镑。该地区企业以研究和开发为主，大量的以计算机软硬件、科学仪器和电子工业为主的高技术企业聚集在此，且与生物技术、医药化学、空间技术等方面相关的企业也日益增多。除此之外，剑桥工业园还吸引了许多大型跨国公司在此开设研究基地和研究中心，如诺基亚、日立、甲骨文、施乐公司、斯坦福研究所、微软等，这些知名跨国公司为剑桥工业园的技术创新贡献了力量。

英国剑桥工业园区一开始是建立在美国硅谷模式基础之上的，因此被誉为"欧洲硅谷"，但在 40 多年的发展过程中它走出了自己独立的发展道路。首先，充分利用科技基础和优势。剑桥大学在许多方面具有明显的科学优势和雄厚的科技基础，如物理学、计算机科学和生物科学等领域，这些优势学科对剑桥工业园的发展有着十分重要的意义。其次，很多中小企业都有被扶植的需求，剑桥工业园察觉到了这一点，从而调整政策，对中小企业进行倾斜和扶持。第三，积极进行成果的转化。成果的转化方式一般有申请专利、创办衍生的产业公司、兴办科技园区等，剑桥工业园区的成立恰好给剑桥大学各院系和科研院所提供了转化科研成果的平台。[①]

---

① 汪娟. 长沙市技术创新体系的构建及其运行机制研究［D］. 湖南大学，2013.

（三）日本——技术引进型

与西方发达国家相比，日本在经济发展初期的基础薄弱，科学技术的研发力量不足，缺乏欧美那样搞自主创新的现实条件。更何况，如今科学技术的发展日新月异，对于后发国家来说，发挥学习效应，引进而非独立开发不失为日本的明智之选。因此，日本的区域创新体系具有技术引进的突出特征。

1. "模仿—反刍"式技术创新

"战后"初期，由于基础科学相对薄弱，日本采取了"引进技术为主"的战略模式。这种模式与美国重视基础研究，通过科学创新技术，最后运用到生产的"科学—技术—生产"的创新模式不同，它是首先通过购买、引进技术，再针对生产过程进行改造的"生产—技术—科学"创新模式，即在工业最新技术方面绕过基础理论研究和应用研究，完全在引进外国先进技术的基础上，经过"过程创新"实现国产化，并形成规模经济，从而达到实现工业化的目的。我们把这种以吸收先进技术为主导的过程创新称为"吸收型创新"。建立在技术引入基础之上的创新使日本企业在技术进步上的起点很高。日本企业重视新产品开发，引进的技术被日本稍加创新即生产出新的产品，并且这些新产品很快反过来被出口到技术引进国，赚得的外汇又可以用来引进新的技术成果，然后再创新，如此循环。所以，日本企业的发展往往投资少、效益快、质量高。

值得一提的是，日本技术创新模式的本质内涵揭示的是"模仿—反刍"式技术创新，即首先大规模地引进被模仿企业的专利技术，甚至于流水线生产技术，然后进一步采用"反刍"式技术创新。也就是企业通过引进技术专利或者关键性技术生产要素，先植根在企业生产线中，然后像牛"反刍"那样，再将这些引进的技术放在企业的创新平台上进行分解剖析，针对国内市场化的方向，对关键性技术进行再次改造，改变技术的组合方式以适应市场的需求。通过信息的不断反馈，反复调整生产结构，进行"反刍"式消化吸收，以保证该产品的生产线能够很好地与市场需求同步。在这种技术创新模式的推行过程中就出现了这样一个很有趣的现象，即日本许多行业的专利技术虽然来源于欧美，但却通过二次创新，使得日本企业的技术竞争力远远超过欧美企业。

但在20世纪90年代之后，缺乏创新原动力的弊端在日本日益显现。虽然通过技术追赶，在短期内可以带来高速增长，但是长期以来，过度依赖于对外来技术的模仿和吸收，会导致在基础科学研究方面的投入不足，而使日本的自主研发能力越来越弱，最终削弱日本的国际竞争力。因此，从20世纪90年代中期开始，日本的创新战略发生了变化。1995年11月，日本国会通过了《科学技术基本法》，明确地将基本国策确定为"科技创新立国"，从此日本的创新战略从"技术立国"战略变为"科学技术创新立国"战略。二者的不同在于前者主要通过引进和转化来追赶欧美的先进技术，而后者更加注重基础科学研究和自主创新技术研究。

2. 大企业起主要作用

日本技术创新体系有一个特征，大企业在其中起主要作用，中小企业的地位与欧美各国的中小企业相比较低。日本的民间企业中，研发费用几乎4成都被前10大企业所占据，从研发费用的金额看，日本技术创新体系中，大企业的作用依然很大。日本大企业的研发是利用公司内部的研究所等丰富的内部研究资源，因此大企业对于包括产学研合作的外部合作，往往是比较消极的，因为企业之间以及企业与大学之间研究人才的交流还不够活跃，跨越组织的研究协作及网络还没有建立。

但是，最近这种以大企业为中心的日本技术创新体系也发生了变革，即大企业也开始积极探索与外界展开研发方面的合作的有效渠道，而且这种动向有日益增强的趋势。随着经济全球化的发展，像韩国和中国这样的东亚国家对技术的追赶使得技术创新的竞争日益激烈，大企业想要在自己公司内部进行所有的研发也变得困难起来。随着高新技术的进步，医药品产业的研发过程也发生了相应的变化，研发中科学知识的重要性日益提高，这也是促使企业积极展开外部合作的重要原因之一。

3. 以产业为主导，产、官协作

以产业为主导是日本技术创新模式的又一大特征，产业界在R&D资金投入的来源和使用方面都发挥着主要作用。1989年，日本全国研究开发经费总额中产业界投入的比重超过70%，而美国、英国与法国产业界的研究开发经费均只占到全国的50%左右，这表明日本产业界在技术创新活动中居于明显的主导地位。从政府承担的R&D支出比重来看，日本相对于其他发达国家而言较低，政府对产业R&D活动的资金投入较低，对研发活动的支持力度不大，产业界是研发活动的主要执行者。在以产业为主导的技术创新体系下，日本的研发活动更直接地与市场需求相连，在产业化过程中，强调研发活动要能尽快地对市场需求做出反应，从而不断扩大市场份额，增强产品的国际竞争力。这种研发模式通常被称为市场驱动型研究与开发，与依赖于内部发现和发明创造的发现驱动型研究与开发活动相比较，市场驱动型研究与开发活动则强调有选择地引进对市场需求适应性较强的国外先进技术。

在政府与企业关系方面，日本政府主要是对企业的技术创新活动进行诱导、扶植与保护，产、官之间保持紧密的协作，这与欧美国家政府与企业之间的契约关系是不同的。政府负责协调和管理企业的技术创新活动，主要体现在以下几个方面：一是对企业采取直接的协调性干预；二是制定产业政策来引导企业未来的发展方向；三是提供相关的信息服务来促进技术创新活动的开展。如1983年，在通产省的干预下，日本的八家大型电器公司联合起来成立了"新世纪电子计算机技术开发机构"，使日本的电子计算机研究有了重大突破。与此同时，日本的产、学合作却一直不很发达，直到1983年日本政府才允许国立大学与工业界进行合作研究。

4. 技术立国战略的典范——筑波科学城

日本筑波科学城始建于1963年9月，以其雄厚的科研实力闻名于世，内有筑波大学、产业技术综合研究所、高能物理研究所、筑波宇宙中心和国立公害研究所等在内的国立科研及教育机构46家，私营科研机构300多家，研究人员约13 000人，其中，外籍研究人员4 105人，5 684人获得博士学位。筑波完全由政府资助运行，是日本政府第一个尝试建立的科学城，以基础科技研究为主，属于国家级研究中心，同时也是日本最大的科学中心和知识中心。

筑波科学城是日本在先进科学技术方面向美国等国挑战的重要国家谋略，其成功可以归结为以下几个方面的经验：（1）文化机制。日本强调权威，注重等级制度，提倡下级对上级的服从和个人对企业的忠诚，因此日本企业对员工采用的是终身雇佣制，科技人员之间相互跳槽和相互交流很少，有关机构与下属单位都是垂直领导，减少了一定的沟通和互动。（2）产学研机制。筑波科学城内从事的多是基础研究而不是工业应用，政府有意通过吸引私人公司入驻来加强产学研的结合。（3）创新机制。日本筑波科学城就由日本科技局、计划局主管并设置。筑波"研究机构联络协议会"协调各方工作。筑波科学城集中了日本国立科教机构46所，占全国总数的30%，机构内的专业人员约占全国总数的40%，年度科研经费约占总数的50%。筑波本地科技和工业基础较好，起点很高，加上大规模引进西方先进技术，并进行综合集成，优势互补，极大地提高了创新资源的配置效率。（4）风险投资机制。日本筑波科学城发展历史过程中政府的资金投入占主导地位，为减轻政府负担，充分调动企业和社会的财力，发挥民间企业的积极性，日本筑波也在探索多种投资渠道，目前资金来源主要靠地方公开团体、财团和企业、财团与政府合建，投资渠道的多元化为筑波的发展注入了长久的发展动力。（5）政策机制。筑波科学城建设的法规相当健全，如"筑波研究学园都市建设法""高技术工业积集地区开发促进法"等。日本政府在政策与资金方面也采取了相应措施，颁布了"技术城促进税则""增加试验研究费税额扣除制度"等税收政策，此外还有如减免税、发补助金、低息长期贷款等其他优惠措施，有力地保障和促进了科学城区的发展。在园区建设开始时政府投入了 13 000 亿日元，政府资金的注入无疑促进了筑波的发展。① （6）人才机制。日本政府设法吸引科技人员和科研机构的迁入，筑波最初的科研人员基本上全部来自东京。当城区规模发展和人员逐渐饱和时，又注意控制人口，由此为科技园区人才提供了良好的生活和发展环境。

（四）印度——政府推动型

与其他国家相比，印度的区域创新体系中的政府推动作用特别突出，这与印度落后的发展中国家身份不无关系。印度经济的快速发展已经引起了全世界的高度关注，高新技术产业在其中的作用不容小视。近 20 年来，印度政府一直非常重视信息、生物和材料这三个高新技术产业领域的发展。印度政府的国家发展战略以发展高科技、提高综合国力为核心，经过几十年的努力，已显现成效。

1. 正确定位竞争优势

印度的软件业位居世界前三甲，在当今没有任何一个发展中国家能够与之相比。截至 2010 年，印度已在全国建立了 18 个软件技术园，其中有 6 228 家注册企业，累计出口 96.31 亿美元，其中软件出口额达 43.9 亿美元，占全国软件出口额的 74%。印度区域创新体系的代表——班加罗尔已经成为全球第五大信息科技中心，到 2001 年已经拥有 4 500 家高科技企业，更吸引了 250 多家跨国公司（如 IBM、Motorola、Cisco 等）在此驻足。印度之所以让政府主导区域创新，主要是市场、技术和基础设施的落后，而选择软件业作为创新的突破口，正是发挥其软件人才竞争优势的体现。20 世纪 70 年代，计算机在印度工业界得到应用，那时候还仅仅是作为一种生产工具。经过十几年的发展，到 80 年代中期，印度在发展计算机软件方面的优势和潜力渐渐突显出来，印度政府意识到了这一点，于是在 1986 年出台了"计算机软件出口、开发和培训政策"，以鼓励印度软件业的发展。这一政策的实施效果十分明显，它为印度培养了大量优秀的软件人才。

2. 用宏观经济政策促进技术进步

印度政府积极鼓励发展信息产业，采取了一系列有效措施，如对信息产业进行政策扶植，合理规划高新技术产业带，对知识产业实行税收等方面的优惠

---

① 刘芹，张永庆，樊重俊. 中日韩高科技园区发展的比较研究：以中国上海张江、日本筑波和韩国大德为例［J］. 科技管理研究，2008（8）：122-130.

待遇等。印度积极引进外资，通过鼓励外国企业前来印度投资，吸引本国的外籍人士归国投资等途径来发展信息产业。另外印度政府还通过实行私有化来促进信息产业间的良性竞争，以提高信息产业的生产效率和资源利用率。在税收政策方面，印度政府规定：对用于进出口的软件产品免征双重赋税；完全出口软件的营业所得税可以免除。在金融政策也做出了调整：以前印度对软件企业的银行贷款是通过对企业资产进行评估，现在改为合同评估。另外，软件企业可以比其他企业优先享有银行贷款。上述种种优惠政策使印度软件业成为受政府干预和管制最少而得益最多的行业。

3. 重视人力资源的培育和储备

印度的软件人才库在世界上排名第二，拥有软件人才 34 万，仅次于美国。印度的基础教育十分落后，但政府长期以来都十分重视高等教育，注重尖端人才的培养，由政府拨款的教育经费约占 GDP 比重的 4%，远高于同为发展中国家的我国，其中教育经费的 1/3 投向了高等院校。印度政府主要通过以下几种途径开展人才培养：（1）设立各种公立的院校。20 世纪 60 年代，印度第一任总理尼赫鲁按美国麻省理工学院的标准，指示政府建立了 6 个理工学院。如今这些理工学院毕业生质量可与美国麻省理工学院相媲美，每年可增添 7.3 万名新软件技术人员。（2）发展私营的商业性培训机构，这已成为人才培养的重要补充。这类培训机构已超过 1 000 家，每年能够培养数万名专业人才。（3）吸引海外留学人员回国创业和工作。政府鼓励人才自由流动，只要能够回印工作就能带来相关的经验和技术。（4）通过高校与外国大公司联合办学，如一些理工院校同微软、英特尔公司联手办学，着力培养高质量的人才。①

二、国外绿色矿业技术创新的启示

（一）强化法律保障，全力为绿色技术创新保驾护航

美国不断调整完善专利法案，以适应不断涌现的新技术，加强对专利和知识产权的保护。美国专利制度是条文法与判例法的混合体，具有灵活性和可操作性。专利制度通过对发明人提供独占权，使创新产品具有获得高额利润的可能。韩国已经形成了一套严密的涉及绿色技术创新的法律制度体系，主要包括《韩国专利法》《韩国实用新型法》《韩国外观设计法》《韩国商标法》《韩国防止不正当竞争及保护营业秘密法》等。②

---

① 张嘉誉. 印度高新技术产业对我国发展的借鉴研究［D］. 哈尔滨工程大学，2007.
② 杨发庭. 国外绿色技术创新制度的实践经验［J］. 党政视野，2016（3）：42.

（二）完善市场制度，促进技术创新与市场紧密结合

世界主要产煤国家中，前三四家煤炭企业市场占有率为 40% 以上。美国、德国、英国、澳大利亚等国家的煤炭公司，通过合并或购买煤矿股份等方式，实现了跨国经营。在德国，企业一直处于创新活动的主导地位，高等院校的人才培养要围绕企业对于科技人才的需求。在申报政府的科技项目时，没有企业的参与便不能通过。在日本，几乎所有大中型企业都有自己的研发机构，与高等院校和科研院所开展了广泛的合作，大大促进了科研成果的转化。在瑞典，国有创业基金、风险投资基金与市场融资机构如银行、风险投资机构等相结合，为中小企业提供了全方位的融资服务。美国、英国、德国、日本等国纷纷建立了比较完善的资本市场制度和风险投资制度，营造了良好的金融环境，在一定程度上规避了绿色技术创新风险，推动了绿色技术创新。

（三）调动社会力量，提高公众和社会组织参与程度

社会力量广泛参与是完善绿色技术创新制度的动力之一。美国的非营利性组织包括非营利研究机构和私人基金会。非营利研究机构开展对绿色技术的研发，但其研发成果不直接进入市场；私人基金会资助企业不愿涉足或不敢投资的项目，推动绿色技术的扩散。英国的科技中介机构分为政府层面、公共层面和私人公司三个层面，主要包括科技园区型中介机构、专业协会型中介机构、慈善型中介机构、盈利型科技中介机构四种主要类型。公众和社会组织的参与程度不断提高，为绿色技术创新营造了良好的社会环境。

（四）积极制定系统高效的科技政策

美国组成了以政府、大学、企业和科研机构为创新主体的绿色技术创新体系，出台了国家科学基金计划、企业和大学联合研究计划、中小企业科技创新计划、公共采购计划等。日本建立了科技开发资金制度和技术革新型公募资金制度，确保科研资金的充足，建立了终生学习、终生教育制度，颁布了一系列有益于绿色技术创新的税收政策。欧盟出台了《创新型联盟》行动计划、科技框架计划、欧洲创新行动计划，把市场经济、政府调节和社会保障充分结合起来，制定了相应的政策和经济制度。政府制定系统的科技政策，为绿色技术创新营造了良好的政策环境。

第四节　科学构建湖南省绿色矿业技术创新体系的建议

借鉴国外发达国家构建绿色矿业技术创新体系的成功经验，针对我省目前的现状以及存在的问题来看，湖南省建设绿色矿业经济的创新体系就是从根本上致力于科技与经济的紧密结合，使绿色创新更好地服务于湖南省矿业经济和社会发展，以提高湖南省的区域绿色创新能力，形成区域竞争优势。要通过建设区域绿色创新体系，推进矿业经济的绿色转型发展，提高资源利用效率，大力发展绿色经济、低碳经济；通过经济与生态一体化设计，通过产业集群发展循环经济产业链，使不同矿业企业之间形成资源共享，达到产业之间资源的最优配置，从而构建起资源节约型、环境友好型现代绿色矿业经济体系，加速经济发展方式的转变。

一、构建湖南省绿色创新体系的激励机制

湖南省绿色创新体系的构建主要包括政府激励机制构建、企业激励机制构建以及中间层次——科研机构作用机制构建等几个方面。

（一）构建绿色创新体系的政府激励机制

试图构建绿色创新的政府激励机制，须从以下几方面考虑：

1. 完善法律为绿色创新提供保障

法律法规是市场经济下推动企业绿色技术创新最重要、最有效的外部强制力之一。但，目前的法律法规不够完备，对绿色技术创新本身健康有序发展的保护力度不足，对污染生态环境的企业的惩罚程度不够，不能有效地引导企业走可持续发展的道路。为了法律法规这一工具在构建绿色创新机制中发挥更大的作用，政府可以采取以下几个措施：（1）立法上强化现有各项与保护环境相关的法律法规；（2）对现行环保法律法规进行修改、完善；（3）建立起科学的执法监督制度与工作流程，依法强化环境的监督管理机制，继续坚持有法必依，违法必究，执法必严。[①]

2. 运用经济手段推动绿色创新发展

目前，我国仍然是以大量消耗资源、能源作为获得经济增长的主要手段，对生态环境造成极大的破坏，并严重地威胁到自然资源的循环利用。各级政府应凭借其对绿色创新的主导地位对一切开发利用绿色资源的单位以及个人，根

---

① 刘思平. 经济可持续发展的生态创新［M］. 北京：中国环境科学出版社，2002：210-211.

据其破坏环境资源的程度征收一种新税种。对于严重破坏环境的企业征收排污税、燃料税和污染产品税，使其生产成本大大增加，得不到高额利润，从而使其进行产品结构调整、能源消费调整，投入资金进行绿色技术创新。通常说来，绿色创新的经济手段主要有：（1）明确非清洁产品生产的税收标准；（2）建立统一标准，治理污染所需费用由生产非清洁产品厂家支付；（3）实施区域内统一标准，按照规定合理发放排污许可证；（4）建立产品市场、技术市场的排放许可权交易。

3. 加大对绿色创新活动的资金投入

目前，我国绿色技术创新投资远远低于发达国家水平。要解决中国的生态环境破坏严重的问题，应该提高对绿色技术创新的投入。所以，国家的财政政策应最大限度地为解决这一难题创造有利条件，加强对绿色技术创新的资金投入力度，为绿色产品的生产单位或企业进行绿色技术创新扫清障碍。在创新投入资金倾斜的措施上可以采取以下三种措施：（1）对绿色产品、服务的生产单位或企业，以及相关的科研机构进行直接专项资金支持，接受拨款的单位直接按照政府的意愿致力于绿色技术创新与绿色产业发展。（2）对绿色创新实施信贷优惠。政府组织协调金融机构与从事绿色技术创新的单位或企业，对于其从研究发展绿色技术到商业应用的各个环节提供低息甚至无息的贷款优惠，促使他们能够大胆地进行绿色技术创新活动，而不必为贷款的利息归还期限而担忧，从根本上解决创新企业的后顾之忧。（3）政府绿色采购。政府可以直接采购绿色产品、服务的生产单位或企业开发的绿色技术产品或技术，尤其是适合公共部门的新型绿色产品，并将其广泛地应用到社会公共事业中，使其充分发挥社会效益。政府引导绿色技术创新产品的采购，在保证了政府与民众的需求的同时，也直接促进了绿色产品生产单位或企业的绿色技术作用的发挥，增强了其绿色创新能力。

4. 绿色技术创新的专利保护制度

绿色技术创新的成果有其外部性，往往会产生搭便车的共享性产品。也就是说，必须建立起有针对性的专利保护制度，来保护绿色创新的实施者的经济利益。但是长期以来，绿色产品或绿色技术生产单位或创新企业并没有真正成为市场的相对独立的利润获取者。[①] 因而，很多绿色产品生产厂家或企业缺乏绿色技术专利保护的意识，并不善于利用专利武器来保护其绿色技术创新的产出。要制定专门的绿色技术创新成果保护制度和实施细则、配套政策，这样既可激活绿色技术或产品生产单位或企业的绿色创新活力，又能使绿色技术创新

---

① 刘思华. 经济可持续发展的科技创新［M］. 北京：中国环境科学出版社，2002：185-187.

产出充分发挥其经济效益与环境效益。

（二）构建绿色创新体系的企业激励机制

提高企业绿色技术创新的能力，关键是提高企业的学习能力，激活企业学习的活力，形成企业的学习机制，优化企业的学习环境，加强对企业绿色创新活动的分类指导；支持企业跨行政区开展绿色技术创新活动等。

1. 形成企业完备的学习网络机制与竞争机制

首先应通过构建公平竞争的激励机制，使学习成为企业职工的自觉行为。一是建立目标激励机制，通过制定企业目标、科研团队目标、研究小组的目标、个人目标，明确自身知识技能水平与实现目标错小差距增强企业学习的原动力。二是建立竞争激励机制，深化人事制度改革，实行公平的择优机制，实行项目招标责任制。三是对技术创新团队和个人实行奖励机制，发挥榜样示范效应。

其次要构建起完善的教育培训机制，提高对企业员工的教育培训力度，建立健全各类学习制度，有效督促职工进行有效学习。在职业教育培训的内容方面，做好绿色低碳发展理念教育以及知识技能教育并重。

最后要以学习为动力，形成官、产、学、研、金以及科技服务中介的关系网络，通过各个创新行为主体之间相互学习、借鉴、交换，为企业绿色技术创新提供支持。构建企业学习共享的平台，完善企业各项培训基础设施，促进信息渠道流通，形成知识共享、交流的良好氛围，实现知识创新引领绿色技术创新。

2. 深化企业在绿色创新活动中的主体地位

对湖南省在全国具有竞争优势的主导企业要加强对其绿色技术创新的扶持力度，对各产业绿色创新活动的前沿技术、核心技术、关键技术和共性技术的研发要给予高度重视，并予以较大力度的扶持。同时，联合国有企业改革引导区域内的企业尽快构建企业绿色技术创新体系和有效的运行机制，提高绿色技术创新能力并且加大扶持中小型民营科技创新企业的发展，加速其广泛开展绿色技术创新活动，不断提高对绿色创新活动的投入，使其尽快成为企业绿色技术创新的中坚力量、绿色创新体系的主体。建立中小企业绿色技术创新基金，提供融资担保、创新投资服务等，指引、帮助与扶持中小企业绿色技术学习与技术创新活动的开展。

3. 鼓励企业跨行政区开展绿色技术创新活动

要打破行政地域界限，坚持大力促进官、产、学、研、金结合，支持企业跨行业、跨行政区域，与大学、科研院所共同发展绿色技术创新活动，促进协同创新、组织创新。同时，也可以大力吸引区域外甚至国外企业，比如沿海发达省份的民营科技企业，日资、韩资企业等合作开发绿色技术，以此带动和提高东北地区产业的绿色创新与产业优化升级。[①]

（三）中间层次机构的作用机制

中间层次的机构主要是指科研机构，绿色创新体系如果没有科研机构的参与，创新企业就会缺乏绿色技术创新的基础。

科研机构本身是一个相对独立的创新行为主体。随着科研机构体制的改革，它独立的经济效益和创新效益对科研机构自身的制约越来越突出。这种制度上的制约作用在一定程度上能够激励科研机构逐步走向市场化。与此同时，科研机构又必须将政府的宏观经济发展目标纳入考量范围。科研机构在透彻地分析政府的绿色创新发展战略目标之后，可以与企业联手开发绿色技术创新活动，共同开发绿色技术含量较高的产品或服务。

为了使绿色创新取得进一步的发展和完备，相关科研机构以及院校应该完善社会服务配套设施。构建以企业为主导、产学研合作的产业技术创新战略联盟，发挥联盟在产学研协同创新中的作用。在优先产业领域采取企业主导、院校协作、多元投资、军民融合、成果分享的新模式，整合形成若干产业创新中心。完善高校融入协同创新的政策。完善科研院所法人治理结构，落实科研院所自主权，推动科研院所参与协同创新。开放国家级或省级重点实验室、实验基地、技术标准检测中心、绿色技术信息机构、绿色环保技术数据等科技基础参数、大型公共仪器设备服务网络、高技术信息中心以及专家库，实现联网，达到资源共享，从而为企业绿色技术创新提供科技互助服务，绿色产业孵化中心的服务，为绿色技术创新的中小企业创新园区建设提供必要的服务。

二、建立湖南省绿色产业体系的支持体系

湖南省作为我国重要的矿业基地，绿色创新绩效却普遍较低。其中，传统产业结构刚性是制约其绿色创新能力提升的重要障碍。要提高湖南省绿色创新能力，必须将绿色创新与产业结构调整相结合，构建基于绿色创新的现代产业体系。

（一）法律支持体系

1. 建立较为完备的创新法规体系

落实并完善湖南省关于创新的法律法规，对现有的《湖南省促进科技成

---

① 刘思华. 经济可持续发展的制度创新［M］. 北京：中国环境科学出版社，2002：224-225.

果转化条例》《湖南省科学技术进步条例》《湖南省民营科技企业条例》和《湖南省科学技术普及条例》等法规进行改进，具体细化和绿色创新有关的内容。湖南省应该根据省内实际情况，进一步加快落实《国家中长期科学和技术规划纲要》的相关配套政策措施，及时地进行创新性立法，积极制定具体的实施措施。湖南省应该针对军工科技资源丰富以及人才资源相对丰富的优势，制定出相关的促进军民互动发展区域绿色创新的政策。在总结成功经验的基础上，建立适应现代科技发展需求的，相对完善的法律体系。①

2. 明确各创新主体的权责

必须从法律上对政府的责任和义务进行明确的划定并且构建与区域绿色创新体系发展相匹配的政府投入政策；使政府在落实绿色创新优惠政策等方面必须承担的责任和义务更加清晰明确；② 明确企业，特别是国有大中型企业应该享受的优惠政策，企业在绿色科技投入，淘汰传统落后工艺，引进先进技术以及消化吸收先进技术方面应承担的责任；明确各创新主体对科研人员进行在职教育应承担的责任义务等。③④ 创新主体其权利的同时也要履行其应尽的义务。

（二）市场支持体系

1. 促进区域体系内各行为主体间的相互作用

政府必须通过相关的经济举措进行区域内产业间或企业间的创新合作，推进企业自发的或由行业组织共同开发，共同支持的科研机构的研发等创新形式，从互补的技术资源和人力资源中获取组织协同的效应，促进企业之间的信息、知识流动；加强区域绿色创新体系内部的企业与区域绿色创新体系外部企业之间的交流与合作，对资源进行重新优化、整合，建立共同的绿色技术研发机构；推进集群域内企业与科研院所之间的交流合作。湖南省内的企业要充分利用高等院校和科研院所具有的技术、知识方面的优势，利用这些优势来弥补企业内在创新方面能力较弱的不足，这样就大大降低了其进行绿色技术创新的风险；省内的科研机构也要加强与区域内企业间的合作与交流，从而促进科技成果的产业化、商业化发展；坚持发展产、学、研相结合的绿色创新机构，鼓励产、学、研之间技术人员、知识以及信息的流动，注重培养科研人员进行创新的积极性。

① 项烁雅. 区域创新体系中政府的作用研究 [D]. 西南交通大学，2011.
② 赵威. 提升东北国有企业技术创新能力之我见 [J]. 北方经贸，2006 (11)：26-27.
③ 吴铮. 东北地区区域创新能力比较分析 [D]. 吉林大学，2006.
④ 陈红光. 东北老工业基地国有企业技术创新能力研究 [D]. 东北林业大学，2005.

2. 加强培育产业的核心竞争力

湖南省要想获取区域竞争优势，就要培育绿色产业的核心竞争力。省政府须要做到以下几点：①

首先，增强支柱产业的核心竞争力。政府需要坚持大力发展区域内的支柱型产业，积极发展壮大湖南地区的名牌企业、龙头企业、重点企业，形成区域规模经济，进一步提高产品的附加值以及科技含量，着力发展建筑材料、冶金化工等支柱产业，形成一条绿色产业链。要优化产业结构升级，运用高新技术来推进湖南地区的传统产业升级，推动产业结构优化。

其次，增强主导产业的核心竞争力。针对湖南省区域经济的地缘优势、人才优势和市场的需求，选择电子信息、新型原材料、生物化工、汽车制造、船舶制造、民用清洁技术、绿色节能产业等高新技术产业作为湖南省的主导产业，各级政府应加大对这部分产业的扶持力度，使其能够成为带动湖南省产业结构调整与升级的新增长点。

最后，增强湖南省的集聚经济效益。依靠湖南省的地缘优势，坚持以创新型企业为核心，从而带动行业内相互关联的企业，有重点地增强产业集聚效应，初步形成以信息产业、新型原材料、生态科技、装备制造业等高新技术产业为主的产业集群，并最终形成集聚的经济效应。②

3. 加大力度发展产业带

湖南省各级政府须要加快建设以高新园区、大学科技园区和高新技术企业为依托的绿色技术产业基地，进一步增强湖南省产业的核心竞争能力。③ 加快建设湖南省高新技术产业带，促进长、株、潭等核心城市高新科技园区的发展。不断完善科技园区的管理机制，提升高新技术企业的竞争力，促进产业带的发展。④

（三）资金支持体系

1. 拓宽企业信用融资渠道

湖南省可以设立科技创新金融服务公司，开展科技创新型企业信用互助融资信托服务，探求信用融资和投贷联动等新型融资模式。与此同时，加强政府、银行合作，通过风险分担以及贷款鼓励商业银行向中小科技创新型企

---

① 卢红屹. 区域创新体系建设中的政府行为研究［D］. 广西师范学院，2010.

② 林凌，刘世庆. 四川工业强省战略若干问题研究［J］. 四川经济研究，2006（9）：14-15.

③ 柳卸林，刘建兵. 为什么东北工业落后了：基于创新能力的分析［J］. 科学学与科学技术管理，2004（11）：40-44.

④ 张国旺，李柏洲. 黑龙江区域创新系统发展策略研究［J］. 现代管理科学，2009（7）：67-68.

业贷款。此外，还可开展跨行政区并与地方银行、保险机构、担保机构合作，并且实施贷款贴息等措施，进一步拓宽科技创新型中小型企业信用融资渠道。在信用融资方面，湖南省应大胆探索与积极实践，推动创新型企业迅速健康成长。另外，还应充分发挥政府、金融机构、行业协会及中介机构的职能，加速知识产权资本化、产业化与商业化，从而更好地支撑湖南区域经济和社会发展。

2. 推进科技创新型企业上市融资

2016 年，中共中央出台的《关于深化投融资体制改革的实施意见》，有效地推动了科技创新型企业在国内外资本市场成功上市。近年来，湖南省政府出台了许多方针政策，对科技创新型企业，尤其是创新型中小企业股份制改造给予奖励，并与地方省证监局、证券公司、金融中介机构等专业机构建立企业上市组织推进机制。在"十二五"期间，湖南省已经发展 20 余家科技创新型企业在国内外上市，十余家科技创新型企业在证监会上市备案，50 多家企业已进入上市轨道。同时，湖南省为了进一步加强推进公司改制力度，对在新三板挂牌的企业，在挂牌后给予一次性 50 万元补助。自企业挂牌第二年起，当年净利润达到 100 万元以上（含 100 万元）的给予 20 万元持续督导费补助，补助年度累计不超过 3 年。

三、培育湖南省科技创新战略力量

（一）确立企业在绿色技术创新中的主体地位

对于企业来讲，地方政府有必要提供适当的支持，但作为一个相对独立的绿色创新行为主体，单靠输血并不能解决根本问题，企业的发展最终还是要靠企业自己，这就需要企业成为真正的绿色创新的行为主体。企业要具备创新精神，要积极地投入到绿色创新活动中去，同时还要与区域绿色创新体系内其他要素紧密结合。[1]

强化企业在绿色创新体系中的主体地位可以从以下三个方面入手：第一，地方政府应适当减少对企业的行政干预，将创新活动的决策权、采纳权以及利益分配的权利归还给企业，促使绿色技术创新成为企业在市场竞争中生存发展的根本动力。第二，企业应针对企业自身条件以及外部市场、信息环境的实际情况，量体裁衣，制定适应湖南省的绿色创新战略体系，明确绿色技术创新发展方向，并从宏观上、整体上调节绿色创新资源的合理配置，将绿色技术创

---

① 陈红光 . 东北老工业基地国有企业技术创新能力研究［D］. 东北林业大学，2005.

新、制度创新以及组织创新密切结合起来，根据现代企业管理制度的需要，明确产权界定和股权配置，进一步推进产权结构优化升级。第三，绿色创新企业应最大限度地利用企业所拥有的科技资源，创造新的产品潜力，打造新的绿色品牌优势。因此，强化企业在绿色创新体系中的主体地位，要从绿色创新战略体系、绿色创新激励机制的构建等方面切入，促使企业积极投入到绿色技术创新活动中，在绿色技术创新活动中占据主导地位，发挥其重要的主导作用。①

（二）提升高校院所创新能力

提升高校创新发展能力，首先要支持有条件的高等院校创建世界一流大学和一流学科，系统提升人才培养、学科建设、科技研发三位一体创新水平。继续实施协同创新"2011 计划"，建设具有国际国内影响力的创新研究基地和产学研用结合创新平台。引导高等学校优化学科结构，创新学科组织模式，打造科技创新和高层次人才高地。其次，推进部分普通本科高校向应用技术型高校转型，探索校企联合培养模式，开设创业课程，设立创业培训基地。鼓励高校深度融入企业创新，促进科技资源向企业开放，建设产学研协同创新中心。最后，建设创新型科研院所。对科研院所实行"有破有立"式改革，优化科研院所科技创新功能定位，落实科研院所法人自主权。完善公益类研究机构支持机制，稳定支持一批公益类科研院所，加强科技文献、科学数据、种质资源等基础性科技服务平台建设。引导技术开发类科研院所面向行业技术创新提供研发设计、检验检测、创业孵化、技术转移、技术咨询等公共服务，组建一批集技术研发、成果转化、创新服务于一体的新型研发机构。

（三）培育发展新型研发机构

制定新型研发机构认定管理办法和扶持政策，鼓励引导各级政府、企业与省内外高等院校、科研院所、社会团体等以产学研合作形式创办新型研发机构，鼓励大型骨干企业组建企业研究院等新型研发机构。推动新型研发机构创新机制，建成投资主体多元化、建设模式国际化、运行机制市场化、管理制度现代化，创新创业与孵化育成相结合、具备独立法人资格的应用技术研究院、工业技术研究院等，更加聚焦产业发展、更加贴近科技前沿、更加突出开放创新，突破产业核心关键技术，研发具有较强竞争力的战略产品和装备。完善新型研发机构支持政策，推动制定资金、用地、期权和税收等配套政策，在能力建设、研发投入、人才引进、科研仪器设备配套等方面加大支持力度。

---

① 吴良挣. 东北地区区域创新能力比较分析［D］. 吉林大学，2006.

（四）促进科技成果转移转化

科技成果转化率也是科技创新能力的重要体现。要构建湖南省绿色创新体系，提高湖南省科技创新能力，需要全面贯彻落实《促进科技成果转化法》，实施科技成果转化工程，加快制定和落实深化科技成果处置权、收益分配等改革措施，建立健全技术转移组织体系，强化科技成果转化市场化服务，发展壮大专业化技术转移人才队伍，建立多元化科技成果转移转化投入渠道，基本建成功能完善、运行高效、市场化的科技成果转移转化体系，促进科技成果转化、资本化、产业化。

第十四章 生态补偿机制与湖南省 矿业经济绿色发展

改革开放以来，我国取得了巨大的经济成就，其中我国丰富的矿产资源为国家的经济发展提供了重要支撑，但同时我们也为以速度和数量取胜的粗放式经济增长方式付出了沉重代价。能源的高消耗以及矿产资源的开发过程中造成的环境污染和生态破坏，成为制约我国经济社会发展的突出问题。

2013年9月7日，习近平在哈萨克斯坦纳扎尔巴耶夫大学发表演讲时阐述："我们既要绿水青山，也要金山银山。宁要绿水青山，不要金山银山，而且绿水青山就是金山银山。"2015年3月24日，通过了《关于加快推进生态文明建设的意见》，正式把"坚持绿水青山就是金山银山"写进中央文件，成为指导中国加快推进生态文明建设的重要理念。湖南省的矿产资源开发为湖南省乃至全国的经济发展做出了巨大的贡献，同时也付出了环境污染和生态破坏的代价，如今在"两座山论"的生态文明建设理念的指导下，湖南深入建设"资源节约型、环境友好型"社会，发展绿色矿业经济迎来了新的更高要求，绿色矿业经济生态补偿机制的建立和完善显得尤为紧迫。

本章共分为四节，第一节为理论基础，分析了生态补偿的相关概念和内涵，并对生态补偿的理论技术进行详细分析。第二节重点分析了湖南省矿产资源开发利用现状以及湖南省现有的矿产资源开发生态补偿机制。第三节分析总结国外矿产资源开发生态补偿机制的实践经验，并剖析了我国矿产资源开发生态补偿实践及其问题，以期为完善湖南绿色矿业经济生态补偿机制提供思考和借鉴。第四节在前文的基础上提出完善湖南绿色矿业经济生态补偿机制的构思，以及完善湖南绿色矿业经济生态补偿机制的建议。

第一节 生态补偿概念及理论基础

矿产资源开发生态补偿制度研究是以矿产资源价值理论、矿产资源耗竭性理论、公共产品理论、外部性理论以及生态资本理论等为理论基础所开展的理论实践研究。本节在明确生态补偿概念的基础上，对上述理论进行了梳理和回顾。

一、生态补偿的概念

生态补偿最初是自然科学领域中的一个概念，后来被引入社会科学领域。国外对生态补偿的探索主要有以下几个特点：（1）以生态环境提供的服务功能价值为补偿的核心和补偿标准确立的依据，补偿的主体和客体比较明确。（2）政府主导的生态补偿和市场导向的补偿为两条平行线，相辅相成。（3）生态补偿的目的是保护生态环境，尽量避免资源利用行为对生态环境及其服务功能的破坏。其具有事前补偿的特点。[①]

相比国外 PES 的定义，我国对生态补偿的定义要更为宽泛一些。吕忠梅（2002 年）认为，狭义的生态补偿是指对人类造成的生态系统和自然资源的破坏及环境污染的经济补偿、恢复和综合治理；而广义的生态补偿则还包括对矿区居民因环境保护而丧失发展机会的经济、技术、实物上的补偿，其中就包括环境保护的教育支出和资源型城市转型的经济和技术支持。其主要强调了生态补偿的核心是对环境的恢复治理。[②] 有学者将生态补偿理解为一种资源环境保护的经济手段，或者将生态补偿看成调动生态建设积极性，促进环境保护的利益驱动机制、激励机制和协调机制（杜万平，2001 年）。[③] 也有学者认为征收生态环境补偿的作用在于它提供了一种减少对生态环境损害的经济刺激手段（毛显强等，2002 年）。[④] 杨光梅等（2006 年）则强调环境破坏者对生态破坏和环境污染的补偿义务。[⑤] 王金南（2006 年）认为生态补偿的基本含义应该是一种以保护生态服务功能、促进人与自然和谐相处为目的，根据生态系统服务价值、生态保护成本、发展机会，运用财政、税费、市场等手段，调节生态保护者、受益者和破坏者经济利益的制度安排。[⑥]

与国外 PES 的生态补偿定义相比，国内对生态补偿的定义是以生态环境破坏补偿为核心的，主要强调对遭受了破坏和污染的生态环境损害价值进行补偿，而不是生态环境在未来能够提供的生态服务价值。综上所述，我们将生态

---

① 宋蕾. 矿产资源开发的生态补偿研究 [M]. 北京：中国经济出版社，2012：101-102.

② 吕忠梅. 超越与保守：可持续发展视野下的环境法创新 [M]. 北京：法律出版社，2002：98-99.

③ 杜万平. 完善西部区域生态补偿机制的建议 [J]. 中国人口·资源与环境，2011（3）：119-120.

④ 毛显强，钟俞，张胜. 生态补偿的理论探讨 [J]. 中国人口·资源与环境，2002（12）：38-41.

⑤ 杨光梅，李文华，闵庆文. 生态系统服务价值评估研究进展：国外学者观点 [J]. 生态学报，2006（1）：205-212.

⑥ 王金南，万军，张惠远. 关于我国生态补偿机制与政策的几点认识 [J]. 环境保护，2006（10）：24-28.

补偿定义为基于生态保护和建设的成本，由政府主导，按照受益者付费、受损者受到补偿的原则，调节生态环境利用或保护中相关方的利益关系，是生态环境利用或保护行为的外部效应内部化，以维护、改善和持续利用生态系统服务的一种手段或制度安排。

二、生态补偿的理论基础

（一）矿产资源价值理论

矿产资源的价值理论是以地租理论为基础的。李嘉图的级差地租理论认为，土地自然条件的差别，即土地级差，是地租产生的原因。由于土地肥沃程度和地理位置等自然条件的差别，投入等量的劳动和成本，会产生不等量的农产品。因此，不同的土地会因自然条件的差别导致的成本差别而形成不同的地租。马克思在科学的劳动价值论、剩余价值论、平均利润理论以及生产价格理论的基础上，批判地吸收了李嘉图等古典经济学家的地租理论，并创立了马克思主义的地租理论。根据产生地租的原因和条件的不同，马克思把地租分为绝对地租与级差地租两种基本形式。绝对地租，是指无论土地优劣都要支付给土地所有者的地租，其产生的原因是土地所有权的垄断。级差地租，是指租用较好的土地所获得的归土地所有者占有的超额利润。土地经营上的垄断是级差地租产生的原因。可以看出，与李嘉图的观点不同的是，马克思认为，土地级差是级差地租产生的条件而不是原因，而垄断才是地租产生的原因。[①]

随着地租理论的进一步发展，当代西方主流经济学认为，只要存在垄断，就可能有超过正常利润的利润，这种超额利润现在一般地被称为"地租"。[②] 因此，地租的经济内涵被延伸了，它不再是农业土地特有的东西，而是处于垄断地位的要素所带来的超过平均利润的剩余价值。"凡是自然力能被垄断并保证使用它的产业家得到超额利润的地方，不论瀑布、富饶的矿山、生产鱼类的水域，还是位置有利的建筑地段，那些因对地球的一部分享有权利而成为这种自然所有者的人，就会以地租形式，从执行职能的资本那里把这种超额利润夺走。"[③] 这样，地租就被"普遍化"了。

矿产资源的价值理论主要来源于地租的"普遍化"。马克思的地租理论认

---

①　赵烨. 我国矿产资源生态补偿机制探析 [D]. 云南大学硕士学位论文，2010.

②　刘劲松. 中国矿产资源补偿机制研究 [J]. 煤炭经济研究，2005（2）：10-15.

③　杨晓萌. 论资源税、资源补偿费与权利金的关系 [J]. 煤炭经济研究，2007（12）：44-45.

为，"土地所有权本身已经产生地租，地租的占有是土地所有权借以实现的经济形式"①。矿产资源是经过漫长的地质年代而形成的，其存在的所有权属于国家，它同土地资源一样，也存在着地租。因此，矿产资源的地租就是矿产资源在生产过程中产生的超额利润，它的价值是由于矿产资源的有限性、稀缺性及垄断性而产生的。矿产资源的地租同样包括绝对地租和级差地租：矿产资源的绝对地租是由于存在矿产资源所有权的垄断而形成的，矿山企业要获得任何或优或劣的矿产资源，都必须要向作为矿产资源所有权者的国家支付地租；而矿产资源的级差地租，是指同类矿产资源因在不同地区存在的自然因素的差异而形成的地租，往往开采埋藏浅、品质好的矿产资源可以获得高于平均利润的超额利润，这种超额利润转化到所有权者手中就成了级差地租。因此，矿产资源的绝对地租和级差地租都是对矿产资源价值的补偿。

（二）矿产资源耗竭性理论

矿产资源是一种不可再生资源，具有可耗竭性。"在一定技术条件下，对资源的不断开采利用会使某种矿产资源的储量逐渐趋于零。换言之，当该种矿产丰度不断降低，开发成本不断上升，以致需求数量趋于零时，就达到了'耗竭状态'。"②

矿产资源耗竭性理论最初由美国数理经济学家哈罗德·霍特林提出。矿产资源耗竭性理论认为，矿产资源的耗竭是一个矿产连续不断消耗的动态过程，矿产资源耗竭既具有数量上的相对性，又具有质量上的绝对性。数量上的相对性是指随着矿产资源开采量的不断增加，某些矿产资源基础会逐渐削弱、退化，甚至最终耗竭。但为了实现矿产资源的可持续开采利用，许多国家一直在进行新的替代资源的开发利用研究，以寻找到新的具有经济价值的可替代资源。因此可以说当前矿产资源的数量只是相对性地减少。而矿产资源耗竭质量上的绝对性，是指随着人类对矿产资源过度、过速地开采和消耗，矿产资源的质量将逐渐恶化。长期以来，由于受生产能力的限制和眼前利益的驱使，矿产资源的粗放型利用，普遍的"采富弃贫、采易弃难"现象，以及乱挖滥采等造成了矿产资源的大量消耗和严重浪费，最终导致矿产资源总体质量的下降以及生态环境的破坏、污染。矿产资源耗竭的特征就意味着它在服务社会时必然带来可利用价值的损失，而这种影响是深远的。

---

① 马克思. 资本论（第 3 卷）[M]. 北京：人民出版社，1975.

② 侯东哲，等. 浅析资源补偿制度的形成原理：以矿产资源为例 [J]. 现代商业，2008（3）：186-187.

人类的可持续发展不仅要实现当代人之间的公平，而且要实现当代人与后代人之间的公平，而矿产资源的耗竭性必然涉及当代人与后代人之间的代际配置的公平问题。因此，矿产资源耗竭性理论认为，当代人在享用矿产资源的价值时，有责任和义务对因过度消耗矿产资源而对后代人造成的价值损失付费。有限的不可再生的矿产资源是人类生存和社会发展的重要物质基础，每一代人都需要且有权使用这些资源。当代人不能因为当前的发展需求而超前使用后代人拥有的矿产资源，这无疑将严重影响后代人的发展和福利水平，带来无法挽回的损失。因此，基于上述分析，矿产资源耗竭补偿费的实质是当代人不合理开采和过度使用矿产资源而对后代人造成损失的价值补偿。

（三）公共产品理论

公共物品是公共经济学领域中一个重要的范畴。美国著名经济学家保罗·萨缪尔森对公共物品做出了严格的经济学定义：所谓公共物品，是指某一消费者对某种物品的消费不会降低其他消费者对该物品消费水平的物品。[①] 后来的经济学家在此基础上对公共物品的基本特征进行了深入的研究，概括起来主要包括消费上的非排他性、非竞争性、外部性和效用不可分割性四个方面。布坎南在《俱乐部的经济理论》一文中明确指出，根据萨缪尔森的定义导出的公共物品是"纯公共物品"，而完全由市场来决定的产品是"纯私有产品"。现实世界中大量存在的是介于"纯公共物品"和"纯私有产品"之间的一种商品，称作准公共物品或混合商品。[②] 在此基础上，学者们把物品分为纯公共物品、公共资源、俱乐部产品、私人产品四类。

生态服务是一种典型的公共产品。矿产资源不仅仅作为可以开发利用的资源具有价值，而且它与依附其上的植被、土地、森林等等地表附着物共同构成了完整的生态系统以自然形态的形式存在，发挥着生态服务的功能，具有典型"公共产品"的特征。如大型矿山上存在的树木、草地、各种生物等组成的生态系统发挥着涵养水源、制造氧气、减少水土流失等作用，为周围农业、工业生产提供系统支持，甚至生产生活的原料等。这种生态系统的服务具有消费的非排他性和非抗争性，任何一个生活在该区域的人都在享受着这种生态服务，没有任何人能够阻止别人分享；同时也具有非竞争性，在该区域增加任何一个

---

① ［美］保罗·A. 萨缪尔森，威廉·D. 诺德豪斯. 杜月升，等译. 经济学（第12版）［M］. 北京：中国发展出版社，1992：1203-1207.

② James M. Buchanan. An Economic Theory of Clubs ［J］. Economics. 32（February），1965：147-154.

人分享，该生态系统并没有增加服务的成本。但矿产资源在开发后，就成为一种"次公共产品"。所谓"次公共产品"就是指从经济技术角度讲是公共产品，但却可以采取私人支出的方式进行补偿或者恢复。因为，在矿产资源开发时，存在着一个个企业实体，它们在开发过程中造成了依附于矿产资源之上的生态服务系统功能的降低或者丧失，这些矿产资源开发企业就是矿产资源依附生态系统恢复的主体或者责任人。因此，它与其他公共产品的不同在于：公共产品由于它消费的非排他性和非抗争性，一般是由政府来提供，而依附于矿产资源之上的生态系统则是应该由开发者来提供，但这只是针对于已开发或正在开发的矿产资源。① 鉴于依附于矿产资源之上的生态系统本身的特殊性，所以不能按照由政府提供公共产品的传统做法，而是由开发企业负责生态系统的修复，并降低对生态系统的破坏强度和深度。

（四）外部性理论

外部性又称外部效应，是指某种经济活动给与此无关的第三者造成影响，它是解释经济活动与环境问题成因的一个基础理论，由著名经济学家马歇尔和庇古在 20 世纪初提出。外部性分为正外部性和负外部性：正外部性是指一方的行动使另一方受益；而负外部性是指一方的行动使另一方的利益受损或因此付出代价，大气污染就是典型的负外部性经济行为。根据外部性理论，矿产资源的外部性也可分为正外部性和负外部性。

矿产资源的正外部性，是指矿业城市的矿业活动会带来其他工业城市利益的增加，在该经济活动中，社会利益大于私人所得利益。一方面因为长期以来，矿业城市以生产初级矿产品为主，输出附加值含量低的矿产品缺乏市场竞争力，同时资源耗竭性损失和生态环境损失等成本并没有计入到矿产品的价格中，使得矿产品的市场价格低于其实际成本，造成矿业城市无法收回因矿产品开发而投入的高成本。另一方面，其他工业城市通过低价从矿业城市得到矿产品，经过二次加工生产出具有高附加值的工业制成品，并重新输入到矿业城市，从而导致矿业城市遭受生产成本投入和高额价值产品消费所带来的双重利益的损失。因此，其他城市作为矿产资源开发利用中的受益者应该向产生外部经济性的矿业城市支付相应的费用以作补偿。矿产资源的外部不经济性，则是指在开采和加工矿产资源的过程中，生态破坏、环境污染等问题对相应主体造成的生命、财产和健康损失。由于矿山企业对矿产资源的开采利用方式粗放，严重破坏生态环境，造成诸如植被破坏、废渣堆积、水位下降、地面沉降等问

---

① 黄立洪，柯庆明. 生态补偿机制的理论分析 [J]. 中国农业科技导报，2005（3）：7-9.

题，并且还可能会诱发水土流失、山洪暴发、山体滑坡、土地沙漠化等地质灾害，并引发大气、水和土壤污染等一系列环境问题。因此，矿山企业在获得矿产资源开发利用带来经济利益的同时，导致了生态系统的失衡，造成矿区及周边地区的环境污染，直接侵犯了矿区居民的合法利益以及造成了城市整体福利的下降。"对这种外部不经济效应的治理成本应当内化为企业的生产成本，让污染制造者为经济行为的不经济性'买单'，促使矿产品价格体现生态环境的价值。"[1]

科斯的产权理论和庇古税是使外部性内部化的两种有效途径。科斯定理认为，政府干预不是治理市场失灵的唯一方法。在政府界定和保护产权的前提下，通过市场交易或自愿协商来代替庇古税，就能解决外部性问题。而庇古税的外部性理论则认为，在边际私人成本（收益）与边际社会成本（收益）相背离的情况下，依靠市场的自由竞争不可能实现社会福利的最大化以及资源的最优配置。因此，政府要采取适当的经济政策来消除这种背离。科斯产权理论和庇古税理论对生态补偿机制的建设都有着较强的政策含义：不同的政策路径的适用条件和适用范围不同，在实际选择生态补偿路径时，要根据其所涉及的公共物品的具体属性以及产权的明晰度细分。如果政府调节的边际交易费用低于自愿协商的边际交易费用，则采用庇古税途径，反之则是采取市场交易和自愿协商的方法更为合适。

（五）生态资本理论

生态资本又称自然资本，是当前可持续发展研究的核心概念。生态资本理论认为：生态系统提供的生态服务功能是具有价值的，同时也是一种重要的资源。具体来说，生态系统提供的生态服务作为一种生产要素、一种资源投入，也应该像其他生产要素一样，能够在市场交易中实现自身的价值，而这种价值的载体就是生态资本。不管是土地、矿藏，还是森林、水体，作为资源，都是日渐稀缺的，且随着人口增长和社会发展的需要，人们对这些资源的索取以及对生态环境的干扰也越来越多。生态资源可以通过级差地租或影子价格来反映其经济价值，实现资本化。生态资本主要包括四个方面：能直接进入当前社会生产与再生产过程的自然资源，即自然资源总量（可更新的和不可更新的）；环境消化并转化废物的能力（环境的自净能力）；自然资源及环境的质量变化和再生量变化，即生态潜力；生态环境质量，这里是指生态系统的水环境质量

---

① 闫磊. 矿产资源生态补偿制度探究［A］. 2008 中国环境科学学会学术年会优秀论文集（上卷）［C］, 2008: 365-367.

和大气等各种生态因子为人类生命和社会生产消费所必需的环境资源。[①] 而整个生态系统就是通过各环境要素对人类社会生存及发展的效用总和体现它的整体价值。社会越进步,人类对生存环境质量的要求就越高,生态系统的整体性就越重要,而生态资本存量的增加在经济发展中的作用也日益显著。[②]

生态资本的存量对社会和经济发展的影响越来越大。随着生态产品越来越稀缺,人类已经意识到在向生态环境索取的同时,还应投资于生态环境,注重生态环境的保护。通过制度创新解决好生态资源保护者的合理回报,才能保持人们投资生态环境的积极性和持续性,从而有效地激励人们从事生态投资并使生态资本增值。生态补偿制度是生态资本化的依赖路径之一。

第二节　湖南矿业经济发展现状及现行生态补偿实践

湖南省矿业发展迅速,是湖南省支柱性产业,但同时矿产开发也已成为全省环境恶化和生态破坏最重要的诱因,并严重制约着湖南省经济社会的发展。本节主要考查了湖南矿业经济发展现状以及矿产资源开发对生态环境的影响,并梳理和反思了湖南矿产资源开发生态补偿实践及其存在的问题。

一、湖南矿业经济发展现状以及对生态环境的影响

(一) 湖南矿业经济发展现状

湖南省矿业资源丰富,享有"有色金属之乡""非金属之乡"的美誉。目前全省已发现各类矿产 143 种,占全国已发现矿种(153 种)的 83%,发现各类矿床点 6 000 余处,其中已探明储量的矿种 108 种,有大小产地 1534 处。内含中型以上,大型、特大型、超大型(世界级的)矿床 266 处。已探明的矿种保佑储量尚有 269. 21 亿吨。在已探明储量的矿产中,钨、锑、铋、锡、微晶石墨、海泡石矿、独居石砂矿、石榴石砂矿、菊花石矿等十种矿产的储量居全国第一。而柿竹园钨矿和锡矿山锑矿的储量则居世界之首,它们也是世界级的超大型矿床。雄黄矿和菊花石矿作为世界上独有的矿种闻名世界。省内已探明的锰矿、汞矿储量和高岭土矿的储量也名列前茅。总之,探明储量的矿种居全国前三位的有 17 种,居全国前十位的矿种有 66 种。全省已探明的矿产资源

---

① 宋蕾. 矿产资源开发的生态补偿研究 [M]. 北京:中国经济出版社,2012.
② 王孔雀,胡仪元. 生态经济的制度研究 [J]. 生态经济,2004 (4): 12-14.

潜在的经济价值为 1.2 万亿元，居全国第 16 位。现有各类矿床（点）6 000 余处，其中特大型矿床 8 处、大型矿床 105 处；采矿业及矿产品冶炼加工业产值占全省工业产值的 35%。①

从 2006 年开始，湖南省以煤矿为突破口，综合运用法律、经济、技术和行政手段，将煤矿数量由 2 500 多家整合至 1 120 家，推动大型矿业基地建设，省级督办的 25 个非煤矿区，已将 162 个矿山整合至 70 个。全省煤炭、有色金属、黄金、钢铁、石墨等资源已经逐渐集聚到湘煤集团、湖南有色、华菱集团等大型龙头优势企业，矿业集约集群发展模式初步形成。从区域布局来看，全省以矿产资源开发基地为基础，以选、冶、精深加工基地和大型企业集团为依托的矿业经济体系已初步建成。在矿业权方面，从 2003 年开始，湖南省推进了矿业权市场化配置，对新立的矿权，除省政府批准外，全部采取"招拍挂"方式出让。但是伴随湖南省矿业经济的步伐，矿业资源开发秩序却尚未实现根本好转，局部地区乱采滥挖、非法采矿现象出现反弹，超深越界开采、越界勘测、圈而不探等不良现象屡禁不止，"大矿小开，一矿多开"等现象依然存在，尤其是一些矿山重采轻治，只采不治，导致矿业经济呈现粗放式发展，矿业投资环境不佳。

表 14-1　2015 年湖南部分矿产储量

矿种	湖南储量（万吨）	全国储量（万吨）	占全国比例（%）
铝土矿	311.40	99 758.2	0.31
锌	70.90	4 102.7	1.72
锰矿	2 056.00	27 626.2	7.44
钒矿	2.90	887.3	0.32
高岭土储量	2 004.40	57 402.8	3.50
硫铁矿储量	713.60	131 101.3	0.54
铅	48.90	1 738.8	2.81

资料来源：国家统计局年度数据统计。

————————

① 湖南省统计局、湖南省 2015 年国民经济和社会发展统计分报 ［R］, 2016.

秦雅静指出，湖南省矿业资源具有矿种多、大宗矿产少、共伴生矿产多、单一矿产少、难选贫矿多、富矿少，探明资源储量分布相对集中的特点。同时她认为，目前湖南省矿业产业结构失调、资源回收率低，对环境造成的严重污染和破坏问题已经严重制约了湖南省矿业经济的发展，并在此基础上提出了"湖南省生态化矿业"的概念。① 彭昱等分析了湖南省矿业产业布局现状，以及目前矿业布局中存在的主要问题和不足，提出了"五煤两化两核一气三综合""七锰五铁四钢不锈钢""一总三带四园六大基地"等矿业产业结构布局设想。② 周羽等学者利用基于物质流（DMF）指标的数据包络分析法（DEA），结合湖南省矿业城市 2003—2013 年相关的投入—产出数据，对湖南省矿业城市转型可持续发展能力进行评价，得到的主要结论有：作为矿业城市的郴州、衡阳发展效率总体不是太高，而且呈现螺旋式上升的趋势。并提出以下建议：在矿业发展层面，要在优化矿业结构的同时，注重企业优化，实现规模经营；在产业转型层面明确产业发展方向；在生态转型层面，增加环保资金投入，加强矿山地质环境恢复与治理。③ 陈斌文等学者指出，矿业经济发展已成为经济社会发展的重要推动力量，通过对湖南省矿业经济现状和发展趋势的全面分析，提出了湖南省未来 15 年矿业经济发展的战略选择。④ 方先知等学者透彻分析了湖南省矿业存在的矛盾和问题，提出了发展绿色矿业的对策思考。⑤

（二）矿产资源开发对生态环境的影响

在矿产资源开发过程中，地下采空、尾矿排放、矿坑疏干排水、边坡开挖、废水和废渣排放等活动易诱发地面塌陷、岩溶塌陷、山体崩塌、开裂、山体滑坡、泥石流、水土流失、岩爆、瓦斯爆炸、坑道突水、尾矿库溃坝、水土污染和区域生态失衡等一系列地质问题、次生地质灾害和生态破坏（见表14-2）。⑥

---

① 秦雅静，等.湖南省矿业生态化发展探讨 [J].价值工程，2014（29）：302-303.
② 彭昱，陈志，傅群和.湖南省矿业产业布局构想 [J].国土资源导刊，2015（3）：56-61.
③ 周羽，成金华，戴胜.湖南省矿业城市转型可持续发展能力评价 [J].中国国土资源经济，2015（11）：44-48.
④ 陈斌文，等.湖南省矿业经济发展战略选择 [A].中国地质矿产经济学会.资源·环境·和谐社会：中国地质矿产经济学会 2007 年学术年会论文集 [C].中国地质矿产经济学会，2007：5.
⑤ 方先知.坚定不移地走绿色矿业之路：关于湖南省资源勘查开发管理的调研报告 [J].国土资源情报，2011（5）：4-6.
⑥ 冯冬梅.闭矿后矿区环境地质灾害分析 [J].辽宁工程技术大学学报，2002（4）：526-527.

表 14-2　矿业活动与主要环境问题

环境种类	采矿活动对矿区环境的影响方式	对生态系统造成的破坏
大气	二氧化碳、二氧化硫等废气排放	空气污染和酸雨
地表	地表和边坡的开挖、地下开采、矿井排水、废渣排放和尾矿	地表塌陷和山体崩塌、矿震和溃坝、土地沙化、山体滑坡和泥石流、地表覆盖和耕地污染
水	地下水位下降、污水外排、尾矿和矿渣	水均衡破坏、海水入侵、水质恶化

资料来源：冯冬梅.闭矿后矿区环境地质灾害分析 [J]. 辽宁工程技术大学学报，2002（4）：526~527.

1. 矿产资源开发对大气环境的污染

资源开采造成的大气污染是指煤矿山开采产生的粉尘、废气和有害气体改变了大气自然状态的成分和性质，甚至形成的酸雨腐蚀农田，改变土壤和生物生存环境。据专家估计，全国煤炭系统每年由燃烧排入大气中的废气估计在1 700亿 m³，烟尘 0.3Mt 以上，二氧化硫 0.32Mt 左右，年泄出甲烷量为 $90.0\times10^8 m^3 \sim 100.0\times10^8 m^3$，约占世界甲烷排放总量的 30%。[①] 并且依据国家统计局的统计口径，采矿业大类下的小类行业所排放废气污染物则存在差异，以废气排放情况为例，煤炭开采和洗选业的废气排放量是最大的（详见表 14-3）。

由于技术缺乏或出于节约成本的考虑，一些矿业企业对生产过程中的排出物不加以处理，在采矿、选矿、冶炼过程中大量排放废气、废水、废渣等，严重污染环境。大量工业烟尘、粉尘、二氧化硫及有毒废气的排放，造成严重空气污染，给人们的健康和安全带来威胁。如 2003 年湖南省郴州市金贵有色金属加工厂因为加工有色金属时排出有毒废气而使周围树木成片枯死，庄稼大量减产甚至绝收，同时严重毒害周围数千人的生命与健康。2016年湖南省 14 个市州所在城市全年环境空气中可吸入颗粒物（PM10）和细颗粒物（PM2.5）年均浓度超过国家二级标准，全省酸雨频率为 56.2%，降水 PH 均值为 4.75。

———————

① 宋蕾.矿产资源开发的生态补偿研究 [M]. 北京：中国经济出版社，2012：256.

表 14-3　2014 年全国采矿业各行业工业废气排放情况

采矿业各行业	工业废气排放量（亿立方米）	占采矿业比例（%）
煤炭开采和洗选业	2 088	22.75
石油和天然气开采业	1 205	13.13
黑色金属矿采选业	3 158	34.41
有色金属矿采选业	1 282	13.97
非金属矿采选业	1 303	14.2
开采辅助活动	104	1.13
其他采矿业	38	0.41
采矿业总计	9 178	100

资料来源：国家统计局，环境统计数据 2014.

2. 矿产资源开发对水资源的污染

矿山的开发对水环境的影响主要表现在两个方面，废水排放污染和疏干排水引起的地质环境问题：矿区排放大量的废水，它们主要来自矿山建设和生产过程中的矿坑排水，洗矿过程中加入有机和无机药剂而形成的尾矿水；露天矿、排矿堆、尾矿及矸石堆受雨水淋滤、渗透溶解矿物中可溶成分的废水；矿区其他工业和医疗、生活废水等。这些受污染的废水，大部分未经处理，排放后会直接或间接地污染地表水、地下水和周围农田、土地，并进一步污染农作物，有害元素成分经挥发也会造成空气污染。2010 年全国所有行业排放了工业废水 2 118 585 万吨，其中采矿业总计排放 178 583 万吨，占比 8.43%，较其他行业普遍偏高。同时采矿业大类下的小类行业的工业废水排放量有所差异，且处理达标率也参差不齐。黑色金属矿采选业工业废水处理达标率最低，为 91.2%，采矿业工业废水处理达标率总体也仅有 93.37%，详见表 14-4。

表 14-4　2010 年全国采矿业各行业工业废水排放及处理情况

采矿业各行业	工业废水排放量（万吨）	占采矿业比例（%）	工业废水排放达标量（万吨）	达标率（%）
煤炭开采和洗选业	104 765	58.66	97 542	93.11
石油和天然气开采业	11 555	6.47	11 530	99.8

续表

采矿业各行业	工业废水排放量（万吨）	占采矿业比例（%）	工业废水排放达标量（万吨）	达标率（%）
黑色金属矿采选业	15 353	8.6	14 002	91.2
有色金属矿采选业	38 852	21.76	36 001	92.66
非金属矿采选业	7 683	4.3	7 313	95.18
其他采矿业	375	0.21	356	94.93
采矿业总计	178 583	100	166 744	93.37

资料来源：国家统计局，环境统计数据 2010.

湖南省矿山年产出废水 $1.661×10^5 m^3$，年排放 $1.614×10^5 m^3$，矿业废水排放量占工业废水排放量的 33.9%，矿业废水中含有大量的汞、镉、铅、砷、铬等重金属及氰化物、挥发酚、石油类等有毒污染物质。大量废水未经处理就近排放，造成周边环境严重污染，目前湘江流域已形成了株洲清水塘、衡阳水口山、湘潭岳塘、郴州有色金属采选冶炼四大工矿污染源。废水中含有的重金属污染物给人们的健康带来威胁。[①] 如 2008 年冷水江市相继发生自来水砷超标现象，矿山乡新兴铁矿 13 名职工疑似砷中毒。据冷水江环保部门对锡矿山地区75 口地下水井检测发现，有 140 口水井中砷含量超标，其中坝塘井、联盟井、龙虎村 2 组水井砷超标倍数分别达到 27.9、153.4、6.8 倍。[②]

3. 矿产资源开发对耕地等土地资源的破坏

矿产资源开发对土地资源的破坏主要是指采矿工业占用和破坏土地，包括厂房、工业广场、堆矿场等采矿活动所占用的土地，以及为采矿服务的公路、铁路等交通设施，采矿生产过程中堆放的大量固体废弃物所占用的土地，甚至包括因矿山开采而产生地面裂缝、变形及地表大面积的塌陷等。矿产资源开发活动对土地资源的影响和破坏是巨大的；一方面，它需要在矿区开挖矿井及建立配套工程设施，这要占用大量土地；另一方面，矿产资源开发过程中，还会产生矿渣、尾矿等固体堆积物，这些堆积物通常都直接堆放在地表，不仅占用了土地面积，也会降低土壤质量，使这部分土地无法耕种，从而对土壤带来长期不利影响。

2014 年全国采矿业各行业固体废弃物产量为 145 129.7 万吨，占全国行业固体废弃物总产量 311 553 万吨的 46.58%，而采矿业固体废弃物综合利用量

①② 周乐. 湖南矿产资源开发的生态补偿研究 [D]. 中国地质大学，2011.

57 007.9 万吨，占全国行业固体废弃物综合利用总量 193 488.5 万吨的 29.46%。由此可以看出采矿业的固体废弃物综合利用能力与其自身的固体废弃物产生能量是不匹配的（详见表14-5），其直接的结果就是造成物质浪费和废弃物占地扩张，浪费土地资源。截至 2012 年，湖南全省各类矿山占地面积高达 2 000 km²，然而矿山开采后的土地复垦率不足 10%，面积仅为 60.47km²。另据统计，湖南全省因矿渣、尾矿堆积而覆盖的耕地面积已达 43.36km²。这些都是生态补偿需要解决的主要问题。①

表 14-5　2014 年全国采矿业各行业固体废弃物生产及综合利用情况

采矿业各行业	固体废弃物产量（万吨）	占采矿业比例（%）	固体废弃物综合利用量（万吨）	固体废弃物综合利用率（%）
煤炭开采和洗选业	37 539.6	25.87	28 326.9	75.46
石油和天然气开采业	138.4	0.1	114.8	82.95
黑色金属矿采选业	68 173.4	46.97	14 067.9	20.64
有色金属矿采选业	36 529.8	25.17	12 817.8	35.09
非金属矿采选业	2 550.8	1.76	1 581.7	62.01
开采辅助活动	123.2	0.08	36.0	29.22
其他采矿业	74.5	0.05	62.8	84.3
采矿业总计	145 129.7	100	57 007.9	39.28

资料来源：国家统计局，环境统计数据 2014.

4. 矿产资源开发对生物资源的破坏

矿产资源的开采会对当地的生物资源造成影响，破坏当地生物多样性。具体来讲，矿产资源的开发需要在矿区建立矿井及其配套工程，很容易就打破原有的生态均衡。矿井采矿及其配套工程设施如建筑物、交通线等建设活动使矿区生物环境被人为地分割成许多面积较小的不规则板块，从而限制了生物的活动范围，影响了其生存能力，进而导致生物多样性受到破坏。除此之外，矿产开发还会对当地空气、水和土壤等带来不同程度的污染，这会严重打破当地的生态平衡，导致当地生态系统退化，引起一些物种数量的减少，甚至是灭亡。

5. 矿产资源开发诱发地质灾害

采矿活动严重损坏表土层，以致地表植被被严重破坏的同时，地表采矿容

---

① 王芳. 湖南矿产资源开发生态补偿机制研究 [D]. 湖南大学，2012.

易产生地表严重干裂，在雨水作用下极容易形成土壤侵蚀和水土流失，在暴雨季节极易形成泥石流。2008年4月20日，湖南嘉禾县袁家镇铜井村周边无证经营的锰矿就因暴雨引发泥石流，富含丰富锰矿石的黄泥冲毁靠山的铸造厂和铜井村200多亩良田，周边耕地因土壤中含锰矿石而造成农作物无法生长。地下采矿活动容易造成地下大量空洞，容易造成地面塌陷。湖南锡矿山南矿就曾多次发生大规模的采空区冒落，最大一次冒落面积达3 400m²，使地表产生急剧下沉和张裂，最大下沉量达到1.075m，下沉范围近96 000m²。矿产资源开发诱发的地质灾害严重危害了矿区人民的生命财产安全。①

二、湖南矿产资源开发生态补偿实践的概况

湖南省生态补偿实践最早始于2000年，首先在林业领域开展，随后逐渐扩展到湿地、矿产资源等领域，并取得了一定的成就。

（一）征收耕地开垦费土地复垦费

为了保护耕地，补偿因挖损、塌陷、压占等造成的土地破坏，早在2000年1月3日，湖南省人民政府办公厅就颁布了《湖南省耕地开垦费土地复垦费征收使用管理办法》。对于耕地开垦，该《办法》中提到：按照"占多少，垦多少"的原则，由占用耕地的单位和个人负责开垦与所占用耕地的数量和质量相当的耕地，没有条件开垦或者开垦的耕地不符合要求的，应当缴纳耕地开垦费。全省非农业建设占用耕地的用地单位在办理用地手续时都要按规定先缴纳耕地开垦费，"先补后占"的用地单位除外。今后用地单位和个人自行开垦的，返还耕地开垦费；不能自行开垦的，耕地开垦费不予返还，由土地行政主管部门用于统一开垦；耕地开垦费必须专款专用，实行项目管理。而对于土地复垦，该《办法》的要求是：因挖损、塌陷、压占等造成土地破坏的，用地单位和个人应当按照有关法规政策规定复垦。没有条件复垦或复垦不符合要求的，必须根据土地被破坏的程度和复垦需要投入资金的多少，缴纳土地复垦费，具体标准由物价、财政、国土部门根据土地破坏程度、复垦工作量确定。土地复垦费由县级以上土地行政主管部门征收。

（二）矿山地质环境治理备用金

2004年起，湖南省开始征收地质环境治理备用金，要求矿产资源开采的申请人在矿山开采的同时向有关部门递交矿山地质保护和治理的书面保证书，并向

① 周乐. 湖南矿产资源开发的生态补偿研究［D］. 中国地质大学，2011.

县级以上的国土资源部缴纳环境治理保证金。备用金主要用于因矿产开发而引发的山体滑坡、矿山崩塌、地面裂缝、泥石流和地面塌陷等地质灾害的预防和治理，以及遭到破坏的矿区地质环境的恢复治理。矿产开采人在采矿许可证到期或者矿山停办关闭时，必须对矿山地质环境进行修复治理，并向环境治理备用金管理部门申请环境治理验收。一旦验收合格的，备用金和利息全部返还采矿者。对于验收不合格的，由验收单位发出限期治理的通知书。逾期不治理的，环境治理备用金管理部门有权将备用金及其利息转交同级财政部门，由环保部门对矿区进行治理。所需资金由财政部门从备用金中划拨，备用金不足的部分，由备用金管理部门依法向采矿者追缴。环境治理备用金的计算方法如下：

$$T = t \times s \times d \times n$$

上式中，T 表示备用金收存额；t 为收存标准，采用累进制；s 为采矿许可证登记面积；d 为采深系数；n 是采矿许可证有效期，通常以年为单位计量。[①]

公开数据显示：截至 2015 年 9 月，湖南省已有 2 300 多个矿业权人自筹资金 28.18 亿元开展了矿山环境恢复治理工作，共有 1 767 个矿山通过了矿山地质环境验收。开展矿山地质环境治理后，湖南省新增用地 12 515.7 公顷，其中耕地为 1 110.01 公顷，林地为 1 988.95 公顷，其他用地为 9 175.74 公顷。还通过恢复治理建成宝山、柿竹园、湘潭锰矿国家级矿山公园 3 个，以及苏仙区东河、西河沙滩公园、桃林铅锌矿银沙滩等多个公园及休闲运动场所。[②]

（二）开展污染物排污权有偿使用和交易

2014 年 1 月 20 日，湖南省政府废止了 2010 年颁布的《湖南省主要污染物排污权有偿使用和交易管理暂行办法》，同时印发了最新的《湖南省主要污染物排污权有偿使用和交易管理暂行办法》。该办法规定了化学需氧量、氨氮、二氧化硫、氮氧化物、铅、镉、砷等七种污染物排污权的有偿使用和交易行为；排污单位向县级环境保护行政主管部门提交排污权初始分配核定申请，申请通过后按年度向政府缴纳排污权有偿使用费，获得相应排污指标的占有权、使用权、处置权和收益权；排污权交易机构向已缴纳排污权有偿使用费的排污单位发放排污权证，排污权证有效期五年，排污单位每年第一季度到交易机构办理年度复核或变更登记等手续，有效期满后向原发证机构重新申请换证；排污单位采取减排措施后，主要污染物实际排放量少于排污权允许数量并已经按规定缴纳有偿使用费的，可以向所在地环境保护行政主管部门申请出让富余的

① 周乐. 湖南矿产资源开发的生态补偿研究 [D]. 中国地质大学，2011.
② 矿业生态文明建设的湖南探索 [N]. 中国矿业报，2016-5-10.

排污权，进行排污权交易。

作为一种以市场为基础的经济制度安排，排污权交易是指在一定区域内，在污染物排放总量不超过允许排放量的前提下，内部各污染源之间通过货币交换的方式相互调剂排污量，从而达到减少排污量、保护环境的目的，同时它能通过出售剩余排污权获得经济回报。因此，排污权交易实质上是市场对企业环保行为的补偿，而买方由于新增排污权不得不付出代价，其支出的费用实质上是为污染环境付出的代价。实施排污权交易制度，有利于促使企业提高治污的积极性，从而使污染总量控制目标真正得以实现。

（四）实行环境保护专项资金制度

2005—2007 年，湖南省曾施行过"环保三年行动"计划，该计划旨在推行清洁生产和工业污染防治，减少污染物的排放量。为使该计划顺利实施，湖南省政府在这三年间，对大气污染防治、水污染防治、固体废弃物污染防治和生态治理等 4 个领域加大了财政投入力度，对近百个环保项目投入了 65 亿元资金；同时，省政府还设立了生态保护专项基金，基金规模约 200 万元，专门用于对环保工作做出重大贡献的企业和个人进行奖励。这两项措施都极大推动了全省生态补偿的发展，并为后续的生态补偿机制制定提供了宝贵经验。2010年，湖南在前期实践经验的基础上颁布了《湖南省环境保护专项资金使用管理办法》。2014 年 1 月 22 日，湖南省财政厅和湖南省环境保护厅印发了最新的《湖南省环境保护专项资金使用管理办法》，旨在加强环境保护专项资金的使用管理，规范环境保护项目管理，促进污染治理，提高环境质量。环境保护专项资金由省级进行分配和下达，其来源主要包括：省级环保部门依法直接征收及市（州）、县（市）按规定比例上缴省国库的排污费，省财政预算内安排的各类环保专项资金，中央切块下的环保专项资金，其他省级环保专项资金以及调整资源税。资金主要用于重点污染源治理项目，区域性污染治理项目，污染防治新技术、新工艺、新产品的研究开发、示范及推广应用项目等。2017年 7 月 25 日，湖南省人民政府印发了《关于健全生态保护补偿机制的实施意见》，提出要积极推进政府和社会资本合作，鼓励社会资金参与生态建设投资，拓宽生态补偿市场化、社会化运作渠道。完善生态保护成效与资金分配挂钩的激励约束机制，加强对生态保护补偿资金使用的监督管理。

（五）资源税调整和改革

资源税调整是政府补偿机制中经常被用到的一项措施，其作用是促使资源的合理利用和开发，减少浪费行为。湖南省根据全省矿业发展状况及全省经济发展政策走向，也常使用资源税来对矿业发展进行调节。例如，湖南省曾于2006 年将煤炭资源税的税额标准由原来的 0.5 元每吨上调至 2.5 元每吨；于2007 年分别上调铜、铅锌、钨等矿石资源税的税额标准。2016 年 7 月 1 日起，全国范围内开始全面推进资源税改革，湖南省财政厅和湖南省地方税务局下发了《湖南省财政厅、湖南省地方税务局关于全面实施资源税改革有关问题的通知》，对湖南全面实施新一轮资源税改革有关问题进行了说明。这种资源税调整和改革的行为能在一定程度上促使矿产资源开采者提升工艺水平、提高开采效率，降低对环境的污染和破坏。

三、湖南矿产资源开发生态补偿机制存在的问题

（一）尚未建立完备的矿产资源开发生态补偿法律法规体系

我国关于矿产资源开发生态补偿相关的立法仍不够完善，尽管已经颁布实施了《矿山环境保护条例》和《矿产资源保护条例》两部法规，但这两部法规都是以矿山环境和矿产资源保护为出发点而建立起来的，并非以生态补偿为出发点建立的，缺乏针对性。而且这两部法规只是初步确立了土地利用的评价规划、矿产资源开采中环境保护的原则性要求等内容，缺乏对生态补偿的相关利益各方的权利义务和责任的明确界定，也缺乏对补偿标准、补偿内容、补偿方式等具体内容的认定。究其原因，在于我国矿产资源开发生态补偿的概念还没有理清，补偿范围、资金来源、补偿标准等尚未达成一致的认识，这直接造成了矿产资源开发生态补偿国家立法阻滞，使得湖南在矿产资源开发生态补偿法规体系方面缺乏顶层设计，给湖南矿产资源开发生态补偿实践带来了障碍。

（二）尚未构建完善的矿产资源开发生态补偿制度体系

湖南省生态补偿机制尤其是矿产资源开发生态补偿机制的构建仍处于起步阶段，实施范围局限在局部试点，全省范围的生态补偿机制尚未建立，实施办法尚未出台，生态补偿基金平台未建立，全省范围的生态补偿工作还未全面有组织地展开。[①] 湖南省在生态补偿制度安排上，可用的规章制度很少，使生态补偿在实施过程中显得比较混乱、权责不清，因此在制度上无法保证生态补偿的高效实施，这也进一步限制了生态补偿的市场机制发挥作用。

此外，矿山环境恢复治理保证金制度是矿产资源开发生态补偿制度体系的重要组成部分。保证金制度规定，矿山企业在矿产资源开发前提交有关的矿山

---

① 田英翠. 湖南矿产资源开发的生态补偿机制研究 [J]. 现代农业, 2014（6）：82-83.

环境治理和恢复方案，得到有关部门的批准后，预先支付一定数额的保证金，当闭矿或转让矿山开采权时，经有关部门验收，该保证金在采矿者不履行恢复治理计划时，用来支付恢复治理作业的费用，完成恢复治理且验收合格后予以返还。目前，湖南省保证金制度基本上是用于环境治理和生态恢复，还没有考虑到地质灾害的一些防范费用；政府只是单方面对矿区保证金进行征收，很多矿产资源生态补偿的基本问题没有得到解决；各地不同矿区生态环境治理与恢复的费用比一般工程成本高很多。因此，如何对矿区恢复费用进行核算、收取多少保证金、资金如何使用等方面都有待研究。

（三）尚未形成多元补偿方式和资金来源渠道

一方面，湖南省目前所实行的生态补偿手段，使用最多的仍是政府补偿机制中的税收和财政支付。而市场机制主要运用的经济手段绝大部分是征收税费，而其他经济手段则运用甚少。没有具体的生态环保主体税种，相关的税收措施也比较少；征收对象不明确，征收方式不统一、征收标准不统一，征收的实际数额，远远低于土地复垦、地下水治理等生态重建工程费用。排污权交易存在着制度不成熟、规定不合理等问题。具体而言，就是政府或补偿者运用项目支持的形式，将补偿资金转化为技术项目安排到被补偿方或地区，帮助生态保护区建立替代产业或者发展生态经济产业，以增加落后地区的发展能力，形成造血机能与自我发展机制和能力。①

另一方面，湖南省的生态补偿资金基本上都是来自于财政支出，资金来源显得比较单一，也增加了政府的财政负担。虽然湖南省从 2004 年就开始了矿山地质保护备用金计划，但这部分资金仅能用于部分生态破坏的补偿，如矿山开采引发的山体滑坡、泥石流、地表塌陷等地质灾害的防治和恢复，而对于环境污染和生态服务质量下降等问题缺乏相应的资金支持。生态环境作为公共物品，容易出现过度使用的情况，因此理应对受益者收费，但目前湖南省乃至全国都还没有建立有效的生态系统服务收费机制。同时，相应的生态补偿金隶属于专项资金范畴，但湖南尚未针对资金的实际使用情况，建立完善的评价指标体系。在此背景下，资金的实际使用情况与利用效率难以明确，无法做到专款专用且监管失力，进而难以被充分用于生态补偿实践中。

（四）尚未明确矿产资源开发生态补偿标准

在生态补偿中，最重要的一个环节就是补偿标准的确定，但目前湖南省甚

---

① 朱红琼．基于生态补偿的财政研究 [M]．北京：经济科学出版社，2016：33．

至是全国都缺乏确定补偿标准的相关技术认定。一般情况下在确定生态补偿标准时，是以生态保护成本、破坏损失价值以及系统服务价值等作为计算基础，但理论推论与实际操作存在较大偏差，因而在生态损失核算上往往存在着极大的难度，难以精确测量。因而在实际操作过程中，经常是以生态破坏修复成本为基础，进而来定位生态补偿标准。然而该办法所确定的补偿标准不仅与矿产资源开发生态补偿所需真实成本相去甚远，同时也因为治理技术水平不同而使得计算值存在一定的差异性，不具备科学的操作性。缺乏科学规范的衡量标准与技术办法导致了湖南矿产资源开发在生态补偿过程中口径不一致，上述问题基本是湖南乃至全国在矿产资源开发生态补偿中面临的主要障碍。

第三节　国外矿产资源开发生态补偿经验与中国实践

国外在矿产资源开发生态补偿方面拥有丰富的实践经验和成果，通过梳理可以发现，尤其西方发达国家都是以完备的法律、法规和经济政策来规范和监管矿产资源开发企业的整个生产过程及其对生态环境的治理。本节重点选择了美国、澳大利亚、加拿大和英国作为代表国家。在 20 世纪 90 年代，上述国家的矿区土地复垦率就达到了较高的水平，建立了较为完善的矿区土地复垦制度等生态补偿制度。同时，对我国的矿产资源开发生态补偿实践进行审视和反思，以期取得有益的启发。

一、国外实践经验及启示

（一）国外实践经验

1. 美国的矿产资源开发生态补偿制度

纵观世界各国，美国是最早开始关注矿区生态环境修复并且制定矿产资源开发生态补偿法律政策的国家，1920 年颁布的《矿山租赁法》明确要求保护土地和自然环境。"二战"后，随着露天采矿业的迅速发展，对土地和环境造成的严重破坏，公众对制止露天开采，加强环境保护的呼吁引起许多州政府的注意。1939 年西弗吉尼亚州颁布《复垦法》，这是美国第一个有关采矿的法律，它对矿区环境修复起了很大促进作用，并对荒废的矿山土地进行复垦利用，有效控制了水污染。此后其他各州也开始运用法律手段以管理采矿的生态环境修复工作，印第安纳州、伊利诺伊州、宾夕法尼亚州、俄亥俄州、肯塔基州等陆续制定相关法律。20 世纪 70 年代开始，美国展开大规模的环境立法，虽然经过了 30 多年的发展，美国有环境法律法规 120 多部，但是资源和环境保护最重要的国家大法是 1970 年 1 月 1 日生效的《国家环境政策法》，其中规定"美国的各项政策、条例和政府的解释与执行均应与本法相一致"。该法从保护人类生存环境出发，集社会环境、资源、人口和经济、文化发展于一体，进行了全面协调和规划。而 1977 年 8 月 3 日美国国会通过并颁布第一部全国性的矿区生态环境修复法规——《露天采矿管理与复垦法》则确定了美国的生态补偿三大制度：矿产资源开发生态补偿恢复治理基金制度、矿区开采复垦许可制度、矿产资源开发生态补偿恢复治理保证金制度。①

（1）矿产资源开发生态补偿恢复治理基金制度。美国在颁布复垦法之前，矿产资源开发往往只开采不恢复，所以遗留了大量的历史问题。而恢复治理基金制度主要用于复垦法律制定前废弃矿山的生态损害，其主要目的就是恢复治理露天采煤地区，封闭和回填废弃竖井与孔洞，恢复植被，疏浚河床和处理污水；治理由于矿区废弃地造成农村地区的土壤侵蚀和环境污染灾害；修复已受到煤炭开采的不良影响的土地、水资源和环境；保护、修复、重建或增加各种受到煤炭开采作业不良影响的公用设施，如煤气、电、供水设施、道路以及保存这些设施。

恢复治理基金由美国国库划拨，由内政部长进行管理。国家废矿恢复治理基金的收取及款项的构成：一是按规定征收的恢复治理基金，露天开采的煤每吨缴纳 35 美分，地下开采的煤每吨缴纳 15 美分或者是售价的 10%，褐煤则每吨缴纳 10 美分或售价的 2%；二是对按照《复垦法》规定恢复治理后的土地征收使用费减去养护该土地的开支后余下的款项；三是任何个人、公司、协会、团体、基金会为法律所述目的而提供的捐款；四是据法律规定重新收回的其他款项。

在过去的很长一段时间，美国的恢复治理基金在矿山复垦中发挥了巨大的积极作用，美国曾经多次通过国会申请并延长了废弃矿山复垦费的征收，目前其标准不变，尽管到了 2020 年，美国将消减废弃矿山复垦费征收标准的 20%，即露天采矿征收 0.28 美元每吨，井洞开采征收 0.12 美元每吨，褐煤征收 0.08 美元每吨，但是这却兼顾了矿产环境的恢复治理和矿业企业费用负担的减轻。

（2）矿区复垦许可制度；美国除了形成了比较完备的矿产资源开发许可制度以外，还形成了矿区复垦许可证制度，两者是强制矿山企业对矿区生态环境予以恢复行之有效的办法。在取得开采许可证前，开采者要提交内容翔实并

---

①　中国 21 世纪议程管理中心.生态补偿的国际比较：模式与机制［M］.北京：社会科学文献出版社，2012：120.

包括恢复治理规划的申请，对于有恢复治理信誉的矿山企业优先审批许可证；没有持有州的管理机构或者内政部颁发的许可证，任何单位和个人不得进行新的露天采煤作业。矿区复垦许可证不同于开采许可证。开采者除了获得开采许可证外，还要持有州的管理机构或者内政部颁发的复垦许可证，否则任何单位或个人不得重新打开、开发已废弃的矿井或矿区。例如进行露天采煤作业，申请的主要内容包括：开采许可证、环境评价、开采区地图及法律文书和矿区使用计划（如图 14-1 所示）。矿区使用计划是获得复垦许可证的关键。其书写必须由矿区以外的专业评估专家或专业咨询机构完成，并成为矿区开采者缴纳相应保证金的主要凭证。经过审批的许可证申请者需要在 45 天内缴纳相应的保证金后方可获得复垦许可证。申请复垦许可证也需要缴纳一定的费用，但该费用将纳入复垦修复保证金当中，用于历史遗留的矿区土地修复和矿区工作人员的健康安全保障。[①]

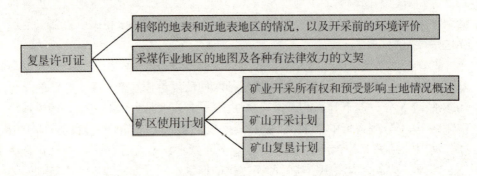

图 14-1　美国露天采煤复垦许可证申请内容

（3）复垦保证金制度。1977 年 8 月 3 日，美国颁布了《露天采矿管理与复垦法》，其中规定申请人在开采许可证申请已经得到批准但是尚未正式颁发前需要按规定标准缴纳复垦保证金，其主要用于开采者未执行复垦计划时用来支付复垦作业的费用。美国东部和中西部的 7 个州——印第安那州、肯塔基州、密苏里州、俄亥俄州、宾夕法尼亚州、弗吉尼亚和马里兰州的煤炭产量占当时美国国内煤炭总产量的 50%，煤炭产业也最为发达，因此美国的最初的复垦保证金制度始于这 7 个州。保证金一般是复垦许可证申请得到批准但尚未正式颁发以前，申请人先交纳复垦保证金，保证金数额由管理机关——环境保存

---

① Austin, R. L., & Eder, J. Policy review: Environmentalism, development, and participation on island, Philippines [J]. Society and Natural Resources, 2007 (4): 121-130.

局的矿山资源处决定。① 在确定复垦执行保证金数额时，遵循以下原则：①保证金数额应充分考虑以下几个因素：矿山种类、受影响面积、矿山地质状况、被提议的矿山使用目标和基本的复垦要求、许可证年限、预期的复垦方法和进度以及其他如水文等的标准；②保证金数额基于但不限于申请者估算的复垦成本；③保证金数额应足以保证业主不执行复垦任务时，管理机关对其保证金的罚没能完成复垦任务；④任何许可采矿区域的最低保证金数量为一万美元，并且每个阶段都有严格的验收标准；⑤保证金数额可以根据采矿计划、开采后土地用途或其他任何可能增加或降低复垦成本的因素的变化而加以调整；⑥闭矿后两年内矿业主应持续提供担保金，其目的是确保复垦的彻底完成和复垦质量达到标准。

美国内政部露天矿矿区复垦管理办公室是负责煤矿保证金数额计算的国家机关，该机关编辑出版了《复垦保证金数额计算手册》。该手册描述了计算保证金的四个关键性步骤：①决定最大限度的复垦要求；②估算直接复垦成本，应考虑构成物的搬迁和拆除、掘土、再植、其他复垦成本等因素；③估算间接复垦成本，应考虑以下因素：重新设计费用、利润和日常开支（经常管理费用）、合同管理费用等；④计算总的保证金数量。最常见的保证金缴纳方式是履约保证、不可撤销信用证和存款证明。例如美国法律规定新矿场的企业必须依法购买一家公司的债券担保或者银行不可撤销信用证，一旦矿场破产，这家债券公司必须承担清理环境的费用。②

2. 澳大利亚的矿产资源开发生态补偿制度

澳大利亚是世界上矿产资源最丰富的国家之一，矿产种类繁多、品质优良，且储量巨大。目前已探明的矿产中，金、铁、铅、锌、镍、锆石储量居世界第一位。③ 但由于在长期的矿业发展过程中未进行同步的生态环境保护，环境与生态恶化，直到进入 20 世纪 80 年代，澳大利亚政府开始对资源产业与环境生态进行综合管理，并制定了一系列矿区土地复垦的法律法规，如：1990年的《矿产资源开发法》、1986 年的《环境保护法》等。这些法律总体上包括了三方面的基本规定：一是从事探（采）矿者必须恢复已破坏土地及相关用地的原貌。二是在取得勘探（采矿）权之前必须提交项目规划。项目规划中必须包括土地复垦计划书和环境评价，其中计划书要涉及开采后土地用途、

---

① McLeod, H. Compensation for landowners affected by mineral development: The Fijian experience [J]. Resources Policy, 2000 (2): 115-125.

② Jared Diamond. Collapse: how societies choose to fail or succeed [M]. Viking, 2005.

③ 宋国明，胡建辉. 澳大利亚矿产资源开发管理与政策 [J]. 世界有色金属, 2013 (3): 31-33.

复垦进度、植被复原的技术方法、水土流失控制等方面，复垦要求必须与探矿或采矿活动同时展开。三是矿权所有人要与参加复垦的企业一同提交一份书面保证和若干保证金，与政府有关部门一起承担矿区复垦的责任。这些规定不仅提出了原则要求，而且提供了具体的操作方案以及保障措施。其中最主要的措施是复垦计划和保证金制度。①

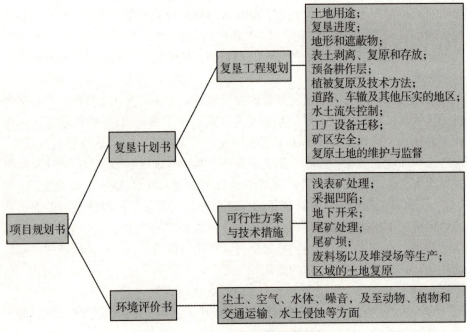

图14-2 澳大利亚项目规划书内容

（1）项目规划书。澳大利亚的土地复垦过程一般包括初期规划、审批通过、清理植被、土壤转移、存放和替代、生物链重组、养护恢复、检查验收等若干阶段。而矿区复垦管理工作主要由环境局负责。澳大利亚法律规定：在取得矿权之前必须提交项目规划，项目规划中则必须包括土地复垦计划书和环境评价书，用以指导矿业企业在采矿的同时完成复垦和环境保护（如图14-2所示）。在程序上，法律规定复垦计划形成之前必须要与土地（不论私有或联邦土地）所有者磋商，地主有权要求将自己和矿权所有者之间的协议写进计划。复垦计划提交政府主管部门后，还要审查，批准通过后就要严格遵照执行。复

垦要求必须与探矿或采矿活动同时展开，而且必须执行到计划完成并且达到地主满意为止。①

在矿山环境治理过程中，矿业企业还要定期提交年度环境执行报告书。报告书经政府矿业主管部门审查后，由分管监察员到矿业企业进行现场抽查。检查员根据矿山环境治理状况的现场判断，可以采取口头或信件方式通知整改，问题严重的可以向上级反映，勒令矿业公司停止工作并可罚款和收回矿业权。

（2）保证金制度。澳大利亚 1990 年的《矿产资源开发法》和 1995 年的《挖掘工业发展法》中明确了"复垦保证金"的条款，其目的就是为了"在矿权所有者失于完成复垦责任时，保护公众的利益"。法律规定每项复垦计划都必须有足以完成复垦任务的保证金。确定某项目保证金的额度之前，负责管理此业务的自然资源与环境部的部长，要和矿权涉及土地的当地市政厅（包括地主）磋商。矿权所有者必须将保证书和保证金一道提交政府，并与政府一起承担矿区复垦的责任。作为程序性规定，保证金的建立必须按照"矿权所有者担保企业+银行+政府"的方式办理。首先矿权所有人要与参加复垦的企业一道，按照矿业法的规定，以法定银行的固定表格形式，做出书面保证。保证金的额度要求并不固定，主要根据不同地区和各种成本因素而变化。一般项目低成本运作时，大约为 5 000 澳元每公顷，偏远地方的项目可能达到 15 000 澳元每公顷。大型项目或生态要求高的项目，复垦保证金可能高达千万元。由于企业的流动资金限制，保证金的主要来源是银行贷款（表 14-6）。②

表 14-6　澳大利亚环境恢复保证金收缴存标准

干扰区域	低风险（AUD） 采取简单的措施即可达到复垦目标	高风险（AUD） 复杂的地形、敏感区域
≤1hm²	2 500	5 000
1-4hm²	10 000	20 000
4-10hm²	20 000	40 000

资料来源：Government Accountability Office. Hardrock mining：BLM needs to better manage financial assurances to guarantee coverage of reclamation costs［R］. Government Report，2005.

---

① Jessica Elzea Kogel，Nikhil C. Trivedi，James M. Barker，et al. Industrial minerals & rocks：Commodities，markets，and uses［M］. SME，2006.

② Government Accountability Office. Hardrock mining：BLM needs to better manage financial assurances to guarantee coverage of reclamation costs［R］. Government Report，2005.

在返还保证金之前，该部部长必须与当地市政厅和地主磋商。如果复垦按照"标准许可证条件"或"复垦计划"顺利执行，并经该部检查满意，保证金就可以退还矿权所有者。如果未按计划复垦，或者该部部长认为还须进一步工作，或者地主有合理要求，该部部长就有责任采取相应的行动。如果该部部长不同意地主的要求，则必须告知原因。如果在合理的期限内，矿权所有者疏于此事，完不成任务，该部部长就必须依据该项目的保证金推动必需的工作。如果资金不足，该部部长可以从矿权所有者处追讨。在矿权所有者申请该项目有效终止之后，如果有理由相信此复垦计划不成功，该部部长可以抵押该保证金六年，直至复垦成功。保证金将随着复垦项目的推进而分阶段返还给矿业企业。① 当复垦达到要求的标准时，保证金按返还标准返还。复垦标准由政府主管部门组织有关专家制定，并经法律认定。

（3）矿产资源税费的生态补偿使用。除了复垦计划和保证金之外，澳大利亚采矿企业对环境的补偿还表现在两个方面：采矿开始之前对采矿造成的直接环境损失、当地居民的收入减少和社会危害进行的补偿；另一个方面来自于开采后矿业企业向联邦政府、州政府缴纳的税收。

采矿企业在取得勘探权、采矿权后，企业在开始工作前要赔偿地上物品损坏和其他因土地契约终止、通行权受限，损坏的环境改善及合理控制损坏等项费用。在西澳、南澳和新南威尔士，还要赔偿土地使用权损失、收入减少以及其他社会危害等费用。在澳大利亚采矿，企业要向联邦政府、州政府交矿业税。矿业税率的形式及税率高低根据矿种、矿山所在地及矿产品分组确定。澳大利亚矿业税收制度以固定费率、从价费率征收或者征收资源税租金的方式计提。政府通过税收抵扣制度来使得部分矿业税收用于矿区的可持续发展。此外澳大利亚针对煤炭开采征收了复垦税，用于土地的恢复治理。②

3. 加拿大的矿产资源开发生态补偿制度

加拿大是联邦制国家，联邦宪法规定，联邦和省政府分别有自己的独立立法权限。由于加拿大地表权和地下权分离，而土地大部分为省管辖或属于私人所有，因而各省矿业法是相对独立的。加拿大的矿业法形成于安大略省和萨喀彻温省。起初，《联邦矿业法》主要规定如何运输和进行尾矿储藏等，限制内容很少。后来，加拿大为推行矿业可持续发展，各省通常都要求颁发采矿许可

① Department of industry and resources. Mining environmental management guidelines: calculating environmental performance bonds [R]. Western Australia government, 2007.

② 中国 21 世纪议程管理中心. 生态补偿的国际比较: 模式与机制 [M]. 北京: 社会科学文献出版社, 2012: 210.

证前，矿山必须提出关闭、复垦及后续的处理或监督费用的估计及实施计划。2001 年 2 月，加拿大证券管理委员会（CSA）颁布的《矿业项目资料公布的新标准》对矿业开采和勘探工业资料签发人的资格要求及责任有明确规定。为资助公众参与联邦环境影响评估程序，加拿大联邦有关环境影响评估法规定，采矿提议者必须负担项目评议团的评议和调解费用。同时，政府在矿业活动监督机制和矿山环境评估制度方面作了进一步的完善。

（1）矿业活动监督机制。加拿大的矿业活动监督是从申请探矿开始直到闭坑后的复垦的全程监督，并且是制度化的、公众化的，更从法规上建立了监督员、资格人制度，并提出了相应的职权和职责。监督员由环境专家等专业人士担任，受政府机构委托，同时监督几个矿山，既可经常性检查，也可以进行临时性抽查，一旦发现有违规矿区，立即提出制止或修正措施。在一定时期内未达到法规要求的，政府当即下达停产通知，否则交由法庭按法律规定处理。

（2）矿山环境评估制度。加拿大将矿山环境视为可持续发展战略的重要方面，是采矿许可证的必备部分，在矿业投产前必须提出矿山环保计划和准备采取的环保措施。根据不同的矿山开发项目，运用的评估方式如下：一是筛选，即对矿山提出的环保计划和措施进行筛选，适于小型矿业项目；二是调解，对矿山开发可能产生的环境影响，涉及当事人不多的矿业项目，由环境部指定调解人协调；三是综合审查，对矿山开发可能产生的环境影响，涉及多个部门或跨多个地区的大型矿业项目，必须由联邦组织综合审查；四是特别小组审查，适用于任何政府机构或公众。

（3）复垦基金。加拿大安大略省自 2006 年开始，3 年内投资 2 700 万加元，用于辖区内 7 000 余座废弃矿山的复垦。由于复垦是一项长期且费用较高的投入，对部分矿山来讲，往往采取多种方式：一是现金支付，按单位产量收费，积累资金，经营结束后返回；二是资产抵押，矿山用未在别处抵押的资产进行复垦资金的抵押；三是信用证，银行代表采矿公司把信用证签发给国家机构的买方并保证他们之间合同的履行；四是债券，采矿公司以购买保险的形式，由债券公司提供债券给复垦管理部门；五是法人担保，由财政排名高到一定程度的法人担保或信用好的公司自我担保。①

4. 英国的矿产资源开发生态补偿制度

英国矿产资源开发的生态环境恢复与其完善的规划体系密不可分。

（1）矿产规划法律制度。根据英国 1947 年《规划法》的规定，英国几乎所

---

① 中国 21 世纪议程管理中心. 生态补偿的国际比较：模式与机制［M］. 北京：社会科学文献出版社，2012：256-257.

有的开发活动都要向政府申请规划许可，制定发展规划是政府的法定义务，中央政府承担着地方规划之间协调的职能。而1990年的《城乡规划法》、1991年的《规划和补偿法》和1995年的《环境法》这三部法律则具体规定了矿产资源规划的法律制度。根据这些法律制度，矿产规划管理部门应根据政府制定的《规划政策导则》和《矿产规划导则》来编制矿产开发规划，并进一步制定矿产开发政策和部署矿产开发活动，以此作为矿产开发的规划申请审批的依据。

《城乡规划法》在矿产资源规划的环境影响评价、限制矿产开采活动的补偿、矿产开发的一般程序、允许开采的条件等方面作了详细规定。英国的矿产资源开发复垦立法首次出现于1949年，当时地方政府被授权恢复被采矿破坏的土地环境。1980年实施的"弃用地拨款方案"目的在于为弃用地和潜在污染地的复垦提供资金支持。1990年颁布了《环境保护法》，该法案可谓立法上的分水岭，因为它首次将污染行为界定为犯罪，并引入了"关注义务"，即所有参与处理污染物当事方的一项法定义务，采矿是最先被纳入该法污染综合治理范围的工业部门之一。同时，该法案责令当地政府对本地区进行检查，以确定是否有这种属新法定义范围、有害于人类健康和环境的污染地。英国1990年出台的《环境保护法》标志着生态补偿保证金制度开始生效。

（2）规划管理制度。矿产资源规划管理制度主要包括：一是规划申请。矿产开发活动必须向政府申请规划许可，对于周边地区具有显著影响的矿产开发项目，规划申请必须在地方报纸上刊登和在现场粘贴告示，使公众可以查阅开发项目的有关情况并提出意见；二是对矿产开发、矿山废弃物处理或辅助设施等方面实行规划许可制度；三是通过实施规划管理制度，防止未经批准的开发，并保证矿产开发活动执行规划制定的标准或条件；四是实行规划责任制度，矿产规划机构通过与矿业公司签订协议或采取其他方式，明确矿业公司的责任。

规划中与矿产资源开发生态补偿相关的主要内容包括：①矿产保护。矿产规划机构在规划中划定矿产协商区，这类规划区的矿产开采的规划申请，要由区政府和郡政府共同协商决定。②环境与安全管理。矿产规划机构应根据《城乡规划法》中对环境影响评价的有关规定，在规划中制定矿产开发方案编制的标准或要求，以避免对环境造成不可挽回的影响。③辅助开发设施。1995年的《城乡规划规定》对矿业公司建立或改变辅助办公、厂房以及闭坑后有关辅助设施处理等方面作出了规定。④废弃物循环回收利用和回填处理。矿产规划机构应在矿产开发地方规划中制定鼓励回收利用建筑废料和矿山废弃物的政策，确定选择永久和临时回收地点的标准和要求。⑤矿区土地恢复治理与复垦。矿业用地不应被荒废，而应根据适当的标准尽可能地进行恢复治理。恢复后的土地可用于农业、森林、自然保护区、公共场所、休闲场所或其他用途。

规划中应制定矿区废弃土地恢复治理的政策和部署，必要的话应制定恢复治理的指南或标准。①

（3）复垦基金和财税措施。英国在1951年就通过了一项复垦法规，设立了土地复垦基金。土地复垦基金的主要来源首先是对矿产品（矿石）征收的复垦费，其次是适度的财政补贴，以此构成了资助和激励矿山土地复垦的资金库，并采取税收等经济手段控制矿产资源开发行为。在推进土地复垦的同时，英国政府采用财税措施治理环境问题。英国在环境保护方面遵循"谁污染、谁治理，谁污染、谁出钱"的原则，采用各种财税措施治理环境问题，以达到防治污染的目的。这些措施主要包括：一是收取环境管理费。某企业如需要向管理部门申请排污，必须支付管理部门为发放许可证到现场进行检查等有关费用。二是颁发废物倾倒场许可证和征收废物排放费。三是对超标准排污，处以高额罚款或判刑。四是建立损失补偿制度。五是对一些产品征收环保研究费。

（二）国外实践经验启示

通过分析美国、澳大利亚、加拿大和英国的生态补偿经验，我们可以得到以下三点启示：

一是要制定完善的矿产资源开发生态补偿的法律体系，并搭配以一定的行政和经济政策（见表14-7）。以法律的形式强制企业在开发过程中注重资源的合理开发利用及开发后进行土地复垦；出台相关法律明确界定责任主体，明确相关各方的责任和义务、补偿方式等；充分发挥生态税在环境保护中的作用，对矿业开发过程中超标准排放的有害气体、液体等征收生态税，以法律的形式确定征收标准、征收方式等。

表 14-7　国外关于矿产资源开发生态补偿的法律、行政和经济政策比较

国家	法律政策	行政政策	经济政策
美国		开采许可制度、矿区复垦许可制度	恢复治理（复垦）基金制度、恢复治理（复垦）保证金制度
澳大利亚	《矿产资源开发法》《挖掘工业发展法》《环境保护法》	复垦计划书和环境评价书、矿山巡视员巡回检查制度	复垦保证金、矿产资源税和矿产资源收费

① 中国21世纪议程管理中心. 生态补偿的国际比较：模式与机制［M］. 北京：社会科学文献出版社，2012：300-302.

续表

国家	法律政策	行政政策	经济政策
加拿大	《联邦矿业法》	矿山关闭及复垦制度、矿业活动监督制度、矿业项目资料公布的新标准、矿山环境评估制度	复垦基金、行政收费
英国	《城乡规划法》《规划和补偿法》《环境法》《规划政策导则》《矿产规划导则》《环境保护法》	规划管理制度、战略环境影响评价	土地复垦基金、环境管理费、废物排放费、损失补偿制度、环保研究费

二是废弃矿山和新建、已建矿山的修复治理应该分而治之。废弃矿山的修复治理主体为国家,新建和已建矿山造成的环境破坏应由矿业企业 100% 承担。废弃矿山修复治理的资金渠道主要来自于废弃矿山治理基金,新建和已建矿山修复治理的资金渠道由保证金体制确保。

三是国土部门应成立专门的废弃矿山治理部门,负责建立全国废弃矿山数据库和制定废弃矿山治理规划,开展相关矿业活动的监督工作和矿山环境评估活动。国家政策和地方政策要保持高度一致性,整体计划应该与地区计划保持一致。

四是矿山治理要根据"轻重缓急"的原则制定治理规划,分步加以实施。如将废弃矿山治理的重点区域锁定在城镇人口密集区,重大工程设施周边,风景名胜区,地质遗迹保护区,历史文化保护区,高速公路、国道、省道等交通干线沿线,然后再逐步向人口较少、经济活动较少的边缘地区推进。

二、中国矿产资源开发生态补偿实践

目前我国矿产资源开发生态补偿实践主要包括四个主要部分:一是资源税;二是矿产资源补偿费;三是采(探)矿权使用费;四是矿山环境恢复治理保证金。除此之外还有普遍征收的所得税和增值税等。

(一)资源税

资源税是以各种自然资源为课税对象,为调节资源级差收入并体现国有资源有偿使用而征收的一种税。旨在使自然资源条件优越的级差收入归国家所有，排除因资源优劣造成企业利润分配上的不合理状况。我国于 1984 年开征资源税，1986 年和 1994 年先后又进行了改革。但我国资源税长期存在一个突出问题，即税负过低，直接导致我国本来就稀缺的资源被浪费，自然环境受到很大的破坏。1984 年国家开征的资源税实行 12% 利润率的"起点征收"，即达不到 12% 利润率的矿山企业不用缴纳资源税。由于这一征收原则被批评为国家只征收了级差地租，而没有征收绝对地租，从而没有使资源得到补偿。因此，1994 年开始征收的资源税采用从量定额征收的办法。但是，这一办法直接导致了企业尽可能地开采资源丰厚的地方，而丢弃那些资源含量少的地方，导致矿产资源的浪费。目前，我国正在积极推进对矿产资源税的新一轮改革，从从量计征转向从价计征。尽管单一的从价征收可能不会区分贫矿、富矿、细化税率标准，但相比较于从量征收的方式，固定税率征收方式促使税额会跟着矿产品的销售价格的变化而变化，使之与市场行情的变动紧密联系，从而借助市场调节机制引导矿业生产主体合理开发，节约资源。

（二）矿产资源补偿费

国家对采矿人征收一定的矿产资源补偿费是为了更好地保障和促进矿产资源的勘查、开发和保护，维护国家作为所有者对矿产资源的财产权益。矿产资源补偿费自 1994 年正式开征。征收主体为采矿权人，征收对象为不同类矿产资源经过开采或者采选后，脱离自然赋存状态的矿产品，包括原油、原煤、原矿等。该费用实行从价计征的方式，由采矿人按照矿产品销售收入的一定比例计算缴纳。根据财政部、地质矿产部和国家计委 1996 年出台的《矿产资源补偿费使用管理暂行办法》的规定，中央分成所得的矿产资源补偿费纳入国家预算，实行专项管理，其使用方向和分配比例为 70% 用于矿产勘察支出，20% 用于矿产资源保护支出，10% 用于矿产资源补偿费征收部门经费补助。矿产资源补偿费是中央与地方共享收入，其中中央与省、直辖市按 5：5 分成，中央与自治区按 4：6 分成。省、市、县分成比例由省级人民政府根据实际情况自行确定。中央收入部分将主要用来补充中央地质勘察基金，实现基金的滚动发展。地方收入部分除用于矿产资源勘察外，还可以用于解决国有矿山企业的各种历史包袱问题。从上述的矿产资源补偿费的征收主体、方向来看，矿产资源补偿费实质上就是权利金，是矿产资源使用者向其所有者支付的租金。

（三）探（采）矿权价款和探（采）矿权使用费

对于国家出资勘察并已经探明矿产地的区块，其探矿权和采矿权申请人需缴纳经评估确认的国家出资勘查形成的探矿权价款和采矿权价款。[①] 探（采）矿权价款收入由中央与地方共享，按 2∶8 的比例分成。省、市、县分成比例由省级人民政府根据实际情况自行确定。探（采）矿权使用费是矿业权人根据申请得到的矿区范围的面积按照一定的标准逐年缴纳。1998 年 2 月颁布的《矿产资源勘察区块登记管理办法》《矿产资源开采登记管理办法》以及《探矿权开采权转让管理办法》将探（采）矿权的有偿取得办法更加具体化。其中《矿产资源勘察区块登记管理办法》第 20 条规定："国家实行探矿权有偿取得制度。探矿权使用费按勘察年度计算，逐年缴纳。"《矿产资源开采登记管理办法》第 9 条规定："国家实行采矿权有偿取得制度，采矿权使用费按照矿区范围的面积逐年缴纳，是矿业权有偿取得制度的一个组成部分。"探（采）矿权使用费都是由矿业权人依据其矿区范围面积按照一定的标准计算逐年缴纳的。探（采）矿权价款和探（采）矿权使用费两者的作用都类似矿业发达国家的权利金租金，都属于权利金的范畴。[②]

（四）矿山环境恢复治理保证金

总体来看，我国实施矿山环境恢复治理保证金制度的时间较晚，并且目前仍处于探索阶段，各个地方正在展开积极的试点，仍未在全国普遍实施。2002年江苏省印发了《江苏省矿山环境恢复治理保证金收缴及使用管理暂行办法》，对露天开采石材石料及其他矿产资源的企业实行矿山环境恢复治理保证金制度。根据采矿许可证有效期的不同，分为一次性和分期两种缴纳方式。国土资源行政主管部门分级负责收取的保证金直接纳入财政专户，对于闭坑前验收合格的企业，在矿山环境治理过程中逐步返还保证金；否则，保证金及利息不予返还，由矿区所在地国土资源行政主管部门统一组织用于环境修复治理，治理费用超过保证金的部分由采矿企业承担。2003 年 8 月，安徽省印发并执行《安徽省矿山环境恢复治理保证金收缴和使用管理办法》，规定新建矿山在办理采矿登记时必须向办理采矿登记的国土资源行政主管部门缴纳矿山环境恢复治理保证金。保证金存入银行专户，利息转入本金，实行专项管理，不得挪作他用，只能用于矿山环境的恢复治理。[③] 目前我国各地正在探索的保证金征收标准和征收办法可分为按面积核算和按产量核算两类。同时，山西、福建、黑龙江、河北、海南、广东、西藏、山东等地区开始试行生态恢复治理保证金

---

① 姜鑫民.我国矿产资源产权制度改革：理论与实践［M］.中国经济出版社，2012：97-98.
② 宋蕾.矿产资源开发的生态补偿研究［M］.北京：中国经济出版社，2012：187.
③ 宋蕾.矿产资源开发的生态补偿研究［M］.北京：中国经济出版社，2012：234.

制度，这为建立全国统一的矿山复垦保证金制度奠定了良好的基础。

三、我国矿产资源开发生态补偿问题

（一）法律制度不健全，制约生态补偿效果

目前我国还未建立起完整的生态补偿的法规体系，缺乏生态补偿的综合性立法或专项立法。由于缺乏法律的依据和中央政府的协调机制，各省的生态补偿法律制度的建设一直处于没有制度依据的状态，制定地方性法规全面推动生态补偿机制的难度很大，只能是局部或就某些问题开展试验示范，虽然取得了一定的成效，但是没有形成全国适用的综合的生态补偿法律制度。同时，在我国现行的环保政策法规中，缺乏针对矿山环境保护特点的法律法规和技术标准，不利于矿山环境保护和治理向纵深发展。而《矿产资源法》只是规定开采矿产资源必须按照国家有关规定缴纳资源税和资源补偿税，而对开采造成的生态破坏和环境补偿没有明文规定，这成为现行法律体系的一个真空地带。

（二）过于依靠政府，市场补偿缺位

政府应该是生态补偿机制的倡导者和推动者，而不是承包者和统揽者，但由于对生态补偿认识不足，缺乏有效的机制，目前我国生态补偿主要依靠政府的投入，这严重制约了生态补偿机制的作用。仅依靠政府投资，生态补偿资金来源面窄，无法满足生态补偿资金的大量需求，导致资金不足，不能满足生态维护和发展的需求。而且，仅依靠政府对生态补偿资金进行配置，会导致程序复杂，效率低下，不适应市场经济发展的需要。要解决这个问题，必须有效利用政府财政支付手段和市场激励并重的机制，这样才能有效调动生态服务者保护自然资源、生态环境的积极性，真正实现对生态环境产生破坏或不良影响的经营者对环境污染、生态破坏进行补偿。

（三）补偿手段单一，补偿措施缺乏操作性

我国目前的生态补偿实践中运用的经济手段主要是征收税费，而其他经济手段则运用甚少。同时，现行税制中目前只有少量的税收措施零散地存在于增值税、消费税等税种中。针对生态环保的主体税种不到位，相关的税收措施也比较少，并且规定过粗，这些税种设计之初对生态环保考虑得很不充分，缺乏系统性和前瞻性。同时，生态补偿不但涉及其生态治理保护投入，还涉及对其稀缺性的评估，各种影响因素十分复杂，生态补偿量化技术难度较高，以现有生态补偿量化技术水平，还无法客观评价生态环境资源损失和受益的标准。尽

管我国推行了"谁受益，谁补偿""谁破坏，谁恢复""谁污染，谁治理"的生态补偿普遍原则，但涉及具体补偿行为时，补偿不易量化，补偿主体和受体关系并不明确，操作性差，实施中难以达成生态补偿目的。

（四）管理制度缺乏科学性

我国目前并没有一个专门主管矿产资源开发生态补偿的组织部门，现行的管理体制下，环境与资源管理涉及多个行政部门，如环保、水利、国土、海洋、农业、林业、工商、卫生等，每个部门都有权制定和实施与该部门相关的环境政策。造成了管理上错综复杂，管理职能出现重叠交叉难以协调的局面，严重制约了管理效能的发挥；收费名目繁多，有的相互之间重复，有的缺乏法律依据，没有得到明确的授权；补偿项目和与地区相关的权益，责任难以落到实处，生态补偿流于形式。在执行政策的过程中由于缺乏统一的归口管理，削弱了国家作为自然环境资源所有者代表实现其价值的权威性，带来管理上的混乱，政策割裂与冲突现象严重，补偿基金使用效率低，影响了这一手段的效果。另外，在生态补偿实践应然层面中，中央政府主要是为建立生态补偿机制提供政策导向、法规基础和一定的财力支持，同时引导建立全国性和一些区域性的生态补偿机制。地方政府是生态补偿机制的实施和责任主体，负责建立本辖区的生态补偿机制，并配合中央政府实施全国性和区域性的生态补偿。① 但是在实然层面中，生态补偿的中央与地方权力与利益的分配，以及地方区域性协调问题一直没有得到很好的解决。例如在矿产资源生态补偿费、探（采）矿权使用费的中央与地方分成问题上，以及中央生态补偿资金转移支付问题上，缺乏合理的设计，这也影响了生态补偿的落实。

第四节　完善湖南绿色矿业经济生态补偿机制的对策

本节基于前文的分析，借鉴国外矿产资源开发生态补偿的有益经验，从生态补偿主体、客体、原则、方式、类型和标准方面阐述了完善湖南绿色矿业经济生态补偿机制的构思，并提出了完善湖南绿色矿业经济生态补偿机制的政策建议。

一、完善湖南绿色矿业经济生态补偿机制的构思

构建生态补偿机制是一项较为复杂的系统工程。如果按照生态补偿的阶段

---

① 杨赛明. 矿产资源开发的生态补偿机制研究 [J]. 环境保护与循环经济，2009（7）：58-60.

划分，矿产资源开发的生态补偿可以分为开发前的预防性补偿、开发过程中的
即时性补偿以及开发后结束后的修复性补偿等三个阶段，每个阶段都包含补偿
主体、补偿客体、补偿方式、补偿类型、补偿标准等生态补偿的基本要素。因
此下面分别对生态补偿机制中的各要素进行分析。

（一）生态补偿主体

按照"谁破坏，谁补偿"的基本原则，生态补偿的主体应该是在矿产开
发过程中对造成生态破坏负有主要责任的利益相关者，通常是矿产开采者。对
于预防性生态补偿和即时性生态补偿而言，根据该原则，其补偿主体都应该是
对生态破坏直接负有责任的经济主体，也即矿产开发企业。而对于修复性生态
补偿的补偿主体的确定稍微复杂些，这里主要有"新账"和"旧账"的区分。
对于旧账而言，即历史遗留的问题矿山，由于责任主体无法界定或者界定不清
楚，因此只能由政府来担当补偿主体。政府在生态补偿中要充分发挥其主导作
用，主要通过一些非市场途径，如直接给予优惠贷款、财政补贴、财政援助、
实施利率优惠、技术输入、对有利于环境保护的行为予以鼓励等来进行补
偿。[1] 对于那些跨越两个或多个行政区域的矿区生态治理，各地政府应该在省
政府的统一协调下共同承担生态补偿的责任。除此之外，各地政府应该对辖区
内的老矿区承担补偿的责任。对于"新账"而言，也就是那些在相应的规章
制度建立完善并生效之后新开的矿，就要按照新的规定进行补偿主体确定。由
于新开矿区产权和责任界定明晰，按照"谁破坏，谁补偿"的基本原则确定
补偿主体。因此作为矿产资源开发最直接参与人和受益人的开发者，应当主动
承担起生态补偿的责任，通过市场推进的方式使得市场主体主动参与到生态补
偿的过程中来。

（二）生态补偿客体

生态补偿根据补偿对象的不同，可以分为对物与对人的补偿。对物的补偿
又可以分为两类：一是作为资产状态的自然资源客体，即矿产资源自身价值
（目前我国征收的矿产资源税和矿产资源补偿费，就是对该部分的补偿）。二是
作为有机状态背景而存在的生态、环境系统，即生态环境价值的损失补偿。对人
的补偿，是指对在环境保护活动中利益损失者的补偿。首先，对矿产资源自身价
值进行补偿，保护生态环境是生态补偿的最终目的，因此生态环境是生态补偿的
最终对象。应该受到补偿的生态环境有两种：一是受到破坏的生态环境，如被过

---

① 焦华. 浅析矿产资源开发生态补偿机制的构建 [J]. 中国证券期货，2011（11）：208.

度开采的矿藏、被盲目开垦的土地和乱砍滥伐的森林等，这类被破坏的生态是我省生态补偿的重点；二是保护相对较完善的生态环境，这类生态虽然相对完好，但是由于自然损耗和有可能受到人为破坏，这类环境也存在被破坏的潜在危险，因此也应当适当予以补偿。其次，对人的补偿，应包括因矿业开发而丧失发展机会的矿区居民和其他相关受害者，对这类人应当给予一定补偿。

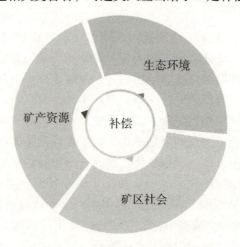

图 14-3　矿产资源开发生态补偿客体

（三）生态补偿原则

一是可持续发展原则。湖南矿产资源开发的生态补偿应当遵循可持续发展的原则，也即在矿资源开发过程中，要通过生态补偿促进自然的可持续发展、经济的可持续发展和社会的可持续发展。可持续发展原则更强调的是生态补偿的目的，也就是一切都以可持续发展为目标。二是公平、公正、公开的原则。即补偿规则公开透明，补偿过程公正合理，补偿标准比较公平，三个原则三位一体，共同影响着生态补偿的效果。三是权、责、利相统一原则。在生态补偿的现实中，权力和利益往往成了责任的对立面，然而，没有无权利和利益的责任，也没有无责任的权利和利益，权利与责任应当是对等的。生态补偿的主体应当按照得到权利的多少承担起应负的责任，补偿对象也应当按照权利受损程度得到相应的补偿。①

---

① 孔嘉文，曹小旭. 贵州省矿产资源开发中的生态补偿机制研究 [J]. 经济视角，2012（5）：14-15.

（四）生态补偿方式与期限

生态补偿的方式指的是补偿主体进行生态补偿的具体措施和方法，而补偿期限则指的是某一种补偿方式的执行期。

从生态补偿的主体角度看，基于市场失灵和政府失灵两个导致环境问题的基本原因，生态补偿方式可以分为政府补偿和市场补偿两种形式。对于新建矿山和正在开采的矿山而言，它们的补偿主体集中、产权界定清晰，所以其补偿更适宜于采取市场的手段来解决。对于补偿主体分散且产权不易界定的矿山，政府有必要对其采取强制性补偿手段。[①]

而以矿产资源开发的阶段为标准进行划分，可以分为矿产资源开发初期补偿、中期补偿，后期补偿。具体来说，在矿产资源开发初期，生态补偿的主体主要是矿产开采者的预防性补偿，所采用的补偿方式包括设计环保型的开采方案、增加矿区开采过程中可能用到的生态恢复预算以及引进新型的绿色环保生产技术等。这个阶段的生态补偿期限为从立项到动工的这段时间。在开发过程中，补偿主体还是主要由矿产开采者来担当。在这一时期，矿产开采者要根据开采过程中出现的新问题及时调整生态补偿方案。对于有能力自己实施生态补偿的矿产企业，可以自行决定采取何种措施对生态进行补偿，只要能达到预定补偿效果即可，主要可用的措施包括改进生产方案、增加资金预算、引进新型设备等。对于无力进行生态恢复的企业，可自行通过社会公开招标聘请有经验的环保公司进行治理，也可委托政府部门进行招标。这个阶段的生态补偿期限应不超过矿山开采期。在矿产开发后，对于废弃矿区的治理，按照"新旧分治原则"区别对待。老矿区由于责任界定不清，生态补偿主要由政府执行。具体操作上，政府可以采用公开招标的方式委托专业环保公司进行治理，也可以号召当地居民和企业积极参与矿区的生态恢复建设，并给予他们经济补助。

在补偿时，政府如果财力雄厚，可以选择将矿区的生态环境一次性治理到位；若政府财力欠佳，则可以选择分期治理，逐步将矿区生态环境恢复到理想状态。对于新矿区的采后治理问题，政府可以通过相关法律法规要求矿产开发企业在开发前缴纳一定数额的矿区恢复治理保证金，这能促使开发者在矿产开发完毕之后进行恢复性建设。如果矿企对矿区的恢复性建设完成达标，则退还其保证金；若治理不达标，则政府可以将其保证金交由第三方用以恢复矿区生态环境，不足部分继续向开采者追缴。对于开采后的生态补偿期限可由政府以

---

① 高新才，斯丽娟．甘肃矿产资源开发生态补偿研究［J］．城市发展研究，2011（5）：6-12.

规章制度的形式进行确定。①

（五）生态补偿类型

生态补偿的方式一般分为资金补偿、实物补偿、政策补偿和智力补偿等。针对不同区域和类型可以采取不同的补偿方式，或者联合采用几种方式，以实现最优的补偿效果。② 政府通过制定相关的法律、法规及政策，保证补偿资金来源并补偿到位，实现生态补偿对生态建设和保护可持续发展的支持作用。对于矿产资源开发生态补偿而言，资金补偿是最直接和最易实现的补偿办法，当然，也可以通过政策补偿等方法对受偿者进行补偿。

（六）生态补偿标准

在进行矿产资源开发生态补偿时，应运用多种经济手段来体现矿产资源的价值，一是其固有的自然资源价值，即未经人类劳动参与、天然产生的那部分价值，它取决于矿产资源的不可再生性、稀缺性和耗竭性；二是固有的生态环境价值，即矿区生态环境和矿产物质对生态系统的功能性价值；三是基于开发利用该种资源的劳动投入所产生的价值，其中也包括了为保护和恢复矿产资源开发过程中的生态环境所需劳动投入。③ 从前文分析可知，目前湖南采取的矿山地质环境恢复治理保证金制度制定的补偿标准偏低，现行的补偿标准只是考虑了矿产资源的固有价值，对其生态环境价值和保护恢复矿山的劳动价值均未计入。

而在实际操作层面，矿产资源开发生态补偿标准依据，一般从生态成本、支付意愿和支付能力三个方面进行考虑。第一，生态成本是核算开发对生态环境产生的影响，可以使用"替代法"，通过对其他同等数量和质量的生态服务和产品的成本进行估算，从而推知开发对生态环境产生影响的成本。第二，支付意愿是矿产资源的开发者、受益者愿意为开发生态补偿可能支付经济补偿的数值，它与受益者的受益性质、受益程度、对生态补偿的认识水平、对生态补偿的效果和将来继续受益的预期程度以及当地的经济发展水平、收入水平密切相关。最大支付意愿处于机会成本与矿产资源开发受益者的利益增加量之间。第三，矿产资源开发地区地方财政能力和矿产资源开发者、受益者的支付能力是矿产资源开发生态补偿过程中必须要考虑的重要方面。如果支付标准超过他

① 王芳. 湖南矿产资源开发生态补偿机制研究 [D]. 湖南大学硕士学位论文，2012.

② 洪尚群，马丕京，郭慧光. 生态补偿制度的探索 [J]. 环境科学与技术，2001 (5)：40-43.

③ 张敦富，等. 环境经济 [M]. 北京：人民出版社，1994：45-50.

们的支付能力，会影响受益地区和受益者自身的经济发展，同时可能隐藏着采取多种手段逃避生态补偿的危险，不利于流域生态补偿的顺利进行。

二、完善湖南绿色矿业经济生态补偿机制的建议

（一）建立健全法律法规

最新的《中华人民共和国矿产资源法》自 1996 年修改至今，已二十年有余，虽然我国颁布了环境保护和土地管理等一系列相关法律、法规，但是并未在相关法律法规条文中明确规定矿区生态环境修复治理的主体治理者。我国矿区生态环境的主要治理者目前仍然是政府。由于法律依据的缺乏，获得生态补偿费主要依靠国家财政，开发企业基本没有承担环境修复的成本。此外，生态补偿的主客体，补偿的依据和原则也不明确；各地区生态环境治理进程中，又遭遇严重的资金瓶颈，融资困难。矿产资源开发中存在的严重生态破坏，单纯依靠地方财政，是无法解决的。因此，完善湖南的矿产资源开发生态补偿机制，必须要依据受益者补偿和破坏者负担原则，在国家层面加强顶层设计，从法律上明晰矿产资源的产权，明确企业对环境破坏的治理责任。

首先。清晰界定产权，明确规定矿产资源开发生态补偿的主体和客体。建立有效的矿产资源开发生态补偿机制需以产权的明晰作为起点。产权的界定应遵循一致性原则，即产权的归属与责任的承担主体须保持一致性，确保权责利对等。其次，必须以法律的形式确定补偿标准和补偿程序。规范生态环境补偿费的征收、使用行为，科学地制定收费标准是建立健全生态环境补偿机制的基础。最后，在加强矿产资源环境保护立法的同时，加强矿产资源管理体制改革。湖南省的矿产资源生态补偿制度中还存在着许多管理内容缺失、主体缺位的问题，应该建立资源环境问题协调解决机制。政府协调机制包括资源环境组织机构的建立、岗位的分工和职责的明确、定期不定期的协调会议、各相关方的参与等。

湖南省资源和生态法律法规立法工作正在稳步推进，取得了一定的进展。从 2005 年以来，《湖南省湿地保护条例》《湖南省湘江保护条例》《湖南省实施〈中华人民共和国水土保持法〉办法（修订草案）》等一系列法律法规实施，对湖南资源环境工作起到了重要的推动作用。但湖南资源和生态法律法规还不健全，仍需要加强部门要素类地方立法。[1] 作为矿业大省，未来湖南需要

---

① 梁锷. 湖南省完善资源有偿使用和生态补偿制度建设研究 [J]. 区域经济评论, 2016（1）: 155-160.

在矿产资源利用方面加强立法。

（二）完善开采许可制度

完善的制度是机制有效运行的有力保障，而湖南省乃至全国现行的"开采许可证"制度对矿产资源的开发规范内容较为单一，仅仅局限于对矿产资源的开发、保护和管理环节的规定，尚未涉及对生态系统破坏的修复与补偿的审核。制度的缺失导致我国对矿产资源开发的生态补偿的约束不足，影响机制运行的效率，对系统的修复能力有限，补偿效果差强人意。制度的缺失需要从两个方面来克服，即制度的制定和施行。首先，"开采许可证"制度的制定需要融入对生态破坏的修复的管理内容，体现对矿产资源开发的"准入"与持续管理的融合，双管齐下保障制度的全面性、系统性和连贯性，并突出可持续性。另外，在制度的实施过程中，要严格按照制度的规定执行。对于还未取得"开采许可证"的开采企业，加强对其提交申请的审批，针对在申请报告中没有对生态破坏的影响做出合理评价及未做出对生态补偿的系统规划的开采企业，政府不予批准。对于已取得"开采许可证"的开采企业，若其在开采过程中未按规定履行修复责任，政府有权收回其"开采许可证"，禁止其开采新矿，待其尽到恢复治理责任后，可以予以重新取得"开采许可证"的优先权。

（三）完善矿产资源开发生态补偿保证金制度

作为一项较为庞大的系统性工程，矿产开发生态修复对资金的需求较高，保证金制度及其配套制度的实施与完善能够为矿产资源开发生态补偿过程提供重要的资金保障。目前，我省的矿产开发生态恢复保证金制度尚处于起步和完善阶段。2000 年，国土资源部首次提出了矿山环境恢复治理保证金制度，随后，此项制度的筹备工作在各地区陆续开展，但仍存在诸多问题有待完善。首先，缺乏相关配套制度，保证金制度显得过于单薄。其次，保证金的征收范围和标准缺乏一致性，各地区按面积、按矿种征收的标准良莠不齐。最后，对保证金的缴纳时间规定不统一。针对此项制度存在的缺失，建议湖南省政府采取以下措施对矿产开发生态恢复保证金制度加以完善：一是加强对相关配套制度的制定，协助矿产开发生态恢复保证金制度更好地发挥作用。二是确定统一的征收范围和标准，收缴标准可以采取如下公式进行确认：

保证金收缴总额=采矿许可证登记面积×单位面积缴纳标准×影响系数

三是规定统一的保证金收缴时间，要求开采企业在取得开采许可证的同时将保证金划入保证金账户。四是依据修复的矿山的质、量，选取适当比例按时向开采企业返还保证金。

（四）建立完善矿产资源开发生态补偿管理机构

一是建立生态补偿综合管理机构。湖南目前还没有设立专门的生态补偿专项资金以及管理机构，各要素的补偿资金分散在各类别专项资金中，资金发放、使用分散在各政府部门，监管由财政部门进行。这种分散式的监管造成信息沟通不畅、职责分工不清、政出多门、多头监管，不利于生态补偿的执行。因此，建立生态补偿综合管理机构是解决湖南矿产资源开发生态补偿问题的有效路径。可探讨整合省级发改、环保、林业、水利、国土、财政等部门现有与生态补偿有关的事权，设立跨部门的领导体制，完善生态补偿的组织、协调、监督和评估体系。① 可设立省级生态补偿综合管理机构以全局统筹湖南省的矿产资源开发生态补偿，并在衡阳、株洲、娄底等矿产资源丰富的地级市设立市级生态补偿综合管理机构。两级机构主要完成相应层面的生态补偿管理职能：制定老矿区生态补偿计划，并协调财政、国土、环保、农业等相关部门进行矿区生态治理；负责征收、管理和使用矿产资源开发生态补偿保证金，以及其他补偿资金，保证资金的合理高效利用；对生态补偿的市场机制中各相关方进行监督、协调和奖惩，对市场进行合理引导和管理，使市场机制能够有效进行，等等。

二是设立生态补偿技术咨询委员会。矿产资源开发生态补偿涉及了工程、经济、法律等诸多学科领域，由于政府官员知识结构的限制，省政府只需要制定相关的政策法规，并根据这些政策法规对生态补偿工作进行监督和指导，而专业性较强的工作可以依靠湖南省内高校和研究院所的人才优势，通过建立技术咨询委员会来完成。技术咨询委员会主要由各行业专家组成，负责为政府制定生态补偿政策、起草生态补偿法律法规、确定生态补偿标准等工作提供技术支持和分析报告。

三是设立生态补偿评估机构。生态补偿涉及补偿效果的评估、生态效益分析以及生态治理工程验收等工作，因此需要在生态补偿综合管理机构下设立一个专门的第三方生态补偿评估机构。该机构主要职能包括：在矿产资源开发前，对可能会造成的生态破坏程度进行预评估；在矿产资源开发过程中，对采矿者的生态补偿活动进行监测和调查，以判断这些补偿活动是否达到预期目标；在矿产资源开发后，对矿产开发企业所完成的生态恢复性建设工程进行验收。

---

① 陈业强，石广明. 湖南省生态补偿实践进展［J］. 环境保护，2017（5）：55-58.

通过建立上述三个层次的政府机构，有望构建一套行之有效的生态补偿政府运行机制，以充分发挥政府在生态补偿过程中的监管和协调的重要作用。

（五）规范生态补偿标准与程序

建立完善的生态补偿机制，统一生态补偿标准，规范补偿程序，使矿产资源开发生态补偿程序化、具体化、科学化、法制化。

生态补偿金应该区分新老矿山不同征收补偿费和环境修复保证金，征收的保证金和补偿费也要专款专用，专门用于重建矿区生态环境。而矿区的生态环境损害也分为正在造成的损害和已经造成的损害。正在造成的损害指的是新建矿山或正在开发中的矿山所造成的环境破坏，已经造成的损害主要是废弃矿山的环境损坏。新建和正在开发的矿区的生态环境修复，主要由矿山企业承担，废弃矿山的修复需要政府作为修复主体。在全省范围内制定统一的生态补偿标准，对废弃矿山的修复除了依靠政府支出外，更多的是需要通过市场融资来获取补偿资金。比如"谁复垦，谁受益"，政府给予复垦者废弃矿山剩余开发权或者优先使用复垦后土地的权利，鼓励民间个体或企业参与废弃矿山恢复治理或要求正在开发中的矿山企业实施义务性补偿，也可以从耕地补偿费和资源税费按一定的比例收缴纳入废弃矿山修复基金。

对新开矿山，应在全省范围内确定统一的补偿标准和补偿程序，矿产资源开发生态补偿要按照定价机制—实施机制—监督机制的程序，以省为基础，结合当地资源情况、矿区开发面积、开发方式、使用年限以及矿山开发对周围环境的破坏程度来确定。破坏程度可根据矿种、矿石资源开发方式和矿山的地质、地貌、水文、植被等情况来确定。组织方面从申请生态补偿资格、补偿实施过程监督、效果评估到最后的发放补偿或实现补偿交易都要做详细界定。

（六）建立多元化资金筹措渠道

湖南的生态补偿融资渠道主要是财政转移支付和专项基金，中央的财政转移支付是主要的生态补偿融资方式，融资渠道单一，大大限制了生态补偿的持续开展。湖南省这种以政府补贴为主的生态补偿方式为"输血型"生态补偿，湖南省的生态补偿机制发展目标是将"输血型"补偿机制向"造血型"生态补偿机制发展。为了构造湖南矿产资源开发生态补偿的"造血"机能，进而保证为生态补偿提供持续的资金支持，可以充分利用资本市场进行融资，通过增发国债资金用于环境保护、提供各种优惠政策鼓励环保企业或矿业企业上市，以及争创股票市场上绿色环保板块等措施来募集大量的社会闲散资金，为环境治理和保护提供资金支持。①

　　2017 年 7 月 25 日，湖南省人民政府印发了《关于健全生态保护补偿机制的实施意见》，指出要多渠道筹措资金，加大生态保护补偿支持力度。积极推进政府和社会资本合作，鼓励社会资金参与生态建设投资，拓宽生态补偿市场化、社会化运作渠道。因此，完善湖南矿产资源开发生态补偿机制，要建立多元化融资机制，拓宽生态环境保护与建设投入渠道。鼓励私人资本参与环保，建立政府、集体、非政府组织和个人共同参与的多元化融资机制。比如政府给予一定的优惠政策，相关环保产业贷款可以享受较低的利率优惠，减免一定的税收等。其次，还可以通过提高金融开放度、资信度和透明度，引进外资，投入到大型生态项目的建设中去。总之，政府要发挥财政、信贷和证券三种融资方式的合力，为多元化融资机制的建立提供保障。②

　　①　孟立贤. 矿产资源开发生态补偿机制研究［D］. 石家庄经济学院，2010.

　　②　孙新章，周海林. 我国生态补偿制度建设的突出问题与重大战略对策［J］. 中国人口·资源与环境，2008（5）：139-143.

参考文献

[1] 刘向阳. 刍议油田生态文明智能化管理 [J]. 中国石油企业，2015（7）：93-94.

[2] 石锐钦. "塔山模式"绿色矿山建设实践 [J]. 煤炭经济研究，2012（7）：8-10.

[3] G. HILSON. Barriers to Cleaner Technologies and Cleaner Production（CP）Practices in the Mining Industry：A Case Study of the Americas [J]. Minerals engineering，2000（7）：699-717.

[4] 郑娟尔，等. 加拿大矿山环境管理制度及矿产资源开发的环境代价研究 [J]. 中国矿业，2012（11）：62-65.

[5] 张睿，江钦辉. 美国矿山生态环境治理修复法律制度及对新疆的启示 [J]. 喀什师范学院报，2014（4）：25-28.

[6] 胡德斌. 国外矿山环境保护管理及对我国的启示 [J]. 中国矿业，2004（2）.

[7] 栗欣. 我国绿色矿山建设实践、问题及对策 [J]. 矿产保护与利用，2015（3）：1-5.

[8] 彭剑平，沈述保. 绿色矿山建设长效机制与典型案例 [J]. 黄金科学技术，2016（4）：133-136.

[9] 乔繁盛，栗欣. 绿色矿山建设工作的进展与成效 [J]. 中国矿业，2012（6）：54-56.

[10] 黄敬军，等. 绿色矿山创建标准及考评指标研究 [J]. 中国矿业，2008（7）：36-39.

[11] 孙维中. 浅谈绿色矿山建设 [J]. 煤炭工程，2006（4）：60-61.

[12] 张德明，等. 绿色矿山评价指标体系的初步探讨 [J]. 再生资源与循环经济，2010（12）.

[13] 吕新前，杨卫东. 建设绿色矿山是对科学发展观的实践 [J]. 西部探矿工程，2009（3）：96-98.

[14] 刘宗林. 论矿产资源管理的制度创新 [J]. 国土资源导刊，2007（5）.

［15］乔繁盛．建设绿色矿山发展绿色矿业［J］．中国矿业，2009（8）：4-6，16.

［16］周羽，成金华，戴胜．湖南省矿业城市转型可持续发展能力评价［J］．中国国土资源经济，2015（11）：44-48.

［17］江畅．社会主义核心价值理念研究［M］．北京：北京师范大学出版社，2012.

［18］黄志斌．"绿色"辨义：从感性直观到知性分析再到理性综合［J］．科学技术与辩证法，2003（3）：16-20.

［19］裘宗舜，秦荣生．经济效益学［M］．北京：中国财政经济出版社，1990.

［20］蒋伟．论生态效益与经济效益［J］．生态经济，1988（3）：4-8.

［21］许坚．生态效益与生态经济效益的界定：兼与张叶先生商榷［J］．生态经济，1994（2）：17-20.

［22］雷泽恒，乔玉生，许以明．郴州市矿业经济可持续发展的探讨［J］．中国矿业，2009（2）：37-39.

［23］张复明．矿业收益的偏差性现象及其管理制度研究［J］．中国工业经济，2013（7）：81-94.

［24］周乐，沙景华．湖南矿产资源开发生态补偿机制初探［J］．中国城市经济，2010（6）：213-214.

［25］陈晓春，唐嘉．合同能源管理的激励政策研究［J］．求索，2016（6）：121-125.

［26］张以诚，陈颂今．矿业文化和矿业文化转型［J］．中国矿业，2006（11）：12-16.

［27］董娜．开滦矿业文化旅游品牌构建［J］．煤炭经济研究，2012（12）：94-97.

［28］陈振明．公共政策分析［M］．北京：中国人民大学出版社，2008.

［29］谢明．公共政策导论［M］．北京：中国人民大学出版社，2004.

［30］孙春强，等．2015年全球矿业政策与管理形势回顾［J］．中国金属通报，2016（2）：17-19.

［31］孙春强，陈丽萍．2013年全球矿业政策与管理形势回顾［J］．国土资源情报，2014（2）：18-23.

［32］王华春，郑伟．世界重要矿业国家的矿业政策调整对我国矿政管理的借鉴意义［J］．经营与管理，2016（3）：30-33.

［33］中国国土资源经济研究院和谐矿区建设研究项目组．和谐矿区建设形势

分析与政策选择［J］．中国国土资源经济，2014（6）：56-59.

［34］郭定良．湖南省主要矿种矿山最低开采规模标准研究［J］．国土资源导刊，2015（3）：42-55.

［35］徐彬．公共政策概论［M］．合肥：安徽人民出版社，2007.

［36］田开友，李超．矿产资源开发生态补偿制度运作的法制困境及出路：基于湖南省的实践［J］．前沿，2016（9）：37-42.

［37］戴维新，戴芳．公共权力制约与监督机制研究［M］．银川：宁夏人民出版社，2007.

［38］王杰．国际机制论［M］．北京：新华出版社，2002.

［39］刘金祥，高建东．劳资关系制衡机制研究［M］．上海：上海人民出版社，2013.

［40］朱红根．关于农民增收途径的探索［J］．江西农业大学学报（社会科学版），2002（1）：53-55.

［41］黄世祥，韩景春．灰色关联层次分析在产业结构调整中的应用［J］．数量经济技术经济研究，2001（4）：107-110.

［42］张万茂．循环经济发展与我国产业结构调整［J］．安庆师范学院学报（社会科学版），2007（2）：28-31.

［43］王永生，蔡永青．基于循环经济理念的矿业产业结构调整策略［J］．现代矿业，2009（5）：14-19.

［44］杨毅，李向阳．区域治理：地区主义视角下的治理模式［J］．云南行政学院学报，2004（2）：50-53.

［45］方先知．坚定不移地走绿色矿业之路：关于湖南省资源勘查开发管理的调研报告［J］．国土资源情报，2011（5）：4-6.

［46］刘香玲，魏晓平．基于矿业监管博弈的激励约束机制研究［J］．技术经济与管理研究，2010（3）：8.

［47］陈永明．矿山地质环境治理之德国经验［J］．国土资源导刊，2010（5）：62-63.

［48］赫希曼．经济发展战略［M］．北京：经济科学出版社，1991.

［49］傅国华．运转农产品产业链，提高农业系统效益［J］．中国农业经济，1996（11）：24-25.

［50］简新华．产业经济学［M］．武汉：武汉大学出版社，2002.

［51］周路明．关注高科技"产业链"［J］．深圳特区科技，2001（11）：10-11.

［52］鲁开垠．解析产业链［J］．珠江经济，2002（5）：32-33.

[53] 李平，陈计芳，郭洋．基于内容分析法的产业链概念分析综述 ［J］．江苏商论，2013（12）：77-82.

[54] 刘贵富，赵英才．产业链：内涵、特性及其表现形式 ［J］．财经理论与实践，2006（3）：114-117.

[55] 刘贵富．产业链运行机制模型研究 ［J］．财经问题研究，2007（8）：38-42.

[56] 刘贵富．产业链形成机理的理论模型 ［J］．河南社会科学，2009（1）：49-52.

[57] 魏然．产业链的理论渊源与研究现状综述 ［J］．技术经济与管理研究，2010（6）：140-143.

[58] 游振华，李艳军．产业链概念及其形成动力因素浅析 ［J］．华东经济管理，2011（1）：100-103.

[59] 芮明杰，刘明宇．产业链整合理论述评 ［J］．产业经济研究，2006（3）：60-66.

[60] 郑大庆，张赞，于俊府．产业链整合理论探讨 ［J］．科技进步与对策，2011（2）：64-68.

[61] 李杰义．农业产业链的内涵、类型及其区域经济效应 ［J］．理论与改革，2009（5）：143-146.

[62] 李杰义，周丹丹．电子商务促进农业产业链价值整合的模式选择 ［J］．农村经济，2016（12）：63-67.

[63] 李杰义．基于农业产业链的现代农业发展路径与对策：上海的个案 ［J］．科技进步与对策，2010（11）：84-87.

[64] 刘绍敏．河北钢铁业绿色产业链构建 ［J］．开放导报，2016（1）：82-85.

[65] 袁杰，等．新疆棉花生态产业链构建研究 ［J］．环境保护与循环经济，2010（10）：37-40.

[66] 邵文慧．海洋生态产业链构建研究 ［J］．中国渔业经济，2016（5）：10-17.

[67] 尹建平，许进池，尹双飞．平朔矿区生态重建及生态产业链构建 ［J］．露天采矿技术，2015（3）：71-74.

[68] 盛彦文，马延吉．循环农业生态产业链构建研究进展与展望 ［J］．环境科学与技术，2017（1）：75-84.

[69] 杭洁．循环经济视角下煤炭生态产业链构建分析 ［J］．内蒙古煤炭经济，2015（10）：29-30.

[70] 张少兵．企业社会责任共生理论综述：民生安全的视角［J］．中国商论，2016（18）：167-168.

[71] 孙晓华，秦川．基于共生理论的产业链纵向关系治理模式：美国、欧洲和日本汽车产业的比较及借鉴［J］．经济学家，2012（3）：95-102.

[72] 李书学．基于共生理论的产业链稳定性研究：以我国路桥产业为例［J］．江西社会科学，2013（10）：215-218.

[73] 符正平．论波特竞争优势理论的新发展［J］．学术研究，1999（7）：36-40.

[74] 胡键．文化软实力研究：中国的视角［J］．社会科学，2011（5）：4-13.

[75] 骆郁廷．文化软实力：基于中国实践的话语创新［J］．中国社会科学，2013（1）：20-24.

[76] 韩勃，等．软实力：中国视角［M］．北京：人民出版社，2009：55-93.

[77] 刘伯恩，等．从 2015 年中国国际矿业大会看当前矿业形势［J］．国土资源情报，2015（12）：8-15.

[78] 邹君，田津，杨玉蓉．衡阳市工业产业集群生态化发展模式研究［J］．经济研究导刊，2010（27）：161-162.

[79] 刘伊生．绿色低碳发展概论［M］．北京：北京交通大学出版社，2014：58.

[80] Cohen B. Journal, Ratings and Footprints: A North American Perspective of Organizations and the Natural Environment Journal Quality, Business Strategy and the Environment, 2005（3）：123-129.

[81] Lowe Ernest, Fieldbook for the Development of Eco-Industrial Parks. Research Triangle, NC: Research Triangle Institute, 2003：63-66.

[82] 杨树旺．矿业经济：理论、政策与实践［M］．北京：科学出版社，2012：10.

[83] 黄敬军．论绿色矿山的建设［J］．金属矿山，2009（4）：7-10.

[84] 乔繁盛．建设绿色矿山发展绿色矿业［J］．中国矿业，2009（8）：4-6.

[85] 曹献珍．国外绿色矿业建设对我国的借鉴意义［J］．矿产保护与利用，2011（3）：19-23.

[86] 徐政平，黄钢．循环经济系统：规划理论与方法及实践［M］．北京：科学出版社，2008：141-142.

[87] 徐嵩龄．为循环经济定位［J］．工业经济研究，2004（6）：60-69.

[88] 耿殿明，姜福兴，谢从刚．综合评价矿区可持续发展的指标体系［J］．中国煤炭，2003（3）：25-29.

[89] 沙景华，欧玲．矿业循环经济评价指标体系研究［J］．环境保护，2008（4）：33-36.

[90] 白松涛．广西矿业可持续发展评价研究［J］．求索，2010（12）：32-33.

[91] 刘力钢．企业可持续发展模式研究［J］．辽宁大学学报（哲学社会科学版），2000（5）：12-15.

[92] 黄敬军，等．绿色矿山建设考评指标体系的探讨［J］．金属矿山，2009（11）：147-150.

[93] 宋海彬．绿色矿山绩效评价指标设计［J］．煤炭技术，2013（8）：6-7.

[94] 闫志刚，刘玉朋，王雪丽．绿色矿山建设评价指标与方法研究［J］．中国煤炭，2012（2）：116-120.

[95] 郑季良，张益玮．有色金属绿色矿山建设评价体系研究［J］．神华科技，2017（1）：14-17.

[96] 乔丽，白中科．矿区生态文明评价指标体系研究［J］．金属矿山，2009（11）：113-118.

[97] 孙静芹，朱文双．现代矿区生态环境质量评价指标体系的构建［J］．矿产保护与利用，2010（3）：45-47.

[98] 成金华，陈军，易杏花．矿区生态文明评价指标体系研究［J］．中国人口·资源与环境，2013（2）：1-10.

[99] 王霖琳．资源枯竭矿区生态环境损害评价指标体系研究［J］．煤炭科学术，2009（9）：125-128.

[100] 刘锦，郑优男，王晓辉．浅析煤矿区生态环境质量评价指标体系构建［J］．农业灾害研究，2014（12）：50-53.

[101] 王伟，王海芳．矿山生态环境保护与恢复治理评价指标体系的构建［J］．山西化工，2014（2）：55-58.

[102] 刘翀．矿山工业企业绿色经济评价指标体系研究［J］．资源开发与市场，2012（6）：498-500.

[103] 孙彦辉，夏佐铎，米玛顿珠．绿色矿业经济评价指标体系研究：绿色矿业系列研究之二［J］．中国国土资源经济，2015（3）：37-40.

[104] 李琳，楚紫穗．我国区域产业绿色发展指数评价及动态比较［J］．经济问题探索，2015（1）：68-75.

[105] Saaty T L. The analytic hierarchy process［M］. New York：MC-craw-Hill, 1980.

[106] 孙毅，景普秋．资源型区域绿色转型模式及其路径研究［J］．中国软科学，2012（12）：152-161.

［107］沙景华，欧玲．矿业循环经济评价指标体系研究［J］．环境保护，2008（4）：33-36.

［108］闫志刚，刘玉朋，王雪丽．绿色矿山建设评价指标与方法研究［J］．中国煤炭，2012（2）：116-120.

［109］王海荣，刘珂．基于Hadoop的海量数据存储系统设计［J］．科技通报，2014（9）：127-130.

［110］刘卫常，康纪田．关于矿业环境风险预警机制的构建［J］．环境与可持续发展，2015（2）：40-44.

［111］秦雅静，等．湖南省矿业生态化发展探讨［J］．价值工程，2014（29）：302-303.

［112］相洪波．我国绿色矿业发展现状分析及对策建议［J］．中国国土资源经济，2016（10）：48-51.

［113］马军．环境保护呼唤大数据平台［J］．中国生态文明，2016（1）：74-77.

［114］屈茂辉，张杰．采矿业安全事故风险预防水平的模型建构及其解释［J］．湖南大学学报（社会科学版），2011（1）：136-140.

［115］曾胜．重大危险源动态智能监测监控大数据平台框架设计［J］．中国安全科学学报，2014（11）：166-171.

［116］郑志来．基于大数据视角的社会治理模式创新［J］．电子政务，2016（9）：55-60.

［117］赵腊平．关于当前矿业形势及发展趋势的研判与思考［J］．中国国土资源经济，2017（2）：9-12.

［118］王娜．基于大数据的碳价预测［J］．统计研究，2016（11）：56-62.

［119］王名，孙春苗．行业协会论纲［J］．中国非营利评论，2009（1）：1-39.

［120］李国平．绿色矿业经济发展路径探索［J］．产业与科技论坛，2017（4）：17-18.

［121］Chirot, Daniel. The Corporatist Model and Socialism: Notes on Romanian Development［J］. Theory and Society , 1980（2）：89-92.

［122］张静．法团主义［M］．北京：中国社会科学出版社，1998：24.

［123］卢梭．社会契约论［M］．李平沤，译．北京：商务印书馆，2011：121.

［124］廖荣碧．公共选择理论及其现实借鉴意义［J］．当代经济，2009（2）：150-152.

［125］张沁洁．参与合作：行业协会的运作逻辑［J］．广东社会科学，2007

（2）：195-200.

[126] 周莹，江华，张建民．行业协会实施自愿性环境治理：温州案例研究 [J]．中国行政管理，2015（3）：71-75.

[127] 张维迎．博弈论与信息经济学（第10版）[M]．上海：上海人民出版社，2004：130-131.

[128] 陈庆，黄革非，邝田顺，等．湖南郴州市矿业活动引发的环境问题及防治措施 [J]．国土资源导刊，2005（4）：32-34.

[129] 徐家良．互益性组织：中国行业协会研究 [M]．北京：北京师范大学出版社，2010：141.

[130] 梁昌勇，代翚，朱龙．行业协会承接政府职能转移的作用类型及其实现机制：一项多案例研究 [J]．管理工程学报，2016（1）：228-234.

[131] 贾西津，等．转型时期的行业协会：角色、功能与管理体制 [M]．北京：社会科学文献出版社，2004：210-211.

[132] 余晖．行业协会组织的制度动力学原理 [J]．经济管理，2001（4）：22-29.

[133] 江静．转型国家行业协会功能发挥的制约因素：基于政府视角的分析 [J]．财经问题研究，2006（11）：93-97.

[134] 杨剑，黄建．治理视阈下中国行业协会商会之功能研究 [J]．技术经济与管理研究，2016（3）：119-123.

[135] 王娜．行业协会在知识产权保护中的地位、优势与作用：以温州为例 [J]．学术论坛，2011（3）：91-95.

[136] 顾朝曦．发挥行业协会商会服务经济发展的功能作用 [J]．中国社会组织，2014（8）：8-10.

[137] 义海忠，郑艳馨．对我国行业协会性质错位的思考 [J]．河北法学，2008（3）：86-90.

[138] 国土资源部．2016中国矿产资源报告 [M]．北京：地质出版社，2016：1-2.

[139] 姚伟．合同能源管理催生节能服务产业 [J]．资源与发展，2010（3）：12-15.

[140] Edward Vine. An international survey of the energy service company (ESCO) industry [J]. Energy Policy, 2005 (33): 691-704.

[141] Steve Sorrell. The economics of energy service contracts [J]. Energy Policy, 2007 (35): 507-521.

[142] Gustavsson. M, Ellegard. A. The impact of solar home systems on rural liveli-

hoods. Experiences from 305 the Nyimba Energy Service Company in Zambia [J]. RenewableEnergy, 2004 (7): 1059-1072.

[143] Paolo Bertoldi, Silvia Rezessy, Edward Vine. Energy service companies in European countries: Current status and a strategy to foster their development [J]. Energy Policy, 2006 (34): 1818-1832.

[144] J. P. Painuly, H. Park, M. K. Lee, J. Noh. Promoting energy efficiency financing and ESCOs in developing countries: mechanisms and barriers [J]. Cleaner Production, 2003 (11): 659-665.

[145] Milou Beerepoota, Niels Beerepoot. Government regulation as an impetus for innovation: Evidence from energy performance regulation in the Dutch residential building sector [J]. Energy Policy, 2007 (35): 4812-4825.

[146] Evan Mills, Steve Kromer, Gary Weiss, Paul A. Mathew. From volatility to value: analysing and managing financial and performance risk in energy savings projects [J]. Energy Policy, 2006 (34): 188-199.

[147] Steve Sorrell. The economics of energy service contracts [J]. Energy Policy, 2007 (35): 507-521.

[148] Konstantinos D. Patlitzianas, Anna Pappa, John Psarras. An information decision support system towards the formulation of a modern energy companies' environment [J]. Renewable and Sustainable Energy Reviews, 2008 (12): 790-806.

[149] 王元忠, 李雪宇. 合同能源管理及相关节能服务法律事务 [J]. 法制与社会, 2012 (6): 5-8.

[150] 许泓. 一种基于市场的节能新机制: 合同能源管理 [J]. 电力需求侧管理. 2002 (6): 47-49.

[151] 张晓萍, 方培基. 新商业模式下的中国 EPC 企业发展战略研究 [J]. 建筑经济, 2007 (12): 13-16.

[152] 王敏敏. 合同能源管理机制的效益分享模型研究 [J]. 能源技术与管理, 2007 (4): 92-93.

[153] 雷波. 我国合同能源管理发展问题及建议 [J]. 合作经济与科技, 2010 (8): 8-9.

[154] 张仕廉, 蔡贺年, 朴国峰. 合同能源管理项目信用缺失及对策研究 [J]. 建筑经济, 2009 (1): 57-58.

[155] 李学丰, 马宝奇. 合同能源管理机制在宁夏的应用探讨 [J]. 宁夏工程技术, 2009 (4): 328-340.

[156] Xu. PP, Chan. EHW, Qian. QK. Success factors of energy performance contracting (EPC) for sustainable building energy efficiency retrofit (BEER) of hotel buildings in China [J]. Energy policy, 2011 (11): 7389-7398.

[157] 邓向辉, 齐晔. 合同能源管理的中国化与发展现状分析 [J]. 环境科学与管理, 2012 (37): 1-6.

[158] 许艳, 李岩. 合同能源管理模式的中美比较研究 [J]. 环境科学与管理, 2009 (34): 1-4.

[159] 袁海臻, 等. 我国合同能源管理的现状、存在问题及对策 [J]. 能源技术经济, 2011 (23): 58-66.

[160] 尚天成, 潘珍妮. 现代合同能源管理项目风险研究 [J]. 天津大学学报 (社会科学版), 2007 (9): 214-217.

[161] 董荫. 合同能源管理风险评估指标体系探析: 基于层次分析法 [J]. 现代商贸工业, 2011 (3): 48.

[162] 王广斌. 合同能源管理与政府机构节能问题研究 [J]. 商业时代, 2006 (16): 80-81.

[163] 吴施勤. 政府机构节能与合同能源管理 [J]. 电力需求侧管理, 2004 (4): 20-22.

[164] 席丛林, 李富忠. 我国节能产业发展的市场化模式研究 [J]. 中国流通经济, 2008 (10): 36-39.

[165] 王元忠, 李雪宇. 合同能源管理及相关节能服务法律事务 [J]. 法制与社会, 2012 (5): 8.

[166] 陈柳钦. 市场化节能新模式: 合同能源管理 [J]. 创新, 2013 (1): 54-55.

[167] 张志勤. 合同能源管理地方扶持政策综述 [J]. 建设科技, 2012 (4): 3-27.

[168] 谢仲华. 合同能源管理机制在上海地区的应用 [J]. 华东电力, 2005 (6): 16-18.

[169] 连民杰. 创新矿山管理模式, 促进矿山可持续发展 [J]. 采矿技术, 2010 (10): 129-131.

[170] 白越, 蔡璟珞. 低碳经济中的绿色矿山建设 [J]. 当代矿工, 2010 (6): 48.

[171] 刘建功. 冀中能源低碳生态矿山建设的研究与实践 [J]. 煤炭学报, 2011 (36): 317-321.

[172] 陈桥, 等. 基于 AHP 法的矿山生态环境综合评价模式研究 [J]. 中国

矿业大学学报，2006（35）：377-383.

［173］刘玉强．建设绿色矿山，发展绿色矿业是中国矿业发展的必由之路
［J］．中国矿业，2012（21）：1-3.

［174］杨志富，徐连生．绿色生态矿山建设与可持续发展［J］．矿业工程，
2010（13）：44-47.

［175］卞正富，许家林，雷少刚．论矿山生态建设［J］．煤炭学报，2007
（1）：13-19.

［176］Ehrlich P R，Raven P H. Butterflies and plants：a study in co-evolution
［J］. Evolution, 1964（18）.

［177］Campbell. D. T. Variation and Selective Retention in Socio-Cultural Evolu-
tion.［M］. Cambridge UK：Cambridge University Press，1965.

［178］Astley. The two ecologies：Population and community perspectives on organi-
zational evolution［J］. Administrative Science Quarterly，1985（30）：
224-241.

［179］Aldrich，H. E，S. Mueller The Evolution of organizational Forms：Technolo-
gy，Coordination And Control［J］. Research in Organizational Behaviour，
1982（4）：33-87.

［180］Costanza，R，Daly，H. E，Bartholomew，J. A. Goals，Agenda and Policy
Recommendations For Ecological Economics［D］. New York USA：
Colombia University，1991.

［181］Norgaard，R. B. Social system and ecosystem coevolution in the Amazon
［J］. Journal of Environmental Economics and Management，1981（3）：
238-254.

［182］Gowdy. Avoidingself-organizedextinction：toward a co-evolutionary economics
of sustainability［J］. International Journal of Sustainable Development and
world Ecology，2007（14）.

［183］Safarzynska K，van den Bergh . Policy for system innovation：demand-
supply convolution with multiple increasing returns［J］. Technological
Forecast and Social Change，2010（2）：297-317.

［184］Igor Matutinovic. Organizational patterns of economies-an ecological perspe-
ctive［J］. Ecological Economics，2002（40）：421-440

［185］李康．绿色经济与绿色 GNP［J］．环境科学研究，2002（1）：17-21.

［186］唐元．我国应对气候变化面临的形势分析及战略选择建议［J］．能源技
术经济，2010（4）：1-8.

［187］ 王兵，刘光天．节能减排与中国绿色经济增长：基于全要素生产率的视角［J］．中国工业经济，2015（5）：57-69．

［188］ 李刚，戴铁军．我国的绿色经济发展战略［J］．节能与环保，2011（3）：25-31．

［189］ WilsonW. The Study of Administration［J］. Political Science Quarterly，1887（2）：197-222．

［190］ Appleby Paul Policy and Administration［M］. University of Alabama Press，1949：27，170．

［191］ H. D. Lasswell and Kaplan. Power and Society［M］. New. York：Mc Graw-Hill Book Co. ，1963：70．

［192］ 戴维·伊斯顿．政治学状况研究［M］．马清槐译．北京：商务印书馆，1993：7．

［193］ 胡伟．企业协同进化理论探析［J］．广西社会科学，2007（11）．

［194］ 钟远平．通向可持续发展的协同进化理论研究进展［J］．生态经济，2009（12）．

［195］ 李龙熙．对可持续发展理论的诠释与解析［J］．行政与法，2005（1）．

［196］ 韩霞．高新技术产业公共政策研究［M］．北京：社会科学文献出版社，2009：324．

［197］ 约瑟夫·熊彼特．经济发展理论［M］．北京：商务印书馆，1991：1-7．

［198］ S. C. Solo. Innovation in the Capitalist Process：A Critique of the Schumpeterian Theory［J］. The Quarterly Journal of Economics，1951（8）：124-127．

［199］ Enos J. L. Invention and innovation in the petroleum refining industry. In National Bureau of Economic Research，ed. ，the rate and direction of inventive activity：Economic and social factors［M］. Princeton University Press，Princeton，NJ，USA，1962：27-35．

［200］ Abernathy W. ，Utterback. A dynamic model of process and product innovation［J］. Omega，1975（3）：639-656．

［201］ Freeman C. The economic of industrial innovation［M］. New York：The MIT Press，1971：37-65．

［202］ Mueser R. Identifying Technical Innovation［J］. IEEE Transactions in Engineering Management，1985（4）：158-176．

［203］ Lynn G，Moron J G，Paulson A S. Marketing and Discontinuous Innovation to the National System of Innovation［M］. London：Pinter，1982：25-85.

［204］汪应洛，贾理群．技术创新［M］．西安：西安交通大学出版社，1993：20-23.

［205］吴贵生．技术创新管理［M］．北京：清华大学出版社，2000：6-18.

［206］傅家骥．技术创新学［M］．北京：清华大学出版社，1988：13-51.

［207］徐政平，黄钢．循环经济系统：规划理论与方法及实践［M］．北京：科学出版社，2008.

［208］徐嵩龄．为循环经济定位［J］．工业经济研究，2004（6）：60-69.

［209］彭毅．煤炭企业技术创新管理初探［J］．中国煤炭，2008（4）：61-63.

［210］袁清和，任一鑫，王新华．煤炭产业与煤炭城市协同发展研究［J］．矿业研究与开发，2007（3）：84-86.

［211］蒋艺博，孔亮，闫翔宇．绿色煤炭矿山技术创新影响因素研究［J］．中国高新技术企业，2014（22）：118-119.

［212］王久伟，李士金．基于绿色理论的煤炭开采技术研究［J］．煤炭技术，2013（6）：63-64.

［213］崔占峰．经济增长中技术进步因子分离测算研究［J］．重庆社会科学，2005（1）：16-20.

［214］减旭恒．产业经济学［M］．北京：经济科学出版社，2007：367-368.

［215］张敦杰．企业绿色创新的影响因素与对策分析［J］．科技创业月刊，2009（2）：16-17.

［216］高强．浅析我国煤炭技术的现状与发展［J］．中国高新技术企业，2011（30）：25-28.

［217］刘芹，张永庆，樊重俊．中日韩高科技园区发展的比较研究：以中国上海张江、日本筑波和韩国大德为例［J］．科技管理研究，2008（8）：122-130.

［218］杨发庭．国外绿色技术创新制度的实践经验［J］．党政视野，2016（3）：42.

［219］刘思平．经济可持续发展的生态创新［M］．北京：中国环境科学出版社，2002：210-211.

［220］刘思华．经济可持续发展的科技创新［M］，北京：中国环境科学出版社，2002：185-187.

［221］林凌，刘世庆．四川工业强省战略若干问题研究［J］．四川经济研究，2006（9）：14-15.

［222］柳卸林，刘建兵．为什么东北工业落后了：基于创新能力的分析［J］.

科学学与科学技术管理，2004（11）：40-44.

[223] 张国旺，李柏洲．黑龙江区域创新系统发展策略研究［J］．现代管理科学，2009（7）：67-68.

[224] Sara. J. Secherr，Michael T. Bennett. Developing future ecosystem service payments in China ［C］. Report to international conference on eco-compensation Mechanisms，2006（8）.

[225] 吕忠梅．超越与保守：可持续发展视野下的环境法创新［M］．北京：法律出版社，2002：98-99

[226] 杨光梅，李文华，闵庆文．生态系统服务价值评估研究进展：国外学者观点［J］．生态学报，2006（1）：205-212.

[227] 刘劲松．中国矿产资源补偿机制研究［J］．煤炭经济研究，2005（2）：10-15.

[228] 杨晓萌．论资源税、资源补偿费与权利金的关系［J］煤炭经济研究，2007（12）：44-45.

[229] 侯东哲，等．浅析资源补偿制度的形成原理：以矿产资源为例［J］．现代商业，2008（3）：186-187.

[230] 黄立洪，柯庆明．生态补偿机制的理论分析［J］．中国农业科技导报，2005（3）：7-9.

[231] 王孔雀，胡仪元．生态经济的制度研究［J］．生态经济，2004（4）：12-14.

[232] 秦雅静，等．湖南省矿业生态化发展探讨［J］．价值工程，2014（29）：302-303.

[233] 田英翠．湖南矿产资源开发的生态补偿机制研究［J］．现代农业，2014（6）：82-83.

[234] 朱红琼．基于生态补偿的财政研究［M］．北京：经济科学出版社，2016：33.

[235] Austin，R. L.，& Eder，J. Policy review：Environmentalism，development，and participation on island，Philippines ［J］. Society and Natural Resources，2007（4）：121-130.

[236] McLeod，H. Compensation for landowners affected by mineral development：The Fijian experience ［J］. Resources Policy，2000（2）：115-125.

[237] 宋国明，胡建辉．澳大利亚矿产资源开发管理与政策［J］．世界有色金属，2013（3）：31-33.

[238] Department of industry and resources. Mining environmental management

guidelines：calculating environmental performance bonds ［R］. Western Australia government，2007.

［239］中国 21 世纪议程管理中心. 生态补偿的国际比较：模式与机制 ［M］. 北京：社会科学文献出版社，2012：256-257.

［240］宋蕾. 矿产资源开发的生态补偿研究 ［M］. 北京：中国经济出版社，2012：187.

［241］杨赛明. 矿产资源开发的生态补偿机制研究 ［J］. 环境保护与循环经济，2009（7）：58-60.

［242］焦华. 浅析矿产资源开发生态补偿机制的构建 ［J］. 中国证券期货，2011（11）：208.

［243］高新才，斯丽娟. 甘肃矿产资源开发生态补偿研究 ［J］. 城市发展研究，2011（5）：6-12.

［244］洪尚群，马丕京，郭慧光. 生态补偿制度的探索 ［J］. 环境科学与技术，2001（5）：40-43.

［245］张敦富，等. 环境经济 ［M］. 北京：人民出版社，1994：45-50.

［246］梁锷. 湖南省完善资源有偿使用和生态补偿制度建设研究 ［J］. 区域经济评论，2016（1）：155-160.

［247］陈业强，石广明. 湖南省生态补偿实践进展 ［J］. 环境保护，2017（5）：55-58.

后 记

实现矿业经济绿色发展成为贯彻落实科学发展观的要求、响应广大人民群众的呼声、进行生态文明建设的重要内容。绿色矿业经济是实现矿产资源的最优化配置和生态环境影响的最小化，达到经济、社会、生态环境相协调的经济发展方式。本书讨论了矿业经济绿色发展相关理论以及湖南省矿业经济绿色发展的核心价值理念、战略及公共政策、机制分析、产业链研究、绿色指数研究等问题。

我国"十三五"规划纲要中明确指出，要开展一场"能源革命"，推动低碳循环发展，同时要加快能源技术创新，建设清洁低碳、安全高效的现代能源体系。绿色经济已经成为实践科学发展观的重要战略和国家制定经济政策的重要依据，

2017 年 5 月，国土资源部、财政部、环境保护部、国家质检总局、银监会、证监会联合印发《关于加快建设绿色矿山的实施意见》，该意见提出，到2020 年基本建成节约高效、环境友好、矿地和谐的绿色矿业发展模式，树立千家科技引领、创新驱动型绿色矿山典范，实施百个绿色勘查项目示范，建设50 个以上绿色矿业发展示范区，形成一批可复制、能推广的新模式、新机制、新制度。湖南省位于我国中部地区，从自然条件来看，因地处长江中游，东以武功诸山系和江西省交界；西以云贵高原和贵州相连；南枕南岭、罗霄山脉，和广东、广西等省份相交；北以洞庭湖、滨湖平原与湖北省接壤，其承上启下的地理位置就奠定了它重要的生态地位，也决定了生态环境的敏感性、脆弱性。可以说湖南省生态环境的好坏对于维系整个长江中下游水系生态平衡，乃至促进中下游地区经济社会健康发展都起着重要作用。著述本书的目的在于为顺应全球治理与发展的必然趋势；贯彻落实党的十九大精神，大力推进生态文明建设，进一步促进循环经济发展；加快建设湖南省"两型"社会的重要内容，提升资源利用水平，实现湖南矿业经济可持续发展。

本书的编写得到了湖南省国土资源厅、湖南省统计局、醴陵市政府、醴陵市国土资源局等部门的大力支持，在此特别感谢！

本书还存在很多不足的地方，敬请国内外同行批评指正！

陈晓春

2018 年 9 月 16 日于湖南大学

前言
PREFACE

　　许多公司往往只注重提高员工的工作动力。

　　为此，很多公司都会开展"员工满意度调查"和"员工参与度（与工作敬业度相关）调查"，思考如何提高员工的工作积极性。

　　有的公司从一些员工干劲十足的公司听取到一些经验后，就会迫不及待地要把这些经验引入自家公司内。

　　他们会把"优秀企业"的"成功措施"，比如一些初创企业和成长型企业在提高员工工作热情方面的举措，依样画葫芦地引入自己的公司。

　　我并不否认这些行为的重要性。但是，如果公司在日常的工作中无意识地做出一些打击员工工作积极性的行为，就算采取再多的拯救措施，恐怕也于事无补。

　　所以一家公司要想提高员工的工作积极性，首先要把握自己公司的状况，了解是什么导致员工失去干劲，从而总结出什么事情公司不该做。

　　虽然有无数种方法可以提高员工的工作积极性，但在不